DIEGO CREVELIN DE SOUSA

IMPARTIALIDADE

A DIVISÃO FUNCIONAL DE TRABALHO ENTRE PARTES E JUIZ A PARTIR DO CONTRADITÓRIO

coleção devido processo legal

coordenação
ANTÔNIO CARVALHO FILHO
EDUARDO JOSÉ DA FONSECA COSTA

Copyright © 2020 by Editora Letramento

Diretor Editorial | Gustavo Abreu
Diretor Administrativo | Júnior Gaudereto
Diretor Financeiro | Cláudio Macedo
Logística | Vinícius Santiago
Comunicação e marketing | Giulia Staar
Editora | Laura Brand
Assistente Editorial | Carolina Fonseca
Designer Editorial | Gustavo Zeferino e Luís Otávio Ferreira

COLEÇÃO DEVIDO PROCESSO LEGAL
Coordenação
Antônio Carvalho Filho
Eduardo José Da Fonseca Costa

Conselho Editorial | Alessandra Mara de Freitas Silva; Alexandre Morais da Rosa; Bruno Miragem; Carlos María Cárcova; Cássio Augusto de Barros Brant; Cristian Kiefer da Silva; Cristiane Dupret; Edson Nakata Jr; Georges Abboud; Henderson Fürst; Henrique Garbellini Carnio; Henrique Júdice Magalhães; Leonardo Isaac Yarochewsky; Lucas Moraes Martins; Luiz Fernando do Vale de Almeida Guilherme; Nuno Miguel Branco de Sá Viana Rebelo; Renata de Lima Rodrigues; Rubens Casara; Salah H. Khaled Jr; Willis Santiago Guerra Filho.

Todos os direitos reservados.
Não é permitida a reprodução desta obra sem
aprovação do Grupo Editorial Letramento.

Dados Internacionais de Catalogação na Publicação (CIP) de acordo com ISBD

S725i	Sousa, Diego Crevelin de
	Impartialidade: a divisão funcional de trabalho entre partes e juiz a partir do contraditório / Diego Crevelin de Sousa ; coordenado por Antônio Carvalho Filho, Eduardo José da Fonseca Costa. - Belo Horizonte, MG : Casa do Direito, 2021.
	450 p. ; 15,5cm x 22,5cm. – (Coleção Devido Processo Legal ; v.2)
	Inclui bibliografia.
	ISBN: 978-65-86025-80-4
	1. Direito. 2. Impartialidade. I. Carvalho Filho, Antônio. II. Costa, Eduardo José da Fonseca. III. Título. IV. Série.
2021-119	CDD 340 CDU 34

Elaborado por Vagner Rodolfo da Silva - CRB-8/9410

Índice para catálogo sistemático:
1. Direito 340
2. Direito 34

Belo Horizonte - MG
Rua Magnólia, 1086
Bairro Caiçara
CEP 30770-020
Fone 31 3327-5771
contato@editoraletramento.com.br
editoraletramento.com.br
casadodireito.com

Casa do Direito é o selo jurídico do
Grupo Editorial Letramento

AGRADECIMENTOS

Considero a gratidão uma das maiores virtudes que alguém *pode* ter. Em termos morais, diria que é uma virtude que as pessoas *devem* ter. É que, a meu juízo, ninguém consegue nada sozinho, por maiores que sejam os méritos próprios.

Isso vale para trabalhos de conclusão de curso. Bom, pelo menos vale para este. A minha experiência não revela este escrito como uma empresa solitária. Padeci de esforço e privações, é claro, mas nada que pudesse ser feito sem interlocução e auxílio constantes. O que vai aqui é fruto de muita interação. E de muito bom grado, *devo* agradecer por isso.

Ao prof. Dr. Augusto Passamani Bufulin – por me aceitar como orientando e permitir que eu experienciasse o mestrado e desenvolvesse a pesquisa com total liberdade; por todas as oportunidades profissionais que generosamente me franqueou nesse tempo, máxime na pós-graduação em direito processual civil da Escola da Magistratura do Estado do Espírito Santo;

Aos integrantes do PPGDir da UFES – que homenageio na pessoa dos professores das disciplinas que cursei, Drs. Augusto Passamani Bufulin, Hermes Zaneti Jr., Ricardo Gueiros Bernardes Dias e Tárek Moysés Moussallem, pelo aprendizado, pelos debates e pelas novas fusões de horizontes. Aos profs. Drs. Tiago Figueiredo Gonçalves e Tárek Moysés Moussallem, pelos apontamentos na banca de qualificação, especialmente ao primeiro, cujas provocações impactaram profundamente nos rumos da pesquisa;

Aos colegas da Turma 2018 – soube o destino me fazer aguardar até a quarta tentativa para ingressar no programa e poder compartilhar essa experiência com: Iago Fantin (cursamos todas as disciplinas juntos), Gabriela Gusella (generosidade e ajudas impagáveis) e Nathália Canedo (disposição para ler alguns excertos) – aliados de primeira hora, parceiros de atividades e mais do que colegas de turma, amigos cujos longos papos e descontraídos encontros tornaram o trajeto tão especial; André Martinelli (que até abrigo deu depois de uma jornada atrapalhada e empreendeu honroso diálogo com texto de minha autoria em sua dissertação), Fernando Ribeiro e Pedro Lube – parceiros de interlocução (não apenas sobre direito, felizmente) e almoços, que também se fizeram amigos; André Figueiredo, Diogo Abneder, Letícia Lemgruber, Maria Izabel Altoé (cujas agudas provocações permitiram divisar com clareza o que eu queria explorar aqui), Lígia Barroso, Paulo Sato, Patrick Souto e Tatiana Karninke, pelo convívio sempre agradável, receptivo e enriquecedor. E duas veteranas da Turma 2017: Thaís Milani Del Pupo (cursamos uma disciplina juntos, ela como aluna regular e eu, como aluno especial) e Daine Gonçalves Ornellas Lima (que também interagiu com texto meu em sua dissertação). Não posso dizer sobre o que não foi, mas posso afirmar que foi muito bom dividir essa etapa com todos vocês.

À FAACZ – onde me graduei e exerço a docência desde 2009, especialmente na pessoa do prof. Wagner José Elias do Carmo, meu primeiro grande professor de direito, por tanto tempo coordenador e, acima de tudo, incentivador e amigo. Aos demais colegas docentes e aos discentes, de ontem e de hoje.

À ABDPro – que me proporcionou crescimento pessoal e intelectual e rendeu ingresso em rumos não imaginados, sendo certo que o convívio, ainda que apenas ou quase totalmente virtual, de algum modo me influenciou, nas pessoas de: Adriana Pegini, Alexandre Senra, André Luiz Maluf, Antonio de Moura, Antonio Souza Jr., Beclaute Oliveira Silva, Bheron Rocha, Bruno Fuga, Cristiano Duro, Danilo Cruz, Evie Malafaia, Fernando Gama, Francisco Motta, Georges Abboud, Guilherme Carreira, Guilherme Lunelli, Jaldemiro Rodrigues de Ataíde Jr., Larissa Leal, Marcelo Barbi, Marcelo Pereira, Marcelo Pichioli, Mônica Júdice, Patrícia Henriques, Ravi Peixoto, Renê Hellman, Renzo Cavani, Roberta Gresta, Roberto Campos Gouveia Filho, Sérgio Luiz de Almeida Ribeiro, Silvio Silva, Tiago Caversan e Vinícius Abreu.

Aos parceiros de Garantismo Processual – pela permanente interlocução e parceria; muito além da afinidade intelectual, verdadeiros amigos: Antonio Carvalho Filho, Eduardo José da Fonseca Costa, Glauco Gumerato Ramos, Igor Raatz, Júlio César Rossi, Luciana Benassi, Lúcio Delfino, Marco Paulo Di Spirito, Mateus Costa Pereira, Natascha Anchieta e William Galle Dietrich.

À minha família – por ser o meu esteio, especialmente: Elza, minha mãe, por me dar a vida e dedicar-se tanto a mim à minha irmã ("coração do meu céu, por favor, seja feliz"); Andréa, minha esposa, por preencher a minha vida e me empurrar, literalmente, na reta final deste trabalho ("sem você sou pá furada"), e as nossas Yasmin (a geniosa que ficou aos meus pés durante toda a escrita) e Lola (a amorosa tresloucada) – e Lily (o trovãozinho que passou rápido, mas ficou para sempre).

A Deus – por tudo.

A todos, MUITO OBRIGADO!

13	APRESENTAÇÃO
17	PREFÁCIO
20	INTRODUÇÃO
23	1. DIREITOS FUNDAMENTAIS E PROCESSO
23	1.1. DELIMITAÇÃO DO OBJETO DA PESQUISA
23	1.2. DOGMÁTICA JURÍDICA
31	1.3. TEORIA LIBERAL DOS DIREITOS FUNDAMENTAIS
38	1.4. PROCESSO COMO INSTITUIÇÃO DE GARANTIA CONTRAJURISDICIONAL DE LIBERDADE E «LIBERDADE»
54	2. GARANTIA DO CONTRADITÓRIO: CONTEÚDO E ESTRUTURA
54	2.1. GARANTIA DO CONTRADITÓRIO E DA AMPLA DEFESA: INDISTINÇÃO
61	2.2. CONTEÚDO DA GARANTIA DO CONTRADITÓRIO
62	2.2.1. Dimensão formal ou estática: informação e reação
65	2.2.2. Dimensão material ou dinâmica: influência e não surpresa
84	2.2.3. Restrições à garantia
97	2.3. ESTRUTURA RELACIONAL DA GARANTIA DO CONTRADITÓRIO
98	2.3.1. Teoria das relações
101	2.3.2. Teoria da relação jurídica
111	2.3.3. O contraditório como relação jurídica
127	2.4. O CONTRADITÓRIO COMO CRITÉRIO PARA DEFINIR A TITULARIDADE DAS FUNÇÕES PROCESSUAIS DAS PARTES E DO JUIZ
127	2.4.1. Imparcialidade, impartialidade e incompatibilidade de funções
136	2.4.2. Imparcialidade e impartialidade: noções distintas, mas inseparáveis

146 3. FUNÇÃO SOCIAL DO PROCESSO: A IGUALDADE COMO FUNDAMENTO PARA A ATRIBUIÇÃO DE FUNÇÕES AO JUIZ

146 3.1. CONSIDERAÇÕES INICIAIS

151 3.2. DESCRIÇÃO DA FUNÇÃO SOCIAL DO PROCESSO

168 3.3. CRÍTICA DA FUNÇÃO SOCIAL DO PROCESSO: IGUALDADE E PODERES INSTRUTÓRIOS DO JUIZ

168 3.3.1. Breves considerações sobre direito probatório: conceito, fonte, objeto, meio e finalidade da prova

175 3.3.2. Igualdade e poderes instrutórios: uma relação de realização ou fragilização?

193 3.3.3. Poderes instrutórios, igualdade e justiça: só quando a parte não é megera?

203 3.4. CRÍTICA DA FUNÇÃO SOCIAL DO PROCESSO: PODERES INSTRUTÓRIOS E IMPARCIALIDADE

221 3.5. CRÍTICA DA FUNÇÃO SOCIAL DO PROCESSO: ADAPTAÇÃO PROCEDIMENTAL *OPE IUDICIS*

222 3.5.1. Competência para criar normas processuais: valorizando a separação dos poderes e a legalidade

236 3.5.2. Rejeição da adaptação procedimental *ope iudicis*

249 *3.5.3. Active case management e correção do procedimento que suprime garantias processuais: dois discursos descontextualizados de adaptação procedimental ope iudicis*

252 3.5.4. Conclusão parcial: adaptação procedimental por lei ou pelas partes, nunca pelo juiz

255 3.6. IGUALDADE NOS JULGAMENTOS

255 3.6.1. Instrumentalismo processual: crença no juiz e supremacia do Judiciário

271 3.6.2. As Cortes Supremas: a totalização dos órgãos de cúpula do Judiciário

306 3.6.3. O resultado das propostas: a guardiania judicial

309 3.6.4. A guardiania judicial como problema funcional bidimensional: baralhamento funcional interpoderes e baralhamento funcional intraprocedimental

317 3.7. A IGUALDADE PROCESSUAL COMO UM PROBLEMA NORMATIVO E A IMPORTÂNCIA DO ADVOGADO PARA A DEFESA TÉCNICA

345 4. DIVISÃO DE TRABALHO ENTRE PARTES E JUIZ

345 4.1. AS PROPOSTAS DAS CORRENTES LIGADAS À COOPERAÇÃO PROCESSUAL

357 4.2. DEVERES DE COOPERAÇÃO: ANÁLISE DO RESPEITO DA ESTRUTURA DO CONTRADITÓRIO

357 4.2.1. Dever de diálogo

358 4.2.2. Dever de Consulta

359 4.2.3. Dever de lealdade

360 4.2.4. Dever de prevenção

361 4.2.5. Dever de esclarecimento

363 4.2.6. Dever de auxílio

384 4.2.7. Conclusão parcial

385 4.3. A DIMENSÃO FUNCIONAL DA DIVISÃO DE TRABALHO ENTRE PARTES E JUIZ

385 4.3.1. Iura novit curia

397 4.3.2. Poderes instrutórios do juiz e imparcialidade

402 4.3.3. Ocaso do interrogatório livre

413 CONCLUSÃO

417 POSFÁCIO

420 REFERÊNCIAS

Dedico este trabalho à memória de Eugênio Primo Crevelin, Maria Ravani Crevelin e Cristiane Baldacin Lobo. Vocês fazem muita falta!

APRESENTAÇÃO

Quando nos pediu para apresentar a versão comercial de sua dissertação de mestrado, além, é claro, de sua pessoa, DIEGO CREVELIN DE SOUSA regalou-nos com aquilo que entendemos ser um *terceiro presente*. Sim, Diego tem nos *presenteado*.

O *primeiro presente* veio em meados de 2015. Impulsionado por sua inquietude intelectual, teve a iniciativa de se acercar de um dos signatários desta apresentação [LÚCIO] via rede social. Tudo se passou por ter acompanhado certo debate havido nas "redes" envolvendo algum tema polêmico do CPC-2015, que ainda hibernava sob *vacatio legis*. Tão logo identificamos sua inescondível vocação para o refinamento analítico do saber jurídico-processual, não tardamos em querer vê-lo e tê-lo cada vez mais por perto. Não foram poucas as oportunidades em que estivemos juntos para discutirmos e debatermos, em congressos ou em aulas, temas relacionados ao *Processo* e suas conexões com a Constituição e com os procedimentos estabelecidos ao nível infraconstitucional por intermédio dos chamados códigos de "processo" civil ou penal. Fosse em Jundiaí, Uberaba ou mesmo na sua aprazível Aracruz, para onde nos convidou por mais de uma vez, fomos tendo a oportunidade de acompanhar o evoluir intelectual de DIEGO, o que certamente ajudou a influenciar o nosso próprio evoluir.

O *segundo presente* foi vê-lo adentrar, com destemido vigor, no ambiente epistemológico do Garantismo Processual, cujo *insight* – já nos confessou – se deu quando teve contato com uma coletânea sobre o assunto que um dos signatários ajudou a coordenar, tendo sido publicada sob o título *Ativismo Judicial e Garantismo Processual*, Editora JusPodium, no segundo semestre de 2013. Pouco a pouco DIEGO foi se destacando em palestras e em escritos, reverberando o saber da *processual-civilística* a partir dos respectivos fundamentos. Prova disso é o texto no qual descortina a esqualidez *jurídico-constitucional-procedimental* de uma excentricidade alocada no art. 6º do CPC-2015, o – mal – chamado "princípio" da cooperação, um escrito já *clássico* sobre o assunto no Brasil. Intitulado de *"O caráter mítico da cooperação processual"*, o texto foi publicado no site jurídico *Empório do Direito* [www.emporio dodireito.com.br], em dezembro de 2017. Com um rigor analítico marcante, *derridianamente* DIEGO CREVELIN *desconstrói* qualquer conjectura favorável à imposição cooperativista no âmbito do processo jurisdicional.

A relevância deste escrito de DIEGO o fez ser vertido ao espanhol. Enlaçado ao Brasil por aqui ter cursado mestrado na *Universidade Federal do Rio Grande do Sul* (UFRGS), o processualista do Peru RENZO CAVANI e seu compatriota ALVARO CASTILLO traduziram o escrito e o fizeram publicar na *Revista de la Maestría en Derecho Procesal* da prestigiosa *Pontifícia Universidad Católica del Perú* (PUCP), da qual RENZO é professor [*cf.* em: http://revistas.pucp.edu.pe/index.php/derechoprocesal]. Vale destacar que a PUCP também é a *casa de ensino* da ítalo-peruana EUGENIA ARIANO DEHO[1], que indiscutivelmente é das vozes mais projetadas do Garantismo Processual no país de MARIO VARGAS LLOSA, oriundo de Arequipa [=*la Ciudad Blanca*] e prêmio Nobel de Literatura em 2010.

O *terceiro presente* veio agora, quando nos convidou para esta apresentação.

Espírito-santense de Aracruz, em termos etários o ainda moço DIEGO dista de nós em uma década. Sua mocidade, contudo, é inversamente proporcional à maturidade de sua perspicácia jurídica.

É egresso da turma de 2007 da Faculdade de Direito das *Faculdades Integradas de Aracruz* (FAACZ), para onde retornou em 2009 para reger a disciplina de direito processual civil. O fato é que a potência intelectual de DIEGO CREVELIN o fez ministrar outras das disciplinas dogmáticas do curso de Direito, como direito constitucional, direito processual penal, direito do consumidor, teoria do direito, filosofia do direito.

O cabedal teórico adquirido com o estudo e o preparo dessas aulas veio contribuindo com o seu pensamento a respeito das coisas do Direito e do Processo. Estudioso aplicado, nele se entrevê o produto do movimento relacional entre o *sujeito cognoscente* (=ele próprio), o *objeto cognoscível* (=Direito e/ou Processo) e o *pensamento* que os co-

---

1 Sobre a relevância desta processualista peruana ao Garantismo Processual, cf. a homenagem que lhe prestou um dos signatários desta Apresentação em: https://emporiododireito.com.br/leitura/63-hoy-me-leo-y-no-me-reconozco-batalhas-de-eugenia-pelo-garantismo-processual.

nexiona, resultando daí um sólido *conhecimento* jurídico. É cativante interagir com DIEGO e perceber a dimensão de seu saber cada vez mais maturado e refletido sobre as coisas do *Processo*.

Essa *polimatia* jurídica, derivada da elaboração, reflexão e exposição de aulas em disciplinas variadas na FAACZ, gerou impacto nos resultados da pesquisa empreendida durante o seu curso de mestrado em Direito na *Universidade Federal do Espírito Santo* (UFES), do qual este livro é um fruto vigoroso. Se as aulas da FAACZ ajudaram DIEGO na estruturação deste livro, DIEGO a ela tem ajudado formando os egressos de sua Faculdade de Direito e dignificando essa instituição de ensino superior situada no interior do Estado. Sorte dos respectivos alunos!

De nossa parte devemos afiançar a grandiosidade conteudística desta obra que DIEGO CREVELIN DE SOUSA oferece à comunidade jurídica. Ao tratar da garantia do *contraditório*, o trabalho de DIEGO permite que se afirme que o *macro fenômeno jurídico-constitucional* a que chamamos de *Processo* substancia-se pela *acusatoriedade* e pela *unitariedade*. Entenda-se o ponto.

A *acusatoriedade* vem demonstrada pela percepção de que o contraditório implica limites à atuação dos juízes e das partes no curso do procedimento. As funções de *pedir* (=autor), de *resistir* (=réu) e de *julgar* (=juiz/tribunal) são específicas de sujeitos processuais distintos e não podem ser usurpadas por quem, prévia e logicamente, o sistema imputou cada uma das respectivas funções.

A *unitariedade* vem demonstrada pela percepção de que o contraditório é uma categoria inerente ao fenômeno *Processo*. Quando a Constituição da República estabelece *a priori* a garantia do contraditório, o faz como diretriz necessária a todo e qualquer *procedimento* que se desenvolva por intermédio do processo jurisdicional. O desenvolver dialético das regras postas em diplomas legais como o CPC, o CPP e a CLT, por exemplo, encontra no contraditório a *enteléquia* que dá legitimidade ao que foi produzido pelo *Processo*. Dito de outro modo, o que no início se mostrava *potencialmente* como *pretensão* e/ou *resistência*, ao final se transformou em *resultado* constitucionalmente legitimado pelo contraditório. Em miúdos: enquanto fenômeno *unitário*, o *Processo* trará dento de si o contraditório que se imporá em qualquer dos *procedimentos* estabelecidos ao nível infraconstitucional. Basta que se leia o inciso LV do art. 5º de nossa Constituição.

Em suma, o juiz e o Poder Judiciário legitimam suas decisões na medida em que as editam mirando o resultado extraído do *contraditório*, cujo exercício é uma garantia constitucional reservada às partes.

Será a *congruência* entre o contraditório e a decisão judicial que revelará se a divisão funcional de trabalho entre as partes e o juiz foi corretamente observada.

Ao nos honrar com este *terceiro presente*, pedindo-nos que fizéssemos uma breve apresentação de sua história e de seu livro, DIEGO CREVELIN permitiu-nos que agregássemos um elemento a mais em nossa própria história.

- Obrigado pelo presente, Diego! Tenha em mente que você é destinatário de nosso respeito (=intelectual), admiração (=pessoal) e amizade (=fraternal).

Jundiaí/Uberaba, agosto de 2020

GLAUCO GUMERATO RAMOS & LÚCIO DELFINO

PREFÁCIO

É com enorme satisfação que prefaciamos a primeira obra solo de Diego Crevelin. Trata-se, sem nenhum favor, de uma pesquisa brilhante e revigorante para a dogmática processual brasileira.

O livro prefaciado preenche importante lacuna no debate conferindo os contornos normativo-democráticos do contraditório e situando a cooperação em seu devido lugar. Ou seja, Diego demonstra como a cooperação não pode ser vista como *princípio* a ser introduzido para desmontar o próprio contraditório e as respectivas garantias do jurisdicionado.

Ademais, dignifica o contraditório no processo e elabora sofisticada crítica a respeito dos poderes instrutórios do magistrado. Por diversas razões, temos uma tendência a sepultar, prematuramente, debates na dogmática processual civil. Os poderes instrutórios são grande exemplo dessa má prática. Essa é uma das razões pelas quais o livro do Diego é tão necessário ao debate contemporâneo.

Em clássico escrito, Robert Walser ensina que *"Obedecemos sem refletir sobre as consequências que trará, no futuro, essa impensada obediência, labutamos sem questionar se é correto e apropriado que tenhamos de realizar semelhantes tarefas".*[2]

Obviamente, Walser se referia a um trágico contexto de guerras, mas ler integralmente a obra prefaciada, faz refletir como passamos, diversas vezes, no direito processual, a cultivar o acessório em vez do principal. Trata-se de introduzir no processo um dos equívocos da modernidade. Ou seja, dedicamos com cada vez mais ênfase, *e.g.*, à celeridade e cooperação em detrimento de uma compreensão sólida e dogmática a respeito do contraditório e da imparcialidade.

Por óbvio, não se trata de afirmar que celeridade e cooperação não tenham sua relevância na dogmática. O que ocorre é um desvelamento

---

2 WALSER, Robert. *Jakob von Gunten:* um diário. São Paulo: Companhia das Letras, 2011, pp. 33.

de um campo inexplorado da dogmática processual nos forçando a compreender novos conceitos a partir de inovadores paradigmas.

Sem nenhum exagero, o autor promove um *desvelamento* de determinados conceitos dogmáticos, no melhor sentido *heideggeriano*, introduzindo um clarão na dogmática processual encoberta por compreensões metafísicas. O que Heidegger ensina é que. a partir de sua intuição fundamental. é que a compreensão do ser é algo inerente à condição humana, que nos acompanha desde sempre, ainda que dela não necessariamente estejamos conscientes. Há um vínculo necessário entre homem e ser, na medida em que, para mencionar algo, é preciso dizer que esse algo "é". E tal vínculo a Metafísica não pensou. Ora, quem diz o "é" do ser é este ente chamado homem, ser humano e que, em Heidegger, responde pelo termo alemão *Dasein*, definido por Paul Ricouer como "um ser cujo ser consiste em compreender"[3].

Portanto, toda problemática ontológica (a pergunta pelo sentido do ser) passa pela compreensão desse ente que pode dizer que é porque compreende o ser. Assim, surge o que o filósofo denomina ontologia fundamental. É fundamental por possibilitar todas as demais ontologias. Na ontologia fundamental, através da analítica existencial, compreendem-se as estruturas do ente que, existindo, compreende o ser.

O *Dasein* existe porque compreende o ser e, compreendendo o ser, compreende a si, lançando-se para adiante da própria existência. Quando se diz que a Constituição deve fundamentar todas as leis e proposições jurídicas, que os princípios constitucionais devem sempre ser observados, que os direitos fundamentais são limites intransponíveis para os particulares e principalmente para o Estado, que no Estado Constitucional há obrigação de se fundamentar as decisões da Administração e do Judiciário, há toda uma estrutura de sentido que se antecipa e possibilita dizê-los. Esses preceitos não surgem do nada, não há um grau zero que os antecede.

Nessa perspectiva, o livro do Diego produz mais que dogmática processual, ele desenvolve conceitos da teoria do direito e do direito constitucional. A obra evidencia que não há uma essência que defina de forma definitiva a cooperação e os poderes instrutórios. Na realidade, são temas que a todo tempo precisam ser desvelados e repensados,

---

3 Paul Ricoeur. *O Conflito das Interpretações*: ensaios de Hermenêutica. Rio de Janeiro: Imago, 1978. p. 9. Ver ainda: Ernildo Stein. *Racionalidade e Existência*. Uma introdução à filosofia. Porto Alegre: LP&M, 1988. p. 79; Martin Heidegger. *Ser y Tiempo*. Madrid: Trotta, 2003, especialmente § 44, *b*, p. 239-246.

sob risco de produzirmos uma dogmática processual encobridora de conceitos e funcionalidades.

Diego compreende a teoria do direito e compreendendo a teoria ele *compreende* a dogmática processual e não se conforma com uma sedimentação perene de conceitos, apresentando releitura de conceitos-chaves para uma visão processual que não se apegue a dogmas, mas que saiba produzir verdadeira dogmática.

Portanto, parabenizamos a editora Casa do Direito (Letramento) por propiciar ao público leitor uma obra fundamental para a compreensão do contemporâneo no direito processual.

De São Paulo para Vitória, com a amizade fraterna que une os dois prefaciadores,

AUGUSTO PASSAMANI BUFULIN E GEORGES ABBOUD

INTRODUÇÃO

Este trabalho é a versão comercial de dissertação desenvolvida no Mestrado em Direito Processual da Universidade Federal do Espírito Santo.

A pesquisa tem por objeto o art. 5º, LV, CRFB, segundo o qual são assegurados aos litigantes, em processo judicial ou administrativo, e aos acusados em geral o contraditório e ampla defesa, com os meios e recursos a ela inerentes.

Mais especificamente, pretende-se investigar a dupla dimensão da referida garantia, uma relativa à sua estrutura relacional e outra ao seu conteúdo, das quais derivam os critérios necessários para o estabelecimento de uma equilibrada divisão de trabalho entre partes e juiz.

Pretende-se verificar a viabilidade de se falar em uma dupla dimensão da divisão de trabalho entre partes e juiz, a saber, uma dimensão funcional, que permite definir quem tem competência para exercer cada função processual, e uma dimensão argumentativo-discursiva, que define como o titular de cada função processual pode exercê-la.

Entretanto, a doutrina pouco se debruça sobre a primeira dimensão, o que pode dificultar ou mesmo impedir o estabelecimento de uma divisão equilibrada de trabalho entre partes e juiz, dada a possibilidade de que o segundo exerça funções dos primeiros, além das suas próprias. A questão central é identificar os critérios para uma distribuição funcional de trabalho entre as partes e o juiz.

Este trabalho se interessa exclusivamente pelas funções processuais das partes e do juiz, não investigando aspectos relativos a funções de titularidade de outros sujeitos processuais.

O primeiro capítulo fixa as noções que nortearão todo o trabalho, demarcando o que se entende por dogmática jurídica e explicitando as teorias adotadas sobre direitos fundamentais (teoria liberal ou clássica) e processo (como instituição de garantia contrajurisdicional de liberdade e «liberdade»).

O segundo capítulo trata da dupla dimensão do contraditório. Examina seu conteúdo (dimensão formal e dimensão substancial) suas restrições. Explora sua estrutura relacional (com exame da teoria das relações, de uma teoria da relação jurídica e do próprio contraditório como uma relação jurídica). Distinguindo imparcialidade, impartialidade e incompatibilidade de funções, identifica o contraditório, em sua estrutura relacional, como critério para a atribuição de funções às partes e ao juiz.

O terceiro capítulo examina a questão da função social do processo e seus principais corolários (os poderes instrutórios do juiz, a adaptação procedimental *ope iudicis* e a interpretação segundo valores e captura dos influxos sociais para a atualização do direito), descrevendo-os e examinando-os criticamente.

O quarto capítulo examina a proposta cooperativista de divisão de trabalho entre parte e juiz com o fito de identificar que ela se concentra na dimensão argumentativo-discursiva da divisão de trabalho, propondo, parte em correção, parte em complemento, aportes para uma dimensão funcional da divisão de trabalho entre partes e juiz.

Fez-se uso da literatura jurídica e da legislação pátria, sobretudo o art. 5º, LV, CRFB, já que se busca desenvolver o tema descritivamente. Há aportes de literatura e legislação estrangeira, no essencial.

Considera-se que a pertinência e justificativa do presente trabalho decorre do fato de que o tema da distribuição funcional de tarefas entre partes e juiz é tema pouco explorado, de modo que pode servir tanto à sistematização do assunto, inclusive fornecendo critérios para impedir a violação da dimensão estrutural do art. 5º, LV, CRFB, inclusive, se for o caso, com a reinterpretação ou mesmo a proscrição de dispositivos legais infraconstitucionais.

Justifica-se a pesquisa, ao fim e ao cabo, para que o exercício dos poderes do Estado não se faça para além do que permite a Constituição, que serve, fundamentalmente, ainda que não exclusivamente, à contenção do poder.

Deve ser dito que o trabalho envolve construção e desconstrução. A construção diz respeito à edificação dos critérios definidores da dimensão funcional da divisão de trabalho entre partes e juiz. A desconstrução, ao enfrentamento tão detido quando possível das construções teóricas com as quais a proposta ora desenvolvida colide direta ou indiretamente. Ela demandará incursões que, de certo modo, transcendem o objeto nuclear da pesquisa, mas foram consideradas necessárias por duas razões: primeiro, a afirmação da proposta aqui encampada exige a rejeição de inúmeras proposições; segundo, por se concordar que "o êxito em qualquer projeto científico não se mede apenas pelo consenso, mas às vezes pelo dissenso que causa"[4]. Esclarecer e fundamentar o que se propõe não é menos importante do que evidenciar os motivos pelos quais se diverge do entendimento hegemônico. Se a proposta não convencer pelo que lhe é próprio – e é perfeitamente possível (e provável) que não convença –, ela pelo menos terá servido para pôr à luz as razões subjacentes a sensíveis divergências fundamentais, as quais poderão ser objeto de revisitação, seja para reafirmá-las sob suas próprias bases, sob bases novas ou, quiçá, para modifica-las, superficial ou radicalmente. Nada disso é de somenos importância.

---

4 SOUZA CRUZ, Álvaro Ricardo de. *O Discurso Científico na Modernidade*. Rio de Janeiro: Lumen Juris, 2009, p. 222.

1
DIREITOS FUNDAMENTAIS E PROCESSO

1.1. DELIMITAÇÃO DO OBJETO DA PESQUISA

Este trabalho pretende realizar uma dogmática constitucional da garantia do contraditório em sua dimensão estrutural, isto é, como critério para a atribuição de funções processuais às partes e ao juiz.

Com esse recorte, não se pretende esgotar todos os aspectos do contraditório. Dotada de duas dimensões, uma relativa ao seu conteúdo e outra à sua estrutura, a primeira será referida no essencial, desdobrando-se o trabalho a partir dos achados relativos à segunda.

Inicia-se definindo o que aqui se entende por dogmática, bem como revelando os referenciais teóricos da teoria liberal dos direitos fundamentais e do garantismo processual.

1.2. DOGMÁTICA JURÍDICA

O tema da dogmática jurídica é complexo e controverso. As cogitações a seu respeito serão aqui realizadas no limite do necessário, ancorando-se em elementos a respeito dos quais há certo consenso quanto à definição e à finalidade.

Pois bem.

Tércio Sampaio Ferraz Jr. ensina que a dogmática é um modo de pensamento fundado em dois postulados básicos: inegabilidade dos pontos de partida e exigência de respostas aos problemas levantados[5].

A dogmática surge em sociedades cujo grau de complexidade permite uma diferenciação e delimitação do sistema jurídico, como distinto dos demais sistemas (político, econômico, religioso etc.). Ela

---

5 FERRAZ JR., Tércio Sampaio Ferraz. *Função Social da Dogmática Jurídica*. 2 ed. São Paulo: Atlas, 2015, p. 92 e ss.

pressupõe uma organização interna em que exista a possibilidade de se decidir de modo vinculante sobre questões jurídicas em oposição a questões de fato. O problema da aplicação não se configura numa relação direta norma/realidade, mas na relação da norma como premissa de decisão e tomada de decisão. Segundo Ferraz Jr, "os conceitos dogmáticos e as doutrinas *não constituem* o sistema do Direito, mas *dirigem-no*"[6].

Isso já torna necessário definir o sentido da expressão "sistema do Direito", que, de resto, é dúbia.

Tárek Moysés Moussallem ensina que sistema é um conjunto de elementos relacionados entre si e aglutinados por meio da linguagem. Sistema é palavra de classe, uma categoria lógica. Classe é entidade linguística, produto da aglutinação de objetos em determinado grupo em razão de reunirem determinadas características definitórias. Por exemplo: vaca, cachorro e homem são palavras que se incluem na palavra-de-classe mamífero porque o homem lhes imputou um critério aglutinador: possuir glândulas mamárias. O ato de classificar, então, é uma operação de subsunção: certa palavra pertence a uma determinada palavra de classe se satisfizer os seus critérios de uso. Note-se que o sistema exige apenas coerência intrassistêmica, ou seja, no plano sintático (relação signo-signo), podendo haver contradição nos planos semântico (relação signo-significado) e pragmático (relação signo-usuário), condicionados que são pela experiência[7].

Portanto, para se falar em sistema do Direito ou jurídico cumpre identificar um critério aglutinador, aquele que deve ser observado para se determinar o que o integra e o que não.

Da distinção entre sistemas nomológicos[8] e sistemas nomoempíricos[9], estes é que interessam quando se pensa em sistema do Direito ou

---

6 FERRAZ JR., Tércio Sampaio Ferraz. *Função Social da Dogmática Jurídica.* 2 ed. São Paulo: Atlas, 2015, págs. 96 e 122.

7 MOUSSALLEM, Tárek Moysés. *Fontes do Direito Tributário.* 2 ed. São Paulo: Noeses, 2006, págs. 45-47.

8 São aqueles "cujo desenvolvimento obedece à derivação dedutiva de proposições básicas situadas no interior do sistema. Por exemplo: a Lógica e a Matemática. Por isso, são ricos no plano sintático, porém pobres quando analisados pelas perspectivas semântica e pragmática". (MOUSSALLEM, Tárek Moysés. *Fontes do Direito Tributário.* 2 ed. São Paulo: Noeses, 2006, p. 45).

9 "são assim denominados porque neles a linguagem está sempre aberta ao acrescentamento de enunciados fundados na experiência. Daí por que aludimos à im-

jurídico. Os sistemas nomoempíricos podem ser descritivos ou prescritivos. Os sistemas nomoempíricos descritivos têm função gnosiológica (conhecimento) e são formados por enunciados descritivo-explicativos. Já os sistemas nomoempíricos prescritivos têm função regulamentadora de condutas e são formados por enunciados prescritivo-ordenatórios. Portanto, quando se pensa em "direito" é possível falar em dois sistemas: sistema da Ciência do direito e sistema do direito positivo[10].

Como só ingressam num sistema os elementos que reúnem as características exigidas pelo seu critério aglutinador e como são distintos os sistemas da Ciência do direito e o sistema do direito positivo, os enunciados pertencentes a um não ingressam no outro.

Tratando do critério aglutinador de cada um desses sistemas, Hans Kelsen ensina que o órgão jurídico competente (autoridade) prescreve normas jurídicas que o cientista descreve através de proposições jurídicas[11]. Daí a distinção por ele proposta entre a interpretação feita pela ciência jurídica e a interpretação realizada pelos órgãos jurídicos: a primeira é pura determinação cognoscitiva do sentido das normas (por isso inautêntica), ao passo em que a segunda é ato de vontade criador de direito (por isso autêntica). A interpretação jurídico-científica deve se limitar a estabelecer as possíveis significações de uma norma jurídica, abstendo-se de tomar partido por uma dentre as possibilidades por ela franqueadas, atividade que tem caráter de política jurídica e só pode ser realizada pelo órgão jurídico competente[12]. Portanto, ingressam no sistema do direito positivo os enunciados prescritivos produzidos por órgãos jurídicos competentes definidos por normas jurídicas, ao passo em que ingressam no sistema da Ciência do direito as proposições jurídicas produzidas pelos cientistas do direito.

---

portância, além das suas dimensões sintáticas, das suas perspectivas semântica e pragmática". (MOUSSALLEM, Tárek Moysés. *Fontes do Direito Tributário*. 2 ed. São Paulo: Noeses, 2006, p. 47).

10 MOUSSALLEM, Tárek Moysés. *Fontes do Direito Tributário*. 2 ed. São Paulo: Noeses, 2006, p. 49.

11 KELSEN, Hans. *Teoria Pura do Direito*. São Paulo: Editora WMF Martins Fontes, 2012, p. 80 e ss.

12 Em suas palavras: "um escritor que, num comentário, elege uma interpretação determinada, de entre as várias interpretações possíveis, como a única acertada, não realizam uma função jurídico-científica mas uma função jurídico-política (de política jurídica)". (KELSEN, Hans. *Teoria Pura do Direito*. São Paulo: Editora WMF Martins Fontes, 2012, págs. 395-396).

No direito brasileiro, doutrinadores (ou doutrina, conforme a perspectiva que se adote) não são fonte do direito. Os enunciados do sistema da Ciência do direito constituem metalinguagem cuja linguagem-objeto são os enunciados do sistema do direito positivo.

A proposta kelseniana atribui à ciência do direito o papel apenas descritivo-contemplativo[13]. Mas essa não é a única abordagem. Alguns autores atribuem inúmeras outras funções ao cientista do direito[14]. Duas merecem destaque aqui: a função normativo-crítica e a função político-jurídica.

Segundo a função normativo-crítica, a ciência do direito revolve o conjunto de enunciados prescritivos produzidos pelos órgãos jurídicos competentes para oferecer respostas corretas entre aquelas cabíveis na moldura normativa. Ela exerce um controle epistemológico tanto de si própria quanto dos órgãos jurídicos encarregados da aplicação

---

13 "Por interpretação "científica" Kelsen denomina a interpretação que evidencia, descritivamente, o campo de possibilidades semânticas da norma. Como o papel da ciência é "descrever", isso o induz a excluir dessa etiqueta toda interpretação que implique algum processo de escolha entre os sentidos pensáveis de um material jurídico. Kelsen, desse modo, relaciona o ato de "escolha" de um dos "sentidos" da norma à valoração, e, por conseguinte, à política jurídica. Conseqüência disso é que a distinção entre a interpretação realizada pela "autoridade jurídica" e a realizada pela "ciência jurídica" deve-se ao fato de a primeira ser sempre técnica e obrigatória juridicamente, ao passo em que a segunda não tem efetividade jurídica, não vincula, é conhecimento puro". (SGARBI, Adrian. *Teoria do Direito*. Primeiras Lições. Rio de Janeiro: Lumen Juris. 2007, p. 446).

14 Entre tantas outras: "(i) criar o Direito, quando transforma a regra em outra regra, após sua interpretação; (ii) sistematizar o Direito, por meio de constructos teóricos, que procuram agrupar instituições, províncias e figuras jurídicas, por diferentes métodos (aproximação específica, comparatismo, pandectismo, tópica); (iii) reformar as leis e as instituições jurídicas, por meio de estímulos ao legislador, o que se faz com grande superioridade pela doutrina, dada a vantagem de pensar o Direito de modo sistemático, teórico e descompromissado com elementos circunstanciais; (iv) influenciar e criticar as decisões jurisprudenciais, servindo-lhes de fundamento e de meio de reflexão; (v) controlar a atuação judicial, o que deveria ocorrer pelas críticas nos fóruns acadêmicos, simpósios, congressos, livros e ensaios; (vi) criar novos institutos e figuras jurídicas, muita vez a partir da elaboração racional ou da observação dos fenômenos". (RODRIGUES JÚNIOR, Otávio Luiz. Dogmática e Crítica da Jurisprudência (ou da vocação da doutrina em nosso tempo). Revista dos Tribunais *Online,* Revista dos Tribunais, vol. 891, p. 65-106, Jan./2010).

do direito[15]. Essa função corresponde ao que Kelsen chama de função política.

Já a função político-jurídica é aqui considerada a atividade que persegue e estimula a transformação do sistema do direito positivo, com vistas a tornar real o que se reputa ideal. O cientista do direito pode buscar enriquecer o debate público nesse sentido, mas deve fazê-lo com transparência e rigor metodológico, evitando (e não dissimulando) que suas propostas de inovações para o futuro sejam lidas como soluções de descrição contemplativa ou tomadas de posição normativo-críticas aplicáveis no presente[16-17].

Este trabalho aceita que a ciência do direito pode exercer, pelo menos, essas três funções: descritivo-contemplativa (dizer o que o direito positivo é); normativo-crítica (sustentar qual é a correta dentre as respostas possíveis no quadro do sistema do direito positivo); e político-jurídica (propor como o direito positivo deveria ser). As duas primeiras se manifestam por discursos de *lege lata* e a última, por discurso de *lege ferenda*.

O que se acaba de dizer suplica o esclarecimento do que aqui se entende por *praxis,* dogmática jurídica, teoria do direito e ciência jurídica. Para tanto, serão considerados os trabalhos produzidos por William Galle Dietrich.

---

15 Nesse sentido, pela tradição hermenêutica: STRECK, Lenio Luiz. *Dicionário de Hermenêutica.* Quarenta temas fundamentais da Teoria do Direito à luz da Crítica Hermenêutica do Direito. Belo Horizonte: Letramento/Casa do Direito, 2017, págs. 41-44. Pela tradição analítica: FERRAJOLI, Luigi. *Garantismo.* Uma discussão sobre direito e democracia. Rio de Janeiro: Lumen Juris, 2012, págs. 47-51. Defendendo a função normativa da doutrina, inclusive reportando o debate entre Ronald Dworkin e Richard Posner: ABBOUD, Georges. *Processo Constitucional Brasileiro.* 3 ed. São Paulo: Thomson Reuters, 2019, págs. 331-336.

16 Não havendo lacunas ou antinomias resolvíveis pelo Judiciário, deve o político do direito saber e se conformar com o fato de que suas idealidades dependem da absorção através do devido processo legislativo, afinal o Judiciário não pode criar direito *ex novo*: COSTA, Eduardo José da Fonseca. As Garantias Arquifundamentais Contrajurisdicionais: Não-Criatividade e Imparcialidade. *Empório do Direito*, Florianópolis, 19 abr. 2018. Disponível em: https://bit.ly/2y2LUcl. Acesso em 20.02.2020.

17 Toma-se a liberdade de falar em função político-jurídica apenas por ser realizada por juristas. Essencialmente, porém, ela em nada se distingue da atividade empreendida por qualquer do povo que pretende transformar o direito positivo. A função político-jurídica é, a rigor, exercício de política.

Praxis envolve o material bruto que é produto do trabalho dos operadores do direito em geral (*v. g.* Constituição, leis, precedentes etc.). É composta pelos enunciados prescritivos produzidos pelos órgãos jurídicos competentes. Nela ocorre a criação, modificação e extinção do direito. Ela fornece o objeto da dogmática e da teoria do direito[18].

A dogmática jurídica é identificada pelos critérios do objeto, do tempo de referência, dos destinatários e da função[19]. O objeto da dogmática jurídica é a *praxis* e os problemas concretos. O tempo de referência da dogmática jurídica é o presente. Ela lida com problemas existentes do momento e que devem ser resolvidos com base no material jurídico em vigor. Seu ponto de referência é de *lege lata*. Os destinatários da dogmática jurídica são aqueles que lidam com problemas concretos: juízes, advogados, membros do Ministério Público, auditores fiscais etc. A função da dogmática jurídica é auxiliar/orientar os práticos na resolução dos problemas concretos, com uso do material disponibilizado pela *praxis* e pela teoria do direito. Os textos dogmáticos contêm razões e argumentos que podem (ou melhor, devem) ser utilizados pelos órgãos jurídicos encarregados da aplicação do direito. Ela oferece respostas de *sententia ferenda*[20], indicando como determinado dispositivo deve ser interpretado para a solução de um caso. Ainda, apresenta critérios interpretativos para a realização do controle de constitucionalidade[21]. Assim compreendida, a dogmática jurídica não se limita à função descritivo-contemplativa (arrolar as possíveis respostas em

---

18 DIETRICH, William Galle. Ciência Jurídica e Garantismo Processual – 1ª Parte. *Empório do Direito*, Florianópolis, 16 mar. 2020. Coluna Garantismo Processual. Disponível em: https://bit.ly/3fVEoRN. Acesso em 03.03.2020.

19 DIETRICH, William Galle. Ciência Jurídica e Garantismo Processual – 2ª Parte. *Empório do Direito*. Florianópolis, 18.05.2020. Coluna Garantismo Processual. Disponível em: https://bit.ly/3lBRqq2. Acesso em 31.08.2020.

20 GUASTINI, Riccardo. Il realismo giuridico ridefinito, *Revus* – european constitucionality review, n. 19, Klub Revus, 2013. p. 108.

21 DIETRICH, William Galle. Ciência Jurídica e Garantismo Processual – 1ª Parte. *Empório do Direito*, Florianópolis, 16 mar. 2020. Coluna Garantismo Processual. Disponível em: https://bit.ly/3fVEoRN. Acesso em 03.03.2020. Em reforço, "Dogmática jurídica, por sua vez, tem por objeto a sistematização de institutos, instituições e conceitos jurídicos que servem diretamente como ferramentas da concretização do direito vigente. Pressupõe certa metódica que também tem estrutura dogmática. Assim como uma teoria, também uma dogmática jurídica pode estar equivocada por inconsistência ou, principalmente, se perder o liame com o parâmetro decisório por excelência, a norma válida". (MARTINS, Leonardo. *Liberdade e*

face da *praxis*), mas avança para a função normativo-crítica (apontar a resposta que considera correta entre as possíveis)[22].

Não faz dogmática jurídica o cientista do direito que persegue soluções de *lege lata,* realizando o que acima se denominou função político-jurídica. Ela se distingue em relação a todos os elementos acima referidos: seu objeto são soluções ideais, não a *praxis*; seu destinatário é o legislador, não os práticos; seu tempo é o futuro (como o direito deve vir a ser), não o presente (o dever ser em vigor); sua função/finalidade é a transformação do direito positivo, não a solução de casos concretos atuais pendentes de julgamento.

Os critérios de racionalidade se alteram completamente. A função político-jurídica pode utilizar argumentos que incorporam elementos metajurídicos, próprios da racionalidade política *stricto sensu*. Diversamente, as funções descritivo-contemplativa e normativo-crítica só podem utilizar argumentos limitados à *praxis,* próprios da racionalidade jurídica *stricto sensu*, limitada ao código binário lícito/ilícito[23].

Estado Constitucional. Leitura jurídico-dogmática de uma complexa relação a partir da teoria liberal dos direitos fundamentais. São Paulo: Atlas, 2012, p. 8).

22 Evidentemente, cada cientista do direito pode escolher se realizará apenas a função descritivo-contemplativa ou também a função normativo-crítica. Trata-se de uma escolha livre.

23 DIETRICH, William Galle. Ciência Jurídica e Garantismo Processual – 2ª Parte. *Empório do Direito*. Florianópolis, 18.05.2020. Coluna Garantismo Processual. Disponível em: https://bit.ly/3lBRqq2. Acesso em 31.08.2020. Frise-se que Dietrich considera aconselhável que o cientista do direito emita discursos de *lege ferenda*, mas entende que não se deve nomear essa atividade de dogmática jurídica: "Os doutrinadores devem evitar a argumentação de *lege ferenda*? É evidente que não. É preciso novamente destacar e deixar muito claro: ao afastar-se a argumentação de *lege ferenda* do âmbito dogmático – seja pelos seus destinatários ou pela sua racionalidade – não quer dizer que juristas não devem fazer argumentos de *lege ferenda* e procurar auxiliar o legislador no seu trabalho. Pelo contrário, é bastante aconselhável que o façam, justamente pelo conhecimento técnico que possuem sobre as possibilidades e consequências de eventuais alterações legislativas. Contudo, é preciso que essa "parede" seja erguida. É preciso deixar claro que não se trata de um texto de dogmática e que juízes, advogados e promotores não devem tomá-los como seus destinatários (...) um juiz, ao observar um texto dogmático, tende a tomar aquela orientação para si. Assim também o faz um advogado ou um promotor. Se a orientação vem com o rótulo de dogmática, mas com substância de *lege ferenda*, não é incomum que a questão passe despercebida e um operador do direito passe a tomar orientações legiferantes como se judicantes fossem". O autor deliberadamente não atribuiu um nome a essa atividade da ciência jurídica. Concorda-se com seus

A teoria do direito é concebida como empreendimento eminentemente conceitual e descritivo, que se debruça essencialmente sobre a *praxis* e a dogmática, buscando descrevê-las. Autores há que atribuem também à ciência do direito uma função prescritiva, correspondente ao que aqui se denomina função normativo-crítica da dogmática jurídica[24].

A ciência do direito, por fim, é o conjunto de todos os elementos acima referidos: *praxis,* dogmática jurídica e teoria do direito.

A dogmática jurídica adquire cientificidade quando é fundamentada. A afirmação de que determinado dispositivo constitucional ou legal pode ser interpretado nesse ou naquele sentido não é, em si, verdadeira nem falsa. Ela se torna científica quando é justificada a partir de elementos passíveis de aferição quantitativa e qualitativa, submetendo-se ao controle de racionalidade e consistência[25]. Proposições baseadas apenas em impressões pessoais não ostentam dignidade científica para fins dogmáticos.

Essas considerações foram feitas para explicitar as bases da afirmação de que neste trabalho se pretende realizar uma dogmática constitucional da garantia do contraditório em sua dimensão estrutural. Será empreendida uma dogmática de *lege lata* normativo-crítica. Trabalhar-se-á com a análise de textos normativos, notadamente da Constituição, do CPC, da jurisprudência (*praxis* e inegabilidade dos pontos de partida), inclusive dialogando com a doutrina, com vistas a apresentar critérios considerados corretos para definir a titularidade das funções processuais das partes e do juiz (resolução de conflitos com previsibilidade e racionalidade).

---

argumentos e opta-se por não designar essa atividade de dogmática jurídica, mas atribui-se, pelas razões encimadas, o nome de "função político-jurídica". De todo modo, cumpre reconhecer que essa não é uma função *exclusiva* do cientista do direito. Quando muito, ele é um agente privilegiado, mas não o único.

24 DIETRICH, William Galle. Ciência Jurídica e Garantismo Processual – 1ª Parte. *Empório do Direito*, Florianópolis, 16 mar. 2020. Coluna Garantismo Processual. Disponível em: https://bit.ly/3fVEoRN. Acesso em 03.03.2020.

25 Como afirma Dietrich: "se a doutrina opera sobre uma base formada de um material legislativo (*lege lata*) e de técnicas interpretativas comumente aceitas, o seu nível de proposições objetivas acaba sendo mais controlável". (DIETRICH, William Galle. Ciência Jurídica e Garantismo Processual – 2ª Parte. *Empório do Direito*. Florianópolis, 18.05.2020. Coluna Garantismo Processual. Disponível em: https://bit.ly/3lBRqq2. Acesso em 31.08.2020).

Dado que aqui se trabalhará o contraditório como garantia fundamental, pois positivado no art. 5°, LV, CRFB, passa-se à caracterização da teoria dos direitos fundamentais aqui adotada: a teoria liberal dos direitos fundamentais.

1.3. TEORIA LIBERAL DOS DIREITOS FUNDAMENTAIS

O Direito é fruto de decisão política[26]. Ele pode não ser considerado apenas isso, mas possui uma inegável dimensão política[27]. E isso é o que basta aqui.

Sendo o constitucionalismo o movimento de contenção jurídica do poder político[28], marcado pela conquista paulatina, entre avanços e

---

26 "Afinal, o que é o direito? Existem direitos antes das escolhas feitas por uma comunidade? Parece-nos evidente que não e é isso que almejamos dividir com o público neste livro. Ora, antes de tornarem-se Direito, as pautas são políticas e, como tal, devem ser objeto de debate e decisão pela sociedade, o que em geral ocorre por aqueles competentes por representá-la. Isso não é uma questão "meramente formal": trata-se da realização dos valores da própria democracia, dentre os quais se destaca o autogoverno e as premissas que este implica". (SANT'ANNA, Lara Freire Bezerra de. *Judiciário como Guardião da Constituição*: Democracia ou Guardiania? Rio de Janeiro: Lumen Juris, 2014, p. 12). Sobre a moralidade intrínseca ao processo legislativo de produção do direito, conferir: WALDRON, Jeremy. *A Dignidade da Legislação*. São Paulo: Martins Fontes, 2003, *passim*.

27 Nem jusnaturalistas discordam disso, nem mesmo os alinhados à tradição aristotélico-tomista: "A alteridade, ou a diferença entre as pessoas, não pode ser evadida por um apelo ao que é comum: a razão, os direitos humanos, os princípios éticos. Isso ocorre porque não há uma identidade entre as pessoas na definição do que é comum (...) Se não há uma definição teórica do comum que possa ser partilhada por toda a comunidade política (essa é a utopia totalitária), pode e deve haver uma definição prática, estabelecida por meio de um pacto. O pacto preserva a liberdade de manter a própria visão teórica do comum, aceitando, de outro lado, a necessidade de se criar praticamente o comum, entre os diferentes (...) Se a liberdade tem seu lugar privilegiado de manifestação na auto-obrigação da promessa, também um povo que quer ser livre deve ser capaz de viver sob pactos, que levem os cidadãos a transcenderem seu autointeresse, possibilitando uma ordem fundada na liberdade – a ordem jurídica". (BARZOTTO, Luiz Fernando. *Teoria do Direito*. Porto Alegre: Livraria do Advogado, 2017, págs. 48, 54-55). Do mesmo autor, conferir: BARZOTTO, Luis Fernando. *Filosofia do Direito*. Os conceitos fundamentais e a tradição jusnaturalista. Porto Alegre: 2010.

28 ABBOUD, Georges. *Processo Constitucional Brasileiro*. 3 ed. São Paulo: Thomson Reuters Brasil, 2019, p. 441.

retrocessos, de direitos fundamentais, estes claramente transitam entre o direito e a política[29].

Trivial que seja, a constatação tem dupla justificativa: evita leituras idealizadas dos direitos fundamentais, descoladas da realidade jurídico-constitucional de dada comunidade política situada no tempo e no espaço[30] e orienta o jurista a concentrar seu trabalho em uma dimensão dogmática dos direitos fundamentais, ao estudo de seu conteúdo normativo[31].

Rejeitam-se duas abordagens muito comuns a respeito dos direitos fundamentais: a retórica e a superficial ou supostamente democrática.

A abordagem retórica se limita a exaltar a prevalência dos direitos humanos e os valores por eles expressos. Ela tem uma função importante em tempos de exceção e autoritarismo, mas pouca utilidade em regimes assentados sobre estruturas liberais e democráticas. Limitando-se a catalogar os direitos fundamentais reconhecidos nas constituições e nos instrumentos internacionais, não fornece orientação sobre o conteúdo normativo dos direitos fundamentais, seu alcance e condições em que podem ser restringidos em sua interação com outros direitos fundamentais[32].

A abordagem superficial ou supostamente democrática se limita a atribuir um caráter programático (mero manifesto político) aos direitos fundamentais. Assume a impossibilidade da satisfação simultânea

---

29 "os direitos fundamentais apresentam, dos pontos de vista histórico e atual, uma especial *proximidade à política*. Os direitos fundamentais tiveram de ser politicamente conquistados, e a sua interpretação e aplicação cai continuamente na discussão política. (...) Isso até conduz, por vezes, ao entendimento errado de que a interpretação da Constituição e especialmente a dos direitos nada mais é que política (...) Mas, a par da origem democrática do poder, a maior conquista do Estado constitucional dos tempos modernos consiste em ter subordinado ao direito o exercício do poder. Na relação do particular com o Estado aplicam-se, por via dos direitos fundamentais, os padrões do direito". (PIEROTH, Bodo. SCHLINK, Bernhard. *Direitos Fundamentais*. Trad. António Francisco de Sousa, António Franco. 2 ed. São Paulo: Saraiva Educação, 2019, edição Kindle, posições 667-679).

30 Que, eventualmente, pode se integrar uma comunidade internacional e com ela compartilhar de determinadas conquistas nesses domínios.

31 DIMOULIS, Dimitri. MARTINS, Leonardo. *Teoria Geral dos Direitos Fundamentais*. 6 ed. São Paulo: Thomson Reuters Brasil, 2018, p. 16.

32 DIMOULIS, Dimitri. MARTINS, Leonardo. *Teoria Geral dos Direitos Fundamentais*. 6 ed. São Paulo: Thomson Reuters Brasil, 2018, p. 16.

de todos os direitos fundamentais e deixa toda a sua concretização a cargo do legislador ordinário. A primazia da Constituição é substituída pela das normas infraconstitucionais. Os direitos fundamentais deixam de ser critério jurídico de proteção do indivíduo contra o Estado, fragilizando a característica básica do constitucionalismo: a contenção jurídica do poder político. Eis a sua superficialidade: os direitos fundamentais ficam à disposição do legislador ordinário, que deveria estar a eles vinculado e ser por eles limitado[33].

Adota-se uma abordagem jurídico-constitucional que analisa os direitos fundamentais em sua configuração jurídica e oferece critérios operativos para resolver problemas concretos. A exiguidade do texto constitucional não deve inibir a doutrina de se esforçar para construir tal dogmática, elaborando regras metodológicas claras, rígidas e rigorosas voltadas a um estudo metodologicamente rigoroso da matéria[34]. Afinal, a principal finalidade dos direitos fundamentais é conferir aos indivíduos uma posição jurídica de direito subjetivo, tanto material quanto processual e, consequentemente, limitar a liberdade de atuação dos órgãos do Estado[35].

É cediço que direito objetivo e direito subjetivo não se confundem. Direito objetivo é o próprio sistema de direito positivo composto por enunciados prescritivos, disciplinando condutas dos indivíduos entre si e dos indivíduos com o próprio ordenamento. Já o direito subjetivo é o vínculo, estabelecido pelo direito objetivo, entre determinada pessoa, titular de um direito, em relação a outra, titular de um dever. Pode-se dizer que primeiro há o direito positivo resultante da vontade política que prescreve regras de comportamento; depois, seguem os direitos subjetivos como reflexos do prescrito.

Tradicionalmente, duas teorias disputam a conformação do direito subjetivo: a teoria da vontade e a teoria do interesse.

---

33 DIMOULIS, Dimitri. MARTINS, Leonardo. *Teoria Geral dos Direitos Fundamentais*. 6 ed. São Paulo: Thomson Reuters Brasil, 2018, págs. 17-18.

34 DIMOULIS, Dimitri. MARTINS, Leonardo. *Teoria Geral dos Direitos Fundamentais*. 6 ed. São Paulo: Thomson Reuters Brasil, 2018, págs. 19-20.

35 "Por esse motivo, cada direito fundamental constitui, na definição do constitucionalista alemão Georg Jellinek (1851-1911), um "direito público subjetivo", isto é, um direito individual que vincula o Estado". (DIMOULIS, Dimitri. MARTINS, Leonardo. *Teoria Geral dos Direitos Fundamentais*. 6 ed. São Paulo: Thomson Reuters Brasil, 2018, p. 61).

A teoria da vontade, associada a Savigny, considera importante o conteúdo do direito subjetivo e o define como poder para manifestar sua vontade em relação ao destino de pessoas e coisas, impedindo a interferência dos demais. Nessa perspectiva, o direito subjetivo consiste na capacidade do indivíduo de impor determinada norma ou decisão.

A teoria do interesse se associa a Jhering e considera decisiva a finalidade do direito subjetivo, que é definida pelo interesse juridicamente protegido e visa a assegurar os fundamentos da existência do indivíduo.

Concorda-se que a primeira definição é a mais adequada, porque indica a função jurídica do direito subjetivo, que dá ao indivíduo o poder de impor sua decisão, vencendo a eventual resistência dos demais[36].

Por isso, os direitos fundamentais são aqui definidos como "direitos subjetivos garantidos na própria Constituição e, portanto, dotados de supremacia jurídica. Os direitos fundamentais *limitam o poder do Estado no intuito de garantir a liberdade individual*"[37].

De modo que a positivação de direitos e garantias subjetivos fundamentais na Constituição é importante porque, de um lado, vincula o Estado e os particulares, e, de outro, impede, em princípio, a sua restrição pela legislação ordinária[38].

É o que encaminha a adoção da teoria liberal dos direitos fundamentais, tal como trabalhada no Brasil por Leonardo Martins[39], cujas lições servirão de base à sua explicação e indicação das ferramentas metodológicas utilizadas.

---

36 Resenha e posicionamento fornecidos por: DIMOULIS, Dimitri. *Manual de Introdução ao Estudo do Direito*. 7 ed. São Paulo: Editora Revista dos Tribunais, 2016, p. 232.

37 DIMOULIS, Dimitri. *Manual de Introdução ao Estudo do Direito*. 7 ed. São Paulo: Editora Revista dos Tribunais, 2016, p. 234. Não se nega a importância da discussão sobre a preexistência ou pré-positividade dos direitos fundamentais, mas ela é desnecessária aqui. Afinal, a Constituição de 1988 positiva inúmeros direitos subjetivos fundamentais, inclusive a garantia do contraditório, objeto desta pesquisa (art. 5°, LV).

38 DIMOULIS, Dimitri. *Manual de Introdução ao Estudo do Direito*. 7 ed. São Paulo: Editora Revista dos Tribunais, 2016, p. 233.

39 Amplamente, com indicação dos autores que desenvolveram, na Alemanha, a teoria liberal dos direitos fundamentais e seu cotejo minudente com as concorrentes teorias dos direitos fundamentais: MARTINS, Leonardo. *Liberdade e Estado Constitucional*. Leitura jurídico-dogmática de uma complexa relação a partir da teoria liberal dos direitos fundamentais. São Paulo: Atlas, 2012, págs. 7-43.

A teoria liberal ou clássica dos direitos fundamentais não implica necessariamente uma opção político-ideológica. Ela se baseia na tese da estrita separação entre Estado e sociedade, mas não oferece um modelo de Estado nem de sociedade[40].

Ela assenta em dois princípios fundamentais: princípio distributivo, que tem como conteúdo normativo a obrigação do Estado de justificar intervenções na liberdade, e não do titular de justificar o exercício da liberdade; e princípio da estrita separação entre legiferação e aplicação do direito (separação dos Poderes)[41].

Ela promove uma consistente e rigorosa dogmática jurídica por assumir as seguintes opções metodológicas: separação entre objeto e parâmetro do controle de constitucionalidade, com vistas a concretizar a separação dos Poderes e o respeito às competências legislativas; compreensão dos direitos fundamentais como direitos de resistência, que agasalha a tese da intervenção e limite à intervenção, ou seja, liberdade significa "livre arbítrio dentro do recorte da vida social em princípio retirado da livre disposição estatal e, destarte, *liberdade negativa*"[42], recusando a ponderação como seu método de aplicação; e atribuição ao Estado do "ônus argumentativo de justificar as restrições aos direitos fundamentais pelo critério da proporcionalidade em sentido *lato*"[43], ou seja, com a vinculação do legislador aos direitos fundamentais substi-

---

40 MARTINS, Leonardo. *Liberdade e Estado Constitucional*. Leitura jurídico-dogmática de uma complexa relação a partir da teoria liberal dos direitos fundamentais. São Paulo: Atlas, 2012, p. 28.

41 MARTINS, Leonardo. *Liberdade e Estado Constitucional*. Leitura jurídico-dogmática de uma complexa relação a partir da teoria liberal dos direitos fundamentais. São Paulo: Atlas, 2012, p. 28. Assim, *v. g.*, "a escolha pelo tamanho do estado e de sua política econômica cabe exclusivamente às instâncias legislativas nos limites de suas competências. Por isso que uma política tributária mais intervencionista perseguida pelo legislador, embora notoriamente contrarie a cartilha neoliberal, não mereceria reparos de fiscais da constitucionalidade com base nos parâmetros desenvolvidos a partir da teoria liberal e por ela refletidos". (MARTINS, Leonardo. *Liberdade e Estado Constitucional*. Leitura jurídico-dogmática de uma complexa relação a partir da teoria liberal dos direitos fundamentais. São Paulo: Atlas, 2012, p. 29).

42 MARTINS, Leonardo. *Liberdade e Estado Constitucional*. Leitura jurídico-dogmática de uma complexa relação a partir da teoria liberal dos direitos fundamentais. São Paulo: Atlas, 2012, p. 31.

43 MARTINS, Leonardo. *Liberdade e Estado Constitucional*. Leitura jurídico-dogmática de uma complexa relação a partir da teoria liberal dos direitos fundamentais. São Paulo: Atlas, 2012, p. 33.

tui-se a exigência formal de lei autorizando a intervenção pela exigência de lei proporcional autorizando a intervenção.

A teoria liberal dos direitos fundamentais adota um método jurídico-construtivo, que prescinde de toda e qualquer ponderação de bens jurídicos. Vale-se de um controle de constitucionalidade das intervenções estatais baseado na análise da legitimidade dos fins perseguidos e dos meios utilizados para tanto, bem como da relação de adequação e necessidade dos meios em face dos fins[44]. É vedado ao Judiciário aferir o suposto valor ou a presumida importância de bens jurídicos e compará-lo com a intensidade da restrição imposta à liberdade. Como se trata de um cálculo político, a competência para tanto é dos mandatários do Legislativo e do Executivo, os únicos que respondem politicamente[45].

O método da teoria liberal dos direitos fundamentais não dá importância ao "contexto da descoberta", isto é, à descrição do caminho mental feito pelo aplicador até sua decisão, pois as associações, preconceitos e pré-entendimentos do jurista não têm como ser estruturados metodologicamente, embora possam ajudar no "contexto da justificação". Apenas este interessa, pois encerra um trabalho jurídico-dogmático e metodológico rigoroso a partir do parâmetro aprovado pela instância político-legislativa e subsequente séria tentativa de falsear a descoberta feita pelo operador do direito, notadamente pelo juiz[46]. Ganha-se em racionalidade ao fechar a argumentação jurídica a elementos estritamente jurídicos, asfixiando o subjetivismo vertido em argumentos de autoridade.

Em suma, a teoria liberal dos direitos fundamentais "defende a função clássica de resistência à intervenção estatal como capaz de me-

---

44 O método é detalhadamente exposto em: DIMOULIS, Dimitri. MARTINS, Leonardo. *Teoria Geral dos Direitos Fundamentais*. 6 ed. São Paulo: Thomson Reuters Brasil, 2018, págs. 227-255. Proposta semelhante – distinta, substancialmente, por insistir, ainda que em bases próprias, na submáxima da proporcionalidade em sentido estrito –, pode ser encontrada em: LAURENTIIS, Lucas Catib de. *A Proporcionalidade no Direito Constitucional*. Origem, modelos e reconstrução dogmática. São Paulo: Malheiros, 2017, págs. 178-259.

45 MARTINS, Leonardo. *Liberdade e Estado Constitucional*. Leitura jurídico-dogmática de uma complexa relação a partir da teoria liberal dos direitos fundamentais. São Paulo: Atlas, 2012, p. 40.

46 MARTINS, Leonardo. *Liberdade e Estado Constitucional*. Leitura jurídico-dogmática de uma complexa relação a partir da teoria liberal dos direitos fundamentais. São Paulo: Atlas, 2012, p. 41.

todológica e dogmaticamente resolver problemas hermenêuticos em torno das normas de direitos fundamentais"[47].

A teoria liberal ou clássica concebe uma noção formal de fundamentalidade. Isso significa que direitos fundamentais são direitos público-subjetivos de pessoas *lato sensu* contidos em dispositivos constitucionais. Um direito é fundamental se e somente se for garantido como tal pelo texto constitucional (ou que tenha força de Constituição). Basta um direito figurar formalmente no rol dos direitos fundamentais para se revestir desse *status*. Um direito modificável sem respeitar os ritos próprios da rigidez constitucional não pode ser considerado fundamental, por mais relevante que seja o seu conteúdo[48].

Quanto às funções, deve-se ver a interação entre o Estado e cada indivíduo como uma relação entre duas esferas em interação. Os direitos fundamentais garantem a autonomia da esfera individual e, ao mesmo tempo, descrevem situações nas quais um determinado tipo de contato é obrigatório[49]. Avulta a função de direitos de *status negativus*. A esfera do Estado não deve interferir na esfera do indivíduo, podendo este repelir eventual interferência estatal, resistindo com vários meios oferecidos pelo ordenamento jurídico. A essência do direito está na proibição imediata de interferência imposta ao Estado. Trata-se de uma obrigação de abstenção de intervenção na esfera de liberdade garantida pela Constituição. É a função original de pretensão de resistência à (direito de defesa contra a) intervenção, proveniente da concepção liberal clássica dos direitos fundamentais[50].

---

47 MARTINS, Leonardo. *Liberdade e Estado Constitucional*. Leitura jurídico-dogmática de uma complexa relação a partir da teoria liberal dos direitos fundamentais. São Paulo: Atlas, 2012, p. 41.

48 DIMOULIS, Dimitri. MARTINS, Leonardo. *Teoria Geral dos Direitos Fundamentais*. 6 ed. São Paulo: Thomson Reuters Brasil, 2018, págs. 52-53.

49 DIMOULIS, Dimitri. MARTINS, Leonardo. *Teoria Geral dos Direitos Fundamentais*. 6 ed. São Paulo: Thomson Reuters Brasil, 2018, p. 53. Como afirma Georges Abboud, "os direitos fundamentais constituem primordialmente uma reserva de direitos que não pode ser atingida pelo Estado ou pelos próprios particulares (...) asseguram ao cidadão um feixe de direitos e garantias que não poderão ser violados por nenhuma das esferas do Poder Público". (ABBOUD, Georges. *Processo Constitucional Brasileiro*. 3 ed. São Paulo: Thomson Reuters Brasil, 2019, p. 838).

50 DIMOULIS, Dimitri. MARTINS, Leonardo. *Teoria Geral dos Direitos Fundamentais*. 6 ed. São Paulo: Thomson Reuters Brasil, 2018, págs. 62-64.

Sem prejuízo de outras funções igualmente importantes assumidas pelos direitos fundamentais[51], isso é suficiente para os objetivos deste trabalho. O devido processo legal (CRFB, art. 5º, LIV) é aqui concebido como direito fundamental de resistência ou de defesa. E sendo o contraditório (CRFB, art. 5º, LV) corolário dele, ostenta o mesmo caráter. Cumpre, então, verticalizar a concepção de processo aqui adotada.

1.4. PROCESSO COMO INSTITUIÇÃO DE GARANTIA CONTRAJURISDICIONAL DE LIBERDADE E «LIBERDADE»

Nos termos do art. 5º, LIV, CRFB, ninguém será privado da liberdade ou de seus bens sem o devido processo legal.

Pretendendo incorporar a teoria liberal dos direitos fundamentais para elaborar uma dogmática constitucional da referida garantia, esta pesquisa considera o processo uma instituição de garantia contrajurisdicional de liberdade e «liberdade», na linha que vem sendo desenvolvida no Brasil principalmente por Eduardo José da Fonseca Costa[52].

---

51 Na esteira de Georg Jellinek, os autores ainda mencionam os direitos de *status positivus*/sociais/a prestações e os direitos de *status activus*/políticos/de participação. Abordam as críticas à teoria trialista apresentadas pelas teorias unitária e dualista, defendendo a superioridade da primeira. Acrescentam os direitos coletivos, não referidos por Jellinek e referem as garantias de organização, relativas às instituições que sustentam o exercício dos direitos fundamentais, como cartórios, polícia, tribunais, e as garantias fundamentais, que são preventivas (dispõe sobre a organização e fiscalização das autoridades estatais e objetivam limitar o poder estatal e concretizar a separação dos poderes) e repressivas (meios processuais em geral), e deveres fundamentais: DIMOULIS, Dimitri. MARTINS, Leonardo. *Teoria Geral dos Direitos Fundamentais*. 6 ed. São Paulo: Thomson Reuters Brasil, 2018, págs. 64, 65, 71, 72-82.

52 Entre inúmeros escritos do autor que exploram essas noções de forma mais direta, destacam-se: COSTA, Eduardo José da Fonseca. O Processo como Instituição de Garantia. *Consultor Jurídico*, São Paulo, 16 nov. 2016. Opinião. Disponível em: https://bit.ly/2WWdArD. Acesso em 05.11.2019; COSTA, Eduardo José da Fonseca. Breves Meditações sobre o Devido Processo Legal. *Empório do Direito*, Florianópolis, 10 jan. 2018. Coluna da Associação Brasileira de Direito Processual. Disponível em: https://bit.ly/2Wwlx83. Acesso em 05.11.2019; COSTA, Eduardo José da Fonseca. O Devido Processo Legal e os Indevidos Processos Infralegal e Extralegal. *Empório do Direito*, Florianópolis, 31 jul. 2018. Disponível em: https://bit.ly/2T9lL-Qe. Acesso em 05.11.2019; COSTA, Eduardo José da Fonseca. A Natureza Jurídica do Processo. *Empório do Direito*, Florianópolis, 22 abr. 2019. Disponível em: https://bit.ly/2LwYxQ6. Acesso em 05.11.2019; COSTA, Eduardo José da Fonseca. Instituição de Poder e Instituição de Garantia. *Empório do Direito*, Florianópolis,

Entende-se que tal conceito fixa as bases para uma rigorosa dogmática constitucional do processo. Diferente das propostas que submetem o processo à Constituição ou cogitam da sua constitucionalização, aqui o processo é instituição de direito constitucional. Não é pensado como algo exterior a ela e que a ela se submete. Emerge dela, contendo *ab ovo* a sua normatividade. Instituição de direito constitucional que é, está impregnada das categorias próprias da dogmática do direito constitucional.

Passa-se à explicação do que aqui se entende por "instituição", "garantia" e "liberdade e «liberdade»", condensando o conceito acima indicado, para, na sequência, confrontá-la brevemente com as concepções concorrentes.

Instituição, ensina Nicola Abbagnano, é significante empregado como objeto específico da sociologia contemporânea, em que é definida como "ciências das instituições". O significante ora é entendido como um conjunto de normas que regulam a ação social, ora em sentido mais geral, como "qualquer atitude suficientemente recorrente num grupo social"[53].

Eduardo José da Fonseca Costa pontua que instituições são entidades, bens, relações, valores, agrupamentos, hábitos, utilidades e normas, cuja preservação estrutural e cujo bom funcionamento são indispensáveis à identidade e à própria existência de uma determinada sociedade e ao bem-estar de seus cidadãos. De modo que instituição, por si só, é um conceito metajurídico. Como instituições exigem aspectos fáticos (são uma realidade social) e valorativos (portam essencialidade social), a Constituição é também uma *instituição*, pois estrutura normativamente as condições políticas fundamentais de convivência social. Ela ostenta índole metainstitucional, porquanto garan-

---

20 jan. 2020. Disponível em: https://bit.ly/2Ww9cAA. Acesso em 22.01.2020; COSTA, Eduardo José da Fonseca. Garantia: Dois Sentidos, Duas Teorias. *Empório do Direito*, Florianópolis, 23 dez. 2019. Disponível em: https://bit.ly/2T7c84R. Acesso em 27.12.2019; COSTA, Eduardo José da Fonseca. Liberdade e Autoridade no Direito Processual: Uma Combinação Legislativa em Proporções Discricionárias? (Ou Ensaio Sobre Uma Hermenêutica Topológico-Constitucional do Processo). *Empório do Direito*, Florianópolis, 15 jan. 2019. Disponível em: https://bit.ly/2T3z-wA0. Acesso em 05.11.2019; COSTA, Eduardo José da Fonseca. Processo: Garantia de Liberdade ou Garantia de Livramento? *Empório do Direito*, Florianópolis, 28 ago. 2019. Disponível em: https://bit.ly/3dMtn31. Acesso em 05.11. 2019.

53 ABBAGNANO, Nicola. *Dicionário de Filosofia*. São Paulo: Martins Fontes, 2007, p. 583.

te e regula instituições. Ou seja, é uma *macro-instituição,* que protege a si (função autorreferente) e a outras *micro-instituições* (função heterorreferente). Uma dessas micro-instituições é o processo[54].

O processo é uma instituição constitucional de garantia, pois

> uma exploração provisória do texto constitucional já identifica a *institucionalidade garantística* como o "ser" do processo: processo *é* instituição de garantia, não de poder estatal; "*instituição garantística* a serviço dos jurisdicionados", não "instrumento a serviço do Poder jurisdicional"; afinal, é tratado no título sobre *direitos e garantias fundamentais* [CF, Título II], não nos títulos sobre a *organização do Estado* [CF, Títulos III *et seqs.*]. Mas é possível ainda avançar mais: processo é instituição de garantia de *liberdade* (pois regulado no Capítulo I do Título II, que cuida dos direitos fundamentais de *primeira* geração), não de igualdade (que é vetor que regula o Capítulo II do Título II, que cuida dos direitos fundamentais de *segunda* geração); presta-se, enfim, a resguardar a *liberdade* das partes em relação ao Estado-juiz, não a igualdade entre elas[55].

Em suma, o próprio texto constitucional indica que o processo é instituição de garantia, ao passo em que o Judiciário é instituição de poder estatal.

Passando à definição de garantia, cumpre referir os sentidos do termo, pois daí se aclaram as razões pelas quais o garantismo processual, aqui adotado, não se confunde – posto que tenha pontos de convergência – com o garantismo jurídico, tal como proposto pelo jusfilósofo Luigi Ferrajoli[56].

Explorando as variações vernaculares do significante garantia[57], Eduardo José da Fonseca Costa extrema dois sentidos: garantia como tutela contra frustração e garantia como tutela contra arbítrio.

---

54 COSTA, Eduardo José da Fonseca. O Processo como Instituição de Garantia. *Consultor Jurídico*, São Paulo, 16 nov. 2016. Opinião. Disponível em: https://bit.ly/2WWdArD. Acesso em 05.11.2019.

55 COSTA, Eduardo José da Fonseca. O processo como instituição de garantia. Revista eletrônica Consultor Jurídico, 16/10/2016. Disponível em: www.conjur.com.br.

56 COSTA, Eduardo José da Fonseca. Garantia: dois sentidos, duas teorias. *Empório do Direito,* Florianópolis, 23 dez. 2019. Coluna Garantismo Processual. Disponível em: https://bit.ly/3fPwc5i. Acesso em 29.12.2019.

57 "Prestigiado dicionário assim define a palavra GARANTIA: «Garantia (gha-ran-ti-a), s. f. fiança: segurança, abonação, caução. || Garantias constitucionaes ou simplesmente garantias, direitos, privilégios, isenções que a constituição de um paiz confere aos cidadãos: O governo suspendeu as garantias. || F. Garante + ia»

A garantia contra frustração protege de uma decepção, um incumprimento, uma insatisfação, uma inefetividade, um desapontamento, um fracasso ou uma quebra de expectativa. A garantia contra arbítrio protege de um excesso, uma imoderação, um desvio, um abuso, um desmando, um desregramento. Quem afiança, quem presta fiança, quem é fiador, faz exatamente isto: protege o credor de eventual frustração por inadimplemento do afiançado. Por outro lado, quando uma Constituição garante, atribui garantia, é garante, ela faz exatamente isto: protege o cidadão dos eventuais arbítrios cometidos pelo Estado[58].

Eduardo José da Fonseca Costa observa – e concorda-se com o alvitre – que na obra de Luigi Ferrajoli garantia significa tutela contra frustração. O processo se destina à satisfação ou proteção do direito material violado ou em vias de sê-lo. Ele é dimensionado a partir e em razão do direito material em causa. Por isso, "o garantismo ferrajoliano tende a um processo penal de feição acusatório-adversarial e a um processo civil de feição inquisitório-judiciocrática"[59]. Vale dizer, o processo pode ser tanto garantia contra frustração quanto garantia contra arbítrio.

(AULETE, Francisco Júlio de Caldas. Diccionario contemporaneo da lingua portugueza. v. 1. Lisboa: Imprensa Nacional, 1881, p. 848). Note-se que o operador «||» - que significa «OU» - separa as unidades léxicas usadas na definição em dois grandes blocos: 1) de um lado, agrupam-se os vocábulos «fiança», «segurança», «abonação» e «caução»; 2) de outro, agrupam-se os «direitos, privilégios, isenções que a constituição de um paiz confere aos cidadãos». Ainda assim, se há um quid que distingue (1) e (2), há outrossim um quid que os une. Tanto o bloco (1) quanto o bloco (2) são perpassados pela ideia de PROTEÇÃO ou TUTELA". (COSTA, Eduardo José da Fonseca. Garantia: dois sentidos, duas teorias. *Empório do Direito,* Florianópolis, 23 dez. 2019. Coluna Garantismo Processual. Disponível em: https://bit.ly/3fPwc5i. Acesso em 29.12.2019).

58 COSTA, Eduardo José da Fonseca. Garantia: dois sentidos, duas teorias. *Empório do Direito,* Florianópolis, 23 dez. 2019. Coluna Garantismo Processual. Disponível em: https://bit.ly/3fPwc5i. Acesso em 29.12.2019.

59 COSTA, Eduardo José da Fonseca. Garantia: dois sentidos, duas teorias. *Empório do Direito,* Florianópolis, 23 dez. 2019. Coluna Garantismo Processual. Disponível em: https://bit.ly/3fPwc5i. Acesso em 29.12.2019. O que fica muito claro na exposição de Hermes Zaneti Jr., destacado adepto do garantismo ferrajoliano: "Temas como boa-fé objetiva no processo, distribuição dinâmica do ônus da prova, inversão do ônus da prova etc., são na verdade consequência direta do caráter não privatista que os direitos fundamentais impõem ao processo civil, sendo ilimitados adequadamente no campo penal, no qual a descodificação e os microssistemas são desaconselhados, mas, por outro lado, necessários no campo civil *lato sensu,* no qual a dinâmica das relações entre direitos fundamentais impõe para sua melhor

Para o garantismo processual o processo é sempre instituição de garantia, qualquer que seja o direito material em causa. No que ora importa, a relação jurídico-processual disciplina os vínculos entre partes e juiz. Essa relação de direito público é dotada de realidade substantiva, como qualquer outra entre entes públicos que podem emitir e atuar (submeter) provimentos que infligem restrições aos bens ou à liberdade de outrem (*v. g.* relações tributárias, penais, administrativo-sancionadoras)[60].

---

tutela normas flexíveis e adaptáveis)". (ZANETI JR. A relação entre garantismo penal e garantismo civil - fragilização virtuosa e não virtuosa ao princípio da legalidade. *Revista do Instituto de Hermenêutica Jurídica.* n. 14. jul/dez 2013, p. 116).

60 Não se pode associar essa asserção à adesão ao modelo proposto por Oscar von Bülow. Em verdade, visto pela ótica da teoria do direito, é inevitável entrever o processo como relação jurídica de direito público. Disso não se segue – e aí a crítica adotada neste trabalho – que o Estado-juiz esteja sobreposto às partes, que estas simplesmente se subordinam a ele e que, consequentemente, o processo constitui instrumento do Estado (=processo como instrumento do Poder). No direito constitucional brasileiro, o processo é uma garantia, logo, encerra uma relação jurídico-material de garantia entre as partes e o Estado-juiz, relação esta composta de limites ao exercício do poder jurisdicional. Como se vê, é perfeitamente possível apropriar-se do mesmo instituto da teoria do direito enquanto estrutura – a relação jurídica –, para divisar o processo não como instrumento do Estado, mas como instituição de garantia contrapoder. É exatamente nesse sentido que parte da doutrina sustenta – e aqui se adere a essa linha de pensamento – que o direito processual possui realidade substantiva: "*El derecho procesal **no es un subsistema. Es el sistema de garantías** que actúa con **autonomía y sustantividad** propias. (...) El derecho procesal desea hacer frente a la **aplicación patológica** de la norma jurídica **mediante un sistema de garantías sustantivo y autónomo**. De ahí que también el derecho procesal sea el derecho* que trate de poner remedio a la patologia jurídica. Pero no en el desde una propuesta instrumental o propria de un subsistema cuanto más exactamente mediante la aplicación de un **sistema de garantías** que actúa con **autonomía y sustantividad.**" (NAVARRETE, Antonio María Lorca. PINTO, Manuel Lozano-Higuero. *Tratado de Derecho Procesal Civil.* Parte General. San Sebastián: Instituto Vasco de Derecho Procesal (IVADP), 2002, p. 1). (Todos os destaques constam no original). Em tradução livre: "O direito processual não é um subsistema. É o sistema de garantias que atua com autonomia e substantividade próprias. (...) O direito processual deseja fazer frente à aplicação patológica da norma jurídica mediante um sistema de garantias substantivo e autônomo. Daí que também o direito processual seja o direito que trata de oferecer remédio contra a patologia jurídica. Mas não desde uma proposta instrumental ou própria de um subsistema quanto mais exatamente mediante a aplicação de um sistema de garantias que atua com autonomia e substantividade". No Brasil: COSTA, Eduardo José da Fonseca. Breves Meditações sobre o Devido Processo Legal. Empório do Direito, Florianópolis, 10.01.2018. Coluna da

Considera-se que em nosso direito constitucional positivo o processo é garantia contra arbítrio, não garantia contra frustação. Nesses termos, instituição de garantia é "situação jurídica ativa, simples ou complexa, atribuída aos cidadãos por norma constitucional, cujo exercício tende a prevenir ou eliminar os efeitos nocivos do abuso de poder cometido pelo Estado"[61]. Ou seja, toda garantia contra arbítrio é instituição contrapoder. E a instituição de poder é aquela que pode submeter outrem. Todo poder pode descair em abusos, desvios e excessos. Por isso, ali onde houver uma instituição de poder deve haver uma instituição de garantia que a limite e racionalize. Como há Poder Legislativo, Poder Executivo e Poder Judiciário, há garantias contralegislativas (*v. g.* limitações constitucionais ao poder de tributar), garantias contra-administrativas (*v. g.* licitação) e garantias contrajurisdicionais (*v. g.* processo).

Entretanto, isso não quer dizer que o Judiciário seja apenas instituição de poder. É necessário diferenciar entre instituições-pessoa e instituições-coisa. As instituições-pessoas se personificam e são geradas por um princípio de ação, ao passo em que as instituições-coisas não se personificam e são apenas um princípio de limitação. As instituições-pessoas têm natureza relativa, porquanto a potestatividade ou a garanticidade dependem do referencial, ao passo em que as instituições-coisas têm natureza absoluta. Ou seja, uma instituição-coisa de garantia tem garanticidade em si e por si, independentemente de qualquer relação. Assim, *v. g.*, em face das instituições de garantia contrajurisdicionais (*v. g.* processo), o poder jurisdicional é sempre uma insti-

---

Associação Brasileira de Direito Processual. Disponível em: https://bit.ly/2z1UdVV. Acesso em 05.11.2019.

61 E complementa: "Não por outra razão, o princípio republicano prescreve que «a cada poder deve corresponder uma garantia, que o limite». Onde há poder-do-Estado [+], ali deve haver o respectivo «contrapoder»-do-cidadão [-]. Logo, o duo poder-garantia é a pedra fundamental sobre a qual se edifica uma República. Sem ela, o indivíduo reduz-se a um mero titular passivo de estados de sujeição. É «cidadão sem cidadania», «pseudocidadão», «cidadão sob reserva», «modo privativo de cidadão». Ou seja, com garantias, o indivíduo eleva-se a cidadão; sem, rebaixa-se a súdito [lat.: *subditus* = sub-, «abaixo», + *ditus*, «colocado, reduzido a» = «submisso» = «subjugado» = «pessoa que deve obediência cega a uma autoridade soberana»]". (COSTA, Eduardo José da Fonseca. Notas para uma Garantística. *Empório do Direito,* Florianópolis, 04 jul. 2018. Coluna Associação Brasileira de Direito Processual. Disponível em: https://bit.ly/2LrCKJz. Acesso em 05.11.2019).

tuição de poder. Elas são posições ativas de titularidade das partes para protegê-las de eventuais abusos, desvios e excessos do Judiciário[62].

No entanto, o *judicial review* (CRFB, art. 5º, XXXV) garante que o Judiciário controla externamente eventuais abusos, desvios e excessos provenientes da instituição-pessoa de poder Legislativo (*v. g.* pela aprovação de uma lei inconstitucional) ou da instituição-pessoa de poder Executivo (*v. g.* pela realização de uma licitação ao arrepio das prescrições legais). Exercida a garantia contralegislativa ou contra-executiva perante o Judiciário, aí este é acionado como instituição-pessoa de garantia contra frustração. Dessa maneira, há o Poder (Legislativo ou Executivo), contra o qual se exerce a garantia procedimental, e o Contrapoder (Judiciário), ao qual se dirige a garantia procedimental. Aí o Poder opera como instituição-pessoa de poder; o Contrapoder, como instituição-pessoa de garantia[63]. Mas em relação à instituição-coisa de garantia do processo, o Contrapoder (Judiciário) é tomado como instituição-pessoa de poder, cuja atuação aquele visa a limitar e racionalizar.

Fica clara a relatividade das instituições-pessoa e a invariância das instituições-coisa: ao mesmo tempo em que Judiciário é instituição-pessoa de garantia contra frustração para fins de prestação de tutela jurídica, é instituição-pessoa de poder cujo exercício deve ser limitado e racionalizado pela instituição-coisa de garantia contra arbítrio do processo.

Na Constituição de 1988 essa concepção fica clara desde a sua topologia (CRFB, arts. 5º, LIV e 92 e ss.)[64], atendendo às condições de cientificidade da dogmática. Ademais, Rafael Giorgio Dalla Barba assere que, levando em consideração a dogmática dos direitos fundamentais desenvolvida por parte da doutrina alemã, a compreensão do processo

---

62 COSTA, Eduardo José da Fonseca. Garantia: dois sentidos, duas teorias. *Empório do Direito,* Florianópolis, 23 dez. 2019. Coluna Garantismo Processual. Disponível em: https://bit.ly/3fPwc5i. Acesso em 29.12.2019.

63 COSTA, Eduardo José da Fonseca. Garantia: dois sentidos, duas teorias. *Empório do Direito,* Florianópolis, 23 dez. 2019. Coluna Garantismo Processual. Disponível em: https://bit.ly/3fPwc5i. Acesso em 29.12.2019.

64 COSTA, Eduardo José da Fonseca. Liberdade e Autoridade no Direito Processual: uma combinação legislativa em proporções discricionárias? (Ou ensaio sobre uma hermenêutica topológico-constitucional do processo). *Empório do Direito,* Florianópolis, 15 jan. 2019. Disponível em: https://bit.ly/2T3zwA0. Acesso em 05.11.2019

como garantia de liberdade faz dele uma espécie de direito de defesa (ou direito de resistência). Segundo o autor, a jurisprudência consolidada do Tribunal Constitucional Federal alemão estima que, antes de mais nada, os direitos fundamentais são direitos de defesa do indivíduo contra o Estado[65]. Ademais, o direcionamento do direito fundamental contra o Estado possibilita uma reconstrução dogmática das relações jurídicas entre indivíduo e Estado pela ótica do primeiro em face da intervenção estatal que, por meio de seus tribunais, protege a pretensão de outro indivíduo. Portanto, o direito de defesa permanece dirigido ao Estado[66]. Desse modo, a leitura aqui adotada, que toma o

---

65 DALLA BARBA, Rafael Giorgio. Se o Processo é uma Garantia de Liberdade, ele é um Direito de Defesa. *Empório do Direito*, Florianópolis, 27 jan. 2020. Coluna Garantismo Processual. Disponível em: https://bit.ly/2Z41LCw. Acesso em: 05.02.2020. No mesmo sentido: "O dever de observância é próprio de todos os direitos fundamentais como direitos de resistência contra intervenções estatais: o Estado observará a liberdade ou direito individual, na medida em que omitir quaisquer ações que inflijam às pessoas, seus titulares universais, afetações de sua respectiva dignidade humana". (MARTINS, Leonardo. *Tribunal Constitucional Federal Alemão*. V. 1. Dignidade humana, livre desenvolvimento da personalidade, direito fundamental à vida e à integridade física, igualdade. São Paulo: Konrad-Adenauer Stiftung – KAS, 2016, p. 35).

66 "O movimento de autorreflexão da garantística processual atual deve explorar a estrutura dogmática do conceito de direito de defesa, de modo a dele extrair as respostas para as questões dos eixos subsidiários. Se o conceito de processo é uma garantia de liberdade, ele corresponde ao conceito de direito de defesa desenvolvido especialmente na dogmática constitucional alemã. Nesse exercício de autorreflexão, percebemos que os ônus argumentativos atribuídos ao Estado por meio dos direitos de defesa podem ser transportados ao conceito de processo como garantia, repercutindo diretamente então não apenas sobre as demais discussões na dogmática processual como na aplicação prática do direito. Com a vantagem pragmática adicional de não se comprometer necessariamente com uma teoria geral dos direitos fundamentais da Constituição Federal brasileira, mas apenas vinculando o devido processo, compreendido como garantia do indivíduo, com o direito de defesa da dogmática constitucional. Conhecendo-se a si próprio, o processo enquanto garantia de liberdade é um direito de defesa. Ele oferece limites e não instrumentos ao Estado". (DALLA BARBA, Rafael Giorgio. Se o Processo é uma Garantia de Liberdade, ele é um Direito de Defesa. *Empório do Direito*, Florianópolis, 27 jan. 2020. Coluna Garantismo Processual. Disponível em: https://bit.ly/2Z41LCw. Acesso em: 05.02.2020).

processo como garantia repressiva[67], se harmoniza com a teoria liberal dos direitos fundamentais.

Sobre ser o processo uma instituição de garantia contrajurisdicional de liberdade e «liberdade», é ideia que remonta à proposta de Isaiah Berlin de diferenciar liberdade positiva (presença de opções) e liberdade negativa (ausência de coerção)[68].

Transpondo a tese para a dogmática constitucional do processo, Eduardo José da Fonseca Costa assina que os sentidos que a língua portuguesa confere à palavra liberdade são atribuídos a palavras diferentes na língua inglesa: de um lado, *freedom* é noção positiva-ativa de iniciativa, espontaneidade, autonomia, autodeterminação, autodomínio, participação; de outro, *liberty* é noção negativa-passiva, que exprime ausência de restrição, ausência de interferência, imunidade ao abuso do poder e proteção contra o abuso do poder[69]. Dada a ausência de significantes distintos em língua portuguesa e como alternativa aos termos "liberdade positiva" e "liberdade negativa", o autor sugere o uso dos significantes liberdade e «liberdade», seguindo exemplo da engenhosidade ponteana relativa ao tema da ação[70].

Compreender o processo como garantia de liberdade não é outra coisa senão enaltecer a autodeterminação da parte, isto é, a possibilidade de escolher autonomamente seus comportamentos no processo

---

67 DIMOULIS, Dimitri. MARTINS, Leonardo. *Teoria Geral dos Direitos Fundamentais.* 6 ed. São Paulo: Thomson Reuters Brasil, 2018, p. 82.

68 BERLIN, Isaiah. Two Concepts of Liberty. In: *Four Essays on Liberty.* Oxford: Oxford University Press, 1979. p. 121 e segs. Roberto Campos sintetiza os conceitos da seguinte forma: *"liberdade negativa* (ausência de coerção) e a *liberdade positiva* (presença de opções)"*. (MERQUIOR, José Guilherme. *O Liberalismo Antigo e Moderno.* São Paulo: É Realizações, 2014, p. 27 – Apresentação).

69 COSTA, Eduardo José da Fonseca. Processo: garantia de liberdade [*freedom*] e «liberdade» [*liberty*]. *Empório do Direito,* Florianópolis, 21 ago. 2018. Disponível em: https://bit.ly/3dRF74x. Acesso em 05.11.2019.

70 "Ora, assim como PONTES DE MIRANDA usou as aspas para diferenciar ação [= ação em sentido material] de «ação» [= ação em sentido processual] (Tratado das ações. t. 1. II. I. § 23. 2), é possível que elas igualmente sejam usadas para diferenciarem liberdade [= freedom] de «liberdade» [= *liberty*]. Com isso se consegue clarificar as duas ordens de sentido subjacentes à expressão «processo como garantia de liberdade»". (COSTA, Eduardo José da Fonseca. Processo: garantia de liberdade [*freedom*] e «liberdade» [*liberty*]. *Empório do Direito,* Florianópolis, 21 ago. 2018. Disponível em: https://bit.ly/3dRF74x. Acesso em 05.11.2019).

(liberdade) e a certeza de que essas escolhas se farão sem qualquer interferência do juiz («liberdade»)[71].

Com isso, o processo como garantia contrajurisdicional realiza-se mediante uma divisão equilibrada de papéis: "o juiz não arvora a si as liberdades da parte, nem lhes controla o exercício; por sua vez, a parte não se arvora nos poderes do juiz, conquanto lhes controle o exercício"[72].

O processo como garantia de liberdade e «liberdade», ao assegurar, respectivamente, autodeterminação e não interferência, realça a autor-responsabilidade das partes pelo seu desempenho no procedimento. A função de assegurar o exercício adequado das posições jurídico-processuais das partes é do advogado (CRFB, art. 133). Eventuais debilidades, inoportunidades ou desleixos na atuação dos advogados não autorizam, por si só, o auxílio do juiz. O processo é garantia de liberdade, não de igualdade[73]. Seja como for, a igualdade processual é problema

---

71 "Isso implica, dentre outras coisas: i) a liberdade de alegar fundamentos de fato; ii) a liberdade de alegar fundamentos de direito; iii) a liberdade de formular pedidos; iv) a liberdade de provar os fatos alegados como fundamento; v) a liberdade de indagar às testemunhas; vi) a liberdade de inquirir a parte contrária; vii) a liberdade de convencer o juiz; viii) a liberdade de impugnar. Todas essas escolhas, próprias à atividade de parte, se devem fazer sem qualquer interferência do juiz, i.e., com «liberdade» [LIBERTY]. O juiz não se intromete no exercício delas. Afinal, é alheio, não-parte, im-parte, impartial, imparcial, neutro. É iniciativa exclusiva da parte manejar os fatos, os fundamentos jurídicos, os pedidos, as provas, as indagações, as inquirições e as impugnações que lhe amparam a ação e a defesa. Nenhum aspecto desse manejo poder ser adicionado, alterado, suprimido, determinado, impedido ou punido pelo juiz". (COSTA, Eduardo José da Fonseca. Processo: garantia de liberdade [*freedom*] e «liberdade» [*liberty*]. *Empório do Direito,* Florianópolis, 21 ago. 2018. Disponível em: https://bit.ly/3dRF74x. Acesso em 05.11.2019). Sobre as relações entre processo e autonomia privada, conferir: RAATZ, Igor. *Autonomia Privada e Processo.* Liberdade, Negócios Jurídicos Processuais e Flexibilização Procedimental. 2 ed. Salvador: Jus Podivm, 2019, *passim.*

72 COSTA, Eduardo José da Fonseca. Processo: garantia de liberdade [*freedom*] e «liberdade» [*liberty*]. *Empório do Direito,* Florianópolis, 21 ago. 2018. Disponível em: https://bit.ly/3dRF74x. Acesso em 05.11.2019.

73 COSTA, Eduardo José da Fonseca. O Processo como Instituição de Garantia. *Consultor Jurídico,* São Paulo, 16 nov. 2016. Opinião. Disponível em: https://bit.ly/2WWdArD. Acesso em 05.11.2019.

normativo e as hipóteses e medidas de igualação devem ser definidas por lei, não pelo juiz *in casu*[74].

Estão assentadas as bases de compreensão do que se quer comunicar quando se diz que o processo é instituição de garantia contrajurisdicional de liberdade e «liberdade».

Com isso se pode encerrar essa passagem com um breve cotejo com as correntes processuais concorrentes, aqui não adotadas, a saber: a instrumentalista e a cooperativista.

A divergência não decorre de disputas sobre o caráter do processo como relação jurídica, procedimento em contraditório e que tais. No limite, há aí pseudodebates, pois partem os opoentes de critérios distintos que não se excluem. O processo pode ser visto tanto como relação jurídica quanto como procedimento em contraditório[75].

---

74 COSTA, Eduardo José da Fonseca. A Igualdade Processual como Problema Normativo. *Empório do Direito,* Florianópolis, 23 mai. 2018. Coluna da Associação Brasileira de Direito Processual. Disponível em: https://bit.ly/2Wjcl71. Acesso em 20.11.2019. O tema será tratado com mais vagar adiante.

75 Pensando a "natureza" do processo a partir das categorias fundamentais da teoria geral do direito, tem-se que: "as teorias que divisam no processo um caráter jurídico-fático não são incompatíveis com aquelas que nele enxergam um caráter jurídico-situacional. Ao contrário: elas se necessitam mutuamente. Daí por que, ao fim e ao cabo, são apenas a face e a contraface de uma única e mesma teoria. Para que se possa melhor compreender o fenômeno processual à luz da TGD, é preciso compreender-lhe a dinâmica nos três planos do mundo jurídico identificados por PONTES DE MIRANDA. 1) No plano da existência, o processo é anatomicamente corporificado num procedimento, ou seja, num complexo proteico de fatos jurídicos stricto sensu, atos jurídicos stricto sensu, negócios jurídicos e atos-fatos jurídicos, todos eles coordenados entre si sob os pontos de vista lógico, cronológico e teleológico numa sequência rígida preestabelecida; à medida que esses fatos jurídicos lato sensu são praticados validamente, eles transpassam o 2) plano da validade e, adentrando o 3) plano da eficácia, ali constituem, modificam e extinguem situações jurídicas - simples, complexas unilaterais e complexas bilaterais - as mais diversas (qualificações, faculdades, pretensões, imunidades, poderes formativos, deveres, sujeições, ônus, funções etc.). Nota-se, assim, que: a) o procedimento não é redutível a uma única categoria do plano da existência; b) o emaranhado situacional que é irradiado do desenvolvimento procedimental não é redutível a uma única categoria do plano da eficácia, motivo por que não pode ser resumido apenas a uma mera situação jurídica, ou uma relação jurídica; c) posto que no plano da existência se tenha um procedimento, a tradição entende que o processo só se concretiza num procedimento em contraditório [ELIO FAZZALARI]; d) a sequência de fatos jurídicos stricto sensu, atos jurídicos stricto sensu, negócios jurídicos e atos-fatos jurídicos - que define o procedimento - varia geralmente em função das especificidades do

Não se pretende pôr em dúvida o genuíno compromisso de tais correntes com os indivíduos e com as garantias processuais, notadamente o contraditório e a fundamentação (CRFB, arts. 5º, LV e 93, IX). Mas sob o critério da dogmática constitucional dos direitos fundamentais, entende-se que elas não oferecem a leitura dogmática compatível com o texto constitucional brasileiro.

Com efeito, e sem prejuízo de outras perspectivas, todo objeto de conhecimento pode ser apreendido em sua definição (ontologia = o que ele é) e em sua destinação (teleologia = qual a sua finalidade). Por força da hegemonia instrumentalista[76], consolidou-se o *habitus* de definir o objeto processo como ferramenta ou instrumento da jurisdição[77]. O que, todavia, diz apenas sobre o seu fim, nada acerca do seu ser; nenhuma informação fornece a respeito do que ele é, embora tudo diga relativamente a que(m) ele serve. De modo que a useira definição de processo não passa de destinação travestida.

Baralhamento que se vê também nas correntes ligadas à cooperação processual. Nelas, tanto o processo quanto a jurisdição têm por fim prestar tutela aos direitos e promover a unidade do direito mediante precedentes[78]. Ora, como é a jurisdição que presta tutela aos

---

ramo do direito material aplicável e dos fundamentos invocados, conquanto possam a Constituição e a lei estabelecer critérios outros; e) por isso, os procedimentos são adjetiváveis em «civil», «penal comum», «penal militar», «eleitoral», «tributário», «trabalhista» etc.; g) os procedimentos são estabelecidos ordinariamente nas leis infraconstitucionais e excepcionalmente na Constituição". (COSTA, Eduardo José da Fonseca. A Natureza Jurídica do Processo. *Empório do Direito*, Florianópolis, 22 abr. 2019. Disponível em: https://bit.ly/2LwYxQ6. Acesso em 05.11.2019).

76 DINAMARCO, Cândido Rangel. *A Instrumentalidade do Processo*. 14 ed. São Paulo: Malheiros, 2009, *passim*.

77 "processo e jurisdição têm o mesmo objetivo, o que é perfeitamente natural, visto que o primeiro constitui meio de atuação da segunda. Sendo o processo instrumento da jurisdição, deve ser entendido em função desta, ou seja, como instrumento de garantia do ordenamento jurídico, da autoridade do Estado". (BEDAQUE, José Roberto dos Santos. *Poderes Instrutórios do Juiz*. 7 ed. São Paulo: Editora Revista dos Tribunais, 2013, p. 70).

78 Afirmam Luiz Guilherme Marinoni, Sergio Cruz Arenhart e Daniel Mitidiero que no Estado Constitucional "o processo civil passou a responder não só pela necessidade de resolver casos concretos mediante a prolação de uma decisão justa para as partes, mas também pela promoção da unidade do direito mediante a formação de precedentes. Daí que a jurisdição no processo civil do Estado Constitucional tem por função da tutela aos direitos mediante a prolação de decisão justa para

direitos e forma precedentes através do processo, fica pouco mais do que evidente que também aqui este é visto como instrumento daquela. Tamanhas as afinidades eletivas entre eles que há quem afirme – e pensa-se que com razão – que o instrumentalismo é o fundamento do modelo cooperativo[79].

---

o caso concreto e a formação de precedente na formação da unidade do direito para a sociedade em geral" (MARINONI, Luiz Guilherme. ARENHART, Sérgio Cruz. MITIDIERO, Daniel. *Novo Curso de Direito Processual Civil*. 2 ed. V. 1. São Paulo: Editora Revista dos Tribunais, 2016, págs. 150-151).

79 Em sentido contrário, pretendendo extremar o formalismo-valorativo (=cooperação processual) e o instrumentalismo processual, conferir: ZANETI JR., Hermes. MADUREIRA, Cláudio Penedo. Formalismo-Valorativo e o Novo Processo Civil. Revista dos Tribunais *Online,* Revista de Processo. vol. 272. Out. 2017. Entende-se que o texto não desata os elos de imbricação entre as referidas epistemologias processuais. As diferenças apontadas – se é que existem e procedem – se situam no âmbito da teoria da interpretação, não no bojo do fenômeno processual, propriamente dito, menos ainda das relações teleológicas entre processo e jurisdição. Embora não dialogue com o referido texto, defende a identidade entre os modelos: OLIVEIRA, Bruno Silveira de. A Instrumentalidade do Processo e o Formalismo-Valorativo (a roupa nova do imperador na ciência processual civil brasileira. Revista dos Tribunais *Online,* Revista de Processo, vol. 293, p. 19-47, Jul./2019, cuja conclusão, por precisa, merece transcrição: "Para se superar um paradigma ou se estabelecer um novo "estado da arte" na ciência não basta o festejo de novas fórmulas ou a afirmação, em nome destas (como que por decreto), da "derrocada" do padrão vigente. Para superá-lo é preciso – com o perdão da obviedade – superá-lo. Há de se demarcar com clareza a ruptura, rejeitando-se a essência dos valores, das premissas e do método que caracterizam o modelo que se quer suplantar (o itálico serve à necessidade de expressão, denota ênfase, efetivo cumprimento da tarefa de superação). O novo pressupõe uma nova visão de mundo, a percepção de aspectos inusitados da realidade; implica uma redefinição dos limites de nossa linguagem e, nesse sentido, acaba por "constituir um mundo novo". As críticas endereçadas à concepção instrumentalista do direito processual, com o devido respeito, não chegam sequer perto disso, não divisando fronteiras que aquela perspectiva ignore. Posto que bem-intencionadas, resultam ao fim e ao cabo em circunlóquios. Seu produto inconsciente é uma das melhores defesas que o instrumentalismo processual, com outro nome (formalismo-valorativo ou coisa que o valha), poderia obter. Seguem fielmente, com boa profundidade teórica, as pegadas da trilha há muito aberta por Cândido Rangel Dinamarco, confinando-se a contragosto nos domínios de sua obra e de seu legado, como projeções ou desdobramentos elogiáveis e dignos de sua melhor tradição. Não poderia ser diferente. Afinal, a explicação do caráter instrumental do processo sob o rótulo de um formalismo-valorativo nasceu de vitoriosa tese, defendida com garbo pelo saudoso Professor Carlos Alberto Alvaro de Oliveira (Do formalismo no processo civil), no seio da Faculdade de Direito do Largo São

Diversamente, o garantismo processual demarca corretamente o conceito e a finalidade do processo. Isso se deve ao fato de ter indagado sobre a sua natureza jurídico-constitucional. Definir o processo como instituição de garantia contrajurisdicional de liberdade e «liberdade» é dar conta da sua natureza (se se preferir, caráter) jurídico-constitucional. Definição que pretende ser (nos limites em que isso é possível) descritiva do direito constitucional positivo brasileiro. Não aspira ser ideal, tampouco ambiciona alcance universal. Dispensa-se de ser referencial de *lege lata* à institucionalidade de outras comunidades políticas[80].

Francisco e sob a orientação de ninguém menos que o próprio Professor Cândido Rangel Dinamarco. O novo carece de ser substancial, não meramente formal ou nominalmente novo. Há de ter, assim, valor de novidade. Ao formalismo-valorativo, com a ressalva dos méritos de desenvolvimento e de continuidade que possua, faltam o valor e a substância; abundam nele, porém, a prolixidade, a beleza do rótulo e a vagueza da fórmula. Desde sua concepção, é um filho da instrumentalidade do processo. Agora, adolescente, rebela-se! Manifesta as oscilações de humor próprias da idade. Para isso não há remédio, senão tempo de maturação. Com ele, estabilizam-se os hormônios, vão-se a negação dos pais e a acne". Reforçando esses laços, confira-se: AULIO, Rafael Stefanini. *O Modelo Cooperativo de Processo Civil no Novo CPC*. Salvador: JusPodivm, 2017, *passim*. O trabalho é emblemático por várias razões: é dissertação de mestrado defendida e aprovada junto ao departamento de direito processual da faculdade de direito da USP, o epicentro do instrumentalismo processual no Brasil; é fruto de pesquisa orientada por Cândido Rangel Dinamarco, figura mor do instrumentalismo processual no Brasil; seu o capítulo II é dedicado a demonstrar justamente "A Instrumentalidade como Fundamento de um Processo Civil Cooperativo" (p. 25 e ss.). São indicativos claros dos profundos vínculos entre instrumentalismo processual e cooperação processual.

80 "A maioria dos países ocidentais consagra o devido processo legal como garantia constitucional, o que possibilita um código teórico-linguístico homogeneizado e, portanto, um intercâmbio transnacional entre os seus juristas. Mas onde o processo for instrumento de poder *ex vi constitutionis*, ali o garantista só poderá lastimar – porque ciente dos males do instrumentalismo processual – e restringir-se a considerações *de iure condendo*. Nesse sentido, o garantismo é uma teoria positivista (conquanto se possa cogitar, por exemplo, de um «garantismo jusnaturalista», que divise afronta à «natureza das coisas» em toda constituição que tente privar o processo de sua «essência garantista»). Por conseguinte, a rigor, não há «o» garantismo universal, mas os garantismos nacionais (brasileiro, argentino, peruano etc.): ele se faz para cada sistema constitucional positivo que institua a garantia do *due process of law*". (COSTA, Eduardo José da Fonseca. Breves Meditações sobre o Devido Processo Legal. *Empório do Direito*, Florianópolis, 10 jan. 2018. Coluna da Associação Brasileira de Direito Processual. Disponível em: https://bit.ly/2Wwlx83. Acesso em 05.11.2019).

Posta a definição, torna-se se possível diferenciar claramente a destinação do processo e da jurisdição. Se o fim da jurisdição é a solução dos casos mediante aplicação imparcial da lei[81], o fim do processo é garantir que tal atividade se dê sem ilicitudes, excessos ou abusos do Estado-juiz[82]. Por sinal, fito plenamente compatível com o dado invariável (posto que não exauriente) do constitucionalismo: a contenção do poder para a tutela das liberdades.

Por ora, basta. Ao longo do trabalho será aprofundado o debate entre essas correntes antagônicas – garantismo processual, de um lado, e instrumentalismo processual e cooperação processual, de outro. Optou-se, aqui, para deixar essa verticalização para os pontos em que as divergências pontuais forem examinadas.

Pois bem.

Estima-se ter evidenciado que a posição adotada, segundo a qual o processo tem natureza jurídico-constitucional de instituição de garantia contrajurisdicional de liberdade e «liberdade», com *status* de direito de defesa ou resistência do indivíduo contra o Estado, é compatível com a *praxis* (direito constitucional positivo) e consistente à vista da teoria liberal dos direitos fundamentais[83]. Tem-se por demonstrada e justificada a asserção inicial de que pretende ser uma dogmática constitucional. A rigor, "um sub-ramo da ordem constitucional: a processualística como um sub-ramo da garantística que, por sua vez, é agora um sub-ramo da constitucionalística"[84].

---

81 Por todos: BARZOTTO, Luiz Fernando. *Teoria do Direito*. Porto Alegre: Livraria do Advogado, 2017, p. 29. Sobre a garantia da imparcialidade, conferir: COSTA, Eduardo José da Fonseca. *Levando a Imparcialidade a Sério*. Proposta de um modelo interseccional entre direito processual, economia e psicologia. Salvador: JusPodivm, 2018, *passim*.

82 COSTA, Eduardo José da Fonseca. O Processo como Instituição de Garantia. *Consultor Jurídico*, São Paulo, 16 nov. 2016. Opinião. Disponível em: https://bit.ly/2WWdArD, acesso em 05.11.2019.

83 A propósito, com grande proveito: RAATZ, Igor. Processo, Liberdade e Direitos Fundamentais. Revista dos Tribunais *Online*, Revista de Processo, vol. 288, p. 21-52, fev./2019.

84 DALLA BARBA, Rafael Giorgio. Se o Processo é uma Garantia de Liberdade, ele é um Direito de Defesa. *Empório do Direito*, Florianópolis, 27 jan. 2020. Coluna Garantismo Processual. Disponível em: https://bit.ly/2Z41LCw. Acesso em: 05.02.2020. Ainda: COSTA, Eduardo José da Fonseca. Processo: garantia de liberdade [*freedom*] e «liberdade» [liberty]. *Empório do Direito*, Florianópolis, 21 ago. 2018. Disponível em: https://bit.ly/3dRF74x. Acesso em 05.11.2019.

Está pavimentado o caminho para avançar em direção à garantia do contraditório, também divisado como instituição e garantia contrajurisdicional de liberdade e «liberdade», com *status* de direito de defesa e resistência, como, de resto, todas as garantias fundamentais.

2
GARANTIA DO CONTRADITÓRIO: CONTEÚDO E ESTRUTURA

2.1. GARANTIA DO CONTRADITÓRIO E DA AMPLA DEFESA: INDISTINÇÃO

A Constituição do Império do Brasil de 1824 não fez menção aos significantes contraditório e ampla defesa, mas assegurou que ninguém seria preso sem culpa formada, exceto nos casos declarados na lei[85]. A Constituição da República dos Estados Unidos do Brasil de 1891 referiu à "mais plena defesa", conferindo-a aos acusados[86], linha seguida pela Constituição da República dos Estados Unidos do Brasil de 1934[87]. A Constituição dos Estados Unidos do Brasil de 1937 foi a

---

[85] Art. 179. A inviolabilidade dos Direitos Civis, e Políticos dos Cidadãos Brazileiros, que tem por base a liberdade, a segurança individual, e a propriedade, é garantida pela Constituição do Império, pela maneira seguinte. (…) VIII. Ninguém poderá ser preso sem culpa formada, excepto nos casos declarados na Lei; e nestes dentro de vinte e quatro horas contadas da entrada na prisão, sendo em Cidades, Villas, ou outras Povoações próximas aos logares da residencia do Juiz; e nos logares remotos dentro de um prazo razoável, que a Lei marcará, attenta à extensão do território, o Juiz por uma Nota, por elle assignada, fará constar ao Réo o motivo da prisão, os nomes do seu accusador, e os das testermunhas, havendo-as.

[86] Art. 72. A Constituição assegura a brasileiros e a estrangeiros residentes no País a inviolabilidade dos direitos concernentes à liberdade, à segurança individual e à propriedade, nos termos seguintes: (…) § 16 – Aos acusados se assegurará na lei a mais plena defesa, com todos os recursos e meios essenciais a ela, desde a nota de culpa, entregue em 24 horas ao preso e assinada pela autoridade competente com os nomes do acusador e das testemunhas.

[87] Art. 113. A Constituição assegura a brasileiros e a estrangeiros residentes no País a inviolabilidade dos direitos concernentes à liberdade, à subsistência, à segurança individual e à propriedade, nos termos seguintes: (…) 24) A lei assegurará aos acusados ampla defesa, com os meios e recursos essenciais a esta.

primeira a fazer menção a algum cognato do significante contraditório, utilizando especificamente o termo "contraditória", mas ainda atada ao procedimento penal[88], trilha seguida, no essencial, pela Constituição dos Estados Unidos do Brasil de 1946[89], pela Constituição da República Federativa do Brasil de 1967[90] e, por fim, pela Emenda Constitucional n° 1 de 1969[91].

Mercê de não instituir qualquer diferenciação, os textos constitucionais anteriores relacionaram as garantias do contraditório e da ampla defesa apenas ao procedimento penal.

É somente na Constituição da República Federativa do Brasil de 1988 que se opera a sua generalização, dado o que prescreve o art. 5°, LV: aos litigantes, em processo judicial ou administrativo, e aos acusados em geral são assegurados o contraditório e ampla defesa,

---

88 Art. 122 A Constituição assegura aos brasileiros e estrangeiros residentes no País o direito à liberdade, à segurança individual e à propriedade, nos termos seguintes: (...) 11) à exceção do flagrante delito, a prisão não poderá efetuar-se senão depois de pronúncia do indiciado, salvo os casos determinados em lei e mediante ordem escrita da autoridade competente. Ninguém poderá ser conservado em prisão sem culpa formada, senão pela autoridade competente, em virtude de lei e na forma por ela regulada; a instrução criminal será contraditória, asseguradas antes e depois da formação da culpa as necessárias garantias de defesa.

89 Art. 141 A Constituição assegura aos brasileiros e aos estrangeiros residentes no País a inviolabilidade dos direitos concernentes à vida, à liberdade, a segurança individual e à propriedade, nos termos seguintes: (...) § 25 – É assegurada aos acusados plena defesa, com todos os meios e recursos essenciais a ela, desde a nota de culpa, que, assinada pela autoridade competente, com os nomes do acusador e das testemunhas, será entregue ao preso dentro em vinte e quatro horas. A instrução criminal será contraditória.

90 Art. 150 A Constituição assegura aos brasileiros e aos estrangeiros residentes no País a inviolabilidade dos direitos concernentes à vida, à liberdade, à segurança e à propriedade, nos termos seguintes: (...) § 15 – A lei assegurará aos acusados ampla defesa, com os recursos a ela Inerentes. Não haverá foro privilegiado nem Tribunais de exceção. § 16 – A instrução criminal será contraditória, observada a lei anterior quanto ao crime e à pena, salvo quando agravar a situação do réu.

91 Art. 153. A Constituição assegura aos brasileiros e aos estrangeiros residentes no País a inviolabilidade dos direitos concernentes à vida, à liberdade, à segurança e à propriedade, nos termos seguintes: (...) § 15. A lei assegurará aos acusados ampla defesa, com os recursos a ela inerentes. Não haverá foro privilegiado nem tribunais de exceção. § 16. A instrução criminal será contraditória, observada a lei anterior, no relativo ao crime e à pena, salvo quando agravar a situação do réu.

com os meios e recursos a ela inerentes. Clara, portanto, a sua eficácia transprocedimental[92].

Segue a inexistência de dados para que se possa afirmar se há aí uma garantia ou duas, neste caso total ou parcialmente autônomas entre si. E o panorama doutrinário tampouco fornece orientação segura.

Há autores da maior importância que nem sequer tratam da ampla defesa quando se debruçam sobre o contraditório[93]. Certa opinião concebe que eles formam um[94]. Em sentido diametralmente oposto, alguns sustentam que são garantias distintas e inconfundíveis, sendo o contraditório vigente para ambas as partes e a ampla defesa direito do réu de se defender das imputações que lhe são feitas[95]. Também se diz que a ampla defesa desempenha na Constituição de 1988 o papel tradicionalmente reservado ao contraditório, de modo que quase se confundem[96].

Tese ambientada no procedimento penal sustenta que o contraditório efetivo é conglobante da ampla defesa, de sorte que tais garantias se mesclam, se fundem, sendo impossível tratar da existência de um sem revelar o conteúdo do outro[97]. Semelhantemente, outra concepção faz referência ao princípio – assim, no singular – do contraditório e

---

92 SARLET, Ingo Wolfgang. MARINONI, Luiz Guilherme. MITIDIERO, Daniel. *Curso de Direito Constitucional*. 3 ed. São Paulo: Editora Revista dos Tribunais, 2014, p. 734. Daí a inconstitucionalidade da súmula vinculante n.º 5 do STF: JAYME, Fernando Gonzaga. VARGAS, Cirilo Augusto. Súmula vinculante nº 5 do STF e o indevido processo administrativo disciplinar. *Revista Brasileira de Direito Processual – RBDPro,* Belo Horizonte, ano 26, n. 101, p. 125-150, jan./mar. 2018.

93 É o que se vê em: DINAMARCO, Cândido Rangel. *Instituições de Direito Processual Civil*. V. I. 6 ed. São Paulo: Malheiros, 2009, p. 220 e ss.; THEODORO JR., Humberto. *Curso de Direito Processual Civil*. V. I. 57 ed. Rio de Janeiro: Forense, 2016, p. 85 e ss.; GRECO, Leonardo. *Instituições de Processo Civil*. V. I. 5 ed. Rio de Janeiro: Forense, 2015, p. 513 e ss.

94 DIDIER JR., Fredie. *Curso de Direito Processual Civil*. V. 1. 18 ed. Salvador: Jus Podivm, 2016, p. 89.

95 GARCIA, Bruna Pinotti. LAZARI, Rafael de. *Manual de Direitos Humanos*. Salvador: JusPodivm, 2014, p. 226.

96 BUENO, Cássio Scarpinella. *Curso Sistematizado de Direito Processual Civil*. V. 1. 3 ed. São Paulo: Saraiva, 2009, p. 115.

97 ROBERTO, Welton. *Paridade de Armas no Processo Penal Brasileiro*. Uma concepção do justo processo. Tese (doutorado em Direito). Data da Defesa: 07/03/2012. 332f. Universidade Federal de Pernambuco, Recife, 2012, p. 85 e ss., especialmente p. 94.

da ampla defesa, e, embora teça considerações específicas sobre cada um, conclui que tanto o direito de ação quanto o direito de defesa são manifestações do princípio do contraditório[98].

De modo menos incisivo, mas com pouca diferença em termos práticos, há quem sustente que, a despeito de distintas, as garantias só podem ser compreendidas em conjunto[99]. Alvitre semelhante divisa diferenças e indica considerações específicas sobre cada, mas estima tolerável alguma ambiguidade em suas fronteiras, considerando, de resto, que a ampla defesa é mais consequência do contraditório que seu antecedente lógico[100]. Aquela é corolário deste[101]. O contraditório agasalha o direito de defesa[102]. Próximo, fala-se que o contraditório é garantia de participação e que a ampla defesa se dá na efetiva participação[103].

Diversamente, sustenta-se que o traço básico e saliente do contraditório é o de ser decorrência do direito de defesa, embora não indique diferenças objetivas entre eles[104]. Também se fala que são indissoluvelmente ligados, porquanto é do contraditório que brota a ampla defesa; mas é esta – como poder correlato ao de ação – que garante o contraditório[105].

---

98 NERY JR., Nelson. *Princípios do Processo na Constituição.* 10 ed. São Paulo: Editora Revista dos Tribunais, 2010, págs. 208-209.

99 NUNES, Dierle José Coelho. *Direito Constitucional ao Recurso:* da teoria geral dos recursos, das reformas processuais e da comparticipação nas decisões. Rio de Janeiro: Lumen Juris, 2006, p. 151.

100 ASSIS, Araken de. *Processo Civil Brasileiro.* V. I. São Paulo: Editora Revista dos Tribunais, 2015, p. 426.

101 OMMATI, José Emílio Medauar. *Uma Teoria dos Direitos Fundamentais.* Rio de Janeiro: Lumen Juris, 2014, p. 151.

102 SANTOS, Moacyr Amaral. *Primeiras Linhas de Direito Processual Civil.* 2º V. São Paulo: Saraiva, 2000, p. 75.

103 PACELLI, Eugenio. *Curso de Processo Penal.* 19 ed. São Paulo: Atlas, 2015, p. 44.

104 MARQUES, José Frederico. *Instituições de Direito Processual Civil.* V. II. Campinas: Milennium, 2000, p. 97.

105 GRINOVER, Ada Pellegrini. FERNANDES, Antônio Scarance. GOMES FILHO, Antônio Magalhães. *As Nulidades no Processo Penal.* 2 ed. São Paulo: Malheiros, 1992, p. 63.

Para alguns, a ampla defesa é fator de equilíbrio do direito de ação[106], no sentido de que ao réu cabem as mesmas oportunidades de manifestação concedidas ao autor, o que leva a reconhecer que ela exerce o mesmo papel do contraditório[107]. Com esse paralelismo entre direito de ação e direito de (ampla) defesa, fala-se que ela não se confunde com o contraditório porque, tirante o fato de que autor retira o Judiciário da inércia para que decida sobre a *res in iudicium deducta*, na dinâmica do procedimento autor e réu exercem posições "ontologicamente" de ataque (ação) e de resistência (defesa), tudo em contraditório[108]. Próximo, se diz que a defesa integra o direito de ação e ambas se dinamizam no contraditório, sendo possível violar o contraditório sem violar a ampla defesa, como, v. g., quando se deixa de comunicar determinado ato processual ao acusador[109]. Semelhantemente, fala-se que o único modo de diferenciar autor e réu é reconhecer no primeiro o litigante responsável pela quebra inicial da inércia da jurisdição e no segundo aquele que é chamado (pela citação) para integrar a relação processual já instituída. Apenas aí se poderia dizer que o autor "age" e o réu "reage", pois no curso do procedimento ambos ocupam posições jurídicas ativas e passivas. Autor e réu pedem ao Estado-juiz que lhes outorgue tutela jurisdicional[110], por isso todos os institutos regulados pela lei infraconstitucional devem ser moldados de modo a permitir que ambos disponham de iguais meios para tanto[111], via contraditório. O contraditório possibilita e legitima o exercício da ação (autor) e da

---

106 SARLET, Ingo Wolfgang. MARINONI, Luiz Guilherme. MITIDIERO, Daniel. *Curso de Direito Constitucional*. 3 ed. São Paulo: Editora Revista dos Tribunais, 2014, p. 739.

107 BONÍCIO, Marcelo José Magalhães. *Princípios do Processo no Novo Código de Processo Civil*. São Paulo: Saraiva, 2016, p. 125.

108 BRAGHITTONI, Rogério Ives. *O Princípio do Contraditório no Processo*. Doutrina e prática. São Paulo: Forense Universitária, 2002, p. 97.

109 BADARÓ, Gustavo Henrique. *Correlação entre Acusação e Sentença*. 3 ed. São Paulo: Editora Revista dos Tribunais, 2013, p. 41.

110 SILVA, Beclaute Oliveira. O autor pede... o réu também! Ou da improcedência como procedência. In: *Improcedência*. Coleção Grandes Temas do Novo CPC. V. 4. Coords. Rinaldo Mouzalas. Beclaute Oliveira Silva. Rodrigo Saraiva Marinho. Salvador: Jus Podivm, 2015, págs. 49-60.

111 SICA, Heitor Vitor de Mendonça. *O Direito de Defesa no Processo Civil Brasileiro*. Um estudo sobre a posição do réu. São Paulo: Atlas, 2011, págs. 55-57 e 249-265.

defesa (réu), mas vários direitos emanam tanto do contraditório quanto da ampla defesa, como o direito à prova[112].

Pois bem.

Essa amostragem demonstra suficientemente que as tentativas (quando são feitas) de isolamento do contraditório e da ampla defesa encerram uma miríade indecifrável de variações que mais confundem que esclarecem em termos analítico-conceituais[113]. Assim sendo, o melhor caminho é considerar que o art. 5º, LV, CRFB, institui uma única garantia, que pode ser identificada pelo significante contraditório e ampla defesa, apenas ampla defesa ou apenas contraditório. Neste estudo, opta-se pela expressão "garantia do contraditório".

Longe de encerrar heterodoxia conceitual, esse tratamento unitário é identificado em inúmeros diplomas normativos. Com efeito, do singelo texto do art. 103, [1], da Lei Fundamental alemã, segundo o qual "Todos têm direito de serem ouvidos perante um tribunal", o Tribunal Constitucional Federão alemão divisou a garantia – assim, no singular – da ampla defesa e do contraditório, cujo conteúdo-síntese abrange o direito a ser informado de todos os atos processuais e entendimentos jurídicos da Corte e da parte adversária; o direito à manifestação; e o direito à consideração, pela instância decisória, dos

---

112 SANTOS, Welber Queiroz dos. *Princípio do Contraditório e Vedação da Decisão Surpresa*. Rio de Janeiro: Forense, 2018, versão eletrônica, posições 45-46.

113 Obra dedicada à análise do "devido processo penal" atribui à ampla defesa as seguintes situações jurídicas ativas: direito de ser ouvido; direito de acesso aos procedimentos; direito de estar presente; direito de entrevista com o defensor; direito de presença de intérprete; direito de legitimação recursal do próprio réu; direito à última palavra; direito à informação; direito de obrigatoriedade e efetividade da defesa técnica; direito de facultatividade da autodefesa; direito de *par condicio* (=ausência de protagonismos). À garantia do contraditório, arrola: direito de ciência bilateral, reação, contradição, resposta, contraposição de teses, possibilidade de influir na construção dinâmica do espaço processual, ausência de protagonismos e submissões, enfim, elemento normativo estrutural da comparticipação, assegurando, constitucionalmente, o policentrismo processual. (GIACOMOLI, Nereu José. *O Devido Processo Penal*: abordagem conforme a Constituição Federal e o Pacto de São José da Costa Rica. 3 ed. São Paulo: Atlas, 2016, versão eletrônica, segunda parte, itens 3.2 e 4.2). A exposição revela que os conteúdos sinteticamente atribuídos ao contraditório são desdobrados especificamente naqueles imputados à ampla defesa, revelando um entretecimento inquebrantável entre eles, e, consequentemente, a improdutividade de pensá-las em apartado.

relatos, apreciações e argumentos jurídicos apresentados por ocasião da fundamentação das respectivas decisões[114].

A Convenção Americana sobre Direitos Humanos (Pacto de São José da Costa Rica), internalizada no Brasil pelo Decreto nº 678, de 06 de novembro de 1992, prescreve que toda pessoa tem direito a ser ouvida, com as devidas garantias e dentro de um prazo razoável, por um juiz ou tribunal competente, independente e imparcial, estabelecido anteriormente por lei, na apuração de qualquer acusação penal formulada contra ela, ou para que se determinem seus direitos ou obrigações de natureza civil, trabalhista, fiscal ou de qualquer outra natureza (art. 8º, 1).

O Pacto Internacional de Direitos Civis e Políticos, internalizado no Brasil pelo Decreto nº 592, de 06 de julho de 1992, prescreve igualmente que toda pessoa terá o direito de ser ouvida publicamente e com as devidas garantias por um Tribunal competente, independente e imparcial, estabelecido por lei, na apuração de qualquer acusação de caráter penal formulada contra ela ou na determinação de seus direitos e obrigações de caráter civil (art. 14, I).

A Convenção Europeia para a Proteção de Direitos Humanos do Homem e das Liberdades fundamentais prescreve que qualquer pessoa tem direito a que a sua causa seja examinada, equitativa e publicamente, num prazo razoável por um tribunal independente e imparcial, estabelecido pela lei, o qual decidirá, quer sobre a determinação dos seus direitos e obrigações de carácter civil, quer sobre o fundamento de qualquer acusação em matéria penal dirigida contra ela. O julgamento deve ser público, mas o acesso à sala de audiências pode ser proibido à imprensa ou ao público durante a totalidade ou parte do processo, quando a bem da moralidade, da ordem pública ou da segurança nacional numa sociedade democrática, quando os interesses de menores ou a protecção da vida privada das partes no processo o exigirem, ou, na medida julgada estritamente necessária pelo tribunal, quando, em circunstâncias especiais, a publicidade pudesse ser prejudicial para os interesses da justiça (art. 6º, 1). Leonardo Faria Shenk relata que a Corte Europeia de Direitos Humanos definiu que o dispositivo consagra o direito ao contraditório, dotado do seguinte conteúdo: direito de conhecer e se manifestar sobre todas as alegações e provas; direito de produzir provas, com vistas a influenciar na decisão; e direito de ter

---

114 MARTINS, Leonardo. *Tribunal Constitucional Federal Alemão*. Decisões anotadas sobre direitos fundamentais. V. III. São Paulo: Marcial Pons, 2019, p. 225.

o caso julgado com apoio nos elementos dos autos. Nas palavras do autor, o pretório estima que o conteúdo mínimo atual do contraditório

> alcança e assegura o direito à prova, desde a sua proposição até o momento de sua avaliação, garantindo às partes, por um lado, a oportunidade de participar do *iter* de formação da decisão, com vistas a influenciar no seu rumo, ao mesmo tempo que obriga os julgadores, por outro, a tomar em consideração todos os pedidos, argumentos e provas produzidos pelas partes e demais interessados, em avaliação exaustiva e adequada[115].

Seria possível argumentar que como a Constituição de 1988 faz menção expressa ao contraditório e à ampla defesa, ao contrário dos diplomas normativos citados, a dogmática brasileira deveria empreender maior refinamento conceitual. O argumento seria plausível se tal labor oferecesse mais segurança jurídica e proteção aos destinatários da garantia. Não é o que ocorre. A construção realizada a partir do direito de ser ouvido, sem que os textos normativos alemão e supranacionais distingam entre contraditório e ampla defesa, revela que não há prejuízo em trabalhar o art. 5º, LV, CRFB, como uma garantia única. A unidade discursiva nada perde em conteúdo e ainda evita a dispersão doutrinária acima descrita[116].

Isso justifica a escolha acima indicada de tratar o art. 5º, LV, CRFB, como instituto único, consagrador da garantia do contraditório.

2.2. CONTEÚDO DA GARANTIA DO CONTRADITÓRIO

Dado o corte metodológico da pesquisa e a ênfase na dimensão estrutural do contraditório, analisada adiante, não se vai aqui repisar o desenvolvimento histórico da garantia do contraditório[117]. Passa-se di-

---

115 SHENK, Leonardo Faria. *Cognição Sumária*. Limites impostos pelo contraditório no processo civil. São Paulo: Saraiva, 2013, p. 55.

116 Semelhante levantamento e conclusão pode ser encontrado em: SICA, Heitor Vitor de Mendonça. *O Direito de Defesa no Processo Civil Brasileiro*. Um estudo sobre a posição do réu. São Paulo: Atlas, 2011, págs. 42-45.

117 Para tanto, por todos: PICARDI, Nicola. *Auditur et Altera Pars:* as matrizes histórico-culturais do contraditório. In: *Jurisdição e Processo*. Org. Trad. Carlos Alberto Alvaro de Oliveira. Rio de Janeiro: Forense, 2008, págs. 127-143; SCHENK, Leonardo Faria. *Cognição Sumária*. Limites impostos pelo contraditório no processo civil. São Paulo: Saraiva, 2013, págs. 25-41; PEIXOTO, Ravi Medeiros. Os caminhos e descaminhos do princípio do contraditório: a evolução histórica e a situação atual. Revista dos Tribunais *Online,* Revista de Processo, vol. 294, p. 121-145, Ago./2019.

reto para a delimitação do âmbito de proteção do conteúdo da garantia do contraditório.

O conteúdo dessa garantia possui duas dimensões: formal e material. A dimensão formal é composta pelas garantias de informação e reação; a dimensão material, pelas garantias de influência/consideração e não surpresa.

2.2.1. DIMENSÃO FORMAL OU ESTÁTICA: INFORMAÇÃO E REAÇÃO

A garantia do contraditório é sintetizada como direito de ser ouvido. Deriva daí a ideia de informação e reação ou bilateralidade da audiência.

Ingo Wolfgang Sarlet, Luiz Guilherme Marinoni e Daniel Mitidiero ensinam que a dimensão formal do contraditório significa que "a parte tem o direito de conhecer as alegações feitas no processo pela outra e tem o direito de, querendo, contrariá-las"[118].

Segundo Antonio do Passo Cabral, a contraposição de teses antagônicas era o cerne do princípio, ou seja, a *ratio* do contraditório sempre foi permitir oportunidades de reagir ou evitar posições jurídicas desfavoráveis. Para tanto, o direito de informação exige que os sujeitos processuais sejam adequadamente notificados sobre os efeitos prejudiciais que as decisões vinculativas, atuais ou futuras, poderão ter sobre suas situações jurídicas. Já o direito de reação agasalha as faculdades de contra-argumentar, examinar os autos do processo, dirigir requerimentos ao juiz, formular perguntas e quesitos, sustentar oralmente em audiência etc.[119] Nessa linha, José Frederico Marques sustentava que o processo deveria ser estruturado sob o contraditório, por decorrência da igualdade perante a lei e do direito ao processo, para que o direito de defesa não sofresse restrições indevidas[120].

Marcelo Veiga Franco assere que esse aspecto do contraditório resguarda aos interessados o direito de ouvir e de ser ouvido, para que

---

118 SARLET, Ingo Wolfgang. MARINONI, Luiz Guilherme. MITIDIERO, Daniel. *Curso de Direito Constitucional*. 3 ed. São Paulo: Editora Revista dos Tribunais, 2014, p. 735.

119 CABRAL, Antonio do Passo. *Nulidades no Processo Moderno*. Contraditório, proteção da confiança e validade *prima facie* dos atos processuais. 2 ed. Rio de Janeiro: Forense, 2010, p. 104.

120 MARQUES, José Frederico. *Instituições de Direito Processual Civil*. V. II. Campinas: Milennium, 2000, p. 97.

tenham "a oportunidade de dizer nos autos e deduzir as alegações e as provas que julgarem pertinentes, com a respectiva oportunidade ou possibilidade de reação"[121].

Na lição de Cândido Rangel Dinamarco, o contraditório se expressa na dinâmica pedir-alegar-provar. Vale dizer, "todo o sistema processual é construído de modo a oferecer a cada uma das partes, ao longo de todo o procedimento, oportunidades para *participar pedindo, participar alegando e participar provando*"[122]. Deixa claro que a efetividade das oportunidades para participar depende sempre do conhecimento da parte sobre o ato a ser atacado, ou seja, da atuação do binômio informação e reação.

O CPC consagra essa dimensão formal do contraditório em seus arts. 7º (É assegurada às partes paridade de tratamento em relação ao exercício de direitos e faculdades processuais, aos meios de defesa, aos ônus, aos deveres e à aplicação de sanções processuais, competindo ao juiz zelar pelo efetivo contraditório) e 9º, *caput*, (Não se proferirá decisão contra uma das partes sem que ela seja previamente ouvida). Ela é concretizada por inúmeras outras regras. Por exemplo: a que determina a citação e intimação do réu (CPC, arts. 238 e 269 – informação) e permite que, querendo, responda (CPC, art. 335 – reação); que o autor seja informado da ausência de pressuposto de admissibilidade da petição inicial (informação) para, querendo, emendá-la (reação) (CPC, art. 321).

Como se vê, a bilateralidade da audiência constitui o núcleo mínimo da garantia do contraditório, não podendo ser olvidada[123]. Afinal, começa nela o direito de proteção contra o arbítrio estatal, observa com acuidade Flávia Spinassé Frigini[124].

---

121 FRANCO, Marcelo Veiga. *O Processo Justo como Fundamento de Legitimidade da Jurisdição*. Dissertação (mestrado em Direito). Data da defesa: 31/07/2012. 185f. Universidade Federal de Minas Gerais, Belo Horizonte, 2012, p. 106.

122 DINAMARCO, Cândido Rangel. O princípio do contraditório e sua dupla destinação. In: *Fundamentos do Processo Civil Moderno*. 4 ed. São Paulo: Malheiros, 2001, p. 127.

123 CABRAL, Antonio do Passo. *Nulidades no Processo Moderno*. Contraditório, proteção da confiança e validade *prima facie* dos atos processuais. 2 ed. Rio de Janeiro: Forense, 2010, p. 105.

124 FRIGINI, Flávia Spinassé. *A Dimensão Dinâmica do Contraditório no Direito Processual Civil Cooperativo*: revisitando o dever de fundamentação das decisões judiciais. Dissertação (mestrado em Direito). Data da defesa: 03.05.2016. 98f. Universidade Federal do Espírito Santo, Vitória, 2016, p. 53.

Entretanto, se o contraditório for reduzido a isso ele assumirá caráter meramente simbólico, pois "a dialética retórica-formal em nada contribui para a construção dos fundamentos lançados no provimento. E a jurisdição, nessa ótica, detém uma legitimidade *per si* e não decorrente da influência exercida pelos litigantes", observa Cirilo Augusto Vargas[125]. O autor fornece exemplo interessante:

> O emprego do contraditório simbólico foi observado pelo autor deste trabalho na comarca mineira de Contagem: quando os juízos cíveis constatavam revelia de partes citadas por edital ou por hora certa, abriam vista dos autos para a Defensoria Pública, para apresentação de defesa pelo curador especial (art. 72, CPC). Trata-se de exigência legal, significando que o Estado assumiu a obrigação de amparar os interesses de uma pessoa apta a ser surpreendida em um processo, com possibilidade de formação de título executivo. O curador especial, portanto, visa (sic) assegurar o contraditório efetivo da pessoa ausente e não da pessoa pobre (já que sua condição financeira é desconhecida). Apesar de procederem à intimação (informação) da Defensoria para apresentação de resposta (reação), caso a defesa técnica vislumbrasse necessidade de produção de prova pericial, tal diligência era inevitavelmente negada, sob o fundamento de que "O réu não está sob o pálio da gratuidade e o Estado não tem obrigação de custear perícia para quem é revel ou citado por edital". Posteriormente, eram proferidas sentenças (naturalmente em prejuízo da parte ausente), sob a seguinte motivação: "Embora a contestação do curador especial tenha tornado controversos os fatos, certo é que não restou demonstrada a abusividade dos juros e da comissão de permanência, assim como o anatocismo alegado na defesa". Resumindo, era imperativo, por força de lei, que o curador oferecesse defesa da parte ausente citada de forma ficta. Ele não podia, contudo, produzir prova das suas alegações e influenciar o juízo[126].

Em que pese as considerações precedentes, discorda-se de Daniel Mitidiero quando diz que a bilateralidade da audiência constitui a dimensão fraca do contraditório[127], expressão corretamente criticada por

---

125 VARGAS, Cirilo Augusto. *A Defesa Técnica Processual*. Estudo comparado entre o direito brasileiro e o norte-americano. Rio de Janeiro: Lumen Juris, 2019, p. 66.

126 VARGAS, Cirilo Augusto. *A Defesa Técnica Processual*. Estudo comparado entre o direito brasileiro e o norte-americano. Rio de Janeiro: Lumen Juris, 2019, p. 67.

127 MITIDIERO, Daniel. Fundamentação e precedente – dois discursos a partir da decisão judicial. Revista dos Tribunais *Online*, Revista de Processo, Vol. 206, p. 61, abr./2012.

Igor Raatz e Natascha Anchieta[128]. Mas o relato acima transcrito evidencia que o contraditório não pode se limitar à bilateralidade da audiência, notadamente quando reduz o envolvimento do juiz ao dever de informar para permitir reação. O magistrado deve ser vinculado ao labor das partes e não pode surpreendê-las. É reconhecida a dimensão material ou dinâmica do contraditório, que encerra as garantias de influência e não surpresa.

2.2.2. DIMENSÃO MATERIAL OU DINÂMICA: INFLUÊNCIA E NÃO SURPRESA

Nos termos do parágrafo único do art. 1º da CRFB, todo o poder emana do povo, que o exerce por meio de representantes eleitos ou diretamente, nos termos desta Constituição. Deriva daí que os destinatários dos provimentos estatais têm direito de participar dos seus respectivos processos de produção.

Em termos mínimos, os destinatários das leis e das políticas públicas participam indiretamente dos seus processos de formação através de seus representantes eleitos dos Poderes Legislativo e Executivo, respectivamente. Os destinatários dos provimentos jurisdicionais (partes, sobretudo) participam diretamente dos seus processos de produção (a rigor, por meio de seus advogados, *ex vi* do art. 133, CRFB)[129].

Em suma, o processo (eleitoral, legislativo, jurisdicional etc.) é *locus* de participação democrática que confere legitimidade aos provimentos estatais[130].

---

128 Como já foi observado, "é sempre bom advertir: o alargamento conceitual do contraditório, a fim de ampliar as posições protetivas das partes, não deve, de modo algum, implicar um menosprezo da noção nuclear de contraditório como "bilateralidade de audiência". Por isso, não parece producente que se denomine o contraditório como fraco e forte" (ANCHIETA, Natascha. RAATZ, Igor. Contraditório em "sentido forte": uma forma de compensação das posturas judiciais instrumentalistas? *Empório do Direito*, Florianópolis, 23 set. 2019. Coluna Garantismo Processual. Disponível em: https://bit.ly/2IQZ3H7. Acesso em 12.12.2019).

129 DELFINO, Lúcio. O Processo Democrático e a Ilegitimidade de Algumas Decisões Judiciais. In: *O Futuro do Processo Civil no Brasil* – uma análise crítica ao projeto do novo CPC. Belo Horizonte: Fórum, 2011, págs. 371-375.

130 A ideia de participação pelo processo como fator de legitimação do provimento jurisdicional é ponto comum na doutrina, mesmo entre autores que adotam referenciais teóricos distintos e realizam leituras próprias acerca da legitimidade da decisão judicial, como Cândido Rangel Dinamarco e Rosemiro Pereira Leal: "a participação a ser franqueada aos litigantes é uma expressão da ideia, plantada no mundo político, de que o exercício do poder só se legitima quando preparado pe-

Fala-se que o poder estatal é legítimo quando exercido em conformidade com as diretivas assumidamente adotadas e aceitas pela sociedade[131]. Mas como nas contemporâneas sociedades complexas e multiculturais torna-se difícil (quiçá impossível) arrolar esses conteúdos universais, não se alcança a legitimidade mediante a simples inserção, nas normas jurídicas, dos conteúdos que se pretendam universalmente válidos[132]. Sendo o Estado instituído pela (e não instituinte da) Constituição, não lhe é dado, no exercício de suas funções (legislativa, executiva e jurisdicional), obstar arbitrariamente os direitos fundamentais constitucionalmente assegurados. O seu gozo pelos cidadãos titulares, concebido como autoinclusão, assegura-lhes a prerrogativa de enunciar sentidos com caráter vinculativo para o próprio Estado, deixando de ser meros destinatários para se tornarem coautores dos provimentos estatais, preservados os papéis distintos de cada um deles: no caso dos provimentos jurisdicionais, os cidadãos participam como articuladores-construtores e o juiz, como aplicador-julgador[133].

Em face do que se acaba de dizer, vale o esclarecimento: nesta pesquisa, a leitura da autoinclusão não se confunde com a defesa de que as partes criam direito *ad hoc* vinculante para o juiz, desgarrado da *praxis* (limites semânticos da Constituição e das leis) e da sua respectiva orientação dogmática. Isso não significa que as partes não podem oferecer propostas interpretativas inovadoras para os institutos jurídicos em liça, inclusive em razão das particularidades do caso concreto (determinantes pragmáticas), mas que há pontos de partida inegociá-

---

los meios idôneos segundo a Constituição e a lei". (DINAMARCO, Cândido Rangel. O princípio do contraditório e sua dupla destinação. In: *Fundamentos do Processo Civil Moderno*. 4 ed. São Paulo: Malheiros, 2001, p. 124); "É o devido processo legal, como co-extensão procedimental do devido processo coinstitucional, que vai estabelecer o espaço discursivo legitimador da decisão a ser neste preparada por todos integrantes de sua estrutura procedimental". (LEAL, Rosemiro Pereira. *Teoria Processual da Decisão Jurídica*. Belo Horizonte: Editora D'Plácido, 2017, p. 89).

131 DELFINO, Lúcio. O Processo Democrático e a Ilegitimidade de Algumas Decisões Judiciais. In: *Direito Processual Civil*. Artigos e Pareceres. Belo Horizonte: Fórum, 2011, p. 31.

132 LEAL, André Cordeiro. O Contraditório e a Fundamentação das Decisões no Direito Processual Democrático. Belo Horizonte: Mandamentos, 2002, p. 46.

133 GRESTA, Roberta Maria. *Introdução aos Fundamentos da Processualidade Democrática*. Rio de Janeiro: Lumen Juris, 2014, p. 56 e ss. Concebendo o cidadão como coautor do provimento e não apenas seu destinatário: LEAL, Rosemiro Pereira. *Teoria Geral do Processo. Primeiros Estudos*. Belo Horizonte: Fórum, 2018, p. 95.

veis que, de certo modo, delimitam os pontos de chegada. Pleitos descolados desses limites (semântica dos enunciados prescritivos e sua dogmática) desbordam da autonomia do direito e devem ser julgados improcedentes. A leitura aqui feita da autoinclusão concorda com a postulação de que as propostas interpretativas das partes sejam efetivamente consideradas pelo órgão estatal na elaboração do provimento[134], reconhecendo o processo como espaço democrático-discursivo de legitimação da aplicação do direito[135]. Mas também postula a impossibilidade de inserção de assuntos jurídicos (*iura novit curia*) e probatórios (faculdades instrutórias) no processo pelo juiz, consideradas funções privativas das partes e, nesse sentido, autoinstituintes e limitadoras da atuação jurisdicional[136]. Dentro dessas balizas, concorda-se que legítimo "*é o exercício das funções estatais quando adstrito ao âmbito em que foi instituído*"[137].

Se o processo é o espaço discursivo legitimador do provimento jurisdicional, a garantia que assegura, por excelência, essa participação das partes é o contraditório em sua dimensão material ou dinâmica.

A noção surge com Elio Fazzalari, que define o processo como procedimento em contraditório:

> O "processo" é um procedimento do qual participam (são habilitados a participar) aqueles em cuja esfera jurídica o ato final é destinado a desenvolver efeitos: em contraditório, e de modo que o autor não possa obliterar as suas atividades. (...) É necessária alguma coisa a mais e diversa; uma coisa os arquétipos do processo nos permitissem observar: a estrutura dialética do procedimento, isto é, justamente, o contraditório.

No Brasil, referida abordagem começa a ser esquadrinhada a partir dos anos 1980, por José Alfredo Baracho de Oliveira, a partir das seguintes ideias:

---

134 LEAL, André Cordeiro. *Instrumentalidade do Processo em Crise*. Mandamentos: 2008, p. 142 e ss.

135 ANDRADE, Francisco Rabelo Dourado de. Processo Constitucional: o processo como espaço democrático-discursivo de legitimação da aplicação do direito. *Revista da Faculdade de Direito do Sul de Minas*. Pouso Alegre, v. 31, n. 1: 281-296, jan./jun. 2015, p. 291.

136 Manifestação do que aqui se entende por dimensão estrutural da garantia do contraditório (contraditório como situação jurídica relacional, responsável pela dimensão funcional da divisão de trabalho entre partes e juiz.

137 GRESTA, Roberta Maria. *Introdução aos Fundamentos da Processualidade Democrática*. Rio de Janeiro: Lumen Juris, 2014, p. 76.

A supremacia da Constituição sobre a lei processual leva-nos à conclusão de que a tutela do processo realiza-se por meio do império das previsões constitucionais. De acordo com este entendimento, acentua Couture que: a) a Constituição pressupõe a existência de um processo como garantia da pessoa humana; b) a lei, no desenvolvimento normativo hierárquico destes preceitos, deve instituir outro processo; c) a lei não pode instituir formas que torna ilusória a concepção de processo consagrada na Constituição; d) se a lei institui forma processual que prive o indivíduo de razoável oportunidade para fazer valer seu direito, será inconstitucional; e) nestas condições devem existir meios de impugnação para que seja efetivo o controle da constitucionalidade das leis[138].

Mas é Aroldo Plínio Gonçalves quem aprofunda e radicaliza as lições de Elio Fazzalari entre nós, asserindo que o procedimento é uma sequência normativa e nela

> a observância da incidência da norma que prevê o ato que pode ser exercido ou deve ser exercido ou deve ser cumprido é pressuposto, é condição de validade, da incidência de outra norma que dispõe sobre a realização de outro ato, sendo deste o pressuposto, assim até que o procedimento se esgota atingindo seu ato final, quando se verificam todos os pressupostos normativamente previstos para a emanação do provimento[139].

O processo, na perspectiva história, quando o seu provimento final era constituído unilateralmente pelo Estado, ainda que esse ato tivesse o conteúdo na maior consonância com o direito material não poderia deixar de ser uma estrutura propícia às práticas autoritárias. Por isso, "quando os direitos e as garantias individuais foram se consolidando, o processo se aperfeiçoou na exigência de que nele estivesse garantido o direito à ampla defesa, com as medidas a ela inerentes"[140].

O conceito jurídico de processo é de ""estrutura normativa", composta de normas e de atos, e do provimento final, (...), como jurídico é o conceito de jurisdição como função ou atividade do Estado "sob a

---

138 OLIVEIRA, José Alfredo Baracho de. Processo e constituição: o devido processo legal. Revista dos Tribunais *Online,* Doutrinas Essenciais de Processo Civil, vol. 1, p. 119, out./2011. O texto foi originariamente publicado na Revista de Direito Público (RDP) n. 68, out./dez. 1983.

139 GONÇALVES, Aroldo Plínio. *Técnica Processual e Teoria do Processo*. 2 ed. Belo Horizonte: Del Rey, 2012, p. 95. A primeira edição foi publicada pela editora Aide no ano de 1992.

140 GONÇALVES, Aroldo Plínio. *Técnica Processual e Teoria do Processo*. 2 ed. Belo Horizonte: Del Rey, 2012, p. 141.

disciplina do Direito""[141]. A sua finalidade é "a preparação efetiva da sentença"[142].

Portanto,

> a instrumentalidade técnica do processo requer mais do que a garantia de participação das partes. Requer que essa participação se dê em contraditório, com igualdade de oportunidades, e que dela resulte essa consequência cujo alcance necessita ser apreendido em toda a sua extensão, que é a participação dos destinatários da sentença em sua própria formação[143].

O procedimento não se esgota num único ato, nem consiste em mera cadeia normativa. Ele se apresenta como um complexo normativo em que um primeiro ato é pressuposto de validade de outro, que se torna do próximo e assim sucessivamente. De ato-pressuposto em ato-pressuposto, o procedimento avança da provocação do interessado até provimento.

Carlos Alberto Alvaro de Oliveira realiza importante condensação analítica do conteúdo da dimensão material ou dinâmica do contraditório. Já em 1993, destacando o caráter problemático tanto em relação ao sentido do direito quanto dos fatos, postula que a definição do processo deve se dar mediante a efetiva oportunidade de participação das partes, para que elas ofereçam as suas impressões a respeito. Por conseguinte, sustenta, surge a necessidade de ressignificar os brocardos *iura novit curia* e *da mihi factum, dabo tibi ius*. O juiz não deve ser visto como portador ou produtor isolado do sentido do direito, nem se deve confiar apenas às partes a produção dos meios de prova necessários à reconstrução dos fatos. Todos devem atuar mediante máxima coopera-

---

141 GONÇALVES, Aroldo Plínio. *Técnica Processual e Teoria do Processo*. 2 ed. Belo Horizonte: Del Rey, 2012, p. 162.

142 GONÇALVES, Aroldo Plínio. *Técnica Processual e Teoria do Processo*. 2 ed. Belo Horizonte: Del Rey, 2012, p. 165. Claro que onde se falar em sentença deve-se ler provimento, o que inclui a atividade de execução.

143 GONÇALVES, Aroldo Plínio. *Técnica Processual e Teoria do Processo*. 2 ed. Belo Horizonte: Del Rey, 2012, p. 152. Sobre a noção mais ampla de liberdade e dignidade dos homens, afirma: "desenvolveu-se também uma concepção mais ampla de liberdade e de dignidade dos homens e da sociedade. As relações sociais não são sempre harmônicas e a paz que, pelo Direito, se almeja não consiste em se abolir a existência dos conflitos, amordaçando-se o pensamento, negando-se as diferenças, para se aniquilarem as divergências. O conflito é acolhido e reconhecido, abre-se o espaço para que ele se manifeste, e, do jogo do contraditório, formam-se as decisões que interferem nos direitos individuais e coletivos na vida em sociedade" (Op. cit., p. 161).

ção para o correto acertamento fático-jurídico. Inexiste rígida e nítida divisão de trabalho entre partes e juiz. Pelo contrário, "da análise do que realmente se passa transparece claramente o entrelaçamento de ambas as atividades, com mútua colaboração tanto na pesquisa dos fatos quanto na valorização jurídica da causa"[144].

Nota-se claramente que autor não se preocupou com a delimitação das competências das funções processuais das partes e do juiz. Abdicando dessa empresa, pensou a divisão de trabalho basicamente (ou exclusivamente) em sua dimensão argumentativo-discursiva (como são exercidas as funções processuais), dando pouca (ou nenhuma) importância à dimensão funcional (titularidade das competências processuais).

A relação entre contraditório e participação democrática é encontra em outros autores.

Rosemiro Pereira Leal, com sua teoria neoinstitucionalista do processo, tonifica o contraditório como princípio que deve ser inserido na estruturação de todos os procedimentos preparatórios dos provimentos estatais, ainda que assim não disponham seus modelos legais, enleando-o à legitimidade das decisões judiciais no Estado Democrático e atuando como controle da atividade do julgador (isocrítica e fiscalidade)[145].

Dierle José Coelho Nunes sustenta que o contraditório é garantia de influência no desenvolvimento e resultado do processo. Segue a já referida jurisprudência do Tribunal Federal Constitucional alemão para dizer que as partes têm a possibilidade de se posicionar sobre qualquer questão de fato ou de direito, de procedimento ou de mérito, para que possam influir no desenvolvimento e resultado dos provimentos[146].

---

144 OLIVEIRA, Carlos Alberto Alvaro de. O juiz e o princípio do contraditório. Revista dos Tribunais *Online,* Revista de Processo, vol. 71, p. 31, jul./1993.

145 LEAL, Rosemiro Pereira. *Teoria Geral do Processo*. Primeiros estudos. 14 ed. Belo Horizonte: Fórum, 2018, p. 145; LEAL, Rosemiro Pereira. *Teoria Processual da Decisão Jurídica*. Belo Horizonte: Editora D'Plácido, 2017, p. 56-60.

146 NUNES, Dierle José Coelho. *Direito Constitucional ao Recurso:* da teoria geral dos recursos, das reformas processuais e da compartição nas decisões. Rio de Janeiro: Lumen Juris, 2006, p. 149; NUNES, Dierle José Coelho. *Processo Jurisdicional Democrático*. Uma análise crítica das reformas processuais. Curitiba: Juruá, 2012, págs. 226-227. Em noção mais ampla, Antonio do Passo Cabral concebe o contraditório como direito de influir, "a faculdade do cidadão de interferir nesses procedimentos e condicionar eficazmente a atuação dos demais sujeitos do processo"

André Cordeiro Leal adverte que se se parte da premissa de que o acertamento de direitos pelo Poder Judiciário somente se legitima pelo processo em contraditório, permeando tanto a reconstrução dos fatos quanto a escolha e interpretação da norma material aplicável ao caso concreto, sob pena de ruptura autoritária do ciclo de legitimação[147], não basta dar às partes iguais oportunidades de pronunciamento. É necessário que este seja "efetivamente considerado quando da prolação das decisões, porque se assim não ocorrer, haverá negativa de vigência aos princípios do processo". Daí o entrelaçamento das garantias do contraditório e da fundamentação (CRFB, arts. 5°, LV e 93, IX):

> Mais do que garantia de participação das partes em simétrica paridade, portanto, o contraditório deve efetivamente ser entrelaçado com o princípio (requisito) da fundamentação das decisões, de forma a gerar bases argumentativas acerca dos fatos e do direito debatido para a motivação e das decisões. Uma decisão que desconsidere, ao seu embasamento, os argumentos produzidos pelas partes no *iter* procedimental será inconstitucional[148].

(CABRAL, Antonio do Passo. *Nulidades no Processo Moderno*. Contraditório, proteção da confiança e validade *prima facie* dos atos processuais. 2 ed. Rio de Janeiro: Forense, 2010, p. 105). A noção defendida pelo autor é mais ampla. Não refere apenas o direito da parte se manifestar sobre todo o material argumentativo que comporá a decisão judicial, mas que as condutas de todos os sujeitos processuais acabam moldando as dos demais. Essa análise comportamental transcende a análise estritamente dogmática e, por isso, não importa ao presente trabalho.

147 LEAL, André Cordeiro. *O Contraditório e a Fundamentação das Decisões no Direito Processual Democrático*. Belo Horizonte: Mandamentos, 2002, p. 103 e págs. 129-142.

148 LEAL, André Cordeiro. *O Contraditório e a Fundamentação das Decisões no Direito Processual Democrático*. Belo Horizonte: Mandamentos, 2002, p. 104. Parte da doutrina distingue motivação, compreendida como atividade do juiz de explicitar as razões do seu convencimento (a decisão é fruto do privilégio cognitivo do juiz, isoladamente), e fundamentação, compreendida como atividade do juiz de explicitar as razões pelas quais alguns assuntos o convenceram e outros não (a decisão deve ser fruto do debate participativo de todos os envolvidos): OMMATI, José Emílio Medauar. A Fundamentação das Decisões Judiciais no Projeto do NCPC – Versão da Câmara. In: *Novas Tendências do Processo Civil*. V. III. Orgs.: Alexandre Freire. Bruno Dantas. Dierle Nunes. Fredie Didier Jr. José Miguel Garcia Medina. Luiz Fux. Luiz Henrique Volpe Camargo. Pedro Miranda de Oliveira. Salvador: JusPodivm, 2014, p. 113-122. Por todo o exposto, exige-se a fundamentação muito mais do que a mera motivação. Este trabalho, porém, utiliza os significantes motivação e fundamentação de maneira indistinta, como sinônimos, mas sempre com o significado que, nesta nota, se atribui a fundamentação.

O entretecimento das garantias do contraditório e da fundamentação encontra-se amplamente reconhecido pela doutrina.

Ronaldo Brêtas de Carvalho Dias anota que contraditório e fundamentação se unem na atuação "dinâmica argumentativa fática e jurídica do procedimento, de forma que propicie a geração democrática de uma decisão jurisdicional participada, em concepção revisitada do processo, adequada ao Estado Democrático de Direito"[149].

Ovídio Baptista da Silva diz que a garantia do contraditório confere aos litigantes o direito de alegar e provar suas alegações, mas, também, "o direito, reconhecido tanto ao vencedor quanto ao vencido, de obter 'respostas' para suas alegações e provas"[150].

Daniel Mitidiero fala em *"dever de debate"*, consignando que *"não é possível aferir se a influência foi efetiva se não há dever judicial de rebate aos fundamentos levantados pelas partes"*[151]. Observa que a extensão do dever de motivação das decisões é definida à luz do contraditório, pois "a motivação das decisões judiciais constitui o último momento do contraditório"[152].

Teresa Arruda Alvim assere que o contraditório abrange a atividade das partes, alegando e provando, e a atividade do juiz, refletindo toda esta atividade na fundamentação das decisões judiciais. Assim, "Fundamentar a decisão demonstrando que se levou em conta o que foi alegado e provado pelas partes, para acolher ou rechaçar, é exercer o contraditório, para o órgão jurisdicional"[153].

---

149 DIAS, Ronaldo Brêtas de Carvalho. *Processo Constitucional e Estado Democrático de Direito*. 3 ed. Belo Horizonte: Del Rey, 2015, p. 177.

150 SILVA, Ovídio A. Baptista da. *Jurisdição, Direito Material e Processo*. Rio de Janeiro: Forense, 2008, p. 152.

151 MITIDIERO, Daniel. Fundamentação e precedente – dois discursos a partir da decisão judicial. Revista dos Tribunais *Online*, Revista de Processo, Vol. 206, p. 61, abr./2012.

152 MITIDIERO, Daniel. Fundamentação e precedente – dois discursos a partir da decisão judicial. Revista dos Tribunais *Online*, Revista de Processo, Vol. 206, p. 61, abr./2012. O autor reverbera a precisa imagem fornecida por Teresa Arruda Alvim: "A garantia da motivação consiste na última manifestação do contraditório". (ARRUDA ALVIM, Teresa. *Embargos de Declaração*: como se motiva uma decisão judicial. 3 ed. em e-book baseada na 4 ed. impressa. São Paulo: Thomson Reuters Brasil, 2018, Cap. 8.).

153 ARRUDA ALVIM, Teresa. *Embargos de Declaração*: como se motiva uma decisão judicial. 3 ed. em e-book baseada na 4 ed. impressa. São Paulo: Thomson Reuters Brasil, 2018, Cap. 8. Em linha semelhante, defendendo que a renovação do con-

Antonio do Passo Cabral sintetiza bem o ponto:

> Se o conhecimento é obtido dentro de condições específicas da intersubjetividade, o Estado deve, em respeito ao direito de influência, tomar em consideração a linha argumentativa dos participantes do debate, demonstrando que a decisão é fruto daquele condicionamento específico e não de pré-compreensões isoladas, solitárias, extraídas de um "diálogo de um homem só" ou de "monólogos em paralelo". Trata-se do *dever de atenção* às alegações, intrinsecamente conectado ao *dever de motivação* das decisões estatais. A este dever dos órgãos estatais vem o correlato direito de ver sua linha argumentativa considerada ou *direito de consideração (Recht auf Berücksichtigung)*, do qual são titulares os demais sujeitos do processo[154].

Portanto, o contraditório passa a vincular o juiz também quanto ao labor argumentativo das partes. Não basta que o magistrado informe os litigantes para que eles, querendo, reajam. Seus pronunciamentos devem repercutir na decisão[155].

Precisamente isto é o contraditório como influência: o direito das partes de que seus argumentos fático-probatórios e jurídicos sejam analisados séria, detida, objetiva e expressamente no provimento juris-

---

traditório como direito de influência e dever de debate torna o juiz sujeito do contraditório: ZANETI JR., Hermes. *A Constitucionalização do Processo*. O modelo constitucional da justiça brasileira e as relações entre processo e constituição. 2 ed. São Paulo: Atlas, 2014, págs. 180 e 182

154 CABRAL, Antonio do Passo. *Nulidades no Processo Moderno*. Contraditório, proteção da confiança e validade *prima facie* dos atos processuais. 2 ed. Rio de Janeiro: Forense, 2010, p. 105.

155 "Nosso pensamento sobre o alcance do princípio da fundamentação das decisões jurisdicionais busca harmonizar-se com o que entendemos ser jurisdição exercida de forma vinculada e obediente às diretrizes principiológicas do Estado Democrático de Direito. De fato, se a jurisdição somente atua mediante o devido processo constitucional e se o processo é procedimento que se desenvolve em contraditório entre as partes, em condições de paridade, fundamentar a decisão jurisdicional é justificar o órgão estatal julgador, no processo, as razões pelas quais a decisão foi proferida. A justificação assim desenvolvida pelo órgão julgador, porém, não pode ser abstrata, desordenada, desvairada, ilógica, irracional, discricionária ou arbitrária, formulada ao influxo de "*ideologias*", do particular sentimento de justiça, do livre espírito de equidade, do prudente arbítrio ou das convicções pessoas do agente público julgador, marginalizando as questões e os argumentos posicionados pelas partes no processo, porque o julgador não está sozinho no processo, não é o seu centro de gravidade e não possui o monopólio do saber". (DIAS, Ronaldo Brêtas de Carvalho. *Processo Constitucional e Estado Democrático de Direito*. 3 ed. Belo Horizonte: Del Rey, 2015, págs. 169-170).

dicional. Como bem observa Beclaute Oliveira Silva, essa visão efetiva "o papel da parte como agente apto a interferir na produção judicial do direito, fato esse visto por Hans Kelsen como função primordial do advogado"[156].

Em tempo: influenciar é diferente de convencer. Influi aquilo que é levado em consideração na tomada de decisão. Convence aquilo que conforma a tomada da decisão. Tudo que convence influi, mas nem tudo que influi convence. Influência envolve falar, ser ouvido e respondido; convencimento exige persuasão pela qualidade dos argumentos no contexto. Como o contraditório deve ser assegurado a ambas as partes e não é possível que todas vençam, ele só pode garantir influência, nunca convencimento.

Essa ligação entre o contraditório e a fundamentação foi positivada no art. 489, § 1º, IV, CPC, segundo o qual não se considera fundamentada qualquer decisão judicial, seja ela interlocutória, sentença ou acórdão, que não enfrentar todos os argumentos deduzidos no processo capazes de, em tese, infirmar a conclusão adotada pelo julgador.

Fredie Didier Jr., Paula Sarno Braga e Rafael Alexandria de Oliveira têm interpretado o dispositivo no sentido de que "para acolher o pedido do autor, o juiz não precisa analisar todos os fundamentos da demanda, mas necessariamente analisar todos os fundamentos da defesa do réu; já para negar o pedido do autor, analisar todos os fundamentos da demanda"[157]. Correto, o entendimento é amplamente seguido pela doutrina[158].

---

156 SILVA, Beclaute Oliveira. Contornos da fundamentação no Novo CPC. In: *Coleção Novo CPC Doutrina Selecionada*. V. 2. Processo de conhecimento e disposições finais e transitórias. Orgs.: Lucas Buril de Macêdo, Ravi Peixoto, Alexandre Freire. Salvador: JusPodivm, 2015, p. 368.

157 DIDIER JR., Fredie. BRAGA, Paula Sarno. OLIVEIRA, Rafael Alexandria de. *Curso de Direito Processual Civil*. V. 2. 11 ed. Salvador: JusPodivm, 2016, p. 343.

158 Por todos: PEREIRA, Carlos Frederico Bastos. *Fundamentação das Decisões Judiciais:* o controle da interpretação dos fatos e do direito no processo civil. 1 ed em e-book baseada na 1 ed impressa. São Paulo: Thomson Reuters Brasil, 2019, Parte II, item 5.4; SCHMITZ, Leonard Ziesemer. *Fundamentação das Decisões Judiciais*. A crise na construção de respostas no processo civil. São Paulo: Editora Revista dos Tribunais, 2015, p. 304; LUCCA, Rodrigo Ramina de. *O Dever de Motivação das Decisões Judiciais*. Salvador: JusPodivm, 2015, p. 231; COSTA, Eduardo José da Fonseca. *Comentários ao Código de Processo Civil*. 2 ed. Coords. Angélica Arruda Alvim. Araken de Assis. Eduardo Arruda Alvim. George Salomão Leite. São Paulo: Saraiva, 2017, p. 616; CUNHA, Leonardo José Carneiro da. *Breves Comentários*

Controverte-se, porém, se o juiz é obrigado a examinar os fundamentos e/ou os argumentos lançados pelas partes. De saída, o debate é comprometido pelo dissenso acerca do sentido dos referidos significantes.

Rodrigo Reis Mazzei distingue as figuras. Para o autor, fundamentos consistem no material jurídico dotado de densidade normativa, aquele capaz de levar ao sucesso ou insucesso da ação e/ou do(s) pedido(s), e, por isso, devem ser obrigatoriamente examinados pelo órgão julgador. Por outro lado, os argumentos são apenas raciocínios para fortalecer os primeiros, elementos retóricos com os quais se tenta convencer o julgador[159]. Assim, o juiz tem o dever de examinar apenas os fundamentos, não os argumentos.

Prevalece, porém, o uso indiscriminado dos vocábulos.

Luiz Guilherme Marinoni e Daniel Mitidiero defenderam alhures, semelhantemente a Rodrigo Reis Mazzei, que argumentos são simples reforços retóricos utilizados em torno dos fundamentos[160]. Contudo, escrevendo mais recentemente, e na companhia de Sérgio Cruz Arenhart, utilizam os significantes indiscriminadamente[161]. Fredie Didier Jr.,

---

ao Novo Código de Processo Civil. 3 ed. Coords. Teresa Arruda Alvim Wambier. Fredie Didier Jr. Eduardo Talamini. Bruno Dantas. São Paulo: Editora Revista dos Tribunais, 2016, p. 1373; NERY JR., Nelson. NERY, Rosa Maria de Andrade. Comentários ao Código de Processo Civil. São Paulo: Editora Revista dos Tribunais, 2015, p. 1155; ATAÍDE JÚNIOR, Jaldemiro Rodrigues. A fundamentação das decisões judiciais no NCPC e o resgate da categoria da incidência jurídica. In. Coleção Novo CPC Doutrina Selecionada. V 2. Processo de conhecimento e disposições finais e transitórias. Orgs.: Lucas Buril de Macêdo, Ravi Peixoto, Alexandre Freire. Salvador: JusPodivm, 2015, p. 454.

159 MAZZEI, Rodrigo Reis. O dever de motivar e o livre convencimento (conflito ou falso embate?): breve análise do tema a partir de decisões do STJ. Revista Jurídica da Seção Judiciária de Pernambuco. n. 8, Recife, 2015, p. 218-219.

160 "Argumentos, todavia, não se confundem com fundamentos. Fundamentos constituem os pontos levantados pelas partes dos quais decorrem, por si só, a procedência ou a improcedência do pedido formulado. Os argumentos, de seu turno, são simples reforços que as partes realizam em torno dos fundamentos". (MARINONI, Guilherme. MITIDIERO, Daniel. Código de Processo Civil Comentado. 3. ed. São Paulo: Ed. RT, 2011. p. 419).

161 "O juiz tem o dever de enfrentar todos os argumentos relevantes – ou fundamentos – arguidos pelas partes em suas manifestações processuais. (...) apenas os argumentos relevantes é que devem ser enfrentados. O próprio legislador erige um critério para distinguir entre argumentos relevantes e irrelevantes: argumento

Paula Sarno Braga e Rafael Alexandria de Oliveira falam indistintamente em fundamentos, argumentos, alegações e razões essenciais[162]. Os enunciados (sem valor prescritivo) do Fórum Permanente de Processualistas Civis falam em hipóteses[163], alegações[164], fundamentos jurídicos[165] e fundamentos[166], sem jamais sugerir qualquer diferença entre eles. Nesse sentido, o juiz deve examinar todo o labor discursivo das partes.

Eduardo José da Fonseca Costa diferencia as figuras, mas não as cinge. Sustenta que fundamento é a razão de decidir e que argumento é o raciocínio por força do qual, partindo-se de fundamentos fáticos e jurídicos articulados entre si, se decide[167]. Dito de outro modo, o argumento constrói o fundamento.

Mesmo que não se acolhesse o último alvitre, aqui se considera irrelevante a distinção entre "argumentos" e "fundamentos", para fins de definição da extensão do dever de fundamentação de que trata o art. 489, § 1º, IV, CPC. Ora, se o direito positivo não tem uma definição clara e a dogmática jurídica é vacilante, cumpre adotar a interpretação

---

relevante é todo aquele que é capaz de informar, em tese, a conclusão adotada pelo julgamento. Argumento relevante é o argumento idôneo para alteração do julgado". (MARINONI, Luiz Guilherme. ARENHART, Sérgio Cruz. MITIDIERO, Daniel. *Novo Código de Processo Civil Comentado*. 3 ed. São Paulo: Editora Revista dos Tribunais, 2016, p. 592).

162 DIDIER JR., Fredie. BRAGA, Paula Sarno. OLIVEIRA, Rafael Alexandria de. *Curso de Direito Processual Civil*. V. 2. 11 ed. Salvador: JusPodivm, 2016, p. 342-345.

163 Enunciado n. 303: As hipóteses descritas nos incisos do §1º do art. 499 são exemplificativas.

164 Enunciado n. 523: O juiz é obrigado a enfrentar todas as alegações deduzidas pelas partes capazes, em tese, de infirmar a decisão, não sendo suficiente apresentar apenas os fundamentos que a sustentam.

165 Enunciado n. 524: O art. 489, §1º, IV, não obriga o órgão julgador a enfrentar os fundamentos jurídicos deduzidos no processo e já enfrentados na formação da decisão paradigma, sendo necessário demonstrar a correlação fática e jurídica entre o caso concreto e aquele já apreciado.

166 Enunciado n. 585: Não se considera fundamentada a decisão que, ao fixar tese em recurso especial ou extraordinário repetitivo, não abranger a análise de todos os fundamentos, favoráveis ou contrários, à tese jurídica discutida.

167 COSTA, Eduardo José da Fonseca. *Comentários ao Código de Processo Civil*. 2 ed. Coords. Angélica Arruda Alvim. Araken de Assis. Eduardo Arruda Alvim. George Salomão Leite. São Paulo: Saraiva, 2017, p. 616

mais favorável à garantia fundamental em liça: o juiz tem o dever de se pronunciar sobre todos os assuntos[168] suscitados pelas partes ou que, por imposição legal, deve conhecer de ofício. Ao obrigar o julgador a demonstrar, expressa e motivadamente, que enfrentou todos os assuntos (fático-probatórios e jurídicos) apresentados pelas partes, indicando, com a precisão possível, como e em que medida eles tiveram aptidão para convencê-lo[169], essa solução impede que o direito de influência seja artificialmente esvaziado.

Ainda quanto à extensão do dever de fundamentação, registra-se a lamentável tentativa – felizmente malograda – de veto do art. 489, § 1º, CPC, levada a efeito conjuntamente pela Associação dos Magistrados do Brasil (AMB), pela Associação dos Juízes Federais do Brasil (AJUFE) e pela Associação de Nacional dos Magistrados do Trabalho (ANAMATRA).

Segundo divulgado pelo sítio eletrônico da AMB, os incisos I a VI do referido dispositivo terão impactos severos, "de forma negativa, na gestão do acervo de processos, na independência pessoal e funcional dos juízes e na própria produção de decisões judiciais em todas as esferas do país, com repercussão deletéria na razoável duração dos feitos"[170].

Os argumentos são sofríveis.

De saída, um assunto é um assunto. Só pode ser considerado sério ou absurdo, pertinente ou impertinente, capaz ou incapaz de infirmar a conclusão adotada depois de ser examinado. Dispensar o exame de um assunto por sua pretensa absurdidade, impertinência ou irrelevância é uma *contradictio in terminis* que serve apenas de álibi para o juiz escolher arbitrariamente o que vai apreciar. Ademais, a relação da in-

---

168 ""Questão" é palavra empregada no CPC/15 em acepção amplíssima, com o sentido de assunto. Designa qualquer assunto sobre o qual o juízo deva ou não se pronunciar". (SENRA, Alexandre. *A Coisa Julgada no Código de Processo Civil de 2015. Premissas, conceitos, momento de formação e suportes fáticos*. Salvador: JusPodivm, 2017, p. 220).

169 "A garantia do contraditório enuncia a necessidade de informação e a possibilidade (ou ônus) de reação, com condições objetivas de influir efetivamente na valoração judicial de tudo que pode ter importância no julgamento, dele erigindo as seguintes consequências práticas: inexistência de poderes de uma parte sobre a outra; o direito de provar o alegado; e o direito à valoração de cada tese exposta nos autos". (CASARA, Rubens R. R. MELCHIOR, Antonio Pedro. *Teoria do Processo Penal Brasileiro*. V. I. Rio de Janeiro: Lumen Juris, 2013, págs. 320-322).

170 Disponível em: https://bit.ly/3hHovz1. Acesso em 30.04.2020.

dependência dos juízes, que se realiza pelas garantias funcionais de vitaliciedade, inamovibilidade e irredutibilidade de subsídios (CRFB, art. 95, I, II e III)[171], com o dever de fundamentação é de sujeição, não de assujeitamento. Uma das finalidades da garantia contrapoder do art. 93, IX, CRFB, é limitar a independência judicial para impedir o arbítrio[172]. Ao fundamentar suas decisões o juiz se expõe à fiscalização. E isso é o Estado Democrático de Direito: *"um estado que se justifica, para encontrar nessa justificação sua legitimidade"*[173]. Não por acaso o processo tem o sentido de limite, de controle de produção das decisões judiciais[174-175].

O argumento de que o cumprimento das exigências do art. 489, § 1º, I a IV, CPC, causaria morosidade é expressão de um corporativismo que transige com as garantias processuais das partes em homenagem a políticas internas de gestão do acervo voltadas à aceleração e diminuição da quantidade de processos. Nessa visão, a redução dos espaços-tempos necessários ao pleno exercício da garantia do devido processo legal é considerada uma externalidade inevitável que deve ser absorvida a bem do atendimento de metas de produtividade. Tem-se aí a equivoca-

---

171 A propósito, conferir: MENDES, Gilmar Ferreira. STRECK, Lenio Luiz. *Comentários à Constituição do Brasil*. Coord. científica J. J. Gomes Canotilho, Gilmar Ferreira Mendes, Ingo Wolfgang Sarlet, Lenio Luiz Streck. Coord. executiva Léo Ferreira Leoncy. São Paulo: Saraiva, 2013, p. 1329 e ss.

172 "A história da exigência de fundamentação da decisão judicial é a história da contenção do arbítrio do julgador". (RAMIRES, Maurício. *Crítica à Aplicação de Precedentes no Direito Brasileiro*. Porto Alegre: Livraria do Advogado: 2010, págs. 35 e 40).

173 SCHMITZ, Leonard Ziesemer. *Fundamentação das Decisões Judiciais*. A crise na construção de respostas no processo civil. São Paulo: Editora Revista dos Tribunais, 2015, p. 183.

174 STRECK, Lenio Luiz. Dilema de dois juízes diante do fim do livre convencimento no CPC. In: *Coleção Novo CPC Doutrina Selecionada*. V. 3. Orgs. Lucas Buril de Macêdo, Ravi Medeiros Peixoto, Alexandre Freire. Salvador: JusPodivm, 2015, p. 300.

175 Entre doutrinadores de relevo, apenas José Roberto dos Santos Bedaque considera exagerado o art. 489, § 1º, CPC: "O projeto não exigia tanto do juiz como o que foi aprovado. Não há necessidade, a meu ver, de se esmiuçar tanto, como o projeto aprovado fez. Temos que confiar no juiz. Essa descrição minuciosa dos deveres apenas proporcionará aos advogados invocar nulidades das sentenças mesmo que elas não ocorram". (*Consultor Jurídico*, São Paulo, 12 mar. 2015. Disponível em: https://bit.ly/2WdcJmO. Acesso em 20.10.2019).

da visão de eficiência processual. De fato, com Helena Patrícia Freitas, não se pode baralhar *eficiência da jurisdição* e *efetividade do processo*[176]. Eficiência é obter retornos ótimos na alocação de recursos (humanos e materiais) escassos. Sendo ela obrigação da administração pública *lato sensu* (CRFB, art. 37), pode-se dizer que serviços públicos eficientes são aqueles que oferecem os melhores resultados mediante aplicação da menor quantidade possível de recursos públicos. Esse é o *locus* do gerencialismo voltado à boa administração do Judiciário, âmbito de incidência da eficiência da jurisdição. Mas o utilitarismo eficientista encontra limite nos direitos fundamentais. Eficiência juridicamente válida da jurisdição é aquela que pode ser obtida respeitando de modo intransigente os direitos fundamentais. Precisamente isso é a efetividade do processo: a implementação *in totum* das garantias que lhe são inerentes. Nem poderia ser diferente, pois se as garantias processuais servem às partes e desservem ao juiz, seu conteúdo e extensão não são delimitados pelo impacto na *performance* do Judiciário, mas o contrário: a eficiência da jurisdição é aferida por sua capacidade de fornecer retorno ótimo na alocação de recursos escassos com integral respeito às garantias processuais. A realização tão plena quanto possível das garantias processuais consome tempo, dinheiro e energia, mas constitui, por assim dizer, uma margem de "perda de eficiência" inerente ao Estado Democrático de Direito – que não é Estado de Eficiência, pura e simplesmente. É por isso que a duração do processo deve ser razoável (CRFB, art. 5º, LXXVIII; CPC, art. 4º), ou seja, nem rápida nem devagar, mas aquela necessária ao pleno gozo do contraditório, da fundamentação, da imparcialidade etc. O lapso temporal imposto pela *fundamentação adequada* das decisões compõe a medida da efetividade do processo, ainda que seja superior ao que é suficiente à *fundamentação conveniente* das decisões, pretensão subjacente ao pedido de veto. A ênfase na celeridade constitui apropriação da garantia da duração razoável do processo pelo gerencialismo jurisdicional para, sutilmente, instituir a ideia de eficiência do processo, escamoteando a operação de conversão da garantia contrapoder dos cidadãos em instrumento do e para o Poder. As associações de magistrados pretendiam a eficiência do processo. A sanção presidencial do dispositivo manteve as coisas em

---

176 FREITAS, Helena Patrícia. *Eficiência da Jurisdição*: necessidade de sua (des)construção para efetivação do modelo constitucional de processo. Dissertação (mestrado em Direito). Data da defesa: 07/12/2018. 228f. Pontifícia Universidade Católica de Minas Gerais, Belo Horizonte, 2018, especialmente as págs. 180-197.

seus lugares: preservou a efetividade do processo como o fiel que dá a medida da (não é medida pela) eficiência da jurisdição.

Superado esse ponto, chega-se à garantia de não surpresa.

A parte só pode influenciar se tiver a oportunidade de se manifestar sobre todos os assuntos relevantes para a decisão, sejam incidentais ou principais, de admissibilidade ou de mérito, fático-probatórios ou de direito, cognoscíveis mediante provocação ou *ex officio*. A orientação vale para os assuntos de cognição oficiosa porque não há relação entre a forma da cognoscibilidade – mediante provocação ou de ofício – e a necessidade, ou não, de contraditório prévio. Não se confundem as operações de conhecer e decidir. Conhecer é dar-se conta e decidir, prover sobre o que se conhece. O juiz pode conhecer de determinados assuntos sem provocação das partes, mas antes de decidir deve franquear o pronunciamento das partes[177]. Garantia de não surpresa significa, portanto, que, em regra, todos os assuntos que serão objeto de decisão devem ser previamente submetidos ao pronunciamento das partes.

É o que prescreve (com redação insatisfatória) o art. 10, CPC: o juiz não pode decidir, em grau algum de jurisdição, com base em fundamento a respeito do qual não se tenha dado às partes oportunidade de se manifestar, ainda que se trate de matéria sobre a qual deva decidir de ofício.

Daí a já referida releitura do *iura novit curia*. A propósito, Paulo Roberto de Gouvêa Medina anota que o magistrado não pode exercer a função de qualificação jurídica dos fatos isoladamente, mas há de contar com o imprescindível concurso do advogado e, nos casos em que este deva atuar, também com o representante do Ministério Público, os argumentadores por excelência. Como forma de enaltecer a garantia de participação e não surpresa, chega a sugerir a substituição da expressão *iura novit curia* (o juiz conhece o direito) pela expressão *iura et novit curia* (o juiz também conhece o direito)[178]. Tirante raras

---

177 Por todos: DIDIER JR, Fredie. *Curso de Direito Processual Civil*. V.1. 17 ed. Jus Podivm, 2015, p. 81; NERY JR., Nelson. *Princípios do Processo na Constituição Federal*. 10 ed. São Paulo: 2010, p. 227.

178 MEDINA, Paulo Roberto Gouvêa de. ***Iura Novit Curia***. A máxima e o mito. Salvador: JusPodivm, 2020, p. 244.

exceções, aqui e alhures[179], é lição assente na doutrina[180]. Como se

---

179 No Brasil: "ora, mas se é uma atuação de ofício, prevista em lei, qual é o sentido de abrir oportunidade para as partes falarem sobre algo que já está previsto em lei? Claro que a medida apenas revela, mais uma vez, uma desconfiança sobre o juiz, que acaba evitando a própria atuação racional do processo. Aliás, é com base em tal sentimento que até já se criou na jurisprudência a prática absurda de o juiz ter que dar oportunidade de fala à parte contrária quando sente que os embargos declaratórios modificativos interpostos por uma das partes pode ser acatado. Ora, se os embargos buscam corrigir a sentença e se todos os argumentos foram utilizados pelas partes antes do processo ir a julgamento e houve um erro de avaliação do juiz que deve ser corrigido, conforme advertido pela parte, não tem o menor sentido reabrir um contraditório a respeito. Mas, enfim, o legislador agora considera que essa irracionalidade deve ser a regra na atuação processual...". (SOUTO MAIOR, Jorge Luis. O Conflito entre o Novo CPC e o Processo do Trabalho. In: *O Novo Código de Processo civil e seus Reflexos no Processo do Trabalho*. Coord. Élisson Miessa. 2 ed. Salvador: JusPodivm, 2016, p. 1384). Na Itália: "Recentemente, Sergio Chiarloni criticou o dispositivo porque seria "um caso típico de formalismo das garantias". De acordo com o docente italiano, se o Estado-juiz decide por um fundamento que não foi aventado pela parte, tratar-se-ia de uma "insuficiente atenção dos defensores", pois, "quando os defensores sabem exercer o próprio mister, as questões cognoscíveis de ofício, antes que o ofício autonomamente as suscite, são levantadas pelas partes". Chiarloni propõe, então, uma "interpretação corretiva" do dispositivo, pela qual só há nulidade se "a violação do contraditório for tal a ponto de não haver permitido à parte de instaurar a controvérsia, com alegações sucessivas". Abstraído o absurdo de se realizar "interpretações corretivas" para alterar normas legais produzidas democraticamente pelo Poder Legislativo, esse tipo de raciocínio, talvez válido como hipótese acadêmica, mas inteiramente dissociado do que acontece no mundo real, ignora que o advogado só conseguiria antecipar todas as possíveis e incontáveis questões suscitáveis de ofício pelo Estado-juiz se cada uma de suas petições fossem tratados processuais abarrotados de considerações impertinentes. "Saber exercer o próprio mister" é saber enfrentar as questões relevantes à causa e, no momento oportuno, demonstrar ao julgador que uma dada questão levantada por ele de ofício não se aplica ao caso concreto. (...) a única conclusão a que se pode chegar é a de que o *iura novit curia* (...) impõe ao Estado-juiz que decida corretamente as pretensões que lhe são deduzidas sob o ponto de vista jurídico, independentemente do que foi alegado pelas partes; contudo, qualquer questão levantada de ofício pelo Estado-juiz, que não tenha sido objeto de debate entre as partes, deve ser submetida ao prévio contraditório". (LUCCA, Rodrigo Ramina de. *Disponibilidade Processual*. A liberdade das partes no processo. São Paulo: Thomson Reuters Brasil, 2019, págs. 328-329).

180 Por todos, no mesmo sentido: DOMIT, Otávio Augusto Dal Molin. *Iura Novit Curiae* e *Causa de Pedir*: o juiz e a qualificação jurídica dos fatos no processo civil brasileiro. 1 ed. em e-book baseada na 1 ed. impressa. São Paulo: Editora Revista dos Tribunais, 2016, Parte III, Cap. 3.2.

pode ver, os arts. 10 e 489, § 1°, IV, CPC, se retroalimentam. Quem é surpreendido não pode influir. Quem pode influir não é surpreendido. As noções de influência e não surpresa são indissolúveis.

Ressalte-se que a dimensão substancial ou dinâmica do contraditório deriva diretamente da Constituição[181]. É conteúdo normativo exigível independentemente de concretização infraconstitucional. O que reforça a impropriedade do pedido de veto do art. 489, § 1°, I a IV, CPC, acima referido: não pode ser inconstitucional um dispositivo que explicita conteúdo exigível desde a Constituição, e como tal já reconhecido pelo STF, v. g., no MS 25.787/DF, julgado em 08.11.2006, relator o Min. Gilmar Mendes, que registra em seu voto:

> tenho afirmado neste Tribunal que a garantia fundamental de defesa não se resume a um simples direito de manifestação no processo. Efetivamente, o que o constituinte pretende assegurar – como bem anota Pontes de Miranda – é uma pretensão à tutela jurídica (Comentários à Constituição de República com a Emenda n° 1, 1969, T. V, p.234) (...) Não é outra a avaliação do tema no direito constitucional comparado. Apreciando o chamado *Asprunch auf rechtliches Gehör* (pretensão à tutela jurídica) no direito alemão, assinala o *Bundesverfassungsgericht* que essa pretensão envolve não só o direito de manifestação e o direito de informação sobre o objeto do processo, mas também o direito do indivíduo de ver os seus argumentos[182].

Inegável que esse entendimento era minoritário na jurisprudência. Grassavam majoritárias as leituras que reduziam o contraditório à sua dimensão formal ou estática e o dever de fundamentação a uma mera exigência de lógica interna, segundo a qual o juiz deveria indicar os

---

181 Por todos: NUNES, Dierle José Coelho. *Processo Jurisdicional Democrático*. Uma análise crítica das reformas processuais. Curitiba: Juruá, 2012, p. 229.

182 STF, MS 25.787/DF, Rel. Min. Gilmar Mendes, Tribunal Pleno, j. em 08/11/2006, DJe 13/09/2007. No mesmo sentido, no STF: AI 431.264, AgR-segundo, Rel. Min. Cezar Peluso, Segunda Turma, j. em 30/10/2007, DJe 22/11/2007; RE 434.059, Rel. Min. Gilmar Mendes, Tribunal Pleno, j. em 07/05/2008, DJe 11/09/2008; no STJ: "(...) 5. O contraditório e a ampla defesa são valores intrinsecamente relacionados com o Estado Democrático de Direito e têm por finalidade oferecer a todos os indivíduos a segurança de que não serão prejudicados, nem surpreendidos com medidas interferentes na liberdade e no patrimônio, sem que haja a devida submissão a um prévio procedimento legal. Os aludidos preceitos, desse modo, assumem duas perspectivas: formal - relacionada à ciência e à participação no processo - e material - concernente ao exercício do poder de influência sobre a decisão a ser proferida no caso concreto. (...)". (MS 15.036/DF, Rel. Min. Castro Meira, 1ª Seção, j. em 10/11/2010, DJe 22/11/2010). Conferir: SHENK, Leonardo Faria. *Cognição Sumária*. Limites impostos pelo Contraditório no Processo Civil. São Paulo: Saraiva, 2013, págs. 63-66.

porquês de sua decisão, mas dispensado de interagir com os assuntos lançados pelas partes[183]. Daí por que os arts. 10 e 489, § 1°, CPC, gozam de notável importância contrafática. Seja como for, o que antes era resistência à Constituição hoje se traduz em resistência à lei, pois, a despeito do fracasso da tentativa de veto, os dispositivos ainda sofrem grande resistência por parte de setores expressivos da magistratura nacional[184], aí incluídos o STF[185] e o STJ[186]. Por isso, é importante

---

183 No STJ: "(...) 3. Inexiste ofensa ao art. 535, II do CPC, quando o Tribunal de origem, embora sucintamente, pronuncia-se de forma clara e suficiente sobre a questão posta nos autos. Ademais, o magistrado não está obrigado a rebater, um a um, os argumentos trazidos pela parte, desde que os fundamentos utilizados tenham sido suficientes para embasar a decisão. (...)". (AgRg-Ag 1.189.895; Proc. 2009/0091567-9; RJ; Primeira Turma; Rel. Min. Luiz Fux; Julg. 21/10/2010; DJE 04/11/2010). No mesmo sentido: AgRg-REsp 913.663; Proc. 2006/0279413-4; RJ; Primeira Turma; Rel. Min. Luiz Fux; Julg. 18/12/2008; DJE 18/02/2009. No STF: "(...) O órgão julgador não está obrigado a rebater todos os argumentos suscitados no recurso, uma vez que a constatação da ausência de um dos seus pressupostos permite, com base no entendimento jurisprudencial do tribunal, a sua rejeição. (...)". (AI-AgR-ED 681.331; SP; Primeira Turma; Rel. Min. Ricardo Lewandowski; Julg. 24/08/2010; DJE 10/09/2010; Pág. 33). No mesmo sentido: SS 4836; Tribunal Pleno; Rel. Min. Presidente; Julg. 07/10/2015; DJE 04/11/2015; Pág. 65.

184 Vejam-se os seguintes enunciados aprovados em seminário realizado pela Escola Nacional de Formação e Aperfeiçoamento de Magistrados (ENFAM): Enunciado n. 1. Entende-se por "fundamento" referido no art. 10 do CPC/2015 o substrato fático que orienta o pedido, e não o enquadramento jurídico atribuído pelas partes; Enunciado n. 5. Na declaração de incompetência absoluta não se aplica o disposto no art. 10, parte final, do CPC/2015. Particularmente estarrecedor é o Enunciado n. 13 da I Jornada sobre o Código de Processo Civil de 2015, realizado pelo Tribunal Regional do Trabalho da 18ª Região: "(...) O inciso IV, do § 1°, do artigo 489, do Novo CPC, ao exigir fundamentação sentencial exauriente, é inaplicável ao processo trabalhista, seja pela inexistência de omissão normativa, diante do caput do artigo 832, da CLT, seja pela flagrante incompatibilidade com os princípios da simplicidade e da celeridade, norteadores do processo laboral, sendo-lhe bastante, portanto, a clássica fundamentação sentencial suficiente".

185 "1. O julgador não está obrigado a rebater todos os argumentos do autor, mas a fundamentar o julgado com as razões suficientes à exposição de seu convencimento". (MS-AgR 31.667; Segunda Turma; Rel. Min. Dias Toffoli; DJE 23/11/2018).

186 "(...) O órgão julgador, porém, não é obrigado a rebater, um a um, todos os argumentos trazidos pelas partes em defesa da tese que apresentaram. Deve apenas enfrentar a demanda, observando as questões relevantes e imprescindíveis à sua resolução. Nesse sentido: RESP 1.486.330/PR, Rel. Ministro Og Fernandes, Segunda Turma, DJe 24.2.2015; AGRG no AREsp 94.344/RJ, Rel. Ministro Sérgio

reafirmar a normatividade constitucional e, sim, prestigiar a explicitação ora vertida na legislação procedimental.

2.2.3. RESTRIÇÕES À GARANTIA

As considerações precedentes conduzem à conclusão de que, em regra, o contraditório deve ser prévio. Consequentemente, qualquer restrição ao contraditório prévio (postecipação e, com muito maior razão, não estabelecimento) é, em princípio, inconstitucional. Só se justifica quando imprescindível à efetivação de outro direito fundamental, segundo o teste da proporcionalidade da restrição (não como ponderação).

Kukina, Primeira Turma, DJe 2.6.2015; EDCL no AGRG nos EARESP 436.467/SP, Rel. Ministro João Otávio De Noronha, Corte Superior Tribunal de Justiça Especial, DJe 27.5.2015. (…)". (EDcl-REsp 1.737.857; Proc. 2018/0091706-7; SP; Segunda Turma; Rel. Min. Herman Benjamin; Julg. 22/04/2020; DJE 05/05/2020). Ravi Medeiros Peixoto faz correta crítica à postura ainda prevalecente, sobretudo no STJ, mas ressalva um exemplo contrário digno de registro: "No Recurso Especial 1.676.027,56 foi alegada violação ao art. 10 do CPC, pois o Tribunal Regional Federal da 4ª Região extinguiu processo sem exame do mérito por considerar que não havia prova material razoável da atividade rural da parte autora. (…) O relator, Ministro Herman Benjamin, após fazer considerações sobre a importância do contraditório efetivo, afirmou que o acórdão "decidiu o recurso de apelação da autora mediante fundamento original não cogitado, explícita ou implicitamente, pelas partes". Considerou ainda que: "por tratar-se de resultado que não está previsto objetivamente no ordenamento jurídico nacional e refoge ao desdobramento natural da controvérsia, considera-se insuscetível de pronunciamento com desatenção à regra da proibição da decisão surpresa, visto não terem as partes obrigação de prevê-lo ou adivinhá-lo." Afirmou, então, que se tratava de nítida decisão de terceira via, sendo impositivo que as partes pudessem previamente se manifestar sobre tal possibilidade no prazo de cinco dias. Tendo por base tais conclusões, votou pela anulação do julgamento, determinando o retorno dos autos para que as partes pudessem se manifestar sobre a interpretação dada pelo tribunal ao instituto da coisa julgada". (PEIXOTO, Ravi Medeiros. Os caminhos e descaminhos do princípio do contraditório: a evolução histórica e a situação atual. Revista dos Tribunais *Online*, Revista de Processo, vol. 294, p. 121-145, Ago./2019). Amplamente, conferir: SOUSA, Lorena Ribeiro de Carvalho. *O Dever de Fundamentação das Decisões no Código de Processo Civil de 2015*: um estudo crítico das decisões do Superior Tribunal de Justiça a partir do modelo constitucional de processo. Dissertação (mestrado em Direito). Data da defesa: 21/02/2018. 138f. Pontifícia Universidade Católica de Minas Gerais, Belo Horizonte, 2018.

A doutrina sistematiza hipóteses nas quais esse âmbito de proteção da garantia do contraditório pode sofrer restrições. Fala-se em contraditório inútil, postecipado e eventual[187].

Há contraditório inútil quando o seu não estabelecimento não viola o bem jurídico que pretende tutelar. Como a finalidade do contraditório é permitir a participação do destinatário do provimento para que possa influir em seu resultado, ele é inútil quando a parte pode vencer sem participar. Porque inútil, nesses casos ele não é sequer estabelecido. É o que ocorre, *v. g.*, nos casos de indeferimento da petição inicial e de julgamento de improcedência liminar[188].

Há contraditório postecipado quando o juiz está autorizado a decidir sem a prévia oitiva da parte que será afetada pelo provimento, franqueada a manifestação posterior. É o caso, *v. g.*, da antecipação dos efeitos da tutela fundada na urgência.

Há contraditório eventual, por fim, quando a tutela jurisdicional é prestada sem oportunidade de contraditório acerca da relação jurídico-material, que só será instaurado por iniciativa do interessado. É o que se dá, *v. g.*, na execução forçada[189].

Passa-se à análise da proporcionalidade dessas restrições, estabelecendo, antes, algumas premissas.

Primeira: contraditório postecipado e decisão surpresa são noções logicamente indissociáveis. Há surpresa toda vez que uma decisão é proferida sem prévia oportunidade de manifestação. Admitir a postecipação do contraditório é admitir a surpresa. Falsear esse fato é mero jogo de palavras[190].

---

187 SANTOS, Welber Queiroz dos. *Princípio do Contraditório e Vedação da Decisão Surpresa*. Rio de Janeiro: Forense, 2018, versão eletrônica, Cap. 4.

188 Nesse sentido: SANTOS, Welber Queiroz dos. *Princípio do Contraditório e Vedação da Decisão Surpresa*. Rio de Janeiro: Forense, 2018, versão eletrônica, Cap. 4, posição 136.

189 SANTOS, Welber Queiroz dos. *Princípio do Contraditório e Vedação da Decisão Surpresa*. Rio de Janeiro: Forense, 2018, versão eletrônica, Cap. 4, posições 145 e ss. O autor insere aqui o exemplo da tutela antecipada antecedente. O exemplo é incorreto. Nesse caso, deferida a tutela antecipada antecedente é intimado para, querendo, recorrer, impedindo a estabilização (CPC, art. 304). A instauração do contraditório não depende da sua iniciativa, portanto. É hipótese de contraditório diferido.

190 Por exemplo: "entendemos que o caso não é de surpresa, mas sim de exceção à regra do art. 10 do CPC, optando-se por diferir o contraditório, sem ofendê-lo, mormente porque a técnica prevista no art. 332 do CPC é, ou deveria ser, de co-

Segunda: como já foi dito, o contraditório só pode ser postecipado quando for imprescindível à efetivação de outros direitos fundamentais. Ele não se justifica como mera forma de promover a duração razoável do processo[191]. Sem negar a relevância desta, inexistem dados empíricos demonstrando que o tempo despendido para a oitiva prévia dilata desarrazoadamente o tempo do processo. No que é dado saber, a sua principal causa são os tempos mortos derivados das insuficiências pessoais e estruturais do Judiciário. Assim, restringir o contraditório a bem da duração razoável do processo é converter garantia contrapoder em instrumento do e para o Poder[192].

Diferente é o caso da postecipação do contraditório fundada na urgência. Segundo o art. 5º, XXXV, CRFB, a lei não excluirá da apreciação do Judiciário qualquer alegação de lesão ou ameaça de lesão a direito. A interação dinâmica entre o direito à tutela jurídica do Estado e o contraditório confere preponderância ao primeiro quando o direito

---

nhecimento da parte autora, por força do artigo 3º da Lei de Introdução às normas brasileiras, não se sustentando a alegação de surpresa (...)" (REGGIANI, Gustavo Mattedi. *Julgamento de Improcedência Liminar do Pedido:* causas típicas e atípicas. Dissertação (mestrado em Direito). Data da defesa: 08/06/2017. 150f. Universidade Federal do Espírito Santo, Vitória, 2017, p. 39).

191 Falando em celeridade: REGGIANI, Gustavo Mattedi. *Julgamento de Improcedência Liminar do Pedido:* causas típicas e atípicas. Dissertação (mestrado em Direito). Data da defesa: 08/06/2017. 150f. Universidade Federal do Espírito Santo, Vitória, 2017, p. 37.

192 Ainda que não se adote *in totum* a teoria neo-institucionalista do processo, concorda-se com a seguinte lição de Rosemiro Pereira Leal: "A novidade constitucional da "razoável duração do processo" (art. 5º, LXXVIII, CB/88) agregada aos "meios que garantam a celeridade de sua tramitação", se não compreendida aos moldes teóricos (paradigma) de status democrático no sentido neoinstitucionalista (*locus* jurídico-discursivo por uma *lexis* persuasiva processualmente ofertada), cria óbices (exceções soberanas) a interditarem os direitos ali colocados como fundamentais. É que, por ensino fazzalariano, processo, em sendo espécie de procedimento em contraditório, não pode subordinar-se a "meios" ou "celeridade" impeditivos do exercício da *cognitio* como topologia (não tópica) coetânea a uma ratio contraditorial (técnico-intelectiva) pela sequência de atos jurídicos, compositiva da estrutura do procedimento, que estabeleça uma relação espácio-temporal hábil a assegurar uma linearidade ou justaposição trifásica (postulatória-instrutória-decisória) ilustrativa e definidora da causa petendi entendida na concepção publicística da *ordo judiciorum* advinda do encerramento do ciclo histórico do direito formular nos primeiros séculos da era cristã". (LEAL, Rosemiro Pereira. *Teoria Geral do Processo.* Primeiros estudos. 14 ed. Belo Horizonte: Fórum, 2018, p. 166).

substancial em jogo corre risco de se perder durante o tempo necessário à deflagração do debate processual, seja por perecibilidade inata, seja por conduta ilícita que se teme seja praticada por uma das partes. Em casos assim, se o contraditório não for postecipado, aniquila-se a garantia de tutela jurídica do Estado. Por outro lado, se houver postecipação do contraditório e preservação do bem da vida, é possível a manifestação posterior e as duas garantias são preservadas, no essencial. Quando a mitigação do contraditório é imprescindível para assegurar o bem da vida (seja a tutela de urgência *inaudita altera parte* antecipada ou antecedente), a restrição e a surpresa encontram plena justificação constitucional[193].

Terceira: a possibilidade de retratação, por si só, não autoriza a postecipação do contraditório[194]. Se autorizasse, o legislador teria plena

---

193 Por todos, ensina Luiz Guilherme Marinoni: "A efetividade da tutela de urgência pode exigir o adiamento ou a postecipação do contraditório e do esclarecimento dos fatos. Como já declarou a Corte Constitucional italiana, a tutela de urgência representa um componente essencial e ineliminável da tutela jurisdicional nos limites em que necessária para neutralizar um perigo de dano. A postecipação do contraditório não é possível apenas quando o dano ou o ilícito podem ocorrer imediatamente ou antes da ouvida do réu, mas também quando, dando-se prazo para o réu se manifestar, haverá oportunidade para a frustração da própria finalidade da tutela (*suspicio de dilapidatione bonorum* seu de fuga), retirando-se a sua capacidade de atender ao fim almejado". (MARINONI, Luiz Guilherme. *Tutela de Urgência e Tutela de Evidência*. 2 ed em e-book baseada na 2 ed impressa. São Paulo: Thomson Reuters Brasil, 2018, Parte II, item 6.2.1). O entendimento vertido no corpo do texto já foi desenvolvido em: BUFULIN, Augusto Passamani. SOUSA, Diego Crevelin de. Tutela dos Direitos Patrimoniais mediante Tutela de Evidência. *Revista Brasileira de Direito Processual – RBDPro*. Belo Horizonte: Fórum, ano 26, n. 102, p. 117-151, abr./jun., 2018, págs. 133-138; STRECK, Lenio Luiz. DELFINO, Lúcio. SOUSA, Diego Crevelin de. Tutela Provisória e Contraditório: uma evidente inconstitucionalidade. *Consultor Jurídico*, São Paulo, 15 mai. 2015. Opinião. Disponível em: https://bit.ly/3bkud6z. Acesso em 15.01.2020.

194 Contra, entendendo que o contraditório é exercido na petição inicial e, de maneira diferida, em sede recursal, por todos: REGGIANI, Gustavo Mattedi. *Julgamento de Improcedência Liminar do Pedido:* causas típicas e atípicas. Dissertação (mestrado em Direito). Data da defesa: 08/06/2017. 150f. Universidade Federal do Espírito Santo, Vitória, 2017, p. 36. No mesmo sentido, e acrescentando que o juízo de retratação ainda consagra o "princípio da cooperação": DIDIER JR., Fredie. *Curso de Direito Processual Civil*. V. 1. 18 ed. Salvador: JusPodivm, 2016, p. 602; MARINONI, Luiz Guilherme. ARENHART, Sérgio Cruz. MITIDIERO, Daniel. *Novo Código de Processo Civil Comentado*. 3 ed. São Paulo: Editora Revista dos Tribunais, 2016, p. 438.

liberdade para instituir procedimentos decisórios sem contraditório prévio, bastando inserir meios de impugnação dotados de efeito regressivo. Tal solução alteraria o estatuto jurídico do direito de participação dos destinatários no desenvolvimento e resultado dos provimentos estatais, que deixaria de ser constitucional e vinculante para o legislador para ser infraconstitucional e sujeito à sua discricionariedade. Além disso, as heurísticas de disponibilidade, máxime o viés de confirmação, apontam no sentido de que o juízo de retratação tende a ser fictício em razão do compromisso cognitivo assumido pelo juiz que já decidiu[195], asfixiando não só a garantia do contraditório como a da imparcialidade[196].

---

195 COSTA, Eduardo José da Fonseca. *Levando a Imparcialidade a Sério*. Proposta de um modelo interseccional entre direito processual, economia e psicologia. Salvador: JusPodivm, 2018, p. 116. Propondo de que o juiz que profere tutela antecipada no curso do processo não sentencie: RAMOS, Glauco Gumerato. Repensando a prova de ofício na perspectiva do garantismo processual. In: *Ativismo Judicial e Garantismo Processual*. Coords. Fredie Didier Jr., José Renato Nalini, Glauco Gumerato Ramos, Wilson Levy. Salvador: JusPodivm, 2013, p. 269. A rigor, com vistas a proteger a garantia da imparcialidade, o autor propõe um modelo de "enjuizamento escalonado": deve haver um juiz diferente para cada uma das fases do processo, postulatória, instrutória e decisória.

196 Contra: "Não nos convence a alegação no sentido de que o contraditório prévio deve ser observado, porque o juiz, após proferir a sentença, não estaria disposto a se retratar, buscando justificar o acerto da sua decisão. Trata-se de argumento meramente psicológico, sem comprovação em dados científicos confiáveis e sem amparo legal. Quando muito, tal argumento poderia ser utilizado para eventual reforma legislativa, mas não como elemento hermenêutico, sob pena de se criar uma "interpretação psicológica" das regras postas". (REGGIANI, Gustavo Mattedi. *Julgamento de Improcedência Liminar do Pedido*: causas típicas e atípicas. Dissertação (mestrado em Direito). Data da defesa: 08/06/2017. 150f. Universidade Federal do Espírito Santo, Vitória, 2017, págs. 41-42). A objeção de que o argumento não se baseia em dados científicos confiáveis é manifestamente falsa. Mas a questão será tratada em outra passagem deste trabalho. Por ora, denuncia-se a incoerência interna do argumento. Na página 37, Reggiani afirma que a improcedência liminar fundada em provimentos vinculantes não deve ser precedida do contraditório porque "a manifestação da parte em nada poderá influenciar na solução da causa", assim "não se justifica franquear o contraditório prévio ao autor, mostrando-se mais producente e realista a defesa de outros valores constitucionalmente assegurados (v.g. acesso à justiça, celeridade, racionalização dos recursos etc.) do que um infecundo contraditório prévio". De lado o reducionismo com que trata a argumentação baseada em provimentos vinculantes, eis a contradição: primeiro o autor diz que o contraditório prévio é infecundo quando há provimentos vinculantes – é mais "producente e realista" reconhecer que nada do que o autor disser demoverá o magistrado, diz; depois ele

Fixadas as premissas, passa-se ao exame de cada uma das hipóteses acima referidas.

No caso de indeferimento da petição inicial, a aplicação direta do art. 5º, LV, CRFB, conduz à conclusão de que o autor tem direito ao contraditório prévio para demonstrar que o vício inquinado inexiste. Seja como for, o direito positivo assegura tanto a oitiva prévia como a oportunidade de aditamento da petição inicial, só sendo lícito o indeferimento se o vício não for sanado no prazo de 15 dias (CPC, art. 321, parágrafo único). Nessa hipótese, portanto, o contraditório é inútil apenas para o réu.

No caso de improcedência liminar fundada em provimentos vinculantes, é necessário franquear a prévia manifestação do autor. Argumentar com base em precedentes é atividade complexa. Veja-se toda a celeuma sobre o conceito de *ratio decidendi*, instituto-chave para a doutrina dos precedentes que demarca as balizas de todos os demais institutos da sua dogmática (*v. g.*, *distinguishing, overruling, transformation*). Ouvido, o autor pode demonstrar a existência de uma distinção, a superação implícita pelo órgão formador etc. A solução é tanto mais impositiva quando o provimento vinculante que o juiz estima aplicável ao caso não foi objeto de consideração na petição inicial. Aplicar o art. 332, I a IV, CPC, sem prévia oitiva do autor constitui surpresa injustifi-

---

desacredita o argumento de que o juízo de retratação é fictício argumentando que não há provas de que o juiz tende a manter a decisão anterior. Primeiro o autor fala em "realismo" para dizer que, havendo provimento vinculante, o contraditório é infecundo, que nada do que a parte disser demoverá o juiz da decisão pré-dada. Dito de outro modo, o autor reconhece que o juiz tem uma forte tendência de se fechar ao contraditório para seguir o precedente. Depois o autor diz que não se pode desacreditar o juízo de retratação, pois não há comprovação de que o juiz tende a manter a decisão proferida anteriormente. Dito de outro modo, o autor nega que o juiz tem uma forte tendência de se fechar ao contraditório para manter sua decisão. Cabe indagar: com base em que o realismo da primeira passagem não se transporta para a segunda? Com base em que o ceticismo da segunda passagem não se transporta para a primeira? Quando convém ser realista sobre o bloqueio cognitivo do juiz, ele é reconhecido para suprimir o contraditório prévio. Quando não convém ser realista sobre o bloqueio cognitivo do juiz, ele é negado para sustentar que o juízo de retratação compensa a ausência de contraditório prévio. Mas se a primeira estiver correta, a segunda está errada. E se a segunda estiver correta, a primeira está errada. *Tertium non datur.*

cável e restrição indevida à garantia do contraditório[197]. A par de todos esses argumentos, derivados diretamente do art. 5º, LV, CRFB, e dos art. 10, CPC, há exigência expressa nesse sentido: art. 927, § 1º, CPC[198]. Mais uma vez, o contraditório prévio é útil para o autor e, quando muito, inútil apenas para o réu.

No caso de improcedência liminar fundada em prescrição, o contraditório prévio é útil tanto para o autor quanto para o réu.

É útil para o autor, sobretudo, quando ele não tiver feito qualquer consideração a respeito na petição inicial, por ignorância, lapso ou

---

197 Nesse sentido: ABBOUD, Georges. SANTOS, José Carlos Van Cleef de Almeida. *Breves Comentários ao Novo Código de Processo Civil*. Coords. Teresa Arruda Alvim Wambier. Eduardo Talamini. Fredie Didier Jr. Bruno Dantas. 3. ed. São Paulo: Editora Revista dos Tribunais, 2016, págs. 951-953; ROCHA, Márcio Oliveira. O contraditório efetivo do autor *versus* a improcedência liminar do pedido (art. 332, § 1º, do CPC/2015). In: *Coleção Novo CPC*. Doutrina selecionada. V. 2. Processo de Conhecimento e Disposições Finais e Transitórias. Orgs. Lucas Buril de Macêdo. Ravi Peixoto. Alexandre Freire. Salvador: JusPodivm, 2015, págs. 127-138; MARINHO, Rodrigo Saraiva. ROMÃO, Pablo Freire. Contraditório substancial e julgamento liminar de improcedência: a ampliação do diálogo processual sob a ótica do Novo CPC. In: *Coleção Grandes Temas do Novo CPC*. V. 4. Improcedência. Coords. Rinaldo Mouzalas. Beclaute Oliveira Silva. Rodrigo Saraiva Marinho. Salvador: Editora JusPodivm, 2015, págs. 235-250; SILVA, Ticiano Alves. O contraditório na improcedência liminar do pedido no novo CPC. In: *Coleção Grandes Temas do Novo CPC*. V. 4. Improcedência. Coords. Rinaldo Mouzalas. Beclaute Oliveira Silva. Rodrigo Saraiva Marinho. Salvador: Editora Jus Podivm, 2015, págs. 283-296; CARDOSO, Juliana Provedel. O contraditório efetivo e a garantia da não surpresa na aplicação da improcedência liminar do pedido no Código de Processo Civil de 2015. In: *Temas Controvertidos no Novo Código de Processo Civil*. Coord. Luciano Souto Dias. Curitiba: Juruá, 2016, p. 94. No mesmo sentido, escrevendo sobre o art. 285-A, CPC/73: MITIDIERO, Daniel. *Processo Civil e Estado Constitucional*. Porto Alegre: Livraria do Advogado, 2007, p. 38.

198 Não procede o argumento de que a oitiva prévia promoveria o "esvaziamento da técnica do julgamento liminar de improcedência" (REGGIANI, Gustavo Mattedi. *Julgamento de Improcedência Liminar do Pedido*: causas típicas e atípicas. Dissertação (mestrado em Direito). Data da defesa: 08/06/2017. 150f. Universidade Federal do Espírito Santo, Vitória, 2017, p. 36). Se o autor não dissuadir o magistrado, este proverá pela improcedência *in limini litis*, como já faria antes. Se, porém, convencer o juiz de hipótese diversa, este procederá tal e qual faria em juízo de retratação. Nada se esvazia nem se descaracteriza, portanto. Note-se que não se está negando a improcedência liminar, mas apenas exigindo a anterior oportunidade de manifestação do autor. Se isso significa esvaziamento da "técnica", é o preço a pagar pelo conteúdo constitucional da garantia do contraditório, que vincula e limita o legislador.

convicção de que seria irrelevante (*v. g.* por estimar que estava muito aquém do termo final). Ouvido previamente, ele pode demonstrar que o prazo é diverso daquele cogitado pelo julgador, que incidiu hipótese de impedimento, suspenção ou interrupção do prazo prescricional etc., convencendo-o de que não incide o enquadramento concebido inicialmente. Sem qualquer risco de perecimento do bem da vida (urgência concreta), o parágrafo único do art. 487 do CPC institui restrição inidônea à garantia do contraditório e é inconstitucional[199].

É útil para o réu porque ele pode renunciar à prescrição, decisão que pode ter como motivação o exercício da pretensão de que trata o art. 940, CC[200]. O reconhecimento da prescrição de ofício pelo juiz aniquila a referida situação jurídica ativa, com pejo, inclusive, do direito fundamental de autonomia da vontade (CRFB, 5º, II). Sob esse ângulo, igualmente inconstitucional o art. 487, parágrafo único, CPC.

No caso de improcedência liminar fundada em decadência, "o órgão jurisdicional somente pode conhecer de ofício a decadência legal; a decadência convencional depende de provocação da parte interessada (arts. 210 e 211 do Código Civil)"[201]. Aplicam-se as mesmas razões lançadas sobre a prescrição: é necessário ouvir previamente o autor, que pode demonstrar a inocorrência da decadência. Atua aqui a referida inconstitucionalidade do parágrafo único do art. 487 do CPC. Como a decadência não é passível de disposição, porém, não há qualquer razão para ouvir previamente o réu.

---

199 Contra: REGGIANI, Gustavo Mattedi. *Julgamento de Improcedência Liminar do Pedido:* causas típicas e atípicas. Dissertação (mestrado em Direito). Data da defesa: 08/06/2017. 150f. Universidade Federal do Espírito Santo, Vitória, 2017, p. 39. Partindo da premissa de que a prescrição tem caráter material de exceção, mas regime processual de objeção e concluindo que a improcedência liminar fundada em prescrição deve ser aplicadas apenas par ao reconhecimento de prescrição envolvendo direitos disponíveis, nunca em sentido desfavorável àqueles sujeitos protegidos constitucionalmente (consumidor, índio, idoso e trabalhador): DIDIER JR., Fredie. *Curso de Direito Processual Civil.* V. 1. 18 ed. Salvador: JusPodivm, 2016, p. 612.

200 Percebeu o ponto, com acuidade, no direito anterior, mas em lição plenamente válida para o direito atual: MAZZEI, Rodrigo. Reconhecimento *ex Officio* da Prescrição. In: NEVES. Daniel Amorim Assumpção. RAMOS, Glauco Gumerato. FREIRE, Rodrigo da Cunha Lima. MAZZEI, Rodrigo. *Reforma do CPC.* Leis 11.187/2005, 11.232.2005, 11.276/2006, 11.277/2006 e 11.280/2006. São Paulo: Editora Revista dos Tribunais, 2005, págs. 433-440.

201 DIDIER JR, Fredie. *Curso de Direito Processual Civil.* V. 1. 18 ed. Salvador: JusPodivm, 2016, p. 606.

Quanto ao contraditório postecipado, no ensejo do estabelecimento das premissas do raciocínio já foram feitas considerações justificando a sua aplicação nos casos de antecipação dos efeitos da tutela fundada em urgência. Aqui, cabe acrescentar considerações acerca da antecipação da tutela fundada na evidência e o caso da decisão inicial da ação monitória.

Ao contrário do que se disse sobre a tutela de urgência, a tutela de evidência não pode ser antecipada *inaudita altera parte*, em que pese o disposto no art. 9º, parágrafo único, II e III, CPC. Segundo o art. 9º, parágrafo único, II, CPC, que remete ao art. 311, II, CPC, pode ser concedida tutela de evidência sem oitiva da parte quando as alegações de fato puderem ser (i) comprovadas apenas documentalmente e (ii) houver tese firmada em julgado de casos repetitivos ou em súmula vinculante. Sobre (i), descurou o legislador que mesmo aí as alegações de fato podem comportar múltiplas interpretações. O teor do documento pode gerar litígios provenientes de dissensos interpretativos razoáveis acerca do seu significado. E documentos podem ser impugnados por contraprovas que eliminam ou fragilizam sua força probante. Sem risco de perecimento do direito, a postecipação do contraditório não se justifica, portanto. Sobre (ii), só seria tolerável se provimentos vinculantes tivessem significado pronto, acabado e imutável, o que está longe de ser procedente em qualquer tipo de linguagem. Como dito alhures, vários assuntos que podem ser suscitados pelo réu para demonstrar a não incidência do provimento vinculante *in casu*. Assim sendo, a postecipação do contraditório é injustificável.

O art. 9º, parágrafo único, II, CPC, também remete ao art. 311, III, CPC, que autoriza a tutela de evidência quando se tratar de pedido reipersecutório fundado em prova documental adequada do contrato de depósito, caso em que será decretada a ordem de entrega do objeto custodiado, sob cominação de multa. Aplicam-se aqui as razões lançadas sobre o comentário (i) referente ao art. 311, II, CPC. Inadmissível, pois, a restrição ao contraditório.

Fique claro: é possível a antecipação dos efeitos da tutela fundada em evidência. Inconstitucional é a apenas a antecipação dos efeitos da tutela fundada em evidência *inaudita altera parte*[202]-[203].

---

[202] O entendimento já foi manifestado anteriormente: BUFULIN, Augusto Passamani. SOUSA, Diego Crevelin de. Tutela dos Direitos Patrimoniais mediante Tutela de Evidência. *Revista Brasileira de Direito Processual – RBDPro*. Belo Horizonte: Fórum, ano 26, n. 102, p. 117-151, abr./jun., 2018, págs. 133-138; STRECK, Lenio Luiz. DELFINO, Lúcio. SOUSA, Diego Crevelin de. Tutela Provisória e Contraditório: uma evidente inconstitucionalidade. *Consultor Jurídico*, São Paulo, 15 mai. 2015. Opinião. Disponível em: https://bit.ly/3bkud6z. Acesso em 15.01.2020. No mesmo sentido: COSTA, Eduardo José da Fonseca. Presunção de inocência civil: algumas reflexões no contexto brasileiro. *Revista Brasileira de Direito Processual – RBDPro*. Belo Horizonte, ano 25, n. 100, p. 129-144, out./dez. 2017, p. 143; MARINONI, Luiz Guilherme. *Tutela de Urgência e Tutela de Evidência*. 2 ed em e-book baseada na 2 ed impressa. São Paulo: Thomson Reuters Brasil, 2018., Parte III, Cap. 9; MACÊDO, Lucas Buril de. Tutela antecipada de evidência fundada nos precedentes judiciais obrigatórios. In: *Coleção Grandes Temas do Novo CPC*. V. 6. Tutela Provisória. Coords. Eduardo José da Fonseca Costa. Mateus Costa Pereira. Roberto P. Campos Gouveia Filho. Salvador: Jus Podivm, 2016, p. 491. Defendendo não só a constitucionalidade da tutela de evidência liminar como o dever do juiz de concedê-la *ex officio*, sob o fundamento de que seria "injusto" em tais casos concedê-la apenas ao final: BODART, Bruno Vinícius da Rós. *Tutela de Evidência*. Teoria da cognição, análise econômica do direito e comentários sobre o novo CPC. 2 ed. São Paulo: Editora Revista dos Tribunais, 2015, p. 112. Há aqui clara subversão da efetividade em eficiência (Jacinto Nelson de Miranda Coutinho). Transcendendo a função administrativa das instituições de poder estatal, a eficiência passa a alcançar a definição do conteúdo de direitos e garantias fundamentais, inclusive os processuais, que, assim, deixam de ser compreendidos como limites e passam a servir de instrumento à prestação eficiente do serviço público judiciário. De proteções contrapoder passam a instrumento deste. Fica claro o efeito devastador da eficiência quando se torna móvel para a ressignificação de direitos e garantias fundamentais.

[203] Isso vale para todas as demais "liminares": fundadas em urgência, é possível a sua concessão *inaudita altera parte*; fundadas em evidência, somente após a oitiva da parte. Assim, o art. 562, CPC, deve ser interpretado no sentido de que a tutela possessória só pode ser antecipada *inaudita altera parte* em caso de urgência concretamente demonstrada. Se houver apenas presunção legal de urgência, prevalece a garantia do contraditório e o réu deve ser ouvido previamente. Contra, admitindo a sua concessão liminar, por todos: SANTOS, Welber Queiroz dos. *Princípio do Contraditório e Vedação da Decisão Surpresa*. Rio de Janeiro: Forense, 2018, versão eletrônica, Cap. 4., posição 144. Em ação de improbidade administrativa, há presunção legal de *periculum in mora*, de modo que não precisa ser arguido pela parte nem enfrentado pelo juiz em sua decisão; basta a parte arguir, e o juiz reconhecer, o *fumus* real. É o que se passa, *v. g.*, com a indisponibilidade de bens prevista na Lei de Improbidade Administrativa (art. 7º). Aqui, a dilapidação patrimonial é evitada,

A postecipação do contraditório na ação monitória constitui um caso especial. Posto que não se baseie em urgência, não restringe injustificadamente a garantia do contraditório. Não há, aqui, contradição com o que se disse sobre o art. 9º, II, CPC, isto é, o art. 311, II e III, CPC. Com efeito, estes, há decisão com aptidão para interferir diretamente na esfera jurídica do réu, eficácia que só pode ser removida pelo acolhimento de agravo de instrumento (despido de efeito suspensivo automático) ou por contestação munida de prova documental robusta ilustrativa de quadro fático-jurídico diverso daquele insinuado na inicial (primeira parte do inciso II), ou que demonstre a não incidência do precedente no caso (segunda parte do inciso II). O fato é que em todos esses casos a esfera jurídica do réu já terá sido afetada até que sobrevenha a reforma ou revogação da tutela antecipada.

O cenário é diferente na hipótese do artigo 9º, III, CPC, isto é, do art. 701, CPC. Aparentemente, é intuitivo dizer que há restrição indevida ao contraditório: a decisão que admite a monitória e determina a expedição do mandado monitório onera o réu sem contraditório prévio e independentemente de urgência concretamente demonstrada. Entretanto, o réu é intimado e pode: pagar – quando haverá extinção do processo; ficar inerte – quando haverá automática conversão em cumprimento de sentença; ou apresentar embargos monitórios – quando haverá automática conversão em processo de conhecimento. Portanto, enquanto na tutela antecipada os efeitos atuam de imediato, cessando apenas após o êxito de eventual resposta (a contestação ou agravo de instrumento, *per se*, não abalam os efeitos da decisão), a mera apresentação dos embargos monitórios (cujo conteúdo é de defesa, basicamente uma contestação) mantém estancados os efeitos da decisão que deferiu a expedição do mandado monitório, ou seja, sua eficácia (executiva ou mandamental, conforme o caso) só atua quando não interpostos, interpostos intempestivamente ou rejeitados os embargos monitórios. O diferimento do art. 9º, III, CPC, não viola o contraditório e por isso é constitucional[204].

---

não repreendida ou interrompida. Está-se no plano da pura preventividade. Assim, sem risco concretamente demonstrado de dilapidação patrimonial, a liminar de indisponibilidade de bens deve ser precedida da oitiva do réu.

204 O entendimento já foi manifestado anteriormente: BUFULIN, Augusto Passamani. SOUSA, Diego Crevelin de. Tutela dos Direitos Patrimoniais mediante Tutela de Evidência. *Revista Brasileira de Direito Processual – RBDPro*. Belo Horizonte: Fórum, ano 26, n. 102, p. 117-151, abr./jun., 2018, págs. 133-138; STRECK, Lenio

Por fim, a eventualidade do contraditório na execução.

Atento ao texto do art. 5°, LV, CRFB, Marcelo Abelha observa que se "mesmo em processos lineares, em que estão presentes apenas o autor e juiz, há contraditório (...) há, sim, contraditório no processo de execução ou na atividade executiva"[205].

O objeto e a sede do contraditório costumam variar, segundo a política legislativa adotada, em razão da finalidade do procedimento. O procedimento cognitivo se destina a definir quem tem razão (no todo ou em parte), por isso o contraditório acerca do direito material (existência, modo de ser, extensão, ameaça ou lesão) é realizado internamente. A execução se destina a atuar a obrigação referida em título executivo, por isso o contraditório acerca do direito material é eventual, transferido para outro espaço a discussão mediante provocação do executado[206].

Mirando o direito positivo, *o contraditório na execução é eventual em relação ao direito material*, ainda que, por política legislativa, ele possa ser suscitado no seu bojo ou em sede própria. De acordo com o CPC, na execução fundada em título executivo extrajudicial o executado pode reagir mediante embargos do executado (art. 917), que ostenta natureza jurídica (ao menos formalmente) de ação e instaura *processo incidental* e conexo. Já no cumprimento de sentença, ele pode reagir por meio de impugnação (art. 525), cuja natureza jurídica (inclusive formalmente) é de defesa e instaura *incidente processual*. Assim, em

---

Luiz. DELFINO, Lúcio. SOUSA, Diego Crevelin de. Tutela Provisória e Contraditório: uma evidente inconstitucionalidade. *Consultor Jurídico*, São Paulo, 15 mai. 2015. Opinião. Disponível em: https://bit.ly/3bkud6z. Acesso em 15.01.2020.

205 ABELHA, Marcelo. *Manual de Execução Civil*. 5 ed. Rio de Janeiro: Forense, 2015, p. 66.

206 ABELHA, Marcelo. *Manual de Execução Civil*. 5 ed. Rio de Janeiro: Forense, 2015, p. 67. A rigor, o que se acaba de afirmar é correto em relação à execução fundada em título executivo extrajudicial. Nela, o CPC reserva ao executado a possibilidade de reagir mediante embargos do executado (art. 917), que ostenta natureza jurídica (ao menos formalmente) de ação e instaura processo incidental (mas conexo) à execução. No cumprimento de sentença, fundado em título executivo judicial, a legislação assina ao executado a reação por meio de impugnação (art. 525), cuja natureza jurídica (inclusive formalmente) é de defesa e instaura incidente processual. Mas em ambos os casos o contraditório sobre o direito material só se instaura por iniciativa do executado, de modo que é eventual. Em pormenor: ABELHA, Marcelo. *Manual de Execução Civil*. 5 ed. Rio de Janeiro: Forense, 2015, p. 462 e ss.

processo incidental ou em *incidente processual,* a discussão sobre o direito material sempre depende da iniciativa do executado.

Como quer que seja, não há aí inconstitucionalidade, como bem anota Eduardo José da Fonseca Costa, sobre a execução fundada em título executivo extrajudicial:

> Aí, o Estado-juiz age em substituição ao exequente *supondo* que o executado inadimpliu. Age sob *suposição,* não sob pressuposição. E nenhum problema há nisso: o art. 5º, LVII, da CF-1988, veda a *pressuposição* de inadimplemento (que se estabelece *in abstrato*), não a suposição (que se estabelece *in concreto* a partir de um título). Não sem razão PONTES DE MIRANDA via, na ação executiva fundada em título executivo extrajudicial, os pesos 5 de *condenação* [força ou eficácia preponderante] e 4 de *execução* [eficácia imediata]. Todavia, nesse agir material do Estado-juiz há uma condenação *suposta provisória.* Se os meios de defesa do executado não são manejados, se são manejados intempestivamente ou se são manejados sem êxito, a (a) *condenação suposta provisória* se transforma em (b) *condenação posta definitiva.* Tudo se passa como se entre (a) e (b) se escondesse uma «sentença convolativa», que deve transitar em julgado para que se considere o executado um devedor. Ou seja, para que se salte do suposto ao posto, é preciso que i) o executado não embargue, ii) embargue intempestivamente ou iii) transite em julgado a improcedência dos embargos (logo, todos os recursos do embargante devem ter efeito suspensivo). (*Antes* do trânsito em julgado da «sentença convolativa», o estado de devedor é interinamente suposto; *após,* é definitivamente posto. *Antes,* o Estado-juiz age sob juízo *provisório* a respeito do estado de devedor; *após,* sob juízo de *certeza.* Enfim, migrando-se do suposto ao posto, a condição de devedor se torna *reconhecida.* Há aí genuína *declaração de mérito*[207].

Entretanto, o contraditório *não é eventual* na execução em relação "aos julgamentos que nesse processo se comportam. (...) Também no processo executivo está presente o trinômio *pedir-alegar-provar,* ao cabo de cuja realização o juiz decide"[208]. Exemplo frisante é o incidente de substituição de bem penhorado (CPC, art. 847, §§ 1º, 2º e 3º).

---

207 COSTA, Eduardo José da Fonseca. Presunção de inocência civil: algumas reflexões no contexto brasileiro. *Revista Brasileira de Direito Processual – RBDPro*, Belo Horizonte, ano 25, n. 100, p. 129-144, out./dez. 2017, págs. 133-134. Nas páginas 132 e 133 o autor diferencia pressuposição, presunção, ficção e suposição.

208 DINAMARCO, Cândido Rangel. O princípio do contraditório e sua dupla destinação. In: *Fundamentos do Processo Civil Moderno.* 4 ed. São Paulo: Malheiros, 2001, p. 128). No mesmo sentido, por todos: ASSIS, Araken de. *Manual da Execução.* 18 ed. São Paulo: Editora Revista dos Tribunais, 2016, p. 627.

Nesses casos o juiz tem o dever de instaurar o contraditório de ofício para facultar a participação das partes[209], sob pena de nulidade[210].

Em suma: o contraditório na execução é eventual em relação à obrigação exequenda (direito material), mas de instauração oficiosa quanto aos assuntos que lhe são internos (direito processual, ou melhor, procedimental)[211].

Eram essas as considerações aqui necessárias sobre as restrições constitucionalmente conformes à garantia do contraditório.

Estão suficientemente traçados o âmbito de proteção do conteúdo da garantia do contraditório (informação, reação, influência e não surpresa) e as hipóteses de restrição compatíveis com a Constituição. Está esquadrinhado o modo como esses sujeitos processuais exercem o contraditório.

Passa-se à explicitação da estrutura relacional da referida garantia, com vistas a assinalar outra face do âmbito de proteção da garantia: o limite ao legislador para imputar competências processuais às partes e ao juiz que consistem em situações jurídicas derivadas do contraditório.

2.3. ESTRUTURA RELACIONAL DA GARANTIA DO CONTRADITÓRIO

Aqui se pretende demonstrar que o contraditório tem estrutura de relação jurídica: encerra situações jurídicas ativas para as partes às quais se correlacionam as respectivas situações jurídicas passivas para o juiz.

Consequência daí decorrente é que o legislador só pode assinar situações jurídicas ativas decorrentes do contraditório às partes, nunca ao juiz. Vulnerada essa dimensão estrutural do contraditório, estarão configuradas a parcialidade do juiz e a sua suspeição.

---

209 VIEIRA, Luciano Henrik Silveira. *A Observância da Principiologia Processual-Constitucional no Processo de Execução*. Dissertação (mestrado em Direito). Data da defesa: 03/04/2014. 161f. Pontifícia Universidade Católica de Minas Gerais, Belo Horizonte, 2014, p. 105.

210 ASSIS, Araken de. *Manual da Execução*. 18 ed. São Paulo: Editora Revista dos Tribunais, 2016, p. 627.

211 "ainda que a cognição seja diferente da feita na fase de conhecimento, não há como negar a existência de contraditório". (SANTOS, Welber Queiroz dos. *Princípio do Contraditório e Vedação da Decisão Surpresa*. Rio de Janeiro: Forense, 2018, versão eletrônica, Cap. 4., posição 145).

Isso permite visualizar duas dimensões da divisão de trabalho entre partes e juiz, a partir do contraditório: uma dimensão argumentativo-discursiva, governada pelo conteúdo da garantia, e uma dimensão funcional, governada pela estrutura relacional da garantia. Ali, como as partes *podem* e o juiz *deve* exercer o contraditório; aqui, o que o contraditório assina a cada um deles. Esta antecedendo logicamente aquela.

Veja-se.

2.3.1. TEORIA DAS RELAÇÕES

Paulo de Barros Carvalho informa que a Teoria das Relações é um sub-capítulo da Lógica dos Predicados Poliádicos[212].

Cuidando da Teoria das Relações, Aurora Tomazini de Carvalho assere que, na busca pelo conhecimento, o homem "experimenta as sensações do mundo bruto que o cerca e vai associando suas percepções a fim de torna-lo inteligível. Assim o faz, estabelecendo relações entre elementos linguísticos". A linguagem é um conjunto estruturado de relações, que são sempre proposicionais[213].

O enunciado proposicional é composto por duas espécies de termos: um delimitador da classe de indivíduos, sujeitos ou objetos (S), outro da classe dos seus predicados ou propriedades (P). A classe dos predicados pode definir qualidades de (S) ou vínculos entre classes de (S). No primeiro caso, temos os predicados monádicos; no segundo, os predicados poliádicos. O que interessa à Teoria das Relações é o estudo dos vínculos entre a classe de indivíduos, sujeitos ou objetos.

A relação é composta por termos e pelo vínculo relacional. Em linguagem formalizada: (x R y), onde x ocupa a posição sintática de predecessor, y ocupa a posição sintática de sucessor e R simboliza o vínculo relacional. A classe dos predecessores é nominada de "domínio"; a dos sucessores, "contradomínio"[214].

---

212 CARVALHO, Paulo de Barros. *Direito Tributário:* linguagem e método. 5 ed. São Paulo: Noeses, 2013, p. 100.

213 CARVALHO, Autora Tomazini. *Teoria geral do direito:* o constructivismo lógico-semântico. Tese (doutorado em Direito). Data da defesa: 03.06.2009. 623f. Pontifícia Universidade Católica de São Paulo, São Paulo, 2009, págs. 428 e 435.

214 CARVALHO, Autora Tomazini. *Teoria geral do direito:* o constructivismo lógico-semântico. Tese (doutorado em Direito). Data da defesa: 03.06.2009. 623f. Pontifícia Universidade Católica de São Paulo, São Paulo, 2009, p. 436.

As relações podem ser classificadas em: unívocas (ou biunívocas) – quando os sujeitos da relação são únicos (*v. g.*, x é casado com y, onde o direito só admita o casamento monogâmico); uni-plurívocas – é possível apenas um nome na posição anterior e vários nomes a posição posterior, assim, a todo termo posterior corresponde um único objeto anterior (*v. g.*, x é mãe de y); pluri-unívocas – apenas um nome pode assumir a posição posterior enquanto vários podem se encontram na posição anterior, assim, a todo termo anterior corresponde apenas um posterior (*v. g.*, x é filho de y); pluri-plurívocas – vários nomes podem assumir a posição anterior e posterior (*v. g.*, x é amigo de y)[215].

As relações têm três características fundamentais.

A primeira característica é a reflexibilidade, atributo dos vínculos relacionais em que o mesmo elemento ou sujeito figura na posição anterior e posterior. Com base nele, as relações podem ser: reflexivas – o vínculo relacional se estabelece entre a coisa e ela mesma (*v. g.*, x matou x, ou seja, x suicidou-se – $x\,R\,x$); irreflexivas – os vínculos exigem que sujeitos diferentes ocupem as posições de predecessor e sucessor (*v. g.*, x é mais velho que y – $x\,R\,y$); e semi-reflexivas – os vínculos ora assumem caráter reflexivo, ora irreflexivo (*v. g.*, x está satisfeito com y – $x\,R\,y$; x está satisfeito consigo próprio – $x\,R\,x$)[216].

A segunda característica é a simetria, atributo verificável quando o vínculo instaurado entre os termos da relação é o mesmo quando a sua ordem é invertida (fixada a relação conversa). Com base nele, as relações podem ser: simétricas – uma relação é simétrica quando, invertida a ordem dos termos da relação, ela se mantém igual (*v. g.* quando x e y são amigos, tem-se que $x\,R\,y = y\,R'\,x$); assimétricas – uma relação é assimétrica quando, invertida a ordem dos termos da relação, ela se modifica (*v. g.* x é maior que y e y é menor que x – $x\,R\,y \neq y\,R'\,x$); e semi-simétricas – quando a inversão dos termos da relação pode fazer com que os vínculos se apresentem ora como simétricos, ora como assimétricos (*v. g.* x admira b, mas não sabe se é recíproco)[217].

---

215 CARVALHO, Autora Tomazini. *Teoria geral do direito*: o constructivismo lógico-semântico. Tese (doutorado em Direito). Data da defesa: 03.06.2009. 623f. Pontifícia Universidade Católica de São Paulo, São Paulo, 2009, p. 436.

216 CARVALHO, Autora Tomazini. *Teoria geral do direito*: o constructivismo lógico-semântico. Tese (doutorado em Direito). Data da defesa: 03.06.2009. 623f. Pontifícia Universidade Católica de São Paulo, São Paulo, 2009, págs. 436-437.

217 CARVALHO, Autora Tomazini. *Teoria geral do direito*: o constructivismo lógico-semântico. Tese (doutorado em Direito). Data da defesa: 03.06.2009. 623f. Pontifícia Universidade Católica de São Paulo, São Paulo, 2009, p. 437.

A terceira e última característica é a transitividade, que se verifica quando a combinação de duas relações de mesma ordem, estabelecidas uma entre um termo predecessor e um sucessor e outra entre o termo sucessor da primeira e um terceiro, implica outro vínculo, de mesma ordem, instaurado entre o predecessor da primeira relação e o terceiro termo sucessor da segunda. Por exemplo: x é maior que y e y é maior que z, então x é maior que z. Logo, x R y sempre implica em x R z. Por esse atributo, as relações podem ser: transitivas – nelas, as relações para os três objetos x, y e z, as condições de "x R y" sempre implicam "x R z"; intransitivas – nelas, a combinação de duas relações de mesma ordem, estabelecidas uma entre um termo predecessor e um sucessor e outra entre o termo sucessor da primeira e um terceiro, implicam um vínculo de outra ordem, instaurado entre o predecessor da primeira relação e o terceiro termo sucessor da segunda (*v. g.* se x é pai de y e y é pai de z, então x é avô de z e não pai); e semi-intransitivas – nelas, os vínculos ora aparecem como transitivos, ora como intransitivos, conforme as circunstâncias (*v. g.,* x é amigo de y e y é amigo de z, mas não se sabe se x é amigo de z)[218].

Sobre a constituição das relações, fala-se em cálculo de relações. Uma relação pode ser constituída pela junção de elementos ou pela modificação de outras relações.

As operações de constituição e modificação são de: relação universal – vincula todo indivíduo a todo indivíduo dentro de dado contexto (*v. g.,* para o direito, todos aqueles que causam danos têm dever de indenizar); e relação nula – nunca se estabelece entre indivíduos de um sistema (*v. g.,* para o direito, não é lícito atribuir um prêmio àqueles que cometem crimes)[219].

Há, ainda, os conceitos de complemento de relação, de soma ou união absoluta de relação, de inclusão de relações, de intersecção de relações e de produto relativo de relações. O complemento de relação se define como a classe de indivíduos entre os quais não se dá uma relação (*v. g.,* ser agente competente é o complemento de relação com a classe de indivíduos que não são agentes competentes). Há soma

---

218 CARVALHO, Autora Tomazini. *Teoria geral do direito*: o constructivismo lógico-semântico. Tese (doutorado em Direito). Data da defesa: 03.06.2009. 623f. Pontifícia Universidade Católica de São Paulo, São Paulo, 2009, págs. 437-438.

219 CARVALHO, Autora Tomazini. *Teoria geral do direito*: o constructivismo lógico-semântico. Tese (doutorado em Direito). Data da defesa: 03.06.2009. 623f. Pontifícia Universidade Católica de São Paulo, São Paulo, 2009, p. 438.

ou união absoluta de relações quando dois ou mais vínculos formam um terceiro (*v. g.*, a relação de ser motorista habilitado é formada da soma de várias relações que estabelecem direitos e deveres a serem observados no trânsito). Há inclusão de relações quando um vínculo se insere no contexto de outro vínculo (*v. g.*, inclui-se na relação de exigibilidade o crédito tributário a suspensão por força de parcelamento, depósito ou concessão de liminar). Há intersecção de relações (ou produto absoluto de relações) quando dois vínculos são conjugados em um (*v. g.*, a reincidência penal é formada pela intersecção de duas ou mais penas). Há produto relativo de relações quando uma relação se estabelece entre dois termos (x e y) em decorrência da relação que um dos termos (x) mantém com o outro termo (y) e que este (y) mantém com um terceiro (z) (*v. g.*, o vínculo que se estabelece entre fiador e vendedor (z T x), resultado do cálculo das relações entre o vendedor e o comprador (x R y) e entre o comprador e o fiador (y S z))[220].

São as considerações genéricas sobre a teoria das relações.

2.3.2. TEORIA DA RELAÇÃO JURÍDICA

Hans Kelsen ensina que o Direito é fenômeno de imputação, não de causalidade. A ciência natural tem como objeto a natureza, sistema de elementos que estão ligados (vínculos relacionais) uns com os outros como causa e efeito segundo um princípio ordenador de causalidade. As chamadas leis naturais, com as quais a ciência natural descreve esse objeto, são aplicações desse princípio. Em linguagem formalizada: "quando A é, B é" (*v. g.*, quando um metal é aquecido, ele se dilata). É o mundo do Ser, onde impera a causalidade natural.

A ciência jurídica tem como objeto as normas jurídicas, sistema de normas que formam a ordem jurídica, disciplinando condutas dos indivíduos (em relação de vínculos) entre si e dos indivíduos com o próprio ordenamento, segundo um princípio ordenador de imputação. De acordo com este princípio, realizado o pressuposto, deve-se verificar a efetivação de uma determinada consequência, também fixada por aquela ordem jurídica. As chamadas leis jurídicas, com as quais a ciência jurídica descreve seu objeto, são aplicações desse princípio. Em linguagem formalizada: "se A, B deve ser" (*v. g.* se alguém não paga

---

220 CARVALHO, Autora Tomazini. *Teoria geral do direito*: o constructivismo lógico-semântico. Tese (doutorado em Direito). Data da defesa: 03.06.2009. 623f. Pontifícia Universidade Católica de São Paulo, São Paulo, 2009, págs. 438-439.

a sua dívida, deve proceder-se a uma execução forçada do seu patrimônio). É o mundo do Dever-Ser, onde impera a causalidade jurídica[221].

Em termos simples, a norma jurídica é composta por fato jurídico e relação jurídica. O fato jurídico encontra-se na hipótese/antecedente da norma jurídica e a relação jurídica situa-se no consequente da norma jurídica. Essas noções podem ser colocadas com mais vagar.

Aurora Tomazini de Carvalho articula as noções de evento, fato, hipótese normativa e fato jurídico. Evento é o acontecimento do mundo fenomênico sem qualquer formação linguística. Fato é qualquer relato linguístico sobre um evento ocorrido em determinada circunstância espaciotemporal (é o que comumente se chama – inclusive neste trabalho – de alegações de fato). Hipótese normativa é a descrição de um fato pelo legislador, que o valora com o sinal positivo da licitude ou negativo da ilicitude e que se liga a um consequente (tese) que prescreve uma relação valorada como obrigatória, permitida ou proibida. Fato jurídico é o relato linguístico de órgão competente mediante procedimento regular que insere norma jurídica no sistema do direito positivo, constituindo a realidade jurídica mediante individualização dos seus elementos subjetivos (sujeitos) e objetivos (tempo e espaço). Jurídico aí é qualificativo do fato, *status* adquirido pelo relato produzido por linguagem autorizada (órgão competente + procedimento regular)[222]. Por isso, apenas o que é factualmente possível deve estar contemplado em hipótese normativa[223].

Semelhantemente, largando da distinção entre enunciado (suporte gráfico-textual) e proposição (sentido atribuído ao enunciado), Marco Eurico Diniz de Santi ensina que a proposição normativa (jurídica ou prescritiva) possui estrutura hipotética (implicacional) geral ou individual e possui forma lógica composta por estrutura dual, integrada por

---

221 KELSEN, Hans. *Teoria Pura do Direito*. 8 ed. Trad. João Baptista Machado. São Paulo: Editora WMF Martins Fontes, 2009, Cap. III.

222 CARVALHO, Autora Tomazini. *Teoria geral do direito*: o constructivismo lógico-semântico. Tese (doutorado em Direito). Data da defesa: 03.06.2009. 623f. Pontifícia Universidade Católica de São Paulo, São Paulo, 2009, págs. 388 e ss. Com Torquato Castro: "os fatos, andando à frente das leis, é que condicionam as soluções jurídicas. É ali, na vida social, que a lei os colhe, ou seleciona, como razão das soluções do direito". (CASTRO, Torquato. *Teoria da Situação Jurídica em Direito Privado Nacional*. São Paulo: Saraiva, 1985, p. 25).

223 SANTI, Eurico Marco Diniz. *Lançamento Tributário*. 3 ed. São Paulo: Saraiva, 2010, p. 36.

hipótese normativa e tese. Hipótese normativa (pressuposto ou antecedente) é a parte da norma que tem por função descrever a situação fática passível de ocorrência no mundo social. Tese (consequente) é a parte da norma que prescreve uma relação que um sujeito fica em face de outro sujeito, a qual vai modalizada pelo functor relacional deôntico permitido, proibido ou obrigatório[224].

O autor ainda ensina que a norma jurídica tem composição dual, dividindo-se entre normas primárias e normas secundárias. Normas primárias são aquelas cujo descumprimento prescrevem a conduta a ser tomada como hipótese das normas secundárias. Normas secundárias são aquelas que estipulam sanções diante de uma ilicitude. As normas primárias prescrevem uma relação entre dois sujeitos e as normas secundárias estabelecem a respectiva sanção de ordem estatal[225].

Aurora Tomazini de Carvalho formaliza assim: D { [H → C] v [H' (- c) → S] }. A norma primária é [H → C] (estatui direitos e deveres correlatos a dois ou mais sujeitos como consequência jurídica "C", em decorrência da verificação do acontecimento descrito em sua hipótese "H"). A norma secundária é [H' (-c) → S] (estabelece uma sanção "S", mediante o exercício da coação estatal, no caso de inobservância dos direitos e deveres instituídos pela norma primária "H (-c)"). O conectivo "v" significa "ou includente"[226].

A autora observa que aí "sanção" tem dois sentidos. Numa primeira acepção, "sanção" é tomada como relação jurídica cujo objeto é uma conduta reparadora a ser exercida por aquele que descumpriu algum preceito normativo em favor daquele que sofreu o ônus do seu descumprimento. Todas as normas que fixam multas, indenizações, perda e restrições de direitos em decorrência de atos ilícitos seriam sancionadoras, mesmo não tendo como sujeito integrante o Estado-juiz. Mas nem toda norma estaria associada à sanção, ou seja, existe norma jurídica sem sanção (v. g. em regra, as regras que atribuem faculdade para legislar, as normas processuais e todas as demais que não se associam a outras normas de caráter reparador). Na segunda acepção,

---

224 SANTI, Eurico Marco Diniz. *Lançamento Tributário*. 3 ed. São Paulo: Saraiva, 2010, p. 33.

225 SANTI, Eurico Marco Diniz. *Lançamento Tributário*. 3 ed. São Paulo: Saraiva, 2010, págs. 36 e ss.

226 CARVALHO, Autora Tomazini. *Teoria geral do direito*: o constructivismo lógico-semântico. Tese (doutorado em Direito). Data da defesa: 03.06.2009. 623f. Pontifícia Universidade Católica de São Paulo, São Paulo, 2009, p. 237.

"sanção" é tomada como relação jurídica que habilita o sujeito ativo a exercitar seu direito subjetivo de ação (processual) para exigir perante o Estado-juiz a efetivação do dever constituído na norma primaria, mediante o emprego da coação estatal. Aqui, "sanção" tem uma conotação mais estrita, não apenas de relação jurídica punitiva, instaurada em decorrência de fato ilícito, de cunho reparatório, mas de um vínculo de ordem processual, mediante a qual se postula o exercício da coatividade jurídica (punitiva e decorrente de fato ilícito), para assegurar a garantia de um direito[227].

Para resumir com Torquato Castro: fato jurídico é todo evento apto a produzir consequências no mundo jurídico, mas a sua criação não se justifica pelo fato mesmo, e, sim, pelo efeito jurídico que é capaz de produzir[228].

Aqui, o autor aproxima as noções de fato e situacionalidade jurídica:

> O fato jurídico, quanto é *fato*, e não pura hipótese de lei, é acontecimento sócio-humano que envolve pessoas (agentes) e interesses; pessoas enquanto sujeitos de ações ou pessoas em face de interesses *concretos*. É nele que se opera a *concreção* das pessoas e interesses que serão considerados pela norma, e na base dessa concreção é que a norma determinará, para avocar a pessoa ou pessoas que serão sujeitos de direito, e para configurar o objeto da ação específica, ou da qualificação, que ela lhes impõe. A situacionalidade do fato apenas oferece à norma tal *concreção*, mas não determinará a *posição* do sujeito, nem as dos sujeitos ativo e passivo, no mundo da ação jurídica; nem tampouco qualificará qual *objeto jurídico* – pois essas são definições que só a norma é capaz de realizar. (...) as situações jurídicas se individualizam pelas pessoas dos sujeitos e pelas pessoas dos sujeitos e pela concretude do objeto que, respetivamente, a norma avoca e atribui[229].

Avançando, tem-se que *"situação jurídica* é a situação que de direito se instaura em razão de uma determinada situação de fato, revelada como fato jurídico, e que se traduz na disposição normativa de sujeitos concretos posicionados perante um *objeto*"[230].

---

227 CARVALHO, Autora Tomazini. *Teoria geral do direito*: o constructivismo lógico-semântico. Tese (doutorado em Direito). Data da defesa: 03.06.2009. 623f. Pontifícia Universidade Católica de São Paulo, São Paulo, 2009, p. 243.

228 CASTRO, Torquato. Teoria da Situação Jurídica em Direito Privado Nacional. São Paulo: Saraiva, 1985, p. 27.

229 CASTRO, Torquato. Teoria da Situação Jurídica em Direito Privado Nacional. São Paulo: Saraiva, 1985, p. 43.

230 CASTRO, Torquato. Teoria da Situação Jurídica em Direito Privado Nacional. São Paulo: Saraiva, 1985, p. 50.

Adentrando a estrutura da situação jurídica, o jurista anota:

> (…) a norma opera através de *qualificações* ideais, não menos reais: quem será *sujeito*, *aquilo* que terá direito ou cada sujeito em razão da situação. Essa qualificação do sujeito e do objeto da situação e a determinação do modo e limite da participação do sujeito, ou de cada sujeito, no objeto – a qualificação do sujeito, do objeto e a posição do sujeito – é de ocorrência imediata ou instantânea, isto é, dá-se no momento exato em que, verificado o fato, a norma incide. Tudo o quanto vem depois desse momento ideal de qualificação – a possível coincidência, no sujeito, quanto à existência da situação jurídica, e a de seu papel exato como sujeito ou exercício da atividade que lhe possa ter reservado a norma em razão de sua posição, o reconhecimento dessa posição por parte de autoridade que tenha função de fazê-la declarar ou atuar – já não pertence ao momento ideal da incidência da norma, mas ao de sua *aplicação* (…)[231].

Os elementos constitutivos da situação jurídica definem-se como sujeito, objeto, posição de sujeito e, frequentemente, de relação inter-subjetiva. Como no mundo do direito não entram realidades físicas ou sociais em si, mas apenas um específico tipo de relações analógicas que de tais realidades se constroem, "o sujeito jurídico como o objeto que de direito se lhe antepõe, são em si mesmos sujeitos e objeto de pura relatividade construída, ou seja, sujeito e objeto de construção normativa". A posição de sujeito, de igual modo, não é posição da pessoa, ou posição que esta deva a si mesma, senão o vínculo normativo que define a situação de direito, enquanto constrói, a um só tempo, até quanto e até quando a pessoa se entende ser sujeito e até quanto e até quando a coisa, a qualificação social ou o ato humano podem construir-se em objeto da ação normativa que configura a situação de direito[232].

O autor arrola duas espécies de situações jurídicas: oniposicionais e relacionais. As situações jurídicas oniposicionais qualificam a pessoa do sujeito para individuá-la, sob determinados aspectos, perante a ordem jurídica, em *status* não extensível a qualquer outro sujeito que não aquele que as recebe da norma (*v. g.* a personalidade jurídica, que se constitui na posição de um sujeito em face de um objeto jurídico que é a qualificação da personalidade conferida pela norma

---

231 CASTRO, Torquato. Teoria da Situação Jurídica em Direito Privado Nacional. São Paulo: Saraiva, 1985, p. 67.

232 CASTRO, Torquato. *Teoria da Situação Jurídica em Direito Privado Nacional.* São Paulo: Saraiva, 1985, págs. 68-69.

ao sujeito)[233]. É relevante para o direito em sua função de regrar prescritivamente "fatos sociais". As situações jurídicas relacionais inserem o elemento relação intersubjetiva. Elas contêm sujeitos diversamente posicionados, ostentando entre eles posições jurídicas opostas, mas coordenadas à consecução do objeto único (*v. g.* relações obrigacionais, relações de poder familiar etc.)[234].

A situação jurídica relacional é a relação jurídica, isto é, o vínculo abstrato segundo o qual, por força da imputação normativa, uma pessoa (sujeito ativo) tem o direito subjetivo de exigir de outra (sujeito passivo) o cumprimento de certa prestação, tendo esta o dever jurídico de adimpli-la[235].

Ela pode ser assim representada: s' R s", onde s' é o sujeito ativo titular de direito subjetivo, s" é o sujeito passivo titular do correlato dever jurídico e R é o functor intraproposicional de dever-ser (obrigatório, permitido ou proibido). O vínculo de atributividade R sempre institui para s' uma permissão e para s" uma obrigação ou uma proibição.

Notam-se aí quatro elementos: (i) s', (ii) seu direito subjetivo, (iii) s" e seu (iv) dever jurídico. A relação jurídica se extingue quando (i), (ii), (iii) ou (iv) são extintos[236]. Quando s' R s" consiste em direito subjetivo

---

233 CASTRO, Torquato. Teoria da Situação Jurídica em Direito Privado Nacional. São Paulo: Saraiva, 1985, p. 69.

234 CASTRO, Torquato. *Teoria da Situação Jurídica em Direito Privado Nacional.* São Paulo: Saraiva, 1985, p. 77. Trabalham também com essa concepção de situação jurídica relacional: DIDIER JR. Fredie. NOGUEIRA, Pedro Henrique Pedrosa. *Teoria dos Fatos Jurídicos Processuais.* Salvador: JusPodivm, 2011, p. 122.

235 CARVALHO, Autora Tomazini. *Teoria geral do direito*: o constructivismo lógico-semântico. Tese (doutorado em Direito). Data da defesa: 03.06.2009. 623f. Pontifícia Universidade Católica de São Paulo, São Paulo, 2009, p. 428.

236 Contudo, Hans Kelsen não identifica duas relações, uma de direito subjetivo de S' (S' R S") e outra de dever jurídico de S" (S" R S'): "Esta situação designada como "direito" ou "pretensão" de um indivíduo, não é, porém, outra coisa senão o dever do outro ou dos outros. Se, neste caso, se fala de um direito subjetivo ou de uma pretensão de um indivíduo, como se este direito ou esta pretensão fosse algo de diverso do dever do outro (ou dos outros), cria-se a aparência de duas situações juridicamente relevantes onde só uma existe. A situação em questão é esgotantemente descrita com o dever jurídico do indivíduo (ou dos indivíduos) de se conduzir por determinada maneira em face de um outro indivíduo. Dizer que um indivíduo é obrigado a uma determinada conduta significa que, no caso da conduta oposta, se deve verificar uma sanção; o seu dever é a norma que prescreve esta conduta enquanto liga uma sanção à conduta oposta. Quando um indivíduo é obrigado em face de outro a uma deter-

de s' a receber determinada quantia em dinheiro de s" e este paga, eliminam-se (ii) e (iv), extinguindo-se a relação. Quando s' R s' consiste em direito subjetivo de s' a receber determinada quantia em dinheiro de si próprio, elimina-se (iii), extinguindo-se, igualmente, a relação (é o que ocorre na confusão, *ex vi* do art. 381, CC).

Aqui, cumpre ir a Lourival Vilanova para retomar a noção de estrutura dúplice da norma jurídica. Na norma primária, realizada a hipótese fática (isto é, dado um fato sobre o qual ela incide), sobrevém, pela imputação normativa (ou causalidade que o ordenamento institui), o efeito ou a relação jurídica com sujeitos em posições ativa e passiva, com pretensões e deveres (no caso das relações jurídicas *stricto sensu*). Na norma secundária, a hipótese fática é o não cumprimento do dever de prestar, que funciona como fato jurídico (ilícito) fundante de outra pretensão, a de exigir coativamente perante órgão competente a efetivação do dever constituído na norma primária. E complementa:

> Norma de direito substantivo ali; normas de direito adjetivo, aqui. Normas diversas que têm como ponto de incidência fatos diversos. E relações jurídicas diversas. A uma *relação jurídica material R*, entre *A* e *B*, sucede outra *relação jurídica formal* (processual) entre *A* e *C* (órgão *C* que concentrou o emprego da coação) e entre *C* e *B*. Figuradamente, se a relação material era horizontal, unilinear, a relação formal fez-se angular: não se desenvolve linearmente de *A* para *B*, pois conflui em *C*. Perfaz-se outra *relação R'*. Esta é uma relação composta de duas relações processuais, eficácia de dois fatos jurídicos (atos jurídico-processuais): o exercício do direito de ação e o exercício do direito de contradição. Termo comum dessa (dúplice relação processual é o órgão jurisdicional. No conjunto, o processo é uma série ordenada de relações[237].

---

minada prestação, é a prestação a receber pelo outro que forma o conteúdo do dever; apenas se pode prestar a outrem algo que esse outrem receba. E, quando um indivíduo está obrigado em face de outrem a suportar uma determinada conduta deste, é a tolerância desta mesma conduta que constitui o conteúdo do dever. Quer dizer: a conduta do indivíduo em face do qual o dever existe, correlativa da conduta devida, está já conotada na conduta que forma o conteúdo do dever. Se se designa a relação do indivíduo em face do qual uma determinada conduta é devida, com o indivíduo obrigado a essa conduta como "direito", este direito é apenas reflexo daquele dever". (KELSEN, Hans. *Teoria Pura do Direito*. Trad. João Batista Machado. 8 ed. São Paulo: Editora WMF Martins Fontes, 2009, págs. 142-143).

237 VILANOVA, Lourival. *Causalidade e Relação no Direito*. 5 ed. São Paulo: Noeses, 2015, págs. 149-150. O autor emprega "sanção" e "coação" como equivalentes, mas reconhece que há "sanção" na norma primária, enfatizando "sanção" e "coação" no sentido acima referido para destacar a existência de duas relações jurídicas distintas: a relação primária e a relação secundária.

Assim: F → s' R s" - (s' R s") → s' R s"'. Onde a norma primária é F → s' R s" e a norma secundária é - (s' R s") → s' R s"' R s". Na norma secundária, s' é o autor, s"' é o juiz e s", o réu. Nela, R representa o vínculo indicativo do direito de ação de s', do direito de defesa de s" e da jurisdição (dever) de s"'. O vínculo indicativo R entre s' e s"' representa o vínculo jurídico por meio do qual o autor exerce o direito à obtenção de tutela jurídica contra o juiz, já o vínculo indicativo R entre s"' e s" representa o vínculo jurídico por meio do qual o réu exerce o direito à obtenção de tutela jurídica contra o juiz.

Retenha-se a lição de Lourival Vilanova: no processo, não há relação jurídica entre as partes. Há uma série de relações, sempre confluindo da parte para o juiz.

De modo mais específico, Roberto P. Campos Gouveia Filho sustenta que, no processo, pode haver *relação jurídica* entre as partes, mas não *relação jurídica processual*. Afinal, o autor entende que relação jurídica processual é "aquela cujo objeto é a necessidade de prestar a tutela jurisdicional, entendida, antes de tudo, como constatação acerca da ocorrência ou não da situação litigiosa (em geral, uma afirmação feita pela parte)". Assim, embora surgida num processo, uma relação jurídica existente entre as partes não pode ser considerada processual pelo simples fato de ser ela uma relação jurídica qualquer que, caso questionada, será, em seu relato linguístico (o dizer sobre sua ocorrência), objeto da declaração de uma relação processual. Segundo o autor, para definir o caráter (natureza jurídica) da relação jurídica ocorrida no âmbito do procedimento é preciso estabelecer o seu regime jurídico, principalmente seu objeto, de forma individualizada, atribuindo-se, conforme cada regime jurídico específico, seu devido nome, como, v. g., relação obrigacional, de responsabilidade civil (tipo específico de relação obrigacional), relação de direito real etc.[238]

Com base nesse critério definitório, nega a natureza de relação jurídica processual aos negócios jurídicos processuais e mesmo ao vínculo imputacional de boa-fé entre as partes. O negócio jurídico processual celebrado no curso do procedimento instaurado para decidir sobre a abusividade de determinada cláusula em contrato de consumo, por meio do qual uma parte se compromete a não apelar contra a sentença, forma negócio jurídico processual porque tem eficácia sobre o proces-

---

238 GOUVEIA FILHO, Roberto P. Campos. Uma crítica analítica à ideia de relação processual entre as partes. *Revista Brasileira de Direito Processual – RBDPro*, Belo Horizonte, ano 24, n. 93, p. 255-270, jan./mar. 2016, págs. 265-266.

so, mas não constitui, pelo critério acima referido, relação jurídica processual, e, sim, relação jurídica obrigacional (obrigação de não fazer) e consumerista. Surgirá relação jurídica processual, *v. g.*, se for suscitada a questão incidente (incidente em relação ao objeto principal da relação processual) da invalidade do negócio em razão do dolo, dado que seu objeto será a prestação de tutela jurisdicional para constatar a ocorrência ou não do referido vício. Acrescenta que o juiz não é parte do negócio jurídico processual, não atua como negociador (emissor de declaração de vontade formativa do ato jurídico), mas como responsável pela constatação da validade do ato[239]. Ressalva, em revisão de posicionamento anterior, o caso do calendário processual (CPC, art. 191), hipótese na qual considera que o juiz desce ao nível da liberdade, atua como negociador, passando a dispor e não mais a impor[240]. Mesmo aí, pelo critério instituído, o negócio jurídico processual não constitui, *per se*, relação jurídica processual.

Quanto aos deveres de boa-fé, sustenta que são inerentes à própria condição de sujeito de direito. O fato de alguém ser sujeito de direito já lhe atribui o direito absoluto a que não tenha sua esfera jurídica violada. É por isso que, no âmbito do direito contratual, se defende que o dever de boa-fé antecede à formação do contrato. Logo, os deveres de boa-fé entre as partes antecedem ao processo, à formação da relação jurídica processual. Ocorrendo o descumprimento dos respectivos deveres dentro do contexto processual, é possível que, no próprio processo, haja formação de relação processual para a solução do problema (*v. g.*, apuração de eventual punição por litigância de má-fé (CPC, art. 80 –, que tem como beneficiário a parte lesada). Aqui, o fato jurídico ilícito diz respeito a um descumprimento de dever exigível não com-

---

239 GOUVEIA FILHO, Roberto P. Campos. Uma crítica analítica à ideia de relação processual entre as partes. *Revista Brasileira de Direito Processual – RBDPro*, Belo Horizonte, ano 24, n. 93, p. 255-270, jan./mar. 2016, p. 267.

240 E acrescenta: "Isso é totalmente oposto ao agir jurisdicional em si, que se baseia na ideia de um sujeito que, legitimamente, se encontra na posição de submeter os outros, impondo-lhes. Atividade negocial do juiz não pode ser misturada com a atividade jurisdicional dele. Na primeira, há naturalmente cooperatividade, pois os negociantes querem algo em comum. Essa "essência" não se apresenta, como dito, na atividade jurisdicional. A transposição de uma para a outra, em tal aspecto, é ontologicamente equivocada". Texto inédito, gentilmente cedido pelo autor.

ponente da relação processual, mas sim de outra relação jurídica, que, como visto, a antecede[241].

Tudo considerado, conclui-se que tanto Lourival Vilanova quanto Roberto P. Campos Gouveia Filho estão negando a existência de relação jurídica *processual* entre as partes (entenda-se bem: apenas entre elas, sem a participação do juiz). Concorda-se com essa visão.

É ainda relevante, no ponto, constatar que as normas de processo são normas de estrutura. Como ensina Norberto Bobbio, o ordenamento é composto por "normas de conduta e normas de estrutura, isto é, normas dirigidas diretamente a regular a conduta das pessoas e normas destinadas a regular a produção de outras normas"[242]. Atando às lições de Vilanova, claro está que a norma primária é norma de conduta, enquanto a norma secundária é norma de estrutura. Ao fim e ao cabo, o processo é norma de estrutura, sejam as normas processuais gerais e abstratas (*v. g.* o CPC), sejam as normas processuais individuais e concretas (*v. g.* uma sentença)[243].

---

241 GOUVEIA FILHO, Roberto P. Campos. Uma crítica analítica à ideia de relação processual entre as partes. *Revista Brasileira de Direito Processual – RBDPro*, Belo Horizonte, ano 24, n. 93, p. 255-270, jan./mar. 2016, p. 268.

242 BOBBIO, Norberto. *Teoria do Ordenamento Jurídico*. Trad. Maria Celeste Cordeiro Leite dos Santos. 10 ed. Brasília: Editora Universidade de Brasília, 1999, p. 46.

243 A doutrina ensina, porém, que no processo não se produzem apenas normas individuais e concretas: "8. um julgamento-enunciação do IRDR, dadas as prescrições legais aplicáveis ao tema – a saber, artigos 978, parágrafo único, e 985, ambos do CPC/2015 –, possui três forças ilocucionárias principais, cada uma destinada a inserir no ordenamento jurídico uma norma jurídica diversa, as quais chamamos de norma-caso, norma-tese e norma-precedente; 9. a norma-caso é destinada ao dito "caso-piloto", voltando-se diretamente à constituir relação jurídica entre as partes daquele processo, e possui classificação como concreta e individual; 10. a norma-tese é destinada aos processos em tramitação até o tempo do julgamento-enunciação do IRDR, voltando-se diretamente para possibilitar ao juiz responsável por aqueles processos que a utilize como fundamento de validade para a norma concreta e individual que será por ele proferida para constituir relação jurídica entre as partes daqueles processos, possuindo classificação como concreta e geral; 11. a norma-precedente, classificada como geral e abstrata, é aquela extraída tanto da decisão destinada ao "caso-piloto" como da "tese" fixada no julgamento-enunciado, sendo sacada ainda pelos enunciados que constituíram a explicitada fundamentação da decisão tomada pelo órgão julgador ao "caso-piloto", estando voltada a ser fundamento de validade a um número indeterminável de casos outros". (MOUSSALLEM, Tárek Moysés. TEIXEIRA JÚNIOR, José Borges. A "natureza jurídica" do incidente de resolução de demandas repetitivas: um pseudoproblema analiticamente solúvel. Revista dos Tribunais *Online,* Revista de Processo, vol. 273, p. 455-498, Nov./2017).

As normas jurídicas (de conduta e de estrutura) têm pressupostos de validade formal e material. Sem prejuízo das especificidades de cada ordem jurídica, pode-se dizer que o pressuposto formal diz respeito à autoridade competente e ao procedimento adequado, enquanto o pressuposto material diz respeito ao conteúdo eventualmente delimitado pela Constituição. Por exemplo: Câmara Municipal é autoridade incompetente para instituir crimes (CRFB, art. 22, I, *a contrario sensu*); medida provisória é via inadequada para instituir crimes (CRFB, art. 62, § 1º, I, "b"); é defeso à União sancionar determinada conduta tipificada como crime com pena de tortura (CRFB, art. 5º, III).

Sem prejuízo de maiores considerações, inclusive a partir de referenciais teóricos distintos, eram as considerações necessárias sobre a ideia de relação jurídica.

2.3.3. O CONTRADITÓRIO COMO RELAÇÃO JURÍDICA

Já se viu que a Constituição assegura ao cidadão o direito de participar dos procedimentos formativos dos provimentos que interferirão em sua esfera jurídica, a qual se dá, quanto aos provimentos jurisdicionais, pela garantia do contraditório. E dadas as considerações precedentes, tem-se que o contraditório é norma de estrutura que instaura relação jurídica entre a parte e o juiz.

Como visto, a norma jurídica completa (norma primária + norma secundária) se expressa em: F $\rightarrow$ s' R s" - (s' R s") $\rightarrow$ s' R s'", sendo que a norma secundária - (s' R s") $\rightarrow$ s' R s'" R s", onde s' é o autor, s'" é o juiz e s", o réu.

A relação jurídica processual vai se constituindo de tópicas relações jurídicas processuais, que se sucedem conforme vão se superando as etapas do procedimento. Em representação simplificada: ajuizada a petição inicial, ou seja, s' R s'"; admitida a petição inicial, o réu tem o direito de ser citado e o juiz o correlato dever de citá-lo para que possa reagir, ou seja, s" R s'"; apresentada a contestação vertendo fatos novos, o autor tem o direito de ser intimado para oferecer réplica, ou seja, s' R s'"; ao cabo do procedimento, tem o juiz de julgar oferecendo respostas, indicando as razões pelas quais alguns argumentos o convenceram e outros não, ou seja, s' R s'" e s" R s'".

Os vínculos relacionais entre o juiz e as partes são animados pelo contraditório. Para que o procedimento se desenvolva, são fixados prazos para que uma relação vá se sucedendo à anterior e preparando a posterior, até o provimento. A conformação específica desses vínculos (v. g. o prazo de que dispõe o réu para contestar antes que o procedimento avance à fase de organização e saneamento) depende da análise do direito positivo.

Visto pelo ângulo da dimensão conteudística, o contraditório atribui os direitos de informação, reação, influência e não surpresa. Visto pelo ângulo da dimensão estrutural, ele define os vínculos entre as partes e o juiz, mais precisamente os direitos destes e os deveres daquele.

O ponto foi observado por Lúcio Delfino e Fernando Rossi, que, baseados na noção de situação jurídica relacional de Torquato Castro, acima referida, sustentam que o contraditório é previsto como eficácia jurídica (consequente) da incidência da hipótese (antecedente) do art. 5º, LV, CRFB. Basta ser litigante, em processo judicial ou administrativo (antecedente) para que o contraditório deva ser assegurado (consequente). O contraditório é situação jurídica relacional que envolve, de um lado, o Estado-juiz, que tem o dever de assegurá-lo, e os litigantes (demandante e demandado), que detêm o direito de exercê-lo[244].

A procedência dos argumentos dos autores pode ser verificada pelo desmembramento do consequente (ou tese) da norma jurídica.

Com Aurora Tomazini de Carvalho[245], o interior do consequente normativo (C) estabelece uma relação jurídica implicacional intraproposicional em face da qual um sujeito (s') mantém uma relação (R) em face de outro sujeito (s"). Assim: s' R s" ou R (S'.S"). Os elementos do consequente são (i) sujeitos, (ii) objeto e (iii) vínculo relacional (obrigação, proibição e permissão), que liga (i) e (ii).

O consequente possui critério pessoal e critério prestacional.

O critério pessoal é o feixe de informações contidas no consequente normativo que permite identificar, com exatidão, os sujeitos da relação jurídica a ser instaurada quando da constituição do fato jurídico. Na composição sintática da norma jurídica, o sujeito ativo é s' e o sujeito passivo é s".

O critério prestacional demarca o núcleo do consequente, apontando qual conduta deve ser cumprida pelo sujeito passivo em favor do

---

244 DELFINO, Lúcio. ROSSI, Fernando. Juiz Contraditor? In: *Processo Civil nas Tradições Brasileira e Iberoamericana*. Florianópolis: Conceito, 2014, p.279-292.

245 CARVALHO, Autora Tomazini. *Teoria geral do direito*: o constructivismo lógico-semântico. Tese (doutorado em Direito). Data da defesa: 03.06.2009. 623f. Pontifícia Universidade Católica de São Paulo, São Paulo, 2009, p. 306 e ss.

sujeito ativo. Ele possui dois elementos: um verbo, identificativo da conduta a ser realizada por um sujeito em favor do outro (o fazer ou não fazer); e um complemento, identificativo do objeto desta conduta (o algo a fazer ou não fazer). Em alguns casos o complemento é quantificado pelo legislador, noutros, apenas qualificado: quando quantificado, além das notas sobre a ação a ser realizada por S" em favor de S' (verbo + complemento), há diretrizes para determinar numericamente o complemento; quando não quantificado é possível encontrar outras informações materiais relevantes para a precisa identificação do objeto da prestação.

O esquema lógico da regra-matriz tem duas funções operacionais: delimitar o âmbito de incidência normativa e controlar a constitucionalidade e legalidade normativa.

Pois bem.

Veja-se o texto do art. 5º, LV, CRFB: aos litigantes, em processo judicial ou administrativo, e aos acusados em geral são assegurados o contraditório e ampla defesa, com os meios e recursos a ela inerentes.

A estrutura da norma jurídica para identificar os elementos de "Deve ser que se A então C", ou seja, D (A → C): o antecedente (A) é a condição de litigante em processo judicial ou administrativo, e de acusado em geral (que, a rigor, nada mais é que um litigante); o consequente (C) é a asseguração do contraditório e da ampla defesa, com todos os meios e recursos a ela inerentes[246].

---

246 Trata-se de representação mínima. Pode acontecer de vários fatos jurídicos se somarem para que se obtenha determinado efeito jurídico. Como ensina Aurora Tomazini de Carvalho: "É comum encontrarmos, na linguagem do direito, pluralidade conjuntiva ou disjuntiva de fatos para um só efeito, que, respectivamente, podem ser simbolizadas com as fórmulas: [H' e H" e H"') (R) C] e [(H' ou H" ou H"') (R) C]. Como explica LOURIVAL VILANOVA, no primeiro caso, cada causa é necessária, mas não-suficiente para provocar o conseqüente C, no segundo, cada causa é suficiente, mas não-necessária266. Em outras palavras, na primeira situação, não basta que apenas um dos fatos (descritos em H', H", ou H"') se realize, é necessário a verificação de todos para a propagação da conseqüência jurídica e na segunda situação, com a verificação de apenas um dos fatos instaura-se o efeito prescrito no conseqüente. Nas circunstâncias dadas como exemplo, da capacidade e do homicídio há pluralidade conjuntiva de hipóteses que se encontram unidas pela partícula operatória "e", isto quer dizer que, cada uma delas é necessária, mas não suficiente para sozinha propagar os efeitos jurídicos do conseqüente. Para que alguém seja capaz de exercer atos da vida civil (C), além de ser maior de dezoito anos (H'), esta pessoa, deve ter necessário discernimento da prática de seus atos (H") e poder

Mirando o interior do consequente, quanto ao critério pessoal, está nítido que o sujeito ativo (s') é o litigante, seja autor ou réu (inclusive o acusado). O sujeito passivo (s") é a autoridade judiciária ou administrativa – importa, aqui, o primeiro, ou seja, o juiz. Já quanto ao critério prestacional, a conduta que deve ser cumprida pelo sujeito passivo (s" = o juiz) é a asseguração (obrigação de fazer) do contraditório e da ampla defesa, com todos os recursos e meios a ela inerentes, ou seja, o dispositivo constitucional qualifica o complemento, mas não o quantifica. Assim, *v. g.*, o prazo para o exercício do direito *lato sensu* de contestar deve ser identificado na legislação infraconstitucional.

Em face de tudo isso, estão corretos Lúcio Delfino e Fernando Rossi: o contraditório é uma situação jurídica relacional que envolve, de um lado, as partes, como titulares das situações jurídicas ativas, e, de outro, o juiz, como titular das correlatas situações jurídicas passivas.

Entrelaçando a estrutura do contraditório ao seu conteúdo, tem-se que: a parte é sujeito ativo (s') do direito (R) de informação e o juiz o sujeito passivo (s") do dever correspondente de informar; a parte é sujeito ativo (s') do direito (R) de reação e o juiz o sujeito passivo (s") do dever correspondente de não obstaculizar essa reação; a parte é sujeito ativo (s') do direito (R) de influência e o juiz o sujeito passivo (s") do correspondente dever de oferecer respostas; a parte é sujeito ativo (s') do direito (R) de não ser surpreendida e o juiz sujeito passivo (s") do correspondente dever de informar[247].

---

exprimir sua vontade (H''') – art. 3º, I, II, III do CC. Basta uma das hipóteses não se verificar para o sujeito, mesmo maior de dezoito anos, não adquirir juridicamente a capacidade civil de seus atos. Do mesmo modo, para ser condenado à pena de reclusão por homicídio o sujeito, além de matar alguém (H'), não pode ter agido em legítima defesa, estado de necessidade ou cumprimento do dever legal (H"), deve ser maior de 18 anos (H'''), estar em posse das suas faculdades mentais (H''''). Basta uma destas hipóteses não se verificar para que o sujeito, mesmo tendo matado outro, não seja condenado à pena de reclusão." (CARVALHO, Autora Tomazini. *Teoria geral do direito*: o constructivismo lógico-semântico. Tese (doutorado em Direito). Data da defesa: 03.06.2009. 623f. Pontifícia Universidade Católica de São Paulo, São Paulo, 2009, p. 233).

247 Bem vistas as coisas, é perfeitamente possível continuar falando do contraditório como bilateralidade da audiência, isto é, como garantia de informação e reação. Em primeiro lugar, porque a expressão, por si só, não esvazia o seu significado. Basta revesti-lo do conteúdo dogmático construído ao longo do tempo, muito dele ora explicitado no direito positivo infraconstitucional. Ora, informação e reação são direitos das partes e aos quais se ligam, por correlação, os deveres de não surpresa e de oferecer respostas, respectivamente. De fato, informação = não surpresa;

surpresa = não informação. Quem é informado, não é surpreendido. Quem não é informado, é surpreendido. A surpresa é consequência lógica da ausência de informação prévia, pois. Impossível que é isolar informação e não surpresa, conclui-se que o "direito de informação" também significa que o juiz só pode examinar um assunto, mesmo cognoscível de ofício, depois de informar a parte, franqueando a sua manifestação. Doutra banda, se o cidadão é centro da ordem jurídica (CRFB, art. 1º, III) e toda intervenção estatal nas liberdade individuais deve ser justificada; se o Estado Democrático de Direito é aquele que se justifica, para encontrar, nessa justificação, sua legitimação; se todo provimento estatal deve ser o ato culminante de procedimento que assegura a participação dos destinatários (CRFB, 1º, parágrafo único); então permitir a participação do cidadão no desenvolvimento e resultado dos provimentos estatais que o afetarão inclui o direito de que as suas reações sejam respondidas. É pela reação (comissiva ou omissiva, conforme as prescrições do sistema do direito positivo) que a parte influi no convencimento do julgador, que deve oferecer respostas. Portanto, direito de reação (=influência) das partes sem o correlato dever do juiz de oferecer respostas é simulacro de participação. Alguém poderá dizer que nem sempre foi assim e que, de certo modo, ainda hoje grassa na jurisprudência uma noção pobre da própria ideia de bilateralidade da audiência. Verdadeira que seja a objeção, o fenômeno foi desvelado e hoje a noção está consolidada na doutrina e no direito positivo, o que viabiliza a solução aqui referida. Em segundo lugar, a leitura do contraditório ainda como bilateralidade da audiência pode ser mantida porque tem a vantagem de, no plano da dimensão relacional do contraditório, evidenciar que ele é direito das partes e dever do juiz, ou seja, que apenas as primeiras exercem as posições jurídicas ativas dele decorrentes e que apenas o segundo exerce as posições jurídicas passivas dele decorrentes. Posto que implícita e intuitivamente, essa ideia era algo clara quando se falava do contraditório como bilateralidade da audiência. Não deixa de ser paradoxal que isso se alterou, tornando-se noção turva, justamente a partir do momento em que se passou a divisar, com clareza, o contraditório como influência e não surpresa. Tome-se como exemplo o posicionamento de Daniel Mitidiero no sentido de que o juiz é um dos sujeitos do contraditório porque é sujeito do diálogo judiciário, ou seja, porque tem o dever de debater todos os argumentos relevantes formulados pelas partes em suas manifestações, embora, obviamente, não tenha interesse subjetivo na causa (dever de imparcialidade do juiz e de impessoalidade da administração judiciária). Nada a opor até aqui, pois aos direitos de informação e reação correspondem os deveres de não surpreender e oferecer respostas. Entretanto, não vinga a afirmação de que à mudança do contraditório como bilateralidade da instância ao contraditório como direito de influência e dever de debate "corresponde uma alteração dos participantes do processo que têm a sua atuação gravada pelo contraditório: não só as partes, mas também o juiz". (MITIDIERO, Daniel. Colaboração no Processo Civil. 3 ed. e-book baseada na 4 ed. impressa. São Paulo: Thomson Reuters Brasil, 2019, Parte I, nota de rodapé n. 226.). Decididamente, mesmo em sua concepção mais atrofiada o contraditório sempre gravou a atuação do juiz, pois ele sempre foi obrigado a informar as partes para que elas pudessem reagir. O que sucedeu foi uma

Fica claro que, por disposição constitucional, a competência para exercer as situações jurídicas ativas decorrentes do contraditório é exclusiva das partes, ao passo em que a competência para exercer situações jurídicas passivas decorrentes do contraditório é exclusiva do juiz.

A dimensão estrutural do contraditório revela que a Constituição definiu a competência para a produção das normas de estrutura que compõem o procedimento: todas as normas de estrutura correspondentes a situações jurídicas ativas decorrentes do contraditório são de competência das partes, ao passo em que todas as normas de estrutura correspondentes a situações jurídicas passivas decorrentes do contraditório é de competência do juiz.

Afinal, como ensina Hans Kelsen, quando uma função regulada por uma ordem normativa "não pode, segundo essa ordem, ser desempenhada por qualquer indivíduo à mesma ordem sujeito, mas apenas por certos indivíduos qualificados, estamos diante de uma divisão funcional de trabalho"[248].

Apenas os indivíduos que atuam segundo o princípio da divisão do trabalho são designados como órgãos em sentido estrito. As comunidades que têm "órgãos" chamam-se comunidades "organizadas"; e por comunidades "organizadas" entendem-se aquelas que têm órgãos funcionando segundo o princípio da divisão do trabalho. Portanto,

> a divisão do trabalho significa que certas funções não podem ser desempenhadas por todo e qualquer indivíduo e, portanto, que o não podem ser por todos os indivíduos sujeitos à ordem normativa, mas devem ser realizadas apenas por determinados indivíduos qualificados de certa maneira por aquela ordem normativa (...)[249].

---

mudança qualitativa, ou seja, no modo como o contraditório grava a atuação do juiz no processo: agora está claro que, além do dever de informar para permitir a reação, o juiz tem o dever de oferecer respostas aos assuntos trazidos pelas partes. Portanto, partes e juiz sempre tiveram a sua atuação no processo gravada pelo contraditório, sendo que sempre tocou e toca às primeiras os direitos e ao segundo os deveres que dele emanam. Por isso, é apenas por adesão às expressões correntes que se insiste na abordagem majoritária, falando do contraditório como garantia de informação, reação, influência e não surpresa.

248 KELSEN, Hans. *Teoria Pura do Direito*. Trad. João Batista Machado. São Paulo: Editora WMF Martins Fontes, 2012, p. 171.

249 KELSEN, Hans. *Teoria Pura do Direito*. Trad. João Batista Machado. São Paulo: Editora WMF Martins Fontes, 2012, p. 176.

A utilização indistinta do significante "competência" para se referir à capacidade tanto do juiz quanto das partes é malvista por parte da doutrina.

De acordo com Carlos Santiago Nino, embora tanto a competência quanto a capacidade possam ser consideradas como autorizações para ditar certas normas, a capacidade é uma faculdade limitada a auto obrigar-se, e a competência é a capacidade de obrigar juridicamente a outrem[250].

Concordando com Hans Kelsen, considera-se capacidade de exercício a capacidade de um indivíduo para produzir as consequências jurídicas que a ordem jurídica liga a essa conduta, na qual se incluem a capacidade negocial e a capacidade de influir, através da ação ou do recurso, o processo judicial[251]. Afinal,

> Em todos estes casos, precisamente como no caso da chamada capacidade de exercício, estamos perante uma autorização (*Ermächtigung*) para produzir normas jurídicas. Em todos estes casos a ordem jurídica atribui a determinados indivíduos um poder jurídico. Porém, nem em todos os casos de atribuição de um poder jurídico, quer dizer, de uma autorização ou atribuição de poder (*Ermächtigung*) no sentido estrito da palavra, a teoria tradicional fala de capacidade de exercício. Pelo contrário, ela fala em muitos casos, e especialmente em relação com a função de certos órgãos da comunidade, particularmente dos tribunais e das autoridades administrativas, da sua "competência". O poder jurídico conferido a uma "pessoa privada" de produzir normas jurídicas pela prática de um negócio jurídico ou de intervir na produção de normas jurídicas através da ação judicial, do recurso, da reclamação, do exercício do direito de voto, os seus direitos subjetivos no sentido técnico da palavra, não são designados como sua competência. Na medida em que seja tomada em conta a função que consiste no exercício do poder jurídico conferido pela ordem jurídica, esta limitação do conceito de competência não se justifica. A capacidade negocial e o direito subjetivo- privado ou político - de um indivíduo são a sua "competência" no mesmo sentido em que o é a capacidade de certos indivíduos de fazer leis, proferir decisões judiciais ou tomar resoluções administrativas. A terminologia tradicional encobre o parentesco essencial que existe entre todas as funções que exercitam este poder jurídico, em vez de o pôr claramente em evidência. Se os indivíduos que realizam um negócio jurídico e as partes que, no processo judicial ou administrativo, propõem a ação, interpõem recursos ou apresentam reclamações são considerados

---

250 NINO, Carlos Santiago. *Introdução à Análise do Direito*. Trad. Elza Maria Gasparotto. São Paulo: Editora WMF Martins Fontes, 2010, p. 262.

251 KELSEN, Hans. *Teoria Pura do Direito*. Trad. João Batista Machado. São Paulo: Editora WMF Martins Fontes, 2012, págs. 164-165.

como "pessoas privadas" e não como "órgãos" da comunidade jurídica e, por tal motivo, o poder jurídico que lhes é conferido não é considerado e designado como sua competência, tal não pode fundar-se no conteúdo da sua função. Com efeito, o conteúdo da função é, em ambos os casos, o mesmo, a saber: produção de normas jurídicas[252].

Além de se concordar com a artificialidade da distinção entre competência e capacidade, considera-se que o critério distintivo oposto não explica adequadamente o tema. Ora, se se diz que o contraditório é norma de estrutura, que, como tal, limita a atuação do juiz, soa correto concluir que as normas jurídicas produzidas pelas partes através de suas postulações criam mesmo vinculação para o juiz. Se, *v. g.*, o pedido delimita a competência decisória do juiz, isso significa que a petição inicial obriga o juiz e, portanto, que o autor exerce competência.

Conclui-se, então, que a dimensão estrutural do contraditório encerra uma divisão funcional de trabalho entre partes e juiz que pode ser assim sintetizada: todas as situações jurídicas ativas dele decorrentes são de competência exclusiva das partes; todas as situações jurídicas passivas dele decorrentes são de competência exclusiva do juiz. As partes não podem exercer as competências que do contraditório decorrem para o juiz (deveres), assim como o juiz não pode exercer as competências que do contraditório decorrem para as partes (direitos).

Disso derivam algumas consequências.

Em primeiro lugar, se o contraditório é direito das partes e dever do juiz[253], daí resulta que o juiz deve dar oportunidade de exercer o contraditório, mas as partes são livres para exercê-lo ou não[254]. Em

---

252 KELSEN, Hans. *Teoria Pura do Direito*. Trad. João Batista Machado. São Paulo: Editora WMF Martins Fontes, 2012, págs. 166-167.

253 Por todos: DINAMARCO, Cândido Rangel. *Instituições de Direito Processual Civil.* V. I. 6 ed. São Paulo: Malheiros, 2009, p. 220; NERY JR., Nelson. *Princípios do Processo na Constituição*. 10 ed. São Paulo: Editora Revista dos Tribunais, 2010, p. 210.

254 "princípio (instituto) do contraditório é referente lógico-jurídico do processo coinstitucionalizante, traduzindo, em seus conteúdos, a dialogicidade necessária entre interlocutores (partes) que se postam em defesa ou disputa de direitos alegados, podendo, até mesmo, exercer a liberdade de nada dizerem (silêncio), embora tendo direito-garantia de se manifestarem. Daí o direito ao contraditório ter seus fundamentos na liberdade jurídica tecnicamente exaurida de contradizer, que, limitada pelo tempo finito (prazo) da lei, converte-se em ônus processual se não exercida. Conclui-se que o processo, ausente o contraditório, perderia sua base democrático-jurídico-proposicional e se tornaria um meio procedimental inquisitório em que o arbítrio do julgador seria a medida colonizadora da liberdade das partes.". (LEAL,

segundo lugar, que o contraditório gera apenas direitos para as partes, não deveres; assim como gera apenas deveres para o juiz, não direitos. Desenvolvendo uma sofisticada noção de contraditório a partir da Teoria do Discurso de Jürgen Habermas, Antonio do Passo Cabral defende que um ambiente dialógico, rico de alteridade e reconhecimento do outro, é terreno mais propício para a obtenção de consensos. Com essa plataforma, concebe o contraditório como fundamento do princípio de cooperação. Daí resulta, para o autor, que "o contraditório é compreendido como retroalimentante, isto é, uma garantia que, quando exercitada, não condiciona apenas o *alter*, não influencia os demais sujeitos 'em mão única', mas acaba retornando a si próprio". No que ora importa, argumenta que outros sujeitos processuais envolvidos "também são titulares dos direitos que o contraditório assegura", ou seja, o contraditório é um direito constitucional dos demais atores do processo. Carlos Alberto Alvaro de Oliveira, em texto citado por Cabral, inclusive, sustenta que "tanto as partes quanto o órgão jurisdicional" "devem" intervir em todo o arco procedimental, agindo e interagindo com boa-fé e lealdade[255]. Em suma, o contraditório pode gerar deveres para as partes e direitos para o juiz.

Rosemiro Pereira. *Teoria Geral do Processo*. Primeiros estudos. 14 ed. Belo Horizonte: Fórum, 2018, p. 155). No mesmo sentido, por todos: PORTANOVA, Rui. *Princípios do Processo Civil*. Porto Alegre: Livraria do Advogado, 1995, p. 125.

255 OLIVEIRA, Carlos Alberto Alvaro. O processo civil na perspectiva dos direitos fundamentais. Revista dos Tribunais *Online,* Revista de Processo, vol. 113, p. 9, Jan./2004. Antonio do Passo Cabral também afirma que "qualquer "diálogo" deve ter duas vias: o juiz deve procurar discutir as questões relevantes a cada fase do processo, procurando uma comunicação constante e recorrente com os demais sujeitos; e estes devem interagir com o juiz e entre si, avaliando as manifestações dos demais quanto da prática de seus atos". (CABRAL, Antonio do Passo. *Nulidades no Processo Moderno*. Contraditório, proteção da confiança e validade *prima facie* dos atos processuais. 2 ed. Rio de Janeiro: Forense, 2010, p. 215). No mesmo sentido: "o dever de participação de cunho essencialmente ativista, impõe que a pesquisa dos fatos e a valoração jurídica da causa sejam feitas de maneira conjunta entre as partes e o julgador (...) Ou seja, nem a produção das provas é tarefa exclusiva das partes, nem sua interpretação e sopesamento são incumbências privativas do juiz. A formação e apreciação do material cognitivo necessário para formar a convicção judicial são tarefas exercidas paritária e dialeticamente pelos sujeitos processuais". (VIOLIN, Jordão. *Protagonismo Judiciário e Processo Coletivo Estrutural*. O controle jurisdicional de decisões políticas. Salvador: JusPodivm, 2013, p. 200).

A releitura do contraditório a partir do princípio da cooperação será analisada adiante. Por ora, cumpre demonstrar que a tese é problemática desde as premissas.

Roberta Maia Gresta denuncia a impropriedade metodológica de transplantar a Teoria do Discurso para o direito processual:

> Habermas expressamente enuncia sua *teoria do discurso* como "sociológico objetiva": a política deliberativa é apresentada como "um componente de uma sociedade complexa que, em seu conjunto, resiste à abordagem normativa praticada na teoria do Direito" e a lei é considerada *meio* de comunicação da política com "outras esferas de ação legitimamente ordenadas que [...] costumam ser estruturadas e dirigidas". Apesar disso, muitos autores propõem aplicar a ação comunicativa habermasiana aos procedimentos judiciais e concebem as decisões judicias como resultados que devem incorporar valores morais de justiça e equilibrar interesses conflitantes em prol do bem comum[256].

Para além dos problemas de fundo[257], avulta aí um grave entrave metodológico: Cabral parte de um modelo sociológico ideal não só para interpretar como para dobrar o sistema do direito constitucional positivo.

Ora, uma teoria idealizada para o discurso sociológico no bojo da esfera pública pré-jurídica não é compatível com os limites da racionalidade jurídica, sujeita a limites institucionais (quem e como se pode debater) e substanciais (o que se pode debater). Mesmo que se a aceitação desse modelo assegurasse as melhores discussões e os consensos mais consistentes, a sua utilização demanda a negação dos direitos fundamentais como limites ao exercício do poder, pois atribuiria ao

---

256 GRESTA, Roberta Maria. *Introdução aos Fundamentos da Processualidade Democrática*. Rio de Janeiro: Lumen Juris, 2014, págs. 158-159.

257 "O aproveitamento integral, parcial ou retificado da concepção habermasiana de democracia procedimental como balizadora da atuação dos órgãos judiciários invariavelmente assemelha os procedimento (sic) judiciais a uma esfera pública na qual se exercita uma intersubjetividade mítica. Pressupõe-se o reconhecimento mútuo entre os partícipes da comunidade processual-comunicacional, de forma a ocultar que os consensos são obtidos, como observa Rosemiro Pereira Leal, "nos trâmites da política de dominação". O rearranjo corretivo entre a democracia liberal e a republicana fracassa como proposta emancipatória da Cidadania porque não há como pinçar elementos de dois modelos dogmáticos para construir uma procedimentalidade democrática que há de ser, radicalmente, não dogmática, apta a permitir o esclarecimento dos significados jurídicos por balizas teóricas". (GRESTA, Roberta Maria. *Introdução aos Fundamentos da Processualidade Democrática*. Rio de Janeiro: Lumen Juris, 2014, págs. 164).

juiz direitos decorrentes do contraditório, que, pelo texto constitucional, são assegurados apenas aos litigantes (às partes).

Decididamente, quem considera a Teoria do Discurso a mais adequada para a construção de consensos sociais deve ter presente que a racionalidade do discurso sociológico não se confunde com a do discurso jurídico[258].

---

258 Oportunas as críticas apresentas por José Guilherme Merquior ao pensamento de Jürgen Habermas, pois recaem sobre frações apropriadas por Antonio do Passo Cabral e que não encontram resposta na obra deste. Com efeito, Merquior observa que Habermas aposta na emancipação por meio do conhecimento-como-diálogo para imunizar o mundo da vida contra a razão instrumental, donde a centralidade da teoria do discurso. Contudo, o resultado de levar a construção do conhecimento via interação intersubjetiva às últimas consequências foi dar o ápice da hierarquia do conhecimento a uma "verdade consensual na qual o peso da correspondência entre discurso e realidade exterior é quase nulo", o que levou o próprio Habermas a reconhecer que descuidou da dimensão evidencial da verdade . De útil para este trabalho, essa crítica pode ser lida como o reconhecimento de que consensos não são racionais quando ignoram a realidade externa objetiva. E por falar em realidade externa objetiva, o enfraquecimento do caráter autorreferente dos consensos discursivos sofre um golpe de monta quando Merquior constata que a competência comunicativa do homem, pressuposto da aposta de Habermas de que as sociedades complexas podem construir uma identidade racional, jamais foi comprovada. E se assim é, diz o ensaísta: "não há como prescindirmos do papel de decisão em matéria moral e de pensamento político; e, por consequência, voltamos ao pluralismo axiológico de Weber, a eterna guerra dos deuses sociais, contra o consenso, mesmo processual e dialógico como é o de Habermas". (MERCHIOR, José Guilherme. *O Marxismo Ocidental*. 1 ed. São Paulo: É Realizações, 2018, p. 222). Merquior ainda argumentará que essa crítica pode ser estendida ao nível epistemológico. O núcleo da argumentação de Habermas é que nunca existe uma opção pela razão em assuntos cognitivos, pois sempre estamos "em" razão, afinal "entrar em ação dialógica e comunicativa já significa reconhecer a razão crítica como o alvo imanente da verdadeira comunicação". A sequência é lancinante: "A rigor, a noção de que exista um impulso de racionalidade "inevitável" em qualquer discurso, prático ou teórico, no que concerne a sua substância, muitas vezes acarreta, necessariamente, um non sequitur. Habermas insiste em que nossa reação a postulados de validade implicado em atos discursivos comunicativos compromete tantos oradores como ouvintes na busca de uma racionalidade padrão não menos constringente que aquelas que a lógica ou a ciência costumam empregar. W. G. Runciman, porém, discorda. Uma coisa, diz ele, é concordar com Kant, que, quando dizemos que algo é belo, queremos dizer que todo mundo deveria gostar desse algo; outra, muito diferente, é sustentar (como Kant jamais o fez) que o apelo à universalidade latente e nossos juízos estéticos é tão obrigatório quanto a racionalidade da lógica e da ciência regida pela lógica. Ora, a afirmação de Habermas de que: a) existem padrões de raciona-

Ainda quanto ao fato de que o contraditório também imputa deveres às partes, Cabral argumenta:

> os direitos fundamentais não possuem formato equivalente ao direito subjetivo como classicamente definido no direito privado: direito do credor e dever correlato do devedor. Além de funcionarem como direitos subjetivos, os direitos humanos possuem uma dimensão objetiva, que significa a encampação dos valores mais sensíveis à vida em comunidade, positivando o complexo de bens e interesses constitucionais básicos, aqueles que o ordenamento reputa como mais caros ao tecido social. Por isso, o bem tutelado pela normativa de direitos fundamentais deve ser interpretado e aplicado como diretriz valorativa, como valor em si, a ser fomentado e protegido pelo Estado. Trata-se da chamada eficácia objetiva dos direitos fundamentais, uma força que importa em dispersão de seus preceitos por todo o ordenamento, desvinculando sua aplicação de qualquer limitação subjetiva de quem os poderia invocar. É essa mesma força objetiva que justifica restrições aos direitos subjetivos dos demais indivíduos em favor dos valores constitucionais neles próprios consagrados.[259]

É frágil a tese de que os direitos fundamentais não possuem formato equivalente ao direito subjetivo como classicamente definido. O direito subjetivo a uma prestação em pecúnia envolvendo sujeitos privados e razoavelmente iguais discrepa de um direito subjetivo do indivíduo em face do Estado apenas quanto ao bem jurídico. A estrutura relacional do direito subjetivo e a função de dar ao indivíduo poder de impor sua decisão, vencendo eventual resistência dos demais, porém, são rigorosamente as mesmas. Já se viu alhures que a principal finalidade dos direitos fundamentais é conferir direitos subjetivos aos cidadãos, com vistas a limitar a liberdade de atuação dos órgãos do Estado.

Nessa linha, Georges Abboud e Henrique Garbellini Carnio, tratando justamente da noção de direito subjetivo no direito constitucional, vão ao ponto nevrálgico: "examinar a relação entre direito subjetivo e obje-

---

lidade entranhados em cada diálogo veraz e correto sobre qualquer coisa pode ser tida como um equivalente lógico da famosa observação de Kant sobre a vocação universal dos juízos estéticos. No entanto, sua pretensão de que: b) esses padrões sejam tão obrigatórios quanto a razão lógica é injustificada ou, na melhor das hipóteses, indemonstrada. O passo de a a b não é um passo, diz Runciman – é um salto". (MERCHIOR, José Guilherme. *O Marxismo Ocidental*. 1 ed. São Paulo: É Realizações, 2018, p. 223).

259 Acrescentar uma nota de rodapé com a seguinte referência: CABRAL, Antonio do Passo. *Nulidades no Processo Moderno*. Contraditório, proteção da confiança e validade *prima facie* dos atos processuais. 2 ed. Rio de Janeiro: Forense, 2010, p. 214.

tivo é necessária porquanto ela elucida a própria concepção de Estado de determinada comunidade"[260].

De fato, o direito subjetivo é o instituto jurídico que visa à proteção do cidadão contra as intromissões do Estado. Negar aos direitos fundamentais o caráter de direito subjetivo é remover todo e qualquer limite às liberdades de exercício do poder estatal. Daí por que ignorar a categoria do direito subjetivo termina por formar um sistema jurídico que não está centrado no próprio homem[261].

Embora os autores defendam a preexistência dos direitos subjetivos ao próprio Estado[262], negando que o direito subjetivo seja visto como uma concessão do poder público, o certo é que sua argumentação é perfeitamente compatível com a leitura que se há de fazer dos direitos e garantias fundamentais positivados na Constituição, como é o caso do contraditório. Afinal, a centralidade da nossa ordem jurídica não está no Estado, mas no indivíduo (art. 1º, III). Assim, Teoria do Direito Subjetivo "possui como ponto de partida a aposta de cuidar-se do direito subjetivo enquanto elemento jurídico que contribui na manutenção dos anseios fundamentais do Estado Democrático de Direito"[263].

Cabral afirma textualmente que a dimensão objetiva dos direitos fundamentais não aniquila a dimensão subjetiva. Entretanto, o modo como ele compreende a dimensão objetiva é bastante problemática, praticamente impossibilita esse equilíbrio.

No âmbito da teoria liberal dos direitos fundamentais, aqui acolhida, uma leitura da dimensão objetiva dos direitos fundamentais, tal como feita por Cabral, não se sustenta. São reconhecidos quatro aspectos à dimensão objetiva dos direitos fundamentais:

> Em primeiro lugar, os direitos fundamentais apresentam, objetivamente, o caráter de *normas de competência negativa*. Esse caráter não afeta a natureza

---

260 ABBOUD, Georges. CARNIO, Henrique Garbellini. Direito subjetivo I: conceito, teoria geral e aspectos constitucionais. Revista dos Tribunais *Online*, Revista de Direito Privado, vol. 52, p. 11, Out./2012.

261 ABBOUD, Georges. CARNIO, Henrique Garbellini. Direito subjetivo I: conceito, teoria geral e aspectos constitucionais. Revista dos Tribunais *Online*, Revista de Direito Privado, vol. 52, p. 11, Out./2012.

262 Contra: DIMOULIS, Dimitri. *Manual de Introdução ao Estudo do Direito*. 7 ed. São Paulo: Editora Revista dos Tribunais, 2016, p. 233.

263 ABBOUD, Georges. CARNIO, Henrique Garbellini. Direito subjetivo I: conceito, teoria geral e aspectos constitucionais. Revista dos Tribunais *Online*, Revista de Direito Privado, vol. 52, p. 11, Out./2012.

básica dos direitos fundamentais enquanto direitos subjetivos. Significa apenas que aquilo que está sendo outorgado ao indivíduo em termos de liberdade para ação e em termos de livre-arbítrio, em sua esfera, está sendo objetivamente retirado do Estado, ou seja, independentemente do particular exigir em juízo o respeito de seu direito[264].

Nesse primeiro sentido, a dimensão objetiva visa a garantir que os direitos e garantias fundamentais subjetivos já conquistados sejam retirados do âmbito de liberdade do Estado. A visão de Cabral permite que o Estado transforme direitos em deveres. Incompatível, pois.

A segunda acepção da dimensão objetiva é utilizada como *"critério de interpretação e configuração do direito infraconstitucional"*[265]. Como não serve à interpretação da própria Constituição e a discussão aqui presente retrata a atribuição de sentido ao art. 5º, LV, CRFB, não tem lugar a invocação dessa acepção.

A terceira acepção de dimensão objetiva permite que os direitos e garantias fundamentais sejam utilizados para limitar os direitos fundamentais quando isso estiver no interesse de seus titulares, isto é, quando do se pressupõe que eles estarão mais bem protegidos se retirados da esfera do indivíduo e confiados ao Estado. Essa visão paternalista carece de justificativa. Limitações a direitos e garantias fundamentais só se justificam, em tese, no âmbito dos conflitos dos direitos fundamentais, não para proteger o titular[266]. De todo modo, soa idiossincrática a leitura do contraditório como meio para proteger a parte de si mesma.

A quarta e última acepção diz respeito aos deveres estatais de tutela contra ameaças de violações provenientes, sobretudo, de particulares[267], irrelevante *in casu*.

Portanto, ao conceber a dimensão objetiva como justificativa de restrições dos direitos subjetivos dos demais indivíduos "em favor dos valores constitucionais neles próprios consagrados", acaba por submeter os direitos e garantias fundamentais subjetivos a uma posição de total impotência em face do poder que se destina a limitar. Aliás, é o que in-

---

264 DIMOULIS, Dimitri. MARTINS, Leonardo. *Teoria Geral dos Direitos Fundamentais*. 6 ed. São Paulo: Thomson Reuters Brasil, 2018, págs. 139-140.

265 DIMOULIS, Dimitri. MARTINS, Leonardo. *Teoria Geral dos Direitos Fundamentais*. 6 ed. São Paulo: Thomson Reuters Brasil, 2018, p. 140.

266 DIMOULIS, Dimitri. MARTINS, Leonardo. *Teoria Geral dos Direitos Fundamentais*. 6 ed. São Paulo: Thomson Reuters Brasil, 2018, p. 142.

267 DIMOULIS, Dimitri. MARTINS, Leonardo. *Teoria Geral dos Direitos Fundamentais*. 6 ed. São Paulo: Thomson Reuters Brasil, 2018, p. 142.

variavelmente ocorre quando são adotadas as concepções axiológicas: direitos fundamentais são convertidos em valores; de limites contra o poder tornam-se produto dele[268].

Nada disso significa autorização para comportamentos desleais, tampouco proscrição das regras que condensam a probidade processual (*v. g.* litigância de má-fé e ato atentatório à dignidade da justiça). Como já foi visto, tais deveres não decorrem do contraditório. E ainda que assim não fosse, garantias não podem ser subvertidas a ponto de o Estado delas se utilizar para moralizar os indivíduos. Garantias limitam o Estado, não são apropriáveis por ele.

Com isso se pode arrematar.

---

268 Concorda-se com a aguda crítica feita por Lucas Catib de Laurentiis a essa conversão dos direitos e garantias fundamentais em valores, o nivelamento daí decorrente e a aniquilação do seu caráter de direito subjetivo e dos institutos que o condensam, todos substituídos pelo subjetivismo do juiz do caso concreto: "Quando normas constitucionais e direitos fundamentais são convertidos em valores, quando todos os parâmetros constitucionais são nivelados e não há mais ponto de vista dogmático estável e, enfim, quando a proporcionalidade é convertida em um conceito universal e indeterminado, que serve igualmente à proteção do indivíduo e à expansão do poder do Estado, o caminho para a mudança contínua de perspectivas valorativas está sempre aberto. Estabilizar conflitos constitucionais simplesmente com base em conceitos e decisões de autoridades eleitas é, então, considerado um ato de uma visão retrógrada do direito e uma metodologia ultrapassada, ambas realizadas e defendidas por pessoas incapazes de captar as exigências sociais e morais do novo tempo. No limite, trabalhar com conceitos passa a ser considerado um ato antidemocrático e irracional, pois novos valores, ponderações e conflitos sempre podem surgir. Limites conceituais que desconsiderem essas possibilidades infinitas de variação e valoração são, nessa perspectiva, inaceitáveis, pois toda razão e argumentação deve ser apresentada no interior da ponderação de princípios e valores. Assim, o modelo da ponderação exige que todos os envolvidos no processo de produção e aplicação do direito ponderem e valorem. Caso contrário, eles mesmos serão valorados como pseudointérpretes, defensores de uma visão formalista e individualista do passado, ou insensíveis às mudanças sociais. Nesse ponto, em que toda a interpretação é também uma valoração e em que o modelo submete todo aquele que dele discorda a um julgamento e a um desvalor, a universalidade da ponderação e a mutação da proporcionalidade se completam. O desígnio e o destino universalista do modelo dos valores se revela aqui na forma mais pura de seu absolutismo e, sem aceitar que o pensamento também possa trabalhar sem se render ao conjunto de oposições e relativismos da ponderação, ameaça todo aquele que ouse interpretar sem valorar: pondera ou te devoro". (LAURENTIIS, Lucas Catib de. *A Proporcionalidade no Direito Constitucional. Origem, modelos e reconstrução dogmática*. São Paulo: Malheiros, 2017, págs. 129.130).

A dimensão estrutural do contraditório encerra uma divisão funcional de trabalho que pode ser assim sintetizada: todas as situações jurídicas ativas dele decorrentes são de competência exclusiva das partes; todas as situações jurídicas passivas dele decorrentes são de competência exclusiva do juiz. As partes não podem exercer as competências que do contraditório decorrem para o juiz (deveres), assim como o juiz não pode exercer as competências que do contraditório decorrem para as partes (direitos)[269]. O contraditório é (apenas) direito das partes e (apenas) dever do juiz.

Não é lícito ao legislador imputar ao juiz o exercício de posições jurídicas ativas decorrentes do contraditório, sob pena de contrastar drasticamente o comando constitucional. Seu texto é claro: o contraditório é assegurado aos litigantes, não ao juiz. Permitir que o juiz exerça posições jurídicas ativas decorrentes do contraditório é reescrever o inciso LV do art. 5º da CRFB, o que não é tolerável[270].

---

[269] Próximo: COSTA, Eduardo José da Fonseca: Processo: garantia de liberdade [*freedom*] e garantia de «liberdade» [*liberty*]. *Empório do Direito,* Florianópolis, 21 agosto 2018. Disponível em: https://bit.ly/3fLVdgY. Acesso em: 20.04.2020. COSTA, Eduardo José da Fonseca. A Natureza do Processo. *Empório do Direito,* Florianópolis, 22 abril 2019. Coluna Garantismo Processual. Disponível em: https://bit.ly/2AZDzHN. Acesso em 20.04.2020. RAMOS, Glauco Gumerato. Nota Sobre o Processo e Sobre a "Presunção" de Inocência que lhe Habita. *Empório do Direito,* Florianópolis, 20 maio de 2019. Disponível em: https://bit.ly/313dQsJ. Acesso em: 20.04.2020.

[270] Além de violar a garantia da imparcialidade, como bem anota Lúcio Delfino: "O contraditório, portanto, deve ser encarado como a eficácia jurídica proveniente da incidência do suporte fático do art. 5º, LV, da Constituição, isto é, uma situação jurídica de perspectiva dupla (relação jurídica processual) por engendrar deveres para o Estado-juiz (situação jurídica passiva) e direitos para as partes (situação jurídica ativa). Assim é em razão dos limites semânticos que conferem contornos a um comando constitucional cuja alteração não se admite nem pelo poder de reforma constitucional (CRFB, art. 60, §4º, IV), quanto menos por anseios doutrinários e legislativos (contramajoritarismo). E não há espaço sequer para se pensar em mutação constitucional, porquanto a corrente doutrinária ora criticada sugere interpretação que transborda as possibilidades do texto (CRFB, art. 5º, LV), culminando na quebra da ordem constitucionalmente estabelecida – o que se verifica em tal caso é norma sem texto, e não há genuína mutação constitucional que desprestigie o próprio texto. Noutra banda, ressalte-se que a perspectiva de análise defendida neste ensaio não prejudica de modo algum os ganhos substanciais agregados nas últimas décadas ao contraditório (ao menos não prejudica todos eles), sobretudo aqueles relacionados à influência, participação e proibição de decisões-surpresa". (DELFINO, Lúcio. Cooperação processual: Inconstitucionalidades e excessos argumentativos – Trafegando na contramão da doutrina. *Revista Brasileira de Direito Processual – RBDPro,* Belo Horizonte, ano 24, n. 93, p. 149-168, jan./mar. 2016. págs. 155-156).

Se o contraditório atua como critério de definição de competências das partes (direitos dele decorrentes) e do juiz (deveres dele decorrentes), deve-se ter isso em vista quando se pensa na divisão de trabalho entre eles. Ou seja, deve-se pensar uma dimensão funcional da divisão de trabalho entre partes e juiz.

Antes se viu que o contraditório se ata à garantia da fundamentação, aqui se vê que ele se imbrica à garantia da imparcialidade, resultando na impartialidade. Donde ser necessário tecer considerações sobre imparcialidade, impartialidade e incompatibilidade de funções.

2.4. O CONTRADITÓRIO COMO CRITÉRIO PARA DEFINIR A TITULARIDADE DAS FUNÇÕES PROCESSUAIS DAS PARTES E DO JUIZ

O contraditório institui o critério para delimitar as funções dos sujeitos processuais, ele impede que partes exerçam funções de julgadores e que os julgadores exerçam funções de parte. Não é possível atribuir função de parte ao Estado-juiz – e vice-versa.

Para que essas proposições fiquem mais claras, é necessário discernir imparcialidade, impartialidade e incompatibilidade de funções, com ênfase nas duas primeiras.

2.4.1. IMPARCIALIDADE, IMPARTIALIDADE E INCOMPATIBILIDADE DE FUNÇÕES

A imparcialidade é garantia contrajurisdicional das partes e, portanto, dever do juiz[271]. É considerada elemento essencial da jurisdição[272], condição indispensável para o seu exercício legítimo[273].

---

271 COSTA, Eduardo José da Fonseca. *Levando a Imparcialidade a Sério*. Proposta de um modelo interseccional entre direito processual, economia e psicologia. Salvador: JusPodivm, 2018, p. 22. Falando em garantia arquifundamental da imparcialidade, conferir: COSTA, Eduardo José da Fonseca. As Garantias Arquifundamentais Contrajurisdicionais: Não-criatividade e Imparcialidade. *Empório do Direito*, Florianópolis, 19 abr. 2018. Disponível em: https://bit.ly/3cudM80. Acesso em 23.01.2020.

272 Por todos: GRINOVER, Ada Pellegrini. O Princípio do Juiz Natural e sua Dupla Garantia. Revista dos Tribunais Online, Revista de Processo, v. 29, p. 11, jan./mar./1983.

273 MOREIRA, José Carlos Barbosa. Reflexões sobre a Imparcialidade do Juiz. *Temas de Direito Processual*: sétima série. São Paulo: Saraiva, 2001, p. 19 e ss.

Conquanto não conste expressamente no texto constitucional, pode ser localizada na garantia do devido processo legal (art. 5º, LIV). Pode-se falar, ainda, em garantia implícita (art. 5º, § 1º). Ela consta expressamente em tratados internacionais: Convenção Americana de Direitos Humanos (art. 8º, 1); Declaração Universal dos Direitos Humanos (art. 10); Pacto Internacional de Direitos Civis e Políticos (art. 14, I). Ademais, é exigida pelo Código de Ética da Magistratura Nacional (arts. 1º e 8º)[274].

A doutrina costuma diferenciar imparcialidade e neutralidade:

> Seja-me consentido, antes de dar-lhes fim, pôr em relevo uma distinção a meu ver essencial, mas com freqüência desprezada. Há, com efeito, propensão bastante difundida a identificar dois conceitos: o de *imparcialidade e o de neutralidade. Trata-se, a meu ver, de grave equívoco.* Dizer que o juiz deve ser imparcial é dizer que ele deve conduzir o processo sem inclinar a balança, ao longo do itinerário, para qualquer das partes, concedendo a uma delas, por exemplo, oportunidades mais amplas de expor e sustentar suas razões e de apresentar as provas de que disponha. (...) Outra coisa é pretender que o juiz seja neutro, no sentido de indiferente ao êxito do pleito. Ao magistrado zeloso não pode deixar de interessar que o processo leve a desfecho justo; em outras palavras, que saia vitorioso aquele que tem melhor direito. (...) não parece correto afirmar, *sic etc simpliciter, que para o juiz "tanto faz" que vença o autor ou o réu.* (...) Em substanciosa monografia alemã depara-se aguda crítica à equiparação que às vezes se faz entre "imparcialidade" e "neutralidade". Esta última, sustenta o autor, na medida em que sugere para o juiz, uma abstenção de intervir (*Nicht-Intervention*),

---

274 Interessante ver como é lançada nos Princípios de Bangarole de Conduta Judicial: VALOR 2 – IMPARCIALIDADE. "A imparcialidade é essencial para o apropriado cumprimento dos deveres do cargo de juiz. Aplica-se não somente à decisão, mas também ao processo de tomada de decisão." Aplicação. 2.1 Um juiz deve executar suas obrigações sem favorecimento, parcialidade ou preconceito. 2.2 Um juiz deve se assegurar de que sua conduta, tanto na corte quanto fora dela, mantém e intensifica a confiança do público, dos profissionais legais e dos litigantes na imparcialidade do Judiciário. 2.3 Um juiz deve, tanto quanto possível, conduzir-se de modo a minimizar as ocasiões em que será necessário ser desqualificado para ouvir ou decidir casos. 2.4 Um juiz não deve intencionalmente, quando o procedimento é prévio ou poderia sê-lo, fazer qualquer comentário que possa razoavelmente ser considerado como capaz de afetar o resultado de tal procedimento ou danificar a manifesta justiça do processo. Nem deve o juiz fazer qualquer comentário em público, ou de outra maneira, que possa afetar o julgamento justo de qualquer pessoa ou assunto. 2.5 Um juiz deve considerar-se suspeito ou impedido de participar em qualquer caso em que não é habilitado a decidir o problema imparcialmente ou naqueles em que pode parecer a um observador sensato como não-habilitado a decidir imparcialmente.

um distanciamento em relação ao litígio (Vom-Konflikt-Fernblieben), expressa justamente o contrário do que afinal se espera dele"[275].

A distinção parece falaciosa. Em primeiro lugar, porque ela não define, com clareza, a diferença entre imparcialidade e neutralidade. Pelo contrário, sobra obscuridade: embora diga que a imparcialidade exige que o juiz não beneficie qualquer das partes – o que, sem dúvida, é correto –, também sustenta que ele não deve ser indiferente ao resultado do processo. A questão é: como o juiz interessado no resultado (justo?) do processo pode agir sem beneficiar qualquer das partes? A resposta parece ser a de que a imparcialidade proíbe o juiz de nutrir simpatias ou antipatias pelas partes, mas que a neutralidade o obriga a buscar, desapaixonada e impessoalmente, a solução favorável a quem tem razão. Todavia, ninguém saberá extremar, na prática, se a busca pelo resultado "justo e verdadeiro" foi levada a efeito de forma neutra ou parcial. Incapaz de fornecer ganhos conceituais e operativos, a distinção de imparcialidade e neutralidade serve apenas para encriptar o engajamento psíquico do juiz no processo.

A razão, quanto ao tema, parece estar com Eduardo José da Fonseca Costa:

> A esse dever jurídico de não tomar parte na realidade do processo, de não compartilhar dela, de não lhe ser proprietário, respeitando-lhe a externalidade, se dá o nome de dever de (esforço por) imparcialidade ou neutralidade. A palavra imparcialidade significa isto, pois: impartialidade, im-parte-alidade, não-parte-da-realidade. Do mesmo modo a palavra neutralidade: neutro vem do latim *neuter*, composto de *ne* [negação] + *uter* [pronome relativo que vale por «um ou outro», significando «nem um nem outro» e designando, portanto, aquele que não toma partido, posição, parte na realidade. Nesse sentido, imparcialidade e neutralidade são sinônimos. A distinção entre eles – tão em voga entre «gente *cult* da vanguarda neoiluminista» - é inteiramente falsa[276].

Ninguém é oco de condicionantes religiosos, político-ideológicos, culturais, pré-compreensões derivadas dos conhecidos acumulados. Exigir imparcialidade/neutralidade não tem nada a ver com a tentativa ingênua de ignorar esse repertório. Antes, exige que ele seja conscien-

---

275 MOREIRA, José Carlos Barbosa. Imparcialidade: reflexões sobre a imparcialidade do juiz. In: Temas de *Direito Processual Civil*. Sétima série. São Paulo: Saraiva, 2001, págs. 29-30.

276 COSTA, Eduardo José da Fonseca. Imparcialidade como Esforço. *Empório do Direito*, Florianópolis, 09 dez. 2019. Coluna Garantismo Processual. Disponível em <https://bit.ly/2RxqnyS>. Acesso em: 10.03.2020

temente colocado em suspenso para que a atuação do juiz seja o mais objetiva possível. Trata-se de um esforço por objetividade. Ele tende à incompletude e ao fracasso, mas deve ser feito.

Para tanto, esse esforço congrega cinco dimensões:

a) IMPARCIALIDADE ou NEUTRALIDADE SUBJETIVA [= dever do juiz de se constranger pelos modos de atuação que as partes elegeram livremente para a própria vitória, ainda que no íntimo lhe pareçam equivocados ou fadados ao insucesso]; b) IMPARCIALIDADE ou NEUTRALIDADE OBJETIVA [= dever do juiz de se constranger pelos temas que as partes constituíram livremente para si como objeto do debate, ainda que no íntimo lhe pareçam insuficientes] (obs.: o adjetivo objetiva vai aí em sentido estrito, referindo-se apenas ao objeto do processo; na verdade, toda imparcialidade é objetivante, pois tende a desgarrar o objeto das determinações inexas e anexas que lhe são infligidas pelo sujeito); c) IMPARCIALIDADE ou NEUTRALIDADE VALORATIVO-PROBATÓRIA [= dever do juiz de se constranger pela força intrínseca que as provas têm, ainda que no seu íntimo as valore de modo diverso]; d) IMPARCIALIDADE ou NEUTRALIDADE PROCEDIMENTAL [= dever do juiz de se constranger pela rigidez procedimental instituída na lei, ainda que não lhe pareça a mais adequada às particularidades do caso concreto e à natureza da relação jurídica de direito material controvertida]; e) IMPARCIALIDADE ou NEUTRALIDADE NORMATIVA [= dever do juiz de se constranger pelas normas jurídicas aplicáveis ao caso, ainda que no íntimo lhe pareçam injustas ou mal editadas] (o que, num estado constitucional de direito democrático, decorre da separação de poderes)[277].

De ordinário, o estudo é limitado ao sentido (a), que pode ser chamado imparcialidade *stricto sensu* (doravante o significante imparcialidade refere-se a este sentido). Com enfoque no universo intrapsíquico do juiz, costuma ser associada ao seu desinteresse subjetivo em relação ao resultado da causa[278]. Fala-se em qualidade pessoal do magistrado[279]. Colocando em forma de pergunta, ela pretende responder: "o juiz *fulano de tal* tem isenção de ânimo para atuar no procedimento *x* sem pendor para beneficiar ou perseguir as partes e/ou advogados?" Busca-se distanciamento anímico do julgador em relação às partes e ao litígio.

---

277 A propósito, conferir: COSTA, Eduardo José da Fonseca. Imparcialidade como Esforço. *Empório do Direito*, Florianópolis, 09 dez. 2019. Coluna Garantismo Processual. Disponível em <https://bit.ly/2RxqnyS>. Acesso em: 10.03.2020. A rigor, a dimensão (e) é gênero que abrange a espécie (d).

278 CABRAL, Antonio do Passo. Imparcialidade e Impartialidade. Por uma teoria sobre repartição e incompatibilidade de funções nos processos civil e penal. Revista dos Tribunais *Online,* Revista de Processo, v. 149, p. 339, jul./2007.

279 ALVIM, Arruda. *Código de Processo Civil Comentado*. V. V. São Paulo: Editora Revista dos Tribunais, 1979, p. 19.

De fato, não há devido processo legal válido onde falta imparcialidade. É inconcebível que o juiz se acomode ao lado de qualquer dos litigantes para auxiliá-los na obtenção de um resultado favorável, seja qual for o pretexto. O juiz deve ser terceiro subjetivamente desinteressado que medeia o debate entre as partes[280].

O controle jurídico da imparcialidade não pode ser associado ao que se passa na psique do juiz, porém. O seu reconhecimento dispensa a demonstração do comprometimento anímico do julgador.

É que as quebras de imparcialidade podem ser (i) conscientes declaradas (o juiz manifesta expressamente que auxilia/prejudica uma das partes), (ii) conscientes não declaradas (o juiz auxilia/prejudica uma das partes sem dizê-lo expressamente) ou (iii) inconscientes (o juiz auxilia/prejudica uma das partes sem se dar conta disso)[281].

Em (i), a imparcialidade pode ser detectada e controlada juridicamente em razão do dado objetivo da declaração do julgador, e não da efetiva comprovação do propósito explicitado. No esteio da teoria da aparência[282], o Tribunal Europeu de Direitos Humanos tem jurisprudência firme no sentido de que ao juiz não basta ser imparcial, ele deve parecer imparcial. Por exemplo: (a) no caso *Piersack vs.* Bélgica (1982), a Corte estimou violado o direito a um juiz imparcial por ter o magistrado que presidiu o Tribunal e condenado *Piersack* sido o coordenador da promotoria que investigou o caso; (b) no caso *De Cubber*

---

280 Imparcialidade é "empenho para haver desinteresse por quem deva vencer ou perder a disputa; contenção para que nenhuma das partes seja (des)prestigiada pelo juiz; luta pela autossuficiência da parte na autodeterminação da sua vitória ou da sua derrota, apesar do juiz; freio para que a atividade do juiz seja determinada pela performance das partes, mas a boa ou má performance de qualquer das partes não seja determinada pelo juiz". (COSTA, Eduardo José da Fonseca. Imparcialidade como Esforço. *Empório do Direito*, Florianópolis, 09 dez. 2019. Coluna Garantismo Processual. Disponível em: https://bit.ly/2yHMuN5. Acesso em 10.11.2019).

281 SOUSA, Diego Crevelin de. Segurando o juiz contraditor pela imparcialidade: de como a ordenação de provas de ofício é incompatível com as funções judicantes. *Revista Brasileira de Direito Processual – RBDPro*. Belo Horizonte, ano 24, n. 96, p. 49-78, out./dez. 2016, p. 61, nota de rodapé n. 34.

282 RITTER, Ruiz. *Imparcialidade no Processo Penal:* reflexões a partir da teoria da dissonância cognitiva. Dissertação (mestrado em Direito). 2016. 197f. Pontifícia Universidade Católica do Rio Grande do Sul, Porto Alegre, 2016. p. 63; LOPES JR., Aury. Teoria da Dissonância Cognitiva Ajuda a Compreender a Imparcialidade do Juiz. *Consultor Jurídico*, São Paulo, 11 jul. 2014. Disponível em: https://bit.ly/3cruRiR. Acesso em 25.07.2019.

vs. Bélgica (1984), o magistrado que participou do julgamento havia conduzido a investigação (juiz de instrução), tendo o réu protestado, apesar de não formalizar a recusa, pois o magistrado havida decretado a prisão preventiva e presidido vários interrogatórios, com o intuito de "descobrir a verdade", hipótese em que a Corte considerou que, aparentemente, o magistrado poderia já ter uma opinião formada sobre o caso sendo relevante a preocupação do interessado, não podendo o mesmo juiz que investigou o caso participar do julgamento; (c) no caso *Pauwels* vs. Bélgica (1988), a Corte entendeu que poderia haver dúvida acerca da imparcialidade do agente que investigou o caso, com poderes jurisdicionais (juiz instrutor) e também responsável pela acusação, ou seja, parte no processo (Ministério Público); (d) no caso *Hauschildt* vs. Dinamarca (1989), a Corte considerou objetivamente violado o direito a um juiz imparcial porque o magistrado que havia proferido várias decisões mantendo a prisão cautelar do imputado presidiu o julgamento em que participaram outros dois juízes leigos, afinal foi muito tênue o limite do que constou na decisão acerca da prisão processual e o mérito da causa, dado que o fundamento utilizado para condenar foi idêntico ao empregado nas decisões acerca da liberdade e da prisão[283]. Ora, se o juiz manifesta expressamente que irá beneficiar ou prejudicar uma das partes, falta aparência de imparcialidade e isso basta.

Em (ii), não há como demonstrar os desígnios do juiz, que deliberadamente os dissimula. É ilusório supor que seu intento virá à tona nas razões escritas ou orais de sua decisão. Contraditório e fundamentação substanciais dificultam a prolação de decisões aberrantes e tendenciosas, mas basta um pouco de habilidade linguística para blindar as verdadeiras razões de decidir sob uma astuta articulação de significantes.

Em (iii), como nem mesmo o juiz percebe a distorção cognitiva dificilmente haverá dado externo objetivo por meio do qual se possa identificar a quebra de imparcialidade.

Portanto, o controle da imparcialidade deve ser realizado dogmaticamente. O juiz será considerado parcial quando o sistema do direito positivo fornecer critérios para tanto. E compete ao legislador selecionar as situações da vida que a seu ver justificam a criação de hipóteses jurídico-normativas de parcialidade não derrotáveis por prova em

---

283 Casos e sínteses extraídas de: GIACOMOLI, Nereu José. *O Devido Processo Penal.* Abordagem conforme a CF e o Pacto de São José da Costa Rica. 3 ed. São Paulo: Atlas, 2016, versão eletrônica, Capítulo 8.

contrário[284]. Positivada a regra jurídica atributiva do *status* de parcial ao juiz, o jurista passa a ter critérios obedientes ao modo de funcionamento interno do sistema jurídico (código binário lícito-ilícito) para aplicar as consequências daí decorrentes.

Retenha-se o ponto: se a prescrição jurídico-normativa atribuir ao juiz o *status* de parcial sem ressalvar a possibilidade de prova em contrário, a caracterização da hipótese constituirá razão suficiente, excludente de todas as demais, para concluir pela parcialidade do julgador. Nem o laudo mais abalizado do mais qualificado corpo de psicólogos e psiquiatras derrota a imputação normativa. As hipóteses legais de impedimento e suspeição não comprovam nem exigem a prova do abalo psíquico do magistrado, apenas instituem imputações normativas de parcialidade não derrotáveis por prova em contrário. Devidamente apurada a hipótese legal de impedimento (*v.g.*, o juiz é cônjuge de uma das partes – CPC, art. 144, IV) ou suspeição (*v.g.* o juiz é amigo/inimigo íntimo de uma das partes – CPC, art. 145, I), substitui-se, sem mais, o julgador (CPC, art. 145, § 6º)[285]. É o modo válido de conceber o controle jurídico da imparcialidade[286]. Pode-se dizer que o legislador especula sobre o que pode se passar no ânimo do juiz em determinadas hipóteses e que com base nisso ele edita enunciados prescritivos que obstam a sua atuação em casos que tais. O jurista, tanto faz se cientista ou autoridade, não: ele simplesmente aplica as hipóteses eleitas pelo legislador, afirmando que ali o juiz é normativamente parcial.

A impartialidade se aproxima do sentido de imparcialidade ou neutralidade objetiva – sentido (b) – e significa que o julgador não pode

---

284 AROCA, Juan Montero. Sobre la Imparcialidad del Juez y la Incompatibilidad de Funciones Procesales. Valencia: Tirant lo Blanch, 1999, p. 224-225.

285 SOUSA, Diego Crevelin de. Distinção entre Impedimento e Suspeição? *Empório do Direito,* Florianópolis, 29 jul. 2019. Coluna Garantismo Processual. Disponível em: https://bit.ly/3dFylhY. Acesso em 10.11.2019. Contra, defendendo que no caso de suspeição, além de indicar o motivo da suspeição, o interessado deve demonstrar que tal circunstância influenciou decisivamente no convencimento do magistrado em seu desfavor: CABRAL, Trícia Navarro Xavier. *Ordem Pública Processual.* Brasília: Gazeta Jurídica. 2015, p. 186.

286 RAMOS, Glauco Gumerato. Repensando a Prova de Ofício na Perspectiva do Garantismo Processual. In: *Ativismo Judicial e Garantismo Processual.* Coords.: Fredie Didier Jr. José Renato Nalini. Glauco Gumerato Ramos. Wilson Levy. Salvador: Jus Podivm, 2013, p. 263.

ser parte[287] nem pode exercer funções de parte[288]. Dizer que ninguém pode ser, simultaneamente, acusador, defensor e julgador não significa apenas que deve haver órgãos distintos para o exercício das funções de acusar, defender e julgar, mas que eles têm funções próprias e distintas entre si[289]. Cada órgão deve assumir suas funções e limitar-se a elas, sem pretender exercer também as dos outros, mesmo parcialmente. Juiz impartial é aquele que é distinto do autor e do réu e que não exerce funções de parte[290]. O enfoque assenta na divisão de funções processuais[291], sem qualquer relação com o que se passa na psique do magistrado[292]. Colocando em forma de pergunta, a impartialidade pretende responder: "quaisquer que sejam o procedimento e as partes, a *função procedimental x* pode ser exercida pelo Estado-juiz?" Busca-se por delimitação – quando não isolamento – funcional do juiz em relação às partes.

A doutrina clareia a distinção entre imparcialidade e impartialidade a partir dos modelos de solução de controvérsia: na autocomposição, o conflito é resolvido diretamente pelos interessados, sem qualquer mediação, caso em que há partialidade e parcialidade (é o caso, *v. g.*, da transação); na heterotutela, o conflito é resolvido por um terceiro que se interpõe entre os interessados, com ou sem o seu consentimento, com o exclusivo intuito de beneficiar um deles, caso em que há impartialidade e parcialidade (é o caso, *v. g.*, da legítima defesa de terceiro); na hetero-

---

287 AROCA, Juan Montero. Sobre la Imparcialidad del Juez y la Incompatibilidad de Funciones Procesales. Valencia: Tirant lo Blanch, 1999, p. 186.

288 COSTA, Eduardo José da Fonseca. SOUSA, Diego Crevelin de. *Comentários ao Novo Código de Processo Civil.* Tomo I. Coord. Sergio Luiz de Almeida Ribeiro et ali. São Paulo: Lualri Editora, 2017, p. 186; SARLET, Ingo Wolfgang. MARINONI, Luiz Guilherme. MITIDIERO, Daniel. *Curso de Direito Constitucional.* 3 ed. São Paulo: Editora Revista dos Tribunais, 2014, p. 732.

289 FERRAJOLI, Luigi. *Direito e Razão.* Teoria do Garantismo Penal. 3 ed. São Paulo: Editora Revista dos Tribunais, 2002, p. 466.

290 AROCA, Juan Montero. *La Paradoja Procesal del Siglo XXI.* Los poderes del juez penal (libertad) frente a los poderes del juez civil (dinero). Valencia: Tirant lo Blanch, 2014, p. 96.

291 MEROI, Andrea A. La Garantia da Imparcialidad. Serie Breviarios Procesales Garantistas. Dirección: Adolfo Alvarado Velloso Coordinador Local: Jorge D. Pascuarelli - Andrés Repetto. V.9. Rosario: Ediciones AVI S.R.L. 2013, p. 31.

292 CABRAL, Antonio do Passo. Imparcialidade e Impartialidade. Por uma teoria sobre repartição e incompatibilidade de funções nos processos civil e penal. Revista dos Tribunais *Online,* Revista de Processo, v. 149, p. 339, jul./2007.

composição, o conflito é resolvido por um terceiro chamado (não necessariamente escolhido) pelos interessados, hipótese em que há imparcialidade e impartialidade (é o caso, v. g., da arbitragem e da jurisdição)[293]. Incompatibilidade de funções processuais é noção que não reúne consenso na doutrina. Alguns entendem que ela é sinônimo de impartialidade[294]; outros, que ela se relaciona com as hipóteses em que o juiz não pode atuar no processo porque nele interveio, antes, como promotor, advogado, perito ou testemunha, e naqueles em que o legislador atribui funções judicantes a órgãos jurisdicionais distintos[295], sentido que se confunde com a noção tradicionalmente conhecida de competência funcional[296]. Entende-se que a expressão só tem alguma utilidade quando utilizada para indicar as hipóteses nas quais o mesmo juiz não pode exercer funções judicantes em face do risco de enviesamento, isto é, de quebra inconsciente de imparcialidade[297]. Por

---

293 É a distinção proposta por Pedro Aragones Alonso e secundada por: RITTER, Ruiz. *Imparcialidade no Processo Penal:* reflexões a partir da teoria da dissonância cognitiva. Dissertação (mestrado em Direito). 2016. 197f. Pontifícia Universidade Católica do Rio Grande do Sul, Porto Alegre, 2016. p. 60.

294 "a repartição de tarefas, por seccionar o quadro funcional de acordo com as figuras participantes, gera um feixe complexo de incompatibilidades entre as funções a praticar e determinados sujeitos do processo, um juízo negativo de impossibilidade da prática de um ato processual". (CABRAL, Antonio do Passo. Imparcialidade e Impartialidade. Por uma teoria sobre repartição e incompatibilidade de funções nos processos civil e penal. Revista dos Tribunais *Online,* Revista de Processo, v. 149, p. 339, jul./2007).

295 AROCA, Juan Montero. *La Paradoja Procesal del Siglo XXI.* Los poderes del juez penal (libertad) frente a los poderes del juez civil (dinero). Valencia: Tirant lo Blanch, 2014, págs. 236-238.

296 Sobre o tema, conferir: GRECO FILHO, Vicente. *Direito Processual Civil Brasileiro.* 1º V. 15 ed. São Paulo: Saraiva, 2000, págs. 172-174; VINCENZI, Brunela Vieira de. Competência Funcional – Distorções. Revista dos Tribunais *Online,* Revista de Processo, v. 105, p. 265, jan./mar./2002.

297 "Por exemplo: valorar provas e julgar são funções judicantes e, de ordinário, devem ser realizadas pelo mesmo magistrado. Porém, o juiz que teve contato com prova ilícita não deve julgar, deve ser substituído para que outro julgue, pois jamais se poderá saber se em que medida o contato com aquela prova impactou em sua convicção. Primeiro, porque essa contaminação pode ser inconsciente. Segundo, porque ela tanto pode ser no sentido de amparar-se naquela prova como no sentido de desprezar todas as provas contrárias a ela, o que pode acontecer exatamente quando o juiz, munido de boa-fé, se esforce para não se deixar levar pela prova ilícita. A hipótese capaz de gerar quebra cognitiva é considerada objetivamente,

exemplo: presidir a instrução e valorar a prova para fins de julgamento são funções judicantes, mas não devem ser exercidas pelo mesmo quando ele teve contato com a prova ilícita.

2.4.2. IMPARCIALIDADE E IMPARTIALIDADE: NOÇÕES DISTINTAS, MAS INSEPARÁVEIS

Já se viu que o entretecimento do contraditório com a fundamentação conduziu à dimensão substancial ou dinâmica da garantia do contraditório. Agora se vê que a imbricação do contraditório à imparcialidade *lato sensu* (expressão abrangente dos sentidos (a) a (e), referidos acima) conduz à impartialidade ou dimensão funcional da garantia do contraditório. Dito de outro modo, a imparcialidade só se distingue da impartialidade quando aquela é pensada como espécie (imparcialidade *stricto sensu*, no sentido (a), acima referido). Por sua origem, a impartialidade é indissociável da noção de imparcialidade.

De fato, é mesmo possível que o juiz exerça: (i) função judicante sem contaminação psíquica (impartial e imparcial); (ii) função judicante com contaminação psíquica (impartial e parcial); (iii) função de parte sem contaminação psíquica (partial e imparcial); (iv) função de parte com contaminação psíquica (partial e parcial). Como está claro, tirante a hipótese (i), em todas as demais há ilicitude: em (ii), o juiz é parcial e viola-se a garantia da imparcialidade; em (iii), é partial e viola-se a garantia do contraditório; em (iv), é partial e parcial e violam-se as garantias do contraditório e da impartialidade.

---

sem verificar, *in concreto*, se causou, ou não, o efetivo enviesamento. Trata-se de prevenir a quebra cognitiva". (COSTA, Eduardo José da Fonseca. SOUSA, Diego Crevelin de. *Comentários ao Novo Código de Processo Civil*. Tomo I. Coords. Sergio Luiz de Almeida Ribeiro. et ali. São Paulo: Lualri Editora, 2017, p. 186). Não se defende, porém, que todo e qualquer caso mapeado pelos estudos de psicologia cognitiva podem ser aplicados de *lege lata*. O exemplo ali fornecido encontra-se atualmente positivado: CPP, art. 157, § 5º O juiz que conhecer do conteúdo da prova declarada inadmissível não poderá proferir sentença ou acórdão. Defendendo a aplicação da regra ao procedimento civil: COSTA, Eduardo José da Fonseca. Contaminação Psicológica por Prova Inadmissível [CPP, art. 157, § 5º]. *Empório do Direito*, Florianópolis, 03 fev. 2020. Coluna Garantismo Processual. Disponível em: https://bit.ly/3bvF7FE. Acesso em 03.03.2020. Defendendo que os róis legais de impedimento e suspeição se aplicam em todos os procedimentos (penal e extrapenal, indistintamente): SOUSA, Diego Crevelin. Distinção entre impedimento e suspeição? *Empório do Direito*, Florianópolis, 29 jul. 2019. Coluna Garantismo Processual. Disponível em: https://bit.ly/3dFylhY. Acesso em 10.11.2019.

Resta saber quais são as consequências daí decorrentes.

A quebra de imparcialidade *stricto sensu*, relacionada que é às hipóteses de impedimento e suspeição, está disciplinada nos §§ 5º e 7º do art. 146 do CPC: invalidação dos atos praticados pelo juiz quando já presente o motivo de impedimento ou de suspeição e remessa dos autos ao substituto legal.

A quebra de imparcialidade não tem disciplina específica no direito positivo, tornando necessária a construção dogmática. Antonio do Passo Cabral enfrenta o tema e sustenta que a imparcialidade é questão de *legitimatio ad actum*, razão por que a prática de ato de parte pelo juiz constitui hipótese de ineficácia do ato[298].

Invalidade ou ineficácia, mais importante é saber se o juiz parcial deve ser substituído.

O professor carioca não é expresso a respeito. Contudo, ele adota a premissa de que a repartição de funções e a questão anímica são fenômenos distintos – "não há relação necessária entre imparcialidade e o desempenho de determinada função", diz – e arrola como fundamentos da imparcialidade "a) a natureza da função a praticar e o sujeito que tem melhores condições de praticá-la; e b) contenção democrática de poder", nelas não se inserindo a preservação da imparcialidade[299]. Somando isso ao argumento de que para ele a partialidade é problema de ilegitimidade *ad actum,* tudo indica que a sua resposta seria negativa: o ato de parte praticado (e aqueles que dele derivam) pelo juiz seria(m) ineficaz(es), mas sem remessa dos autos ao substituto legal.

A solução padece de fragilidades insuperáveis.

Mesmo aceitando a premissa de que "não há relação necessária entre imparcialidade e o desempenho de determinada função", ou seja, que o exercício de determinada função processual não *necessariamente* abala o equilíbrio anímico do juiz, não se pode negar que o exercício de determinada função processual *pode* abalar (embora não *necessariamente* abale) o equilíbrio anímico do juiz, hipótese em que estará caracterizada a quebra de imparcialidade. Não é possível nem *afirmar categori-*

---

298 CABRAL, Antonio do Passo. Imparcialidade e Impartialidade. Por uma teoria sobre repartição e incompatibilidade de funções nos processos civil e penal. Revista dos Tribunais *Online,* Revista de Processo, v. 149, p. 339, jul./2007.

299 CABRAL, Antonio do Passo. Imparcialidade e Impartialidade. Por uma teoria sobre repartição e incompatibilidade de funções nos processos civil e penal. Revista dos Tribunais *Online,* Revista de Processo, v. 149, p. 339, jul./2007.

camente nem *negar peremptoriamente* que o exercício de determinada função pode gerar quebra de imparcialidade. Se assim é, cabe indagar: como saber se a atribuição de determinada função ao Estado-juiz impactará ou não na isenção psíquica do magistrado que vier a exercê-la? O texto de Cabral não fornece – nem poderia – métodos para acessar a esfera psíquica do ser humano que personifica o Estado-juiz, tampouco critérios para avaliar o seu abalo em concreto. Aliás, ele relaciona a imparcialidade às hipóteses legais de impedimento e suspeição, mas, como se viu, tais róis instituem apenas imputações normativas de parcialidade não derrotáveis por prova em contrário, nada dizem sobre o efetivo comprometimento psíquico do juiz. Provar que o juiz é genitor ou amigo de uma das partes é provar apenas a relação de parentesco ou de amizade, e não que em razão delas houve efetivo envolvimento anímico do julgador. A parcialidade aí deriva de imputação normativa, não de constatação epistêmica. Portanto, a premissa de que "não há relação necessária entre imparcialidade e o desempenho de determinada função" é cientificamente inválida porque não vem revestida de critérios da *praxis* jurídica para verificar o seu acerto ou desacerto. O problema é, antes de tudo, metodológico: ela não é demonstrável nem refutável.

Também há contradição lógica. Ao mesmo tempo em que sustenta que "não há relação necessária entre imparcialidade e o desempenho de determinada função" e que a divisão de trabalho entre partes e juiz (impartialidade) leva em consideração "a) a natureza da função a praticar e o sujeito que tem melhores condições de praticá-la; e b) a contenção democrática do poder", Cabral afirma que "a justificativa processual para a preservação da imparcialidade do juiz (...) é a cláusula do Estado de Direito"[300]. Ora, como o Estado de Direito é o Estado limitado pelo Direito e como o próprio autor admite que o fundamento da imparcialidade é a "cláusula" do Estado de Direito – ou seja, a imparcialidade é uma forma de "contenção democrática do poder" –, de duas, uma: (i) ou a imparcialidade está inserida no fundamento b) da impartialidade; ou (ii) o Estado de Direito não é fundamento da imparcialidade. *Tertium non datur.* Ocorre que, se Cabral admitir (i), ligará indissoluvelmente impartialidade e imparcialidade (sempre que se atribui determinada função ao juiz leva-se em consideração a necessidade de preservação da sua imparcialidade), caindo em contradição

---

300 CABRAL, Antonio do Passo. Imparcialidade e Impartialidade. Por uma teoria sobre repartição e incompatibilidade de funções nos processos civil e penal. Revista dos Tribunais *Online,* Revista de Processo, v. 149, p. 339, jul./2007.

a sua premissa que separa impartialidade e imparcialidade; e se admitir (ii), deixará a garantia da imparcialidade sem fundamento – e se contradirá, de novo. É nítida a inconsistência da premissa.

Tudo considerado, o texto de Cabral não responde à questão primeva: como definir se um tema é de impartialidade ou imparcialidade? Nada é esclarecido pela afirmação de que a impartialidade leva em consideração, de um lado, a natureza da função e quem tem melhores condições de exercê-la, e, de outro, a necessidade de conter democraticamente o poder. Vazio, o argumento não esclarece sobre a higidez anímica do julgador quando do exercício de determinada função. Operando em seus termos, o professor carioca não tem a menor condição de afirmar que determinado tema é questão de impartialidade ou de imparcialidade.

Cumpre debulhar o argumento de Cabral segundo o qual a impartialidade leva em consideração "a natureza da função" e "quem tem melhores condições de exercê-la". Nota-se que tais critérios têm naturezas distintas: o da "natureza da função" é normativo-jurídico e o de "quem tem melhores condições de exercê-la", empírico-pragmático. Isso faz com que haja uma relação de precedência lógica entre eles: o legislador só poderá perscrutar sobre o critério empírico-pragmático quando constatar, pelo critério normativo-jurídico, que a função pode ser atribuída tanto às partes quanto ao Estado-juiz. Assim, quando a "natureza da função" for estritamente judicante, o legislador só poderá assiná-la ao juiz; quando for estritamente postulante, apenas às partes; e quando não for estritamente judicante nem postulante, a quem, segundo seus critérios discricionariamente selecionados, tiver melhores condições de exercê-la. A questão que se coloca, então, é: quais critérios devem ser levados em consideração para definir "a natureza da função" processual?

Sobre o ponto, o texto é vazio.

Cabral não fornece critérios objetivos e fixos, ainda que mínimos, tirados da *praxis* (direito positivo) constitucional para definir "a natureza da função", se judicante ou postulante. Isso já torna aleatória a argumentação sobre algumas questões específicas, que ainda se mostra, em determinados pontos, contraditória e dogmaticamente inconsistente.

Tratando dos poderes instrutórios do juiz, Cabral defende que a *summa divisio* verdade formal no procedimento civil *vs.* verdade material/real no procedimento penal foi superada, apontando dois motivos: a busca da verdade no "direito processual moderno" prescinde de considerações sobre tratar-se de verdade material ou formal, que passa a ser concebida apenas como verdade processual sem qualquer pretensão de verdade absoluta; desde a publicização do procedimento civil se compreende que o exercício da jurisdição dá-se, acima de tudo, no interesse do Estado, para a realização dos objetivos que são seus próprios e que suplantam os interesses das partes numa hierarquia de precedência. Surpreendentemente, contudo, o autor afirma que "também o Processo Civil busca a verdade material (e não somente a verdade formal)" e que "a verdade material aplicada ao Processo Civil impõe, também aqui e não só no Processo Criminal, uma postura ativa do magistrado na produção da prova", abandonando, com muita rapidez – exatamente de um parágrafo para o outro –, a noção de verdade processual. A contradição interna é flagrante: ao mesmo tempo em que afirma a superação da "grande divisão", segue com ela para justificar a atribuição de certa função ao juiz. A par da contradição, o argumento é nitidamente político, não dogmático.

Na sequência, Cabral sustenta que o magistrado ser ativo ou passivo é questão que diz respeito às funções que lhe são imputadas pelo ordenamento processual. Porém, obtempera que deve haver equilíbrio entre as funções das partes e do juiz no que concerne ao material probatório, atribuindo os limites para tanto à noção de imparcialidade. Para ele, a indicação de fontes e meios de prova são funções que cabem principalmente às partes, pois têm melhores condições de fazê-lo. O juiz não deve atuar em substituição às partes, mas como coadjuvante. O raciocínio é criticável. Em primeiro lugar, a proposta é incompatível com o Publicismo Processual, referencial teórico do texto e fundamento lá identificado para os poderes instrutórios do juiz. Se ele concebe o processo como instrumento do qual o Estado se vale para realizar seus interesses próprios e um deles é a realização da "verdade real", a (in) disponibilidade do direito material, porque atinente aos interesses das partes, não poderia exercer nenhuma influência sobre a extensão dos poderes do juiz[301]. Em segundo lugar, a proposta é incompatível com

---

301 A proposta coerente com o Publicismo Processual vai nesse sentido: "não há razão para associar a atuação do juiz na instrução da causa com a natureza do direito material posto à sua solução. Ora, entender que o juiz deve produzir prova de ofício apenas nos casos de direitos indisponíveis é o mesmo que admitir que a jurisdição não se importa com o que acontece nos processos em que se discutem direitos indisponíveis". (MARINONI, Luiz Guilherme. ARENHART, Sérgio Cruz. MITIDIERO, Daniel. *Novo Curso de Processo Civil.* V. 1. 2 ed. São Paulo: Editora Revista dos

o sistema do direito positivo. A legislação processual não autorizava (o texto foi escrito ao tempo do CPC/73, art. 130) nem autoriza (CPC, art. 370) tais restrições aos poderes do juiz em razão da disponibilidade ou indisponibilidade do direito em causa. Como se verá adiante, os poderes instrutórios se colocam entre as seguintes opções: ou eles são considerados constitucionais, e aí se aceita que o juiz tem plena liberdade para exercê-los, ou não; ou eles são considerados inconstitucionais. À míngua de temperamento jurídico-positivo, qualquer posicionamento intermediário assume ares de argumento político, não dogmático.

É verdade que Cabral argumenta que as escolhas das partes devem ser vistas, em princípio, como manifestações da sua liberdade. Ou seja, a sua interpretação seria uma dogmática constitucional do art. 5°, II, CRFB, sobre a extensão dos poderes conferidos ao juiz pelo então art. 130, CPC/73 (CPC, art. 370). Contudo, se a liberdade das partes (e o exercício dos seus interesses) prevalece sobre os interesses do Estado nos litígios que versam sobre direitos disponíveis, mais uma vez fica sem sentido (ou pelo menos contraditória) a invocação do Publicismo Processual, o que remonta ao primeiro problema. Mas o principal déficit desse argumento é a sua inconsistência em relação à própria compreensão da liberdade. Ora, já se viu que liberdade é possibilidade de ação (positiva) e ausência de restrição/intromissão (negativa), conduzindo ao ônus da autorresponsabilidade: indivíduo livre é aquele que se autodetermina, que escolhe o que, como e quando agir e, consequentemente, arca com as consequências, inclusive negativas, de suas escolhas. Não se respeita a liberdade "em princípio". Liberdade de parte sob a ascendência coadjuvante do juiz é tutela paternalista disfarçada. O argumento é inconsistente e não pode ser acolhido porque pretende um meio-termo entre *praxis* (no caso, direito constitucional positivo) e política (um modelo teórico ideal).

Ademais, Cabral sustenta que a relação entre poderes instrutórios e quebras de imparcialidade é "fruto do vício de confundir impartialidade (a questão funcional) e a imparcialidade (questão do subjetivismo)". O juiz pode praticar atos de iniciativa probatória – "função que lhe cabe pela publicização do Processo Civil e a busca da verdade real" – e manter, mesmo assim, sua imparcialidade. Aqui, dois problemas:

Tribunais, 2016, p. 453). No mesmo sentido: MOREIRA, José Carlos Barbosa. A função social do processo civil moderno e o papel do juiz e das partes na direção e na instrução do processo. Revista dos Tribunais *Online*, Revista de Processo, v. 37, p. 140-150, jan.-mar./1985.

a fragilidade do argumento utilizado para justificar que "a natureza da função" é também judicante e a falaciosa relação entre modelo de processo, escopos do modelo e imparcialidade. Quanto ao primeiro problema, o texto foi escrito sob a vigência do CPC/73, que consagrava os poderes instrutórios no art. 130, orientação mantida no art. 370 do CPC em vigor. Assim, a *praxis* do *direito positivo infraconstitucional* brasileiro permitia e permite concluir que "a natureza da função" é, simultaneamente, postulante e judicante. Nesse sentido, a afirmação tem caráter dogmático, particularmente de uma dogmática procedimental civil (lógica extensível a todas as demais regras procedimentais que conferem poderes instrutórios ao juiz). No entanto, o fundamental é saber se o legislador tinha e tem plena liberdade para atribuir funções ao juiz, particularmente as inciativas probatórias. Evidentemente, a resposta só pode ser encontrada na Constituição de 1988, ou seja, por uma dogmática constitucional. Mas não é essa a estratégia argumentativa de Cabral. Ele justifica os poderes instrutórios do juiz com a "publicização do Processo Civil" e seu corolário da busca da "verdade real". Ele nem sequer sustenta que a Constituição não fornece critério para disciplinar esse tema em particular e que por isso o legislador pode defini-lo a seu talante – argumento claramente revestido de caráter dogmático, concorde-se, ou não, com ele. Ou seja, Cabral recorre a um modelo teórico ideal (*episteme*), não ao direito constitucional positivo (*praxis*). Portanto, o critério utilizado para fiscalizar "a natureza da função" (ou seja, as escolhas do legislador relativas à atribuição de funções processuais às partes e ao juiz) é político, não dogmático[302].

---

302 O que gera perplexidades. Cabral também defende que os poderes instrutórios uma questão de imparcialidade porque a lei imputa tais funções ao juiz. Ao mesmo tempo, porém, critica as disposições do CPP que atribuem ao juiz as funções de *ex officio* requisitar a instauração de inquérito policial (art. 5º, II) e alterar a demanda penal (art. 384, *caput*). Logo se vê, portanto, que Cabral concorda que o legislador não tem plena liberdade para imputar funções processuais aos sujeitos processuais. Mas o curioso em sua argumentação é perceber que os fins maiores do Publicismo Processual – realizar, com precedência, os interesses próprios do Estado, dentre os quais a verdade real –, servem de fundamento para os poderes instrutórios do juiz, que potencialmente tem impacto muito maior no julgamento do que a requisição de instauração de inquérito policial. (Aquela prova será valorada pelo mesmo juiz que determinou (e, por vezes, protagonizou) a sua produção, e poderá impactar direta e decisivamente no julgamento; já o inquérito, não se sabe sequer se será instaurado; se, instaurado, redundará em indiciamento; se, redundando em indiciamento, culminará no oferecimento de ação penal; se, culminando no oferecimento de ação penal, ela será admitida; se, sendo admitida a ação penal, será processada

Quanto ao segundo problema, Cabral tem razão quando diz que é impossível *afirmar categoricamente* que o exercício de poderes instrutórios compromete a imparcialidade do juiz (no sentido de abalo psíquico-anímico). Porém, a recíproca é verdadeira: é impossível *negar peremptoriamente* que o exercício de poderes instrutórios compromete a imparcialidade do juiz. As propostas de resolução da questão serão examinadas adiante, mas já é possível dizer o que *não* a resolve: a mera invocação do argumento da "publicização do Processo Civil e a busca da verdade real". Esse argumento significa apenas que o processo é um instrumento do Estado para a tutela prioritária dos próprios interesses, como a "reconciliação com a verdade". Sinaliza um compromisso ideológico – como o é aquele que sustenta o contrário, frise-se. Ele não garante – nem poderia – que ao atuar na realização desse interesse estatal o juiz o fará de modo imparcial. Não há relação (lógica, metodológica ou epistemológica) entre busca da verdade e preservação da imparcialidade. É arbitrária a afirmação de que o juiz é imparcial quando busca a verdade. Nada impede que no cumprimento dessa missão a imparcialidade seja abalada, posto que inconscientemente. No exercício de qualquer função judicante há sempre o *risco* de parcialidade, seja por razões alheias (*v. g.* o juiz amigo do autor tende a beneficiá-lo no momento do julgamento), seja por estímulos gerados por ela mesma (*v. g.* o juiz que decide a liminar tende a confirma-la ao final). Negar essa *possibilidade* é disfarçar de jurídica uma solução ideológica que pretende não tematizar a questão da imparcialidade. O resultado – desejado ou não, pouco importa – é a naturalização da parcialidade.

Pois bem.

---

e julgada pelo mesmo juiz que requisitou a instauração do inquérito – ou seja, se é uma providência que pode, sim, ter impacto no julgamento, ele é (inclusive temporalmente) muito mais remoto e variável que a determinação da produção de provas após o insucesso da instrução a cargo das partes). Não se está com isso concordando que o juiz deve ter as funções de produzir provas, requisitar a instauração de inquérito policial e alterar a demanda penal. O que se pretende demonstrar é que a construção de Cabral, tomada em seus próprios pressupostos, não explica o porquê de as três serem autorizadas pela lei, mas apenas as duas últimas transcendem as genuínas funções judicantes.

Não há como negar a estreita relação entre imparcialidade e imparcialidade[303]. Considere-se o exemplo – pouco factível, mas bastante elucidativo – do juiz que contesta em lugar do réu. É indubitável que exerceu função de parte e é partial: a contestação é o principal meio de defesa, situação jurídica ativa decorrente do contraditório. Nesse caso (e deixando de lado a discussão sobre a imparcialidade), fica claro que não se trata apenas ilegitimidade *ad actum* e ineficácia do ato. Afinal, se o juiz é suspeito quando apenas aconselha alguma das partes acerca do objeto da causa (CPC, art. 145, II), que é *minus,* com muito maior razão o é quando pratica, diretamente, função privativa de parte, que *majus*. No mais, tal conduta revela, objetivamente, interesse do juiz no resultado do processo, outra hipótese de suspeição (CPC, art. 145, IV). Por isso, aplicam-se *in totum* os efeitos do reconhecimento da suspeição, inclusive a remessa dos autos ao substituto legal.

Pode-se dizer que nem todas as vezes em que o juiz pratica atos de parte ele está, de algum modo, interferindo no objeto do processo, não incidindo, assim, a hipótese do art. 145, II, *in fine*, CPC. Verdadeira que seja a ressalva, em tais casos ainda resta a via do art. 145, IV, CPC, que encerra verdadeira norma de fechamento[304]. Ora, juiz que pratica ato privativo de parte revela, objetivamente, interesse no resultado do processo.

Com isso, conclui-se o presente capítulo lançando a seguinte conclusão: no direito positivo brasileiro o juiz que exerce função de parte é suspeito. Constatado o desvio funcional, fica caracterizada a suspeição pelas hipóteses dos incisos II e/ou IV do art. 145 do CPC, devendo ser desfeito o ato praticado pelo juiz e remetidos os autos ao substituto legal.

---

303 OAKLEY, Hugo Boto. *Inconstitucionalidad de las Medidas para Mejor Prover.* Santiago: Editorial Fallos del Mes, 2001, págs. 64-65; COSTA, Eduardo José da Fonseca. *Levando a Imparcialidade a Sério.* Proposta de um modelo interseccional entre direito processual, economia e psicologia. Salvador: JusPodivm, 2018, p. 145.

304 "Nada obstante o entendimento da doutrina de que os motivos de suspeição são enumerados taxativamente na lei, a norma sob comentário é de encerramento, constituindo-se em conceito vago, pois somente no caso concreto, diante das provas produzidas, é que se poderá saber se o juiz tem ou não interesse no desfecho da causa em favor de uma das partes. No direito alemão, onde também vigora a taxatividade dos motivos de suspeição, há o entendimento pacífico de que a ZPO § 42 encerra hipótese de "perigo de parcialidade", que se assemelha ao nosso CPC 145 IV". (NERY JR., Nelson. NERY, Rosa Maria de Andrade. *Comentários ao Código de Processo Civil.* São Paulo: Editora Revista dos Tribunais, 2015, p. 604).

Fundamental no tema da imparcialidade é identificar critérios objetivos, fixos e jurídicos que devem ser observados quando da atribuição de funções/competências às partes e ao juiz, cuja inobservância permite identificar que foi a atribuída a um deles função que é privativa do outro. Neste trabalho, identifica-se a garantia do contraditório, em sua estrutura relacional, como critério para essa fiscalização. Considera-se que ele institui um limite objetivo e permite o controle estritamente jurídico do poder de legislar. O legislador não pode atribuir ao juiz funções que constituem situações jurídicas ativas decorrentes da referida garantia. Se o faz, institui a figura do juiz contraditor. E também não pode atribuir às partes funções que constituem situações jurídicas passivas dela derivadas. Se o faz, institui a figura do contraditor julgador.

Esse limite não é superado pelo argumento empírico de quem tem melhores condições de praticar a função, nem mesmo quando vem atrelado ao direito fundamental de igualdade. O critério para a atribuição de competências deve ser jurídico-normativo, e não empírico-pragmático. E é justamente por isso que se faz necessário examinar a doutrina da "função social do processo", objeto do próximo capítulo.

3
FUNÇÃO SOCIAL DO PROCESSO: A IGUALDADE COMO FUNDAMENTO PARA A ATRIBUIÇÃO DE FUNÇÕES AO JUIZ

3.1. CONSIDERAÇÕES INICIAIS

Antes de iniciar o exame da função social do processo *ope iudicis* é importante fazer alguns esclarecimentos.

Não se vai inserir a análise da função social do processo *ope iudicis* no quadro da divisão de trabalho entre partes e juiz a partir das disputas entre os "princípios" dispositivo e inquisitivo – e, mais contemporaneamente, princípio cooperativo –, como comumente se faz. Sem descurar da importância desses estudos, inclusive da sua influência no alvorecer da "ciência processual" nos moldes em que é conhecida hoje, e mesmo na definição de diplomas legislativo-procedimentais, tais "princípios" remontam, em suas versões mais bem acabadas, ao início período entre os séculos XVIII e XIX. Àquele tempo eles tanto descreviam programas legislativos quanto forneciam bases para o delineamento de modelos processuais ideais[305]. Ou seja, aspiravam conferir unidade ao sistema jurídico-processual[306].

---

305 RAATZ, Igor. Da Ausência de um Estatuto Epistemológico dos Princípios no Direito Processual Brasileiro e o Projeto Instrumentalista de Recrudescimento do Poder Jurisdicional. *Revista Eletrônica Empório do Direito*. Disponível em: https://bit.ly/2TBecCF

306 Como afirma José Carlos Barbosa Moreira: "remonta à doutrina alemã do começo do século XIX a preocupação de compendiar em "princípios" (ou "máximas") as diretrizes político-jurídicas que se podem acolher na ordenação do processo." (MOREIRA, José Carlos Barbosa. O Problema da "divisão do trabalho" entre juiz e partes: aspectos terminológicos. In: *Temas de Direito Processual*. Quarta série. São Paulo: Saraiva, 1989, p. 38-39.

Ocorre que contemporaneamente essa função foi assumida pelas constituições, pelo menos na ordem interna[307]. Assim, manter o estudo do tema imerso nas ideias de princípio dispositivo e princípio inquisitivo é substituir a constituição, critério positivo, por referenciais suprapositivos[308], solução problemática por dois motivos: primeiro, ao lançar o intérprete em questões extra ou supraconstitucionais, substitui-se a racionalidade jurídica pela racionalidade política, ou seja, o emprego do código binário lícito/ilícito pelo recurso a razões morais econômicas, ideológicas, religiosas etc., com graves problemas metodológicos e riscos à autonomia do direito; segundo, defere ao legislador uma liberdade plena para definir as funções processuais das partes e do juiz, suprimindo das garantias constitucionais, em geral, e do contraditório, em particular, um conteúdo dogmático mínimo que não pode descurar[309].

---

307 "a ordem jurídica não é um sistema de normas ordenadas no mesmo plano, situadas umas ao lado das outras, mas é uma construção escalonada de diferentes camadas ou níveis de normas jurídicas. A sua unidade é produto da conexão de dependência que resulta do fato de a validade de uma norma, que foi produzida de acordo com outra norma, se apoiar sobre essa outra norma, cuja produção, por sua vez, é determinada por outra; e assim por diante, até abicar finalmente da norma fundamental – pressuposta. A norma fundamental – hipotética, nesses termos – é, portanto, o fundamento de validade último que constitui a unidade desta interconexão criadora. Se começarmos levando em conta apenas a ordem jurídica estadual, a Constituição representa o escalão de Direito positivo mais elevado. A Constituição é aqui entendida num sentido material, quer dizer: com esta palavra significa-se a norma positiva ou as normas positivas através das quais é regulada a produção das normas jurídicas gerais". (KELSEN, Hans. *Teoria Pura do Direito.* 8 ed. São Paulo: Editora WMF Martins Fontes, 2012, p. 247).

308 Mencionando que a doutrina francesa entende que o princípio dispositivo possui natureza de "princípio supralegislativo" – e, afirma-se aqui, por identidade de razões, o princípio inquisitivo: LUCCA, Rodrigo Ramina de. *Disponibilidade Processual.* A Liberdade das Partes no Processo. São Paulo: Thomson Reuters Brasil, 2019, p. 27.

309 "A "divisão do trabalho", no processo, entre juiz e partes constitui problema cujo tratamento, à evidência, pode e costuma variar no tempo e no espaço, sob a influência de numerosos fatores. Com relação a cada um dos tópicos em que se desdobra a matéria, é concebível - e tem de fato acontecido - que ora se dê maior relevo ao papel do órgão judicial, ora ao dos litigantes. Admite a disciplina uma série de matizes e combinações, sendo raras – se alguma jamais existiu – as soluções "quimicamente puras". Recordem-se os mais importantes "pontos sensíveis" da problemática: iniciativa da instauração do feito; delimitação do objeto do litígio e do julgamento; impulso processual; formação do material de fato e de direito a ser utilizado na motivação da

Claro, as constituições não são ideologicamente assépticas e o Legislativo não está privado de margens mais ou menos largas de discricionariedade, inclusive para a condensação dos direitos, deveres e garantias fundamentais do cidadão não exaurientemente conformados pelas constituições rígidas. O que não se tolera é a interpretação ideologizada do direito que desconsidera o texto constitucional, inclusive com as absorções ideológicas ali presentes[310].

Isso não significa anular a discricionariedade do Legislativo, mas apenas demarcar conteúdos dogmáticos que o limitam. Decididamente, concordar que o Legislativo prefere ao Judiciário na condensação dos direitos, deveres e garantias fundamentais – posição adotada neste trabalho – não implica aceitar que ele tem liberdade irrestrita[311].

---

sentença; extinção do processo por ato dispositivo. Em cada um desses momentos, conforme a opção de política jurídica que se faça, pode ser decisiva a vontade do(s) litigante(s) ou a atuação do juiz, ou podem ambas influir em variável medida. Entre o "monopólio" das partes ou do órgão judicial e a atribuição das tarefas e responsabilidades em doses iguais a este e àquelas medeia extensa gama de modelos que se oferecem à escolha dos teóricos, dos legisladores e dos aplicadores das leis processuais." (MOREIRA, José Carlos Barbosa. O Problema da "Divisão Do Trabalho" entre Juiz e Partes: aspectos terminológicos. In: *Temas de Direito Processual (quarta série)*. São Paulo: Saraiva, 1989, p. 35). Como se vê, na opinião do autor não há um critério constitucional para definir limites mais ou menos precisos para a atribuição dessa ou daquela função processual às partes ou ao juiz, ficando, pois, integral ou, no mínimo, substancialmente sujeitas à liberdade de conformação do legislador.

310 A termo de exemplo: o fato de alguém defenestrar a ideologia socialdemocrata não o autoriza a negar que, no Brasil, tudo o mais constante, a propriedade deve que cumprir sua função social, dada a exigência do art. 5º, XXIII, CRFB; a adoção de determinada concepção de direitos fundamentais, considerada ideal a partir de preferências teóricas e/ou ideológicas as mais variadas, não permite negar que, entre nós, asseguram-se os direitos fundamentais à e de propriedade, inequivocamente constantes nos arts. 5º, caput, e XXII, CRFB. Sustentando, sem razão, que no Brasil existe apenas direito fundamental à propriedade: ZANETI JR., Hermes. In: MARINONI, Luiz Guilherme. ARENHART, Sérgio Cruz. MITIDIERO, Daniel. *Comentários ao Código de Processo Civil*. V. XIV. São Paulo: Editora Revista dos Tribunais, 2016. Versão eletrônica). Em sentido oposto, com razão, sustentando que no Brasil há tanto direito fundamental *de* quanto *à* propriedade, ressaltando, inclusive, o texto expresso da Constituição: SARLET, Ingo Wolfgang. *Dignidade (da Pessoa) Humana e Direitos Fundamentais na Constituição Federal de 1988*. 10 ed. Porto Alegre: Livraria do Advogado, 2015, p. 134.

311 Exemplo louvável é a postura dos processualistas que defenderam, diretamente a partir da Constituição, o conteúdo substancial do contraditório muito antes da entrada em vigor do CPC atual.

Cabe à dogmática jurídica contribuir para a densificação de conteúdos mínimos, reduzindo não só a liberdade, em regra, mais estreita do Judiciário, mas, também, aquela mais larga do Legislativo na concretização dos direitos fundamentais, evitando restrições desproporcionais. Sem isso, a função contramajoritária dos direitos fundamentais – e, de conseguinte, da própria jurisdição constitucional – não passaria de *flatus vocis* e inexistiriam critérios para avaliar o respeito à proibição de edição de emendas constitucionais tendentes a abolir direitos e garantias fundamentais (CRFB, art. 60, § 4º, IV).

É nesse quadro que se insere a compreensão das garantias processuais. Interpretá-las com alguma pretensão de fidelidade à Constituição de 1988 exige considerar que o conteúdo dogmático mínimo que a partir dela se pode construir. Claro que esse labor vem impregnado de historicidade e implicações que, em maior ou menor medida, concorde-se com eles ou não, integrarão o seu regime proposto. Mas o trabalho reportado diretamente a ela, com vinculação aos seus limites semânticos, torna o discurso mais objetivo e controlável. Daí por que é à sua luz que se devem buscar os critérios dogmáticos mínimos para a análise da divisão de trabalho entre partes e juiz. E é por essa razão que aqui os "princípios" dispositivo e inquisitivo serão abordados apenas pontualmente, quando estritamente necessário.

Ademais, sabe-se que um mesmo fenômeno pode ser objeto de análise com diferentes propósitos e estratégias metodológicas. Grosso modo, o sociólogo do direito descreve as práticas jurídicas tal como elas se dão na prática[312]; o dogmático do direito aponta, de acordo com a *praxis* (fontes sociais autorizadas), como os problemas jurídicos do presente devem ser resolvidos pelos práticos (declinando, ou não, a que considera correta); o político do direito sugere como o direito deveria ser, segundo os critérios metajurídicos por ele selecionados.

Variam os objetos, objetivos e métodos de trabalho da sociologia do direito, da dogmática jurídica e da política. São mutuamente distintos o realismo do sociólogo, o hermetismo do dogmático e o idealismo

---

312 Exemplo disso é o estudo do processo penal a partir da teoria dos jogos tal como empreendido por: ROSA, Alexandre Morais da. *Guia Compacto do Processo Penal Conforme a Teoria dos Jogos*. 3 ed. Florianópolis: Empório do Direito, 2016, págs. 25-26.

do político. Como seus jogos de linguagem são diferentes[313], eles não podem avaliar uns aos outros a partir de seus próprios domínios. A crítica encastelada dá aparência de diálogo a monólogos dispersivos e gera falsos problemas. É o que acontece, v. g., quando o político critica a análise do dogmático por considerar que as propostas de solução dos casos jurídicos do presente não satisfazem as suas idealidades. Esse é um pseudoproblema porque o verdadeiro destinatário da crítica é a autoridade competente para transformar o direito positivo, não o dogmático – que, inclusive, pode estar de acordo com a sugestão de *lege ferenda*, apenas não pode arrolá-la dentre as soluções de *lege lata* aplicáveis aos litígios em curso. E tudo se complica quando os lugares-de-fala não são claramente definidos. No exemplo acima, isso ocorreria se o político chamasse (por erro) ou travestisse (por dolo) sua idealidade de *lege ferenda* de resposta dogmática de *lege lata*. Nesse caso, o discurso dogmático não poderia entrar no debate relativo à qualidade das soluções em jogo, mas apenas demonstrar a natureza política da proposta do seu opoente. Do contrário, ele daria verniz de debate dogmático a um ruído entre discurso político *vs.* discurso dogmático.

Portanto, a crítica do trabalho do sociólogo do direito passa pela demonstração que ele faz uma descrição equivocada das práticas jurídicas; a do dogmático do direito, pela demonstração de que, à luz da *praxis*, ele oferece soluções inconsistentes à resolução dos problemas jurídicos do presente; e o do político do direito, pela demonstração de que ele persegue fins que não merecem prestígio[314].

Nada impede que, deixando a sua base, um concorde com as proposições elaboradas pelos outros. O sociólogo do direito pode concordar com a descrição do dogmático e/ou com a ideação do político – e vice-versa. E também é possível que, com rigor metodológico, o mesmo

---

313 *"o método expõe as regras do jogo da linguagem científica.* Para jogarmos a linguagem científica devemos estar atentos às regras do método adotado. A importância em trabalharmos com a teoria dos jogos lingüísticos é que os jogos são autônomos, de modo que um jogo não pose explicar as proposições do outro (proposições ordinárias do método M_1 não explicam enunciados oriundos do método M_2). Enunciados de jogos linguísticos diferentes não se explicam nem se repelem. Dardo Scavino apresenta-nos um exemplo bastante fecundo, ao afirmar que uma prescrição moral ou ética não pode validar ou invalidar uma proposição científica". (MOUSSALLEM, Tárek Moysés. *Fontes do Direito Tributário.* 2 ed. São Paulo: Noeses, 2006, p. 9).

314 O que suplica incursões de ordem metaética.

indivíduo encete estudo transversal, apanhando, por assim dizer, os planos do ser (=o que se passa no plano das práticas), do dever-ser (=o que é prescrito pelas fontes sociais autorizadas) e do deveria-ser (=o que não é direito, mas se pretende que venha a ser), desde de que tenha rigor metodológico e, de preferência, deixe sempre claro quando está fazendo sociologia, dogmática e política. O que não se tolera é o baralhamento inadvertido.

É com base nas premissas metodológicas do trabalho dogmático que serão analisadas as propostas da função social do processo. Isso exigirá, a um, a identificação do fundamento constitucional da função social do processo, a dois, o estabelecimento do seu regime jurídico, particularmente do seu âmbito de incidência, para, assim, a três, avaliar a justificativa da sua incidência em áreas que, em princípio, seriam de atuação da garantia do contraditório, no sentido aqui proposto de critério de definição de funções. Dizendo de outro modo, será necessário verificar se há justificativa constitucional para que, em nome da igualdade, se atribua ao juiz o exercício de funções que constituem situações jurídicas ativas decorrentes da garantia do contraditório, cujos titulares são as partes. Se a resposta for negativa, será forçoso concluir que a tese da função social do processo habita o plano da política (do direito) e não da dogmática jurídica.

Antecipando a conclusão: será verificado que a abordagem aqui desenvolvida destoa da tese da função social do processo, assentando as divergências antes no plano metodológico que no dogmático. Enquanto a abordagem aqui desenvolvida pretende ser uma dogmática constitucional da garantia do contraditório, a tese da função social do processo, em suas diversas nuances, tem pretensões ideais e habita o plano suprapositivo – tem colorido muito mais político que dogmático.

É o que se passa a demonstrar.

3.2. DESCRIÇÃO DA FUNÇÃO SOCIAL DO PROCESSO

No Apêndice de *1984*, de George Orwell, são indicados os "princípios da Novafala", o idioma oficial de Oceânia concebido para atender às necessidades ideológicas do Socing (Socialismo Inglês), partido que governa o país. O "Vocabulário C" suplementava as demais categorias e era formada apenas por termos técnicos e científicos. Não havia grande diferença com a terminologia hoje em uso, e as palavras derivavam das mesmas raízes que os vocábulos técnico-científicos atuais, mas foram despojadas de significados indesejáveis, notadamente aqueles de cunho político. A única maneira de usar o idioma Novafala com propósitos heréticos seria traduzir espuriamente algumas palavras para Velhafala. A obra fornece um exemplo caro a esta parte da pesquisa:

> Era possível, por exemplo, formular em Novafala a frase: *Todos os homens são iguais*. Mas tal afirmação corresponderia semanticamente à seguinte frase em Velhafala: *Todos os homens são ruivos*. Embora não contivesse nenhum erro gramatical, a frase *Todos os homens são iguais* exprimia uma inverdade palpável, a saber, que todos os homens têm a mesma altura, o mesmo peso ou o mesmo vigor. O conceito de igualdade política não existia mais e, em consonância com isso, esse significado secundário tinha sido expurgado da palavra igual[315].

A intrigante passagem da monumental distopia evidencia que a ideia de igualdade entre os homens só faz sentido em termos políticos e jurídicos. Sob qualquer outro critério, eles são desiguais.

Ocorre que as soluções voltadas à igualação política e jurídica dos integrantes de uma comunidade política são objeto de inúmeras, complexas e infinitas disputas. Há incontáveis concepções de igualdade e de propostas de meios para efetivá-la. Diversos fatores concorrem às vagas de critérios de identificação da desigualdade e de medidas para a sua superação.

A dificuldade deriva do choque entre as ideias nucleares de igualdade e liberdade. Afinal, quanto mais liberdade, menos igualdade; quanto mais igualdade, menos liberdade. O desafio é encontrar o termo ótimo de limitação da liberdade para que todos sejam mais iguais e, consequentemente, mais livres. A experiência mostra que as soluções nesse campo são contingenciais, variando no tempo e no espaço.

Como o Direito é produto de decisão política (embora possa ser *mais* do que isso), fruto da inteligência humana (artificial), ele cria seus próprios critérios de reconhecimento e dimensionamento da igualdade. Estão sempre no horizonte do jurista as tensões entre igualdade *v.s.* liberdade, igualdade formal *vs.* igualdade material[316]. A construção de

---

315 ORWELL, George. *1984*. Trad. Alexandre Hubner, Heloisa Jahn. São Paulo: Companhia das Letras, 2017, págs. 358-359.

316 Que corresponde às concepções generalista e particularista de igualdade: "a concepção generalista de igualdade propõe a desconsideração de elementos particulares em favor da avaliação das propriedades existentes na maioria dos casos. Isso é feito com a finalidade de alcançar uma solução previsível, eficiente e geralmente equânime na solução dos conflitos sociais. A concepção particularista de igualdade

soluções ideais, lançadas a partir de critérios políticos, morais, econômicos, religiosos etc., é de competência do Legislativo. À dogmática jurídica cabe a (nada simples, mas limitada) tarefa de solucionar tais tensões por meio de critérios internos ao sistema do direito positivo, definindo o conteúdo jurídico da igualdade[317].

Em nosso sistema de direito positivo, a igualdade jurídica *lato sensu* é direito fundamental (CRFB, art. 5°, *caput*) e tem reflexos expressos no Código de Processo Civil (arts. 7° e 139, I). Ela vincula o legislador (CRFB, arts. 5°, § 1° e 22, I), que tem o dever de instituir procedimentos que assegurem às partes iguais possibilidades de participação.

O CPC disciplina a igualdade em razão: de prazos processuais (*v. g.* o art. 1.003, § 5°, prevê que as partes têm, igualmente, o prazo de 15 dias para recorrer); da comunicação dos atos processuais (*v. g.* os arts. 180, 183, § 1° e 186, § 1° asseguram a prerrogativa de intimação pessoal dos membros do Ministério Público, da Defensoria Pública e das procuradorias fazendárias, respectivamente). da atribuição do ônus da prova (*v. g.* o art. 373, I e II confere, em abstrato, ao autor o ônus de provar o fato constitutivo do seu direito e ao réu o ônus de provar o fato extintivo, impeditivo ou modificativo do direito do autor); dos recursos (*v.g.* o art. 994 prevê que não há recursos específicos para o autor ou réu, sejam quais forem as suas particularidades); da natureza do ato processual (*v. g.* o art. 784 faz supor a existência do direito do exequente); da tramitação do processo (*v. g.* o art. 1.048, I, atribui o prioridade de tramitação aos processos em que figure como parte pessoa idosa); do regime financeiro do processo (*v. g.* o art. 85, § 3° torna ineficaz a condenação do beneficiário da justiça gratuita, enquanto durar a condição de miserabilidade, extinguindo, no mais, a pretensão, após o transcurso do prazo de 5 anos); da ordem cronológi-

---

sugere a consideração de elementos particulares mediante o afastamento do padrão legal. Isso é realizado com o propósito de atingir uma decisão justa e individualizada na solução dos conflitos sociais" (ÁVILA, Humberto. *Teoria da Igualdade Tributária*. 3 ed. São Paulo: Malheiros, 2015, p. 88).

317 Trabalho deveras conhecido sobre o tema é a monografia de: MELLO, Celso Antonio Bandeira de. *Conteúdo Jurídico do Princípio da Igualdade*. 3 ed. São Paulo: Malheiros, 2007, *passim*. Conquanto dedicada ao direito tributário, mostra-se amplamente relevante o trabalho de: ÁVILA, Humberto. *Teoria da Igualdade Tributária*. 3 ed. São Paulo: Malheiros, 2015, *passim*. Especificamente para o direito processual, destaca-se a obra de: ABREU, Rafael Sirangelo de. *Igualdade e Processo*. Posições processuais equilibradas e unidade do direito. São Paulo: Editora Revista dos Tribunais, 2015, *passim*.

ca dos julgamentos (*v. g.* o art. 12 estabelece que as decisões devem ser proferidas de acordo com a ordem cronológica das conclusões) etc.[318]

Contudo, o legislador não pode antever todas as variáveis pessoais e circunstanciais que podem surgir nos casos concretos. Porque em contato com elas, somente o juiz poderia identifica-las e, *a fortiori*, remediá-las. É precisamente esse o pano de fundo dos defensores da função social do processo, que encontra em José Carlos Barbosa Moreira um dos seus maiores expoentes[319].

Defensor convicto de uma concepção social de processo no Brasil, a pedra de toque do seu pensamento é a ideia de que a credibilidade do processo, como instrumento de solução de conflitos de interesses, depende essencialmente de sua capacidade de oferecer aos respectivos titulares uma perspectiva de equanimidade[320]. Ele resume assim a ideia da função "social" do processo: de um lado, a busca por maior igualdade material, eliminando – ou, quando menos, atenuando – diferenças de tratamento baseadas em condições socioeconômicas, culturais, raciais, religiosas, políticas e de classe; de outro, a orientação do ordenamento jurídico no sentido da primazia dos interesses coletivos sobre os interesses estritamente individuais. O autor reconhece a incapacidade do direito processual para resolver primariamente os problemas de desigualdade, mas exorta o processualista a se comprometer com tais valores (igualdade material e coletivismo)[321].

Tratando especificamente da questão da igualdade no processo, faz elogios e críticas a escolhas positivadas no CPC/73, então vigente[322].

---

318 ASSIS, Araken de. *Processo Civil Brasileiro.* V. I. São Paulo: Editora Revista dos Tribunais, 2015, p. 455-465.

319 Que, para o autor, não se confundia com uma visão inquisitória: MOREIRA, José Carlos Barbosa. A Função Social do Processo Civil Moderno e o Papel do Juiz e das Partes na Direção e na Instrução do Processo. Revista dos Tribunais Online, Revista de Processo, vol. 37, p. 140-150, jan./mar. 1985.

320 MOREIRA, José Carlos Barbosa. La igualdad de las partes en el proceso civil. In: *Temas de Direito Processual.* Quarta série. São Paulo: Saraiva, 1989, p. 68.

321 MOREIRA, José Carlos Barbosa. A Função Social do Processo Civil Moderno e o Papel do Juiz e das Partes na Direção e na Instrução do Processo. Revista dos Tribunais *Online*, Revista de Processo, vol. 37, p. 140-150, jan./mar. 1985.

322 Observe-se que o texto foi publicado em 1985 na fonte pesquisada e escrito em 1984. No mais, eis os dispositivos elogiados: (i) ao art. 125, I, CPC/73 (=art. 139, I, CPC/15), que é reflexo do art. 153, § 1º da Constituição de 1969 (=art. 5º, *caput*, CRFB); (ii) às regras de impedimento e suspeição; (iii) à possibilidade de anulação

Sustentando que o principal fator de desigualdade é a condição econômica das partes, aponta que as soluções à data existentes – a saber: assistência jurídica e assistência judiciária gratuitas – não faziam frente aos problemas detectados. Considerava quimérica toda e qualquer expectativa de avanço decorrente do que hoje é conhecido como os convênios, celebrados entre os Estados e as seccionais da Ordem dos Advogados do Brasil, para fins de disponibilização de advogados dativos[323].

Sobre as dificuldades do pobre para aportar prova aos autos, diz que são supridas, em certa medida, pela atuação do Ministério Público, quando obrigatória a sua participação na condição de *custos legis*, e pela iniciativa probatória do juiz.

Cuidando especificamente do papel do Estado-juiz e das partes no processo[324], principia pela afirmação da transição do liberalismo individualista para o Estado social de direito[325], do incremento da parti-

---

da convenção sobre distribuição do ônus da prova quando torna excessivamente difícil a uma parte o exercício do direito (art. 333, p. ú., II, CPC = art. 373, § 3º, II, CPC/15) pois busca "obstar ao rompimento do equilíbrio entre os contendores"; (iv) a necessidade de dar vista à parte dos documentos apresentados pela outra (art. 398, CPC/73 = art. 473, § 1º, CPC/15); (v) refere as vantagens atribuídas à fazenda pública e ao Ministério Público (*v. g.* o prazo em quádruplo para contestar e em dobro para falar nos autos, *ex vi* do art. 188, CPC/73 = hoje reduzidos, todos, para o dobro, conforme os arts. 180 e 183, CPC/15); a possibilidade de julgamento antecipado do mérito, logo após o encerramento da fase postulatória, quando não houver a necessidade de produção de provas (art. 330, I, CPC/73 = art. 355, I, CPC/15). Critica, todavia, a exigência de pagamento de custas, que, em sua aplicação prática, pode gerar situações desiguais (art. 19, CPC/73 = art. 82, CPC/15). Fora do CPC/73 e tratando do problema da duração razoável do processo, lamentava a ausência de dados empíricos reveladores das suas causas, mas demonstrava otimismo com os então denominados Juizados Especiais de Pequenas Causas. Conferir: MOREIRA, José Carlos Barbosa. A Função Social do Processo Civil Moderno e o Papel do Juiz e das Partes na Direção e na Instrução do Processo. Revista dos Tribunais *Online*, Revista de Processo, vol. 37, p. 140-150, jan./mar. 1985.

323 MOREIRA, José Carlos Barbosa. A Função Social do Processo Civil Moderno e o Papel do Juiz e das Partes na Direção e na Instrução do Processo. Revista dos Tribunais *Online*, Revista de Processo, vol. 37, p. 140-150, jan./mar. 1985. Em boa medida, notadamente em relação aos advogados dativos, a crítica ainda é atual.

324 O autor disserta sobre questões relativas aos processos coletivos, temática não abordada no corpo desta pesquisa por não ser, diretamente, aqui relevante.

325 Assim mesmo, Estado social de direito, e, não, Estado Democrático de Direito. Mas é necessário levar em consideração que o texto é anterior à Constituição de

cipação do Estado na vida da sociedade, o que, no plano processual, leva à intensificação da atividade do juiz, superando-se o *laisse faire* processual, "equacionando "em novos termos o capital problema da 'divisão de tarefas entre as partes e o órgão jurisdicional"[326].

O ponto é da maior importância para este trabalho e deve ser destacado: Barbosa Moreira relaciona a necessidade de realização da igualdade material ao redimensionamento da divisão de tarefas entre partes e juiz. Ou seja, a igualdade é catapultada a critério de atribuição de funções dos sujeitos processuais – pelo menos do juiz –, em vez do contraditório

Retomando, o autor destaca que o processo se inicia por iniciativa particular, mas se desenvolve por impulso oficial, via medidas de condução praticáveis *ex officio* pelo juiz[327], que também está dotado de poderes para combater a chicana processual[328], e para esclarecer as partes, no curso do processo, sobre seus direitos, deveres, ônus e

---

1988. O destaque é importante justamente para demonstrar como, na linha do que já se referiu alhures, o debate não pode descurar do regime jurídico-político consagrado na Constituição. O ponto será retomado adiante.

326 MOREIRA, José Carlos Barbosa. A Função Social do Processo Civil Moderno e o Papel do Juiz e das Partes na Direção e na Instrução do Processo. Revista dos Tribunais *Online*, Revista de Processo, vol. 37, p. 140-150, jan./mar. 1985.

327 Cita os seguintes exemplos: (i) ordenar a reunião de ações conexas (art. 105, CPC/73 = art. 55, § 1º, CPC/15); (ii) suspender o curso do procedimento, até que o juízo penal se pronuncie sobre a questão comum (art. 110, *caput*, CPC/73 = art. 315, CPC/15); (iii) declarar a própria incompetência absoluta (art. 113, § 2º, CPC/73 = art. 64, § 4º, CPC/15); (iv) indeferir diligências consideradas inúteis ou meramente protelatórias (art. 130, *in fine*, CPC/73 = art. 370, *in fine*, CPC/15); (v) prorrogar prazos, por até sessenta dias, nas comarcas onde for difícil o transporte (art. 182, *caput*, 2.ª parte, CPC/73 = art. 222, CPC/15, que fala em até 02 meses); (vi) extinguir o processo sem exame do mérito, determinando o arquivamento dos autos, quando ficar paralisado durante mais de um ano, por negligência das partes, e estas, pessoalmente intimadas, quedarem inertes (art. 267, II e § 1.º, CPC/73 = art. 485, II, § 1º, CPC/15). Conferir: MOREIRA, José Carlos Barbosa. A Função Social do Processo Civil Moderno e o Papel do Juiz e das Partes na Direção e na Instrução do Processo. Revista dos Tribunais *Online*, Revista de Processo, vol. 37, p. 140-150, jan./mar. 1985.

328 Apontando, sempre, hipóteses típicas, a saber: os arts. 125, III, 600 e 601, CPC/73, com equivalentes nos arts. 77, 80, 139, III, 774, p. ú., e 903, § 6º, CPC/15. Conferir: MOREIRA, José Carlos Barbosa. A Função Social do Processo Civil Moderno e o Papel do Juiz e das Partes na Direção e na Instrução do Processo. Revista dos Tribunais *Online*, Revista de Processo, vol. 37, p. 140-150, jan./mar. 1985.

faculdades – o que constitui, no mínimo, um rudimento do que contemporaneamente se tem chamado de dever de esclarecimento[329].

É quando o autor chega àquele que considera o mais valioso instrumento corretivo das disparidades entre as partes: os poderes instrutórios oficiosos do juiz, que, a seu talante, "devem reputar-se inerentes à função do órgão judicial"[330].

A afirmação não convence. A questão tem profundas relações com a cultura e a ideologia prevalecentes em cada comunidade política situada no tempo e no espaço, refletindo no modo como é definida em seu *ius positum*, sendo ilusório falar em solução ideal e universalmente válida[331]. Aliás, Barbosa Moreira reconhece a influência da política nas decisões legislativas[332] e da cultura na postura mais ou menos ativa ou

---

329 Barbosa Moreira dá exemplo atípico a possibilidade (ou mesmo o dever) de o juiz, para mitigar as desigualdades substanciais entre as partes, "prestar-lhes informações sobre os ônus que lhes incumbem, convidando-as, por exemplo, a esclarecer e a complementar suas declarações acerca dos fatos, ou chamando-lhes a atenção para a necessidade de comprovar alegações", como constante, registra em nota de rodapé, nos regimes socialistas. Como exemplo de dever típico anota a inserção, no mandado de citação, da advertência de que a não apresentação de contestação implicará em presunção de veracidade dos fatos narrados pelo autor (art. 285, *caput*, CPC/73 = art. 334, CPC/15) e o condicionamento do indeferimento da petição inicial à possibilidade de emenda, se "inteligentemente manejada" (art. 284, CPC/73 = art. 321, CPC/15), expressão que indicava, já em 1985, atenção para a necessidade de apontar, com precisão, o vício detectado pelo magistrado: MOREIRA, José Carlos Barbosa. A Função Social do Processo Civil Moderno e o Papel do Juiz e das Partes na Direção e na Instrução do Processo. Revista dos Tribunais *Online*, Revista de Processo, vol. 37, p. 140-150, jan./mar. 1985.

330 MOREIRA, José Carlos Barbosa. A Função Social do Processo Civil Moderno e o Papel do Juiz e das Partes na Direção e na Instrução do Processo. Revista dos Tribunais *Online*, Revista de Processo, vol. 37, p. 140-150, jan./mar. 1985. Igual, por todos: XAVIER, Trícia Navarro. *Poderes instrutórios do juiz no processo de conhecimento*. Dissertação (mestrado em Direito). 173/f. Universidade Federal do Espírito Santo, Vitória, 2008, p. 83.

331 "mesmo entre as grandes democracias do Ocidente, um *quid* de inquisitividade sempre haverá e variará em função de fatores internos de natureza política, econômica, moral, religiosa, jurídico-cultural etc." (COSTA, Eduardo José da Fonseca. Uma espectroscopia ideológica do debate entre garantismo e ativismo. In: *Ativismo Judicial e Garantismo Processual*. DIDIER JR., Fredie. NALINI, José Renato. RAMOS, Glauco Gumerato. LEVY, Wilson. (coords.). Salvador: JusPodivm, 2013, p. 185).

332 MOREIRA, José Carlos Barbosa. Neoprivatismo no Processo Civil. In: *Temas de Direito Processual*. Nova série. São Paulo: Saraiva, 2001, p. 198.

passiva dos juízes, *v. g.*, em relação aos poderes instrutórios[333]. A conjunção de fatores políticos e culturais pode redundar na concepção de um modelo de processo total ou parcialmente hostil ou simpático aos poderes instrutórios do juiz. Portanto, se as determinantes pré-positivas conduzirem à abolição dos poderes instrutórios do juiz ninguém poderá falar em atentato contra algo "inerente à função jurisdicional". Agora, não há dúvida de que a proposição (os poderes instrutórios são inerentes à função judicial) guarda coerência com os compromissos ideológicos abraçados por Barbosa Moreira: realização da igualdade material e primazia do coletivismo (Estado Social).

Retomando seu argumento, estima que o uso hábil e diligente desses poderes, sendo frutífero, contribui, na prática, para suprir inferioridades socioeconômicas e informacionais entre as partes, por vezes causada pela imperícia de seus advogados, donde a importância social da medida. Reconhece que o sistema ampara o juiz que permanece em estado de dúvida ao cabo da instrução, franqueando o julgamento do mérito aplicando as regras do ônus da prova (CPC, art. 373, I e II), mas aduz que *"para o juiz escrupuloso, empenhado em decidir corretamente, constitui autêntico drama psicológico ser forçado a valer-se dessa tábua de salvação"*, sendo preferível que venham aos autos provas suficien-

---

333 O autor atribui o perfil passivo dos juízes do sistema de *common law* por apego irrefletido à tradição arraigada e superada dos julgamentos do júri, argumentando que "mesmo onde já não se utilize o júri, as coisas insistem em passar-se como se este ainda existisse: de sua tumba, ele continua a ditar normas para os vivos...". (MOREIRA, José Carlos Barbosa. Imparcialidade: reflexos sobre a imparcialidade do juiz. In: *Temas de Direito Processual Civil*. Sétima série. São Paulo: Saraiva, 2001, p. 28). A crítica não convence. Primeiro, a referência ao fato de que os mortos ditam normas aos vivos não soa ultrajante nem retrógrado aos ouvidos de um conservador inglês, mas como alvissareiro sinal de prudência. Ademais, como demonstra Flávio Luiz Yarshell, o diagnóstico é parcial. Com razão, o professor paulista afirma que a opção pelo modelo adversarial nos países de *common law* não se restringe às explicações históricas. A proeminência das partes sobre o juiz é consentânea com a perspectiva liberal (não-intervencionista) que se tem em relação ao Estado, com cultura da competição presente, sobretudo, nos Estados Unidos da América e com o perfil de formação do convencimento do juiz nos sistemas processuais, consolidando-se nos países anglo-saxões a ideia de que deve prevalece a cisão entre os encarregados de acusar, defender e julgar, cabendo a prova a quem acusa, tudo conduzindo a um perfil contido dos juízes: YARSHELL. Flávio Luiz. *Antecipação da Prova sem o Requisito da Urgência e Direito Autônomo à Prova*. São Paulo: Malheiros, 2009, p. 131-133.

tes, quer por iniciativa das partes, quer por iniciativa própria[334]. O juiz cioso de suas funções, conclui, é aquele que sai à cata dos elementos de prova para bem decidir, aplicando a regra de julgamento apenas em último caso.

Por isso, lamenta a parca utilização prática desses poderes, o que decorreria, segundo seu diagnóstico, além do comodismo, da sobrecarga de trabalho e da mentalidade dominante em sentido contrário, fundada no temor de que essas investidas podem comprometer a imparcialidade do Estado-juiz, que encontra, no autor, resposta assaz conhecida: ao juiz não é dado, no instante em que determina a sua produção, adivinhar qual será o seu resultado[335]. Ademais, concebe o correto funcionamento do contraditório e da fundamentação das decisões judiciais como meios suficientemente eficazes de conjurar o risco de parcialidade[336]. Rechaça propostas de importação de expedientes

---

334 MOREIRA, José Carlos Barbosa. Imparcialidade: reflexos sobre a imparcialidade do juiz. In: *Temas de Direito Processual Civil*. Sétima série. São Paulo: Saraiva, 2001, p. 23.

335 MOREIRA, José Carlos Barbosa. O Juiz e a Prova. Revista dos Tribunais *Online*, Revista de Processo, vol. 35, p. 178-184, jul./set. 1984. O argumento é amplamente seguido pela doutrina do procedimento civil, como se vê, por todos, em: GODINHO, Robson. *Negócios Jurídicos Processuais sobre o Ônus da Prova*. São Paulo: Editora Revista dos Tribunais, 2015, p. 87-105, especialmente p. 92. Barbosa Moreira ainda argumenta que ninguém duvida da possibilidade e da conveniência de uma atividade instrutória oficiosa do juiz em alguns processos, como o penal. Contemporaneamente, contudo, há forte resistência aos poderes instrutórios do juiz no procedimento penal, como se vê em: COUTINHO, Jacinto Nelson de Miranda. Sistema acusatório: cada parte no seu lugar constitucionalmente demarcado. Revista de Informação Legislativa. Brasília, v. 46, n. 183, jul./set., 2009; CASARA, Rubens R. R. MELCHIOR, Antonio Pedro. *Teoria do Processo Penal Brasileiro*. Dogmática e Crítica: conceitos fundamentais. V. 1. Rio de Janeiro: Lumen Juris, 2013, p. 72-83; KHALED JR., Salah. *A Busca da Verdade no Processo Penal*. Para além da ambição inquisitorial. São Paulo: Atlas, 2013, *passim*; RITTER, Ruiz. *A imparcialidade no processo penal: reflexões a partir da teoria da dissonância cognitiva*. Dissertação (mestrado em Direito). 197/f. Pontifícia Universidade Católica do Rio Grande do Sul, Porto Alegre, 2016, *passim*; COSTA, Eduardo José da Fonseca. Processo: garantia de liberdade ou garantia de livramento? *Revista eletrônica Empório do Direito*. Disponível em: https://bit.ly/2W7Ta09). Posicionamentos que se reforçam com introdução do 3º-A no CPP, por força da Lei nº 13.964/2019, segundo o qual "o processo penal terá estrutura acusatória, vedadas a iniciativa do juiz na fase de investigação e a substituição da atuação probatória do órgão de acusação".

336 MOREIRA, José Carlos Barbosa. A Função Social do Processo Civil Moderno e o Papel do Juiz e das Partes na Direção e na Instrução do Processo. Revista dos

probatórios próprios do sistema anglo-saxão, estimando que a experiência da Europa continental e da América Latina, marcada por maior intervencionismo probatório dos juízes, é *"comprovadamente produtora de melhores frutos"*[337].

À guisa de arremate, sustenta que o incremento dos poderes instrutórios oficiosos do juiz não pode ser visto como sinônimo de autoritarismo porque é meio necessário para garantir a igualdade material. A proposta de "ativação probatória" do magistrado não representa, diz, supressão do caráter essencialmente dialético do processo, tampouco torna dispensável ou secundária a participação das partes; ela apenas força o reconhecimento de que as atividades delas e do juiz são complementares – verdadeiro "absurdo concebê-las como reciprocamente excludentes", diz. Em suma, "não há porque vincular a inspiração 'social' no processo à extravagante idéia de uma 'entronização' do juiz como suserano imposto à vassalagem das partes"[338].

Digna de nota é a obra de Rafael Sirangelo de Abreu dedicada às relações entre igualdade e processo[339]. Não é o caso de sumariá-la, mas de passar em revista os aspectos que são pertinentes à presente pesquisa: identificar quais são, para o autor, os corolários da busca de igualdade material *no* processo[340] e de que modo é (se é que é) equacionado o

---

Tribunais *Online*, Revista de Processo, vol. 37, p. 140-150, jan./mar. 1985. No mesmo sentido, por todos: BEDAQUE, José Roberto dos Santos. *Poderes Instrutórios do Juiz*. 7 ed. São Paulo: Editora Revista dos Tribunais, 2013, p. 119.

337 MOREIRA, José Carlos Barbosa. Imparcialidade: reflexos sobre a imparcialidade do juiz. In: *Temas de Direito Processual Civil*. Sétima série. São Paulo: Saraiva, 2001, p. 29.

338 MOREIRA, José Carlos Barbosa. A Função Social do Processo Civil Moderno e o Papel do Juiz e das Partes na Direção e na Instrução do Processo. Revista dos Tribunais *Online*, Revista de Processo, vol. 37, p. 140-150, jan./mar. 1985.

339 ABREU, Rafael Sirangelo. *Igualdade e Processo*. Posições processuais equilibradas e unidade do direito, São Paulo: Revista dos Tribunais, 2015.

340 O capítulo III da obra é dedicado à dimensão estrutural da igualdade, ali dividida entre: igualdade *ao* processo (referente a questões de acessibilidade econômica, técnica e geográfica), igualdade *no* processo (referente à condição dos sujeitos processuais e à técnica processual de igualação) e igualdade *pelo* processo (referente à padronização da interpretação do direito). Conferir: ABREU, Rafael Sirangelo. *Igualdade e Processo*. Posições processuais equilibradas e unidade do direito, São Paulo: Editora Revista dos Tribunais, 2015, p. 155-245. Dado o recorte da presente pesquisa, aqui importam apenas os temas tratados pelo autor à guisa de igualda-

problema do seu exercício com a dimensão funcional da garantia do contraditório, isto é, com o problema da imparcialidade[341].

Abreu relaciona a adaptabilidade do procedimento à igualdade, constituindo ela um norte tanto para o legislador, quanto para o juiz e as partes.

A adequabilidade enquanto norte para o legislador, inflige a quebra do dogma da ordinariedade e exige que o legislador institua procedimentos dotados de meios adequados e idôneos à prestação da tutela jurisdicional do direito material, consideradas as suas particularidades, levando em conta fatores subjetivos, objetivos e teleológicos, ou seja, o procedimento deve ser adequado à condição dos sujeitos envolvidos, ao objeto do processo e à função que desempenha[342]. Daí a construção de procedimentos especiais.

A adequabilidade enquanto norte para o juiz impõe que ele, sempre por decisão analiticamente fundamentada, adéque o procedimento às especificidades do caso concreto. Ele o fará por canais de abertura concedidos pelo próprio legislador, a serem manejados isoladamente (*v. g.* dinamização do ônus da prova) ou em conjunto com as partes (*v. g.* calendário processual), mas pode agir mesmo à míngua de autorização legal. No ponto, apresenta como parâmetro para o debate a ideia de *case management*, urdida na Inglaterra e nos EUA com o fito de envolver o julgador na triagem dos casos, estimular a autocomposição e permitir a flexibilização do procedimento *per officium iudicis*,

---

de *no* processo, diretamente relacionada à divisão de funções entre as partes e o Estado-juiz.

341 Para o autor, o art. 5°, caput, CRFB, enfatiza a ideia de igualdade material (=igualdade na lei), que obriga o legislador a não utilizar critérios intrinsecamente injustos e hostis à dignidade da pessoa humana. Estimando que uma das funções do direito é atenuar desigualdades, aduz que a igualdade reivindica medidas proativas do legislador e do aplicador, falando, inclusive, em princípio igualador, com espeque no art. 3°, III, CRFB. Conclui que da igualdade perante a lei (em sua aplicação) avançou-se para a igualdade, também, na lei (na criação ou formulação da lei). Conferir: ABREU, Rafael Sirangelo. *Igualdade e Processo*. Posições processuais equilibradas e unidade do direito, São Paulo: Editora Revista dos Tribunais, 2015, p. 38-39.

342 ABREU, Rafael Sirangelo. *Igualdade e Processo*. Posições processuais equilibradas e unidade do direito, São Paulo: Editora Revista dos Tribunais, 2015, págs. 206-208.

tudo com vistas a torna-lo menos complexo, mais rápido, mais barato e mais leal[343].

E a adequabilidade enquanto norte para as partes se manifesta através da possibilidade de flexibilização procedimental por meio de convenções típicas (*v. g.* escolha do perito, art. 471, CPC) e atípicas (*v. g.* cláusula geral de negociação, art. 190, CPC), devendo o juiz controlar a validade de tais avenças, examinando, inclusive, a igualdade das partes, mas sem se imiscuir em realizar juízo de conveniência. Ou seja, eventuais escolhas estratégicas ruins, mas lícitas, escapam ao controle judicial e devem ser absorvidas por quem as fez[344].

Examina, ainda, a questão da igualdade no campo probatório. Partindo da premissa de que não pode haver desvantagem de nenhuma das partes na possibilidade de produção de provas, aponta as experiências do *petrial protocols* e o sistema de *disclosure/discovery*[345] como úteis para debelar o problema da assimetria informacional entre os litigantes, minimizando desigualdades. Considera necessária, ainda, a concessão de amplos poderes de condução material ao juiz, inclusive para auxiliar a parte em posição de desigualdade frente ao contraditório em razão da inapetência de seu advogado. Destaca os poderes

---

343 ABREU, Rafael Sirangelo. *Igualdade e Processo*. Posições processuais equilibradas e unidade do direito, São Paulo: Editora Revista dos Tribunais, 2015, p. 209-210.

344 ABREU, Rafael Sirangelo. *Igualdade e Processo*. Posições processuais equilibradas e unidade do direito, São Paulo: Editora Revista dos Tribunais, 2015, p. 210-212.

345 ABREU, Rafael Sirangelo. *Igualdade e Processo*. Posições processuais equilibradas e unidade do direito, São Paulo: Editora Revista dos Tribunais, 2015, p. 213. De acordo com Eduardo Chemale Selistre Peña, o *pretrial protocols* consiste em "uma fase prévia à audiência na qual as partes devem buscar as provas e disponibilizá-las ao seu adversário antes de leva-las a julgamento", ao passo em que a *discovery* consiste no "procedimento pelo qual as partes litigantes de uma causa civil, supervisionadas à distância pelo juiz, localizam e preservam provas e evidências que dão substrato ao seu direito, para apresentá-las por oportunidade do julgamento perante o juiz ou o júri (...). É por meio da *discovery* que as partes conseguem colecionar as provas necessárias para fundamentar suas teses e, além disso, obtêm informações a respeito da força do caso do adversário. Consegue-se, destarte, antecipar quais serão as provas utilizadas pelo advogado da parte contrária. (...) nessa fase (...) as partes terão a oportunidade de questionar sobre a existência de provas em poder do adversário e que devem ser voluntariamente apresentadas (*disclosure*), sob pena de severa sanção a ser aplicada pelo juiz em razão da desobediência à corte (*contempt of court*) e de a prova não mais poder ser utilizada em favor da parte que deixou de apresentá-la (preclusão)". (PEÑA, Eduardo Chemale Selistre. *Poderes e Atribuições do Juiz*. São Paulo: Saraiva, 2014, p. 65-66).

instrutórios do juiz como meio de promoção do equilíbrio processual, admitindo, porém, a sua atuação apenas em caráter subsidiário[346], firme numa espécie de *"ativismo probatório equilibrado"*, querendo com isso conferir uma postura mais ativa ao juiz que, entretanto, não invada o papel das partes. Insere nesse rol a dinamização do ônus da prova (CPC, art. 373, § 1º), ressaltando que, com isso, os riscos do processo são repartidos de maneira equilibrada entre os litigantes, se bem que o juiz deva atentar para, a pretexto de igualar de um lado, não desigualar gravemente do outro, conferindo a uma das partes encargo de que seja difícil ou impossível se desincumbir[347] (CPC, art. 373, § 2º).

Por sua proeminência, é necessário referenciar as considerações de Cândido Rangel Dinamarco acerca da igualdade.

O autor parte da premissa de que o princípio da igualdade das partes resulta dos arts. 3º, III e 5º, *caput*, CRFB, cuja efetivação é dever tanto do legislador quanto dos juízes, ambos devem neutralizar desigualdades/promover a igualdade substancial. Reconhece a proximidade entre o tema da igualdade pelo juiz e o da imparcialidade judicial, manifestando a opinião de que "nem teria significado a preocupação pela imparcialidade do juiz, não fora com o fito de garantir aos sujeitos litigantes o tratamento isonômico indispensável para que, ao fim, o processo possa oferecer tutela jurisdicional a quem efetivamente tem razão"[348].

Apontando o fascínio que – e a expressão é dele – o *ideal de verdade* exerce sobre os homens, aduz que goza de boa aceitação a ideia de que o processo tem por função a sua descoberta[349]. Ressoando conhecido jogo de palavras, sustenta que imparcialidade não se confunde com indiferença e tacha de privatista – e antiquado, uma vez que o processo civil é ramo do direito público – o entendimento que confina as iniciativas probatórias ao agir das partes. Além do fato de que casos que

---

346 ABREU, Rafael Sirangelo. *Igualdade e Processo*. Posições processuais equilibradas e unidade do direito, São Paulo: Editora Revista dos Tribunais, 2015, 95 e ss.

347 ABREU, Rafael Sirangelo. *Igualdade e Processo*. Posições processuais equilibradas e unidade do direito, São Paulo: Editora Revista dos Tribunais, 2015, págs. 214-216.

348 DINAMARCO, Cândido Rangel. *Instituições de Direito Processual Civil*. V. I. 6 ed. São Paulo: Malheiros, 2009, págs. 213-214.

349 DINAMARCO, Cândido Rangel. *A Instrumentalidade do Processo*. 14 ed. São Paulo: Malheiros, 2009, p. 271.

versam direitos total ou parcialmente indisponíveis atraem a participação do Ministério Público com vistas à garantia do interesse público.

Destaca que desigualdades econômicas e culturais geram o risco de se perpetuarem deficiências probatórias que conduzem o processo a resultados distorcidos, e para evitar esses males atribui-se ao juiz "o dever de promover o equilíbrio das partes no processo, assegurando-lhes paridade de armas que o princípio isonômico exige"[350]. Isso joga luz sobre a relação de convergência funcional que ele estabelece entre a igualdade material e o contraditório, à ideia de que contraditório equilibrado é contraditório em igualdade[351].

Assim poderes instrutórios do juiz são um corolário do dever judicial de garantir a igualdade material. A seu juízo, a experiência revela que o exercício dos poderes instrutórios não corrompe a imparcialidade do juiz quando são exercidos com serenidade e consciência, empregados para suprir as deficiências probatórias das partes, de modo que possíveis e pontuais excessos não podem servir para tolher esse relevante poder[352].

Busca conter os excessos: o juiz julga segundo a verdade e a justiça, mas a verdade não pode ser, no processo, um fim e si mesma[353]. O juiz e o legislador devem saber onde levarão os esforços em busca da verdade e da justiça segundo a lei, evitando que o compromisso com a verdade

---

350 DINAMARCO, Cândido Rangel. *Instituições de Direito Processual Civil*. V. III. 6 ed. São Paulo: Malheiros, 2009, p. 53.

351 DINAMARCO, Cândido Rangel. *Instituições de Direito Processual Civil*. V. I. 6 ed. São Paulo: Malheiros, 2009, p. 215. Na mesma linha: "não há como supor que o contraditório possa ser violado em razão da participação do juiz. Na verdade, ele é fortalecido pela sua postura ativa, na medida em que também o juiz *participa do processo*. Ora, quando não existe paridade de armas, de nada adianta um contraditório formal. Alguém poderia afirmar que não é conveniente dar tal poder ao juiz, uma vez que isso pode comprometê-lo, ainda que psicologicamente, com a causa. Acontece que muitas situações concretas poderão ficar sem a devida solução caso se impeça o juiz de determinar provas de ofício. Na verdade, não deve existir diferença, para o juiz, entre querer que o processo conduza a resultado justo e querer que vença a parte – seja autora ou ré – que tenha razão." (MARINONI, Luiz Guilherme. ARENHART, Sérgio Cruz. MITIDIERO, Daniel. *Novo Curso de Processo Civil*. V. 1. 2 ed. São Paulo: Editora Revista dos Tribunais, 2016, p. 452).

352 DINAMARCO, Cândido Rangel. *Instituições de Direito Processual Civil*. V. III. 6 ed. São Paulo: Malheiros, 2009, p. 53.

353 DINAMARCO, Cândido Rangel. *A Instrumentalidade do Processo*. 14 ed. São Paulo: Malheiros, 2009, p. 272.

se degenere em extremos indesejáveis[354]. Com isso em vista, desaconselha, de ordinário, as iniciativas probatórias do juiz nos casos em que a lei dispensa a produção de provas (*v. g.*, quando a favor da alegação de fato milita presunção relativa de veracidade). E "o juiz não deve exceder-se em iniciativas probatórias ou liberalizar *ajuda* às partes, sob pena de transmudar-se em defensor e acabar por perder a serenidade"[355].

Nota-se uma clara convergência de fundo entre essas lições e as de Barbosa Moreira: o processo deve ser justo e para tanto deve vencer a parte que tem razão. No limite, imparcial é o juiz que participa ativamente para garantir a vitória de quem tem razão (resultado justo)[356].

---

354 DINAMARCO, Cândido Rangel. *A Instrumentalidade do Processo*. 14 ed. São Paulo: Malheiros, 2009, p. 272.

355 DINAMARCO, Cândido Rangel. *Instituições de Direito Processual Civil*. V. III. 6 ed. São Paulo: Malheiros, 2009, págs. 55-56.

356 Trata-se de ideia disseminada na processualística brasileira e que encontra, em alguns autores, defesas verdadeiramente incontidas: "O juiz, nesse contexto, seria parcial se assistisse inerte, como um espectador a um duelo, ao massacre de uma das partes, ou seja, se deixasse de interferir para tornar iguais partes que são desiguais. A interferência do juiz na fase probatória, vista sob este ângulo, não o torna parcial. Ao contrário, pois tem a função de impedir que uma das partes venha a vencer o processo, não porque tenha o direito, que assevera ter, mas porque, por exemplo, é economicamente mais favorecida que a outra. A circunstância de uma das partes ser hipossuficiente pode levar a que não consiga demonstrar e provar o direito que efetivamente tem. E o processo foi concebido para declarar, *lato sensu*, o direito que uma das partes tenha, e não para retirar direitos de quem os tem ou dá-los a quem não os tem". (WAMBIER, Teresa Arruda Alvim. Anotações sobre o Ônus da Prova. Disponível em: https://bit.ly/2xGJpvT. Acesso em 02.02.2020); "A determinação de produção de provas de ofício, embora em consonância com as premissas do caráter público da atuação jurisdicional, enfrenta dúvidas e resistências. Tem-se que o juiz afronte o princípio da igualdade entre as partes e se torne parcial ao produzir provas de ofício. Mas, muitas vezes, quando determina a produção de uma prova, o juiz nem sequer sabe a quem o resultado dela beneficiará (p. ex., a realização de uma perícia). Mas, mesmo quando já é possível saber de antemão quem será o beneficiado por uma prova (p. ex., a determinação de ofício de juntada aos autos de um documento, cujo conteúdo claramente comprovará a afirmação de fato feita por uma parte), não se pode dizer que o juiz está sendo parcial ao determinar sua produção. Não há nisso nenhuma ofensa à imparcialidade (tal como não é parcial o juiz proferir a sentença em favor da parte que tem razão): é própria da essência da jurisdição, dar razão a quem... tem razão. Ofensivo à imparcialidade seria, nesse caso, o juiz, sabendo da existência daquela prova, omitir-se de produzi-la, e assim beneficiar a parte que não tem razão". (WAMBIER, Luiz Rodrigues. TALAMINI, Eduardo. *Curso Avançado de Processo Civil*. V. 2. 16 ed. São Paulo: Editora Revista dos Tribunais, 2016, p. 229).

O professor das Arcadas de São Francisco observa, ainda, que a prática da isonomia não se limita aos poderes de condução formal e material do processo, também deve se manifestar no julgamento. Para ele, o processo équo ou justo "é aquele feito segundo legítimos parâmetros legais e constitucionais e que ao fim produza resultados justos"[357].

Refazendo seus passos para entender o que considera um resultado justo, encontra-se menção à necessidade de o juiz modero possuir sensibilidade para interpretar os textos legais à luz das exigências sociais do seu tempo. Ao atribuir sentido aos textos legais entram suas convicções sócio-políticas, que hão de refletir as aspirações da própria sociedade – donde tender a ser injusto o magistrado que se mantém indiferente às escolhas axiológicas da nação[358]. Daí a importância da jurisprudência na evolução do direito[359].

Entretanto, adverte que o juiz não cria direito, embora seja, tanto quanto o legislador, agente estatal portador da missão de decidir segundo as escolhas da sociedade, devendo, por isso, ater-se aos lindes da lei e dos valores que o clima axiológico da sociedade projeta *in casu*. Reprova a livre invenção jurídica, mas pondera que em caso de hiato profundo e insuperável entre o texto legal e os sentimentos da nação, a lei perde legitimidade e abre-se ensejo para a legitimação das sentenças

---

357 DINAMARCO, Cândido Rangel. *Instituições de Direito Processual Civil*. V. I. 6 ed. São Paulo: Malheiros, 2009, p. 215.

358 Nas exatas palavras do autor: "esses preceitos abstratos e genéricos são construídos com vista a situações normais previstas e a partir de hipóteses de fato absolutamente claras a quem os estabelece; e a realidade da vida que chega ao juiz, no drama de cada processo, é muito mais complexa e intrincada, solicitando dele uma sensibilidade muito grande para a identificação dos fatos e enquadramento em categorias jurídicas, para a descoberta da própria verdade quanto às alegações de fato feitas pelos litigantes e sobretudo para a determinação do preciso e atual significado das palavras contidas na lei. Examinar as provas, intuir o correto enquadramento jurídico e interpretar de modo correto os textos legais à luz dos grandes princípios e das exigências sociais do tempo — eis a grande tarefa do juiz, ao sentenciar. Entram aí as convicções sócio-políticas do juiz, que hão de refletir as aspirações da própria sociedade; o juiz indiferente às escolhas axiológicas da sociedade e que pretenda apegar-se a um exagerado literalismo exegético tende a ser injusto, porque pelo menos estende generalizações a pontos intoleráveis, tratando os casos peculiares como se não fossem portadores de peculiaridades, na ingênua crença de estar com isso sendo fiel ao direito". (DINAMARCO, Cândido Rangel. *A Instrumentalidade do Processo*. 14 ed. São Paulo: Malheiros, 2009, p. 230-231).

359 DINAMARCO, Cândido Rangel. *A Instrumentalidade do Processo*. 14 ed. São Paulo: Malheiros, 2009, págs. 231-232.

que se afastem do que ela em sua criação veio a ditar. Seja como for adverte sobre a ilegitimidade decisória "no caso de exagerada literalidade no trato da lei penal em tempos de clamor público e contra a violência urbana e clima de insegurança"[360].

Argumenta que a liberdade interpretativa reclamada pela prática da igualdade, que lhe confere legitimidade, permite que o juiz ascenda aos valores da sociedade para captá-los e compreendê-los com sensibilidade e autêntica fidelidade ao universo axiológico que lhe é exterior, "nada mais". O magistrado "coloca-se como *válido canal de comunicação entre os valores vigentes na sociedade e os casos concretos em que atua*", atividade de "revelação inteligente" do direito, não de sua criação[361].

Assim, o escopo jurídico da jurisdição tem levado ao reconhecimento do poder judicial de adaptar os julgamentos às realidades sociais, políticas e econômicas em derredor dos casos postos para julgamento. No entanto, adverte que daí não se segue uma espécie de autorização para a criação judicial do direito, como se cada juiz tivesse liberdade para decidir segundo suas preferências pessoais, sob pena de se instaurar a ditatura judiciária, para a ruína do *due process of law* e do Estado de Direito[362]. O juízo do bem e do mal com que a nação pretende ditar critérios para a vida comum pertence ao Estado, não ao juiz. Este "pensa no caso concreto e cabe-lhe, apenas, com sua sensibilidade, buscar no sistema do direito positivo e nas razões lhe estão à base, a justiça do caso"[363].

Mais uma vez o pensamento se encontra com o de Barbosa Moreira, que defende não só uma postura mais ativa dos juízes na condução

---

360 DINAMARCO, Cândido Rangel. *A Instrumentalidade do Processo*. 14 ed. São Paulo: Malheiros, 2009, págs. 233-235.

361 DINAMARCO, Cândido Rangel. *Instituições de Direito Processual Civil*. V. I. 6 ed. São Paulo: Malheiros, 2009, p. 140.

362 Conclui: "as preferências axiológicas, éticas, sociais, políticas ou econômicas do juiz, enquanto opções pessoais, não podem prevalecer assim e impor-se imperativamente mediante atos que não são dele mas do Estado". (DINAMARCO, Cândido Rangel. *Instituições de Direito Processual Civil*. V. I. 6 ed. São Paulo: Malheiros, 2009, p. 139-140).

363 DINAMARCO, Cândido Rangel. *A Instrumentalidade do Processo*. 14 ed. São Paulo: Malheiros, 2009, p. 235.

formal e material dos feitos, mas assumindo o papel de veículos de "evolução do direito"[364].

Pois bem. Outros autores poderiam ser aqui citados. Mas já estão postos, no essencial, as propostas e os fundamentos presentes nas mais diversas abordagens que a doutrina brasileira apresenta acerca do que se pode chamar de função social do processo. Passa-se, agora, ao seu exame crítico, incluindo, quando necessário, outros autores e propostas.

3.3. CRÍTICA DA FUNÇÃO SOCIAL DO PROCESSO: IGUALDADE E PODERES INSTRUTÓRIOS DO JUIZ

Passa-se ao exame crítico das propostas acima descritas, começando pela relação entre igualdade e poderes instrutórios. Antes, porém, estabelecem-se algumas premissas sobre o direito probatório.

3.3.1. BREVES CONSIDERAÇÕES SOBRE DIREITO PROBATÓRIO: CONCEITO, FONTE, OBJETO, MEIO E FINALIDADE DA PROVA

"Como o direito não é um sistema nomológico-dedutivo, em que seus enunciados derivem implicacionalmente de outros enunciados, um sistema formal fechado, mas um sistema empírico aberto aos fatos, os fatos nele ingressam através de normas", ensina Lourival Vilanova[365].

Aurora Tomazini de Carvalho assere que os fatos jurídicos, responsáveis pela dinâmica do direito, ingressam na ordem jurídica consoante as regras por ele prescritas atinentes ao "procedimento específico a ser realizado por agente competente, e prescrevendo os instrumentos ca-

---

364 "não surpreende, a essa luz, ouvir de vozes autorizadas que hoje o papel primacial do processo civil está deslocado da simples solução de litígios para a geração de benefícios sociais – numerosos e variados, inclusive o desenvolvimento do direito do direito por meio de decisões judiciais". (MOREIRA, José Carlos Barbosa. Neoprivatismo no Processo Civil. In: *Temas de Direito Processual*. Nova série. São Paulo: Saraiva, 2001, p. 206). Até o exemplo é convergente: o reconhecimento, primeiro pela jurisprudência, dos direitos decorrentes da relação de concubinato: MOREIRA, José Carlos Barbosa. Neoprivatismo no Processo Civil. In: *Temas de Direito Processual*. Nova série. São Paulo: Saraiva, 2001, p. 206; DINAMARCO, Cândido Rangel. *A Instrumentalidade do Processo*. 14 ed. São Paulo: Malheiros, 2009, p. 232.

365 VILANOVA, Lourival. *Causalidade e Relação no Direito*. 5 ed. São Paulo: Noeses, 2015, 28. Destaques do original.

pazes de vincular juridicamente informações sobre os fatos sociais"[366]. Daí Fabiane Del Padre Tomé sustentar que prova "é a linguagem escolhida pelo direito que não vai apenas dizer que um evento ocorre, mas atuar na própria construção do fato jurídico"[367].

Nessa linha, e adaptando o conceito de Roberto Sartório Júnior, conceitua-se aqui prova como enunciado que servirá de instrumento para a constituição do fato jurídico objeto do processo, construído em conformidade com as regras do sistema do direito positivo – incluídos os meios de prova não tipificados, mas moralmente legítimos (CPC, art. 369) – com vistas a propiciar uma conexão entre o evento e o fato ao enquadrar este à norma por meio da decisão judicial (norma individual e concreta que ultima o processo de positivação)[368].

---

366 CARVALHO, Aurora Tomazini de. *Teoria Geral do Direito*. O constructivismo lógico-semântico. Tese (doutorado em Direito). Data da Defesa: 06/09/2009. 623f. Pontifícia Universidade Católica de São Paulo, São Paulo, 2009, p. 406.

367 TOMÉ, Fabiana Del Padre. *A Prova no Direito Tributário*. 4 ed. São Paulo: Noeses, 2016, p. 88.

368 SARTÓRIO JUNIOR, Roberto. *A Distribuição do Ônus da Prova em Matéria Tributária*. Dissertação (mestrado em Direito). 141f. Universidade Federal do Espírito Santo, Vitória, 2019, p. 46. Bastante elucidativa a exemplificação de Aurora Tomazini de Carvalho: "Para que um sujeito, por exemplo, tenha direito à indenização em razão de um acidente de trânsito, primeiramente ele deve alegar a ocorrência deste acidente. Não basta, para tanto, porém, que se dirija ao fórum da cidade e relate o acontecido ao juiz. Tal fato, ainda que alegado, não se reveste de linguagem competente capaz de ensejar o efeito motivador do processo da aplicação da norma de indenização. É preciso que ele seja produzido nos termos do direito, ou seja, por petição inicial, redigida por advogado e protocolada junto ao cartório distribuidor. A produção da petição inicial, ato motivador, que insere no sistema o fato alegado, também deve obedecer a certos requisitos fixados pelo direito (art. 282 CPC), sob pena da alegação por ela vinculada não prosperar juridicamente. Juridicizado, o fato alegado deve ser provado. Aquele que não tem como provar seu direito, registra MARIA RITA FERRAGUT, é, para o mundo jurídico, como se não o tivesse. Ao direito só é possível conhecer a verdade do fato alegado por meio das provas. Se a ocorrência nele descrita não puder ser suficientemente provada, ela não existirá juridicamente. Neste sentido, são as provas jurídicas, e tão-somente elas, que proporcionam, para o direito, o conhecimento dos fatos tidos, por ele, como relevantes. É por meio delas que o evento é atestado e que os fatos jurídicos são constituídos e mantidos no sistema" (CARVALHO, Aurora Tomazini de. *Teoria Geral do Direito*. O constructivismo lógico-semântico. Tese (doutorado em Direito). Data da Defesa: 06/09/2009. 623f. Pontifícia Universidade Católica de São Paulo, São Paulo, 2009, págs. 407-408.).

A fonte de prova é objeto de divergência doutrinária, disputando-se, normalmente, se são os fatos ou as alegações de fato[369]. O tema pode ser visto por outro ângulo, porém. Tárek Moysés Moussallem sustenta que fonte é origem, proveniência, foco criador[370]. Assim, nem o fato nem a alegação de fato é fonte de prova. O fato não ingressa em estado bruto no processo, nem a sua alegação. Todo pronunciamento de mérito decide sobre o fato. O enunciado probatório integra o antecedente da norma decisória. Ilustrativamente: "dado que se considerou provado o fato X, condena-se o réu a pagar X ao autor". Assim, a fonte da prova não é senão a atividade humana produtora do enunciado probatório, ato de enunciação que se esvai no tempo e no espaço[371].

O objeto da prova são as alegações de fato formuladas pelas partes. A sua função é da maior importância. A fonte da prova é a enunciação do magistrado, que se esvai no tempo e no espaço[372], a atividade de enunciação não se há de desenvolver livremente, sem critérios. Ela deve levar em consideração as e está limitado às alegações de fato formuladas pelas partes[373]. Cumpre-lhe fundamentar para conferir realidade exter-

---

369 "os meios de prova são as técnicas desenvolvidas para se extrair a prova da fonte de onde ela jorra (ou seja, da fonte). São fontes de prova as coisas, as pessoas e os fenômenos. Os meios de prova são "pontes através dos quais os fatos passam para chegar, primeiro, aos sentidos, depois à mente do juiz". (DIDIER JR., Fredie. BRAGA, Paula Sarno. OLIVEIRA, Rafael Alexandria de. *Curso de Direito Processual Civil*. V. 2. 11 ed. Salvador: JusPodivm, 2016, p. 45). Já se viu anteriormente que fato é considerado o relato linguístico de um evento. Nesses termos, a expressão "alegações de fato" é redundante.

370 MOUSSALEM, Tárek Moysés. *Fontes do Direito Tributário*. Noeses. 2006, p. 105.

371 Daí se concordar com Roberto Sartório Junior quando afirma que "a fonte das provas é a enunciação que, segundo José Luiz Fiorin é o "ato de produzir enunciados, que são as realizações linguísticas concretas". Nessa linha de raciocínio, a origem da prova é atrelada à atividade do ser humano que produz o enunciado. À medida que o sujeito competente produz atos de fala, estes são traduzidos como decisões, consequências jurídicas serão verificadas no caso concreto. A enunciação da prova, portanto, é um acontecimento no mundo fenomênico que antecede o enunciado prescritivo, de modo a ser regulada depois que o produto formado adentrar no sistema do direito positivo." (SARTÓRIO JUNIOR, Roberto. *A Distribuição do Ônus da Prova em Matéria Tributária*. Dissertação (mestrado em Direito). 141f. Universidade Federal do Espírito Santo, Vitória, 2019, p. 48).

372 MOUSSALEM, Tárek Moysés. *Fontes do Direito Tributário*. Noeses. 2006, p. 105.

373 CARVALHO, Aurora Tomazini de. *Teoria Geral do Direito*. O constructivismo lógico-semântico. Tese (doutorado em Direito). Data da Defesa: 06/09/2009. 623f. Pontifícia Universidade Católica de São Paulo, São Paulo, 2009, p. 408.

na objetiva positiva ao percurso cognitivo trilhado para decidir sobre os fatos, pois assim se torna possível controlar a decisão a respeito, já que a enunciação se esvai.

Os meios de prova são as técnicas, os meios adequados para fixar as alegações de fato formuladas pelas partes, como o depoimento pessoal, a perícia, a inspeção judicial etc.[374]

A finalidade da prova também é objeto de divergência. Vitor de Paula Ramos sustenta que a finalidade da prova é a obtenção da verdade. A rigor, o autor entende que a descoberta da verdade não é apenas a finalidade da prova, mas do processo. Como o processo justo é orientado à busca da verdade, a prova deixa de ser ônus para ser um dever das partes[375].

A visão não é livre de críticas[376]. Apontando a apropriação pragmática do discurso de que a verdade é finalidade do processo, Leonard Ziesemer Schmitz aduz que "o que parece surgir nesse ponto é o apego (...) à ideia de que ou o julgador se crê de posse da verdade, ou contenta-se com uma mentira contada nos autos"[377]. Trata-se da defesa de que o processo deve perseguir a "verdade real", álibi retórico que pretende justificar a confiança no juiz (subjetivismo e argumento de autoridade na decisão sobre os fatos). O discurso invoca a existência de uma verdade que deve ser perseguida pelo juiz, embora reconheça que não se pode garantir se a verdade foi descoberta. Como anotam Lenio Streck, Igor Raatz e William Galle Dietrich, cai-se numa insolúvel contradição filosófica: a "verdade real" parte de um objetivismo ideal para,

---

374 DIDIER JR., Fredie. BRAGA, Paula Sarno. OLIVEIRA, Rafael Alexandria de. *Curso de Direito Processual Civil*. V. 2. 11 ed. Salvador: JusPodivm, 2016, p. 45. Semelhante: BADARÓ, Gustavo Henrique Righi Ivahy. *Ônus da Prova no Processo Penal*. São Paulo: Editora Revista dos Tribunais, 2003, p. 167.

375 Por todos: RAMOS, Vitor de Paula. *Ônus da Prova no Processo Civil*: do ônus ao dever de provar. 2 ed. em e-book baseada na 2ª ed. impressa. São Paulo: Thomson Reuters Brasil, 2019, *passim*.

376 Por todos: COSTA, Eduardo José da Fonseca. Direito deve avançar sempre em meio à relação entre prova e verdade. *Consultor Jurídico,* São Paulo, 20 dez. 2016. Opinião. Disponível em: https://bit.ly/2WAXwMZ. Acesso em 20.01.2020.

377 SCHMITZ, Leonard Ziesemer. *Raciocínio Probatório por Inferências*. Critérios para o uso e controle das presunções judiciais. Tese (doutorado em Direito). Data da Defesa: 25/09/2018. 324f. Pontifícia Universidade Católica de São Paulo, São Paulo, 2018, p. 131.

em um segundo momento, relegar tudo a solipsismo do julgador[378]. Fomentar o credo da verdade sob essas bases é promover o mito do rito e o ofuscamento do subjetivismo. Atenção: não se está menoscabando o rito/procedimento. É nele que as garantias processuais atuam. Ele próprio é uma garantia. O problema está na mitificação do rito, o que conduz à validação do resultado do procedimento cognitivo, qualquer que seja ele, como sendo verdade[379]. Como o cumprimento do rito não assegura, *per se*, a descoberta da verdade correspondente, tal mitificação ofusca o subjetivismo. Nesse contexto, anota Roberta Maia Gresta, a percepção dos fatos é assumida como os fatos em si, tamanha a permanência da valorização do elemento sensitivo[380].

Não se trata de discutir se é possível ou não descobrir a verdade – debate que também transcende o objeto deste estudo –, mas de constatar que tal como comumente veiculado o argumento da busca da verdade tem servido para encriptar o arbítrio na decisão sobre os fatos[381], ignorando a existência ou a importância de fatores que escapam à raciona-

---

378 STRECK, Lenio Luiz. RAATZ, Igor Raatz. DIETRICH, William Galle. Sobre um Possível Diálogo entre a Crítica Hermenêutica e a Teoria dos Standards Probatórios: notas sobre valoração probatória em tempos de intersubjetividade. *Novos Estudos Jurídicos*. V. 22, n. 2, 2017, págs. 390-416, disponível em <https://bit.ly/2U92azt>.

379 SCHMITZ, Leonard Ziesemer. *Raciocínio Probatório por Inferências*. Critérios para o uso e controle das presunções judiciais. Tese (doutorado em Direito). Data da Defesa: 25/09/2018. 324f. Pontifícia Universidade Católica de São Paulo, São Paulo, 2018, p. 131.

380 GRESTA, Roberta Maia. Presunção e prova no espaço processual: uma reflexão epistemológica. In: *Direito Probatório*. Temas atuais. Orgs: Ronaldo Brêtas de Carvalho Dias, Carlos Henrique Soares, Mónica Bustamante Rúa, Liliana Damaris Pabón Giraldo, Francisco Rabelo Dourado de Andrade. Belo Horizonte: Editora D'Plácido, 2016, p. 283.

381 STRECK, Lenio Luiz. (STRECK, Lenio Luiz. *Dicionário de Hermenêutica Jurídica*. Quarenta temas fundamentais da teoria do direito à luz da crítica hermenêutica do direito. Belo Horizonte: Letramento / Casa do Direito, 2017, p. 287; SCHMITZ, Leonard Ziesemer. *Raciocínio Probatório por Inferências*. Critérios para o uso e controle das presunções judiciais. Tese (doutorado em Direito). Data da Defesa: 25/09/2018. 324f. Pontifícia Universidade Católica de São Paulo, São Paulo, 2018, p. 133 e ss.

lidade[382]. De modo que desatrelar o processo e as provas da descoberta da verdade não implica perda, mas ganho de racionalidade[383].

Contudo, não adianta superar a relação entre processo, prova e verdade se se permanecer insistindo na ideia de que a prova serve à formação da convicção do juiz, concepção que impede o controle hermenêutico da decisão sobre os fatos, mormente em razão da incipiência dos estudos sobre *standards* de prova no Brasil[384].

É claro que substituir o modelo subjetivo de valoração de provas (a finalidade da prova é a captura psíquica do juiz) pelo modelo objetivo (a finalidade da prova é oferecer justificativa racional acerca das alegações de fato, independentemente do convencimento pessoal do julgador) não significa negar o papel do convencimento na tomada

---

382 Destacando que no raciocínio probatório estão presentes tanto a racionalidade quanto a irracionalidade e ou o inconsciente: SOARES, Carlos Henrique. Reflexiones filosóficas sobre la prueba y verdad en el proceso democrático. In: *Direito Probatório*. Temas atuais. Orgs. Ronaldo Brêtas de Carvalho Dias, Carlos Henrique Soares, Mónica Bustamante Rúa, Liliana Damaris Pabón Giraldo, Francisco Rabelo Doutrado de Andrade. Belo Horizonte: Editora D'Plácido, 2016, p. 53.

383 "Não estamos, ao buscar por algo que não se sabe o que é e onde está, correndo tanto o risco de encontrar quanto de deformar a realidade? Daí fixarmos, nesta tese, a premissa de que a busca pela verdade não é finalidade institucional do processo, tampouco das provas. Afinal, do ponto de vista pragmático, justificar um enunciado e demonstrar a sua "verdade" são tarefas semelhantes, quase idênticas.488 Sendo assim, a vantagem do abandono da verdade em detrimento da justificação é o ganho qualitativo na sinceridade dos argumentos, proveniente do afastamento do risco do uso vazio do verdadeiro como critério de legitimação. Quer dizer, se verdade e justificação são a mesma coisa, é melhor não permitir que as investigações circundem sempre a verdade, pois sua disfuncionalidade enquanto *criptoargumento* é um risco latente, sempre presente no discurso judicial". (SCHMITZ, Leonard Ziesemer. *Raciocínio Probatório por Inferências*. Critérios para o uso e controle das presunções judiciais. Tese (doutorado em Direito). Data da Defesa: 25/09/2018. 324f. Pontifícia Universidade Católica de São Paulo, São Paulo, 2018, p. 136)

384 SCHMITZ, Leonard Ziesemer. *Raciocínio Probatório por Inferências*. Critérios para o uso e controle das presunções judiciais. Tese (doutorado em Direito). Data da Defesa: 25/09/2018. 324f. Pontifícia Universidade Católica de São Paulo, São Paulo, 2018, p. 159. Em julgado citado por Schmitz, o STJ secundou decisão que desconsiderou laudo pericial em homenagem ao livre convencimento motivado do julgador e do emprego de máximas da experiência: "Conforme posição sólida do STJ, o juiz não está vinculado às conclusões do laudo pericial, em razão do princípio da livre convicção, se as regras de experiência e os demais elementos de prova permitirem juízo em sentido contrário à opinião do perito" (AgInt no AREsp 1.118.062/DF, rel. Min. Marco Buzzi, 4ª T. j. em 16/11/2017, DJe 22/11/2017).

da decisão. Humano, o juiz valora para decidir e decide quando está convencido, ainda que nos processos decisórios concorram elementos de racionalidade consciente e irracionalidade inconsciente, resultando em racionalidade limitada[385].

A questão é saber se os critérios que governam o convencimento devem ser *preponderantemente* subjetivos e internos ou objetivos e externos à sua psique. Sendo subjetivos e internos, as decisões não se tornam passíveis de controle intersubjetivo e o juiz, livre para decidir apenas em conformidade com a sua opinião pessoal. Sendo objetivos e externos, as decisões se tornam passíveis de controle intersubjetivo e o juiz, compelido a tomar decisões não necessariamente coincidentes com a sua opinião pessoal.

A prova deve ser tal que justifique racionalmente a decisão acerca dos fatos, independentemente da captura psíquica do magistrado. Ele deve decidir em determinado sentido porque há provas capazes de justificar essa decisão, e não porque ele está subjetivamente convencido de que os fatos se deram de tal modo. É necessário desinflacionar a liberdade interpretativa do juiz porque é na formalização da relação entre os elementos fáticos que podem surgir problemas relacionados à hipertrofia do arbítrio interpretativo, conduzindo, no limite, à conclusão de que "o fato de um julgador não se demonstrar convencido de uma prova implicaria que qualquer outra solução é uma inverdade e que nenhum outro intérprete, de posse da razão, agiria diferentemente"[386]. Precisamente aqui se perde qualquer possibilidade de controle intersubjetivo sobre a decisão dos fatos.

---

385 SOARES, Carlos Henrique. Reflexiones filosóficas sobre la prueba y verdad en el processo democrático. In: *Direito Probatório. Temas Atuais.* Orgs: Ronaldo Brêtas de Carvalho Dias, Carlos Henrique Soares, Mónica Bustamante Rúa, Liliana Damaris Pabón Giraldo, Francisco Rabelo Dourado de Andrade. Belo Horizonte: Editora D'Plácido, 2016, p. 53.

386 SCHMITZ, Leonard Ziesemer. *Raciocínio Probatório por Inferências.* Critérios para o uso e controle das presunções judiciais. Tese (doutorado em Direito). Data da Defesa: 25/09/2018. 324f. Pontifícia Universidade Católica de São Paulo, São Paulo, 2018, p. 163. E prossegue, na mesma página: Acontece que "a simples circunstância de existir no juiz um estado psicológico de convencimento acerca de determinada hipótese fática não oferece nenhuma garantia per se de que tal hipótese mereça ser aceita". Pelo contrário, "qualquer concepção de verdade que exija como premissa um determinado estado mental (isto vale para a certeza e para a convicção) é, desde sempre, subjetivista".

Por isso, adota-se o posicionamento de que a finalidade da prova é fornecer elementos capazes de justificar racionalmente uma decisão acerca das alegações de fato[387], o que não se confunde com a formação da convicção subjetiva do juiz, como se retomará adiante[388].

Fixadas essas noções passa-se ao exame da relação entre o caráter dos poderes instrutórios do juiz (dever ou faculdade) e a igualdade.

3.3.2. IGUALDADE E PODERES INSTRUTÓRIOS: UMA RELAÇÃO DE REALIZAÇÃO OU FRAGILIZAÇÃO?

Nos termos do art. 370, CPC, caberá ao juiz, de ofício ou a requerimento da parte, determinar as provas necessárias ao julgamento do mérito.

Assim, à luz do direito positivo infraconstitucional, produzir provas é função do juiz. Resta verificar se essa atribuição de competência é constitucional.

O primeiro fundamento invocado para defender a constitucionalidade é a igualdade: os poderes instrutórios seriam um meio de promoção da igualdade. Leonardo Greco é categórico: os poderes instrutórios constituem "um importante fator de equalização das desigualdades processuais"[389].

---

387 "para dizer que um fato está provado – e especialmente para afirmar justificadamente que uma hipótese presumida deve ser aceita – o critério repousa muito mais na constatação de que há motivos suficientes para dizer que o fato narrado deve ser aceito como provado no caso concreto"". (SCHMITZ, Leonard Ziesemer. *Raciocínio Probatório por Inferências*. Critérios para o uso e controle das presunções judiciais. Tese (doutorado em Direito). Data da Defesa: 25/09/2018. 324f. Pontifícia Universidade Católica de São Paulo, São Paulo, 2018, p. 164). Também criticando o entendimento de que a finalidade da prova é formar a convicção do juiz, por todos: PAOLINELLI, Camilla de Mattos. *O Ônus da Prova no Processo Democrático*. Dissertação (mestrado em Direito). Data da defesa: 10/04/2014. 220f. Pontifícia Universidade Católica de Minas Gerais, Belo Horizonte, 2014, págs. 46-47.

388 Apontando que a finalidade da prova é a de convencer o juiz, por todos: MARINONI, Luiz Guilherme. ARENHART, Sérgio Cruz. *Prova e Convicção*. 3 ed. São Paulo: Editora Revista dos Tribunais, 2015, p. 65.

389 GRECO, Leonardo. Publicismo e privatismo no processo civil. Revista dos Tribunais *Online*, Revista de Processo, vol. 164, p. 29-56, out./2008. No mesmo sentido, por todos: BEDAQUE, José Roberto dos Santos. *Poderes Instrutórios do Juiz*. 7 ed. São Paulo: Editora Revista dos Tribunais, 2013, p. 105 e ss.

E, de fato, os poderes instrutórios podem promover a igualdade. Basta pensar no caso em que o magistrado determina a produção de um meio de prova referido nos autos (conhecido) e relevante para o julgamento sobre o qual silenciou injustificadamente o advogado da parte. Tal providência nivela a atuação dos litigantes sob o aspecto técnico-jurídico, promovendo a igualdade.

Entretanto, visto o tema com mais atenção, pode-se chegar à conclusão contrária: os poderes instrutórios fragilizam a igualdade.

O primeiro ponto que chama a atenção é a dificuldade da doutrina de definir se o art. 370, CPC, institui uma faculdade ou um dever do juiz. Como bem sintetiza Robson Godinho:

> Se a iniciativa probatória oficial for considerada uma faculdade, o descontrole do critério judicial será absoluto e o arbítrio, coonestado; se for considerada um dever, ou poder-dever, o processo se tornará cada vez mais inquisitivo e a obrigatoriedade da instrução oficial ensejará problemas outros; se se eliminar a instrução oficial, será padronizada a omissão, mas os valores que fundamentam a participação do juiz serão sacrificados; se se limitar a atividade instrutória judicial em alguns casos, como somente em direitos indisponíveis, haverá a admissão que a disponibilidade enseja a indiferença no resultado do processo, sem contar a dificuldade intrínseca de se definir o que deve ser considerado indisponível[390].

Ora, se a igualdade é o (ou pelo menos um dos) fundamento(s) dos poderes instrutórios, é intuitivo afirmar que se trata de um dever do juiz. Ao direito fundamental de igualdade material das partes corresponderia, dentre outras coisas, o dever do juiz de produzir provas de ofício para neutralizar desigualdades. Nesse sentido, o seu exercício não poderia ficar ao talante do julgador.

Acontece que os autores favoráveis aos poderes instrutórios comumente sustentam que "a finalidade da prova é atingir o convencimento do juiz"[391], o que estabelece uma associação entre os poderes instrutórios e o modelo subjetivo de valoração de provas. O juiz defere ou indefere as provas requeridas pelas partes e toma, ou não, a iniciativa oficiosa de determinar a sua produção quando estima, subjetivamente, a sua relevância para o julgamento. Ou seja, os poderes instrutórios

---

390 GODINHO, Robson. *Negócios Processuais sobre Ônus da Prova no Novo Código de Processo Civil*. São Paulo: Editora Revista dos Tribunais, 2015, págs. 98-99.

391 XAVIER, Trícia Navarro. *Poderes Instrutórios do Juiz no Processo de Conhecimento*. Dissertação (mestrado em Direito). Data da defesa: 01/07/2008. 172f. Universidade Federal do Espírito Santo, Vitória, 2008, p. 14.

oficiosos do juiz só serão exercidos quando o magistrado ainda não estiver pessoalmente convencido. Destarte, os poderes instrutórios são uma faculdade do juiz.

De fato, presa a esse fundamento (formação da convicção pessoal do juiz), a doutrina não consegue estabelecer critérios consistentes para definir – e (de)limitar – os pressupostos de exercício dos poderes instrutórios pelo juiz. Como bem demonstra Leonard Ziesemer Schmitz, os defensores da "ativação probatória" do magistrado argumentam que "a iniciativa probatória é inerente à função judicante", devendo o julgador determinar a produção de meios de provas de ofício quando perceber que "a verdade está ao seu alcance", para justificar "uma decisão justa". No entanto, não definem as condições para estabelecer: a relação entre justiça, prova e verdade; se a verdade está ou não ao alcance do juiz; por que a aplicação da regra de julgamento é uma solução injusta; por que produzir provas é inerente à função de julgar. De modo que o exercício dessa função fica suscetível ao arbítrio do juiz[392].

Avulta a perplexidade: se os direitos fundamentais dos cidadãos são instituições que imputam obrigações (positivas ou negativas) ao Estado, um corolário da igualdade pode ficar suscetível ao arbítrio do juiz, titular de uma faculdade despida de pretensões correlatas?[393]

Aparentemente, o problema seria resolvido substituindo o modelo subjetivo de valoração de provas pelo modelo objetivo de valoração de provas. Concorda-se com a necessidade de adoção do sistema objetivo de valoração de provas, mas isso não transforma o caráter dos poderes instrutórios de faculdade em dever.

Em primeiro lugar, porque não há relação de causa e efeito entre a adoção de um sistema objetivo de valoração de provas e o dever judi-

---

392 SCHMITZ, Leonard Ziesemer. *Raciocínio Probatório por Inferências*. Critérios para o uso e controle das presunções judiciais. Tese (doutorado em Direito). Data da Defesa: 25/09/2018. 324f. Pontifícia Universidade Católica de São Paulo, São Paulo, 2018, p. 148-150. No mesmo sentido: "a utilização eletiva e arbitrária da instrução oficial pode configurar um grave problema, como se a iniciativa probatória fosse uma roleta processual". (GODINHO, *Negócios Processuais sobre Ônus da Prova no Novo Código de Processo Civil*. São Paulo: Editora Revista dos Tribunais, 2015, p. 96).

393 Para uma explicação das correlações entre direito/pretensão↔dever, privilégio/faculdade↔não-direito, poder↔sujeição e imunidade↔incompetência: SGARBI, Adrian. *Introdução à Teoria do Direito*. São Paulo: Marcial Pons, 2013, págs. 176-178; COSTA, Eduardo José da Fonseca. A (In)Justificabilidade Normativa da Legiferação Judiciária. *Empório do Direto*, Florianópolis, 27 abr. 2020. Coluna Garantismo Processual. Disponível em: https://bit.ly/3cFc9ng. Acesso em 29.04.2020.

cial de produzir provas de ofício. Indício eloquente disso é a constatação de que os maiores avanços no sistema objetivo de valoração de provas provêm dos países de *common law*, onde os juízes pouco (ou nada) exercem tais poderes, sem olvidar que em muitos casos a decisão acerca dos fatos fica a cargo do júri que, conquanto delibere internamente, não dá publicidade à sua fundamentação. Portanto, entre o modelo objetivo de valoração de provas e o dever de produzir provas de ofício não há imputação de consequência lógica, mas um salto (*non sequitur*)[394].

Em segundo lugar, só seria possível exigir que o juiz cumprisse esse dever se, antes, houvesse a consolidação de *standards* instituindo critérios de suficiência probatória. O que deve ser feito por lei, sob pena de tal juízo permanecer refém do subjetivismo de cada magistrado, mantendo-se, no ponto, o sistema subjetivo de valoração de provas[395].

---

394 Defendendo que o modelo subjetivo de valoração de provas é hostil às iniciativas probatórias e que o modelo objetivo de valoração de provas reivindica um juiz com poderes instrutórios oficiosos: RAMOS, Vitor de Paula. O procedimento probatório no novo CPC. Em busca de interpretação do sistema à luz de um modelo objetivo de corroboração das hipóteses fáticas. *Direito Probatório*. Coleção Grandes Temas do Novo CPC. Coords. Marco Félix Jobim, William Santos Ferreira. 3 ed. Salvador: JusPodivm, 2018, págs. 125-130. A tese não convence. Primeiro, porque o autor não arrola nenhum exemplo de sistema de direito positivo nem de dogmática (tomada no sentido adotado nesta obra, de labor vinculado à *praxis* (fontes sociais autorizadas) do sistema de direito positivo de uma comunidade jurídica situada no tempo e no espaço) conformadas no sentido por ele defendido. Segundo, porque toda a análise indica justamente o contrário do que ele postula. O Brasil é um exemplo crasso de convergência entre modelo subjetivo de valoração de provas e atribuição de poderes instrutórios ao juiz. Seja como for, as razões lançadas acimam evidenciam que é perfeitamente possível conceber o sistema objetivo de valoração de provas sem conceder poderes instrutórios ao juiz. Nesse sentido, aliás: SCHMITZ, Leonard Ziesemer. *Raciocínio Probatório por Inferências*. Critérios para o uso e controle das presunções judiciais. Tese (doutorado em Direito). Data da Defesa: 25/09/2018. 324f. Pontifícia Universidade Católica de São Paulo, São Paulo, 2018, p. 145 e ss.

395 AMARAL, Guilherme Rizzo. Verdade, justiça e dignidade da legislação: breve ensaio sobre a efetividade do processo, inspirado no pensamento de John Rawls e de Jeremy Waldron. In: *Olhares sobre o Público e o Privado*. Org. Cristiano Tutikian. Porto Alegre: EDIPUCRS, 2008, págs. 109-110. A definição por precedentes não tem sido satisfatória, como se vê na denúncia de uso irracional do *standard* "*beyond a reasonable doubt*" no procedimento penal: "temos boas razões para desconfiarmos dos efeitos e consequências da ação do BARD no Brasil. A tranquilidade de se poder confiar na "dúvida razoável", a nosso ver, é apenas aparente. Longe de representar

Seja como for, a solução é incompatível com o direito positivo brasileiro.

Com efeito, as partes têm direito (ônus) de requerer, produzir e participar da produção de provas. A prova documental (e documentada, inclusive aquela colhida em ação de produção antecipada de provas – CPC, arts. 381 e 382) preexistente instrui a petição inicial e a contestação (CPC, art. 434). A prova documental nova e a antiga de descoberta nova pode ser apresentada posteriormente, comprovado o justo motivo que impediu a juntada anterior (CPC, art. 435, parágrafo único). As demais provas são delimitadas na fase de saneamento e organização (CPC, art. 357, §§ 1º a 3º).

Ora, se as partes têm direito de produzir provas preexistentes e de participar do momento em que as demais são delimitadas, não se concebe que, até esse momento, haja razão para que elas, em posição de titulares de direito, exijam que o juiz cumpra o dever de produzir provas de ofício. Isso é simplesmente desnecessário, pois até então elas podem exercer, por si mesmas, as situações jurídicas probatórias ativas que entenderem necessárias.

Ademais, a decisão de saneamento e organização se estabiliza e vincula as partes e o juiz (CPC, art. 357, §§ 1º e 2º). Por isso, como elas possuem ônus probatórios e não podem saber se suas provas efetivamente conduzirão ao desfecho almejado – de resto, margem de álea ineliminável e corolário da liberdade e da autorresponsabilidade[396] –, convém que requeiram a produção de todos os meios de prova perti-

---

avanços em direção a decisões racionais, a adoção do BARD pelo sistema de justiça criminal brasileiro apenas consiste em mais uma forma de manutenção da excessiva e perigosa referência ao estado psicológico do julgador. Em outras palavras, o sentido da relação entre convicção e prova permanece deturpado, pois, a convicção judicial (ou a ausência de dúvida razoável) é que é entendida como fonte de prova, em lugar de que as provas sejam entendidas como fonte da convicção. Precisamos de um *standard* que enfatize o fato de que a convicção deve se formar através única e exclusivamente do exame de provas, e não de um que sugira o contrário. Não temos dúvida razoável sobre isso." (MATIDA, Janaína. VIEIRA, Antonio. Para além do BARD: uma crítica à crescente adoção do standard de prova "para além de toda a dúvida razoável" no processo penal brasileiro. Revista dos Tribunais *Online,* Revista Brasileira de Ciências Criminais, v. 156, p. 221-248, jun./2019).

396 SCHMITZ, Leonard Ziesemer. *Raciocínio Probatório por Inferências.* Critérios para o uso e controle das presunções judiciais. Tese (doutorado em Direito). Data da Defesa: 25/09/2018. 324f. Pontifícia Universidade Católica de São Paulo, São Paulo, 2018, p. 151.

nentes e relevantes de que têm notícia. Daí esse ser o momento privilegiado da cooperação e da boa-fé entre as partes e o Estado-juiz: prepara-se metodicamente o processo para as fases de instrução e julgamento a fim de que elas ocorram da forma mais transparente possível, sem surpresas[397].

As considerações precedentes permitem a seguinte sistematização:

(i) o meio de prova já existia, era conhecido, a parte requereu a sua produção e o juiz deferiu a sua produção. Nesse caso, a questão não se insere no problema ora examinado;

(ii) o meio de prova já existia, era conhecido, a parte requereu a sua produção e o juiz indeferiu a sua produção. Nesse caso, a parte poderá, oportunamente, impugnar tal decisão alegando *error in procedendo* e requerendo a sua anulação e consequente produção do meio de prova (no mais das vezes, impugnará a interlocutória por meio de apelação, *ex vi* do art. 1.009, § 1º, CPC)[398];

(iii) o meio de prova já existia, era conhecido e a parte não requereu a sua produção na fase de saneamento e organização. Nesse caso, incide a estabilização do art. 357, §§ 1º e 2º, CPC e a parte não poderá requerer a sua produção posteriormente. Aliás, semelhante postura – v. g., mediante interposição de recurso invocando *error in procedendo* para pedir a anulação da sentença e reabertura da instrução – aberra às exigências de boa-fé (CPC, art. 5º), pois é manifestamente contraditório e abusivo o comportamento da parte que, num primeiro momento, deixa de requerer a produção da prova que já poderia ter requerido, sujeitando-se, assim, à estabilidade dos art. 357, §§ 1º e 2º, CPC, mas, num segundo momento, recorre pleiteando a sua produção. É evidente caso de preclusão lógica;

(iv) o meio de prova já existia, mas justificadamente ignorado pela parte ao tempo da decisão de saneamento e organização (v. g. é descoberto por força de um depoimento testemunhal ou como desdobramento de uma perícia). Nesse caso, a parte pode requerer a sua produção ainda em primeira instância (CPC, art. 493, parágrafo único), não tendo havido ainda o julgamento, ou, já publicado aquele, em grau

---

397 THEODORO JR., Humberto. NUNES, Dierle. BAHIA, Alexandre Melo Franco. PEDRON, Flávio. *Novo CPC*. Fundamentos e sistematização. Rio de Janeiro: Forense, 2015, p. 203 e ss.

398 A propósito, conferir: SOUSA, Diego Crevelin de. Natureza Jurídica da Apelação em Contrarrazões do art. 1.009, § 1º, CPC. *Revista da Escola da Magistratura do Paraná/Escola da Magistratura do Paraná*. V. 7. Curitiba: Serzegraf, 2017, p. 125-162.

de recurso (CPC, art. 493, parágrafo único c/c art. 932, I). Então, se a parte requer: e o juiz defere a produção, o problema estará resolvido, nos termos de (i); e o juiz indefere a produção, ela poderá impugnar a decisão a tempo e modo[399], nos termos de (ii). Se a parte quedar inerte, incidirá a preclusão e não poderá requerer posteriormente, nos termos de (iii);

(v) a prova não existia, é proveniente de fato posterior à decisão de saneamento e organização. Por identidade de razões, valem as soluções indicadas em (iv).

Em suma: as partes podem requerer a produção de provas diretamente, não precisam que o juiz o faça; as partes têm até a fase de saneamento e organização para tanto, finda a qual opera-se a estabilização e outras provas não podem ser requeridas (pelo menos provas preexistentes e conhecidas); em razão disso tudo, a parte que requer a produção de provas tardiamente incorre em abuso de direito (preclusão lógica), não tendo mais direito de produzir o meio de prova não apontado oportunamente.

Insista-se: o juiz também se submete à vinculação e estabilização da decisão de saneamento e organização. Alguém poderia dizer que como o juiz só teve conhecimento desse meio de prova a partir do requerimento inoportuno, ela constituiria, para ele, meio de prova velho de conhecimento novo, sendo lícito o seu deferimento *ex officio*. Se assim fosse e se se aceitasse a vinculação do juiz ao disposto nos §§ 1º e 2º do art. 357 do CPC, seria necessário reconhecer que à base do dispositivo estaria a pressuposição de que o juiz conhece os fatos da causa e os meios de prova pertinentes e relevantes, solução incompatível com a comezinha regra de que o juiz não pode decidir o caso com base em seu conhecimento privado (CPC, arts. 371, 144, I e art. 452, I). Excluída essa possibilidade, a única alternativa seria dizer que os §§ 1º e 2º do art. 357 do CPC não se aplicam ao juiz, alternativa que contraria o texto legal e a sua *ratio*, que é definir o saneamento e organização como momento derradeiro para a definição dos meios de prova tanto para as partes quanto para o juiz. Solução inaceitável, pois estende os poderes do juiz para além dos limites fixados pelo legislador e deixa de aplicar a lei sem nem ao menos demonstrar a sua inconstitucionalidade. De resto, em termos práticos, a solução teria o mesmo efeito que

---

399 Se só foi possível requerer a sua produção em instância recursal ordinária e ele foi indeferido, caberá recurso especial com base no art. 105, III, "a", CRFB, invocando violação do comando legislativo que consagra o direito à produção da prova.

o "deferimento" de um pleito aniquilado pela preclusão. A parte que não requereu a produção da prova a tempo e modo poderia formular o requerimento para, assim, estimular o juiz a indeferir o pleito, mas determinar o seu deferimento *ex officio*. Os poderes instrutórios estariam a serviço de quem, objetivamente, atua em desalinho com a boa-fé objetiva. Por onde quer que se encare a hipótese, a rejeição se impõe.

É dogmaticamente frágil o argumento de que os poderes instrutórios são um dever do juiz. De um lado, poder-se-ia dizer que, para tanto, ele deveria estar em relação de correspondência com algum direito das partes, o que, como se viu, não ocorre. E mesmo aceitando a existência de um direito subjetivo reflexo em todos os casos de deveres jurídicos[400], a harmonização dos poderes instrutórios oficiosos com o regime de estabilização e de ônus da prova (CPC, art. 373, I e II) conduz à conclusão de que no sistema do direito positivo infraconstitucional brasileiro o juiz tem liberdade para exercê-los ou não[401]. Assim, quando ao cabo da instrução o juiz ainda tem dúvida sobre como se deram os fatos, é-lhe facultado julgar desde logo, aplicando a regra de julgamento, ou determinar a produção de provas de ofício. Soa mais exato falar em faculdades probatórias do juiz.

Nesses termos, surge um paradoxo: ao mesmo tempo em que o exercício dos poderes instrutórios pode servir à equalização de desigualdades, a liberdade de que dispõe para exercê-los permite que o juiz adote posturas diferentes em casos semelhantes, abrindo espaço para o seu

---

400 KELSEN, Hans. *Teoria Pura do Direito*. Trad. João Batista Machado. 8 ed. São Paulo: Editora WMF Martins Fontes, 2009, p. 143 e ss.

401 A jurisprudência dos tribunais superiores brasileiros é exatamente neste sentido. No STF, inclusive em matéria penal: HC 167.617 MC, rel. Min. Marco Aurélio, j. 14.02.2019, DJe 18.02.2019. No STJ, também em matéria penal: RHC 87.764/DF, rel. Min. Sebastião Reis Júnior, rel. p/Acórdão Min. Rogerio Schietti Cruz, 6ª T., j. 03.10.2017, DJe 06.11.2017. No mesmo tribunal, em matéria civil: REsp 471.857/ES, rel. Min. Humberto Gomes de Barros, 1ª T., j. 21.10.2003, DJ 17.11.2003. O entendimento é anterior ao CPC/15, mas, pelos motivos já indicados, parece perfeitamente adequado à sua sistemática.

exercício arbitrário[402] e em desconformidade com a igualdade[403]. Com isso, a igualdade passa de justificativa para razão da inconstitucionalidade dos poderes instrutórios.

Constatando esse problema, a doutrina sugere soluções.

Rodrigo Ramina de Lucca concorda que a concessão de meras faculdades ao juiz é incompatível com o Estado de Direito, pois podem se converter em instrumentos de favorecimento ou perseguição, com pejo da igualdade[404]. Formula a seguinte proposta de *lege ferenda* para compatibilizar o art. 370, CPC, com a Constituição: se ao cabo da instrução o juiz ainda não estivesse suficientemente convencido deveria reportar o fato às partes para que elas pudessem produzir provas complementares. Considera que a solução não causaria prejuízo algum às das partes, respeitaria a imparcialidade e reduziria as surpresas das partes que não tinham como prever a insuficiência probatória[405].

Semelhantemente, Leonard Ziesemer Schmitz defende de *lege lata* que em situações complexas, nas quais haja fortes razões para crer que a não produção de uma prova gerará um descompasso que evidencie a vulnerabilidade de uma das partes, o juiz deve remeter sua dúvida às partes, para que elas, querendo, requeiram a produção de mais provas[406].

---

402 "quando o código permite (mas não dá balizas para) o exercício de poderes instrutórios, abre um espaço que pode ser utilizado arbitrariamente", com prejuízo do controle hermenêutico da compreensão": SCHMITZ, Leonard Ziesemer. *Raciocínio Probatório por Inferências*. Critérios para o uso e controle das presunções judiciais. Tese (doutorado em Direito). Data da Defesa: 25/09/2018. 324f. Pontifícia Universidade Católica de São Paulo, São Paulo, 2018, p. 142.

403 COSTA, Eduardo José da Fonseca. Algumas considerações sobre as iniciativas judiciais probatórias. *Revista Brasileira de Direito Processual – RBDPro*, Belo Horizonte, ano 23, n. 90, p. 153-173, abr./jun. 2015, p. 166;

404 LUCCA, Rodrigo Ramina de. *Disponibilidade Processual*. A liberdade das partes no processo. São Paulo: Thomson Reuters Brasil, 2019, p. 63. COSTA, Eduardo José da Fonseca. Algumas considerações sobre as iniciativas judiciais probatórias. Revista Brasileira de Direito Processual – RBDPro, Belo Horizonte, ano 23, n. 90, p. 153-173, abr./jun. 2015, p. 166.

405 LUCCA, Rodrigo Ramina de. *Disponibilidade Processual*. A liberdade das partes no processo. São Paulo: Thomson Reuters, 2019, p. 65.

406 SCHMITZ, Leonard Ziesemer. *Raciocínio Probatório por Inferências*. Critérios para o uso e controle das presunções judiciais. Tese (doutorado em Direito). Data da Defesa: 25/09/2018. 324f. Pontifícia Universidade Católica de São Paulo, São Paulo, 2018, p. 151.

As propostas são interessantes e muito superiores ao entendimento corrente das faculdades probatórias, por duas razões: primeiro, retiram o juiz do exercício ativo da produção da prova e reforçam a autor-responsabilidade das partes; segundo, inserem uma condição objetiva para o julgamento baseado na regra de julgamento – o juiz só poderia se valer dela depois de franqueada a complementação probatória.

Não é possível concordar com elas, porém. A proposta de Leonard Ziesemer Schmitz esbarra no já referido regime de estabilização da decisão de saneamento e organização que alcança as partes e o juiz[407]. Tal sugestão só é viável de *lege ferenda*, preferencialmente com a revogação e reestruturação expressa dos atuais §§ 1º e 2º do art. 357 do CPC, ressalva que vale para a proposta de Rodrigo Ramina de Lucca. Fique claro que as medidas resolvem (ou minimizam) os problemas pelo ângulo da igualdade, mas não da imparcialidade nem muito menos da imparcialidade, como se verá.

De modo geral, porém, a doutrina não examina o problema da facultatividade dos poderes instrutórios do ponto de vista dogmático. Estabelece-se, aqui, o diálogo com José Carlos Barbosa Moreira.

Como visto, em sua crítica à alegada passividade probatória dos juízes do *common law*, afirma que, para os padrões da Europa Continental e da América Latina, a naturalidade com que chegam à audiência sem prévio conhecimento dos fatos seria considerada uma "anomalia, um desvio de conduta", a render, pela reiteração, a "cassação de sua carteira de magistrado". Considera que a importação de hábito semelhante[408], "*decididamente não encontra base na avaliação objetiva de uma experiência comprovadamente produtora de melhores frutos.*"[409]

---

407 A propósito, conferir: SOUSA, Diego Crevelin de. Ainda e Sempre a Prova de Ofício: o silencioso sepultamento dos poderes instrutórios supletivos no CPC/15. *Empório do Direito,* Florianópolis, 09 mar. 2020. Coluna Garantismo Processual. Disponível em: https://bit.ly/3dZ7A8N. Acesso em: 10.03.2020.

408 O autor se refere especificamente à sugestão de evitar que o juiz conheça os fatos e o nome do acusado até o início da audiência, como medida de preservação de quebras, até mesmo inconscientes, de imparcialidade: MOREIRA, José Carlos Barbosa. Imparcialidade: reflexos sobre a imparcialidade do juiz. In: *Temas de Direito Processual Civil.* Sétima série. São Paulo: Saraiva, 2001, p. 29, nota de rodapé n. 14.

409 MOREIRA, José Carlos Barbosa. Imparcialidade: reflexos sobre a imparcialidade do juiz. In: *Temas de Direito Processual Civil.* Sétima série. São Paulo: Saraiva, 2001, p. 29.

Ou seja, a "ativação" probatória dos juízes edifica um sistema probatório melhor, mais apto para produzir decisões correspondentes, na maior medida possível, à verdade. Por isso, havendo dúvida ao cabo da instrução, o juiz deve determinar a produção de provas antes de aplicar a regra de julgamento.

Essa pretensa superioridade do modelo probatório do *civil law* – ou melhor, do empoderamento probatório do juiz – em relação ao do *common law* é encontradiça, com maior sofisticação, também em Michele Taruffo, para quem: o processo tem uma dimensão epistêmica (deve ser orientado à busca da verdade factual); por critérios de validade epistêmica, devem ser admitidas, no processo, todas as provas capazes de conduzir à reconstrução da verdade factual, e admitidas apenas em casos extremos as regras de exclusão de prova, pois exercem função contraepistêmica; o juiz deve ser o sujeito processual que incorpora essa função epistêmica, o único interessado na verdade – as partes têm interesse apenas em vencer; a valoração das provas deve ficar a cargo de juízes profissionais, tarimbados pela experiência e aptidão técnica para fundamentar adequadamente suas decisões, e, não, de juízes leigos/jurados. Embora não consagrem esses postulados *in totum*, os modelos probatórios da Europa Continental e da América Latina (*civil law*) estão mais próximos desse ideal e são epistemicamente mais válidos que os modelos probatórios dos países anglo-saxões (*common law*), afirma[410].

Susan Haack, filósofa especializada em epistemologia, debruçou-se sobre as pretensões do mestre italiano e chegou à conclusão de que não há como determinar, com precisão, a superioridade epistêmica de nenhum dos referidos modelos probatórios. Deixando claro que ambos têm pontos positivos e negativos, a professora sustenta que a pretensão de Taruffo é tão ambiciosa quanto fadada (na melhor das hipóteses) à incompletude, pois não é factível a tarefa de realizar comparações pormenorizadas de sistemas probatórios de diferentes países, muito menos de sistemas jurídicos abstratamente considerados (*civil law* e *common law*)[411]. Ela não se convence sequer do argumento de que a

---

410 TARUFFO. Michele. *Simplemente la Verdad.*. El juez y la construcción de los hechos. Traducción de Daniela Accatino Scagliotti. Madrid: Marcial Pons, 2010, p. 155-218.

411 Eis o seu irônico arremate: "mientras intentaba assimilar toda esta información, encontre que uno de los artículos sobre México incluía una sección explicando que Chile había adoptado un nuevo código de procedimientos penales en el 2000, reflejando su transición a un sistema más adversarial después del fin de la dictadura

fundamentação dos juízes profissionais é epistemicamente mais válida que a deliberação dos jurados, ponto no qual Mateus Costa Pereira insere aguda torção: "quiçá a dialética travada pelos jurados seja mais propícia à «descoberta da verdade». Mas essa é uma hipótese não confirmada, tanto quanto a levantada por Taruffo. É possível concordar ou divergir"[412].

Embora inteligentemente construída, entende-se que a tese de Taruffo apresenta dois problemas fundamentais. Em primeiro lugar,

---

de Pinochet; y que la transición, completada en el 2005, había sido más afable y facil que la mexicana debido a que la influencia en el derecho chileno, además de Estados Unidos, era Alemania – una jurisdición pertenciente al civil law que ya tiene procedimentos adversariales en funcionamiento –. En este punto – comprendiendo cuán enormemente difícil sería incluso comparar, digamos, la competencia de los sistemas jurídicos alemán y chileno, o el estadunidense y el canadense, para llegar a decisiones sustantivamente justas, menos aun comparar la competencia de los sistemas de Estados Unidos y Colombia, y cuán exponencialmente más difícil es comparar los sistemas del «common law» y del «civil law» en general – empecé a temer que un corto cirtuito pudiera bloquear mi cérebro y ¡que este trabajo nunca fuese terminado! Entonces, a manera de conclusión, dejaré a un personaje de Shakespeare, el algacil Dogberry, hablar en mi nombre: sin todos esses detalles esenciales que llevarían otra vida dominar, «las comparaciones son olorosas»". (HAACK, Susan. La justicia, la verdade y la prueba: no tan simple, después de todo. In: *Debatiendo con Taruffo*. Jordi Ferrer Beltrán. Carmen Vásquez (coeds.). Madrid: Marcial Pons, 2016, p. 336). Em tradução livre: "Enquanto tentava assimilar toda essa informação, encontrei que um dos artigos sobre o México, incluía uma seção explicando que o Chile havia adotado um novo código de procedimento penal no ano 2000, refletindo sua transição para um sistema mais adversarial depois do fim da ditadura de Pinochet; e que a transição, concluída em 2005, havia sido mais afável e fácil do que a mexicana devido a que a influência no direito chileno, ademais de estadunidense, era alemã – uma jurisdição pertenciente ao civil law que já tem procedimentos adversariais em funcionamento –. Neste ponto – compreendido quão enormemente difícil seria inclusive comparar, digamos, a competência dos sistemas jurídicos alemão e chileno, ou o estadunidense e o canadense, para chegar a decisões substantivamente justas, menos ainda a comparar a competência dos sistemas dos Estados Unidos e da Colômbia, e quão exponencialmente mais difícil é comparar os sistemas de «common law» e «civil law» em geral – comecei a temer que nunca terminasse! Então, à guisa de conclusão, deixarei um personagem de Shakespeare, o condestável Dogberry, falar em meu nome: sem todos esses detalhes essenciais que levariam outra vida dominar, «as comparações são malcheirosas»".

412 PEREIRA, Mateus Costa. *Eles, os Instrumentalistas, Vistos por um Garantista*: achegas à compreensão do modelo de processo brasileiro. Tese (doutorado em Direito). Data da Defesa: 18/06/2018. 279f. Universidade Católica de Pernambuco, Recife, 2018. p. 177.

a objeção de Susan Haack revela que a tese do autor (superioridade do modelo do *civil law* e seu juiz pesquisador dotado de imensos poderes instrutórios oficiosos sobre o modelo do *common law* e seu juiz passivo) não é incontestável no plano da epistemologia. Cuida-se de uma dentre tantas propostas igualmente respeitáveis, inclusive aquela que objeta. Consequentemente, e esse é o segundo argumento, tudo se resolve pelo critério institucional: é questão de política legislativa definir o modelo que será adotado. A proposta de Taruffo despreza a autonomia do Direito[413]. Embora não estejam isolados, o Direito resulta fundamentalmente de escolhas políticas, não de juízos de validade epistêmicos. Não por acaso, decisões políticas podem (e costumam) levar à instituição de regras contraepistêmicas[414]. A Constituição de

---

[413] Autonomia do direito significa que questões jurídicas devem ser resolvidas juridicamente. O Direito não é infenso a pressões de outros sistemas, como a política, a religião, a economia etc., antes, eles concorrem no seu processo de produção democrático-parlamentear. Porém, institucionalizada uma solução no direito positivo, o sistema do direito positivo se fecha e confere coercitividade à solução positivada, visando a garantir que no momento da aplicação não será reaberto o debate metajurídico à sua base. Se assim não fosse, o direito não se constituiria num sistema, não teria razão de ser. A propósito, conferir: STRECK, Lenio Luiz. *Verdade e Consenso*. 4ª ed. São Paulo: Saraiva, 2011, págs. 510-513; ABBOUD, Georges. *Processo Constitucional Brasileiro*. 3 ed. São Paulo: Thomson Reuters Brasil, 2019, p. 443.

[414] "o estudo do direito positivo indica que em muitos casos, a busca da verdade deixa de ser objetivo do processo, em vista da necessidade de preservar valores e direitos fundamentais que o legislador considera mais importantes". (DIMOULIS, Dimitri. LUNARDI, Soraya Gasparetto. Verdade como objetivo do devido processo legal. *Teoria do Processo*. Panorama mundial. V. 2. DIDIER JR., Fredie. (coord). Salvador: JusPodivm, 2010, p. 829). No mesmo sentido: "*el proceso responde a toda una serie de principios y reglas en su conformación que son tan importantes (ni más ni menos) como la búsqueda de la verdad a la hora de conformar los hechos proprios de la sentencia. De este modo, la condición de tercero impercial del juez, el princípio de contradicción, el derecho de defensa, el principio de igualdad de las partes, por ejemplo, non son menos importantes que la determinación de los hechos en el proceso. La función de la prueba no pode suscitarse en el vacío de lo abstracto, sino que debe incardinarse necesariamente en los ordenamientos jurídicos en concreto y ello supone que debe adequarse a los principios y reglas que conforman el proceso*". (AROCA, Juan Montero. *La Paradoja Procesal del Siglo XXI*. Los poderes del juez penal (libertad) frente a los poderes del juez civil (dinero). Valencia: Tirant lo Blanch, 2014, págs. 33-34). Em tradução livre: "o processo responde a toda uma série de princípios e regras em sua conformação que são tão importantes (nem mais nem menos) quanto a busca da verdade quando da conformação dos fatos na sentença. Dessa maneira, a condição de terceiro imparcial do juiz, o princípio do contraditório, o

1988 diz, *v. g.*, que são inadmissíveis as provas obtidas por meios ilícitos (art. 5º, LVI) e que ninguém é obrigado a provar contra si mesmo (art. 5º, LXIII). E a variação espaciotemporal dessas escolhas apenas reflete o caráter de decisão política (e, pois, contingencial) do Direito, portanto em nada as desqualificam. Se o sistema do direito positivo é autopoiético, deve-se compreender que "limitações epistêmicas" constituem um procedimento orientado à busca da resposta juridicamente correta[415], assim considerada aquela que conduz à "verdade hermenêutica, que nada mais é do que o reconhecimento de que uma narrativa foi considerada válida tendo as regras processuais e os *standards* de prova como sua condição de possibilidade"[416].

Eliminado o critério da superioridade epistêmica do sistema de "ativação social do juiz" e revelado o idealismo à sua base (é um modelo ideal/político, não dogmático), a posição de Barbosa Moreira fica apoiada apenas em *preferências* moral e ideológica.

Explica-se.

O autor reconhece que, em caso de dúvida ao cabo da instrução, o juiz tanto pode aplicar as regras de julgamento quanto sair à cata de provas suplementares, motivo pelo qual "não soa razoável fulminar como parcial o magistrado quer no caso de atuar de ofício, quer no de não atuar".

---

direito de defesa, o princípio da igualdade das partes, por exemplo, não são menos importantes que a determinação dos fatos no processo. A função da impressora não pode ser suscitada no vazio abstrato, senão que deve encadernar-se necessariamente nos ordenamentos jurídicos concretos e isso supõe que deve adequar-se aos princípios e regras que conformam o processo".

415 Como pontua Lenio Luiz Streck, "A resposta correta já vem implicada numa adequação procedimental, à medida que o devido processo também é um direito. Muitas de suas supostas "limitações epistêmicas" (ônus da prova, presunções, prazos e etc.) são, com efeito, sua condição de possibilidade, na medida em que "existencializam" o procedimento judicial. Nessa contingência não deixa de haver verdade, sem necessário apelo a uma dimensão ideal (a pesquisa científica) que flerta com a tecnocracia no direito". (STRECK, Lenio. Processo judicial como Espelho da Realidade? Notas Hermenêuticas à Teoria da Verdade de Michele Taruffo. *Sequência,* Universidade Federal de Santa Catarina, Florianópolis, v. 37, n. 74, p. 115-136, 2016, p. 131 e 133).

416 STRECK, Lenio Luiz. RAATZ, Igor Raatz. DIETRICH, William Galle. Sobre um Possível Diálogo entre a Crítica Hermenêutica e a Teoria dos *Standards* Probatórios: notas sobre valoração probatória em tempos de intersubjetividade. *Novos Estudos Jurídicos.* V. 22, n. 2, 2017, p. 406, disponível em: https://bit.ly/2U92azt. Acesso em 20.04.2020.

Em termos dogmáticos, essa visão significa que os poderes instrutórios constituem *faculdade* do juiz. E as faculdades são situações jurídicas ativas regidas pelo modal deôntico da *permissão*, não da *obrigação* nem muito menos da *proibição*. Nesse esquema, o juiz não é *proibido* de nem *obrigado* a exercer poderes instrutórios, mas tem a *opção* de fazê-lo.

A constatação é importante porque sinaliza as fronteiras do discurso dogmático. Com efeito, ele vai até o ponto em que se reconhece a faculdade do juiz e se arrolam as opções que a integram. Não se insere em seu âmbito a defesa de uma opção lícita em detrimento de outra(s) opção(ões) igualmente lícita(s), pois aí não se estabelece relação de *licitude/ilicitude,* mas de *preferível/não preferível*, engajamento próprio do discurso político. Nada impede o debate político sobre preferências, só deve ficar claro que ele transcende o empreendimento dogmático. Quem manifesta uma *preferência* entre condutas *lícitas* não pode pretender atribuir *prioridade normativa* à sua escolha. Dogmaticamente, uma *preferência* não é mais correta nem tem mais valor normativo que as suas concorrentes.

Barbosa Moreira manifesta apenas uma *preferência* (moral, política e/ou epistêmica) quando reconhece que são igualmente lícitas ao juiz a postura mais ativa (exercer poderes instrutórios de ofício) ou mais passiva (aplicar desde logo a regra de julgamento), mas, na sequência, argumenta que "para o juiz escrupuloso, empenhado em decidir corretamente, constitui autêntico drama psicológico ser forçado a valer-se dessa tábua de salvação", devendo em caso de dúvida, ele mesmo, na medida de suas possibilidades, tratar de buscar provas, porque "muito preferível, para ele e sobretudo para a Justiça, é que venham aos autos provas suficientes"[417]. Por outro lado, pode-se defender que se a verdade que importa para o Direito é aquela narrativa considerável válida a partir do respeito das regras processuais e procedimentais e de (eventuais) *standards* de prova, então é *preferível* concluir que "a inexistência de provas a respeito de um fato deveria levar à conclusão de que a solução 'justa' é exatamente a de não tê-lo provado"[418]. *Preferências*

---

417 MOREIRA, José Carlos Barbosa. Imparcialidade: reflexões sobre a imparcialidade do juiz. In: *Temas de Direito Processual Civil*. Sétima série. São Paulo: Saraiva, 2001, p. 23-24.

418 SCHMITZ, Leonard Ziesemer. *Raciocínio Probatório por Inferências*. Critérios para o uso e controle das presunções judiciais. Tese (doutorado em Direito). Data da Defesa: 25/09/2018. 324f. Pontifícia Universidade Católica de São Paulo, São Paulo, 2018, p. 149.

entre opções igualmente lícitas, tais soluções possuem *rigorosamente o mesmo valor dogmático*[419].

A estratégia argumentativa mostra-se particularmente apologética quando avalia a postura omissa como incapaz de tranquilizar o espírito do juiz escrupuloso e consciente de sua responsabilidade de decidir corretamente, pois lança sobre tal juiz a pecha de inescrupuloso e inconsciente da sua missão – quando menos, de indolente em relação ao mister para o qual está investido. Embora suavize a crítica ao atribuir a postura retraída à elevada carga de trabalho e ao receio de quebra de imparcialidade, arrola o comodismo como uma de suas causas.

Estabelece-se uma dicotomia nitidamente política: de um lado estão os juízes ativos, ousados e engajados, que compreendem e exercem corretamente a sua missão de buscar uma "decisão justa" e não se deixam amesquinhar pelo excesso de trabalho e por receios misoneístas; de outro, os passivos, burocratas e algo acomodados, rendidos à rotina maçante ou simplesmente portadores de injustificáveis temores conservadores[420]. Discernidos qualitativamente, bons são os juízes que se enquadram no arquétipo ideológico à base da função social do processo (igualitaristas e coletivistas) e maus os que se revelam inclinações ideológicas outras. Decididamente, essa redução pejorativa (os juízes que buscam provas são ciosos e responsáveis; os que se limitam a avaliar as provas produzidas pelas partes são acomodados e indiferentes) é resultado de uma *preferência* vertida em forma de disputa *exclusivamente* ideológica.

---

419 Isso, é claro, partindo da premissa de que os poderes instrutórios são constitucionais, posicionamento rechaçado neste trabalho. E mesmo que se admita a constitucionalidade do instituto, defende-se que o juiz não pode exercê-los supletivamente em relação ao material que já poderia ter sido inserido na decisão de saneamento e organização do processo: SOUSA, Diego Crevelin de. Ainda e sempre a prova de ofício: o silencioso sepultamento dos poderes instrutórios supletivos no CPC/15. *Empório do Direito,* Florianópolis, 09 mar. 2020. Disponível em: https://bit.ly/3dZ7A8N. Acesso em: 10.03.2020.

420 Utilizando a expressão com os mesmos fundamentos de Barbosa Moreira: THEODORO JR., Humberto. Prova – princípio da verdade real – poderes do juiz – onus da prova e sua eventual inversão – provas ilícitas – prova e coisa julgada nas ações relativas à paternidade (DNA). Revista dos Tribunais *Online*, Revista de Direito Privado, vol. 17, p. 9-28, jan./mar. 2004.

Sem querer simplificar demasiado as inúmeras variações que a filosofia política já mapeou no seio dessa verdadeira miríade[421] nem negar que algumas se distanciam de maneira abissal, pode-se aceitar, para fins de argumentação, que a finalidade epistêmica do processo e os poderes instrutórios do juiz podem vir (embora não necessariamente venham) a reboque da adoção de uma ideologia social(izante) e seus corolários de elevada intervenção estatal para realização máxima da igualdade material e da primazia do coletivismo. E que a recíproca é verdadeira: o caráter garantístico (contrajurisdicional) do processo e a contenção do juiz podem se lastrear (embora não necessariamente se lastreiem) na adoção de uma ideologia liberal e seus corolários de reduzida intervenção estatal, império da autorregulação e primazia do individualismo.

Na esteira do que já se disse, todavia, o que cabe à dogmática jurídica dizer nesse ponto é apenas que, respeitada a integridade dos comandos constitucionais, cada um é livre para aderir ao ou simpatizar com o programa ideológico que calha melhor à sua particular visão de mundo (CRFB, art. 1º, V)[422]. Não é tarefa da dogmática jurídica fiar-se em critérios diretamente ideológicos para separar os magistrados entre sensíveis e insensíveis, engajados e desengajados, interessados e indiferentes etc., mas apenas arrolar as funções (explícitas e implícitas) que lhes são atribuídas pelo sistema do direito positivo, qualquer que seja a tonalidade ideológica pontualmente institucionalizada.

Para encerrar: a dogmática jurídica deve dizer se é lícito ou ilícito atribuir faculdades ao juiz, e suportar as consequências da posição que adotar. Se disser que não e concluir que determinada função é compatível com a Constituição, deverá concluir que o juiz deverá exercê-la sempre que atuar a sua hipótese de incidência. Gravada pelo modal deôntico da *obrigação*, o seu exercício constitui ato *lícito* e o não exercício, *ilícito*. Mas se disser que é possível atribuir faculdades ao juiz e concluir que determinada função é compatível com a Constituição,

---

421 Para noções introdutórias sobre o tema, conferir: MERQUIOR, José Guilherme. *O Marxismo Ocidental*. São Paulo: É Realizações, 2018, *passim*; MERQUIOR, José Guilherme. *O Liberalismo Antigo e Moderno*. São Paulo: É Realizações, 2014, *passim*; MERQUIOR, José Guilherme. *O Argumento Liberal*. São Paulo: É Realizações, 2019, *passim*.

422 Aplicando o raciocínio às agremiações e partidos políticos: REALE, Miguel. *O Estado Democrático de Direito e o Conflito das Ideologias*. 3 ed. São Paulo: Saraiva, 2005, págs. 4-5.

deverá concluir que o juiz tem liberdade para exercê-la ou não e, consequentemente, que essa escolha poderá ser orientada (também) por suas inclinações ideológicas – afinal, se o ordenamento outorga liberdades aos magistrados, é com liberdade (inclusive ideológica!) que eles as exercerão. Gravada pelo modal deôntico da *permissão*, tanto o seu exercício quanto o seu não exercício constituem atos *lícitos*.

Quem diz que os poderes instrutórios são uma faculdade – e admita a sua constitucionalidade, não se vê como possam ter outro caráter em nosso sistema de direito positivo – deve, por coerência, reconhecer que o sistema do direito positivo absorve tanto o juiz ativo quanto o juiz passivo relativamente à busca de provas. Esse é o ponto final da reflexão dogmática. A discussão sobre o que é *melhor* – juiz ativo ou passivo – é política, não gira sob a racionalidade jurídica que reivindica argumentos autoritativos regidos pelo código binário lícito/ilícito, mas sob a racionalidade metajurídica das soluções ideais que reivindica argumentos persuasivos sobre a *preferível* das várias respostas possíveis. Com pretensões dogmáticas, este estudo não avança em tal terreno e limita-se a denunciar (ou demarcar) a sobreposição dos jogos de linguagem[423]. Importa ressaltar que, pelo seu caráter de faculdade, os poderes instrutórios dão ensejo ao exercício arbitrário e, pois, deletério à igualdade.

---

423 Em dimensão mais ampla: "A ala *enragée* do ativismo procede da seguinte maneira: (1) associa o garantismo ao "privado" e ao "liberal"; (2) demoniza os dois termos, associando-os à inferioridade, desumanização, desequilíbrio, conturbação social, antiguidade ultrapassada, mesquinhez, desigualdade, competição, mentira, injustiça, egoísmo e individualismo; (3) associa o ativismo ao "público e ao "social"; (4) diviniza os dois termos, associando-os a altivez, superioridade, humanização, equilíbrio, pacificação social, modernidade pujante, igualdade, cooperação, verdade, injustiça, altruísmo e coletivismo; (5) infunde a crença neo-hegeliana de que o processo caminha evolutivamente do "privado" para o "público", do "liberal" para o "social". Num passe de mágica, a "concepção privatista do processo" (que combate os poderes instrutórios do juiz) se torna má e a "concepção publicista do processo" (que defende os poderes instrutórios do juiz) se torna boa". (COSTA, Eduardo José da Fonseca. COSTA, Eduardo José da Fonseca. Algumas considerações sobre as iniciativas judiciais probatórias. *Revista Brasileira de Direito Processual – RBDPro*. Belo Horizonte, ano 23, n. 90, p. 153-173, abr./jun. 2015, p. 156-157).

3.3.3. PODERES INSTRUTÓRIOS, IGUALDADE E JUSTIÇA: SÓ QUANDO A PARTE NÃO É MEGERA?

Não deve impressionar a relação comumente feita entre poderes instrutórios e realização da "justiça", notadamente quando não vem acompanhada de uma teoria da justiça que forneça critérios para o controle racional do discurso e das práticas que são levadas a efeito a partir dela. Não foram poucas as vezes que a invocação da "justiça" serviu para escamotear a degeneração do direito em arbítrio[424].

José Carlos Barbosa Moreira relata e protagoniza um exemplo bastante conhecido de que como a invocação da justiça – certamente mu-

---

424 O que, não raro, faz com que atue como mero álibi retórico: "Permitir ao juiz decidir desta ou daquela maneira porque se pautou no valor justiça, sem que exista por detrás dessa definição um critério consensual ou, ao menos, amplamente difundido, é dar o aval para fazê-lo sem uma justificação propriamente dita, passível de exame, crítica e validação por parte dos jurisdicionados. O enunciado "decido para atender a um ideal de justiça", não obstante possa se estruturar em quantidade maior ou menor de palavras, não diz absolutamente nada. Poderia, inclusive, ser sintetizado na fórmula "decido porque quero". (SANTOS, Maira Bianca Scavuzzi Albuquerque dos. *O Déficit Democrático das Decisões Fundadas no Critério da Justiça*: a justiça como subterfúgio performático para o ativismo. Dissertação (mestrado em Direito). 190f. Pontifícia Universidade Católica de São Paulo, São Paulo, 2017, p. 132-133). Igual: "Toda menção a um dos princípios "superiores" ao direito escrito leva – quando a Justiça os invoca – à suspensão das disposições normativas individuais e a se decidir o caso concreto de forma inusitada". (MAUS, Ingeborg. Judiciário como Superego da Sociedade: o papel da atividade jurisdicional na "sociedade órfã". *Novos Estudos CEBRAP*. n. 58, 2000, p. 189). No âmbito específico do publicismo processual, erigir a prolação de uma decisão justa a fim do processo não passa de um mito autoritário: "o publicismo autoritário foi fortemente influenciado pelos ideais socialistas de justiça material e pela concepção de que o processo seria instrumento de promoção social e redução das desigualdades. (...) Essa concepção notabilizou-se na obra de Anton Menger e de outros adeptos do chamado "socialismo jurídico", que pregavam o dever dos juízes de educar e instruir os jurisdicionados, e foi positivada no Código austríaco de 1895 (§ 432) por Franz Klein, discípulo de Menger. A noção de que o processo deveria proporcionar justiça foi transmitida ao longo das gerações e tornou-se muito comum afirmar, contemporaneamente, que o processo seria instrumento de realização da justiça. (...) "o mito de que o processo justo é o processo que produz decisões justas é perigosíssimo, pois valida comportamentos autoritários e despóticos em nome de ideias não só equivocadas, mas vazias de conteúdo". (LUCCA, Rodrigo Ramina de. *Disponibilidade Processual*. A liberdade das partes no processo. São Paulo: Thomson Reuters Brasil, 2019, págs. 137-138).

nida pelas melhores intenções – pode se prestar à negação das garantias processuais, particularmente do contraditório. Diz o autor:

> Menores, no sistema do CPC, não podem ser ouvidos como testemunhas; mas todos nós já ouvimos menores em determinados processos. Eu já ouvi, e orgulho-me de tê-lo feito, mesmo antes do Estatuto da Criança e do Adolescente. Lembro-me de um caso em que o fato de ter chamado os menores e de tê-los ouvido me proporcionou uma das maiores satisfações que tive durante todo o período do exercício da judicatura. Tratava-se de saber se esses menores, que estavam confiados à guarda de um parente, depois da separação dos pais, deviam passar as férias, ou a maior parte delas, com o pai ou com a avó materna. A causa chegou-me como relator já em grau de embargos infringentes. E eu, sinceramente, não conseguia saber qual era a melhor solução; só com a leitura dos autos não era possível. E decidi-me – contrariando um pouco a praxe – a chamar os menores e ouvi-los. Achei que a melhor fonte eram os próprios menores. Eram dois adolescentes; afinal, tenho quatro filhos, e não é uma coisa inédita para mim conversar com adolescentes. Chamei-os aqui, levei-os primeiro ao bar, dei-lhes sorvete, mostrei-lhes a paisagem, a ponte, para, ganhar confiança. Depois, falei sobre futebol... Levei uma tarde, mas valeu a pena, porque, quando eles estavam já mais descontraídos, o que disseram me deu a convicção sólida de que a avó era uma autêntica "megera". Eles preferiam tudo a passar as férias em casa dela. Os menores não eram partes no feito, nem foram ouvidos como testemunhas; mas foi uma oportunidade magnífica para mim de obter informações imprescindíveis para que se pudesse dar uma solução justa. No dia da sessão do Grupo, evidentemente, expus o que tinha ouvido dos menores, e a solução foi reduzir ao mínimo possível a permanência deles em casa da "megera"[425].

E assim pretende justificar juridicamente a sua postura:

> precisamos ter a noção de que os princípios processuais não são absolutos. Nenhum princípio, neste plano, eu diria, é absoluto. Estamos sempre diante de duas solicitações que por vezes nos puxam uma para cada lado, e ameaçam despedaçar-nos. De um lado, sabemos que é preciso assegurar essa garantia; é preciso que as partes tenham participação efetiva na atividade de instrução. Por outro lado, sabemos que às vezes, em determinadas circunstâncias, a presença da parte atrapalha, prejudica. Se eu fosse ouvir aqueles dois rapazinhos na presença da avó, eles nunca me revelariam o que revelaram, de modo que eu não teria a mesma possibilidade de es-

---

425 MOREIRA, José Carlos Barbosa. Provas Atípicas. Revista dos Tribunais Online, Revista de Processo, V. 76, p. 114-126, out./dez. 1994.

clarecer os meus colegas no instante em que o feito chegou a julgamento. Vejo-me entre a cruz e a caldeirinha.[426]

Considerando apenas o relato: (i) foi ordenada a produção da prova de ofício; (ii) não se sabe se as partes foram informadas de que essa prova seria produzida; (iii) não se sabe se as partes puderam participar da produção dessa prova; (iv) não se sabe se as partes puderam se manifestar sobre a prova produzida; (v) não se sabe se uma eventual manifestação das partes sobre a prova produzida foi considerada na decisão; (vi) o convencimento do julgador foi formado no ato de produção da prova.

Tudo indica que os itens (ii) a (v) devem ser respondidos negativamente, pois o próprio Barbosa Moreira afirma que expôs o ocorrido apenas no dia da sessão de julgamento. Portanto, o julgador mandou chamar os menores – não se sabe exatamente como –, passou uma tarde – não se sabe exatamente quanto tempo nem o local – indagando-os – não se sabe exatamente o teor das perguntas formuladas nem o tipo de abordagem empregada – e cessou o ato quando formou seu convencimento – sozinho, a partir das respostas que ouviu.

As partes não puderam participar da produção da prova e não puderam se manifestar sobre a prova, confessadamente determinante para o julgamento. Uma delas foi tachada de megera sem poder se defender – e o texto não revela os porquês da pecha. Não se sabe se a resistência dos menores tem relevância jurídica, a justificar a definição do caso. Demandante e demandado tiveram suprimidos seus direitos de informação, de reação e, consequentemente, de consideração. Foram abruptamente surpreendidos por uma decisão de terceira via – embora o prejuízo material tenha sido experimentado apenas pela avó.

O caso revela uma negação completa da garantia do contraditório. O juiz exerceu as situações jurídicas dele decorrentes em total substituição às partes. Instigado pela dúvida, ele considerou possível (ou indispensável) levar a sua investida probatória a cabo ao arrepio de qualquer participação daqueles que seriam diretamente afetados pelo provimento. Colheu à surdina os elementos que entendeu suficientes para tomar uma posição. Pela falta de oficialidade do expediente, pode-se dizer que decidiu com base em seu conhecimento privado. E pior: tudo recebido sem qualquer espanto pelos demais membros do órgão colegiado.

---

426 MOREIRA, José Carlos Barbosa. Provas Atípicas. Revista dos Tribunais Online, Revista de Processo, V. 76, p. 114-126, out./dez. 1994.

O proceder pode ter proporcionado a Barbosa Moreira uma das maiores satisfações de toda a sua experiência judicante, acalentando seus mais profundos sentimentos de justiça e conduzindo à melhor solução para o caso, mas está longe de representar o exercício correto da garantia do contraditório.

Ao nítido e sincero sentimentalismo lançado no relato, adverte-se que para o julgador "há extrema necessidade de reserva de reflexão, para que não exerça a prestação jurisdicional de maneira apaixonada"[427]. Não por acaso a primeira proteção que os ordenamentos democráticos oferecem aos cidadãos é a possibilidade de, quando destinatário de um provimento jurisdicional, participar dos atos que o preparam. Nenhuma justiça suplanta isso. Decididamente, "entre uma decisão "justa", tomada autoritariamente, e uma decisão "justa", construída democraticamente, não pode deixar de haver diferença, quando se crê que a dignidade humana se realiza através da liberdade"[428]. Por isso, "*ninguna prueba puede ser tomada como verdadera, sin que haya la verificación de su legalidad, de la producción dentro del plazo e del contradictório por las partes*"[429]. A preservação do contraditório na for-

---

427 SAMPAIO, Denis. *A verdade no Processo Penal*. A permanência do sistema inquisitorial através do discurso sobre a verdade real. Rio de Janeiro: Lumen Juris, 2010, p. 161.

428 GONÇALVES, Aroldo Plínio. *Teoria do Processo e Técnica Processual*. 2 ed. Belo Horizonte: Del Rey, 2012, págs. 151-152. Também apontando a ilegitimidade da decisão que reconhece a existência de determinado fato que não foi obtida sob plena oportunização do contraditório: LEAL, André Cordeiro. *O Contraditório e a Fundamentação das Decisões no Direito Processual Democrático*. Belo Horizonte: Mandamentos, 2002, p. 107; SOARES, Carlos Henrique. Reflexiones filosóficas sobre la prueba y verdad en el proceso democrático. In: *Direito Probatório*. Temas Atuais. Orgs. Ronaldo Brêtas de Carvalho Dias, Carlos Henrique Soares, Mónica Bustamante Rúa, Liliana Damaris Pabón Giraldo, Francisco Rabelo Doutrado de Andrade. Belo Horizonte: Editora D'Plácido, 2016, p. 58.

429 SOARES, Carlos Henrique. Reflexiones filosóficas sobre la prueba y verdad en el proceso democrático. In: *Direito Probatório*. Temas Atuais. Orgs. Ronaldo Brêtas de Carvalho Dias, Carlos Henrique Soares, Mónica Bustamante Rúa, Liliana Damaris Pabón Giraldo, Francisco Rabelo Doutrado de Andrade. Belo Horizonte: Editora D'Plácido, 2016, p. 61. Em tradução livre: "nenhuma prova pode ser tomada como verdadeira, sem que haja a verificação de sua legalidade, da produção dentro do prazo e do contraditório pelas partes".

mação da prova e sobre a prova já produzida constitui ganho civilizacional inegociável[430].

Ainda que se tolere alguma restrição à participação das partes no contexto da produção da prova emprestada[431], daí não se pode derivar uma regra geral para autorizar o juiz a, "quando assim recomendar o seu bom senso"[432], exercer seus poderes instrutórios ao arrepio do contraditório, como se deu *in casu*.

Embora sem unanimidade[433], prevalece largamente o entendimento de que um dos limites ao exercício dos poderes instrutórios do juiz é o respeito, a todo momento, da garantia do contraditório[434], inclusive na fase de admissão da prova, permitindo que elas possam exercer influência acerca do seu juízo de pertinência e necessidade[435]. Seguramente um dos mais qualificados e fervorosos defensores dos poderes instrutórios do juiz, Michele Taruffo sintetiza categoricamente a exigência:

---

430 ROBERTO, Welton. *Paridade de Armas no Processo Penal Brasileiro*. Uma concepção do justo processo. Tese (doutorado em Direito). Data da Defesa: 07/03/2012. 332f. Universidade Federal de Pernambuco, Recife, 2012, p. 89.

431 Sobre o tema da prova emprestada, conferir: PEREIRA, Lais Zumach Lemos. *Uma Proposta de Redefinição Científica do Conceito de "Prova Emprestada"*. Dissertação (mestrado em Direito). Data da defesa: 17/05/2017. 155f. Universidade Federal do Espírito Santo, Vitória, 2017, *passim*.

432 BEDAQUE, José Roberto dos Santos. *Poderes Instrutórios do Juiz*. 7 ed. São Paulo: Editora Revista dos Tribunais, 2013, p. 171.

433 Citando o texto Provas Atípicas, de José Carlos Barbosa Moreira, e defendendo que, por vezes, a participação das partes pode não ser possível nem conveniente: BEDAQUE, José Roberto dos Santos. *Poderes Instrutórios do Juiz*. 7 ed. São Paulo: Editora Revista dos Tribunais, 2013, págs. 170-171.

434 JUNOY, Joan Picó i. *El Juez y la Prueba*. Estudio de la errónea recepción del brocardo *iudex iudicare debet secundum allegata et probata, non secundum conscientian* y su repercusión actual. Barcelona: J M. Bosch Editor, 2007, págs. 117-118. O autor ainda enumera os seguintes limites: instrutórios pelo Estado-juiz: (i) a prova deve estar limitada às alegações de fato controvertidas e (ii) deve haver nos autos menção à existência das fontes sobre as quais se exercerão tais poderes.

435 MARINONI, Luiz Guilherme; ARENHART, Sérgio Cruz. *Prova e Convicção*. 3. ed. São Paulo: Editora Revista dos Tribunais, 2015, p.100. Defendendo o direito de participar das fases de produção e valoração: DIDIER JR, Fredie. BRAGA, Paula Sarno. OLIVEIRA, Rafael Alexandria de. *Curso de Direito Processual Civil*. V. 2. 11 ed. Salvador: Jus Podivm, 2016, p. 82.

Sólo en caso de que descrubra (a partir de los materiales del proceso, no por su «conocimiento privado») que existe una prueba relevante que no ha sido presentada por las partes, entonces el juez puede (y probabelmente debe) disponer de oficio la asunción de la prueba, o requerir a las partes que la aporten. En ningún caso se prevé que el juez se transforme en un inquisidor en el que se concentren todos los poderes de instrucción y de descubrimiento de la verdad, comprimiendo o incluso anulando los poderes probatórios de las partes[436].

Em trabalho dedicado à defesa dos poderes instrutórios na fase recursal, Luciano Couto Dias faz menção ao episódio ora examinado e ressalva que, "na atualidade, o seu exercício exigiria a adoção de diligências consubstanciadas nas premissas dos artigos 9º e 10º (*sic*) do CPC/15"[437].

A ressalva temporal é injustificável. Basta ver o que o próprio Barbosa Moreira diz em texto de 1985 no qual advoga a causa da "socialização do processo civil", em geral, e da "ativação probatória" do juiz, em particular, para repelir "a extravagante ideia" de que o processo "social" promove a entronização do juiz opressor e contraposto às partes:

> Em matéria de prova, enfim, deveria ser claro que nenhuma intensificação da atividade oficial, por mais "ousada" que se mostre, tornará dispensável, ou mesmo secundária, a iniciativa dos litigantes. De maneira alguma se trata de cerceá-la, como dão a impressão de temer alguns intransigentes críticos do processo "inquisitório" – outra denominação bastante equívoca. O papel do juiz e o das partes são aqui complementares; absurdo concebê-las como reciprocamente excludentes. E não custa reconhecer que, de fato, ao menos no comum dos casos, por óbvias razões, dos próprios litigantes é que se obterá, com toda a probabilidade, aporte mais substancioso. Nesse ponto, como nos restantes, não há porque vincular a inspiração "social" no processo à extravagante idéia – que, a bem da verdade, ninguém propugna, embora alguns pareçam enxergar nela fantasma a reclamar exorcismo – de uma "entronização" do juiz como suserano imposto à vassala-

---

436 TARUFFO, Michele. *Simplemente la Verdad*. El juez y la construción de los hechos. Trd. Daniela Accatino Scagliotti. Madrid: Marcial Pons, 2010, p. 199. Em tradução livre: "Somente em caso de que descubra (a partir dos materiais do processo, não por seu «conhecimento privado») que existe uma prova relevante que não foi apresentada pelas partes, então o juiz pode (e provavelmente *deve*) dispor de ofício da assunção da prova, ou requerer às partes que a aportem. Em nenhum caso se prevê que o juiz se transforme em um inquisidor em que se concentrem todos os poderes de instrução e descobrimento da verdade, comprometendo ou inclusive anulando os poderes probatórios das partes".

437 DIAS, Luciano Souto. *O Poder Instrutório na Fase Recursal do Processo Civil em Busca da Verdade Provável*. Dissertação (mestrado em Direito). Data da defesa: 16/03/2017. 261f. Universidade Federal do Espírito Santo, Vitória, p. 157.

gem das partes. Essa é uma caricatura que não merece defesa, nem aliás a encontra, hoje, em qualquer setor respeitável da doutrina processual; por conseguinte, tampouco merece ataques, e surpreende que às vezes se perca tempo em desferi-los. O lema do processo "social" não é o da contraposição entre juiz e partes, e menos ainda o da opressão destas por aquele; apenas pode ser o da colaboração entre um e outras[438].

Com Barbosa Moreira, contra Barbosa Moreira: as lições supratranscritas são frontalmente contrariadas tanto pela prática judicante da oitiva-surpresa dos menores quanto pela lição doutrinária que intentou justificá-la.

Incomum ou não, o caso demonstra que a invocação da "justiça" para a realização da "igualdade", inclusive pelas mentes mais ilustradas, pode acarretar supressão das garantias processuais, no caso, o contraditório[439]. Isso pode ocorrer de modo mais sutil, inclusive com o concurso do legislador. Por isso é necessário demarcar com clareza e rigidez os critérios para definir quais funções processuais judicantes. A ausência deles fragiliza o contraditório e a imparcialidade (e, claro, a imparcialidade), abrindo ensanchas a que o juiz exerça funções de parte em conjunto com elas – e, no limite, em substituição a elas.

Os defensores da prova de ofício não se desincumbem desse ônus. Quando relacionam o tema ao contraditório, exigindo que ele seja respeitado em todo o procedimento probatório, levam em consideração apenas o seu conteúdo, sua dimensão argumentativo-discursiva, deixam de tematizar o seu caráter relacional, sua dimensão funcional. Como se a ampla participação das partes e o correlato dever judicante de oferecer respostas suplantasse a discussão acerca de quem tem competência para exercer a função e quais são as competências de cada sujeito processual (partes e juiz) no seu exercício. Não provam como essas medidas promovem "igualdade material", "justiça" e "verdade", nem como a sua obtenção se dá sem que sejam violados o contraditório/imparcialidade e a imparcialidade.

---

438 MOREIRA, José Carlos Barbosa. A Função Social do Processo Civil Moderno e o Papel do Juiz e das Partes na Direção e na Instrução do Processo. Revista dos Tribunais Online, Revista de Processo, vol. 37, p. 140-150, jan./mar. 1985.

439 Escrevendo sobre a produção de prova em tribunal, relatam o expediente protagonizado por Barbosa Moreira sem qualquer juízo crítico: DIDIER JR., Fredie. CUNHA, Leonardo Carneiro da. *Curso de Direito Processual Civil*. V. 3. 13 ed. Salvador: Jus Podivm, 2016, p. 47.

Talvez fizessem (e se saíssem) melhor se seguissem o caminho de Artur César de Souza: reconhecer que a missão sócio-equalizante imposta pelos laivos do Estado social impõe a assunção de uma *parcialidade positiva do juiz*, tanto no exercício de funções processuais quanto na interpretação do direito positivo em geral[440].

Em apertada síntese, o autor argumenta que a imparcialidade tem uma função negativa e uma função positiva. A função negativa consiste na proibição de que os juízes atuem no processo de forma a se inclinar em favor de determinada parte por interesse pessoal ou qualquer outro fator discriminatório. A função positiva informa materialmente o agir do magistrado, impõe que ele lance mão dos meios necessários à construção de uma sociedade mais justa e solidária, com erradicação da pobreza e das desigualdades sociais, econômicas, culturais etc. O Judiciário não está à margem da estruturação política imposta pelo art. 3º, CRFB, devendo atuar para realizar os fins ali arrolados. A imparcialidade prescreve o modo de exercício da função jurisdicional e o Estado-juiz deve atuar para assegurar que todos os sujeitos processuais tenham iguais perspectivas de levar adiante suas pretensões. As conjecturas estruturais que impedem que os homens sejam iguais entre si devem ser superadas. Para se visualizar o homem em sua concretude não basta o desenvolvimento de um procedimento meramente formal, suplica uma ética material sensível às diferenças empíricas entre os sujeitos da relação processual. Trata-se de humanizar o processo, de personalizá-lo; "enfim, socializá-lo com os ares generosos da solidariedade". Procura-se afirmar que o ser humano e sua produção, reprodução e desenvolvimento são referências para o exercício da atividade jurisdicional e que as questões processuais não estão enclausuradas apenas no âmbito jurídico e dogmático da relação jurídica processual. E arremata: "essa postulação humanitária de uma nova leitura do princípio da (im)parcialidade reclama o efetivo reconhecimento das diferenças existentes entre as pessoas, para que se possa vislumbrar uma decisão final *équa e justa*"[441]. Deixa explícitos os fundamentos metajurídicos de sua proposta:

---

440 SOUZA, Artur César de. *A Parcialidade Positiva do Juiz*. São Paulo: Editora Revista dos Tribunais, 2008, especialmente os capítulos III e IV.

441 SOUZA, Artur César de. *A Parcialidade Positiva do Juiz*. São Paulo: Editora Revista dos Tribunais, 2008, págs. 232-236.

O justo processo reclama, como bem acentuou Alfredo Greco, um sopro de vida no corpo inanimado da atividade jurisdicional, mediante a observância dos princípios constitucionais e dos valores internos e externos ao sistema jurídico, a fim de que não sejam apenas formalmente vivenciados, mas, principalmente, materialmente garantidos. Este sopro de vida na razão de ser do processo deve ser dado pelo princípio da "parcialidade positiva" do juiz, que humanizará a relação jurídica processual penal ou civil por meio da concepção filosófica da "racionalidade do outro" e concretamente estabelecerá as garantias *materiais e substanciais* dos princípios e direitos fundamentais previstos na Constituição[442].

Como se vê, Souza toma a realização da justiça e da igualdade material para justificar a parcialidade do juiz, considerada positiva. Em nenhum momento ele tenta compatibilizar sua proposta com as garantias da imparcialidade e da impartialidade. Invocando uma atuação jurisdicional orientada por "valores externos ao sistema jurídico", segundo a "concepção filosófica da racionalidade do outro", secunda a lição de Fábio Konder Comparato pela qual a verdadeira justiça é sempre parcialíssima[443]. Portanto, ele não discordaria dos autores que defendem que o respeito à lei é uma exigência mínima da imparcialidade, de modo que o juiz que apela a fundamentos metajurídicos (*v. g.*

---

442 SOUZA, Artur César de. *A Parcialidade Positiva do Juiz.* São Paulo: Editora Revista dos Tribunais, 2008, págs. 224-225.

443 SOUZA, Artur César de. *A Parcialidade Positiva do Juiz.* São Paulo: Editora Revista dos Tribunais, 2008, p. 236. Sustenta Comparato: "Durante séculos, no entanto, a justiça, virtude cardeal dos profissionais do direito, foi concebida e analisada *more geometrico*, como puro ente de razão, sem a menor ligação com a sensibilidade valorativa. (...) A verdadeira justiça, muito ao contrário, é sempre parcialíssima. Ela não se coaduna com eqüidistâncias formais nem se contenta com equilíbrios de circunstância. (...) Não é ocioso, de resto, lembrar que a solidariedade – o valor que inspirou a última geração dos direitos humanos, no decorrer deste século – foi corretamente denominada fraternidade pelos revolucionários de 1789. Mas, obviamente, essa sintonia com os grandes valores sociais supõe, de parte dos que nos governam, uma dupla sensibilidade ética. De um lado, a compreensão dos limites essenciais da condição humana, na firme rejeição daquela *hubris*, ou ausência de medida, que a sabedoria grega sempre considerou como a matriz da tragédia. De outro lado, um sentimento de compaixão universal, a simpatia na exata acepção etimológica da palavra, ou seja, a capacidade de sofrer com os fracos, os pobres e os humilhados do mundo inteiro". (COMPARATO, Fábio Konder. O papel do jurista num mundo em crise de valores. Revista dos Tribunais *Online,* Revista dos Tribunais, vol. 715, p. 379-385, mai./1995).

"valores externos ao sistema jurídico") é irremediavelmente parcial[444]. Afinal, entende que a bitola dos critérios estritamente jurídicos não pode obstar a realização da justiça e da igualdade material.

A vantagem argumentativa do autor é imensa: arrancando de um modelo ideal, fica dispensado de demonstrar a sustentação dogmática dos seus argumentos, sem preocupação com a preservação da imparcialidade e da imparcialidade. Mas a recíproca é verdadeira: verificando seus interlocutores que os jogos de linguagem são distintos – lá, política; aqui, dogmática jurídica –, não há necessidade de debater.

Os defensores dos poderes instrutórios do juiz não parecem se distanciar desse modo de pensar. E no caso particular de Barbosa Moreira, não se trata de reter a conclusão a partir de um recorte descontextualizado de sua extensa e valorosa obra, superdimensionando um pontual excesso fruto da notória verve retórica[445]. O que deveras importa é menos uma eventual demasia performática e mais os seus meditados escritos e práticas judicantes. Cessa o debate com seus argumentos quando eles extrapolam as sendas da dogmática.

---

444 Corretamente, afirma-se que "a imparcialidade está para o juiz assim como a publicidade está para a lei. Não sem motivo, juízes parciais e leis secretas são *monstros ético-jurídicos*". (COSTA, Eduardo José da Fonseca. Algumas considerações sobre as iniciativas judiciais probatórias. *Revista Brasileira de Direito Processual – RBDPro*. Belo Horizonte, ano 23, n. 90, p. 153-173, abr./jun. 2015. p. 157). No mesmo sentido: FAZZALARI, Elio. La imparzialità del giudice. *Rivista di Diritto Processuale*. Padova: Cedam, n 2º, 1972, p. 196; BARZOTTO, Luis Fernando. *Teoria do Direito*. Porto Alegre: Livraria do Advogado, 2017, p. 29.

445 Como este: "Em substanciosa monografia alemã depara-se aguda crítica à equiparação que às vezes se faz entre "imparcialidade" e "neutralidade". Esta palavra, sustenta o autor, na medida em que sugere, para o juiz, uma abstenção de intervir (*Nicht-Intervention*"), um distanciamento em relação ao litígio ("*Vom-Konflikt-Fernblieben*"), expressa justamente o contrário do que afinal dele se espera. Peço licença para dizer que também penso assim. E atrevo-me a acrescentar: tivesse algum dia de retornar ao exercício da judicatura, voltaria, com absoluta tranqüilidade, a visitar, em caso análogo, por minha própria iniciativa, o prédio onde se houvesse realizado a obra, desde que não me satisfizesse, para formar convicção segura, com as peças já constantes dos autos. Tenho a certeza de que não sentiria comprometida, ou sequer ameaçada, como não senti daquela vez, a minha imparcialidade. E, se alguém objetasse que valer-me do resultado da inspeção pessoal significaria, inevitavelmente, beneficiar uma das partes, afirmo com toda a sinceridade, e sem falsa modéstia, que tomaria o reparo antes como elogio do que como censura...". (MOREIRA, José Carlos Barbosa. Reflexões sobre a imparcialidade do juiz. *Temas de Direito Processual*. Sétima Série. São Paulo: Saraiva, 2001, p. 30).

3.4. CRÍTICA DA FUNÇÃO SOCIAL DO PROCESSO: PODERES INSTRUTÓRIOS E IMPARCIALIDADE

Passa-se ao exame da relação entre faculdades instrutórias do juiz e imparcialidade, assim, com "c", no sentido subjetivo-psíquico.

Michele Taruffo oferece um quadro bastante completo dos argumentos lançados por aqueles que negam a relação faculdades instrutórias e quebras de imparcialidade. Segundo o autor: (i) o tema da disponibilidade das provas pertence à dimensão epistêmica do procedimento, isto é, à técnica do processo, e não ao princípio dispositivo *stricto sensu*; (ii) há confirmações históricas de que o brocardo *secundum allegata et probata* não fazia nenhuma referência ao monopólio das partes sobre as provas; (iii) a experiência dos ordenamentos tem estendido os poderes probatórios do juiz, o que demonstra que isto não afeta de nenhuma maneira a atuação do princípio dispositivo; (iv) sobre as alegações de quebra de imparcialidade por força dos vieses cognitivos, ao mesmo tempo em que considera, *"por decir lo menos, «ingenuas»"*, reconhece a existência do *confirmation bias* e que todos estão sujeitos a incorrer nele, mas defende que o remédio certamente não consiste em suprimir os poderes instrutórios, e sim em exigir a vigência integral da garantia do contraditório[446]. Fala-se, ainda, que (v) quando determina a realização de alguma prova, o juiz não tem condições de saber, de antemão, o resultado[447].

Os argumentos não convencem.

Quanto a (i), encerra dois problemas. Primeiro, incorre no erro metodológico de rebater uma crítica a determinado modelo teórico a partir de argumentos que já aceitam a verdade do modelo teórico criticado. Ora, uma crítica à função epistêmica do processo não se responde com um argumento que já pressupõe a correção da tese da função epistêmica do processo, mas de uma metalinguagem que forneça subsídios para determinar qual dos modelos em disputa é o correto. Do contrário, os postulados teóricos das propostas rivais não são subme-

---

446 TARUFFO, Michele. *Simplemente la Verdad. El juez y la construcción de los hechos*. Madrid: Marcial Pons, 2010, págs. 201-202.

447 Por todos: CARNEIRO, Paulo Cezar Pinheiro. In: *Breves Comentários ao Novo Código de Processo Civil*. Orgs. Teresa Arruda Alvim Wambier, Fredie Didier Jr., Eduardo Talamini, Bruno Dantas. São Paulo: Editora Revista dos Tribunais, 2015, p. 73.

tidos ao teste da refutação. O encastelamento dos antagonistas cessa o debate[448] e suas teorias se convertem em dogma.

Segundo, assenta em premissa flagrantemente inválida. É tão categórica quanto arbitrária a afirmação de que o juiz nunca é parcial quando exerce funções previstas em lei ("observados os limites legais") ou quando busca promover a igualdade material. Há sempre o risco mais ou menos elevado de quebras (inclusive inconscientes) de imparcialidade, o qual é tanto repreendido (quando o sistema prevê mecanismos de controle – v. g., as exceções de impedimento e suspeição), quanto absorvido (quando o sistema não prevê mecanismos de controle específico – v. g., o juiz que aprecia pedido liminar tende, inconscientemente, a confirmar sua decisão ao final) pelo sistema do direito positivo. Negar peremptoriamente essa possibilidade serve apenas para neutralizar a problematização do tema e naturalizar eventuais quebras de imparcialidade. Dizer que "o *ativismo probatório equilibrado* (...) evidentemente, não se traduz em qualquer risco ao valor fundamental da imparcialidade"[449], é lançar mão de expressão vazia, máxime quando não vem lastreada em *estudos* sobre imparcialidade. Como o abalo subjetivo-psíquico do juiz só pode ser determinado *in concreto* e *ex post facto*, ninguém pode afirmar apriorística e categoricamente que a

---

448 *Mutatis mutandis*, a teoria do direito tem exemplo semelhante. Trata-se do debate entre Ronald Dworkin e Herbert Hart. Quando aquele defendeu, em oposição a este, que o direito não poderia ser apenas um sistema de regras, senão um sistema de regras e princípios, pois frequentemente juízes decidem casos com base em padrões interpretativos não positivados (=princípios), apresentava-se a objeção de que princípios não podem pertencer ao direito porque não passam pelo filtro da regra de reconhecimento. Mesmo quem concorda com Hart deve reconhecer que essa resposta interdita o debate, pois "ela assume a verdade da teoria positivista. Se a existência de princípios jurídicos coloca em xeque a teoria positivista da regra de reconhecimento, essa própria não pode ser usada como argumento contra o caráter juridicamente vinculante dos princípios. (...) Se os princípios não são validados por uma regra social de reconhecimento, mas ainda assim são usados e reconhecidos como jurídicos pelos oficiais, parece plausível pensar que há um erro na tese do *pedigree* que demandará argumentação independente para mantê-la mesmo diante do fato – aparentemente inquestionável – de que juízes e advogados recorrem a princípios jurídicos na interpretação e aplicação do direito". (NEIVA, Horácio Lopes Mousinho. *Introdução Crítica ao Positivismo Jurídico Exclusivo*. A teoria do direito de Joseph Raz. Salvador: Jus Podivm, 2017, p. 45-46).

449 LANES, Júlio Cesar Goulart. *Fato e Direito no Processo Civil Cooperativo*. São Paulo: Editora Revista dos Tribunais, 2014, p. 164.

imparcialidade nunca/sempre será quebrada quando o juiz respeita a "técnica processual"[450].

Dois exemplos são bem eloquentes disso. Presidir a instrução, valorar as provas e julgar são funções judicantes, inerentes à "dimensão técnica do processo". Nada obstante, a Lei n. 13.964/2019 introduziu o § 5º no art. 157 do CPP, prescrevendo que o juiz que teve contato com a prova ilícita fica proibido de julgar[451]. Há aí o reconhecimen-

---

450 Mais amplamente, a doutrina sói afirmar que a "ativação" do juiz, na esteira da função social do processo ope iudicis, não compromete a sua imparcialidade. É representativa a posição de José Roberto dos Santos Bedaque: "Visão social do processo não pode ignorar a notória desigualdade econômica e cultural que muitas vezes se verifica entre as partes. O juiz, a quem compete assegurar ao titular do direito acesso à ordem jurídica justa, deve atentar para essa realidade e, na medida do possível, observados os limites legais, orientar-se no sentido de eliminar esse desequilíbrio de forças, quer exercendo os poderes instrutórios de que é investido, quer conduzindo o processo de modo a minimizar as diferenças entre os litigantes. Não deve temer o risco da perda da imparcialidade, visto que inexistente, mesmo porque o princípio da isonomia, para quem se preocupa não apenas com o seu aspecto formal, exige tratamento desigual aos desiguais (...) no âmbito processual, a passividade do julgador normalmente conduz à injustiça, pois permite que o poder econômico prevaleça sobre o direito". (BEDAQUE, José Roberto dos Santos. Instrumentalismo e garantismo: visões opostas do fenômeno processual? In: *Garantismo Processual*. Garantias constitucionais aplicadas ao processo. Coords. BEDAQUE, José Roberto dos Santos. CINTRA, Lia Carolina Batista. EID, Elie Pierre. Brasília: Gazeta Jurídica, 2016, págs. 29 e 33). É tão categórica quanto arbitrária a afirmação de que o juiz nunca é parcial quando exerce funções previstas em lei ("observados os limites legais") ou quando busca promover a igualdade material. Há sempre o risco mais ou menos elevado de quebras (inclusive inconscientes) de imparcialidade, o qual é tanto repreendido (quando o sistema prevê mecanismos de controle – v. g., as exceções de impedimento e suspeição) quanto absorvido (quando o sistema não prevê mecanismos de controle específico – v. g., o juiz que aprecia pedido liminar tende, inconscientemente, a confirmar sua decisão ao final) pelo sistema do direito positivo. Negar peremptoriamente essa possibilidade serve apenas para neutralizar a problematização do tema e naturalizar eventuais quebras de imparcialidade.

451 Por sinal, solução de há muito reivindicada pela doutrina. No procedimento penal, por todos: LOPES JR., Aury. *Direito Processual Penal*. 12 ed. São Paulo: Saraiva, 2015, p. 411. No procedimento civil, por todos: MARINONI, Luiz Guilherme. ARENHART, Sérgio Cruz. *Prova e Convicção*. De acordo com o CPC de 2015. 3 ed. São Paulo: Editora Revista dos Tribunais, 2015, p. 312. Demonstrando a existência de estudos empíricos que atestam a dificuldade que os juízes e os jurados têm de ignorar a prova ilícita: COSTA, Eduardo José da Fonseca. *Levando a Imparcialidade a Sério*: proposta de um modelo interseccional entre direito processual, economia e

to implícito de que em tal circunstância o exercício de funções judicantes pode corroer a imparcialidade, servindo a institucionalização da solução para prevenir a concretização desse risco. Por outro lado, as quebras de imparcialidade reconhecidas pelo Tribunal Europeu de Direitos Humanos nos já referidos casos *Piersack vs. Bélgica, De Cubber vs. Bélgica, Pauwels vs. Bélgica* e *Haudschildt vs. Dinamarca*, diziam respeito a funções exercidas em conformidade com a "técnica processual" dos países de origem. A inovação do CPP e a jurisprudência internacional escancaram a falsidade da premissa de que questões afetas à "dimensão técnica do processo" são incapazes, por si sós, de abalar a imparcialidade do juiz.

Aliás, quando fala em dimensão *stricto sensu* do princípio dispositivo Taruffo está ecoando a proposta de Mauro Cappelletti. Com efeito, diferentemente de Tito Carnacini, que falava em princípio da demanda (poder de disposição das partes, limitado à fixação do objeto do processo) e princípio dispositivo (poder de disposição do juiz, que abarca a quase totalidade do processo, encarado como mero instrumento ou técnica), Cappelletti tratava apenas do princípio dispositivo, posto que em duas perspectivas: princípio dispositivo em sentido material (abarca as normas, deveres, poderes e, sobretudo, o ato que se refere ao momento de pedir a tutela do interesse material deduzido em juízo) e princípio dispositivo em sentido processual (abarca as normas, deveres, poderes e, particularmente, os atos referentes à técnica e à estrutura interna do procedimento)[452]. Como bem observa Igor Raatz, Cappelletti se afasta de Carnacini ao conceber o dispositivo como um princípio, não como uma mera técnica, mas, no essencial, essa desfiguração do "princípio dispositivo", que, em sua gênese, ladeado

---

psicologia. Salvador: Jus Podivm, 2018, p. 151. Nada obstante, a lei n. 13.964/2019 encontra-se com sua vigência suspensa por força de decisão liminar proferida pelo Min. Luiz Fux, nos autos das ações diretas de inconstitucionalidade 6.298, 6.299, 6.300 e 6.305.

452 Sobre o tema, conferir: CARNACINI, Tito. Tutela giurisdizionale e técnica del processo. In: *Studi in onore di Enrico Redenti. Nel anno de suo insegnamento*. Volume secondo. Milano: Dott. A. Giuffrè, 1951, págs. 695-772; CAPPELLETTI, Mauro. *La Testemimonianza della Parte nel Sistema dell'Oralità*: contributo ala teoria della utilizzazione probatória del sapere dele parti nel processo civile. Parte prima. Milado: Dotti. A. Giuffrè Ditore, 1962, cap. V. Para uma análise crítica dessas abordagens, conferir: RAATZ, Igor. *Autonomia Privada e Processo*. Liberdade, negócios jurídicos processuais e flexibilização procedimental. 2 ed. Salvador: JusPodivm, 2019, págs. 116-139.

pelo "princípio do debate", estava vocacionado a limitar a atuação do juiz – em contraposição ao "princípio inquisitório" –, foi desfigurado pela doutrina procedimental civil para alicerçar um modelo hiperpublicista e social de processo[453].

Como se pode ver, a cisão do princípio dispositivo (princípio dispositivo material ou *lato sensu* e princípio dispositivo processual ou *stricto sensu*), invocada por Taruffo, é apenas uma solução estratégica para os postulados do publicismo processual[454]. Constitui uma tentativa de naturalização e consequente legitimação da atribuição de determinadas finalidades ao processo (*v. g.* função epistêmica) e de determinados poderes ao juiz (*v. g.* para pesquisar os fatos independentemente da iniciativa das partes), falseando em invólucro de cientificidade pura (ou de "mera técnica") o que na verdade é – e nem pode deixar de

---

453 RAATZ, Igor. *Autonomia Privada e Processo*. Liberdade, negócios jurídicos processuais e flexibilização procedimental. 2 ed. Salvador: JusPodivm, 2019, págs. 126-133.

454 A saber: "1) El proceso es un mal, dado que supone una pérdida de tiempo y de dinero, aparte de llevar a las partes a enfrentamientos con repercusiones en la sociedad, y 2) El proceso afecta a la economía nacional, pues impide la rentabilidad de los bienes paralizados mientras se debate judicialmente sobre su pertenencia. Estos postulados llevan a la necesidad de resolver de modo rápido el conflicto entre las partes, y para ello el mejor sistema es que el juez no se limite a juzgar sino que se convierta en verdadero gestor del proceso, dotado de grandes poderes discrecionales, que han de estar al servicio de garantizar, no sólo los derechos de las partes, sino principalmente los valores e intereses de la sociedad". (AROCA, Juan Montero. La nueva Ley de Enjuiciamiento Civil española y la oralidad. *Revista de la Facultad de Derecho de la Pontificia Universidad Católica del Perú*, nº 53, Lima, Dic./2000, p. 633). Em tradução livre: "1) O processo é um mal, dado que supõe uma perda de tempo e de dinheiro, além de levar as partes a enfrentamentos com repercussões na sociedade, e 2) O processo afeta a economia nacional, pois impede a rentabilidade dos bens paralisados enquanto se debate judicialmente sobre sua pertença. Estes postulados levam à necessidade de resolver de modo rápido o conflito entre as partes, e para isso o melhor sistema é que o juiz não se limite a julgar senão que se converta, em verdadeiro gestor do processo, dotado de grandes poderes discricionários, que hão de estar a serviço de garantir, não só os direitos das partes, mas principalmente os valores e interesses da sociedade". Sobre o publicismo processual, conferir: LUCCA, Rodrigo Ramina de. *Disponibilidade Processual*. A liberdade das partes no processo. São Paulo: Thomson Reuters Brasil, 2019, Cap. 2; RAATZ, Igor. *Autonomia Privada e Processo*. Liberdade, negócios jurídicos processuais e flexibilização procedimental. 2 ed. Salvador: JusPodivm, 2019, Cap. 1, item 1.4; NUNES, Dierle José Coelho. *Processo Jurisdicional Democrático*. Uma análise crítica das reformas processuais. Curitiba: Juruá, 2012, Caps. 3 e 4.

ser – uma escolha teórica em nada alheia a condicionantes ideológicos. Anota Juan Montero Aroca:

> *Es evidente que Dino Grandi y Calamandrei no tuvieron duda en considerar como "factor político" el reforzamiento de la autoridad del juez, y en este sentido son muy claras las palabras de la Relazione que se repiten y se refuerzan en el Manual, pero inmediatamente después Calamandrei negaba su propia base de partida cuando, refiriéndose a la atenuación del principio dispositivo en el Codice, pretendió que el atribuir al juez poderes de iniciativa probatoria para declarar la verdad dentro del ámbito de las peticiones de las partes era "una necesidad de orden técnico" que no tenía nada que ver con el respeto a la voluntad de las partes. Abierto ese camino, Carnacini sostuvo luego la necesidad de distinguir entre lo que se refiere al monopolio de las partes sobre el objeto del proceso, que afecta a la disposición de su interés, y lo atinente a la determinación de los materiales de hecho y de los medios para probarlo, entendiendo que este segundo aspecto afecta únicamente a la conformación del instrumento que la ley predispone para la tutela jurisdiccional. Por fin Cappelletti, desde lo anterior, pasó a subdistinguir entre la introducción del material de hecho y la introducción de los medios para probarlo, afirmando también el carácter técnico de la iniciativa probatoria del juez. Resulta de esta manera que uno de los elementos esenciales para determinar la ideología base de un código procesal civil, como es el de las facultades del juez y de las partes, se quiere acabar convirtiendo en algo pretendidamente técnico, algo sujeto a la oportunidad del legislador. A continuación se suele recordar como en códigos del último tercio del siglo XX se han aumentado los poderes del juez en códigos de países cuyo régimen político claramente no es –se dice– autoritario[455].*

---

455 AROCA, Juan Montero. Los modelos procesales civiles en el inicio del siglo XXI: entre el garantismo y el totalitarismo. *Revista Brasileira de Direito Processual – RBDPro*, Belo Horizonte, ano 25, n. 100, p. 191-211, out./dez. 2017, págs. 202-203. Em tradução livre: "É evidente que Dino Grandi e Calamandrei não tiveram dúvida em considerar como "fator político" o reforçamento da autoridade do juiz, e neste sentido são muito claras as palavras da *Preluzione* que se repetem e se reforçam no Manual, mas imediatamente depois Calamandrei negava sua própria base de partida quando, referindo-se à atenuação do princípio dispositivo no Código, pretendeu que o atribuir ao juiz poderes de iniciativa probatória para declarar a verdade dentro do âmbito das petições das partes era "uma necessidade de ordem técnica" que não tinha nada a ver com o respeito à vontade das partes. Aberto esse caminho, Carnacini sustentou logo a necessidade de distinguir entre o que se refere ao monopólio das partes sobre o objeto do processo, que afeta à disposição de seu interesse, e o atinente à determinação dos materiais de fato e dos meios para prová-lo, entendendo que este segundo aspecto afeta unicamente a conformação do instrumento que a lei predispõe para a tutela jurisdicional. Por fim, Cappelletti, desde o anterior, passou a subdistinguir entre a introdução do material de fato e a introdução dos meios para prova-lo, afirmando também o caráter técnico da iniciativa probatória do juiz. Resulta desta maneira que um dos elementos essenciais para determinar a

Portanto, não impressiona o argumento de Taruffo no sentido de que a atribuição de poderes e seu efetivo exercício correspondem a uma necessidade epistêmica (instrumentos dirigidos à obtenção da verdade), enquanto a oposição aos poderes instrutórios do juiz está motivada exclusivamente em opções ideológicas histórica e politicamente infundadas, além de antiepistêmicas[456]. A objeção de Susan Haack revela que essa não é uma "verdade epistêmica" incontestável e a transcrição da passagem de Juan Montero Aroca deixa claro que o discurso do autor italiano é tão ideológico quanto o que objeta, sublinhando sagazmente o diversionismo:

> *Si sorprendente es el intento de convertir en técnico lo que es político, lo que más llama la atención es que cuando se pretende volver a llamar a las cosas por su nombre, es decir, cuando se dice que lo relativo a los poderes del juez y a la prueba de oficio se basa en la concepción ideológica de las relaciones entre el Estado y el Individuo, se impute a quien ello sostiene que está politizando la cuestión[457].*

---

ideologia à base de um código processual civil, como é o das faculdades do juiz e das partes, se quer acabar convertendo em algo pretensamente técnico, algo sujeito à oportunidade do legislador. Em seguida, é frequentemente lembrado que, nos códigos do último terço do século XX, os poderes do juiz foram aumentados nos códigos de países cujo regime político claramente não é – segundo se diz – autoritário". Com crítica semelhante: SCHMITZ, Leonard Ziesemer. *Raciocínio Probatório por Inferências*. Critérios para o uso e controle das presunções judiciais. Tese (doutorado em Direito). Data da Defesa: 25/09/2018. 324f. Pontifícia Universidade Católica de São Paulo, São Paulo, 2018, p. 144-145. Sobre essa cisão do princípio dispositivo e sua artificialidade, conferir: LUCCA, Rodrigo Ramina de. *Disponibilidade Processual*. A liberdade das partes no processo. São Paulo: Thomson Reuters Brasil, 2019, Cap. 1; RAATZ, Igor. *Autonomia Privada e Processo*. Liberdade, negócios jurídicos processuais e flexibilização procedimental. 2 ed. Salvador: JusPodivm, 2019, Cap. 1, item 1.6.

456 TARUFFO, Michele. *Simplemente la Verdad. El juez y la construcción de los hechos*. Madrid: Marcial Pons, 2010, págs. 201-202. Sem exaurir os que se utilizam do mesmo expediente, conferir: JUNOY, Joan Picó y. El derecho procesal entre el garantismo y la eficácia; un debate mal planteado. In: *Proceso Civil e Ideología*. Un prefacio, una sentencia, dos cartas y quince Ensayos. Coord. Juan Montero Aroca. Valencia: Tirant lo Blanch, 2006, p. 126.

457 AROCA, Juan Montero. Los modelos procesales civiles en el inicio del siglo XXI: entre el garantismo y el totalitarismo. *Revista Brasileira de Direito Processual – RBDPro*, Belo Horizonte, ano 25, n. 100, p. 191-211, out./dez. 2017, p. 203. Em tradução livre: "Se surpreendente é o intento de converter em técnico o que é político, o que mais chama a atenção é que quando se pretende voltar a chamar as coisas por seu nome, é dizer, quando se diz que o relativo aos poderes instrutórios do juiz e a prova de ofício se baseia na concepção ideológica das relações entre o Estado e o Indivíduo, se impute a quem o sustente que está politizando a questão".

Atenção: a crítica aqui realizada não se dirige à dimensão ideológica eventualmente contida nas escolhas do legislador ou do doutrinador, isoladamente consideradas, mas à tentativa de velá-la sob o pretenso discurso da "dimensão técnica do processo", de "corolário epistêmico" e quejandos, forjando estratagemas argumentativos para asfixiar o debate sobre relação de compatibilidade entre determinadas funções processuais e a imparcialidade.

Por fim, não se olvide que as escolhas (ideologicamente orientadas) do legislador se submetem ao controle de constitucionalidade. Daí Igor Raatz ter razão quando acusa de simplista a tentativa de solucionar o problema da limitação dos poderes do juiz no processo invocando o argumento da "técnica processual". Decididamente, "não é porque a lei simplesmente confere *poderes para o juiz agir de ofício* que tais poderes estejam sempre em conformidade com a Constituição"[458].

Quanto a (ii) e (iii), a invocação da tradição, por si só, não infirma o argumento de que a produção de provas de ofício pode quebrar a imparcialidade – do mesmo modo que eventual proibição legal de produção de provas de ofício não demonstra incontestavelmente que o seu exercício gera quebras de imparcialidade num juiz específico em dado caso. Inexiste relação de causa e efeito entre uma coisa e outra. E, de resto, a tradição, que pode ser autêntica e inautêntica[459], não impede a ocorrência de mudanças, seja pela via legislativa, seja pela via jurisprudencial. A par do já referido § 5º do art. 157 do CPP, a Lei n. 13.964/2019 também revogou o art. 3º, CPP, vedando expressamente os poderes instrutórios do juiz no procedimento penal, como se vê positivado no art. 3º-A: o processo penal terá estrutura acusatória, vedadas a iniciativa do juiz na fase de investigação e a substituição da atuação probatória do órgão de acusação. Fragilíssimo, portanto, esse argumento[460].

---

458 RAATZ, Igor. *Autonomia Privada e Processo*. Liberdade, negócios jurídicos processuais e flexibilização procedimental. 2 ed. Salvador: JusPodivm, 2019, p. 134.

459 Nessa mesma linha: "não se invoque uma «tradição» dos poderes instrutórios, pois essa via tampouco é concludente. Restaria saber se a propalada «tradição» é boa ou ruim. Mais que isso, se é constitucional ou não". (PEREIRA, Mateus Costa. *Eles, os Instrumentalistas, Vistos por um Garantista*: achegas à compreensão do modelo de processo brasileiro. Tese (doutorado em Direito). Data da Defesa: 18/06/2018. 279f. Universidade Católica de Pernambuco, Recife, 2018. p. 162).

460 Destacando que o argumento de Taruffo é desmentido pelas legislações dos países do mundo ocidental que vedam os poderes instrutórios do juiz, especialmen-

Quanto a (iv), justamente onde está o conjunto mais idôneo de conhecimentos para testar eventuais quebras de imparcialidade subjetivo-psíquica, Taruffo adota injustificável postura desdenhosa.

A disciplina *Behavorial Law and Economics*, já de larga bibliografia nos Estados Unidos da América e em Israel, vem sendo construída a partir de estudos empíricos baseados em pesquisas de psicologia cognitiva e economia comportamental que, embora cada uma a seu modo, já renderam, pelo menos, três edições do Prêmio Nobel: Herbert A. Simon (1978), Daniel Kahneman (2002) e Richard H. Thaler (2017)[461]. Trata-se de conhecimento que goza de amplo prestígio no universo científico, portanto. Logo, sua refutação séria exige a demonstração de erros metodológicos intrínsecos, a descoberta de meios mais seguros de empreender aquelas investigações ou interpretar mais adequadamente os seus dados, enfim, abordagens que vão muito além da blague e golpes de frases feitas. Em clara impostura metodológica, Taruffo não indica um único estudo que põe em xeque os meios e resultados daqueles que se debruçam sobre os vieses cognitivos.

E que se note: não se está dizendo que existem estudos empíricos comprovando especificamente que a produção de prova de ofício gera quebras de imparcialidade. Não há. Sobre o tema, há apenas intuições forjadas a partir do que se sabe acerca do *egocentric bias* ou *self-serving bias*, do *confirmation bias* e do *anchoring-and-adjustment bias*[462]. Intuições fundadas, mas intuições.

De modo que a crítica aqui feita a Taruffo volta-se contra o modo como ele passa pelo argumento dos vieses cognitivos. Ele não está amparado em nenhum dado científico quando diz que essa sorte de argumentos é "ingênua" nem quando afirma que a melhor maneira de resolver a questão é exigir o reforço do contraditório e da fundamentação, em vez de simplesmente suprimir os poderes instrutórios (ou,

---

te no procedimento penal: AROCA, Juan Montero. Los modelos procesales civiles en el inicio del siglo XXI: entre el garantismo y el totalitarismo. *Revista Brasileira de Direito Processual – RBDPro*, Belo Horizonte, ano 25, n. 100, p. 191-211, out./dez. 2017, p. 206, nota de rodapé n. 52.

461 COSTA, Eduardo José da Fonseca. *Levando a Imparcialidade a Sério*. Proposta de um modelo interseccional entre direito processual, economia e psicologia. Salvador: Jus Podivm, 2018, p. 102 e ss.

462 COSTA, Eduardo José da Fonseca. *Levando a Imparcialidade a Sério*. Proposta de um modelo interseccional entre direito processual, economia e psicologia. Salvador: Jus Podivm, 2018, p. 172 e ss.

v. g., atribuir o julgamento a um juiz diferente daquele que colheu a prova de ofício)[463].

Cabe indagar: ingênua é a intuição baseada em fortes indícios derivados de conquistas cientificamente consagradas ou a sua objeção lastreada em nada além do ceticismo subjetivo? Com base em que se pode afirmar que o reforço do contraditório e da fundamentação (*debiasing stricto sensu* = solução de desenviesamento) é medida mais adequada para frear os vieses cognitivos do que impedir o juiz de exercer determinada função (*insulating* = solução de prevenção do enviesamento)?[464]

À primeira pergunta, responde-se que, pelo menos em relação à imparcialidade subjetiva, o estágio atual do desenvolvimento científico lança o "ônus da prova" sobre aqueles que justificam os poderes instrutórios, não contra seus detratores[465]. À segunda pergunta, não há dados científicos inquestionáveis para definir a resposta. Contudo, a análise do contexto brasileiro ajuda a conferir maior senso de realidade à análise. Mesmo amparado por *staff* assessorial, o juiz brasileiro, via de regra, é assoberbado por elevada, complexa e variada carga de trabalho (*v. g.*, realizar audiências, atender partes e advogados, elaborar decisões sobre matérias que nem sempre domina – comum entre

---

463 O que traz à tona a advertência de Thomas Sowell: "Deliberadamente ou não, muitos na *intelligentsia* criam sua própria realidade paralela ao filtrarem toda informação contrária à concepção que têm de como o mundo funciona ou deveria funcionar." (SOWELL, Thomas. *Os Intelectuais e a Sociedade.* Trad. Maurício G. Righi. São Paulo: É Realizações, 2011, p. 188).

464 Diferenciando o *debiasing* em sentido estrito e o *insulating*: COSTA, Eduardo José da Fonseca. *Levando a Imparcialidade a Sério.* Proposta de um modelo interseccional entre direito processual, economia e psicologia. Salvador: Jus Podivm, 2018, p. 116 e ss.

465 Crítica semelhante a Taruffo pode ser encontrada em: PEREIRA, Mateus Costa. *Eles, os Instrumentalistas, Vistos por um Garantista*: achegas à compreensão do modelo de processo brasileiro. Tese (doutorado em Direito). Data da Defesa: 18/06/2018. 279f. Universidade Católica de Pernambuco, Recife, 2018, p. 181; KHALED JR., Salah. *A Busca da Verdade no Processo Penal.* Para além da ambição inquisitorial. São Paulo: Atlas, 2013, p. 150; STRECK, Lenio. Processo judicial como Espelho da Realidade? Notas Hermenêuticas à Teoria da Verdade de Michele Taruffo. *Sequência,* Universidade Federal de Santa Catarina, Florianópolis, v. 37, n. 74, p. 115-136, 2016; DELFINO, Lúcio. LOPES, Ziel Ferreira. Streck, Fonseca Costa, Kahneman e Tversky: todos contra o ativismo judicial probatório de Michele Taruffo. Revista dos Tribunais *Online,* Revista de Processo, vol. 255, p. 141-166, Mai/2016.

os juízes que atuam em comarca de vara única –, gerenciar unidades judiciárias etc.) e constantemente cobrado para atender metas de produtividade. Há uma reclamação constante de escassez de tempo, presente, inclusive, na tentativa de veto do § 1° do art. 489 do CPC, levada a efeito sob o argumento de que o seu cumprimento aumentaria o seu trabalho e agravaria o problema da morosidade[466]. Assim, é bastante razoável concluir que a imparcialidade é mais bem tutelada retirando as faculdades probatórias do juiz do que exigindo do juiz possivelmente enviesado o imenso esforço de se desenviesar, medida cujo êxito demanda um dispêndio de tempo e energia que, de ordinário, ele não tem e nem quer suportar.

Mas os dados da realidade são irrelevantes quando a verdade é guindada à "razão de todas as coisas" e se atribui ao juiz a elevada missão de revelá-la. Isso fica claro em outra reflexão de Taruffo sobre a relação entre as faculdades probatórias do juiz e a imparcialidade:

> *puede suceder, certamente, que el juez quiera favorecer a una parte serviéndose de sus faculdades instructivas, pero es dudoso que en este caso se verifique un verdadero abuso de su discrecionalidad: se tal prueba no sirve para nada, la prueba no modifica el resultado de la controvérsia. Si, por el contrario, la prueba sirve para determinación de los hechos, entonces es relevante y útil para el proceso, y por lo tanto sigue careciendo de importancia la motivación puramente subjetiva con la qual el juez haya decidido ordenar su práctica. De qualquer manera se busca evitar los abusos, pero la possibilidad de que se cometan no puede llevar a eliminación de los poderes del juez[467].*

Reduzindo a termos lógicos, o juiz pode ser: 1) *parcial* e 1.i) a sua investida *não interferir* no resultado do processo ou 1.ii) a sua investida

---

466 Sobre o tema, conferir: SOUSA, Diego Crevelin de. DELFINO, Lúcio. O levante contra o art. 489, § 1°, incisos I a VI, CPC/2015: o autoritarismo nosso de cada dia e a resistência à normatividade constitucional. In: *Aspectos Polêmicos do Novo Código de Processo Civil*. V. 1. Orgs. Helder Moroni Câmara, Lúcio Delfino, Luiz Eduardo Ribeiro Mourão, Rodrigo Mazzei. São Paulo: 2018, págs. 67-83.

467 TARUFFO, Michele. Sobre la cultura de la imparcialidad en los países de *common law* y de derecho continental. In: *Páginas sobre Justicia Civil*. Madrid: Marcial Pons, 2009, p. 52. Em tradução livre: "Pode acontecer, certamente, que o juiz deseje favorecer uma parte usando seus poderes instrutórios, mas é duvidoso que, neste caso, seja verificado um abuso verdadeiro de sua discricionariedade: se a prova não serve para nada, a prova não modifica o resultado de controvérsia. Se, pelo contrário, a prova serve para determinar os fatos, é relevante e útil para o processo e, portanto, a motivação puramente subjetiva com a qual o juiz decidiu ordenar sua prática continua irrelevante. De qualquer forma, procura evitar abusos, mas a possibilidade de serem cometidos não pode levar à eliminação dos poderes do juiz".

interferir no resultado do processo, revelando a verdade; 2) *imparcial* e 2.i) a sua investida *não interferir* no resultado do processo ou 2.ii) a sua investida *interferir* no resultado do processo, relevando a verdade. Para Taruffo, é irrelevante a *parcialidade* de 1.i) e, principalmente, a de 1.ii), pois serviu à revelação da verdade.

Dedução necessária: para Taruffo, é irrelevante saber se o juiz é parcial ou imparcial. Tolerada em razão da "descoberta da verdade" e da "realização da justiça", a parcialidade não é juridicamente censurável. Com esse argumento[468] demonstra que, a rigor, para ele a relação entre poderes instrutórios e (im)parcialidade é um não-tema. No essencial, compartilha da aspiração de Artur César de Souza: mais que a imparcialidade, importa a parcialidade positiva do juiz. Evidente o caráter político da tese, não franqueia debate genuinamente dogmático (particularmente de dogmática constitucional da garantia da imparcialidade).

Quanto ao argumento (v), costuma ser lançado com pretensão de definitividade pelos defensores das faculdades probatórias do juiz, como se fosse capaz de exaurir o debate[469]. Ousa-se afirmar que é o mais frágil de todos, porém.

Quem procura, sabe o que pretende encontrar e isso representa uma inclinação ou tendência potencialmente comprometedora da imparcialidade do julgador. Com isso, Geraldo Prado adverte para o perigo da legitimação da crença no imaginário, dado que a ação voltada à introdução de material probatório é precedida da consideração psicológica (consciente ou não) sobre os rumos que o citado material, se inserido ao feito, determinará[470]. Dá-se azo a que o juiz valore a prova *ex ante*, com grave risco (quiçá incontrolável, porque pré-compreen-

---

468 Seguido à larga pela doutrina brasileira, como se vê, por todos: "não deve existir diferença, para o juiz, entre querer que o processo conduza a resultado justo e querer que vença a parte – seja autora ou ré – que tenha razão (...) o princípio da imparcialidade do juiz não é obstáculo para a participação ativa do julgador na instrução. Ao contrário, supõe-se que parcial é o juiz que, sabendo que uma prova é fundamental para a elucidação da matéria fática, se queda inerte". (MARINONI, Luiz Guilherme. ARENHART, Sérgio Cruz. MITIDIERO, Daniel. *Novo Curso de Processo Civil*. V. 1. 2 ed. São Paulo: Editora Revista dos Tribunais, 2016, págs. 452-453).

469 A força persuasiva do argumento convence até mesmo autores hostis ao publicismo processual e simpáticos ao o garantismo processual, como: ASSIS, Araken de. *Processo Civil Brasileiro*. Tomo I. São Paulo: Editora Revista dos Tribunais, 2015, p. 287.

470 PRADO, Geraldo. Sistema Acusatório – a conformidade constitucional das leis processuais penais. 3 ed. Rio de Janeiro: Lumen Juris, 2005, p. 218.

sivo) de aniquilação do contraditório e da fundamentação, que se tornam fatores de legitimação do subjetivismo, sinalizam Rubens Casara e Antonio Pedro Melchior[471]. Em síntese conhecida, disseminada por Jacinto Nelson de Miranda Coutinho, as faculdades probatórias induzem o juiz a decidir antes e então sair à cata do material probatório necessário para confirmar hipótese pré-fixada, atiçando quadros mentais paranoicos que conduzem ao primado da hipótese sobre os fatos[472].

Corrente no procedimento penal, o argumento indubitavelmente se espraia para o procedimento extrapenal, afinal "ainda não se conhece estudo demonstrando que seja possível uma alteração nos processos fisiológicos de formulação das representações mentais, a depender da natureza do caso – civil ou penal – que o juiz esteja a julgar", adverte Ulisses Moura Dalle[473]. O que torna oportuna a lição de Sylvio Lourenço da Silveira Filho:

> É preciso, então, que o julgador atue sem a pretensão de controle totalmente racional e sem antecipar o julgamento, buscando primeiro *reconhecer* e, depois, tentar *afastar* a *lógica deforme* no processo decisório, sempre *desconfiando de si mesmo*, das suas *imagens*. Destaca-se, com isso, que o *primado da hipótese sobre os fatos* (CORDERO) não é algo afeto apenas ao *sistema inquisitório*, mas um mecanismo que se mostra como *marca* da civilização ocidental inteira, justamente porque compatível com o mero ato de pensar: decide-se primeiro para, após, buscar-se o fundamento da decisão. E aí a razão pela qual a *lógica deforme* está propensa a atingir qualquer um – por óbvio, também os juízes, não porque são juízes, mas porque são humanos[474].

O argumento vai robustecido pelos achados da psicologia cognitiva, especialmente o viés de confirmação[475], por força do qual a informação

---

471 Conferir CASARA, Rubens R. R. MELCHIOR, Antonio Pedro. *Teoria do Processo Penal Brasileiro*. V. I. Rio de Janeiro: Lumen Juris, 2013, p.72-83.

472 COUTINHO, Jacinto. Glosas ao verdade, dúvida e certeza, de Francesco Carnelutti, para os operadores do direito. In: *Anuário ibero-americano de direitos humanos*. Rio de Janeiro: Lumen Juris, 2002, p. 186.

473 DALLE, Ulisses Moura. Técnica processual e imparcialidade do juiz. In: *Técnica Processual*. Coords. Ronaldo Brêtas de Carvalho Dias, Carlos Henrique Soares. Belo Horizonte: Del Rey, 2015, págs. 87-88.

474 SILVEIRA FILHO, Sylvio Lourenço. *Introdução ao Direito Processual Penal*. 2 ed. Florianópolis: Empório do Direito, 2015, p. 173.

475 COSTA, Eduardo José da Fonseca Costa. *Levando a Imparcialidade a Sério*. Proposta de um modelo interseccional entre direito processual, economia e psicologia. Salvador: Jus Podivm, 2018, p. 156 e ss.

decorrente da prova de ofício pode ser inconscientemente filtrada para confirmar a posição inicial que levou à sua determinação, ignorando ou simplesmente não valorando as provas e argumentos que contrariam a posição antecipada[476].

Mesmo concordando com essas razões e entendendo que elas são suficientes, à luz do princípio da precaução[477], para contraindicar os poderes instrutórios do juiz, considera-se possível demonstrar a quebra de imparcialidade de modo ainda nítido.

Com efeito, o juiz exercerá faculdades probatórias supletivamente se, ao cabo da instrução, ainda tiver dúvida. Ocorre que a dúvida não só não o exime como não o impede de julgar. Vencidos os pressupostos processuais e as condições da ação, ele deve prover sobre o mérito, haja elementos probatórios objetivos suficientes para justificar racionalmente uma decisão (suficiência probatória), ou não (inexistência ou insuficiência probatória). No primeiro caso, julgará conforme as

---

476 SOUSA, Diego Crevelin de. Segurando o juiz contraditor pela imparcialidade: de como a ordenação de provas de ofício é incompatível com as funções judicantes. *Revista Brasileira de Direito Processual – RBDPro*, Belo Horizonte, ano 24, n. 96, p. 49-78, out./dez. 2016, p. 58; SCHMITZ, Leonard Ziesemer. *Raciocínio Probatório por Inferências*. Critérios para o uso e controle das presunções judiciais. Tese (doutorado em Direito). Data da Defesa: 25/09/2018. 324f. Pontifícia Universidade Católica de São Paulo, São Paulo, 2018, p. 152; RITTER, Ruiz. *Imparcialidade no Processo Penal*: reflexões a partir da teoria da dissonância cognitiva. Dissertação (mestrado em Direito). 2016. 197f. Pontifícia Universidade Católica do Rio Grande do Sul, Porto Alegre, 2016. págs. 93-94.

477 O princípio da precaução é "princípio *geral* de direito, que não se circunscreve à seara ambiental. Não sem razão, segundo Juarez Freitas, "o princípio constitucional da precaução [...] estabelece (não apenas no campo ambiental) a obrigação de adotar medidas antecipatórias e proporcionais, mesmo nos casos de incerteza quanto à produção de danos fundamentadamente temidos (juízo de forte verossimilhança)". Daí por que é norma que também deve reger a imparcialidade judicial. Afinal, é preciso – ante os índices científicos de que o juiz também está sujeito a vieses cognitivos – que esse risco seja erradicado ou minimizado até a sobrevinda de mais informações. Entendimento contrário infundiria um sistema processual que assume temerariamente o risco de juízes sistemática e inconscientemente parciais. É preciso frisar que o mais importante não é verificar *in concreto* se um juiz logrou ou não manter-se imparcial, mas "*defendê-lo* da mera *suspeita* de a não haver conservado, não dar azo a qualquer *dúvida*, por esta via reforçando a *confiança* da comunidade nas decisões dos seus magistrados"". (COSTA, Eduardo José da Fonseca. *Levando a Imparcialidade a Sério*. Proposta de um modelo interseccional entre direito processual, economia e psicologia. Salvador: JusPodivm, 2018, págs. 112-113).

provs; no segundo, rente à regra de julgamento (ônus da prova – CPC, art. 373, I e II). Vale dizer, o sistema do direito positivo dá uma solução para o caso de dúvida quanto à suficiência ou insuficiência do material probatório que não envolve quebra de imparcialidade.

Considerando hipótese em que o ônus da prova é do autor, se o magistrado tem dúvida e ordena a produção de prova suplementar, abrem-se as seguintes possibilidades: a) a prova é inconclusiva; b) a prova corrobora a versão do réu; c) a prova corrobora a versão do autor. Nas hipóteses a) e b), o juiz julgará improcedente; na c), procedente. Como a improcedência já era possível antes da prova suplementar, conclui-se que ao determinar a sua produção o juiz já sabia que o único resultado prático útil da sua investida seria beneficiar o autor, pois, sem ela – e mesmo com ela, nas hipóteses a) e b) –, o réu sairia vencedor. Como é irrelevante que a improcedência se dê com base na regra de julgamento ou nas provas, a investida do juiz apenas retardou a vitória que o réu poderia ter obtido desde antes, em menor tempo.

O mesmo ocorre na hipótese inversa, quando o ônus da prova é do réu: se confirmadas as soluções a) e c), dar-se-á a procedência; se a b), a improcedência. Como a procedência já era pronunciável antes da prova suplementar, conclui-se que ao determinar a sua produção o juiz já sabia que o único resultado prático útil da sua investida seria beneficiar o réu, pois sem ela – e mesmo com ela, nas hipóteses a) e c) –, o autor sairia vencedor. Como é irrelevante que a procedência se dê com base na regra de julgamento ou nas provas, a investida do juiz apenas retardou a vitória que o autor poderia ter obtido desde antes, em menor tempo.

Portanto, se é verdade que o juiz não pode prever qual será o resultado da prova antes da sua produção, também o é que ele sabe, de antemão, quem pode ser o único beneficiado por sua investida: a parte que tinha o ônus da prova e dele não se desincumbiu[478].

---

478 Evidenciado o ponto, por exemplo: COSTA, Eduardo José da Fonseca. *Levando a Imparcialidade a Sério.* Proposta de um modelo interseccional entre direito processual, economia e psicologia. Salvador: Jus Podivm, 2018, p. 172; OAKLEY, Hugo Botto. O pressuposto do processo denominado *imparcialidade:* requisito apenas jurídico ou também psicológico? In: *Ativismo Judicial e Garantismo Processual.* Coords. Fredie Didier Jr., José Renato Nalini, Glauco Gumerato Ramos, Wilson Levy. Salvador: JusPodivm, 2013, págs. 304-305; SCHMITZ, Leonard Ziesemer. *Raciocínio Probatório por Inferências.* Critério para o uso e controle das presunções judiciais. Tese (doutorado em Direito). Data da Defesa: 25/09/2018. 324f. Pontifícia Universidade Católica de São Paulo, São Paulo, 2018, págs. 154-155; SOUSA, Diego

Ora, se imparcialidade subjetivo-psíquica significa alheamento psicológico, indiferença quanto ao resultado do processo, não se pode dizer imparcial o juiz que pratica um ato sabendo quem é o único que pode ser beneficiado por sua iniciativa.

Contra-argumentando, fala-se que o juiz seria parcial se quedasse inerte[479]. O argumento é dogmaticamente inconsistente.

O juiz não pode ser considerado parcial quando aplica a regra de julgamento (CPC, art. 373, I e II), pois decide "com convicção ficta de que a pretensão alegada pelo autor não existe. Sob o império da *causalidade normativa,* aplicam-se consequências negativas ao autor que não se desincumbiu do seu ônus probatório"[480] – idem, quando o ônus da prova é do réu.

Quando o juiz tem dúvida subjetivo-cognitiva sobre o fato constitutivo do direito do autor, o sistema do direito positivo fornece convicção ficta (certeza objetivo-normativa) de que ele inexiste e que por isso o pedido deve ser julgado improcedente; quando o juiz tem dúvida subjetivo-cognitiva sobre o fato impeditivo, modificativo ou extintivo do direito do autor, o sistema oferece convicção ficta (certeza objetivo-normativa) de que ele inexiste e que por isso o pedido autoral deve ser julgado procedente. Se não interfere na sorte do litígio quando apenas aplica a lei, não pode ser considerado parcial.

Mas quando o juiz determina a produção de provas *ex officio,* abdica da convicção ficta por causalidade normativa suficiente para julgar e sai em busca da transição de um juízo de incerteza subjetiva para um juízo de certeza de subjetiva desnecessário para julgar. Manifesta objetivamente sua preferência por um juízo subjetivo de convicção capaz de conduzir a resultado diverso daquele pré-definido pelo direito

---

Crevelin de. Segurando o juiz contraditor pela imparcialidade: de como a ordenação de provas de ofício é incompatível com as funções judicantes. *Revista Brasileira de Direito Processual – RBDPro,* n. 96. Belo Horizonte: Fórum, 2016, p. 70; YARSHELL, Flávio Luiz. *Antecipação da Prova sem o Requisito da Urgência e Direito Autônomo à Prova.* São Paulo: Malheiros, 2009, págs. 131-133.

479 Assim: MARINONI, Luiz Guilherme. ARENHART, Sérgio Cruz. MITIDIERO, Daniel. *Novo Curso de Processo Civil.* V.1. 2 ed. São Paulo: Revista dos Tribunais, 2016, p. 453; ASSIS, Araken de. *Processo Civil Brasileiro.* Tomo I. São Paulo: Editora Revista dos Tribunais, 2015, p. 288.

480 COSTA, Eduardo José da Fonseca. Algumas considerações sobre as iniciativas judiciais probatórias. Revista Brasileira de Direito Processual – RBDPro, Belo Horizonte, ano 23, n. 90, p. 153-173, abr./jun. 2015, p. 166.

positivo[481]: de improcedência por falta de provas para improcedência baseada em provas; de improcedência por falta de provas para procedência baseada em provas; de procedência por falta de provas para procedência baseada em provas; de procedência por falta de provas para improcedência baseada em provas[482]. A parcialidade do juiz é clara[483].

Em suma, quando o juiz aplica a regra de julgamento há regular desempenho funcional de julgamento (imparcial); quando determina a produção de provas em caráter supletivo, indevida externação funcional de pré-julgamento (parcial)[484].

Pois bem.

Anota Andréa Meroi que há *"diseños procesales que favorecen la imparcialidad y diseños procesales que, a nuestro entender, conspiran contra ella, haciéndola depender exclusivamente de virtudes morales de las personas y excluyendo o dificultando el control"*[485].

---

481 Próximo: RAMOS, Glauco Gumerato. Repensando a Prova de Ofício na Perspectiva do Garantismo Processual. In: *Ativismo Judicial e Garantismo Processual.* Coords. Fredie Didier Jr. José Renato Nalini. Glauco Gumerato Ramos. Wilson Levy. Salvador: Jus Podivm, 2013, p. 262.

482 Claro que essa é uma representação mínima. A prova pode provar alguns fatos constitutivos do direito do autor e alguns fatos constitutivos do direito do réu. No extremo, porém, nada muda: a investida oficiosa beneficiou, no todo ou em parte, aquele que tinha o ônus da prova e não se desincumbiu – o único que poderia ser por ela beneficiado.

483 As louváveis propostas de Rodrigo Ramina de Lucca e Leonard Ziesemer Schmitz, já referidas, esbarram nesses mesmos problemas, apenas com uma atenuação de grau: enquanto no entendimento corrente o juiz sai, ele mesmo, à cata de meios de prova, na sugestão ora referida ele apenas se reporta às partes para que elas, querendo e podendo, aportem mais meios de provas aos autos. Nos dois casos o juiz interfere diretamente no resultado do processo, embora de modo mais lancinante no primeiro e mais sutil, no segundo.

484 COSTA, Eduardo José da Fonseca. Algumas considerações sobre as iniciativas judiciais probatórias. Revista *Brasileira de Direito Processual – RBDPro*, Belo Horizonte, ano 23, n. 90, p. 153-173, abr./jun. 2015, p. 166.

485 MEROI. Andrea A. La Garantia da Imparcialidad. Serie Breviarios Procesales Garantistas. Dirección: Adolfo Alvarado Velloso Coordinador Local: Jorge D. Pascuarelli - Andrés Repetto. V.9. Rosario: Ediciones AVI S.R.L. 2013, p. 15. Em tradução livre: "existem desenhos processuais que favorecem a imparcialidade e desenhos processuais que, a nosso entender, conspiram contra ela, fazendo-a depender exclusivamente de virtudes morais das pessoas e excluindo ou dificultando o controle".

Após o escrutínio dos argumentos (i) a (v), conclui-se que regras como o art. 370, CPC, conspiram contra a garantia da imparcialidade, pois atiçam o exercício parcial da jurisdição[486]. Portanto, são inconstitucionais.

O sistema do direito positivo resolve o "problema" da ausência ou insuficiência probatória sem confrontar a garantia da imparcialidade. A solução mais curial é a aplicação das regras de julgamento (CPC, art. 373, I e II), que, de resto, concretizam a garantia da pressuposição de inocência. O CPP prescreve que em face de defesa técnica inábil, que pode decorrer de lapsos quanto à atividade probatória, o juiz substituirá o defensor dativo ou nomeará defensor *ad hoc* para a prática de determinados atos, sem destituir o defensor privado constituído nos autos (arts. 263, 422, 449, parágrafo único, e 497, V). A medida, que pode, quiçá, se estender aos procedimentos extrapenais, efetiva a participação da parte indefesa sem hostilizar a imparcialidade. Outra solução é atribuir essa função ao Ministério Público, nos casos em que lhe compete intervir como fiscal da ordem jurídica (CPC, art. 179, II)[487]. A propósito, quem defende a existência de um "interesse público

---

486 Hugo Botto Oakley constata criticamente uma relação de confiança no juiz, manifestação da socialização: "deve-se confiar nos juízes, pois pensar que não devem ter faculdades probatórias seria o mesmo que neles não confiar, já que é tão delicada e transcendente a função do juiz no processo que ele "sempre" desempenha seu papel processual de maneira equidistante e igualitária em relação a ambas as partes, de modo que deve e pode *subsidiar* o trabalho deficiente do advogado que não se preparou adequadamente para exercer sua função *para* e *dentro* do processo". (OAKLEY, Hugo Botto. O pressuposto do processo denominado *imparcialidade*: requisito apenas jurídico ou também psicológico? In: *Ativismo Judicial e Garantismo Processual*. Coords. Fredie Didier Jr., José Renato Nalini, Glauco Gumerato Ramos, Wilson Levy. Salvador: JusPodivm, 2013, p. 305).

487 Nesse sentido: LIEBMAN, Enrico Tulio. Fondamento del principio dispositivo. In: *Problemi del Processo Civile*. Milano: Morano Editore, 1962, p. 7; AROCA, Juan Montero. La nueva Ley de Enjuiciamiento Civil española y la oralidad. *Revista de la Facultad de Derecho de la Pontificia Universidad Católica del Perú*, nº 53, Lima, Dic./2000, p. 667; RAATZ, Igor: *Autonomia Privada e Processo*. 2 ed. Salvador: JusPodivm, 2019, p. 130; PEREIRA, Mateus Costa. *Eles, os Instrumentalistas, Vistos por um Garantista*: achegas à compreensão do modelo de processo brasileiro. Tese (doutorado em Direito). Data da Defesa: 18/06/2018. 279f. Universidade Católica de Pernambuco, Recife, 2018. p. 161; STRECK, Lenio. Processo judicial como Espelho da Realidade? Notas Hermenêuticas à Teoria da Verdade de Michele Taruffo. In: *Sequência*. Universidade Federal de Santa Catarina, Florianópolis, v. 37, n. 74, p. 115-136, 2016. Defendendo que nas causas em que se discute interesse de

no julgamento conforme a verdade" deveria, por coerência, defender a participação do Ministério Público em todo e qualquer caso para concretizá-lo. Despida de lastro constitucional, é artificial a tese dos "graus de interesse público": se "ordinário", tutelado pelo Judiciário; se "qualificado", pelo Ministério Público. Não se está defendendo tal alargamento da atuação do Ministério Público, mas ela tem inegáveis vantagens sobre a proposta hegemônica: tutela o "interesse público no julgamento conforme a verdade" e preserva a imparcialidade.

Finaliza-se com uma ressalva. Casos há em que a lei institui uma etapa obrigatória do procedimento, destinada à produção de determinado meio de prova. É o caso do procedimento de interdição, que tem uma fase procedimental para a produção da prova pericial (CPC, art. 753). A lei impõe, independentemente de requerimento das partes e do Ministério Público, a produção da prova pericial, não admitindo que se decida sobre a interdição sem esteio nesse meio de prova. Assim, as objeções lançadas contra a prova de ofício não têm lugar nessas hipóteses. Nelas não há violação nem da igualdade (o meio de prova deve ser produzido em todas as ações de interdição) nem da imparcialidade (o meio de prova decorre de determinação legal, não de faculdades probatórias do juiz).

3.5. CRÍTICA DA FUNÇÃO SOCIAL DO PROCESSO: ADAPTAÇÃO PROCEDIMENTAL *OPE IUDICIS*

A doutrina favorável à flexibilização procedimental afirma que a adequação do procedimento é tarefa do legislador, do juiz e das partes. Dimensionando o tema a partir das garantias da separação dos poderes (de cariz teórico-constitucional) e da legalidade (de cariz dogmático-constitucional), neste trabalho se entende que a promoção da adequação do procedimento aos casos é: (i) *dever* dirigido ao legislador, que goza de ampla liberdade de conformação; (ii) *dever* dirigido ao Estado-juiz, que goza de estrita liberdade de conformação, só podendo fazê-lo nos estritos limites autorizados por regra legal que predetermine de forma tão clara quanto possível os antecedentes e os consequen-

---

vulnerável que exercita sofrivelmente *ius postulandi*, pode-se divisar a presença do Ministério Público, para que atue como tutor da instituição constitucional do devido processo legal, condição em que poderá requerer a produção de provas: COSTA, Eduardo José da Fonseca. Algumas considerações sobre as iniciativas judiciais probatórias. *Revista Brasileira de Direito Processual – RBDPro*, Belo Horizonte, ano 23, n. 90, p. 153-173, abr./jun. 2015, p. 162.

tes da flexibilização (quando pode flexibilizar e como); e (iii) *direito* das partes, isoladamente, no que concerne às situações jurídicas de sua titularidade, e delas e do juiz, no que concerne às situações jurídicas de titularidade também deste. Pavimentado o trajeto, será possível demonstrar a impropriedade da incorporação acrítica do *active case management* para o Brasil, dada a abissal diferença entre as experiências relacionadas aos poderes do juiz no Brasil e nos países que introduziram a figura, especialmente Inglaterra e França.

3.5.1. COMPETÊNCIA PARA CRIAR NORMAS PROCESSUAIS: VALORIZANDO A SEPARAÇÃO DOS PODERES E A LEGALIDADE

Diferentemente da Constituição dos EUA[488], a separação dos poderes é expressamente reconhecida na Constituição de 1988, estando assim lançada no art. 2º: são Poderes da União, independentes e harmônicos entre si, o Legislativo, o Executivo e o Judiciário.

Produto histórico, o constitucionalismo é fenômeno jurídico-político de limitação e racionalização do exercício do poder político[489]. A separação dos poderes insere uma limitação horizontal do poder, fracionando-o em funções legislativa, executiva e judiciária[490].

Do ponto de vista estritamente jurídico, o Estado cria e aplica direito[491]. Compulsando nosso direito constitucional positivo, verifica-se que, em termos de funções típicas, a função de editar direito compete ao Legislativo, enquanto a função de aplicar o direito fica a cargo do Executivo e do Judiciário. A aplicação do direito pelo Judiciário é feita por um terceiro necessariamente imparcial, cujas decisões não podem ter o seu mérito externamente revistado. A aplicação do direito pelo Executivo é feita por quem é parte da relação jurídica examinada e não

---

488 O que rende debates, naquele país, sobre a efetiva existência da referida garantia, como se vê em: WALDRON, Jeremy. *Political Political Theory*. Cambridge: Harvard University Press, 2016, Cap. 3 – Separation of Powers and the Rule of Law –, págs. 46-48.

489 Por todos: ABBOUD, Georges. NERY JR., Nelson. *Direito Constitucional Brasileiro*. São Paulo: Editora Revista dos Tribunais, 2017, págs. 82-83.

490 COSTA, Eduardo José da Fonseca. Notas para uma Garantística. *Empório do Direito*, Florianópolis, 04 jul. 2018. Coluna Associação Brasileira de Direito Processual. Disponível em <https://bit.ly/2LrCKJz>. Acesso em 05.11.2019.

491 COSTA, Eduardo José da Fonseca. *Levando a Imparcialidade a Sério*. Proposta de um modelo interseccional entre direito processual, economia e psicologia. Salvador: Jus Podivm, 2018, p. 15.

necessariamente imparcial, cujas decisões podem, em tese, ter o seu mérito externamente revisado[492].

Conquanto pudesse ser considerada digressão teórica e até de política constitucional, aqui se entende que o direito constitucional positivo brasileiro permite a apropriação dogmática da proposta de *governança articulada* oferecida por Jeremy Waldron[493].

Segundo o jusfilósofo, cada uma das funções estatais tem sua dignidade: a do Legislativo é a legislação; a do Executivo, sua autoridade; a do Judiciário, sua independência. Isso deve ser pressuposto da noção de governança articulada, assim compreendida: primeiro o Legislativo cria lei geral e abstrata que fornece os critérios para o Executivo realizar políticas públicas e o Judiciário decidir imparcialmente os casos que lhe são submetidos. Tirante pontuais especificidades da ordem constitucional positiva – a CRFB outorga competência legislativa ao Judiciário, v. g., nos casos de mandado de injunção (art. 5º, LXXI)[494] –, essas funções – majoritárias, no que concerne às legislativas e executivas; contramajoritárias, no que concerne às jurisdicionais[495] – devem ser exercidas daquele modo gradual e articulado, sem invasão das competências de uns pelos outros.

---

492 COSTA, Eduardo José da Fonseca. *Levando a Imparcialidade a Sério*. Proposta de um modelo interseccional entre direito processual, economia e psicologia. Salvador: Jus Podivm, 2018, págs. 15-19.

493 WALDRON, Jeremy. *Political Political Theory*. Cambridge: Harvard University Press, 2016, Cap. 3 – Separation of Powers and the Rule of Law –, págs. 45-71.

494 "O instituto do mandado de injunção tem como comparativo no direito alienígena o *writ of injunction* do direito anglo-americano. O conteúdo de sua decisão deve(ria), em nosso sistema jurídico, consistir na outorga direta do direito pleiteado pelo cidadão. Ou seja, na falta de regulamentação de um dispositivo constitucional que contenha a gama de direitos alcançados pelo mandado de injunção, deveria o Poder Judiciário, como se legislador fosse, conceder o direito para aquele caso concreto". (STRECK, Lenio Luiz. *Jurisdição Constitucional*. 5 ed. Forense: Rio de Janeiro, 2018, págs. 283-284). Interessante estudo sobre o instituto pode ser encontrado em: ZANETI JR., Hermes. *O Valor Vinculante dos Precedentes*. 2 ed. Salvador: JusPodivm, 2016, págs. 242 e ss.

495 Levando em consideração o modelo de decisões majoritárias adotado pelos órgãos plurais do Judiciário para criticar a sua pretensa função contramajoritária: WALDRON, Jeremy. *Contra el Gobierno de los Jueces*. Vantajas y desvantajas de tomar decisiones por mayoría en el Congreso e en los Tribunales. Buenos Aires: Siglo XXI Editores Argentina, 2018, págs. 153-193.

A proposta fornece ganho dogmático. Ao demarcar a área de atuação de cada um dos "Poderes", a separação dos Poderes passa a constituir critério para identificar equívocos e exigir correções no caso de sua violação. Em linha com o mote desta pesquisa, a ideia de governança articulada reforça a tese de que, em Direito, questões de autoridade (quem tem competência para decidir sobre X) são preliminares e insuperáveis às questões de correção (qual é a melhor decisão sobre X). Vale dizer, decisões supostamente "bem fundamentadas", proferidas "pelas autoridades mais qualificadas", não compensam quebras de competência.

Nessa linha, são precisas as palavras de Dimitri Dimoulis e Leonardo Martins:

> a boa fundamentação não elimina o risco de certas construções doutrinárias distanciarem-se do texto constitucional e permitirem o subjetivismo, transformando- se em reflexões sobre o correto, confundindo a aplicação judicial do direito com a aplicação de receitas políticas ou morais. Para minimizar tais riscos, os operadores do direito devem adotar a postura da autocontenção, que corresponde ao reconhecimento da prioridade jurídica do legislador. A regra básica é: em não havendo critério constitucional para resolver um conflito normativo, o legislador é o único habilitado para concretizar as normas constitucionais, usando o poder discricionário que lhe conferiu a Constituição em virtude do caráter abstrato de suas normas. Objeto da revisão jurisdicional constitucional não é a ponderação, mas a verificação de eventual desrespeito de norma constitucional pelo legislador. A proporcionalidade como exame de adequação e necessidade serve para aferir esse desrespeito específico e não para substituir a decisão política do legislador pela decisão política do órgão jurisdicional constitucional[496].

Quando o Judiciário se imiscui nas competências do Executivo e do Legislativo, principalmente deste, um problema grave se manifesta: a mudança do vetor de racionalidade que é justificado pelo princípio democrático.

A Constituição vincula e limita todos os poderes, mas isso não impede que a racionalidade política, que governa a atuação do Legislativo e do Executivo, seja radicalmente distinta da racionalidade jurídica, que governa a atuação do Judiciário. Respeitadas as balizas constitucionais, Legislativo (mais) e Executivo (menos) têm liberdade para utilizar critérios culturais (v. g. conservadores, liberais, progressistas), morais, religiosos, econômicos etc. A criação de leis (Legislativo) e a

---

496 DIMOULIS, Dimitri. MARTINS, Leonardo. *Teoria Geral dos Direitos Fundamentais.* 8 ed. São Paulo: Thomson Reuters Brasil, 2018, p. 269.

definição de políticas públicas e de governo (Executivo) são marcadas por amplos juízos de conveniência e oportunidade sobre se, quando e como agir. A aplicação imparcial do direito pelo Judiciário não opera assim. Regido pelo código binário interno lícito/ilícito, ele não pode escolher se, quando e como decidir. Longe de aqui se querer minimizar os complexos problemas de teoria da interpretação e teoria da decisão, o fato é que o Judiciário atua de maneira vinculada: ele deve decidir agora e com base no que prescrevem a Constituição e as leis, principalmente (afinal, ainda vige entre nós o princípio da legalidade – CRFB, art. 5º, II).

Portanto, o princípio democrático não define que a atuação do Legislativo e do Executivo é legítima e que a do Judiciário é ilegítima. Ele justifica a legitimidade de ambos por meio de vetores de racionalidade distintos. Legislativo e Executivo operam pelo vetor político porque exercem função política *stricto sensu*. O Judiciário opera pelo vetor jurídico porque exerce função jurídica *stricto sensu*. Política, a legitimidade democrática do Legislativo e do Executivo é regida pelo princípio majoritário. Jurídica, a legitimidade democrática do Judiciário é regida pelo princípio contramajoritário.

Por isso o ativismo judicial é problema de competência e de legitimidade democrática. De competência, porque o Judiciário invade as funções do Legislativo e do Executivo sem autorização constitucional para tanto[497]. De legitimidade democrática, porque o Judiciário adota o vetor de racionalidade da atividade política *stricto sensu,* embora seus membros não tenham sido eleitos para tanto e nem possam ser cobrados por seu desempenho. Eis o sonho da "vanguarda iluminista": decidir politicamente, mas não responder politicamente[498].

A título de exemplo, em palestra o Min. Luis Roberto Barroso assim se manifestou sobre a interrupção da gestação dos fetos anencefálicos:

> apesar da grande reação à interrupção da gestação em geral, que há na sociedade brasileira, violava a dignidade da mulher obrigá-la a manter até o fim uma gestação inviável. Vanguarda mesmo teria sido se tivesse acolhido

---

497 ABBOUD, Georges. *Processo Constitucional Brasileiro*. 3. ed. São Paulo: Thomson Reuters Brasil, 2019, p. 1276.

498 O Min. Luis Roberto Barroso tem defendido que o STF deveria ser a "Vanguarda Iluminista" da nação, assumindo para si a função de "empurrar a história": BARROSO, Luis Roberto. Contrajamoritário, representativo e iluminista: os papéis dos tribunais constitucionais nas democracias contemporâneas. Disponível em: https://bit.ly/3f2kuTa, acesso em 10.05.2020.

a tese que eu insisti: pode interromper a gestação em nome do direito fundamental da mulher à liberdade reprodutiva. Este teria sido o verdadeiro avanço. Mas o Tribunal não estava preparado para ir tão longe[499].

Nesse curto trecho ele (i) reconhece a grande resistência social contra a interrupção da gestação *em geral*, (ii) define a autorização do aborto no caso do feto anencefálico como "avanço", mas (iii) ressalva que o "verdadeiro avanço" seria a autorização do aborto em todo e qualquer caso. E tudo isso baseado nos valores que constituem o homem Luis Roberto Barroso.

O que menos importa aqui é concordar, ou não, com tal opção axiológica, mas deixar claro que, substituído o mensageiro, substitui-se a mensagem. De modo que a "vanguarda iluminista" não passa de um verniz simpático para o autoritarismo, como bem anota Bruno Torrano:

> se seguirmos à risca o pensamento de Barroso, teremos invariavelmente um, e só um, *critério* para determinar se um caso pode ou não servir como "mola moral" da sociedade: o juízo individual, seletivo e *interna corporis* de "cautela, parcimônia e autocontenção" feito *por ele mesmo* ou, no limite, pelo colegiado da instituição jurídica que ele integra – o Supremo Tribunal Federal. (...) Convenhamos, esse é o melhor dos mundos. Concentro em mim mesmo o poder de eleger, de tempos em tempos, os casos jurídicos suscetíveis de serem resolvidos pela invocação de "valores racionais" que, sem dúvida alguma (para mim ou para meu grupo intelectual), conduzem a "avanços civilizatórios", e, não satisfeito com isso, afirmo: vocês, que discordam, nada podem fazer; cabe a mim, só a mim, e no máximo aos dez outros Ministros componentes do Tribunal em que eu atuo, decidir *se, como e quando* colocar em prática essa autoridade. Conformem-se. (...) me refiro à acepção de *concentração externamente ilimitável* de poder nas mãos de poucas pessoas, sem nenhuma relação com a direção ideológica que possa ser conferida a esse poder[500].

O que remete à importância da garantia da legalidade.

Consta na Constituição de 1988 que a República Federativa do Brasil tem como fundamento a dignidade da pessoa humana (art. 1º, III); todo poder emana do povo, que o exerce por meio de representantes eleitos ou diretamente, nos termos desta Constituição (art. 1º, parágra-

---

499 Notícia extraída de: Constituição, Direito e política, por Luís Roberto Barroso. Migalhas. São Paulo, 18.05.2015. Disponível em: https://www.migalhas.com.br/quentes/225392/constituicao-direito-e-politica-por-luis-roberto-barroso. Acesso em 31.08.2020.

500 TORRANO, Bruno. *Democracia e Respeito à Lei*. Entre positivismo jurídico, pós-positivismo e pragmatismo. 2 ed. Belo Horizonte: Fórum, 2019, p. 317.

fo único); e ninguém será obrigado a fazer ou deixar de fazer alguma coisa senão em virtude de lei (art. 5º, II). Entrecruzando esses dispositivos, Humberto Ávila alcança uma conclusão tão simples quanto precisa:

> Democracia e legalidade também constituem, pois, instrumentos indiretos de garantia da dignidade humana: a democracia, porque permite que o indivíduo possa, por meio de seus representantes ou diretamente, participar da conformação do Direito que passará a limitar o exercício futuro da sua liberdade; a legalidade, porque assegura ao indivíduo não apenas um âmbito garantido de liberdade para praticar atos que não sejam proibidos nem predeterminados, mas também a ciência de que não poderá ter seus direitos restringidos senão por meio de uma lei que predetermine o âmbito dessa restrição e que seja editada antes de sua ação. Só assim será o indivíduo submetido ao império da lei, e não da vontade do intérprete, tornando realidade aquilo que historicamente foi qualificado como Estado de Direito: o governo das leis, não dos homens[501].

Disso decorre que toda intervenção estatal sobre os bens e a liberdade dos indivíduos deve ter prévio regramento legal.

É lição consolidada que são governados pela legalidade estrita os ramos do direito público que regem as relações jurídicas entre o Estado e os indivíduos no bojo das quais aquele pode infligir restrições à liberdade e ao patrimônio destes. É o caso, v. g., do direito tributário, do direito penal e do direito administrativo sancionador. Todos eles têm em comum a circunstância de que, vistos pela ótica do indivíduo, ostentam natureza de direito fundamental de liberdade/resistência/defesa.

Se, por um lado, tributação, criminalização e sanção administrativa oneram o indivíduo afetado, por outro, garantem ao indivíduo que ele só será validamente tributado, penalizado ou administrativamente sancionado nos casos e nos modos previamente definidos em lei. Alguém poderia dizer que a garantia do cidadão não são o direito tributário, o direito penal nem o direito administrativo sancionador, em si mesmos considerados, mas a segurança jurídica ou a legalidade. A objeção pode ser respondida com o argumento de que tais ramos do direito concretizam a segurança jurídica, ainda que também sejam governados por ela. Mas o que importa evidenciar é que nenhuma daquelas restrições incide validamente sem prévia cominação legal. Esse é o ponto: na linha da já referida ideia de governança articulada, nota-se que em tais áreas a função de edição do direito antecede a função de aplicação do direi-

---

[501] ÁVILA, Humberto. *Constituição, Liberdade e Interpretação*. São Paulo: Malheiros, 2019, p. 21.

to. No caso, a autoridade aplicadora não pode atuar tributação, criminalização nem sanção administrativa sem anterior edição legislativa.

Entende-se nesta obra que essas lições se aplicam *in totum* ao direito processual. Afinal, se o Judiciário pratica atos de afetação pessoal ou patrimonial; se o processo é condição de validade dessa atuação; e se o processo é garantia de liberdade/resistência/defesa, conclui-se, por interpretação sistemática, que também ele (e o procedimento que o concretiza) é governado por legalidade estrita. Ou melhor, *todo o proceder do Judiciário deve ser regido por lei*, desde a provocação do interessado passando pela edição do provimento até a sua efetivação.

Retenha-se o ponto: quando aqui se diz que a atuação do Judiciário deve ser regida pela legalidade estrita, se está fazendo referência à relação jurídica processual, de direito público, da qual o Estado-juiz é parte, e não à relação jurídico-material da qual deriva o litígio e o Estado-juiz não é parte. A relação jurídico-material litigiosa pode ser de direito público ou de direito privado, regida ou não por legalidade estrita, a depender dos sujeitos envolvidos. No primeiro grupo, temos como exemplos as já referidas relações jurídico-tributárias, jurídico-penais e jurídico-administrativo-sancionadoras. No segundo grupo, temos as relações jurídico-materiais governadas pela autonomia privada, como, *v. g.*, o direito civil de cunho patrimonial (*v. g.* relações contratuais entre iguais) e o direito empresarial (notadamente no que concerne aos vínculos entre credores e devedores, entre sócios e sociedades empresárias etc.), espaço onde a legalidade estrita não tem lugar[502]. Contudo, a relação jurídico-processual sempre será de direito

---

502 Diversas razões – pode-se destacar a dimensão horizontal dos direitos fundamentais (=sua vinculação aos particulares) – levam parte da doutrina a afirmar a superação da dicotomia entre direito público e direito privado. Defendendo – com razão, segundo aqui se pensa – a preservação da grande dicotomia, Virgílio Afonso da Silva sistematiza os argumentos e rebate-os: (i) ao argumento de que institutos de direito público são aplicados em relações privadas – e vice versa –, rebate afirmando, *a um*, que não se trata de um fenômeno recente, e, *a dois*, a configuração da dicotomia se aproxima muito mais da ideia de tipos ideais, de modo que o intercâmbio de institutos próprios de uns e outros não a desfaz; (ii) ao argumento de que a dicotomia não existe no *common law*, rebate afirmando, *a um*, que mesmo que isso fosse verdade em nada revelaria o erro da tradição romano-germânica – e aqui se acrescenta: por que o erro não estaria no *common law*? –, e, *a dois*, juristas de países de tradição algo-saxônica discutem os impactos da vinculação dos direitos fundamentais aos particulares, o que revela a existência da dicotomia; (iii) ao argumento de que a dicotomia é incompatível com a exigência de unidade do ordenamento jurídico, concorda que uma distinção rígida é inaceitável, mas que entre

público, pois disciplina os vínculos entre as partes e o Estado-juiz. É essa relação de direito público, dotada de realidade substantiva tanto quanto aquelas tributárias, penais e administrativo-sancionadoras, que se rege por legalidade estrita, máxime no que concerne ao proceder do Estado-juiz, que, nele atuando, poderá emitir e atuar provimentos que infligem restrições aos bens e à liberdade dos indivíduos.

Nem poderia ser de outro modo. Se o núcleo do constitucionalismo é a limitação jurídica do poder político *lato sensu,* que engloba as funções legislativa, executiva e judiciária, então toda relação jurídica de direito público na qual um ente estatal pode infligir restrições patrimoniais ou pessoais aos indivíduos deve ser regida pela legalidade estrita, ao menos no que diz respeito às posições jurídicas do ente público. Se ninguém tem dúvida que o Executivo e o Legislativo têm seus procederes integralmente regidos por lei, não há razão para que o mesmo não se imponha ao Judiciário[503]. Trata-se de um injustificável ponto cego que urge superar. Aliás, quando se recorda que os atos do Judiciário não se submetem a controle externo, ao contrário dos do Executivo e do Legislativo, se mostra ainda mais imperiosa a rigorosa vinculação do seu proceder aos ditames da lei.

Em suma, estando assente que aqui o processo é compreendido como instituição de garantia contrajurisdicional de liberdade e «liberdade», o enunciado prescritivo constitucional do inc. LIV do art. 5º, segundo o qual ninguém será privado de seus bens ou de sua liberda-

---

a inexistência de uma distinção rígida e a superação da dicotomia há uma grande diferença. Conferir: SILVA, Virgílio Afonso da. *A Constitucionalização do Direito.* Os direitos fundamentais nas relações entre particulares. 1 ed. São Paulo: Malheiros, 2008, págs. 172-174. Defendendo robustamente um modelo fraco de eficácia mediata dos direitos fundamentais às relações privadas: RODRIGUES JR., Otávio Luiz. *Direito Civil Contemporâneo.* Estatuto epistemológico, Constituição e direitos fundamentais. Forense Universitária: 2019, *passim.* Defendendo a eficácia direta (imediata) *prima facie* dos direitos fundamentais às relações privadas, mas reconhecendo que a incidência reclama soluções diferenciadas: SARLET, Ingo Wolgang. *A Eficácia dos Direitos Fundamentais.* Uma teoria geral dos direitos fundamentais na perspectiva constitucional. 13 ed. Porto Alegre: Livraria do Advogado, 2018, p. 401.

503 Salvo se se entender que o Judiciário se situa em uma ordem extraestatal, legitimando-se pela Comunidade, como faz: PICARDI, Nicola. A vocação do nosso tempo para a jurisdição. In: *Jurisdição e Processo.* Rio de Janeiro: Forense, 2008, p. 32. Criticando corretamente esse posicionamento, pelo mi(s)ticismo que encerra: GRESTA, Roberta Maia. *Introdução aos Fundamentos da Democrática.* Rio de Janeiro: Lumen Juris, 2014, págs. 180-182.

de sem o devido processo legal, deve ser interpretado justamente no sentido de que o procedimento[504] por meio do qual Judiciário pode restringir o patrimônio e a liberdade dos jurisdicionados deve ser integralmente regido por lei[505], uma lei que defina o próprio conteúdo[506].

Ainda que brevemente, soa possível cruzar dois argumentos jusfilosóficos para conferir subsídios à interpretação dogmática aqui defendida.

De um lado, tem-se as lições do Estado Democrático de Direito e a dignidade humana de Joseph Raz. Segundo o jusfilósofo, o Estado de Direito não se confunde com democracia, justiça, igualdade, direitos humanos nem dignidade humana; um sistema jurídico pode se constituir como Estado de Direito mesmo alheio a todas aquelas instituições e prenhe das mais odiosas desigualdades. Contudo, um sistema jurídico democrático é aquele que respeita a dignidade humana e só é possível nos marcos do Estado de Direito. E respeitar a dignidade humana é tratar os indivíduos como pessoas capazes de planejar e desenhar o próprio futuro[507].

De outro lado, e em profunda afinidade eletiva, tem-se a compreensão de Direito como planejamento. Scott Shapiro divisa o Direito como uma espécie de planejamento social que promove ganhos de previsibilidade e de economia cognitiva: de previsibilidade, porque os planos

---

504 Para a diferença entre processo e procedimento subjacente ao argumento, conferir: SOUSA, Diego Crevelin de. SILVEIRA, Marcelo Pichioli da. Entre alma e corpo: o que diz o garantismo processual sobre as competências legislativas dos arts. 22, I, e 24, XI, CRFB. *In Processo e liberdade*. Estudos em homenagem a Eduardo José da Fonseca Costa. Organizadores: Adriana Regina Barcelos Pegini. Daniel Brantes Ferreira. Diego Crevelin de Sousa. Evie Nogueira Malafaia. Glauco Gumerato Ramos. Lúcio Delfino. Mateus Costa Pereira. Roberto P. Campos Gouveia Filho. Londrina: Thoth Editora, 2019, págs. 297 e ss.

505 COSTA, Eduardo José da Fonseca. Breves Meditações sobre o Devido Processo Legal. Empório do Direito, Florianópolis, 10 jan. 2018. Coluna da Associação Brasileira de Direito Processual. Disponível em: https://bit.ly/2z1UdVV. Acesso em 10.02.2020.

506 *Mutatis mutandis*: "não basta que exista uma lei: é também preciso que a própria lei, editada antes da ação do indivíduo, defina o conteúdo da restrição a seus direitos fundamentais de liberdade e propriedade" (ÁVILA, Humberto. *Constituição, Liberdade e Interpretação*. São Paulo: Malheiros, 2019, p. 21).

507 RAZ, Joseph. *La Autoridad del Derecho*. Ensayos sobre derecho y moral. Trad. Rolando Tamayo e Salmorán. 2 ed. Ciudad de Mexico: Universidad Atónoma de Mexico Imprenta Universitaria, 1985, págs. 264 e 276-277.

já são conhecidos e há uma orientação para a ação dos indivíduos, que sabem de antemão o que e como podem agir e quando e como podem sofrer intromissões por parte do Estado; de economia cognitiva, porque quando da execução dos planos não será mais necessário justificar o porquê de ele ter esse ou aquele formato, seguindo-o independentemente do juízo de valor que se faça dele[508], o que vale tanto para os cidadãos quanto para as autoridades, inclusive os juízes – que, como afirma Richard Posner, em juízo soa ordinariamente razoável – tendem a seguir as regras porque assim se poupam do peso moral das decisões que devem proferir[509].

Em suma, o Estado Democrático de Direito é aquele que respeita a dignidade da pessoa humana e que toma os indivíduos como seres autônomos capazes de regerem as próprias vidas (Raz). Nele, o Direito assume o caráter de planejamento social para permitir o exercício daquela autonomia ao tornar os planos previsíveis e desonerar os aplicadores de justificarem moralmente suas ações alicerçadas nas normas jurídicas (Shapiro). Do entretecimento dessas duas teses forma-se um caldo hábil para, em associação à tese da governança articulada (Waldron), empreender uma interpretação transversal das garantias da legalidade e da separação dos poderes segundo a qual toda intervenção estatal nos bens e na liberdade dos indivíduos deve ser definida por lei.

Reforça-se a necessidade de a garantia do devido processo legal ser concretizada por um procedimento regrado por lei, uma lei que defina, ela própria, o seu conteúdo. Legislado o procedimento, o cidadão (parte) tem condições de orientar o seu proceder com autonomia e responsabilidade, bem como prever as movimentações do juiz. E mais, ele tem a confiança legítima de que, ressalvadas eventuais inconstitucionalidades exaustivamente demonstradas, suas condutas lastreadas na lei procedimental serão acatadas pelo juiz, independentemente da avaliação moral que este faça delas.

Tudo isso reforça a leitura das garantias. Afinal, garantia é a relação jurídica (dotada de substancialidade, como visto) que se interpõe entre o Estado e o cidadão, com vistas a proteger este contra eventuais abusos, excessos e desvios daquele. A licitação é garantia contra-administrativa; as limitações ao poder de tributar são garantias contralegislativas; o processo é garantia contrajurisdicional. Do mesmo modo

---

508 SHAPIRO, Sctott J. *Legalidad.* Madrid: Marcial Pons, 2014, p. 476.

509 POSNER, Richard. *Para Além do Direito.* São Paulo: Editora WMF Martins Fontes, 2009, págs. 142-143.

que ninguém considera lícito que, sem autorização legal, o Executivo flexibilize o procedimento licitatório e o Legislativo flexibilize as regras do procedimento legislativo, é forçoso concluir que também o Judiciário não pode flexibilizar o procedimento jurisdicional. Isso seria um imenso contrassenso em termos de garantística[510].

Instituições de garantia existem para limitar e racionalizar o exercício do Poder. Elas são sempre contrapoder. Garantia manipulável pelo Poder que se destina a limitar e racionalizar é contrassenso lógico; de garantia tem apenas o significante, não o significado. François La Rochefoucauld diz que a hipocrisia é a homenagem que o vício presta à virtude. Em paráfrase, pode-se dizer que quando uma garantia é transformada em instrumento do poder a menção a ela constitui reles pedágio que o autoritarismo finge pagar ao Direito. É justamente isso que ocorre quando se entende que o juiz pode flexibilizar o procedimento contra ele instituído.

Pois bem.

As considerações precedentes sinalizam que é do Legislativo a competência para produzir normas processuais e procedimentais. Por produção entenda-se criar, modificar e extinguir normas jurídicas. Sendo a adaptação procedimental senão a modificação de normas procedimentais, a tese da flexibilização procedimental *ope iudicis* não se sustenta[511].

A rigor, cumpre tecer considerações sobre a competência para editar normas jurídico-processuais e procedimentais. O exame passará pela competência do Legislativo e das partes, para, *a contrario sensu*, definir os espaços de adaptação que podem ser deixados para o Judiciário.

---

510 COSTA, Eduardo José da Fonseca. Notas para uma Garantística. *Empório do Direito*, Florianópolis, 04 jul. 2018. Coluna da Associação Brasileira de Direito Processual. Disponível em: https://bit.ly/3eks8t2. Acesso em 10.02.2020.

511 COSTA, Eduardo José da Fonseca. Imparcialidade como esforço. *Empório do Direito*, Florianópolis, 09 dez. 2019. Coluna Garantismo Processual. Disponível em: https://bit.ly/2PDdkeK. Acesso em 10.01.2020. Afirma-se, por outro lado, que, sendo o juiz agente político do Estado, "inexiste (...) razão para enclausura-lo em cubículos formais do procedimento, sem liberdade de movimentos e com pouquíssima liberdade criativa". (OLIVEIRA, Carlos Alberto Alvaro. A Garantia do Contraditório. In: *Revista da Faculdade de Direito da UFRGS*, v. 15, 1998, p. 12). Ora, é *exatamente* por ser agente político do Estado que o juiz tem o seu proceder limitado por balizas legais, tanto quanto o quanto o administrador e o legislador.

Como se verá, é posição é obediente ao direito constitucional positivo (dogmática).

Prescreve o parágrafo único do art. 1º da CRFB que todo poder emana do povo, que o exerce diretamente, ou por seus representantes eleitos. São representantes do povo e, consequentemente, exercem os poderes que deles emanam, os membros do Legislativo, do Executivo e do Judiciário[512].

Os representantes do povo integrantes do Legislativo da União detêm competência para legislar, com exclusividade, sobre processo (art. 22, I), e os representantes do povo integrantes dos Legislativos da União, dos Estados e do Distrito Federal, para legislar concorrentemente sobre procedimento (art. 24, XI)[513]-[514]. Nada no texto consti-

---

[512] Demonstrando que membros do Legislativo e do Executivo são representantes eleitos e que os membros do Judiciário são representantes não eleitos, cuja legitimidade se adquire pela "fidelidade canina" às normas produzidas por aqueles: COSTA, Eduardo José da Fonseca. O Poder Judiciário diante da soberania popular: o impasse entre a democracia e a aristocracia. *Empório do Direito*, Florianópolis, 13 fev. 2019. Disponível em: https://bit.ly/35Rtp6o. Acesso em 12.12.2019.

[513] Sem entrar na distinção entre normas processuais, procedimentais e de burocracia judiciária, contida em texto de coautoria deste escriba com Marcelo Pichioli da Silveira, é possível referir a competência *residual* dos Tribunais – logo, do Judiciário – para elaborar seus regimentos internos, ainda assim com observância "das normas de processo e das garantias processuais das partes" (art. 96, I, "a", CRFB), razão por que se diz que "os regimentos internos são inferiores à lei, motivo pelo qual não podem usurpar funções a ela inerentes". (MOUSSALLEM, Tárek Moysés. *Fontes do Direito Tributário*. São Paulo: Noeses, 2006, p. 155). Diga-se o mesmo da competência normativa da Justiça do Trabalho e da competência regulamentar da Justiça Eleitoral. De todo modo, no caso da primeira, acrescente-se que transcende o tema da criação de normas processuais e procedimentais (art. 114, § 2º, CRFB); no da segunda, (art. 23, IX, Código Eleitoral; art. 61, Lei n. 9.096/1995; e art. 105, Lei n. 9.504/1997), nada obstante reconhecida por nossos Tribunais, cumpre registrar que não está prevista nem expressa e nem implicitamente na CRFB. Nada há no art. 121, CRFB, que a sugira, e o art. 84, IV, assina ao Presidente da República competência para expedir decretos e regulamentos para a fiel execução das leis. Daí que há fortes razões para questionar a sua constitucionalidade.

[514] Sem polemizar com a premissa de que precedentes, teses fixadas em julgamentos repetitivos e súmulas são *normas primárias*, aqui aceita apenas para finda de desenvolvimento do diálogo, elas podem versar sobre direito processual e direito procedimental e é imprescindível que sejam produtos de interpretação de textos legislativos (inclusive constitucionais) preexistentes. Com as ressalvas já exemplificadas na nota de rodapé anterior, a inexistência de autorização constitucional nesse sentido torna defeso ao Judiciário criar *ex nihilo* e *ab ovo* normas gerais e abstratas

tucional sugere que os representantes não eleitos do povo integrantes do Judiciário têm competência para editar *ex nihilo* enunciados normativos sobre processo e procedimento. Trata-se, portanto, de competência do Legislativo e a via adequada para tanto é o devido processo legislativo.

O parágrafo anterior cuidou da competência para editar normas processuais e procedimentais gerais e abstratas. Também há, porém, competência para editar tais normas de tipo individual e concreto[515]. Nesse plano, a titularidade é dos cidadãos, diretamente, via negócios jurídicos ou convenções processuais, que podem ser atípicos (art. 190, CPC) ou típicos[516], celebráveis dentro ou fora do procedimento, conforme o caso[517].

A titularidade da competência para criar normas processuais sobre as funções das partes e do Estado-juiz (e das situações jurídicas de sua titularidade, mais amplamente) varia em razão de serem gerais e abstratas ou individuais e concretas. As normas gerais e abstratas, produzidas pelo Legislativo, podem versar sobre funções de titulari-

---

sobre processo e procedimento. Mesmo a doutrina mais concessiva aos precedentes como normas primárias entende assim: ZANETI JR., Hermes. *O Valor Vinculante dos Precedentes*. Teoria dos precedentes normativos formalmente vinculantes. 2 ed. Salvador: JusPodivm, 2016, especialmente o item 2.2.11.

515 As normas abstratas e as normas concretas são definidas em razão do antecedente, ao passo em que as normas gerais e as normas individuais são definidas pelo consequente, mais precisamente para o sujeito passivo. Assim: (i) norma abstrata é aquela dotada de enunciado conotativo que traz, em seu antecedente, a indicação de classes com as notas que um acontecimento precisa ter para ser considerado jurídico, ou seja, ela possui critério de identificação de um fato jurídico, não o fato propriamente dito; (ii) norma concreta é aquela dotada de enunciado denotativo, cuja situação fática descrita na hipótese da norma abstrata ocorre na realidade empírica, adquire identidade linguística competente e se refere a um evento concretamente ocorrido e relatado em linguagem competente; (iii) norma geral é aquela que aponta sujeito passivo é indeterminado; (iv) norma individual é aquela que aponta sujeito(s) passivo(s) perfeitamente determinado(s). Conferir: MOUSSALLEM, Tárek Moysés. *Fontes do Direito Tributário*. 2 ed. São Paulo: Noeses, 2006, págs. 88-90.

516 Como, *v. g.*, aqueles sobre cláusula de eleição de foro (CPC, Art. 63. As partes podem modificar a competência em razão do valor e do território, elegendo foro onde será proposta ação oriunda de direitos e obrigações.) e dinamização do ônus da prova (CPC, Art. 373, § 3º A distribuição diversa do ônus da prova também pode ocorrer por convenção das partes, salvo quando).

517 CABRAL, Antonio do Passo. *Convenções Processuais*. Salvador: Jus Podivm, 2016, p. 60.

dade das partes e do juiz. As normas individuais e concretas, contudo, têm regime dual: é competência exclusiva das partes a produção de normas individuais e concretas que versem sobre as suas próprias funções processuais, limite claramente instituído pelo art. 190, CPC; é competência concertada das partes com o juiz a produção de normas individuais e concretas nos casos que envolvem poderes deste, havendo autorização legal para tanto, como na calendarização processual (CPC, art. 191[518]).

Convém sistematizar a posição do juiz nas convenções processuais: nas de competência exclusiva das partes, ele não é parte, atua apenas como incentivador e controlador[519]; nas de competência concertada, é parte. No segundo caso ele não exerce jurisdição, no sentido de submeter, mas, como qualquer parte, negocia. Deixa de ser Poder que impõe para ser parte que dispõe.

Em síntese, criam normas processuais e procedimentais sobre funções processuais: (a) o povo, indiretamente, através do Legislativo, via devido processo legislativo, no que concerne a normas gerais e abstratas, inclusive aquelas relativas às funções do juiz; e (b) o povo, diretamente, através dos cidadãos (quando pré-processuais) ou das partes (quando intraprocessuais), via negócios jurídicos processuais, que podem ser (b.1) de competência exclusiva delas, no que concerne às suas próprias funções e (b.2) de competência concertada delas com o juiz, quando a lei autorizar o arranjo envolvendo as funções deste.

---

518 Reconhecendo que o consenso é imprescindível, mas que a iniciativa pode ser comum, apenas das partes (ou de uma delas) e até do Estado-juiz: XAVIER, Trícia Navarro. Reflexos das Convenções em Matéria Processual nos Atos Judiciais. In: *Negócios Processuais*. Coords. Antonio do Passo Cabral. Pedro Henrique Nogueira. Salvador: Jus Podivm, 2015, p. 232. Pontuando que o exercício do poder negocial é facultativo e que as partes não são podem ser obrigadas a celebrar acordos, nem o de calendarização: COSTA, Eduardo José da Fonseca. Calendarização Processual. In: *Negócios Processuais*. Coords. Antonio do Passo Cabral. Pedro Henrique Nogueira. Salvador: Jus Podivm, 2015, p. 363.

519 CABRAL, Antonio do Passo. *Convenções Processuais*. Salvador: Jus Podivm, 2016, p. 227.

3.5.2. REJEIÇÃO DA ADAPTAÇÃO PROCEDIMENTAL *OPE IUDICIS*

Em publicação de 1999, Carlos Alberto Alvaro de Oliveira alinhavou soluções que reputava ideais para o direito processual civil brasileiro, formulando propostas de *lege ferenda*[520]. Uma das sugestões do professor foi a adoção, como princípio geral do processo, "do princípio da adequação formal, facultado ao juiz, obtido o acordo das partes, e sempre que a tramitação processual não se adapte perfeitamente às exigências da demanda, a possibilidade de amoldar o procedimento às especificidades da causa"[521].

O texto fornece uma visão bastante desinflacionada do instituto ao condicionar a existência do "princípio" à positivação e a sua aplicação concreta ao assentimento das partes. Em tal formato, a adaptação não é considerada norma constitucional de aplicação direta nem constitui um autêntico poder do juiz, mas espaço de negociação entre ele e as partes, como o que se tem, hoje, com o calendário processual.

Onze anos depois, escrevendo em dupla com Daniel Mitidiero, deu uma guinada brusca: a adaptação passou a ser tratada como dever do juiz, sem o consórcio dos dois requisitos acima mencionados (positivação e anuência das partes)[522]. O alvitre era acompanhado por parte da doutrina[523].

---

520 "Claro está que esse desiderato, além da necessária e indispensável predisposição cultural, só pode ser atingido mediante reformas de cunho legislativo. Sem preocupação de esgotar a matéria, alinho rapidamente algumas sugestões que me parecem significativas". (OLIVEIRA, Carlos Alberto Alvaro de. Efetividade e Processo de Conhecimento. Revista dos Tribunais *Online,* Revista de Processo, v. 96, p. 59, out. 1999).

521 OLIVEIRA, Carlos Alberto Alvaro de. Efetividade e Processo de Conhecimento. Efetividade e Processo de Conhecimento. Revista dos Tribunais *Online,* Revista de Processo, v. 96, p. 59, out. 1999.

522 OLIVEIRA, Carlos Alberto Alvaro. MITIDIERO, Daniel. *Curso de Processo Civil.* V. 1. São Paulo: Atlas, 2010, p. 74.

523 Por todos: GAJARDONI, Fernando da Fonseca. *Flexibilidade Procedimental.* Um novo enfoque para o estudo do procedimento em matéria processual. Tese (doutorado em Direito). 285f. Universidade de São Paulo, São Paulo, 2007, págs. 103 a 124 e 207-234; MARINONI, Luiz Guilherme. *Curso de Processo Civil.* V. 1. 5 ed. São Paulo: Editora Revista dos Tribunais, 2011, p. 302.

A tentativa de positivação do instituto, via Projeto do Senado n. 166/2010[524], produto primevo do que veio a se tornar o CPC em vigor, foi malograda. Poderes bem mais modestos resistiram ao debate democrático-parlamentar: a dilação dos prazos e a alteração da ordem de produção de provas (art. 139, VI). Nada mais. De modo que a adaptação procedimental *ope iudicis* (=ampla possibilidade de adaptação do procedimento pelo juiz, sem mediação legislativa) não tem assento infraconstitucional.

Resta verificar se ele pode ser derivado diretamente da Constituição.

É ponto pacífico que não há previsão expressa. Seus defensores sustentam que ele deriva dos "princípios" constitucionais. O fundamento normativo apontado é variado: além da igualdade, o devido processo legal, a inafastabilidade da jurisdição e a eficiência[525].

O argumento de que a igualdade é fundamento da adaptação procedimental *ope iudicis* é analiticamente inconsistente. A igualdade não é fundamento para atribuir competência a um ente, mas vetor interpretativo para o exercício válido das suas competências. Sabe-se que a igualdade deve ser levada em consideração pela autoridade competente para definir o procedimento, mas isso não diz rigorosamente nada sobre quem detém essa competência.

É inquestionável que o legislador tem competência para produzir enunciados prescritivos gerais e abstratos sobre processo e procedimento. No exercício dessa competência, deve levar a realização da igualdade em consideração, e ele efetivamente o faz, *v. g.*, quando: assina prazo em dobro para litisconsortes com advogados de escritórios distintos (CPC, art. 229); prevê gratuidade da justiça ao hipossu-

---

524 O Projeto do Senado n. 166/2010, primeira versão do que veio a se converter na Lei n. 13.105/2015, previa em seu art. 107, V, a possibilidade de o juiz "adequar as fases e os atos processuais às especificações do conflito, de modo a conferir maior efetividade à tutela do bem jurídico, respeitando sempre o contraditório e a ampla defesa". Igual, enunciava no art. 151, § 1°, que "quando o procedimento ou os atos a serem realizados se revelarem inadequados às peculiaridades da causa, deverá o juiz, ouvidas as partes e observados o contraditório e a ampla defesa, promover o necessário ajuste". A solução foi saudada por MARINONI, Luiz Guilherme. MITIDIERO, Daniel. *O Projeto do CPC*. Críticas e propostas. São Paulo: Editora Revista dos Tribunais, 2010, págs. 88-89.

525 Arrolando esses fundamentos, com indicação de doutrina: DIDIER JR., Fredie. *Curso de Direito Processual Civil*. V. 1. 19 ed. Salvador: JusPodivm, 2017, p. 130.

ficiente (CPC, art. 98 e ss.); autoriza o juiz a dilatar prazos (CPC, art. 139, VI) etc.

O art. 139, I, CPC, prescreve que incumbe ao juiz dirigir o processo assegurando às partes igualdade de tratamento. Antes de infirmar, a regra confirma o que se vem dizendo: ela determina como o juiz deve exercer suas competências – tratando as partes com igualdade –, mas não define quais são elas. Se é que o juiz tem competência para adaptar o procedimento, é pouco mais do que evidente que a igualdade atua como critério para o exercício válido dessa competência[526]. Contudo, a igualdade, *per se*, não é fundamento nem para afirmar nem para negar essa competência. Se é que ela existe, seu(s) fundamento(s) é(são) outro(s).

Eduardo Cambi e Aline Regina das Neves lançam raciocínio sofisticado acerca dos demais fundamentos em prol da adaptação procedimental *ope iudicis*. Para evitar repetições, serão expostos e, na sequência, escrutinados os seus argumentos[527]. Com isso se dá conta do que há de principal acerca do tema na doutrina brasileira.

Há quatro grupos de fundamentos. No primeiro grupo, dizem os autores: o surgimento da garantia do devido processo legal remonta a momento histórico em que se temiam os excessos do governante e se pretendia maior proteção contra o Estado, mas seu sentido "está em permanente construção" e deve ser compreendido conforme o sistema – "não apenas jurídico – que integra"; a rigidez procedimental nega a dimensão substancial da garantia ("processo justo"), que só pode ser efetiva se for "eficiente à realização do direito material" de modo tempestivo e útil às partes; a Constituição garante o devido processo legal, não o devido procedimento legal, ou seja, "as regras de procedimento não estão incluídas na acepção de devido processo legal"; o devido processo constitucional impõe a adoção de um procedimento adequado, que guarde "aderência à realidade social e à relação de direito

---

526 Apontando, com razão, que a igualdade processual é um problema normativo, ou seja, os critérios de igualação devem ser fornecidos pelo legislador, pena de dar ensejo ao subjetivismo judicial: COSTA, Eduardo José da Fonseca. A igualdade processual como problema normativo. *Empório do Direito*, Florianópolis, 23 mai. 2018. Coluna da Associação Brasileira de Direito Processual. Disponível em: https://bit.ly/3eI15bo. Acesso em: 12.11.2019.

527 CAMBI, Eduardo. NEVES, Aline Regina. Flexibilização procedimental no Novo Código de Processo Civil. In: *Coleção Novo CPC*. Doutrina selecionada. V. 1. Parte Geral. Coord. Geral: Fredie Didier Jr. Orgs: Lucas Buril de Macêdo. Ravi Peixoto. Alexandre Freire. Salvador: JusPodivm, 2015, págs. 483-521.

material controvertida"; a "experiência recomenda" a adoção de procedimentos "menos previsíveis, mas mais comprometidos com o resultado jurisdicional desejado"; respeitada a garantia do contraditório, "as adaptações (...) atendem à ideia de processo justo". É uma forma de aplicação da tese instrumentalista do "processo civil de resultados".

No segundo grupo, invocam a tese da legitimação pelo procedimento, de Niklas Luhmann. Aduzem que se entende por legitimidade "a disposição generalizada para aceitar decisões de conteúdo não definido". Sustentam que "a aceitação da decisão judicial decorre do curso de um processo decisório, em que as partes são chamadas a participar e têm asseguradas as garantias processuais". Ou seja, "a função do procedimento é neutralizar expectativas (...) como se, no transcurso do procedimento, o conflito perdesse importância". Em suma, "a legitimação processual não decorre tanto da observância do procedimento legal, mas da participação efetiva das partes na formação da decisão judicial".

No terceiro grupo, repelem a violação da segurança jurídica. Sustentam que a adaptação *ope iudicis* não é arbitrária, pois deve ser feita sob o crivo do contraditório – "é o exercício pleno do contraditório que confere legitimidade à flexibilização procedimental, e, portanto, não compromete a segurança jurídica". Além disso, "a motivação da decisão judicial (...) é pressuposto de validade para a flexibilização procedimental judicial". Dizem que, mesmo no caso da adaptação consensual, haverá decisão judicial que a viabilize, a qual também deverá ser motivada. De modo que quando a adaptação procedimental judicial deriva "da aplicação de uma cláusula aberta ou da identificação de uma técnica processual não prevista em lei, está justificada pelos fatos, pelo direito material ou pelas circunstâncias processuais constantes dos autos".

No quarto e último grupo, invocam a ponderação de valores, em sua leitura da proposta de Robert Alexy. O âmago do argumento é o seguinte: "a colisão entre os princípios da adaptabilidade do procedimento e da segurança jurídica podem ser submetidos (*sic*) a um juízo de ponderação, que envolvem a garantia da efetividade da tutela jurisdicional". Valendo-se da fórmula alexyana[528], concluem que o peso

---

528 $W_{i,j}=l_i/l_j$ - em que l_i representa o grau de prejuízo do princípio i; l_j a importância do cumprimento do princípio j e $W_{i,j}$ é o peso concreto do princípio i, obtido pelo quociente entre l_i e l_j: CAMBI, Eduardo. NEVES, Aline Regina. Flexibilização procedimental no Novo Código de Processo Civil. In: *Coleção Novo CPC*. Doutrina selecionada. V. 1. Parte Geral. Coord. Geral: Fredie Didier Jr. Orgs. Lucas Buril de Macêdo. Ravi Peixoto. Alexandre Freire. Salvador: JusPodivm, 2015, p. 494.

concreto do acesso à ordem jurídica justa é maior que o da segurança jurídica[529]. Assim, a consecução plena do acesso à ordem jurídica justa justifica eventual comprometimento da segurança jurídica.

Pois bem.

Escrutinando o primeiro grupo, retome-se a lição basilar da teoria constitucional: o constitucionalismo se caracteriza fundamentalmente pela contenção jurídica do poder político. E precisamente isso são as garantias: situações jurídicas de titularidade ativa dos indivíduos contra eventuais abusos, desvios e excessos dos exercentes do Poder. Como se vê, o constitucionalismo é um fenômeno precipuamente garantístico[530], diz respeito a todas as funções estatais (legislativas, executivas e jurisdicionais) e goza de perenidade. E o motivo é simples: seja na Alemanha do séc. XI, na Inglaterra do séc. XIII ou no Brasil do séc. XXI, os exercentes do Poder podem descair em abusos, desvios e excessos. Seja como for, a CRFB insere o processo entre as garantias fundamentais – o que confere tonalidade muito mais política do que dogmática à tese em liça.

Ademais, o raciocínio dos autores incorre em graves déficits metodológicos, notadamente no problema da irrefutabilidade dos seus argumentos.

Com efeito, eles sustentam que a garantia do devido processo legal não abrange as regras de procedimento, mas não fornecem conceitos operativos claros e objetivos do que entendem por processo e procedimento, o que impossibilita o controle da racionalidade (e juridicidade)

---

529 "Pensando que a segurança jurídica é o princípio i e considerando que l_i recebe grau leve (1) ou médio (2), já que o prejuízo advindo do "não cumprimento" da segurança jurídica não pode ser considerado grave (4), bem como que l_j corresponde a (4), ou seja, a importância do cumprimento da garantia de acesso à ordem jurídica justa tem peso (4), tem-se que o peso concreto da segurança jurídica é de ¼ ou ½. Por outro lado, o peso concreto do acesso à ordem jurídica justa, em cotejo com a segurança jurídica, é: 4 (grau de prejuízo derivado do não cumprimento da garantia do acesso à ordem jurídica justa)/2 (importância do princípio da segurança jurídica) ou 4/1, ou seja, 2 ou 4". (CAMBI, Eduardo. NEVES, Aline Regina. Flexibilização procedimental no Novo Código de Processo Civil. In: *Coleção Novo CPC*. Doutrina selecionada. V. 1. Parte Geral. Coord. Geral: Fredie Didier Jr. Orgs: Lucas Buril de Macêdo. Ravi Peixoto. Alexandre Freire. Salvador: JusPodivm, 2015, págs. 494-495).

530 Isso não faz do constitucionalismo um produto do garantismo (naquele sentido de proteção contra abuso), mas o contrário: o garantismo é fruto indissociável do constitucionalismo. Está neste a centelha daquele.

do seu discurso. Infenso à refutação, o argumento deixa de ser científico para se converter em dogma político – como a ideia de "processo justo", que permeia o raciocínio[531].

Eles reincidem no problema da irrefutabilidade quando sustentam que não devem ser acentuados os "aspectos formais" da garantia do devido processo legal, sob pena de "fortalecer o *formalismo jurídico exacerbado*", pois não definem o que entendem por "aspectos formais" da garantia do devido processo legal. De todo modo, se com a expressão "aspectos formais" eles querem dizer "regras procedimentais" – e parece ser o caso –, incorrem em contradição, pois desdizem a afirmação de que a garantia do devido processo legal não inclui as regras procedimentais: se a garantia do devido processo legal não inclui regras procedimentais, então, por dedução lógica, ela não possui "aspectos formais" passíveis de acentuação – não há como acentuar um aspecto inexistente.

E mais uma vez quando sustentam que "a experiência aconselha" o acolhimento da adaptação procedimental *ope iudicis*: a um, isso diz o que, na opinião dos autores (embora não apenas deles), é *melhor*,

---

531 Oportunas as críticas à invocação da "justiça" como finalidade dos institutos jurídicos: "Em nossa opinião, apresentar a justiça como finalidade do processo é indício de um peculiar atraso no pensamento processualista. Se atribuirmos ao termo "justiça" um sentido intra-sistemático (é justo aquilo que estabelece o direito em vigor, logo será justa a decisão que seguir o direito que pode se encontrar na literalidade dos textos normativos ou em outros elementos, tais como os princípios implícitos ou os precedentes jurisprudenciais), temos uma afirmação circular. Se o direito proíbe levar em consideração um meio de prova e se o julgador efetivamente desconsiderar esse meio, sua decisão será justa porque está de acordo com o direito vigente que é sempre justo. Quem afirma isso simplesmente duplica o conceito de direito para legitimá-lo com o emprego do termo "justo". Se, ao contrário, atribuirmos ao termo "justiça" um significado independente do direito positivo (justiça material; justiça procedimental; combinação de ambas conforme critérios que independem do conteúdo das normas válidas), esbarramos na notória e irredutível discordância das concepções sobre o justo. Séculos de reflexão sobre a desmistificação das ideologias jurídicas e sociais deixaram claro que a justiça, por mais que esteja presente nos debates especializados e nas representações populares como sentimento, sonho ou até mesmo reivindicação antropologicamente arraigada, não pode ser definida de maneira objetiva. Devemos, assim, abandonar a referência à justiça que constitui um complemento ideológico do funcionamento dos mecanismos estatais." (DIMOULIS, Dimitri. LUNARDI, Soraya Gasparetto. A verdade como objetivo do devido processo legal. In: *Teoria do Processo*. Panorama doutrinário mundial. V. 2. Coord. Fredie Didier Jr. Salvador: Jus Podivm, 2010, págs. 816-817).

e não o que é *devido*; a dois, esse argumento é empírico, mas não se faz acompanhar dos dados fáticos e dos critérios metodológicos que subsidiam a avaliação. No mais, eles teriam que demonstrar que a efetividade da tutela jurisdicional obtida mediante a adaptação do procedimento pelo juiz respeita a integralidade das garantias processuais, não apenas o contraditório e a fundamentação – garantias necessárias, mas que não neutralizam outras, como a da imparcialidade –, o que não ocorre.

Por tudo isso, a sugestão de substituição da expressão "devido processo legal" por "devido processo constitucional" não parece fornecer a explicação mais fiel à sua pretensão. Melhor seria se falassem em "devido processo jurisdicional". Afinal, ali o *design* adequado do procedimento será dado por um juiz esclarecido que presta uma jurisdição salvífica.

Quanto ao segundo grupo, a tese da legitimação pelo procedimento deve ser lida com bastante cautela. Tem de ficar claro que, para Niklas Luhmann, autor no qual se embasam Cambi e Neves, a legitimação como aceitação não tem relação com um aspecto meramente subjetivo[532]. Bem ao contrário, o sociólogo afirma expressamente que "é quase impossível negar que alguns abandonam a sala de audiência insatisfeitos ou até mesmo indignados"[533]. Adiante, diz que a aceitação depende de alguns fatores, dentre os quais, destaca-se: "o procedimento tem de ser diferenciado por meio de normas jurídicas específicas da organização" e "tem de adquirir uma certa autonomia graças à ligação com normas jurídicas para se individualizar"[534]. Portanto, à legitimação pelo procedimento não basta o respeito ao contraditório e à fundamentação, ainda que em suas leituras substanciais. Todas as garantias

---

532 Não se está dizendo que Cambi e Neves defendem isso, mas apenas se esclarecendo que assim não é.

533 "À primeira vista, porém, não existem quaisquer dados, pois é quase impossível negar que alguns abandonam a sala de audiência insatisfeitos ou até mesmo indignados. Estamos na pista da teoria que está na base da legitimação por processo jurídico: mas seria manifestamente falso subordiná-la a uma simples relação causal ou a uma determinada correlação estatisticamente verificável entre processo jurídico e aceitação dos resultados em geral. Temos de aperfeiçoar consideravelmente esta teoria da adoção de papéis implícitos na personalidade, a fim de chegarmos a conclusões úteis". (LUHMANN, Niklas. *Legitimação pelo Procedimento*. Trad. Maria da Conceição Côrte Leal. Brasília: Editora Universidade de Brasília, 1980, p. 77).

534 LUHMANN, Niklas. *Legitimação pelo Procedimento*. Trad. Maria da Conceição Côrte Leal. Brasília: Editora Universidade de Brasília, 1980, p. 101.

processuais devem ser escrupulosamente observadas. Do contrário, a coerência imporia sustentar, v. g., que jamais caberia ação rescisória quando respeitados o contraditório e a fundamentação, nem mesmo se a sentença fosse proferida por juiz corrupto, impedido ou por juízo absolutamente incompetente (art. 966, I e II, CPC).

Nada indica que Cambi e Neves pretendem chegar tão longe, mas, levada ao extremo, é isso que resulta da sua leitura. Note-se o paradoxo: à míngua de critérios legislativos preestabelecidos que permitam controlar o conteúdo das decisões, a superestimação das garantias do contraditório e da fundamentação acaba por fragilizá-las e por recrudescer os poderes do Judiciário, cujas decisões se tornam incontrastáveis[535]. Caso se entenda que a legitimidade da atuação do Judiciário é franquear a participação dos interessados e interagir com seus fundamentos, ele poderá decidir sobre qualquer coisa e em qualquer sentido. Afinal, se se justifica a adequação do procedimento sem balizas legais (meros "aspectos formais"), muito facilmente se justificará a adequação do direito material – e, no limite, da própria Constituição[536]. E assim, de adequação em adequação, o Judiciário se descola da separação dos poderes e da legalidade, transformando-se em Poder autorreferente, que legitima a si próprio[537]. Essa visão da legitimação pelo procedimento é, pois, reducionista e deletéria.

---

535 RAATZ, Igor. ANCHIETA, Natascha. Contraditório em "Sentido Forte": uma forma de compensação das posturas judiciais instrumentalistas? *Empório do Direito*, Florianópolis, 23 set. 2019. Disponível em <https://bit.ly/2IQZ3H7>. Acesso em 12.12.2019.

536 "O Direito vigente, portanto, é capaz de garantir a imposição coercitiva de expectativas de comportamento. Por isso mesmo, as decisões judiciais devem estar consistentes com esse direito, formado a partir de uma cadeia de decisões passadas – tanto de processos legislativos quanto judiciais, bem como de tradições articuladas (...) Logo, a questão da legitimidade do Direito não se resume ao *factum* de uma decisão judicial; ainda é necessário que esta seja consistente em dois aspectos: por meio de uma *justificação interna* – deve encontrar motivações no Direito positivo; e por meio de uma *justificação externa* – aceitável racionalmente, explicitando uma fundamentação jurídica". (FERNANDES, Bernardo Gonçalves. PEDRON, Flávio Quinaud. *O Poder Judiciário e(m) Crise*. Reflexões de teoria da constituição e teoria do processo sobre o acesso à justiça e as recentes reformas do Poder Judiciário à luz de: Ronald Dworkin, Klaus Günther e Jürgen Habermas. Rio de Janeiro: Lumen Juris, 2007, págs. 248-249).

537 CAMPILONGO, Celso Fernandes. *Política, Sistema Jurídico e Decisão Judicial*. São Paulo: Saraiva, 2011, p. 109.

Quanto ao terceiro grupo, a fragilidade dogmática é patente. O argumento de que a adaptação judicial do procedimento é precedida do contraditório e se faz por decisão fundamentada significa apenas respeito às garantias do contraditório e da fundamentação, mas nada diz sobre a garantia da segurança jurídica. A não ser que segurança jurídica signifique respeito ao contraditório e à fundamentação, redução flagrantemente equivocada: *a um*, porque, se significar, remonta-se o problema de autolegitimação do Judiciário referida no parágrafo anterior; *a dois*, porque o conteúdo da segurança jurídica é muito mais amplo do que o respeito ao contraditório; *a três*, porque, bem ao contrário do que afirmam, a segurança jurídica exige o acatamento de todas as garantias processuais e das regras procedimentais que as concretizam[538].

Os autores têm razão quando afirmam que a fundamentação da decisão é fundamento de validade da flexibilização procedimental *ope iudicis* (tanto a flexibilização autorizada por lei quando a não autorizada – para os que a aceitam, evidentemente – deve ser precedida de decisão fundamentada), mas não quando afirmam que também na flexibilização procedimental consensual "haverá decisão judicial que

---

538 Mencionando as garantias da tutela jurídica do Estado, do juízo natural, do devido processo legal e do contraditório, Humberto Ávila afirma que a Constituição está "estabelecendo a promoção da segurança jurídica, tanto na sua dimensão de segurança *pelo* Direito, quanto na sua dimensão de segurança *frente ao* Direito. A promoção da segurança pelo Direito se dá pela instituição de procedimentos por meios dos quais o cidadão pode defender os seus direitos, como é o caso das garantias do devido processo legal, da ampla defesa e do contraditório, inclusive frente às próprias manifestações do Direito. A instituição de regras delimitadoras dos Poderes do Estado e de regras garantidoras de direitos processuais favorece os ideais de confiabilidade e de calculabilidade do ordenamento: de confiabilidade, porque o cidadão não poderá ser simplesmente surpreendido com a restrição dos seus direitos sem que possa defender-se – com o quê o ordenamento jurídico ganha em estabilidade; de calculabilidade, porque o cidadão poderá prever a atuação estatal e proteger-se desta última por meio de instrumentos processuais adequados. Em razão dessa vinculação entre segurança jurídica e instrumentos processuais de proteção, chega-se mesmo a falar de "princípio da segurança jurídica instrumental" (*Grundsatz der Rechtsmittelsicherheit*): o cidadão não pode ser surpreendido com a mudança das regras procedimentais nas quais confiou e com as quais poderá proteger os seus direitos fundamentais. (...) A instituição de regras de competência e de direitos processuais conduz, por conseguinte, à garantia da segurança *jurídica* como segurança *pelo* Direito e *frente ao* Direito, do *cidadão frente* ao Estado, a ser realizada *pelo* Estado no exercício não-arbitrário das competências administrativas e pela efetivação dos direitos processuais". (ÁVILA, Humberto. *Teoria da Segurança Jurídica*. 4 ed. São Paulo: Malheiros, 2016, p. 250-251)

a viabilize": *a um,* porque – e não está claro se foi isso que quiseram dizer – a validade diz respeito aos seus elementos internos (=é congênita ao ato jurídico), enquanto a decisão judicial é elemento externo à convenção processual consensual, diz (ou pode dizer) respeito à sua eficácia; *a dois,* porque nem sempre a flexibilização procedimental consensual depende de decisão judicial para ser eficaz. No mais, baralham hipóteses muito distintas quando afirmam que não há prejuízo à segurança jurídica quando há flexibilização procedimental *ope iudicis* "surgida em razão de uma cláusula aberta". Prevista em lei, tanto em regras abertas quanto casuísticas (cláusulas gerais e conceitos jurídicos indeterminados), a flexibilização procedimental é legal, não *ope iudicis*. A densidade normativa interfere na existência de limites mais ou menos claros para a atuação judicial. Contudo, doutrina e jurisprudência devem empreender o trabalho dogmático necessário à construção de conceitos estáveis para a edificação da aplicação do instituto com graus cada vez maiores de previsibilidade[539].

Por fim, o quarto grupo de fundamentos também não convence. A articulação de Cambi e Neves revela com clareza os insuperáveis limites das sofisticadas teses de Robert Alexy, máxime da "fórmula de peso". Em primeiro lugar, a teoria dos princípios não fornece critérios para definir se, quando, quais e quantos princípios estão em colisão. Já vai aí a sua primeira abertura ao subjetivismo[540]. Em segundo lugar, dando-se por resolvido o primeiro problema, a teoria dos princípios, aqui por seu instrumento da fórmula de peso, não oferece critérios para definir o conteúdo dos princípios em colisão nem elementos para definir os seus pesos concretos. Mais um espaço para o subjetivismo, como fica cristalino no modo como Cambi e Neves identificam os princípios em colisão: ela se dá entre o princípio da adaptação procedimental e o princípio da segurança jurídica, "que envolvem a garantia da efetividade da tutela jurisdicional".

---

539 RAATZ, Igor. *Autonomia Privada e Processo.* Liberdade, negócios jurídicos processuais e flexibilização procedimental. 2 ed. Salvador: Jus Podivm, 2019, p. 291.

540 "Segundo a teoria da argumentação jurídica, os princípios devem ser hierarquizados axiologicamente. *O problema é saber como é feita essa "escolha".* Penso, aqui, que o calcanhar de aquiles da ponderação – e, portanto, das diversas teorias argumentativas (e suas derivações) – reside no deslocamento da hierarquização "ponderativa" em favor da "subjetividade" (assujeitadora) do intérprete (...) a ponderação implica essa "escolha" subjetiva". (STRECK, Lenio Luiz. *Verdade e Consenso.* Constituição, hermenêutica e teorias discursivas. 4 ed. São Paulo: Saraiva, 2011, p. 232).

Veja-se com vagar.

Para os autores, a segurança jurídica é o princípio i e l_i recebe grau leve (1) ou médio (2), já que o prejuízo do seu descumprimento não pode ser considerado grave (4). Por outro lado, l_j corresponde a (4), isto é, a importância do cumprimento da garantia do acesso à ordem jurídica justa tem peso (4). Assim, o peso concreto do acesso à ordem jurídica justa é maior que o da segurança jurídica.

É certo que a fórmula de peso conferiu coerência interna ao argumento, contudo ela não explica por que foram atribuídos tais pesos à adaptação procedimental e à segurança jurídica. Nem poderia. Estrutura lógica que é, a fórmula é neutra, vazia de conteúdo. Logo, é possível saturá-la com sentidos diametralmente opostos, ou seja, considerar que o acesso à ordem jurídica justa é o princípio i e l_i recebe grau leve (1) ou médio (2), já que o prejuízo do seu descumprimento não pode ser considerado grave (4). Por outro lado, l_j corresponde a (4), isto é, a importância do cumprimento da garantia da segurança jurídica tem peso (4). Assim, o peso concreto da segurança jurídica é maior que o do acesso à ordem jurídica justa. A fórmula de peso conferiu coerência interna também a esse argumento, de conteúdo diametralmente oposto.

Como definir qual das respostas está correta? Pela teoria dos princípios e pela fórmula de peso, não há como saber. Desde que fundamentadas, ela aceita as duas[541]. A operação apenas formalizou a coerência

---

[541] Tratando da tese do escalonamento das restrições a direitos fundamentais proposta por Robert Alexy à luz da decisão do caso da princesa Caroline de Mônaco, Virgílio Afonso da Silva afirma que é admissível chegar a respostas diferentes no mesmo caso concreto, desde que se decida fundamentadamente: SILVA, Virgílio Afonso da. Ponderação e objetividade na interpretação constitucional. In: *Direito e Interpretação*. Racionalidades e instituições. Orgs. MACEDO JR, Ronaldo Porto; BARBIERI, Catarina Helena Cortada. São Paulo: Saraiva, 2011, p. 370. O que gera críticas metodológicas de vulto: "A criação da regra *ad hoc* pode garantir tão somente uma revisão interna da argumentação utilizada, sua coerência, procedência e coesão intrínsecas, mas a desprende de sua medida básica: o direito positivo como resultado do processo legislativo. Este encerra também princípios como o da certeza e segurança jurídica e o da legalidade que, por sua vez, segundo a teoria em pauta, deveriam ser igualmente otimizados. Assim, o potencial de revisão crítica de uma decisão judicial pela teoria principiológica é tão baixo, assim como também a refutabilidade de sua correção não está presente como em qualquer teoria científica. Portanto, a lei de colisão tem o condão de fundamentar qualquer ponderação e é imune à refutação". (MARTINS, Leonardo. *Liberdade e Estado Constitucional*. Leitura jurídico-dogmática de uma complexa relação a partir da teoria liberal dos direitos fundamentais. São Paulo: Atlas, 2012, p. 80). Há quem afirme – com razão – que a redução de toda argumentação jurídica ao mínimo denominador da proporciona-

interna do argumento de Cambi e Neves, não fornece subsídios para justificar a primazia da adaptação procedimental em detrimento da segurança jurídica. E nem poderia, porque a tanto não se presta. É na dogmática jurídica que se colhem conceitos, sistematizações e critérios operativos estáveis para se conferir pesos aos "princípios em colisão"[542]. E nesse nível (dogmática) a proposta não apresenta consistência.

Por todo o exposto, não persuadem os argumentos de que a adaptação procedimental *ope iudicis* deriva dos preceitos constitucionais da inafastabilidade da jurisdição, do devido processo legal e da efetividade[543]. Na leitura aqui esposada da garantia do devido processo legal, atada àqueloutras da separação dos Poderes (CRFB, art. 2°) e da legalidade (CRFB, art. 5°, II) e das competências legislativas (CRFB, 22, I e 24, XI), refuta-se o alvitre[544].

---

lidade (=princípios como mandamentos de otimização aplicáveis por ponderação) gera, além da impossibilidade de falsificação, conduzindo a um ponto zero científico, também a perda da dogmática dos seus elementos e características essenciais e sucumbe frente à pressão e ao apelo da casuística: LAURENTIIS, Lucas Catib de. *A Proporcionalidade no Direito Constitucional*. Origem, modelos e reconstrução dogmática. São Paulo: 2017, págs. 137-143 e 262-263.

542 Sustentando que a operacionalização da teoria dos princípios pressupõe a determinação prévia dos pesos e valores dos princípios, tarefa que só uma teoria material, que apresente justificações externas à estrutura da ponderação, pode cumprir: LAURENTIS, Lucas Catib de. *A Proporcionalidade no Direito Constitucional*. Origem, modelos e reconstrução dogmática. São Paulo: 2017, p. 136.

543 Antagonizando segurança e efetividade e sustentando que o juiz deve ter amplos poderes de adaptação procedimental, independentemente de previsão legal expressa, equiparando o tecnicismo exagerado aos rituais religiosos e primitivos: BEDAQUE, José Roberto dos Santos. *Efetividade do Processo e Técnica Processual*. São Paulo: Malheiros, 2006, págs. 97-98. O posicionamento encontrou objeção certeira: "A equiparação da observância das normas processuais à realização de um ritual primitivo indica a repulsa à demarcação prévia do espaço e modo de produção das decisões judiciais, o que é próprio da diretriz de comprometimento da jurisdição com a manutenção estratégica da dominação". (GRESTA, Roberta Maia. *Introdução aos Fundamentos da Processualidade Democrática*. Rio de Janeiro: Lumen Juris, 2014, p. 144).

544 "A adstrição do procedimento ao modelo legalmente predeterminado funda-se na necessidade de respeitar o direito fundamental ao devido processo. O processo constitucionalmente justo e equilibrado implica a observância do conjunto dos direitos fundamentais processuais e o roteiro prévio, *a priori* previsível, constitui garantia mínima de segurança às partes contra os arroubos do órgão judiciário. Rejeita-se, aqui, peremptoriamente, a adaptação do procedimento *ope iudicis*, em especial na consideração da importância da causa, fora das hipóteses legalmente previstas". (ASSIS, Araken de. *Processo Civil Brasileiro*. V. I. São Paulo: Editora Revista dos Tribunais, 2015, p. 349).

A rigor, considera-se que não é possível sequer a sua instituição por lei. Aliás, porque hostil a cláusulas pétreas (art. 60, III e IV, CRFB), limites autoimpostos pelo povo via constituinte originário, nem por emenda constitucional seria possível fazê-lo. Atribuir ao juiz competência para definir suas próprias competências procedimentais é, a um só tempo, negar a essência do constitucionalismo e subverter a própria Constituição, que estampa o processo como garantia (instituição contrapoder).

Da separação de Poderes, da legalidade e das regras de competência legislativa resulta que é do Legislativo a função política de filtrar os anseios sociais que serão juridicizados. Diante da divergência mutuamente honesta e respeitável sobre o *status* constitucional da adaptação procedimental *ope iudicis*, seu reproche legislativo deveria receber maior atenção na argumentação de seus próceres. A defesa do instituto fica assaz fragilizada quando deixa de refletir sobre (e mais do que isso: refutar) os impactos daquele fato institucional nada trivial em uma democracia representativa[545].

---

545 É sintomático o caso de juristas que participaram formal e ativamente das comissões de juristas que auxiliaram o parlamento na elaboração do CPC e que defendem o instituto sem nem ao menos noticiar a sua rejeição no processo legislativo (BEDAQUE, José Roberto dos Santos. Instrumentalismo e garantismo: visões opostas do fenômeno processual? In: Garantismo Processual. Garantias constitucionais aplicadas ao processo. Coords. José Roberto dos Santos Bedaque. Lia Carolina Batista Silva. Eli Pierre Eid. Brasília: Gazeta Jurídica, 2016, págs. 37-38), ou mencionam sem realizar qualquer reflexão a respeito, como se fosse um fato completamente indiferente (DIDIER JR., Fredie. Curso de Direito Processual Civil. V. 1. 19 ed. Salvador: JusPodivm, 2017, p. 135). É necessário ressaltar que a questão é abertamente enfrentada por Cambi e Neves, pelo que devem ser louvados. Os autores lamentam a rejeição da proposta – para eles, ela tolheu "os avanços esperados da Comissão de Juristas" e com isso "perdeu-se grande oportunidade de fazer evoluir o direito processual civil brasileiro" –, para a qual teria pesado o receio de que a adoção do *case management* "poderia conduzir a decisões arbitrárias". Nada obstante, defendem que, embora tímida, a prescrição do art. 139, VI, CPC, permitirá à jurisprudência "extrair a máxima efetividade da garantia constitucional do acesso à ordem jurídica justa (art. 5º, XXXV, CF) e atribuir contornos mais precisos ao direito fundamental à tutela jurisdicional adequada, célere e efetiva". Assim, "não se pode concluir que a alteração do Anteprojeto (...) representa óbice à mais ampla flexibilização procedimental judicial", resultado que pode ser obtido a partir da interpretação conforme aos valores e às normas fundamentais estabelecidas na Constituição e da eficiência na prestação jurisdicional (art. 8º, CPC). Não é necessário repisar aqui as críticas à tese de que a adaptação procedimental *ope iudicis* se aplica diretamente, sem intermediação legal. Registra-se que o argumento de que

3.5.3. *ACTIVE CASE MANAGEMENT* E CORREÇÃO DO PROCEDIMENTO QUE SUPRIME GARANTIAS PROCESSUAIS: DOIS DISCURSOS DESCONTEXTUALIZADOS DE ADAPTAÇÃO PROCEDIMENTAL *OPE IUDICIS*

Quanto ao *active case management,* recorde-se, à luz do que já se disse alhures, que o instituto inclui a adaptação procedimental, mas não se limita a ele[546]. De todo modo, é apenas essa sua dimensão que aqui importa.

Igor Raatz realizou minucioso estudo sobre o *active case management* na Inglaterra e na França para refletir sobre a sua compatibilidade com o Direito brasileiro. Sem exaurir o estudo[547], cumpre trazer à baila apenas os pontos centrais e conclusões.

Sobre o *active case management* inglês[548], o autor demonstra que a pretensão é superar um modelo fortemente adversarial, com absoluto

---

ela pode ser abstraída da interpretação do art. 139, VI, CPC, é inconsistente política, dogmática e metodologicamente. Politicamente, porque os "avanços" esperados pela Comissão de Juristas não tem primazia sobre os "avanços" admitidos pelos representantes democraticamente eleitos pelo povo. Dogmaticamente, porque é flagrante a extrapolação do antecedente descrito no art. 139, VI, CPC. Atribuir ao texto normativo que trata apenas da dilação de prazos e da alteração da ordem de produção dos meios de prova um alcance de cláusula geral de adaptação procedimental pelo juiz é ostensiva violação do texto legal, criação judicial do direito a despeito da lei. Metodologicamente, porque os arts. 8º e 139, VI, CPC, não possuem densidade normativa concretizadora do art. 5º, XXXV, CRFB, pelo menos no que concerne à adaptação do procedimento pelo juiz. Sobre o tema, são igualmente vagos (para não dizer silentes) os dispositivos legais e constitucional. Sobre a eficiência, especificamente, recorde-se que não se confundem a eficiência da jurisdição e a efetividade do processo. Enfim, a proposta de Cambi e Neves transcende claramente a interpretação/aplicação do Direito para ingressar na edição do Direito. Nesse orbe, deve-se recordar da advertência da doutrina alemã: não é justificável que os juízes, que exercem o controle, coloquem seus juízos subjetivos acima dos do legislador controlado: PIEROTH, Bodo. SCHLINK, Bernhard. *Direitos Fundamentais.* Trad. António Francisco de Sousa, António Franco. 2 ed. São Paulo: Saraiva Educação, 2019, edição Kindle, posições 3097-3110.

546 RAATZ, Igor. *Autonomia Privada e Processo.* Liberdade, negócios jurídicos processuais e flexibilização procedimental. 2 ed. Salvador: Jus Podivm, 2019, p. 251.

547 RAATZ, Igor. *Autonomia Privada e Processo.* Liberdade, negócios jurídicos processuais e flexibilização procedimental. 2 ed. Salvador: Jus Podivm, 2019, págs. 249-294.

548 RAATZ, Igor. *Autonomia Privada e Processo.* Liberdade, negócios jurídicos processuais e flexibilização procedimental. 2 ed. Salvador: Jus Podivm, 2019, págs. 252-261.

protagonismo das partes, para permitir ao juiz uma participação mais ativa no procedimento, equilibrando a divisão de tarefas entre eles, bem como conceder ao procedimento uma certa plasticidade, isto é, capacidade para se adaptar às especificidades do caso concreto. A par de estimular a celebração de convenções processuais entre as partes e entre elas e o juiz, a solução encontrada foi estabelecer em lei um arsenal de medidas que este pode utilizar, não se confundindo com um poder genérico a ser manipulado segundo sua inventividade. Há predefinição legal de procedimentos diversos em razão do valor da causa e sua complexidade: as causas com valor de até cinco mil libras e se bastam com menor esforço preparatório e probatório se submetem a um procedimento mais simples (*small claim track*); causas com valor de até quinze mil libras e que podem ser resolvidas em audiência que não dure mais de um dia se submetem a um procedimento um pouco mais formal, ainda assim rápido e simples (*fast track*); causas com maior valor, complexidade ou importância se submetem a um procedimento mais complexo e sofisticado (*multi-track*).

Portanto, apontar para o *active case management* inglês como inspiração para o princípio da adaptação procedimental incorre em duplo equívoco: primeiro, entre nós não há tradição adversarial a superar[549]; segundo, entre nós pretende-se conferir ao Estado-juiz poderes para definir, caso a caso, sem limites legais claros, a medida adequada. Enquanto o modelo inglês visa a promover maior equilíbrio na divisão de trabalho entre as partes e o juiz, aqui o resultado pode ser a elevação do protagonismo judicial.

Sobre o *active case management* francês[550], o autor informa que as preocupações com a gestão do processo precedem as reformas inglesas. Marcado pela cooperação entre o juiz e as partes, de modo a que todos colaborem para o bom andamento do processo, seu modelo é considerado de composição e não se confundindo nem com o adversarial nem

---

549 O que vale para o plano teórico, para o plano legislativo e para o plano prático, como se vê em: PEREIRA, Mateus Costa. *Eles, os Instrumentalistas, Vistos por um Garantista*: achegas à compreensão do modelo de processo brasileiro. Tese (doutorado em Direito). Data da Defesa: 18/06/2018. 279f. Universidade Católica de Pernambuco, Recife, 2018, especialmente o item 2.2 (A ode instrumentalista no Brasil) e todo o capítulo 3 (Correntes engendradas à sombra da instrumentalidade).

550 RAATZ, Igor. *Autonomia Privada e Processo*. Liberdade, negócios jurídicos processuais e flexibilização procedimental. 2 ed. Salvador: Jus Podivm, 2019, págs. 261-266.

com o inquisitorial. De há muito convivem acordos de procedimento e um procedimento elástico, adaptável às circunstâncias do caso concreto por um juiz dotado de poderes de gestão. Semelhantemente ao modelo inglês, o procedimento se desdobrará conforme as particularidades do caso concreto, observadas as balizas legais: em casos mais simples, procede-se ao julgamento imediato (*circuit court*); em casos de complexidade média, designa-se nova audiência para que as partes apresentem mais argumentos e provas (*circuit moyen*); em casos de elevada complexidade, os autos são remetidos ao juiz instrutor (*juge de la mise en état*), que possui amplos poderes de gestão (*circuit long*). Portanto, também é equivocado mirar o *case management francês* para justificar o poder geral de adaptação procedimental *ope iudicis* no Brasil. Pode-se conceder o argumento de que a gestão do procedimento no Brasil pode ser compartilhada pelas partes e o juiz, seja pela ampla possibilidade de convenções processuais pelos primeiros, seja pela fase metódica de organização da atividade instrutória vertida no art. 357, § 1º a 3º, CPC, que pode contar com uma interação mais ou menos intensa de tais sujeitos processuais. Contudo, ainda que em França haja variações procedimentais, já estão previstas em lei suas hipóteses de incidência (valor e complexidade da causa) e seus consequentes (quais opções procedimentais podem ser utilizadas). Nada semelhante ao poder geral de adaptação *ope iudicis*, sem balizas legais, como se tem aqui proposto.

Portanto, não parece apropriado apontar para a Inglaterra e a França para sustentar um poder geral de adaptação procedimental *ope iudicis*, sem delimitações legais (definições das hipóteses e dos regimes aplicáveis), no Brasil[551]. A conclusão é que ele não possui guarida em nosso sistema de direito positivo. Sua defesa revela antes um desejo por algo que se reputa ideal (*ego*) do que a descrição ou normatização[552] acerca de algo dotado de realidade externa objetiva do direito brasileiro (*alter*).

---

551 Contra, fazendo essa menção e incluindo a legislação de Portugal: CAMBI, Eduardo. NEVES, Aline Regina das. Flexibilização Procedimental no Novo CPC. In: *Coleção Novo CPC*. Doutrina Selecionada. V. 1. Parte Geral. Organizadores. Lucas Buril de Macêdo. Ravi Peixoto. Alexandre Freire. Salvador: JusPodivm, 2015, págs. 483-521, particularmente a p. 486.

552 Fala-se aqui em descrição ou normatização porque, como se sabe, há na teoria do direito o debate entre ser a doutrina apenas descritiva, posição defendida com esmero por Kelsen, ou, ainda, normativa. A propósito, conferir: ABBOUD, Georges. CARNIO, Henrique Garbellini. OLIVEIRA, Rafael Tomaz de. *Introdução ao Direito*. Teoria, filosofia e sociologia do Direito. 4 ed. São Paulo: Thomson Reuters Brasil, 2019, págs. 244 e ss.

Equivocada, por fim, a associação entre adaptação procedimental *ope iudicis* e correção do procedimento que tolhe garantias constitucionais[553]. Segundo seus próceres, a adaptação procedimental *ope iudicis* tem lugar em face das especificidades do caso concreto. Ocorre que a correção do procedimento para fazer atuar as garantias processuais sonegadas pela lei não tem qualquer relação com particularidades apuradas *in casu*. Procedendo a tais consertos, o juiz apenas exerce controle de constitucionalidade, não realiza adaptações procedimentais em razão de especificidades do caso concreto. A pretendida aproximação constitui indevida superfetação, portanto.

3.5.4. CONCLUSÃO PARCIAL: ADAPTAÇÃO PROCEDIMENTAL POR LEI OU PELAS PARTES, NUNCA PELO JUIZ

Não é possível a adaptação procedimental *ope iudicis*, sem mediação legal.

Isso não quer dizer que o procedimento previsto em lei deve ser uno e inflexível. Fatores subjetivos (relativos aos sujeitos processuais), objetivos (relativos ao objeto do processo) e teleológicos (relativos à finalidade do procedimento) podem influenciar na definição do seu *design*, fazendo-o assumir as mais variadas formas. E como já referido, não raro ele o faz. A própria ideia de procedimentos especiais é regida por essas balizas.

O legislador pode conceder espaços de mobilidade ao juiz, delimitando variações mais ou menos amplas por meio de enunciados legislativos dotados de maior ou menor precisão semântica[554]. As previsões legais de flexibilização[555] fornecem balizas à atuação judicial e permi-

---

553 Dando exemplo do procedimento que não prevê a garantia do contraditório em uma de suas fases: DIDIER JR, Fredie. *Curso de Direito Processual Civil*. V. 1. 19 ed. Salvador: JusPodivm, 2017, p. 134.

554 Embora aqui se entenda recomendável evitar o emprego de cláusulas gerais. Como quer que seja, inclui-se aqui a questão das medidas executivas atípicas, tema tratado em coautoria e com vagar em: CARVALHO FILHO, Antonio. SOUSA, Diego Crevelin de. PEREIRA, Mateus Costa. *Réquiem às Medidas Judiciais Atípicas*. Art. 139, IV, CPC. Londrina: Thoth, 2020.

555 Exemplo frisante é a dinamização do ônus da prova. Concorda-se com o entendimento de que, em princípio, o instituto viola a garantia constitucional da pressuposição de inocência – sendo garantia constitucional, tem eficácia transprocedimental –, mas que pode ser admitido quando (i) expressamente previsto em lei e (ii) apenas para beneficiar aquelas categorias consideradas hipossuficientes pela

tem o seu controle, impedindo, inclusive, o revolvimento de fases já preclusas[556].

Ademais, as partes não estão mais condenadas às escolhas do legislador nem são dependentes da inventividade judicial. Atualmente, elas têm grande liberdade para adaptar o procedimento às especificidades do caso concreto.

Entretanto, é completamente descabido falar que as partes têm o *dever* de adaptar o procedimento às especificidades da causa[557].

Se a adaptação procedimental *ope iudicis* é corolário do "processo justo", como sustentam seus defensores, então ela é um direito das partes. Logo, elas não podem ser titulares, também, do dever de adaptação. Dizer que as partes têm o dever de adaptar o procedimento é negar o caráter relacional do direito: ninguém pode ser ao mesmo tempo titular de um direito e do dever a ele correlato. Aliás, a doutrina não indica quem é o titular do direito correlato a esse pretenso dever de adaptação do procedimento das partes.

No mais, a leitura transforma uma garantia fundamental em dever fundamental sem previsão constitucional. Contudo, não há dever fundamental sem disposição expressa na Constituição. A dogmática dos direitos fundamentais rechaça a categoria do dever fundamental não autônomo dos particulares[558]. Como aqui o termo "particulares" repre-

---

Constituição, como consumidores, crianças e adolescentes, idosos e trabalhadores. Com essa visão: PEREIRA, Mateus Costa. A paridade de armas sob a óptica do garantismo processual. *Revista Brasileira de Direito Processual – RBDPro*. Belo Horizonte: Fórum, ano 25, n. 98, p. 247-265, abr./jun. 2017. No mesmo sentido, inclusive com a distinção de pressuposição, suposição, posição e presunção: COSTA, Eduardo José da Fonseca. Presunção de inocência civil: algumas reflexões no contexto brasileiro. *Revista Brasileira de Direito Processual – RBDPro*. Belo Horizonte: Fórum, ano 25, n. 100, p. 129-144, out./dez. 2017.

556 Entendendo que a flexibilização convencional, celebrada pelas partes, pode promover o retorno a fases já acobertadas pela preclusão: OLIVEIRA, Paulo Mendes de. *Segurança Jurídica e Processo*. Da rigidez à flexibilização processual. 1. ed. em e-book baseada na 1. ed. impressa. São Paulo: Thomson Reuters Brasil, 2018, Parte III, item 2.9.

557 É posicionamento de: OLIVEIRA, Paulo Mendes de. *Segurança Jurídica e Processo*. Da rigidez à flexibilização processual. 1. ed. em e-book baseada na 1. ed. impressa. São Paulo: Thomson Reuters Brasil, 2018, Parte III, item 2.9.

558 "Certamente, o legislador ordinário protege os direitos fundamentais de agressões provenientes de particulares (...). Mas o próprio texto constitucional não impõe diretamente deveres que correspondem a direitos fundamentais de quaisquer

senta metonimicamente "partes", não há como sustentar que eles têm o *dever* de adaptar o procedimento ao caso.

Finalmente, o juiz pode exercer o importante papel de estimulador da celebração de convenções processuais. Nessa posição, ele (i) não é parte da convenção processual; (ii) sua vontade é formalmente irrelevante à efetivação da convenção – totalmente dependente do consenso entre as partes; e (iii) não controla o mérito da convenção (metonimicamente, sua conveniência e oportunidade), apenas sua validade.

Nesse cenário em que o procedimento é definido pelo legislador, aqui e ali com pautas mais ou menos móveis; em que as partes podem adaptá-lo às especificidades da causa, via convenções processuais, inclusive com o estímulo do juiz, o que ainda justifica a manutenção do apelo em prol da adaptação procedimental *ope iudicis*? Por que permitir que o juiz adapte o procedimento de modo não previsto pelo legislador nem desejado pelos litigantes? Quem insiste nesse caminho crê em um juiz portador de privilégio cognitivo[559] e se compromete com o poder, seu recrudescimento e protagonismo no processo[560],

---

pessoas. Por essa razão, consideramos que há relação de assimetria entre direitos e deveres fundamentais dos particulares". (DIMOULIS, Dimitri. MARTINS, Leonardo. *Teoria Geral dos Direitos Fundamentais*. 6 ed. São Paulo: Thomson Reuters, 2018, págs. 76-77).

559 "além de autoritária, a teoria da flexibilização procedimental *per officium iudicis* é ingênua. Isso porque aposta num juiz fantasticamente idealizado. Num semideus. Num sujeito suprafactual que – embora mergulhado em excesso de trabalho, pressão por produtividade e fragilidades cognitivas – é perito em adaptar perfeitamente o procedimento legal *secundum casum*". (COSTA, Eduardo José da Fonseca. O Devido Processo Legal e os Indevidos Processos Infralegal e Extralegal. Empório do Direito, Florianópolis, 31 jul. 2018. Seção de artigos. Disponível em: https://bit. ly/2VwalaZ. Acesso em: 22.11.2019).

560 Sustentando que a adaptação procedimental *ope iudicis* só beneficiará o autor descuidado, é tributária do modelo autoritário de processo – incompatível com a primazia da dignidade da pessoa humana, a quem serve o processo – e confere a criação de procedimento a quem não tem legitimidade democrática para tanto: ASSIS, Araken de. *Processo Civil Brasileiro*. V. 1. São Paulo: Editora Revista dos Tribunais, 2015, p. 349; COSTA, Eduardo José da Fonseca. O Devido Processo Legal e os Indevidos Processos Infralegal e Extralegal. *Empório do Direito*, Florianópolis, 31 jul. 2018. Disponível em: https://bit.ly/2VwalaZ. Acesso em: 22.11.2019.

além de, por vias transversas, transformar um direito das partes em poder do Estado[561].

Por todo o exposto, entende-se que não há meios dogmaticamente consistentes nem de sustentar a adaptação procedimental *ope iudicis* sem o concurso das partes[562].

3.6. IGUALDADE NOS JULGAMENTOS

A ideia de igualdade nos julgamentos é francamente presente na obra de Dinamarco e de Luiz Guilherme Marinoni. Serão analisados os posicionamentos, primeiro, separadamente e, depois, em conjunto.

3.6.1. INSTRUMENTALISMO PROCESSUAL: CRENÇA NO JUIZ E SUPREMACIA DO JUDICIÁRIO

Embora essa questão seja particularmente desenvolvida no seio do escopo jurídico da jurisdição, ela deve ser analisada com maior amplitude, abrangendo os demais escopos – ainda que a análise avance apenas até onde é estritamente relevante para este trabalho.

Com efeito, o instrumentalismo concebe três ordens de escopos que a jurisdição, através do processo, deve realizar: jurídico, político e social. O escopo social consiste na educação do povo quanto aos seus direitos e pacificação do povo em conflito[563]. O escopo político diz com a imperatividade estatal para resolver conflitos, concretizar o valor liberdade ao limitar e fazer observar os contornos do poder e assegurar a participação do cidadão nos destinos da nação[564]. O escopo jurídico,

---

561 Uma situação ainda mais delicada poderia se manifestar: diante da resistência *ex adverso*, a parte poderia dirigir o pleito ao Estado-juiz que, convencido da sua importância, a aplicaria coativamente, impondo o que não se obteve por consenso.

562 Próximo: "a flexibilização do procedimento depende, no modelo brasileiro, da vontade das partes, justamente porque o legislador não estabeleceu critérios mínimos de adaptação da causa e muito menos procedimentos (circuitos ou traks) a serem percorridos após a fase preparatória. Por isso, no Brasil, flexibilização procedimental acabou se transformando em criação jurisdicional de procedimento". (RAATZ, Igor. *Autonomia Privada e Processo*. Liberdade, negócios jurídicos processuais e flexibilização procedimental. 2 ed. Salvador: Jus Podivm, 2019, p. 290).

563 DINAMARCO, Cândido Rangel. *Instituições de Direito Processual Civil*. V. I. 6 ed. São Paulo: Malheiros, 2009, p. 188 e ss.

564 DINAMARCO, Cândido Rangel. *Instituições de Direito Processual Civil*. V. I. 6 ed. São Paulo: Malheiros, 2009, p. 198 e ss.

por fim, se expressa por fazer atuar a vontade concreta do direito mediante justa composição dos litígios[565].

A instrumentalidade ainda apresenta dois sentidos distintos. Fala-se em instrumentalidade em sentido positivo, que compreende a busca de efetividade, isto é, de realização dos escopos sociais, políticos e jurídicos da jurisdição[566]. Fala-se, por fim, em instrumentalidade em sentido negativo, que é a busca de superação do formalismo excessivo[567].

Sob o pálio do instrumentalismo processual, é incompleto afirmar que o processo é um instrumento de resolução de conflitos[568]. Isso é apenas um dos corolários do escopo jurídico – aliás, considerado o mais superficial e menos significativo dos escopos da jurisdição[569]. No rigor da epistemologia instrumentalista, o processo é o instrumento do qual o Judiciário se vale para realizar os escopos jurídicos, sociais e políticos. Nessa leitura, processo efetivo é aquele em cujo interior são satisfeitas essas três finalidades (sentido positivo da instrumentalidade).

A proposta tem inegável coerência interna. Como todo instrumento é vulnerável aos desígnios de quem o manipula[570], dizer que algo é instrumento não é dizer o que ele é, mas a que(m) ele serve[571].

---

565 DINAMARCO, Cândido Rangel. *Instituições de Direito Processual Civil.* V. I. 6 ed. São Paulo: Malheiros, 2009, p. 208 e ss.

566 DINAMARCO, Cândido Rangel. *Instituições de Direito Processual Civil.* V. I. 6 ed. São Paulo: Malheiros, 2009, p. 319 e ss.

567 DINAMARCO, Cândido Rangel. *Instituições de Direito Processual Civil.* V. I. 6 ed. São Paulo: Malheiros, 2009, p. 316 e ss.

568 Com esse conceito incompleto: BEDAQUE, José Roberto dos Santos. *Efetividade do Processo e Técnica Processual.* 3 ed. São Paulo: Malheiros, 2010, p. 18.

569 DINAMARCO, Cândido Rangel. *Instituições de Direito Processual Civil.* V. I. 6 ed. São Paulo: Malheiros, 2009, p. 242.

570 "INSTRUMENTO (...) Essa palavra foi ampliada por Dewey, designando todos os meios capazes de obter um resultado em qualquer campo da atividade humana, prático ou teórico". (ABBAGNANO, Nicola. *Dicionário de Filosofia.* São Paulo: Martins Fontes, 2007, p. 655).

571 "Falar de "instrumentalidade" em dogmática é utilizar-se palavra de todo inadequada. Instrumento pode ser entendido, no seu sentido mais amplo, como modo meio empregado para se alcançar determinado fim ou resultado. Mas com essa significação ampla, é de nenhuma serventia. Suficiente para compreender o que foi afirmado será recordarmos que nossas mãos são um instrumento, o primeiro e mais notável utilizado pelo homem. Também os utensílios e as ferramentas que nossas mãos fabricam. Finalmente, as máquinas, das mais simples, como a máqui-

Compreendido o processo como instrumento do qual o Judiciário se vale para realizar os seus fins, mostra-se oportuna a sua redução teleológica[572].

Como já se viu, este trabalho adota, em uma dogmática do art. 5º, LIV, CRFB, a concepção do processo como garantia contrajurisdicional de liberdade e «liberdade», uma instituição que serve às partes e desserve ao Judiciário, na medida em que limita e controla, enfim, que racionaliza o seu exercício. O que se pretende defender agora é que, ao conceber o processo como instrumento de um Judiciário que tem escopos metajurídicos, o instrumentalismo processual naturaliza uma abertura que desdiferencia o sistema jurídico, com pejo da autonomia do direito, como desde logo denunciou Aroldo Plínio Gonçalves:

> A admissão de escopos metajurídicos da jurisdição e do processo pressupõem, necessariamente, a existência de três ordens normativas distintas: a jurídica, a social e a política. Os escopos metajurídicos só poderiam ser entendidos, portanto, como escopos pré-jurídicos. Seria possível pensar-se logicamente nessa fase pré-jurídica em relação aos momentos de transformação, que preparam o advento de uma nova ordem jurídica. No momento em que antecede a cristalização dos valores que serão acolhidos pelas normas das ideologias que constituirão o conteúdo das normas, pode-se, por certo, pensar em escopos metajurídicos que serão postos no ordenamento jurídico pela norma que funda toda sua legitimidade. (...) Uma vez que o ordenamento jurídico se institui e se consolida em normas, condutas e relações humanas, valoradas como lícito ou ilícito (...) já não se pode

---

na a vapor, até os equipamentos sofisticados e poderosos que a eletrônica nos vem proporcionando. Enquanto utensílios e ferramentas dependiam da excelência do operador, as máquinas já prescindem dele e, postas em condições de operar, bastam-se em si mesmas. Bem pouco em comum existe entre todos esses *instrumentos,* salvo serem sempre meios para que sejam alcançados determinados fins, e meios engendrados pelo homem". (PASSOS, José Joaquim Calmon de. Instrumentalidade do Processo e Devido Processo Legal. In: *Ensaios e Artigos.* V. I. Salvador: Jus Podivm, 2014, págs. 39-40).

572 Como afirma Dinamarco, a sua visão teleológica do processo deve ser assim compreendida: "O significado político do processo como *sistema aberto*, voltado à preservação dos valores postos pela sociedade e afirmados pelo Estado, exige que ele seja examinado também a partir de uma perspectiva externa; exige uma tomada de consciência desse universo axiológico a tutelar e da maneira como o próprio Estado define a sua função e atitude perante tais valores. Nenhuma teoria processual pode dispensar, hoje, o exame da bondade das soluções propostas e a eficácia do próprio sistema processual em face dos objetivos preestabelecidos e da missão que precisa desempenhar na mecânica da vida em sociedade". (DINAMARCO, Cândido Rangel. *Instituições de Direito Processual Civil.* V. I. 6 ed. São Paulo: Malheiros, 2009, p. 95).

mais cindir o ordenamento da sociedade, para, paralelamente à ordem jurídica, que ela instaurou, pensar-se em uma ordem social autonomia e em uma ordem política autônoma. Três ordens soberanas distintas não explicariam a soberania de uma nação, que não pode ser fragmentada. (...) A ordem política e a ordem social têm o seu fundamento na ordem jurídica, existem dentro do ordenamento jurídico e sofrem a sua regulamentação. Supor o contrário seria o mesmo que admitir a possibilidade de se afirmar que, na sociedade organizada, o poder se exerce dentro da lei e pela lei, e que o poder não se exerce dentro da lei e pela lei. Já se percebe a impossibilidade de se manter as duas assertivas (...) No Estado contemporâneo de Direito, o poder se exerce segundo a disciplina da lei, seja ela mais rígida ou mais elástica[573].

Nada disso é confessado e talvez nem sequer seja conscientemente desejado. Basta ver que, para Dinamarco, o juiz não cria direito[574] porque decide com base no direito positivo (constitucional e infraconstitucional), nos princípios gerais do direito e nos valores da nação. Segundo o mestre,

a grande e legítima liberdade que o juiz tem ao julgar é a liberdade de remontar aos valores da sociedade, captá-los e compreendê-los com sensibilidade e com a mais autêntica fidelidade a um universo axiológico que não é necessariamente o seu. Agindo dessa maneira, o juiz coloca-se como *válido canal de comunicação entre os valores vigentes na sociedade e os casos concretos em que atua.* Isso não é *criar* normas, mas revelá-las de modo inteligente, sabido que a lei não é a fonte única e exclusiva do direito, mas também os princípios gerais de direito. (...) Valorar os fatos concretos de uma causa mediante interpretação dos textos de lei à luz dos princípios e dos valores da sociedade não é criar normas antes inexistentes na ordem jurídica como um todo[575].

A questão que fica é: como saber se, no exercício de sua liberdade interpretativa, o juiz remonta aos valores da sociedade, capta-os corretamente e compreende-os com sensibilidade e fidelidade, ou apenas decide em conformidade com as suas próprias pautas valorativas?

Nada se esclarece quando se avança na leitura da sua proposta. Veja-se:

---

573 GONÇALVES, Aroldo Plínio. *Técnica Processual e Teoria do Processo.* 2 ed. Belo Horizonte: Del Rey, 2012, págs. 159-160.

574 O que o nosso autor está dizendo aqui é que o juiz não cria os parâmetros decisórios que, de ordinário, em termos kelsenianos, se encontram nas normas gerais, aqueles que demarcam a moldura normativa.

575 DINAMARCO, Cândido Rangel. *Instituições de Direito Processual Civil.* V. I. 6 ed. São Paulo: Malheiros, 2009, p. 140.

É claro que, com certas atitudes menos ortodoxas ou desapegadas do texto da lei, o juiz acaba por endereçar os fatos a resultados que não seriam atingidos se sua postura fosse outra e que não costumavam sê-lo antes das inovações que ele põe em prática. São atitudes marcadamente instrumentalistas, das quais significativo exemplo é a já referida desconsideração da pessoa jurídica, especialmente no trato da responsabilidade patrimonial: a penhora de bem da sociedade por quotas entre marido e mulher viola os clássicos esquemas jurídicos da personalidade jurídica distinta da dos sócios e da distinção de responsabilidades, mas faz justiça e neutraliza a fraude. Trazer essa construção a crédito da teoria unitária, contudo, constituiria vício do mesmo quilate daquele consistente em pensar que é o juiz quem pessoalmente cria novas soluções de direito substancial; é esquecer que ele age como canal de comunicação entre a nação e o processo e que, quando inovar por conta própria, *contra legem* ou fora dos limites tolerados, ele estará agindo sem fidelidade aos objetivos de sua missão e o que pretender impor carecerá de licitude ou mesmo de legitimidade[576].

O autor reivindica a abertura da argumentação jurídica para critérios metajurídicos, mas não fornece critérios operativos para assegurar que a interpretação teleológica voltada à consecução da justiça e realização dos influxos da escala axiológica da sociedade não servirá para escamotear o subjetivismo.

Afinal – e para lançar apenas alguns questionamentos –, como definir a diferença entre, de um lado, "atitudes menos ortodoxas e desapegadas do texto da lei", consideradas "atitudes marcadamente instrumentalistas", e, de outro lado, "inovar por conta própria, *contra legem* ou fora dos limites tolerados", considerada atitude "sem fidelidade aos objetivos de sua missão"? Quais são os "limites tolerados"? Seriam aqueles no interior dos quais o juiz "faz justiça"? Mas o que é "justiça"? Por que a decisão que inovou sobre a desconsideração da personalidade jurídica é fruto de uma "atitude marcadamente instrumentalista"? Não preexistiam elementos no sistema do direito positivo que permitiam considerar a conduta ilícita (fraude), inclusive disponibilizando remédio jurídico típico para neutralizá-la? Se sim, falar em "atitude marcadamente instrumentalista" não é superfetação? Se não, "atitude marcadamente instrumentalista" significa aptidão para derivar de um juízo de injustiça o *status* jurídico de fraude, sem mediação legal?

---

576 DINAMARCO, Cândido Rangel. *A Instrumentalidade do Processo*. 14 ed. São Paulo: Malheiros, 2009, p. 236.

À míngua de orientação, o Instrumentalismo Processual tampouco assume a sua responsabilidade por eventuais descaminhos. Nas exatas palavras do mestre das Arcadas: "eventuais exageros dos operadores do sistema processual sejam debitados a eles e não ao instrumentalismo". Até porque, conclui, "os raros desvios constituem, na soma geral, mal muito menor do que a esclerose interpretativa alimentada pelos temores dos misoneístas"[577].

Passagem frustrante e surpreendente. Frustrante, porque, à míngua de critérios substantivos para controlar a "atitude marcadamente instrumentalista", a própria identificação dos "exageros" se torna subjetiva. Surpreendente, porque introduz um inusitado tom utilitarista em uma tese tão engajada do ponto de vista axiológico.

A rigor, a alegada "esclerose interpretativa alimentada pelos temores dos misoneístas", que é reação às críticas formuladas por Calmon de Passos, não constitui mais do que apelo ideológico que quer se impor pela crença de que a confiança nos juízes promoverá mudanças, evoluções e avanços positivos[578]. Veja-se:

> ao contrapor *instrumentalidade* e *devido processo legal,* o grande Mestre baiano parece não compreender a grande e nobre mensagem na obra dos instrumentalistas do processo civil, que, longe de propugnar um processo sem regras, querem um processo de feição humana, com o juiz atuando com sua sensibilidade para o valor do justo. Erros do juiz comportam corretivos pela via dos recursos (...). O dia em que a cláusula *due process of law* for interpretada como fator esclerosante da participação do juiz no processo, *adeus justiça e viva as fórmulas rígidas da lei*[579].

De lado o autoelogio, Dinamarco não revela o essencial: o que é um "processo de feição humana"? Qual é o seu conteúdo? Como verificar o seu cumprimento? Quais são consequências jurídicas do seu descumprimento? Há definição jurídica do conceito de "sensibilidade do julgador para o valor do justo"? Se não há, como impedir a sua conversão em pura e simples dependência das virtudes do juiz de turno? Essa abertura não permite que excessos também sejam cometidos (ou mesmo reproduzidos) em grau de recurso, impedindo o seu efetivo contro-

---

577 DINAMARCO, Cândido Rangel. *A Instrumentalidade do Processo.* 14 ed. São Paulo: Malheiros, 2009, p. 379.

578 Expediente típico da atitude manipuladora, como ensina: QUINTÁS, Alfonso Lópes. *A Tolerância e a Manipulação.* São Paulo: É Realizações, 2018, p. 189 e ss.

579 DINAMARCO, Cândido Rangel. *A Instrumentalidade do Processo.* 14 ed. São Paulo: Malheiros, 2009, p. 379-380.

le? O que é esclerosar a participação do juiz no processo? Por que são tão temidas as "fórmulas rígidas da lei" se já ninguém mais cogita que a sua aplicação se dá de forma mecânica?[580] Levando em consideração os achados dos vieses cognitivos e do paradigma da racionalidade limitada e a realidade de trabalho maçante dos juízes brasileiros, não se estaria conclamando por um processo com feição "sobre-humana"?

Indagações não respondidas, forçoso concluir que nesse campo o instrumentalismo promete demais e entrega de menos: exige sensibilidade para captar valores sociais em comunidades complexas e conclama juízes a fazerem justiça, mas não oferece uma teoria dos valores nem uma teoria da justiça para orientá-los; arroga para si (sem revelar os critérios da sua avaliação) os resultados que considera bem-sucedidos, mas imputa os excessos àqueles que, seduzidos e desorientados por seu discurso frouxo, se perdem pelo caminho; apela à sensibilidade, embora o Direito não possa impô-la, avaliá-la nem controlá-la; depende de pessoas inatamente virtuosas, não de disciplina metodológica. Daí a contraposição entre "justiça" e "fórmulas frias da lei": esta, em maior ou menor medida, independe de seres humanos ilustrados; aquela, sem teorização de base, só pode vir a lume a partir de juízes "verdadeiramente" instrumentalistas (seja lá o que isso queira dizer).

Ciente de que o específico no julgamento de um magistrado "é tão somente o fato de poder empregar a força estatal para impor o seu dizer, pura falácia legitimá-lo por sua correção intrínseca"[581], José Joaquim Calmon de Passos censurou dura e acertadamente a retórica oca do sadio protagonismo do juiz fundado na sua liberdade para fazer justiça:

> inexiste ordem jurídica a que não corresponda a realização de alguma justiça, como inexistente ordem jurídica capaz de realizar uma justiça absoluta. O tanto de justiça alcançado por um ordenamento jurídico será sempre a resultante do institucionalizado pelo poder político, institucionalização que, por sua vez, imbrica numa opção econômica, que não se dá de modo

---

580 Mesmo adeptos do positivismo jurídico excludente afirmam que mesmo nos casos de disputas reguladas (isto é, quando o direito proporciona uma solução: o juiz identifica o direito, determina os fatos e aplica o direito aos fatos) a atividade decisória nada tem de mecânica, podendo, inclusive, ser mais complexa do que nos casos não regulados: RAZ, Joseph. *La Autoridad del Derecho.* Ensaios sobre derecho y moral. Trad. Rolando Tamayo e Salmorán. Ciudad de México: Universidad Nacional Autónoma de México, 1985, p. 229-230.

581 PASSOS, José Joaquim Calmon de. O magistrado, protagonista do processo jurisdicional. In: *Ensaios e Artigos.* V. II. Salvador: Jus Podivm, 2016, p. 32.

arbitrário, externo e superior à sociedade, sim como resultado do que nela ideologicamente se institucionalizou, condicionada, por igual, essa ideologia, a outros fatores que interagem, sem que se possa dizer qual dentre eles é sempre predominante e decisivo. Daí meu horror, diria mesmo pavor, dos que se julgam justos e acham que sabem fazer justiça. Feliz ou infelizmente (recordemos que a uniformidade e o consenso absolutos são incompatíveis com o poder de determinação do homem), no nosso mundo poliárquico, multicultural e laico só há um referencial para a justiça com eficácia coletiva – a legal, quando democraticamente formalizada e democraticamente assegurada. Estaremos sempre atravessando o deserto e nunca chegaremos à terra prometida onde jorram leite e mel. Só obteremos aquilo que conquistamos politicamente e nos for dado institucionalizar[582].

É bem verdade que Dinamarco nega transigência com o decisionismo ou "ditadura dos juízes". Argumenta que dizer que a lei precisa ser interpretada teleologicamente para fazer justiça e que o juiz direciona sua interpretação pelos influxos da escala axiológica da sociedade "não significa postular por algo que se aproxime da *escola do direito livre*"[583]. Mas essa proximidade – Instrumentalismo Processual e Escola do Direito Livre – está longe de ser despropositada.

A Escola do Direito Livre é um movimento de base sociológica que pretende vincular o Direito à realidade social. Tendo como precursor Oscar von Bülow, a obra de referência, *Gezetz und Richteramt* (Lei e Magistratura), de 1885, vai assim sintetizada por Karl Larenz:

> A ideia básica deste escrito, a que tanta atenção se prestou, é a de que cada decisão judicial não é apenas a aplicação de uma norma já pronta, mas também uma actividade *criadora de Direito*. A lei não logra criar logo o Direito; e «somente uma preparação, uma tentativa de realização de uma ordem jurídica» (pág. 45). Cada litigio jurídico «põe um particular problema jurídico para que não existe ainda pronta na lei a determinação jurídica oportuna ... 'determinação que também não é possível inferir-se, com a absoluta segurança de uma conclusão lógica necessária, das determinações da lei» (pág. 32). Sob o «véu ilusório da mesma palavra da lei» oculta-se uma pluralidade de significações, cabendo ao juiz a escolha da determinação que lhe pareça ser «em média a mais justa» (pág. 36). Não diz BÜLOW segundo que critérios deve o juiz proceder a essa escolha, se segundo um critério objetivo e, em certa medida, controlável, como o fim da lei, a «natureza das coisas» ou a concordância com um princípio, se segundo um

---

582 PASSOS, José Joaquim Calmon de. *Revisitando o Direito, o Poder, a Justiça e o Processo*. Reflexões de um jurista que trafega na contramão. Salvador: Jus Podivm, 2012, p. 52.

583 DINAMARCO, Cândido Rangel. *A Instrumentalidade do Processo*. 14 ed. São Paulo: Malheiros, 2009, p. 379.

mero critério subjectivo, porventura o do seu sentimento jurídico pessoal. Por isso, as suas afirmações tanto podem interpretar-se no sentido de uma doutrina da interpretação teleológica da lei, como no sentido da «teoria do Direito livre» - e foram-no, realmente, tanto num como noutro sentido[584].

Na Escola do Direito Livre, a interpretação "significa uma compreensão sociológica do Direito que investiga o sentimento do justo na realidade social. A decisão judicial deve se mirar para a consecução deste fim, independentemente da norma jurídica". Ela substitui o mito do legislador onisciente pelo fetiche do juiz justo:

> o mito do legislador perde toda a sua força para ser substituído pelo fetiche do juiz justo. Vislumbra-se a figura de um julgador como um ente imparcial que buscará aplicar a lei sempre pautando-se pelos ditames da ética, da moral e dos anseios sociais. A figura do legislador, muitas vezes desgastada e odiada pelo labor político, é substituída por aquela de um carismático juiz que busca, acima de tudo, o justo. Todavia, ao demonstrar o uso ideológico dos métodos interpretativos, o Direito Livre se esquece de não ser o magistrado livre de convicções pessoais e alheio aos anseios de setores sociais, a ponto de verificar o justo sem interferências ideológicas próprias. Além do mais, não é o magistrado conhecedor de toda a realidade social, a fim de poder extrair dali a decisão que seja a mais equânime aos olhos de sua comunidade (se é que tal consenso possa existir). A finalidade extrema da Escola do Direito Livre é alcançar uma sinonímia entre juiz e justo, ainda que de uma forma mais ou menos radical de acordo com cada autor[585].

Portanto, na Escola do Direito Livre, o juiz é a figura central da atualização do direito legal. É dele o protagonismo na criação do direito[586].

Para Bülow, portanto, o problema da decisão jurídica encontra "no sentimento e papel do juiz a resposta às necessidades práticas que o direito deveria fornecer"[587]. Por isso, ele concentra suas cogitações no poder que se deve dar à magistratura diante de sua importância na construção do direito.

Por seu turno, Dinamarco sustenta que os conceitos da ciência processual já estão mais do que satisfatoriamente assentados, por isso a

---

584 LARENZ, Karl. *Metodologia da Ciência do Direito*. Trad. José Lamego. 3 ed. Lisboa: Fundação Calouste Gulbenkian. 1997, p. 78.

585 MAZOTTI, Marcelo. As Escolhas Hermenêuticas e os Métodos de Interpretação da Lei. Barueri: Manole, 2010, págs. 85-86.

586 JEVEAUX, Geovany Cardoso. *Direito e Ideologia*. rio de Janeiro: LMJ Mundo Jurídico, 2018, p. 69.

587 LEAL, André Cordeiro. *Instrumentalidade do Processo em Crise*. Belo Horizonte: Mandamentos, 2008, p. 52.

marcação de sua proposta "reside em primeiro lugar no abandono de uma atitude puramente gnosiológica, que quer interpretar o processo sem descobrir os meios de transformá-lo para melhor"[588]. Avalia que um dos grandes serviços que o processualista prestou ao direito nas últimas décadas "foi a enérgica afirmação do comprometimento axiológico das instituições processuais", repensando "o significado e a medida da indiferença inicial a que obrigado o juiz"[589].

Acentuando que vivemos uma época de intensas transformações sociais, na qual chega a graus mais sensíveis a "tensão entre a norma e a realidade", sustenta que as "tendências solidaristas inerentes ao Estado social" imputam ao Judiciário o dever de atuar "a vontade concreta *do direito*", que "não é necessariamente vontade da lei" e deve ser encontrada "através dessa observação do social agindo sobre o jurídico"[590]. E conclui:

> O processualista contemporâneo e atualizado vai deixando as posturas puramente técnicas e dogmáticas, que desempenharam seu relevantíssimo papel a partir da fundação da ciência do processo na segunda metade do século passado e durante a primeira deste. Tal foi a fase da *autonomia* do direito processual, que superou os males do *sincretismo* multissecular, mas que agora já cumpriu o seu ciclo de vida. Não se trata de renegar as finas conquistas teóricas desse período que durou cerca de um século, mas de canalizá-las a um pensamento crítico e inconformista, capaz de transformar os rumos da aplicação desse instrumento. Propõe-se, em outras palavras, a duplicidade de perspectivas, para encarar o sistema processual a partir de ângulos externos (seus escopos), sem prejuízo da introspecção do sistema. Foi dito que o processualista moderno já tem a consciência da necessidade de abandonar a visão exclusivamente interna do direito processual em seus institutos, princípios e normas, o que se vê de modo notável na obra dos processual-constitucionalistas. E foi proposta a ampliação das investigações instrumentalistas, passando para o campo da ciência política e chegando a tangenciar o da sociologia do direito (v. nn. 9-14). E foi também, acima de tudo, tentada a sistematização dessas posições todas, sempre com a preocupação de explicá-las e coordená-las em torno da idéia

---

588 DINAMARCO, Cândido Rangel. *A Instrumentalidade do Processo*. 14 ed. São Paulo: Malheiros, 2009, p. 22, nota de rodapé n. 10.

589 DINAMARCO, Cândido Rangel. *A Instrumentalidade do Processo*. 14 ed. São Paulo: Malheiros, 2009, p. 41.

590 DINAMARCO, Cândido Rangel. *A Instrumentalidade do Processo*. 14 ed. São Paulo: Malheiros, 2009, págs. 255-257.

central, que é a instrumentalidade do sistema processual aos seus escopos sociais, políticos e jurídico[591].

Mais do que um dogmático, Dinamarco defende que o processualista contemporâneo seja um ator engajado na transformação do seu objeto (o processo), pensado já não mais como instituição estritamente jurídica, mas como um *locus* para que o Judiciário, composto por juízes clarividentes, catalise os anseios sociais e realize os escopos jurídicos, políticos e sociais.

A reivindicação de liberdade para o juiz interpretar teleologicamente a fim de fazer justiça e seguir os influxos axiológicos da sociedade é um ponto comum à Escola do Direito Livre e o Instrumentalismo Processual. Tanto em Bülow quanto em Dinamarco, a ideia do processo como instrumento da jurisdição deve ser entendida "como atividade do juiz na criação do direito em nome do Estado com a contribuição do sentimento e da experiência do julgador"[592].

Além disso, Dinamarco reconhece expressamente a existência de um relevante ponto comum entre os adeptos do Instrumentalismo Processual e do Direito Alternativo: a ideia de que imparcialidade não significa indiferença, premissa necessária para legitimar o exercício de uma correção axiológica do direito positivo pelos juízes[593]. Como o

---

591 DINAMARCO, Cândido Rangel. *A Instrumentalidade do Processo*. 14 ed. São Paulo: Malheiros, 2009, p. 366.

592 LEAL, André Cordeiro. *Instrumentalidade do Processo em Crise*. Belo Horizonte: Mandamentos, 2008, p. 60.

593 "Imparcialidade não significa indiferença axiológica; "isenção do magistrado não significa insensibilidade" (...) Esse pensamento transpareceu também em dissertação para mestrado, apresentada à Faculdade de Direito da Universidade Federal do Rio Grande do Sul pelo magistrado Ruy Portanova, um dos chamados juízes alternativos daquele estado (e de cuja banca tive a honra de participar, no ano de 1991)". (DINAMARCO, Cândido Rangel. *A Instrumentalidade do Processo*. 14 ed. São Paulo: Malheiros, 2009, p. 41, nota de rodapé n. 58). A propósito, vale citar Calmon de Passos: "falar em Direito alternativo só pode significa uma de duas coisas. Eu, juiz, tenho a alternativa de aplicar o Direito produzido pelos processos constitucionalmente autorizados, expresso na lei, ou aplicar o Direito que pessoalmente entendo deveria ter sido produzido para solucionar o caso concreto e não o foi. Desse dilema não podemos escapar. Alguns juristas alternativos usam metáforas – Direito insurgente, Direito socialmente produzido, Direito emancipador, Direito dos oprimidos etc. Como retórica, no pior sentido do termo, são palavras sonoras carregadas de provocação. Como ferramentas de trabalho, nada valem. Valem muito, entretanto, como instrumentos a serviço de projetos de hipertrofia do

Direito Alternativo, no Brasil, "representa, em certa medida, um retorno à Escola do Direito Livre quando reconhece o papel criativo do magistrado e a sua vinculação à justiça mais do que ao Direito estatal"[594], fica ainda mais nítida a existência de (no mínimo) pontos (profundos) de contato entre a proposta de Dinamarco e a Escola do Direito Livre.

Seja como for, o subjetivismo do juiz é inato ao fundo da proposta instrumentalista[595]. Ao contrário do que se poderia supor[596], os juí-

---

arbítrio, delírios ideológicos, sem esquecer os pecadilhos da vaidade, da petulância e da sabedoria paranóica dos que se julgam iluminados. Tenho grande medo de todos os Messias que ainda não foram crucificados e ressuscitaram ao terceiro dia. Há outra maneira de entender o que seja Direito alternativo. A alternatividade, aqui, se põe em confronto com o modelo clássico de produção do Direito da democracia representativa, traduzindo-se na produção de outros processos de produção além daquele que ela institucionalizou e predomina em nossos dias. Aqui, o problema deixa de ser jurídico e passa a ser político. Repensar o processo legislativo e as instituições por ele responsáveis. Repensar a própria democracia. Nesse sentido, palmas!, palmas! e mais palmas! ao Direito alternativo. Que na verdade está sendo muito mal batizado. Não há Direito alternativo. Ou há Direito previamente posto em termos de proporcionar segurança às relações sociais, ou não há Direito, sim o puro e desenfreado arbítrio". (PASSOS, José Joaquim Calmon de. Desafios e descaminhos do Direito alternativo. In: *Ensaios e Artigos*. V. I. Salvador: JusPodivm, 2014, p. 445).

594 MAZOTTI, Marcelo. As Escolhas Hermenêuticas e os Métodos de Interpretação da Lei. Barueri: Manole, 2010, p. 86.

595 Parte dos seguidores de Dinamarco resistem às críticas ao decisionismo contido em sua obra argumentando que nela é possível identificar zonas de convergência com a proposta metodológica de Robert Alexy para a aplicação de princípios constitucionais (ponderação), buscando nela esteio para as intuições do mestre paulista – assim, por todos: BONÍCIO, Marcelo José Magalhães. *Proporcionalidade e Processo:* a garantia constitucional da proporcionalidade, a legitimação do processo civil e o controle das decisões judiciais. São Paulo: Atlas, 2006, *passim*; OLIVEIRA, Bruno Silveira de. A Instrumentalidade do Processo e o Formalismo-Valorativo (a roupa nova do imperador na ciência processual civil brasileira. Revista dos Tribunais *Online,* Revista de Processo, vol. 293, p. 19-47, Jul./2019. Isso revela que os próprios instrumentalistas reconhecem uma identidade entre a sua proposta e a "jurisprudência dos valores". O tema será retomado adiante, pois abrange análise comum ao pensamento de Luiz Guilherme Marinoni, lá examinado.

596 "Embora ao Estado não caiba o exercício do poder nacional em todas as áreas nem valer-se de todas as fontes de poder, certo é que ele detém o comando global de todas as manifestações deste, justamente em razão da soberania, que o põe a montante de todos os demais pólos de poder. Ele é como sugestivamente foi dito, o "gerente nato do bem-comum"; e isso se mostra particularmente visível no Estado social contemporâneo, que, negando os postulados do liberalismo, quer ser *a pro-*

zes não são a providência do povo nem são por ela guiados. Nenhuma entidade superior revela-lhes a verdade no recinto privilegiado de suas consciências. Nas complexas sociedade contemporâneas, não há espaço para oráculos reveladores de valores homogeneamente compartilhados. Impossibilidade que decorre de três inexistências: um conjunto de valores uniformemente compartilhados pelos membros da comunidade política[597]; um método capaz de fornecer bases mínimas para controlar a sua identificação[598]; e alguém dotado de habilidade para revela-los[599].

---

vidência do seu povo (ele vislumbra o bem comum *sub specie communitatis*). A intervenção na ordem econômica e social, programada constitucionalmente, é hoje um dever estatal inalienável e uma sua aplicação em sede jurisdicional é o poder que o juiz tem de conceder recuperação judicial, como *favor legis* endereçado ao devedor e para a salvaguarda da comunidade de credores, em benefício da economia nacional; outra aplicação é o poder discricionário quanto à determinação da guarda de filhos, no interesse da felicidade destes, que os juízes e tribunais exercem diuturnamente". (DINAMARCO, Cândido Rangel. *A Instrumentalidade do Processo*. 14 ed. São Paulo: Malheiros, 2009, págs. 103-104).

597 "Num Estado democrático-parlamentar de direito legislado, a moral importa – quando muito – ao procedimento legislativo. Não se deduz a racionalidade das regras jurídicas diretamente das regras morais. Somente o poder legislativo, no curso das deliberações que envolvem a criação de uma lei, é o lugar apropriado para se considerar uma lei «moral» ou «imoral»; deste juízo moral sobre a lei não cabe ao poder judiciário extrair qualquer consequência prática. Se a regra moral inspira a regra jurídica, a moral entra aí como dado extrínseco, matéria-prima pré-jurídica. Não adentra o ordenamento jurídico estatal. Não fornece elementos ao sistema de direito positivo. Só interessa ocasionalmente aos legisladores, que criam o direito, não ao juiz, que o aplica. Se acaso o juiz moraliza aqui e ali o processo, fá-lo não porque aplica regra moral forense, mas porque, aplicando regra jurídica processual (inspirada), atende a eventual regra moral forense (inspiradora)". (COSTA, Eduardo José da Fonseca. Processo e Razões de Estado. Empório do Direito, Florianópolis, 28 out. 2019. Coluna Garantismo Processual. Disponível em: https://bit.ly/2Y1H1e3. Acesso em 22.02.2020).

598 "sabemos que existen desacuerdos morales en la sociedad y que incluso aquellos que creen en la existencia de respuestas correctas a tales controversias son incapaces de alcanzar un acuerdo acerca de cómo podemos conocerlas" (WALDRON, Jeremy. *Derecho y Desacuerdos*. Madrid: Marcial Pons, 2005, p. 215). Em tradução livre: "sabemos que existem desacordos morais na sociedade e que inclusive aqueles que creem na existência de respostas corretas a tais controvérsias são incapazes de alcançar um acordo acerca de como podemos conhece-las".

599 Considerando ingênuo crer que o Estado-juiz, ao assim atuar, não se conduz por desígnios próprios: GRESTA, Roberta Maia. *Introdução aos Fundamentos da Processualidade Democrática*. Rio de Janeiro: Lumen Juris, 2014, p. 126.

De certo modo, o próprio Dinamarco concorda com isso quando diz que "o juiz tem liberdade para a opção entre duas soluções aceitáveis ante o texto legal, cumprindo-lhe encaminhar-se pela que melhor satisfaça seu sentimento de justiça"[600]. Mas é aí que a teoria se contradiz e desmente a si mesma. Só faz sentido reivindicar a libertação do juiz das "fórmulas rígidas da lei" para que ele faça justiça e realize os valores da sociedade se se pressupõe a existência de uma tábua de valores que o juiz pode acessar para de lá derivar respostas unas e corretas, conformes ao "sentimento de justiça da sociedade". Se assim não é, a imagem do juiz como "autêntico canal de comunicação entre a sociedade e o mundo jurídico"[601] e a dicotomia *sentimento social vs. sentimento pessoal do juiz* revela sua verdadeira face: a de um discurso que prega a crença no juiz[602].

Acolhido o decisionismo judicial, a consequência é o estabelecimento da supremacia do Judiciário, o que projeta luzes esclarecedoras sobre o referido escopo político da jurisdição. Como se viu, uma de suas manifestações é "assegurar a participação dos cidadãos, por si mesmos ou através de suas associações, nos destinos da socieda-

---

600 DINAMARCO, Cândido Rangel. *A Instrumentalidade do Processo*. 14 ed. São Paulo: Malheiros, 2009, p. 235.

601 DINAMARCO, Cândido Rangel. *A Instrumentalidade do Processo*. 14 ed. São Paulo: Malheiros, 2009, p. 232. Para uma crítica a essa visão, ver: CARVALHO FILHO, Antonio. Precisamos Falar sobre o Instrumentalismo Processual. Empório do Direito, Florianópolis, 11 out. 2017. Coluna da Associação Brasileira de Direito Processual. Disponível em: https://bit.ly/2Kt5P6E. Acesso em 10.02.2020.

602 O que dá razão à denúncia da falácia instrumentalista do juiz antena: "a corrente instrumentalista preconiza a ideia de que o juiz seria capaz de canalizar os anseios sociais e utilizá-los na construção da decisão judicial, mas, ante a dificuldade em se definir (ou extrair) quais seriam esses sentimentos axiológicos dominantes em uma sociedade altamente complexa como a nossa, o problema é relegado à convicção pessoal daquele que decide". (ABBOUD, Georges. LUNELLI, Guilherme. Ativismo judicial e instrumentalidade do processo. Diálogos entre discricionariedade e democracia. Revista dos Tribunais *Online,* Revista de Processo, vol. 242, p. 21-47, Abr./2015) Próximo, Falando em estratégia dissimulatória para legitimar o solipsismo judicial: GRESTA, Roberta Maia. *Introdução aos Fundamentos da Processualidade Democrática*. Rio de Janeiro: Lumen Juris, 2014, p. 127. Ainda: LEAL, Rosemiro Pereira. *Teoria Geral do Processo*. Primeiros estudos. 14 ed. Belo Horizonte: Fórum, 2018, p. 109; LEAL, Rosemiro Pereira. *Teoria Processual da Decisão Jurídica*. 3 ED. Belo Horizonte: Editora D'Plácido, 2017, págs. 132/134-135.

de política[603]". Ora, não há dúvida de que, relativamente ao papel do Estado, os destinos da nação passam pela jurislação, pela execução e pela jurisdição, de ordinário a cargo do Legislativo, do Executivo e do Judiciário, respectivamente. Também é certo que, em regra, os cidadãos participam dos destinos da sociedade política, indiretamente, nas atividades de jurislação e execução, por meio dos representantes eleitos que criam leis e executam políticas públicas, e diretamente, nas atividades de jurisdição, mediados por seus advogados. Como a atividade jurisdicional *stricto sensu* (garantir a imperatividade do direito mediante aplicação por terceiro imparcial) está inserida no escopo jurídico, não é isso que significa o seu escopo político. Por lógica, ele só pode significar que os cidadãos também participam da jurislação e da execução diretamente, através do processo perante o Judiciário, e não apenas indiretamente, por seus representantes eleitos e integrantes do Legislativo e do Executivo. Dito de outro modo, essa dimensão do escopo político reivindica para o Judiciário competência para exercer as funções executiva e jurislativa externamente, como que em concurso com o Legislativo e o Executivo. E como estes não exercem jurisdição tipicamente, dá-se a totalização do Judiciário, que, no que ora importa, adquire competência para criar parâmetros decisórios *ex novo*[604]. Dada a ampla abertura ao subjetivismo judicial, essa leitura confere muito maior consistência interna à tentativa instrumentalista de explicar, *v. g.*, o papel evolutivo da jurisprudência e institutos como a flexibilização procedimental, muito mal dimensionados no interior do escopo jurídico.

As considerações precedentes são suficientes para constatar que o instrumentalismo processual não é uma disciplina do processo, mas da jurisdição; seu objeto não são as garantias, mas o Poder Judiciário – um poder total, que legisla, executa e aplica direito. Desgarrada do caráter

---

603 DINAMARCO, Cândido Rangel. *A Instrumentalidade do Processo*. 14 ed. São Paulo: Malheiros, 2009, p. 198.

604 Ainda que situe a noção no seio do escopo jurídico, Dinamarco afirma: "em caso de hiato profundo e insuperável entre o texto legal e os sentimentos da nação, a lei perde legitimidade e abre-se ensejo para a legitimação das sentenças que se afastem do que ela em sua criação veio a ditar". (DINAMARCO, Cândido Rangel. *A Instrumentalidade do Processo*. 14 ed. São Paulo: Malheiros, 2009, p. 234). Na sequência, lança trecho estarrecedor: "e sucederá também de carecer de legitimidade, como no caso de exagerada literalidade no trato da lei penal em tempos de clamor público e contra a violência urbana e clima de insegurança". (DINAMARCO, Cândido Rangel. *A Instrumentalidade do Processo*. 14 ed. São Paulo: Malheiros, 2009, p. 235).

garantístico que a Constituição atribui ao processo e à separação dos Poderes, revela sua feição política, não dogmática.

Uma nota final.

Não cabe dizer que a crítica é anacrônica. Sim, A Instrumentalidade do Processo foi lançada em 1987, antes da Constituição de 1988. Contudo, sua abertura metajurídica foi criticada por Aroldo Plínio Gonçalves já em 1992, na obra Técnica Processual e Teoria do Processo. Outras refutações foram se somando nos anos seguintes, como o artigo Instrumentalidade do Processo e Devido Processo Legal, de José Joaquim Calmon de Passos, publicado em 2001. Utiliza-se aqui a 14ª edição da obra, de 2009, na qual Dinamarco reage a tais críticas e mantém suas ideias[605]. O tempo da tese e das antíteses não é um passado descontínuo, mas o presente latente[606]-[607].

---

605 Reações superficiais, mas reações. A resposta a Calmon de Passos já foi referida e a obra de Aroldo Plínio Gonçalves não mereceu mais do que a seguinte nota de rodapé: "Em sentido intencional oposto é a tese com que, na Universidade Federal de Minas Gerais, o magistrado Aroldo Plínio Gonçalves obteve a titularidade como professor de direito processual civil. O título insinua alinhamento com as novas tendências do direito processual (*A técnica processual revisitada*) mas o conteúdo constitui defesa do tecnicismo que aqui venho combatendo. Para aquele autor, talentoso na exposição e erudito na fundamentação, a *revisitação* conveniente consistiria em depurar o processual do não-processual, de modo que a técnica seja técnica pura e as opções ideológicas sejam tratadas fora do direito processual". (DINAMARCO, Cândido Rangel. *A Instrumentalidade do Processo*. 14 ed. São Paulo: Malheiros, 2009, p. 178, nota de rodapé n. 2).

606 Por outro lado, resta saber o que justifica o apego a postulados afins à Escola do Direito Livre, um movimento que, em apertada síntese, surge como reação ao rigor lógico-conceitual do pandectismo (jurisprudência dos conceitos) e que tem como fundamento (inclusive histórico) a importância da magistratura – e não da lei nem dos costumes – para a formação do direito numa Alemanha fragmentada e sob o risco de anomia, retirando daí – em suas versões mais radicais, como as de Bülow e Hermman Kantorowicz – justificativa para a prolação de decisões *contra legem*, ainda que em casos excepcionais e como mal necessário. (A propósito, conferir: LEAL, André Cordeiro. *Instrumentalidade do Processo em Crise*. Mandamentos, Belo Horizonte, 2008, págs. 45-68; ABBOUD, Georges. CARNIO, Henrique Garbellini. OLIVEIRA, Rafael Tomaz de. *Introdução ao Direito*. Teoria, filosofia e sociologia do Direito. 4 ed. São Paulo: Thomson Reuters Brasil, 2019, págs. 478-482). O contexto brasileiro não poderia ser mais diferente: nossos juristas e tribunais não pecam por excessivo apego ao formalismo jurídico – todo o contrário, padecemos de frouxidão analítico-conceitual e metodológica – nem temos um regime político fragmentado e destituído de agência centralizada de produção democrática do direito legislado.

3.6.2. AS CORTES SUPREMAS: A TOTALIZAÇÃO DOS ÓRGÃOS DE CÚPULA DO JUDICIÁRIO

Essa hipertrofia do Judiciário também se encontra em Luiz Guilherme Marinoni. Mas com uma diferença em relação à proposta de Dinamarco: sem deixar de ceder ao subjetivismo dos juízes em geral, concentra essa função nos órgãos de cúpula. É a primazia (das Cortes Supremas) dentro da primazia (do Judiciário).

Partindo da premissa de que a distinção entre texto e norma "permite ver com clareza que a decisão interpretativa é autônoma em relação à lei". Como o "enunciado legal é potencialmente equívoco, a simples função de atribuir sentido ao texto legal" revela a função de colaboração dos Tribunais Superiores com o Legislativo para frutificar o Direito. Na interpretação, o magistrado considerará o texto "valorando aspectos morais, culturais, econômicos e políticos do seu momento histórico"[608].

O constitucionalismo impôs ao "juiz a necessidade de conformar o texto legal aos ditames da Constituição, claramente retira do legislador o poder de dizer o direito. O direito agora (...) é dependente da interpretação judicial"[609].

Assumindo a "ideologia da interpretação preocupada com a transformação do direito em consonância com a sociedade", o Judiciário

---

607 Para mais críticas ao instrumentalismo processual: ABBOUD, Georges. OLIVEIRA, Rafael Tomaz de. O Dito e o Não-Dito sobre a Instrumentalidade do Processo: críticas e projeções a partir de uma exploração hermenêutica da teoria processual. Revista dos Tribunais *Online*, Revista de Processo, vol. 166, p. 27-70, Dez./2008; ABBOUD, Georges. LUNELLI, Guilherme. Ativismo Judicial e Instrumentalidade do Processo. Diálogos entre discricionariedade e democracia. Revista dos Tribunais Online, Revista de Processo, vol. 242, p. 21–47, Abr./2015; ABBOUD, Georges. *Processo Constitucional Brasileiro.* 3 ed. São Paulo: Thomson Reuters Brasil, 2019, págs. 304-325; LEAL, André Cordeiro. *Instrumentalidade do Processo em Crise.* Belo Horizonte: Mandamentos, 2008; PASSOS, José Joaquim Calmon. Instrumentalidade do Processo e Devido Processo Legal. In: *Ensaios e Artigos.* V. I. Salvador: JusPodivm, 2014, págs. 31-43.

608 MARINONI, Luiz Guilherme. *O STJ Enquanto Corte de Precedentes.* São Paulo: Editora Revista dos Tribunais, 2013, p. 143.

609 MARINONI, Luiz Guilherme. *O STJ Enquanto Corte de Precedentes.* São Paulo: Editora Revista dos Tribunais, 2013, p. 144.

promove o desenvolvimento do Direito, "adequando-o aos 'novos tempos'"[610].

Através das Cortes Supremas, o Judiciário cria Direito. Porém, "constitui mais propriamente criação de algo a partir da lei". A decisão interpretativa incrementa a ordem jurídica, "é algo mais em face da regra editada pelo legislador, tendo, assim, um caráter de criatividade a partir da lei"[611]. Criação a partir da lei, não a despeito da lei.

Concebe uma divisão de funções dos juízes e tribunais locais e do STJ – em lição extensível a todas as Cortes Superiores. Aqueles têm a função de resolver casos com justiça; este, de dar unidade ao Direito mediante precedentes. Os primeiros "podem colaborar na construção do sentido do direito federal"[612], mas "apenas antes da pronúncia do STJ"[613]. Elaborado o precedente, "os juízes e tribunais locais ordinários deixam de ter a possibilidade de julgar de modo diferente"[614], estão "obrigados perante o precedente"[615]. A "função ou competência" [616] de dar unidade ao direito federal mediante precedentes "é apenas do STJ". Precedentes também são obrigatórios porque agregam conteúdos "imprescindíveis para orientar a sociedade e, por consequência, não podem ser ignorados pelos demais órgãos judiciários, sob pena de violação da igualdade perante o direito"[617].

---

610 MARINONI, Luiz Guilherme. *O STJ Enquanto Corte de Precedentes*. São Paulo: Editora Revista dos Tribunais, 2013, p. 143.

611 MARINONI, Luiz Guilherme. *O STJ Enquanto Corte de Precedentes*. São Paulo: Editora Revista dos Tribunais, 2013, págs. 157-158.

612 MARINONI, Luiz Guilherme. *O STJ Enquanto Corte de Precedentes*. São Paulo: Editora Revista dos Tribunais, 2013, p. 160.

613 MARINONI, Luiz Guilherme. *O STJ Enquanto Corte de Precedentes*. São Paulo: Editora Revista dos Tribunais, 2013, p. 155.

614 MARINONI, Luiz Guilherme. *O STJ Enquanto Corte de Precedentes*. São Paulo: Editora Revista dos Tribunais, 2013, p. 160.

615 MARINONI, Luiz Guilherme. ARENHART, Sérgio Cruz. MITIDIERO, Daniel. *O Novo Processo Civil*. 3 ed. em e-book baseada na 3 ed. impressa. São Paulo: Editora Revista dos Tribunais, 2017, Parte II, item 1.8.

616 MARINONI, Luiz Guilherme. *O STJ Enquanto Corte de Precedentes*. São Paulo: Editora Revista dos Tribunais, 2013, p. 160.

617 MARINONI, Luiz Guilherme. *O STJ Enquanto Corte de Precedentes*. São Paulo: Editora Revista dos Tribunais, 2013, p. 155.

Eis, em suma, os fundamentos da força obrigatória dos precedentes: a promoção da igualdade e da segurança jurídica e a autoridade das Cortes Supremas, únicas detentoras da função de promover a unidade do Direito mediante precedentes[618].

Pois bem.

Pelo que se expôs, o fundamento da promoção da igualdade e da segurança jurídica tem por premissa a adoção de uma concepção radical da indeterminação da linguagem dos enunciados legislativos, que conduz à adoção de um ceticismo metodológico radical.

Pode-se dizer assim: (i) o texto legal é potencialmente equívoco e (ii) interpretar não é declarar, mas atribuir sentido a partir das valorações e da vontade do intérprete. Por isso, a decisão interpretativa é autônoma em relação ao texto legal e o Direito torna-se dependente, especialmente, da interpretação judicial. Ao mesmo tempo, Marinoni afirma que (iii) o constitucionalismo exige que o juiz conforme o texto legal aos ditames da Constituição e que, (iv) definida a interpretação de um texto legal pela Corte Suprema, juízes e tribunais locais devem segui-la.

Cumpre indagar se (i) e (ii) são compatíveis com (iii) e (iv). Colocando em forma de pergunta: é possível aceitar (iii) e (iv) sem aceitar, também, que os enunciados constitucionais e jurisdicionais possuem algum grau de determinação que predefine, em maior ou menor medida, interpretação? Em caso positivo, ela também não valerá para os enunciados legais, relativizando, assim, (i) e (ii)?

Brevemente que seja, passa-se a explorar o ponto.

---

618 Sob as mesmas bases, apontando a vinculação dos precedentes como meio de realização da racionalidade, igualdade, previsibilidade (confiança legítima e segurança jurídica) e efetividade (duração razoável do processo): ZANETI JR., Hermes. *O Valor Vinculante dos Precedentes*. Teoria dos precedentes normativos formalmente vinculantes. 2 ed. Salvador: JusPodivm, 2016, p. 332 e ss. As críticas que se seguem valem integralmente, também, para a obra de Daniel Mitidiero, que não tem nenhuma diferença relevante (e talvez nenhuma diferença irrelevante) em relação ao pensamento de Marinoni: MITIDIERO, Daniel. *Cortes Superiores e Cortes Supremas*. Do controle à interpretação, da jurisprudência ao precedente. 3 ed. São Paulo: Editora Revista dos Tribunais, 2017, *passim*.

A linguagem é a capacidade do ser humano para comunicar-se por meio de signos[619], cujo conjunto sistematizado é a língua e resulta da fala (uso da língua). Ela cria o mundo cultural[620] e nele insere o homem[621].

Ela pode ser estudada em três planos: sintático – cuida dos signos mesmos, com independência do seu significado; semântico – cuida dos signos em sua relação com os objetos significados; e pragmático – cuida da relação entre os signos e as pessoas que os usam[622].

---

619 MOUSSALLEM, Tárek Moysés. *Fontes do Direito Tributário*. São Paulo: Noeses, 2006, p. 1, nota de rodapé n. 1. "o signo é tudo que representa algo para alguém, um objeto, um desenho, um dado físico, um gesto, uma expressão facial, etc. Num conceito mais específico, adotando-se as terminologias de EDMUND HUSSERL, o signo é uma relação triádica entre: (i) um suporte físico; (ii) um significado; e (iii) uma significação". (CARVALHO, Aurora Tomazini de. *Teoria Geral do Direito*. O constructivismo lógico-semântico. Tese (doutorado em Direito). Data da Defesa: 06/09/2009. 623f. Pontifícia Universidade Católica de São Paulo, São Paulo, 2009, p. 130).

620 "os signos (mais precisamente os símbolos) são convenções dos sujeitos para *representar* o mundo físico. São concepções pactuadas das quais o homem (como ser cultural que é) compartilha, ao nascer em um mundo cultural. Nesse sentido, o homem não habita apenas um mundo físico, mas também um mundo cultural, só existente em virtude da linguagem, a ponto de se tornar impossível falar em homem fora dos quadrantes da linguagem. *A linguagem é o universo humano*. E mais: tal universo é instaurado pelo homem pela via da linguagem, que neste sentido passa a ter o *status* de representação do mundo". (MOUSSALLEM, Tárek Moysés. *Fontes do Direito Tributário*. São Paulo: Noeses, 2006, p. 2).

621 Não confundir realidade (=realidade composta de fatos brutos) e cultura (=mundo linguístico composto de fatos institucionais): "fatos brutos são aqueles existentes de maneira independente da vontade humana. Não são constituídos pela linguagem. A pedra, a água, o fogo e os animais não necessitam de linguagem para existir. Os fatos institucionais são, assim, chamados por dependerem da convenção humana para existir. Sua existência depende de instituições: dinheiro, teatro, religião, música e direito. Como todo fato cultural, os fatos institucionais são constituídos pela linguagem". Daí se dizer que, "Por ser o meio pelo qual a cultura se manifesta, a linguagem é responsável por *instaurar* a realidade do homem. É a via de acesso do sujeito à realidade do homem. É a via de acesso do sujeito à realidade mesma. Agora, *instaurar* não significa *criar*". Consequentemente, "Ao descrever eventos ou coisas não se criam fatos ou coisas. Mas claro está que, para se ter acesso aos fatos ou às coisas, necessária se faz a aquisição de linguagem a ele referente". O mundo cultural se confunde com o mundo real". (MOUSSALLEM, Tárek Moysés. *Revogação em Matéria Tributária*. São Paulo: Noeses, 2011, págs. 7-8).

622 Com vagar, consultar: GUIBORG, Ricardo. GHIGLIANI, Alejandro M. GUARINONI, Ricardo V. *Introducción al Conocimiento Científico*. Buenos Aires: Astrea, 1984, págs. 30 a 80.

A indeterminação da linguagem diz com o plano semântico e se traduz nos problemas de definição do significado das palavras (dos objetos a que aludem), que podem ser de duas espécies: vaguidade – impossibilidade de atribuir à palavra um significado apenas com base em dados preexistentes, exige uma decisão linguística adicional[623]; e ambiguidade – a palavra aponta, pelas mais variadas razões (origens etimológicas diversas, seu emprego em sentido figurado ou metafórico etc.) para dois ou mais significados, o que se justifica pela inexistência de isomorfia entre palavras e coisas[624].

Vertido que é em linguagem, a indeterminação constitui a contingência ontológica do Direito[625]. Todos os enunciados linguístico-jurídicos[626] – não porque jurídicos, mas porque linguísticos – são mais ou menos indeterminados.

Contudo, isso não significa que a linguagem é o terreno do relativismo. Culturalmente constituído por linguagem, o homem está lançado em uma tradição algo conformada pela historicidade. Ele se encontra rodeado por um acúmulo de conhecimentos que antecipa e condiciona sua pré-compreensão, forjando antecipações de sentido. Ninguém é uma folha em branco nem se situa em ponto arquimediano linguístico. Não há grau zero de sentido (nem privilégio cognitivo)[627].

---

623 Sempre com base em Guibourg, Chigliani e Guarinoni, a palavra poeta, *v. g.*, significa simplesmente quem produz poemas? Importa o tempo da produção (passado ou presente)? Essa atividade deve ser habitual? Deve ser o ofício da pessoa? Importa que sejam bons os poemas? Como se vê, apenas com essas decisões linguísticas adicionais será possível definir poeta.

624 De novo com base em Guibourg, Chigliani e Guarinoni, a palavra "vela", *v. g.*, pode significar um cilindro de cera com um barbante em seu interior, um pedaço de pano que se prende ao mastro de um barco para impulsioná-lo com a força do vento ou a atitude de alguém cuidar de uma pessoa durante a noite.

625 Amplamente: PINTO, Gerson Neves. RAATZ, Igor. DIETRICH, William Galle. Os precedentes vinculantes e o problema da contingência ontológica do Direito. *Revista Novos Estudos Jurídicos* – Eletrônica. Vol. 24, n. 1, jan./abr. 2019. Disponível em: https://bit.ly/3eUfuBj. Acesso em 10.11.2019.

626 Portanto: enunciados prescritivos (*v. g.* lei) ou descritivos (*v. g.* a doutrina); emanados de autoridades públicas (*v. g.* constitucionais e precedentes) ou privadas (*v. g.* cláusulas contratuais).

627 "Não há mais um sujeito (intérprete) isolado, contemplando o mundo e definindo-o segundo o seu cogito. Há, sim, uma comunidade de sujeitos em interação, que supera séculos de predomínio do esquema sujeito-objeto. Afinal, de terceira coisa que se interpõe entre um sujeito e um objeto, a linguagem passa a condição de

Quando o juiz é instado a resolver um litígio, avultam inúmeras antecipações de sentido com os significados semânticos prévios oriundos dos textos jurídicos e das alegações das partes. Quando tudo isso é posto em interação, constitui-se um rico arsenal linguístico que, em boa medida, fornece critérios que balizam os sentidos e permitem verificar se a atuação concreta do magistrado se situa dentro dos padrões normativos ou é meramente arbitrária e subjetiva.

Portanto, apenas para fins didáticos é possível cindir esses planos da linguagem. É no uso que se toma a decisão linguística adicional que resolve a vaguidade e que se procede ao recorte da variação linguística que resolve a ambiguidade. A interação por certas pessoas, em relação a determinado objeto em face de uma circunstância baliza o jogo de linguagem. Quanto mais se avolumam esses elementos circunstanciais (pragmática), menor a indeterminação (semântica)[628]. Radicalizar os problemas de indeterminação é artificialidade[629] refutada pelo mais elementar dado da realidade: embora manejadas por significantes prenhes

---

possibilidade. E, para além dos objetivismos e subjetivismos presentes na metafísica ontoteológica, a hermenêutica filosófica abre um novo espaço para a compreensão do Direito." (STRECK, Lenio Luiz. *Dicionário de Hermenêutica Jurídica*. Quarenta temas fundamentais da teoria do direito à luz da crítica hermenêutica do direito. Belo Horizonte: Letramento / Casa do Direito, 2017, p. 67).

628 "os jogos de linguagem do direito contam com profissionais inseridos numa tradição específica e dotados de razoável capacidade de manejo da linguagem. Por isso, se o leigo pode vacilar sobre o sentido do significante "mesa" na oração "o parlamentar pretende uma vaga na mesa do Senado Federal", é improvável o jurista lhe atribua algum sentido diverso do orgânico-funcional. Isso deveria bastar para reduzir significativamente a precipitada atribuição dos problemas da linguagem como causa fundamental de nossas divergências, em geral, e justificar um sistema de precedentes, em particular." (BUFULIN, Augusto Passamani. SOUSA, Diego Crevelin de. ABBOUD, Georges. Acertando as Contas com os Precedentes e os Provimentos Vinculantes: dos problemas da linguagem aos desacordos paradigmáticos. Reafirmando a primazia da lei. In: *Processo e Liberdade*. Estudos em homenagem a Eduardo José da Fonseca Costa. Orgs. Adriana Regina Barcellos Pegini. Daniel Brantes Pereira. Diego Crevelin de Sousa. Evie Nogueira e Malafaia. Glauco Gumerato Ramos. Lúcio Delfino. Mateus Costa Pereira. Roberto P. Campos Gouveia Filho. Londrina: 2019, p. 167).

629 "posso fechar os olhos e imaginar que o direito não é objetivo. O ponto é que eu tenho que fechar os olhos. Portanto, a posição instrumentalista calcada na indeterminação radical do direito parece ser falaciosa, por demandar que a realidade não seja encarada da forma como ela se apresenta". (STRUCHINER, Noel. Indeterminação e Objetividade. Quando o direito diz o que não queremos ouvir. In:

de vaguidade e ambiguidade, as relações linguísticas intersubjetivas são ordinariamente bem sucedidas[630].

A linguagem do direito oscila entre a objetividade e a indeterminação. Não raro, determinantes semânticas antecipam e delimitam os sentidos possíveis[631]. E em alguns casos o objeto do debate não é o sentido dos textos jurídicos, mas apenas a sua incidência, ou não, *in casu*[632]. Por outro lado, ocorre de determinantes pragmáticas enriquecerem a atividade interpretativa e o repertório significativo até então levantado. No entanto, também elas devem ser compatíveis com os limites semânticos mínimos dos textos normativos, pena de se condescender com a livre criação travestida de interpretação[633].

Direito e Interpretação. Racionalidades e instituições. Orgs. Ronaldo Porto Macedo Jr. Catarina Helena Cortada Barbieri. São Paulo: Saraiva, 2011, p. 123).

630 DIMOULIS, Dimitri. *Positivismo Jurídico*. Teoria da validade e da interpretação do direito. 2 ed. Porto Alegre: Livraria do Advogado, 2018, p. 146.

631 TORRANO, Bruno. *Pragmatismo no Direito e a Urgência de um "Pós-Pós Positivismo" no Brasil*. Rio de Janeiro: Lumen Juris, 2018, p. 203; DIMOULIS, Dimitri. *Positivismo Jurídico*. Teoria da validade e da interpretação do Direito. 2 ed. Porto Alegre: Livraria dos Advogados, 2018, p. 146. Não se considera isso incompatível com a noção de norma como produto da interpretação que só se dá num caso (real ou fictício), como se vê em: ABBOUD, Georges. *Discricionariedade Administrativa e Judicial*. O ato administrativo e a decisão judicial. São Paulo: Editora Revista dos Tribunais, 2014, págs. 53-99; SCHMITZ, Leonard Ziesemer. *Fundamentação das Decisões Judiciais*. A crise na construção de respostas no processo civil. São Paulo: Editora Revista dos Tribunais: 2015, págs. 66-80. Para afirmar que a norma resulta da articulação do programa normativo (elementos textuais) e do âmbito normativo (elementos fáticos), é necessário reconhecer que os primeiros possuem algum sentido, mínimo que seja, antes da articulação com os segundos. Do contrário, não é possível falar em programa normativo nem em âmbito normativo.

632 PINTO, Gerson Neves. RAATZ, Igor. DIETRICH, William Galle. Os precedentes vinculantes e o problema da contingência ontológica do Direito. *Revista Novos Estudos Jurídicos* – Eletrônica. Vol. 24, n. 1, jan./abr. 2019, págs. 14-15. Disponível em: https://bit.ly/3eUfuBj. Acesso em 10.11.2019.

633 "Trazendo à prática, isso equivale a afirmar que, no caso do tráfico de drogas acima citado, não obstante virtualmente ninguém se pergunte se o tráfico é ou não é proibido (pergunta respondida *ex ante*), podem os magistrados, em algum caso concreto específico, diante de particularidades até então imprevisíveis – fenômeno típico da infinição dos jogos de linguagem –, elaborar as "perguntas metodológicas fundamentais" mencionadas por Marlmestein a fim de atribuir novo sentido ao verbo "preparar" contido como um dos núcleos do tipo penal do art. 33, *caput*, da Lei n.º 11.343/2006. Em outros casos, podemos, ainda, e justamente por existir

Alguma indeterminação é inerente aos enunciados legislativos e aos enunciados jurisdicionais, indistintamente. É incorreto dizer que enunciados legislativos são radicalmente indeterminados[634] e que enunciados jurisdicionais são radicalmente determinados. Claro, a indeterminação de enunciados legislativos pode ser reduzida por enunciados jurisdicionais[635], mas isso nem sempre acontece. Casos há em que a interpretação de enunciados jurisdicionais é tão ou mais complexa que a de enunciados legislativos. Aliás, isso deveria ser claro particularmente no âmbito da teoria dos precedentes, dadas as insolúveis disputas acerca do conceito de *ratio decidendi* e dos seus métodos de identificação[636], "talvez o ponto mais polêmico da teoria dos precedentes e de toda a teoria jurídica do *common law*"[637].

---

uma norma jurídica *ante casum* que comunica algo, concluir que os determinantes semânticos da lei não foram, em verdade, "enriquecidos pragmaticamente", e sim violados pelo magistrado mediante juízos cínicos ou insinceros, em uma dimensão ativista e ilegal. O que não podemos é dizer que não existe, em um primeiro momento, uma genuína "norma" jurídica, geral e abstrata, que fornecia critérios semânticos de avaliação de comportamento para os cidadãos e os funcionários do sistema. A questão não é negar a existência de um determinante semântico (...) e tampouco de afirmar que o valor do texto da lei é relativo (...) e sim saber a relação entre ambos os determinantes". (TORRANO, Bruno. *Pragmatismo no Direito e a Urgência de um "Pós-Pós Positivismo" no Brasil*. Rio de Janeiro: Lumen Juris, 2018, págs. 206-207).

634 Nos termos do § 2º do art. 3º do CDC, "Serviço é qualquer atividade fornecida no mercado de consumo, mediante remuneração, inclusive as de natureza bancária, financeira, de crédito e securitária, salvo as decorrentes das relações de caráter trabalhista". Em que pese a clareza semântica do dispositivo, o STJ precisou editar enunciado sumular n. 297, repetindo o texto legal: O Código de Defesa do Consumidor é aplicável às instituições financeiras.

635 O enunciado legal "prova escrita sem eficácia de título executivo" (art. 1.102-A, CPC/73 – atual art. 700), foi compreendido, por enunciado jurisprudencial, como "cheque prescrito", com nítida redução da sua indeterminação. O exemplo é fornecido por: DIDIER JR., Fredie. BRAGA, Paula Sarno. OLIVEIRA, Rafael Alexandria de. *Curso de Direito Processual Civil*. V. 2. 10 ed. Salvador: JusPodivm, 2015, p. 442.

636 Sobre os vários conceitos de *ratio decidendi* e métodos para sua identificação, na doutrina brasileira, por todos: MACÊDO, Lucas Buril de. *Precedente Judicial e o Direito Processual Civil*. Salvador: Jus Podivm, 2015, Cap. 5, item 5; MARINONI, Luiz Guilherme. *Precedentes Obrigatórios*. São Paulo: Editora Revista dos Tribunais, 2010, págs. 221-293.

637 BUSTAMANTE, Thomas da Rosa. *Teoria do Precedente Judicial*. Justificação e aplicação de regras jurisprudenciais. São Paulo: Noeses, 2012, p. 259. Observando que

Muitos dissensos interpretativos decorrem da indeterminação dos textos jurídicos, mas ela está longe de ser a sua única causa[638]. Concorrem inúmeros outros fatores, quiçá mais influentes, que vão desde o engajamento do julgador com o próprio trabalho, até (e fundamentalmente) a adoção de paradigmas filosóficos, morais, político-ideológicos etc., que redundam em compreensões diversas sobre o conceito, a função e a finalidade do Direito[639].

Respondendo às perguntas que geraram essa reflexão, afirma-se que não é possível extremar os problemas de indeterminação da linguagem para sustentar que a interpretação é autônoma em relação ao texto da lei e, ao mesmo tempo, minimizar os problemas de indeterminação da linguagem em relação aos enunciados constitucionais e jurisdicionais para sustentar que o juiz deve conformar a lei aos ditames da Constituição e seguir os precedentes das Cortes Supremas. Juízes só podem conformar a lei aos ditames da Constituição e obedecer aos precedentes se os enunciados constitucionais e jurisprudenciais predeterminarem, em alguma medida, a interpretação. Como Marinoni não

---

segundo os próprios *common lawyers* "o esforço para encontrar a *ratio decidendi* de um caso em breve será visto do mesmo modo que um fisiologista tentando localizar a 'alma'". (ABBOUD, Georges. *Processo Constitucional Brasileiro*. 3 ed. São Paulo: Thomson Reuters, 2019, p. 1122). Deve ser vista com muito cuidado a afirmação de a "indeterminabilidade ou equivocidade dos textos legais, é eliminada pelos precedentes, que, ao conferirem unidade ao direito, eliminam a possibilidade de as condutas serem qualificadas de forma variada e imprevisível". (MARINONI, Luiz Guilherme. *A Ética dos Precedentes*. Justificativa do novo CPC. São Paulo: Editora Revista dos Tribunais, 2015, p. 105). Isso só seria possível se partíssemos da premissa de que jamais divergiremos sobre a interpretação da *ratio decidendi*, o que é, no mínimo, pouco factível.

638 COSTA, Eduardo José da Fonseca. Os tribunais superiores são órgãos transcendentais? *Consultor Jurídico*, São Paulo, 03 dez. 2016. Opinião. Disponível em: https://bit.ly/2zZFOdm. Acesso em 13.04.2020.

639 BUFULIN, Augusto Passamani. SOUSA, Diego Crevelin de. ABBOUD, Georges. Acertando as Contas com os Precedentes e os Provimentos Vinculantes: dos problemas da linguagem aos desacordos paradigmáticos. Reafirmando a primazia da lei. In: *Processo e Liberdade*. Estudos em homenagem a Eduardo José da Fonseca Costa. Orgs. Adriana Regina Barcellos Pegini. Daniel Brantes Pereira. Diego Crevelin de Sousa. Evie Nogueira e Malafaia. Glauco Gumerato Ramos. Lúcio Delfino. Mateus Costa Pereira. Roberto P. Campos Gouveia Filho. Londrina: 2019, p. 167. Próximo: TORRANO, Bruno. Precedentes vinculantes no direito brasileiro que não vinculam nada. *Consultor Jurídico*, São Paulo, 03 nov. 2018. Opinião. Disponível em: https://bit.ly/2xvf6IK. Acesso em 03.04.2020.

prova – nem poderia – que os enunciados legislativos possuem algum *quid* de indeterminação maior que o dos demais enunciados normativos[640], não pode defender – como defende – que a decisão interpretativa é autônoma em relação ao texto da lei. Quem leva a indeterminação da linguagem e o ceticismo metodológico ao extremo acaba negando a si próprio e ao Direito[641].

De modo que a teoria de Marinoni cai em um paradoxo: se insiste na radicalização da indeterminação da linguagem apenas em relação aos enunciados legais, se esvai em manifesta inconsistência lógica; se reconhece que toda linguagem pode ser mais ou menos indeterminada, aniquila uma de suas premissas.

Seja como for, isso afeta apenas um dos fundamentos da teoria. Ela se mantém pelo outro: a autoridade dos precedentes – ou melhor, das Cortes Supremas, os órgãos que os formam –, dado que, ao menos em termos lógicos, tais fundamentos são dissociáveis. Contudo, entende-se que é justamente esse fundamento que conduz à livre criação judicial do Direito, a despeito da lei e da Constituição, ponto em que

---

640 "os precedentes, pelo fato de também serem, inevitavelmente, forjados em linguagem, serão sempre passíveis de interpretação. Não podem, pois, os *precedentes* também serem porosos, ambíguos, etc.? (…) ou a linguagem é indeterminada ou não é. *Tertium non Datur*". (PINTO, Gerson Neves. RAATZ, Igor. DIETRICH, William Galle. Os precedentes vinculantes e o problema da contingência ontológica do Direito. *Revista Novos Estudos Jurídicos – Eletrônica*. Vol. 24, n. 1, jan./abr. 2019, págs. 19. Disponível em: https://bit.ly/3eUfuBj. Acesso em 10.11.2019).

641 "Se o cético utiliza a linguagem natural para transmitir suas mensagens pessimistas que ele considera verdadeiras e compreensíveis pelos demais, mostra-se incoerente duvidando da verdade da objetividade. (…) Podemos indagar se aquilo que o aplicador do direito e principalmente o juiz decide tem sentido. Se os céticos afirmam que é direito aquilo que o aplicador decide, como faz o realismo jurídico, então pressupõem que todos podem entender o sentido da sentença (nos dois sentidos do termo) do aplicador. Quando o juiz proclama "Penélope é condenada a coisa anos de reclusão", e todos entendem isso sem dificuldade, porque (*sic*) eles (e o juiz) não podem entender os dispositivos do Código Penal que possuem estrutura semelhante àquela da referida sentença, cominando uma pena criminal para quem cometer certo delito? Temos aqui uma incoerência do realismo jurídico que, afinal de contas, não leva a sério sua própria afirmação. Se nenhum texto tem significado, então nem as decisões dos juízes têm sentido e então não pode ser dito nem aquilo que o juiz decide. O direito não existiria". (DIMOULIS, Dimitri. *Positivismo Jurídico*. Teoria da validade e da interpretação do direito. 2 ed. Porto Alegre: Livraria do Advogado, 2018, p. 146).

se dá o contato com o instrumentalismo processual. Com tanta liberdade decisória, não há nenhuma garantia de proteção da igualdade.

De saída, deve-se dizer que abordagens tão amplas e abstratas como a de Marinoni apresentam o problema de que é difícil dialogar com elas sem correr o risco de cometer injustiças – o que também pode ser dito sobre a obra de Dinamarco.

Por exemplo: a afirmação "a decisão interpretativa é autônoma em relação à lei" pode ser facilmente interpretada como condescendência com a livre criação do Direito pelos juízes, inclusive fora dos quadrantes semânticos do enunciado legal. Porém, a conclusão poderia ser confrontada com uma passagem que diz que decisão judicial "constitui mais propriamente criação de algo a partir da lei do que criação do direito independente de uma lei já existente"[642], que claramente nega a criação judicial do Direito *contra legem*. Fora de um contexto, é possível dizer tanto que as passagens se contradizem – e que, por isso, a proposta perde consistência – quanto que a segunda refina a primeira – aparando seu excesso retórico. Para fins de análise, considerar-se-á, como ponto de partida, a segunda opção.

Está longe de ser decisiva a diferença entre "criar Direito a despeito da lei" e "criar Direito a partir da lei". Essa distinção que parece clara em termos abstratos só pode ser efetivamente testada em uma situação concreta. Para verificar se a tese é capaz de assegurar que, por meio de precedentes, as Cortes Supremas criam direito "a partir da lei" e não "a despeito da lei", serão analisados dois posicionamentos de Marinoni em relação a questões específicas e objetivas, quais sejam: a rejeição da desistência do recurso especial e a execução provisória da pena no procedimento penal.

Veja-se.

Começando pela rejeição da desistência, o art. 501, CPC/73 (atual, art. 998), prescrevia que o recorrente poderá, a qualquer tempo, sem anuência do recorrido ou dos litisconsortes, desistir do recurso.

O STJ oscilou sobre a extensão da expressão "a qualquer tempo". Inicialmente, admitiu a desistência manifestada até a proclamação do

---

642 MARINONI, Luiz Guilherme. *O STJ Enquanto Corte de Precedentes*. São Paulo: Editora Revista dos Tribunais, 2013, págs. 157.

resultado[643]. Depois, adotando interpretação mais restritiva, demarcou como seu termo final o início do julgamento[644]-[645].

A Lei. n. 11.678/2008 introduziu o incidente de recursos especiais repetitivos no CPC/73 (art. 543-C; atual art. 1.036). No REsp 1.063.343/RS, submetido àquele regime, sobreveio manifestação de desistência após o início do julgamento. Em a questão de ordem, aplicou-se o entendimento restritivo acima referido, mas com um acréscimo: consignou-se que o interesse privado do recorrente cede ao interesse público à formulação da tese que orientará a solução dos casos repetitivos. Com isso, manteve-se o julgamento do recurso para fins de formulação da tese, mas sem sua aplicação ao caso concreto[646].

Posteriormente, no REsp 1.308.830/RS, não afetado pelo rito dos repetitivos, as partes celebraram acordo e convencionaram a desistência do recurso, protocolizando o respectivo termo na véspera da sessão de julgamento. Em questão de ordem, foi invocado e aplicado *in totum* o entendimento firmado na QO no REsp 1.063.343/RS, apesar das sensíveis diferenças entre os casos: este estava afetado ao rito dos re-

---

643 RHC nº 482/RJ, Rel. Ministro Edson Vidigal, 5ª Turma, DJ de 9/5/1990; REsp. nº 28.977/SP. Rel. Ministro Humberto Gomes de Barros, 1ª Turma, DJ de 26/9/1994; REsp nº 63.702/SP, Rel. Ministro Sálvio de Figueiredo Teixeira, 4ª Turma, DJ de 26/8/1996; REsp nº 85.277/SP, Rel. Ministro Ari Pargendler, DJ de 16/12/1996; REsp nº 21.323-3/GO, Rel. Ministro Waldemar Zveiter, 3ª Turma, DJ de 24/8/1999. No STF: RE nº 113.682-1/SP, Relator Ministro Ilmar Galvão, Tribunal Pleno, DJ de 11/10/2001.

644 Entendimento consolidado na QO no EREsp 218.426/SP, Corte Especial, j. 10.04.2003, por 8 x 7. Antes: REsp n. 63.702/SP, Rel. Min. Sálvio de Figueiredo, DJ de 26.08.96; REsp n. 28.977/SP, Rel. Min. Humberto Gomes de Barros, DJ de 26.09.94; e REsp n. 85.277/SP, Rel. Min Ari Pargendler, DJ de 16.12.96). Igual, no STF: RE n. 113.682/SP, Rel. Min. Ilmar Galvão, DJ de 11.10.2001; RE n. 121.791/PE, Rel. Min. Sepúlveda Pertence, DJ de 15.10.92.

645 Na doutrina produzida à luz do CPC/73, entendendo que termo final da desistência era o início da sessão de julgamento, por todos: MOREIRA, José Carlos Barbosa. *Comentários ao Código de Processo Civil.* 15 ed. Rio de Janeiro: Forense, 2009, p. 332. Explicitando que esse termo final ia até a sustentação oral: NERY JR., Nelson. NERY, Rosa Maria de Andrade. *Código de Processo Civil Comentado e Legislação Extravagante.* 11. ed. São Paulo: Editora Revista dos Tribunais, 2010, p. 867; SANTOS, Moacyr Amaral. *Primeiras Linhas de Direito Processual Civil.* 3º V. 20 ed. São Paulo: Saraiva, 2001, p. 95.

646 QO no REsp 1.063.343/RS, rel. Min. Nancy Andrighi, Corte Especial, j. 17.12.2008.

petitivos; aquele, não. Veio, então, mais um acréscimo: foi registrado que o art. 501, CPC/73 deveria ser interpretado à luz da criação superveniente do STJ pela Constituição de 1988, tribunal competente para dar a última palavra sobre a lei federal e cujas decisões transcendem o interesse individual das partes, alcançando toda a coletividade para a qual irradiam efeitos. Registrou-se, ainda, que as partes não podem manipular o Tribunal, impedindo que ele cumpra a sua missão constitucional de definir o sentido do Direito mediante precedentes, em clara presunção de má-fé. Decidiu-se que a desistência é *sempre* ineficaz, qualquer que seja o estágio do procedimento recursal (antes ou durante o julgamento) e o regime aplicável (repetitivo ou não). Se o relator, em decisão fundamentada, identificar interesse público no julgamento do recurso para fins de fixação de precedente pelo STJ, o julgamento terá prosseguimento[647].

Marinoni concordou com a decisão da QO no REsp 1.308.830/RS. Considerou-a um caso exemplar do interesse público na definição do sentido do direito federal em face dos interesses privados. Para ele, "uma Suprema Corte que deve atribuir sentido ao direito e colaborar como seu desenvolvimento não pode ter a sua função comprometida por interesses episódicos e privados". E complementou: "a Corte julga *apesar* da vontade das partes"[648]. Partindo da premissa de que o professor é consequente com suas premissas, para ele há aí um caso de "criação do Direito a partir da lei", e não "a despeito da lei".

Discorda-se desse entendimento.

Antes de qualquer coisa, é de todo censurável a presunção de má-fé das partes pelo só fato de terem transigido e desistido do recurso na véspera do julgamento. Não havia lastro jurídico-positivo (presunção-norma) nem fático-probatório (presunção-juízo) para tanto. Bem ao contrário. O art. 501, CPC/73, permitia a desistência a qualquer tempo e havia cerca de 200 (duzentos) recursos pendentes sobre o tema no STJ, de modo que a desistência não impediria o Tribunal de prover sobre a matéria[649]. Seja como for, ainda que se provasse o cogitado ardil, a consequência vertida no sistema do direito positivo era a apli-

---

647 STJ, QO no REsp 1.308.830/RS, 3ª T., rel. Min. Nancy Andrighi, j. 08.05.2012, DJe 19.06.2012.

648 MARINONI, Luiz Guilherme. *O STJ Enquanto Corte de Precedentes*. São Paulo: Editora Revista dos Tribunais, 2013, págs. 185 e ss.

649 DIDIER JR, Fredie. CUNHA, Leonardo Carneiro da. *Curso de Direito Processual Civil*. V. 3. 13 ed. Salvador: JusPodivm, 2016, p. 103.

cação de multa por litigância de má-fé (CPC/73, arts. 17 e 18), não a supressão da eficácia da desistência[650].

Quanto ao ponto principal, a solução é dogmaticamente sofrível. O art. 158, CPC/73 (atual, art. 200), prescrevia que os atos das partes, consistentes em declarações unilaterais ou bilaterais de vontade, produzem imediatamente a constituição, a modificação ou a extinção de direitos processuais, e seu parágrafo único condicionava à homologação judicial apenas a desistência da ação, não do recurso. E o art. 501, CPC/73, admitia a desistência do recurso sem qualquer restrição. Assim, a desistência tinha caráter de negócio jurídico unilateral não receptício[651], ou seja, ato pelo qual a parte, após a interposição do recurso, manifestava a sua vontade de que o recurso não fosse mais julgado[652], cuja eficácia principal era a imediata extinção do procedimento recursal[653], independentemente de homologação[654]. De modo que a desistência era direito potestativo da parte e a discussão sobre a sua admissão nem sequer poderia ter sido colocada.

Como se vê, o STJ não incrementou a partir dos arts. 158 e 501, CPC/73; criou a despeito deles. Não os declarou inconstitucionais nem utilizou de modo minimamente rigoroso alguma técnica de interpretação constitucional[655]. Considerou suficiente invocar o trunfo da "primazia do interesse público na formação do precedente sobre o

---

650 ABBOUD, Georges. *Discricionariedade Administrativa e Judicial*. O ato administrativo e a decisão judicial. São Paulo: Editora Revista dos Tribunais, 2014, p. 432.

651 NERY JR., Nelson. NERY, Rosa Maria de Andrade. *Código de Processo Civil Comentado*. 4 ed. em e-book baseada na 18 ed. impressa. São Paulo: Thomson Reuters Brasil, 2019, comentários ao arts. 998; MEDINA, José Miguel Garcia. *Novo Código de Processo Civil Comentado*. 4 ed. São Paulo: Revista dos Tribunais, 2016, p. 1459.

652 JORGE, Flávio Cheim. *Teoria Geral dos Recursos*. 6 ed. São Paulo: Editora Revista dos Tribunais, 2015, p. 160.

653 DIDIER JR., Fredie. CUNHA, Leonardo Carneiro da. *Curso de Direito Processual Civil*. V. 3. 13 ed. Salvador: Jus Podivm, 2016, p. 100; MOREIRA, José Carlos Barbosa. *Comentários ao Código de Processo Civil*. V. V. Arts. 476-565. 15 ed. Rio de Janeiro: Forense, 2009, págs. 333-334.

654 JORGE, Flávio Cheim. *Teoria Geral dos Recursos*. 6 ed. São Paulo: Editora Revista dos Tribunais, 2015, p. 160.

655 DIDIER JR, Fredie. CUNHA, Leonardo Carneiro da. *Curso de Direito Processual Civil*. V. 3. 13 ed. Salvador: JusPodivm, 2016, p. 103; ABBOUD, Georges. *Discricionariedade Administrativa e Judicial*. O ato administrativo e a decisão judicial. São Paulo: Editora Revista dos Tribunais, 2014, p. 429 e ss.

interesse privado na extinção do procedimento recursal" para encobrir a eficácia dos referidos artigos.

Argumento falacioso. Os direitos fundamentais de liberdade/resistência/defesa como o processo e a legalidade têm caráter contramajoritário[656], não cedem ao mito autoritário da primazia do interesse público sobre o interesse privado[657]. Sua invocação é reminiscência do Publicismo Processual e sua disposição para servir, em ordem de precedência, ao interesse público e apenas secundariamente ao das partes[658]. Ele instaura uma espécie de "reserva de interesse público" que

---

656 ABBOUD, Georges. *Processo Constitucional Brasileiro*. 3 ed. São Paulo: Thomson Reuters Brasil, 2019, p. 850.

657 ABBOUD, Georges. *Processo Constitucional Brasileiro*. 3 ed. São Paulo: Thomson Reuters Brasil, 2019, p. 842 e ss.; ABBOUD, Georges. *Discricionariedade Administrativa e Judicial*. O ato administrativo e a decisão judicial. São Paulo: Editora Revista dos Tribunais, 2014, p. 429 e ss.

658 É o que afirmou o Min. Sálvio de Figueiredo Teixeira, em seu voto proferido na QO no EREsp 218.426/SP: "Há mais de cem anos, final do século XIX, já se demonstrou que o processo tem interesse público predominante. O processo serve às partes, mas secundariamente. Há um interesse público maior". A mesma orientação é fornecida por Marinoni: "Engana-se quem imagina que o processo civil, por também servir à resolução de conflitos, pode se comportar de acordo com o interesse das partes envolvidas no conflito a ser solucionado. Isso não pode ser assim basicamente pelo fato de que o processo não se destina a atender episodicamente aos litigantes, como se esses fossem usuários de um sistema privado. O processo não pode se preocupar apenas com a resolução dos litígios nem muito menos se pautar no exclusivo interesse das partes. O processo tem compromisso com a Constituição, com a sociedade e com o desenvolvimento do direito. Observe-se que não é só o Judiciário que deve tutela aos direitos fundamentais. O modelo legal do processo tem inafastável compromisso com estes direitos. Assim, por exemplo, a coisa julgada sobre questão responde ao dever que o legislador possui de tutelar normativamente a segurança jurídica." (MARINONI, Luiz Guilherme. A Convenção Processual Sobre Prova Diante dos Fins do Processo Civil. Revista dos Tribunais *Online*, Revista de Processo, v. 288, p. 127-153, fev./2019). Não surpreende que Marinoni explicite verdadeira aversão às convenções processuais, em geral, e às probatórias, em particular, inclusive as típicas. Escrevendo em trio, o autor já afirmou que as convenções processuais são "corolários da privatização do processo civil", uma "perversão" que o desgarra de seus "nobres fins", opondo-se, inclusive, à convenção típica de escolha do perito consagrada no art. 471, CPC (MARINONI, Luiz Guilherme. ARENHART, Sérgio Cruz. MITIDIERO, Daniel. *Novo Curso de Processo Civil*. V. 1. 2 ed. São Paulo: Editora Revista dos Tribunais, 2016, págs. 533-534). Particularmente sobre convenções processuais probatórias, conferir: SILVA, Beclaute Oliveira. Verdade como Objeto do Negócio Jurídico Processual. *Coleção Novo CPC Doutrina Selecionada*. V. 3. Orgs. Lucas Buril de Macêdo, Ravi Peixoto e Alexandre Freire. Salvador: JusPodivm. 2015, p. 211-234.

permite que regras procedimentais dispositivas sejam deseficaciadas quando o Judiciário assim entender conveniente[659]. Não há disponibilidade procedimental a salvo da sombra autoritária e neutralizante do *standard* da "reserva de interesse público".

Alguém poderia contemporizar dizendo que a interpretação ora criticada era plausível. Afinal – e isso é inegável –, o legislador do CPC/73 não poderia prever a superveniência da Constituição de 1988 e a função por ela atribuída ao STJ (supondo que sejam aquelas), e, com esse quadro em vista, talvez o legislador atribuísse exatamente aquele regime à desistência dos recursos excepcionais. A ausência de enunciado legislativo inequívoco produzido já sob tal panorama tornaria aceitável a referida interpretação.

Admitido o argumento, seria forçoso concluir que o STJ alteraria o seu entendimento em face do direito atual, adequando-o à escolha institucional dos representantes democraticamente eleitos pelo povo para solucionar essa particular tensão entre os interesses público e privado. Com efeito, o CPC em vigor disciplinou o tema de forma específica, inclusive concedendo parcialmente ao entendimento que o Tribunal firmou ao tempo do CPC/73: nos termos do parágrafo único do art. 998, o recorrente poderá, a qualquer tempo, sem a anuência do recorrido ou dos litisconsortes, desistir do recurso, não impedindo ela a análise de questão cuja repercussão geral já tenha sido reconhecida e daquela objeto de julgamento de recursos extraordinários ou especiais repetitivos. Pode-se dizer que o legislador deu primazia ao interesse público no caso dos recursos excepcionais afetados pelo rito dos repetitivos: nesses casos, a desistência não impede o prosseguimento para fins de elaboração da tese, sem aplicação ao caso concreto. No mais, prevalece o interesse privado da parte: manifestada a desistência, o recurso é cassado e o procedimento recursal, extinto (CPC, art. 200 c/c art. 998, parágrafo único, *a contrario sensu*).

Não foi o que ocorreu. Na QO no REsp 1.721.705/SP, não afetado pelo rito dos repetitivos, foi indeferida a desistência manifestada na véspera da sessão de julgamento[660]. O que mais chama a atenção não é a mera repetição dos fundamentos lançados na QO no REsp 1.308.830/RS, mas, principalmente, a afirmação de que o entendimento pretérito da corte (a ineficácia da desistência é válida de forma indistin-

---

659 Amplamente: LUCCA, Rodrigo Ramina de. *Disponibilidade Processual*. A liberdade das partes no processo. São Paulo: Thomson Reuters, 2019.

660 STJ, QO no REsp 1.721.705/SP, 3ª T., rel. Min. Nancy Andrighi, j. 28.08.2018.

ta para o julgamento de todos os recursos especiais) foi incorporado pelo CPC/15. Nas palavras da Min. Nancy Andrighi: "o julgamento dos recursos submetidos ao STJ ultrapassa o interesse individual das partes nele envolvidas, alcançando toda a coletividade para a qual suas decisões irradiam efeitos. Esse entendimento foi incorporado pelo CPC/15, ao dispor que "a desistência do recurso não impede a análise de questão cuja repercussão geral já tenha sido reconhecida e daquela objeto de julgamento de recursos extraordinários ou especiais repetitivos" (art. 998, parágrafo único). Numa reflexão mais detida sobre o tema, percebe-se que essa premissa na realidade é válida de forma indistinta para o julgamento de todos os recursos especiais, cujo resultado sempre abrigará intrinsecamente um interesse coletivo, ainda que aqueles sujeitos ao procedimento dos repetitivos possam tê-lo em maior proporção." A extrapolação dos limites semânticos do texto legal é consciente, explícita e animada pela convicção de que o STJ deve poder julgar todo e qualquer recurso especial quando assim reclamar o interesse público, mesmo que o recurso objeto da desistência não esteja afetado pelo rito dos repetitivos. Deixou-se de aplicar a lei sem declarar-lhe a inconstitucionalidade (o que, de resto, exigiria incidente específico – CPC, art. 948 e ss.) nem lançar mão de alguma técnica de hermenêutica constitucional de modo minimamente consistente[661].

A decisão demonstra que o autointitulado Tribunal da Cidadania se vê como tutor imediato, direto e autônomo do interesse público, por isso autorizado a desprezar abertamente as escolhas do Legislativo. O discurso fluido da frutificação e unidade do direito através de prece-

---

661 Há referência *an passant* à técnica de interpretação conforme na ementa do voto da Min. Nancy Andrighi na QO no REsp 1.721.705/SP. Sua notação é criticável por duas razões: primeiro, porque se trata apenas de uma referência solta lançada apenas na ementa do voto, sem qualquer fundamentação sobre o que ela é e como se aplica, violando o art. 489, § 1°, II e III, CPC; segundo, porque ela é uma técnica hermenêutica que, respeitando o princípio da separação dos poderes, tem natureza complementar, limitada e subsidiária em relação aos demais elementos da hermenêutica constitucional, não podendo ser admitida quando a sua realização acarretar a criação de uma hipótese normativa não contemplada no texto normativo analisado, ou seja, deve ocorrer sempre com base no quadro interpretativo criado pelo legislador, como bem anota LAURENTIIS, Lucas Catib de. *Interpretação Conforme a Constituição*. Conceito, técnicas e efeitos. São Paulo: Malheiros, 2012, págs. 66 e 113). *A contrario sensu*, o art. 998, parágrafo único, CPC, deixa claro que é possível desistir de recurso especial não afetado pelo rito dos repetitivos, de modo que a decisão viola os limites semânticos do texto e cria nova hipótese normativa, mostrando-se descabida a referência à técnica de interpretação conforme.

dentes não só não fornece qualquer antídoto contra essa totalização autorreferente das Cortes Supremas como dá verniz de legitimação ao ativismo performático[662], seja pela atuação do STJ, seja pela concordância de Marinoni[663].

Passa-se ao exame da execução provisória da pena no procedimento penal.

Nos termos do art. 5º, LVII, CRFB, ninguém será considerado culpado até o trânsito em julgado da sentença penal condenatória.

O dispositivo consagra a garantia da pressuposição de inocência[664], e é a partir dele que deriva a discussão acerca da possibilidade, ou não, da execução provisória da pena.

Desde a entrada em vigor da Constituição de 1988, o STF vinha entendendo que a execução provisória da pena era possível quando o recurso cabível contra a decisão condenatória fosse destituído de efeito suspensivo.

---

662 É como Georges Abboud enquadra a decisão do STJ no REsp 1.308.830, argumento plenamente aplicável à QO no REsp 1.721.705/SP: "O uso performático da expressão *interesse público* teve por exclusiva finalidade possibilitar que o Judiciário chegasse a resultado diferente daquele que impunha a regra legal. No estado constitucional, há o poder-dever de se motivar o ato que afirma a existência do interesse público, razão pela qual é defeso ao Poder Judiciário aplicar a lei segundo sua própria conveniência. Nas ocasiões em que o poder público afasta a legislação sob a mera escusa de que o faz em nome do "interesse público", tem-se arbitrariedade. É o Estado Midas, que *coloca o selo de "público" em tudo o que toca*". (ABBOUD, Georges. *Processo Constitucional Brasileiro*. 3 ed. São Paulo: Thomson Reuters, 2019, p. 1336).

663 Criticando a formação de precedente sobre o tema por sua contrariedade ao direito positivo: "Um dos motivos pelos quais a doutrina do *common law* preocupa-se há mais de 100 anos em diferenciar a *ratio decidendi* do *obiter dictum* é impedir que os tribunais criem "precedentes" arbitrariamente, transfigurando a atividade jurisdicional em atividade legislativa. Ademais, chega a ser paradoxal que o STJ viole frontalmente uma norma legal expressa para supostamente promover a segurança jurídica e exercer a sua função de garantidor da integridade do ordenamento jurídico. Segurança jurídica e ilegalidade são conceitos diametralmente opostos". (LUCCA, Rodrigo Ramina de. *Disponibilidade Processual*. A liberdade das partes no processo civil. São Paulo: Thomson Reuters Brasil, 2019, p. 237).

664 Demonstrando que se trata de pressuposição e não de presunção: COSTA, Eduardo José da Fonseca. Presunção de inocência civil: algumas reflexões no contexto brasileiro. *Revista Brasileira de Direito Processual – RBDPro*, Belo Horizonte, ano 25, n. 100, p. 129-144, out./dez. 2017.

A orientação se modificou em 2009, quando o Tribunal passou a entender que a precipitação da pena contraria a garantia da pressuposição de inocência[665].

Sob influência dessa virada jurisprudencial, o Congresso Nacional editou a Lei n. 12.403/2011, que deu a seguinte redação ao art. 283, CPP: ninguém poderá ser preso senão em flagrante delito ou por ordem escrita e fundamentada da autoridade judiciária competente, em decorrência de sentença condenatória transitada em julgado, ou, no curso da investigação ou do processo, em virtude de prisão temporária ou prisão preventiva.

Em 2016, porém, o STF retomou o entendimento que prevaleceu até 2009, voltando a considerar compatíveis a execução provisória da pena e a pressuposição de inocência[666].

Três ações declaratórias de constitucionalidade (ADCs) foram ajuizadas naquele mesmo ano pedindo a declaração de constitucionalidade do art. 283, CPP, com o consequente restabelecimento do entendimento de que a execução provisória da pena viola a multicitada garantia. Após o indeferimento das liminares nela requeridas, o Tribunal reiterou o entendimento em sede de repercussão geral[667].

Em 2019 as ADCs 43, 44 e 54 foram julgadas procedentes, tornando a prevalecer o entendimento firmado em 2009[668].

---

665 STF, HC 84.078, Rel. Min. Eros Grau, Tribunal Pleno, j. 05.02.2009, DJe 25.02.2010.

666 STF, HC 126.292, Rel. Min. Teori Zavascki, Tribunal Pleno, j. 17.02.2016, DJe 16.05.2016.

667 STF, RG n. 925: Possibilidade de a execução provisória de acórdão penal condenatório proferido em grau recursal, ainda que sujeito a recurso especial ou extraordinário, comprometer o princípio constitucional da presunção de inocência afirmado pelo art. 5°, inc. LVII, da Constituição da República. Origem: ARE 964.246, rel. Min. Teori Zavascki, j. 10.11.2016, DJe 24.11.2016.

668 O acórdão ainda não foi publicado. No sítio eletrônico do STF colhe-se a seguinte declaração de julgamento: "*Decisão:* O Tribunal, por maioria, nos termos e limites dos votos proferidos, julgou procedente a ação para assentar a constitucionalidade do art. 283 do Código de Processo Penal, na redação dada pela Lei n° 12.403, de 4 de maio de 2011, vencidos o Ministro Edson Fachin, que julgava improcedente a ação, e os Ministros Alexandre de Moraes, Roberto Barroso, Luiz Fux e Cármen Lúcia, que a julgavam parcialmente procedente para dar interpretação conforme. Presidência do Ministro Dias Toffoli. Plenário, 07.11.2019".

No que ora importa, tudo girou em torno do seguinte questionamento: quando se diz que ninguém será considerado culpado antes do trânsito em julgado se está proibindo a execução da pena antes do trânsito em julgado? Cuida-se de saber se o trânsito em julgado é antecedente da norma jurídica de execução penal[669].

Antes do julgamento definitivo das ADCs 43, 44 e 54, Marinoni publicou um ensaio defendendo que o STF deveria manter a possibilidade de execução provisória da pena[670]. Argumentou que o art. 5º, LVII, CRFB, não garante que ninguém será preso antes do trânsito em julgado nem que não possa haver execução provisória da pena.

Considera-se o argumento bastante frágil[671].

Em primeiro lugar, não convence o argumento de que, textualmente, o art. 5º, LVII, CRFB, não proíbe o início da execução da pena. A prisão-pena e a prisão cautelar são inconfundíveis já quanto aos seus fundamentos: a prisão-pena funda-se na condenação de alguém pelo cometimento de crime; a prisão cautelar, no risco de fuga, de destruição de provas ou continuidade delitiva de alguém que pode ter cometido um crime, por ele já condenado ou não. Prisão-pena é sanção aplicável a quem é condenado pelo cometimento de crime, que, segundo o con-

---

[669] Não se dá aqui prestígio à proposta de cisão entre trânsito em julgado das questões de fato e das questões de direito. De *lege lata*, é irretorquível o alvitre segundo o qual "trânsito em julgado é o momento processual a partir do qual o conteúdo de um pronunciamento decisório ou de ao menos um dos seus capítulos torna-se não mais sujeito a modificações no mesmo processo". (SENRA, Alexandre. *A Coisa Julgada no Código de Processo Civil de 2015*. Premissas, conceitos, momento de formação e suportes fáticos. Salvador: JusPodivm, 2017, p. 168). Irrelevante a discussão sobre a estreiteza do efeito devolutivo dos recursos extraordinários, pois.

[670] MARINONI, Luiz Guilherme. Possibilidade de Prisão antes do Trânsito em Julgado. *Consultor Jurídico*, São Paulo, 08 abr. 2019. Opinião. Disponível em: https://bit.ly/3bwDbNP. Acesso em: 23.02.2020.

[671] Criticou-se vagarosamente o texto de Marinoni em: SOUSA, Diego Crevelin de. Sobre a impossibilidade de prisão pena antes do trânsito em julgado. *Empório do Direito*, Florianópolis, 10 abr. 2019. Coluna da Associação Brasileira de Direito Processual. Disponível em: https://bit.ly/2zoKpWd. Acesso em: 05.01.2020. Também: TORRANO, Bruno. Execução provisória da pena: de onde vem a manipulação interpretativa? *Consultor Jurídico*, São Paulo, 13 abr. 2019. Opinião. Disponível em: https://bit.ly/34ZLi3d. Acesso em 05.01.2020.; IOTTI, Paulo. Decisões manipulativas da jurisdição constitucional não se prestam a restringir direitos. *Justificando*, São Paulo, 15 abr. 2019. Disponível em: https://bit.ly/2VJJ83i. Acesso em: 05.01.2020.

solidado conceito analítico, é conduta típica, ilícita e culpável. Note-se que o conceito é sequencial: da tipicidade da conduta à ilicitude da conduta; da ilicitude da conduta à punibilidade do agente (conduta típica → conduta ilícita → punibilidade do agente)[672]. Assim: não há prisão-pena sem crime; não há crime sem culpabilidade; não há, por disposição constitucional expressa, juízo eficaz de culpabilidade antes do trânsito em julgado. Basta essa singela depuração dogmática do art. 5º, LVII, CRFB, para concluir que não cabe execução provisória da pena.

Ademais, quando o STF tornou a admitir a execução provisória da pena em 2016, violou o art. 283, CPP, que veda claramente a prisão em razão da sentença penal condenatória antes do trânsito em julgado. Ademais, a garantia da pressuposição de inocência só foi guindada expressamente ao texto constitucional com a Constituição de 1988[673]. Logo, em termos dogmáticos, todos os dispositivos que permitiam a execução provisória da pena na pendência de recursos extraordinários não foram recepcionados[674], se anteriores à CRFB, ou são inconstitucionais[675], se posteriores. Deveriam ser assim interpretados os inúmeros dispositivos da lei infraconstitucional que prescrevem o contrário[676].

---

672 BITENCOURT, César Roberto. *Tratado de Direito Penal:* Parte Geral 1. 21 ed. São Paulo: Saraiva, 2015, p. 440.

673 GIACOMOLI, Nereu José. *Comentários à Constituição do Brasil.* Coord. científica: J. J. Gomes Canotilho. Gilmar Ferreira Mendes. Ingo Wolfgang Sarlet. Lenio Luiz Streck. Coord. executiva: Léo Ferreira Leoncy. São Paulo: Saraiva, 2013, p. 442.

674 Como o CPP, Art. 637. O recurso extraordinário não tem efeito suspensivo, e uma vez arrazoados pelo recorrido os autos do traslado, os originais baixarão à primeira instância, para a execução da sentença.

675 Como o art. 8.038/90, que revogou o art. 497 do CPC/73, inserindo a seguinte redação: O recurso extraordinário e o recurso especial não impedem a execução da sentença; a interposição do agravo de instrumento não obsta o andamento do processo, ressalvado o disposto no art. 558 desta lei. Quando muito, seria necessário dizer que o dispositivo não se aplicaria ao procedimento penal.

676 No Código de Processo Penal: Art. 674. Transitando em julgado a sentença que impuser pena privativa de liberdade, se o réu já estiver preso, ou vier a ser preso, o juiz ordenará a expedição de carta de guia para o cumprimento da pena; Art. 686. A pena de multa será paga dentro em 10 dias após haver transitado em julgado a sentença que a impuser; Art. 691. O juiz dará à autoridade administrativa competente conhecimento da sentença transitada em julgado, que impuser ou de que resultar a perda da função pública ou a incapacidade temporária para investidura em função pública ou para exercício de profissão ou atividade. Na Lei de Execução Penal: Art. 105. Transitando em julgado a sentença que aplicar pena privativa de liberdade,

Contudo, o texto de Marinoni não dialoga minimamente com a dogmática penal e procedimental penal, recorrendo a argumentos políticos: "a ideia de que ninguém pode ser preso, mesmo depois de dois juízos repetitivos acerca da conduta atribuída ao demandado, soa como uma tentativa de procrastinação da justiça penal em qualquer região do planeta". Ora, a análise do texto constitucional brasileiro se faz pela depuração dogmática dos significantes ali lançados. A consideração do direito alienígena é bem-vinda a título de orientação e enriquecimentos acerca de semelhanças e diferenças, não para fins de colonização do direito interno. Quem interpreta a Constituição de 1988 deve se curvar às respostas que ela impõe e comporta, e não a reescrever segundo o próprio gosto ou de outros povos.

Em segundo lugar, o texto possui um sensível problema metodológico. Pontuando que a literalidade do texto constitucional não impediu o STF de decidir que uniões entre pessoas do mesmo sexo constitui união estável, Marinoni defende que a mesma diretiva interpretativa deveria ser aplicada para admitir a execução provisória da pena. Sua proposta não despreza apenas o fato de que diferentes ramos do direito podem ser governados por diferentes diretivas interpretativas[677], mas o mais comezinho postulado hermenêutico da teoria dos direitos fundamentais: texto sobre direito individual fundamental se interpreta para fortalece-lo, não para restringi-lo[678]. Não deixa de ser irônica a invo-

---

se o réu estiver ou vier a ser preso, o Juiz ordenará a expedição de guia de recolhimento para a execução; Art. 107. Ninguém será recolhido, para cumprimento de pena privativa de liberdade, sem a guia expedida pela autoridade judiciária; Art. 147. Transitada em julgado a sentença que aplicou a pena restritiva de direitos, o Juiz da execução, de ofício ou a requerimento do Ministério Público, promoverá a execução, podendo, para tanto, requisitar, quando necessário, a colaboração de entidades públicas ou solicitá-la a particulares; Art. 164. Extraída certidão da sentença condenatória com trânsito em julgado, que valerá como título executivo judicial, o Ministério Público requererá, em autos apartados, a citação do condenado para, no prazo de 10 (dez) dias, pagar o valor da multa ou nomear bens à penhora; Art. 171. Transitada em julgado a sentença que aplicar medida de segurança, será ordenada a expedição de guia para a execução.

677 TORRANO, Bruno. *Democracia e Respeito à Lei*. Entre positivismo jurídico, pós-positivismo e pragmatismo. 2 ed. Belo Horizonte: Fórum, 2019, p. 375.

678 Destacando que nas relações entre indivíduo e Estado prevalece o princípio *in dubio pro libertate*: DIMOULIS, Dimitri. *Manual de Introdução ao Estudo do Direito*. 7 ed. São Paulo: Editora Revista dos Tribunais, 2016, p. 162.

cação de uma decisão que ampliou direitos individuais para justificar uma decisão que pretendia restringir direitos individuais.

Em terceiro e último lugar – e que não deixa de, em alguma medida, explicar os dois primeiros – está o ponto que se reputa o mais problemático: a invocação do precedente como fundamento para uma nova decisão, independentemente da sua conformidade constitucional e legal, reiterando o já referido risco de autorreferencialidade das Cortes Supremas.

Alguém poderia dizer que, ao invocar o precedente anterior e defender a sua aplicação independentemente de qualquer consideração sobre o seu acerto ou desacerto à luz da Constituição e das leis, Marinoni estaria sendo apenas coerente com sua própria teoria, segundo a qual o precedente deve ser seguido tanto pelos juízes e tribunais locais (vinculação vertical) quanto pelo órgão que o formou (vinculação horizontal), salvo se houver razões, *v. g.*, para a distinção ou a superação[679].

Não parece correta a afirmação.

Primeiro, porque no interior da teoria de Marinoni apenas os órgãos jurisdicionais estão obrigados perante os precedentes – obrigação que não é absoluta em face das possibilidades de distinção e superação, para ficar apenas nessas. Ele jamais sugeriu que o papel da doutrina é apenas o de descrever acriticamente os precedentes. A possibilidade de valoração do precedente pela doutrina não é em nada incompatível com a sua

---

679 Veja-se: "O mesmo modo de decidir foi adotado na ADPF 132. Nesse caso, realizou-se interpretação conforme à Constituição do artigo 1.723 do Código Civil — que afirma que "é reconhecida como entidade familiar a união estável entre o homem e a mulher ...". A despeito da circunstância de que o STF deveria ter proferido "decisão manipulativa", já que não há como fazer interpretação conforme contra o texto de um dispositivo legal, o que importa é que a Corte, ao rejeitar a constitucionalidade do artigo 1.723 do Código Civil, teve que *elaborar sofisticada e adequada justificativa para também negar o texto do artigo 226, § 3º, da Constituição Federal.* Ora bem, como o STF, ao decidir por unanimidade, não admitiu que pode "reinventar" a Constituição, ele indiscutivelmente fixou um critério ou uma diretiva para a sua interpretação, que evidentemente não é uma diretiva presa ao texto da Constituição ou às doutrinas que lhe deram origem. Aliás, isso está *confessado* na unanimidade dos votos dos Ministros que afirmaram a inconstitucionalidade do artigo 1.723 do Código Civil e advertiram para a circunstância de que a Corte, diante da realidade da vida em sociedade, não pode se render à literalidade do texto da Constituição". (MARINONI, Luiz Guilherme. Possibilidade de prisão antes do trânsito em julgado. *Consultor Jurídico*, São Paulo, 08 abr. 2019. Opinião. Disponível em: https://bit.ly/3bwDbNP. Acesso em: 23.02.2020).

teoria. Qualquer jurista – adepto ou não da sua proposta – pode valorar o precedente, inclusive com vistas a fornecer aos práticos subsídios argumentativos dirigidos à sua manutenção, modificação ou superação. É perfeitamente compatível com ela a produção, pela doutrina, de discursos como "eu, como doutrinador, entendo que o precedente *p* viola a lei/Constituição pelos motivos *m1, m2* e *m3*, mas você, juiz ou tribunal local, ainda que concorde comigo, só pode deixar de aplicá-lo se houver autêntica hipótese de distinção – do contrário, poderá apenas ressalvar seu entendimento –, já você, Ministro da Corte Suprema, além da distinção, pode, por esses mesmos motivos *m1, m2* e *m3* – ou por outros que divisar, desde que jurídicos –, superá-lo, respeitada a competência do órgão colegiado"[680]. Pode-se dizer que os julgadores sempre devem valorar (no sentido de interpretar) os precedentes, com vistas a demonstrar, v. g., a sua aderência, ou não, ao caso concreto (distinção), a inserção de refinamentos interpretativos, a superação, quando houver competência para tanto (CPC, art. 489, § 1º, V e VI). Portanto, nada impediria Marinoni de criticar o precedente do STF se discordasse dele.

Segundo, porque, no caso, Marinoni manifesta abertamente a sua concordância com a decisão firmada na ADPF 132[681]. Quando ele afirma que, ao decidir como decidiu a questão da união entre pessoas do

---

680 Bruno Torrano discordou veementemente da decisão do Pleno do STF no HC 126.292/SP, que, em 2016, admitiu a execução provisória da pena (TORRANO, Bruno. *Pragmatismo no Direito e a Urgência de um "Pós-Pós-Positivismo no Brasil*. Lumen Juris: 2018, p. 131 e ss.), mas estimou correta, por respeito aos precedentes, a decisão do Min. Edson Fachin que cassou liminar concedida contrariamente ao precedente firmado pelo Pleno (TORRANO, Bruno. *Democracia e Respeito à Lei*. Entre positivismo jurídico, pós-positivismo e pragmatismo. Belo Horizonte: Fórum, 2019, págs. 397-396).

681 Veja-se: "A condenação que observa o duplo grau é ato não apenas "conforme os fatos se passaram", mas ato legítimo e justo praticado depois da observância de contraditório regular e pleno. *Chega a ser curioso imaginar que ainda possa existir presunção de inocência depois de dois juízos terem analisado a responsabilidade do réu.* Bem por isso, a ideia de que ninguém pode ser preso, mesmo depois de dois juízos repetitivos acerca da conduta atribuída ao demandado, soa como uma tentativa de procrastinação da justiça penal em qualquer região do planeta." (MARINONI, Luiz Guilherme. Possibilidade de prisão antes do trânsito em julgado. *Consultor Jurídico*, São Paulo, 08 abr. 2019. Opinião. Disponível em: https://bit.ly/3bwDbNP. Acesso em: 23.02.2020). Ao apresentar tais razões, Marinoni está não só prestando – legitimamente, frise-se – a sua contribuição para influenciar na decisão do STF, mas criticando o entendimento anterior, contrário à execução provisória da pena, adotado pelo tribunal de 2009 a 2016.

mesmo sexo, o STF, por unanimidade, agasalhou a diretiva interpretativa de que "ao texto constitucional deve ser atribuído significado conforme aos objetivos que a Constituição deve alcançar segundo as valorações do Juiz Constitucional, necessariamente amarradas aos fatos e valores sociais contemporâneos" e que, por isso, deveria aplicar a mesma diretiva no caso da execução provisória da pena, ele está secundando a referida diretriz. Aliás, ela guarda imensa afinidade (se é que não se confunde) com aquela que ele mesmo adota, segundo a qual "o intérprete deve considerar o texto valorando aspectos morais, culturais, econômicos e políticos"[682].

Ou seja, Marinoni identifica e concorda com a diretiva adotada pelo STF *in casu*. Aqui está o ponto nevrálgico: a referida diretiva informa que os critérios para resolver litígios deixam de ser as normas jurídicas e passam a ser os valores, aplicados diretamente.

Admitindo, por ora, que tal substituição dos critérios decisórios seja possível, seria de se esperar que Marinoni oferecesse ou aderisse a alguma teoria dos valores para definir e métodos para identificar os "valores sociais contemporâneos" e racionalizar "a valoração de aspectos morais, culturais, econômicos e políticos".

Não é o que ocorre.

Para dar cabo dessa abertura, o autor acata os postulados da razoabilidade e da proporcionalidade, ambos servis à estruturação da aplicação de regras e princípios, o primeiro ligado mais (embora não exclusivamente) às regras, com vistas a harmonizar uma norma geral a um caso particular, e o segundo ligado mais (embora não exclusiva-

---

682 É notório que o professor Marinoni não se coloca no debate público com postura meramente descritiva – e não vai aqui uma crítica. Isso pode ser visto, *v. g.*, além da sua própria teoria dos precedentes, na sua crítica às teorias e vários dispositivos legais (com exceção daqueles que tratam da ação rescisória) que levam à relativização da coisa julgada (MARINONI, Luiz Guilherme. *A Intangibilidade da Coisa Julgada diante da Decisão de Inconstitucionalidade*. Art. 525, §§ 12, 13, 14 e 15, do CPC/2015. 2 ed. em e-book baseada na 4 ed. impressa. São Paulo: Editora Revista dos Tribunais, 2016, *passim*) e sua crítica ao positivismo jurídico justamente por entender que ele atribui ao jurista uma função meramente descritiva dos textos legais (MARINONI, Luiz Guilherme. ARENHART, Sérgio Cruz. MITIDIERO, Daniel. *Novo Curso de Processo Civil*. V. 1. 2 ed. São Paulo: Editora Revista dos Tribunais, 2016, págs. 33-34) – equívoco abordado adiante. É perfeitamente legítimo que um jurista se posicione no debate público com a intenção tanto de influenciar na definição de controvérsias dogmáticas quanto no desenho de soluções de *lege ferenda*.

mente) aos princípios, com vistas a aferir uma justa relação entre meio e fim[683], na linha proposta por Humberto Ávila[684].

Contudo, se, por um lado, a proposta de Ávila se desgarra da teoria dos princípios de Robert Alexy (particularmente quanto à proposta de distinção estrutural entre regras como mandamentos de determinação aplicáveis por subsunção e de princípios como mandamentos de otimização aplicáveis por ponderação), por outro, ao insistir na ponderação de valores (válida tanto para a aplicação de regras quanto de princípios), mantém viva a ameaça à autonomia do sistema jurídico, pois supõe que no seu interior a aplicação do Direito se dá nos mesmos patamares e limites da aplicação da moral convencional, fundindo em um mesmo amálgama os discursos de aplicação e os discursos de justificação, derruindo o código binário lícito/ilícito[685]. São baralhadas a racionalidade política e a racionalidade jurídica.

---

683 Como se vê em: MARINONI, Luiz Guilherme. ARENHART, Sérgio Cruz. MITIDIERO, Daniel. *Novo Curso de Processo Civil.* V. 1. 2 ed. São Paulo: Thomson Reuters, 2016, págs. 138-139.

684 ÁVILA, Humberto. *Teoria dos Princípios.* Da definição à aplicação dos princípios jurídicos. 17 ed. São Paulo: 2016, p. 194 e ss.

685 CRUZ, Álvaro Ricardo de Souza. *Hermenêutica Jurídica e(m) Debate.* O constitucionalismo brasileiro entre a teoria do discurso e a ontologia existencial. Belo Horizonte: Fórum, 2007, p. 304. O jusfilósofo mineiro defende o abandono da distinção entre regras e princípios, que subsiste apenas pela autoridade dos autores que a defendem e serve apenas para justificar a técnica de ponderação de valores (Cit. págs. 321-322). Outro entendimento, com o qual se concorda, sustenta que a distinção entre regras e princípios é irrelevante para a dogmática dos direitos fundamentais, inclusive na aplicação de cláusulas gerais: "imprescindível é, pelo contrário, somente que o juiz, primeiro, conheça o alcance de cada tutela constitucional. Ele tem que saber quais os comportamentos individuais ou coletivos que correspondem a direitos públicos subjetivos, são abrangidos pelo dispositivo constitucional e qual a obrigação estatal derivada da norma (principalmente: de não intervenção ou de prestação). Em segundo lugar, o juiz deve conhecer todo o direito constitucional positivo, vale dizer, saber qual a relação de uma norma com outra, conhecer o sistema constitucional e saber que dispositivos constitucionais podem ser utilizados pelo Estado para justificar intervenções nos âmbitos ou áreas protegidas pelos direitos fundamentais". (MARTINS, Leonardo. *Liberdade e Estado Constitucional.* Leitura jurídico-dogmática de uma complexa relação a partir da teoria liberal dos direitos fundamentais. São Paulo: Atlas, 2012, p. 111).

Seja como for, o que se tem aí é muito mais uma teoria da argumentação do que uma teoria dos valores[686]. Inegavelmente sofisticados e de grande importância para o controle da coerência interna da argumentação, os aportes teóricos dessa espécie não oferecem critérios dogmáticos para que se defina a adequação, a necessidade e a proporcionalidade em sentido estrito em relação a questões jurídicas específicas[687]. Relegada a operação ao recurso direto a valores, é inevitável que tais conteúdos sejam saturados subjetivamente[688], dando ensejo ao relativismo[689]. Minada a força normativa do texto que se interpreta

---

[686] É por isso que a ponderação alexyana, por si só, não dá conta de predefinir critérios para conhecer o conteúdo dos valores. A operacionalização da teoria dos princípios – lembrando que em Ávila a ponderação não se limita aos princípios – pressupõe a determinação prévia dos pesos e valores dos princípios, tarefa que só pode ser cumprida por uma teoria material, que apresente justificações externas à estrutura da ponderação. Assim: LAURENTIS, Lucas Catib de. *A Proporcionalidade no Direito Constitucional*. Origem, modelos e reconstrução dogmática. São Paulo: 2017, p. 136.

[687] Defendendo que a teoria dos princípios deveria se assumir como uma teoria dos mandamentos de otimização a ser manejada à base de argumentos dogmáticos de cada ramo do direito, e como uma teoria do direito: POSCHER, Ralf. Teoria de um fantasma – a malsucedida busca da teoria dos princípios pelo seu objeto. In: *Crítica da Ponderação*. Método constitucional entre dogmática jurídica e teoria social. Org. Ricardo Campos. São Paulo: Saraiva, 2016, págs. 92-93.

[688] No caso da proposta de Robert Alexy, tem-se que "os direitos fundamentais não são um objeto passível de ser dividido de uma forma tão refinada que exclua impasses estruturais – ou seja, impasses reais no sopesamento –, de forma a torna-los praticamente sem importância. Nesse caso, então, de fato existe uma discricionariedade para sopesar, uma discricionariedade estrutural tanto do Legislativo quanto do Judiciário". (ALEXY, Robert. *Teoria dos Direitos Fundamentais*. Trad. Virgílio Afondo da Silva. São Paulo: Malheiros, 2008, p. 611).

[689] Sustentando convincentemente que a ponderação, no modelo alexyano, responde pelo esvaziamento dogmático dos direitos fundamentais, bem como, por consequência, por sua colocação no lugar da interpretação, assumindo, assim, o monopólio operativo do direito: LAURENTIIS, Lucas Catib de. *A proporcionalidade no direito constitucional*: origem, modelos e reconstrução dogmática. São Paulo: Malheiros, 2017, p. 80-82. Apontando criticamente a onipresença da ponderação, fruto de dupla transformação (de não jurídica para jurídica, e, depois, dentro do próprio jurídico, de pontual para total), e os ricos à segurança jurídica: RÜCKERT, Joaquim. Ponderação – a carreira jurídica de um conceito estranho ao direito ou: rigidez normativa e ponderação em transformação funcional. Tradução de Thiago Reis. *Revista Direito GV*, São Paulo, V. 14 N. 1, p. 240-267, Jan./Abr. 2018, p. 242. Argumentando que o *espaço do discursivamente possível* é o *locus* da discriciona-

e aplica[690], desprezam-se os vínculos que negam que o intérprete seja artífice da norma constitucional e que impedem que a interpretação da Constituição dê lugar à constituição do intérprete[691]-[692].

A diretiva interpretativa adotada pelo STF e encampada por Marinoni redunda na tese da "ordem concreta de valores"[693], própria da jurispru-

---

riedade judicial, pois autoriza que as premissas utilizadas na justificação interna sejam articuladas conforme as preferências subjetivas da autoridade competente para decidir o litígio, permitindo que decisões sejam fundamentadas tanto por um argumento quanto por outro a ele antagônico, com abertura para discursos exógenos ao discurso jurídico e a consequente desoneração da responsabilidade do juiz: DALLA BARBA, Rafael Giorgio. *A (In)Transparência dos Direitos Fundamentais:* das origens aos limites da teoria discursiva em Robert Alexy. Dissertação (mestrado em Direito). Data da Defesa: 07/08/2017. 140/f. Universidade do Vale do Rio dos Sinos – UNISINOS, São Leopoldo, 2017. p. 110. Criticando a ponderação alexyana por disseminar o subjetivismo e violar a separação dos poderes e o princípio democrático: MARTINS, Leonardo. *Liberdade e Estado Constitucional.* Leitura jurídico dogmática de uma complexa relação a partir da teoria liberal dos direitos fundamentais. São Paulo: Atlas, 2012, p. 72-73; DIMOULIS, Dimitri. MARTINS, Leonardo. *Teoria Geral dos Direitos Fundamentais.* 6 ed. São Paulo: Thomson Reuters Brasil, 2018, p. 259 e ss.; STRECK, Lenio Luiz. *Dicionário de Hermenêutica.* Quarenta temas fundamentais da teoria do direito à luz da crítica hermenêutica do direito. Belo Horizonte: Letramento / Casa do Direito, 2017, págs. 153-157.

690 RAMOS, Elival da Silva. *Ativismo Judicial:* parâmetros dogmáticos. 2 ed. São Paulo: Saraiva, 2015, p. 95.

691 AZZARITI, Gaetano. Retorno à Constituição. *Revista Brasileira de Direito Constitucional.* São Paulo, ESDC, jul./dez. 2005, p. 164. Disponível em: https://bit.ly/2XmZJvQ. Acesso em 02.05.2020.

692 Como antecipado, essas críticas valem para o instrumentalismo processual, pelo menos para os discípulos de Dinamarco que foram à proporcionalidade alexyana buscar esteio para as intuições do mestre das Arcadas, já referidos. Criticando o expediente, argumentando que a ponderação de princípios atrelados ao devido processo legal inocula na ciência processual uma interpretação *fraca* das garantias fundamentais, como se elas fossem "simples opções valorativas" (preferências) à disposição do aplicador (solitário): NUNES, Dierle. TEIXEIRA, Ludmila. *Acesso à Ordem Jurídica Democrático.* Brasília: Gazeta Jurídica, 2013, p. 173.

693 O mesmo vale para Dinamarco, pois seu instrumentalismo processual se erige à sombra da jurisprudência dos valores, afirma Marcelo José Cattoni de Oliveira no prefácio de: LEAL, André Cordeiro. *O Contraditório e a Fundamentação das Decisões no Direito Processual Democrático.* Belo Horizonte: 2002.

dência dos valores[694], que pressupõe uma unidade moral-jurídica completamente fictícia e incompatível com as contemporâneas sociedades liberais e pluralistas, cujas Constituições garantem a multiplicidade de opiniões e condutas[695].

Geovany Cardoso Jeveaux observa que, por sua origem neokantiana, os adeptos da jurisprudência dos valores consideram o valor um imperativo hipotético que orienta a ação à obtenção de um fim predeterminado. No caso, o valor do direito é a justiça. Isso significa que o juiz deve interpretar a lei observando a valoração que o legislador realizou para proteger certos bens em detrimento de outros e promover, na sua aplicação ao caso concreto, uma adequada compreensão da valoração feita pelo legislador. A criação do direito passa, pois, por um duplo momento valorativo, cada um a cargo de um órgão distinto: o primeiro, abstrato, a cargo do legislador; o segundo, concreto, a cargo do Judiciário[696].

Ocorre que não há consenso sobre o que é justiça, e, como bem sistematiza Jürgen Habermas, ela é um valor e valores têm um sentido teleológico; devem ser entendidos como preferências compartilhadas intersubjetivamente; expressam preferências tidas como dignas de serem desejadas em determinadas coletividade, podendo ser adquiridas ou realizadas através de um agir direcionado a um fim; determinam rélações de preferência, as quais significam que determinados bens são mais atrativos que outros, podendo o seu assentimento ser maior ou menor; sua atratividade tem o sentido relativo de uma apreciação de

---

694 Sobre a jurisprudência dos valores, conferir: JEVEAUX, Geovany Cardoso. *Direito e Ideologia*. 1 ed. Rio de Janeiro: LMJ Mundo Jurídico, 2018, p. 86 e ss.; LARENZ, Karl. *Metodologia da Ciência do Direito*. 3 ed. Lisboa: Fundação Calouste Gulbenkian, 1997, p. 163 e ss. Denunciando a recepção equivocada da jurisprudência dos valores no Brasil: STRECK, Lenio Luiz. *Verdade e Consenso*. Constituição, Hermenêutica e Teorias Discursivas. 4 ed. São Paulo: Saraiva, 2011, p. 47 e ss.; STRECK, Lenio Luiz. *Dicionário de Hermenêutica*. Quarenta temas fundamentais da teoria do direito a partir da crítica hermenêutica do direito. Belo Horizonte: Letramento/ Casa do Direito, 2017, p. 115 e ss.; ABBOUD, Georges. CARNIO, Henrique Garbellini. OLIVEIRA, Rafael Tomaz de. *Introdução ao Direito*. Teoria, filosofia e sociologia do direito. 4 ed. São Paulo: Thomson Reuters Brasil, 2019, p. 482 e ss.

695 DIMOULIS, Dimitri. MARTINS, Leonardo. *Teoria Geral dos Direitos Fundamentais*. 6 ed. São Paulo: Thomson Reuters Brasil, 2018, págs. 254-255.

696 JEVEAUX, Geovany Cardoso. *Direito e Ideologia*. Rio de Janeiro: LMJ Mundo Jurídico, 2018, págs. 86-88.

bens, adotada ou exercitada no âmbito de formas de vida ou de uma cultura: decisões valorativas mais graves ou preferências de superior exprimem aquilo que, visto no todo, é considerado bom; valores distintos concorrem para obter a primazia, e na medida em que encontram reconhecimento intersubjetivo no âmbito de uma cultura ou forma de vida, formam configurações flexíveis e repletas de tensões[697].

No limite, então, o recurso a valores faz com que o Judiciário seja o criador primeiro do Direito, não seu aplicador. Daí a crítica de Ingeborg Maus à jurisprudência do Tribunal Constitucional Federal alemão forjada a partir da década de 1950 sob o pálio da jurisprudência dos valores. No registro da autora, as leis passaram a figurar como meras previsões e premissas da atividade decisória judicial. O condicionamento legal-normativo da justiça sucumbiu por força de orientações teleológicas, analógicas e tipológicas ou de procedimentos tópicos, finalísticos e valorativos. Expandiu-se o cânone metodológico que permite ao Judiciário decidir em cada caso se convém aplicar a lei (considerada conforme a Constituição) ou a pontos de vista próprios[698].

De modo que o posicionamento de Marinoni se mostra curioso, quando não paradoxal: ao mesmo tempo em que nega radicalmente a objetividade dos enunciados legais – atentando, assim, contra nossas experiências cotidianas de comunicação bem-sucedida[699] – é capaz de apostar na objetividade dos valores ("valores sociais contemporâneos"), embora não ofereça uma teoria dos valores.

A alternativa ao paradoxo não é menos pior: uma concessão pura e simples à crença nos juízes, o que abre ensejo à "tirania dos valores". Como ensina Carl Schmitt, valores estão em relação de contraposição,

---

697 HABERMAS, Jürgen. *Direito e Democracia:* entre facticidade e validade. V. I. 2 ed. Rio de Janeiro: Tempo Brasileiro, 2012, págs. 316-317.

698 MAUS, Ingeborg. Judiciário como Superego da Sociedade: o papel da atividade jurisdicional na "sociedade órfã". *Novos Estudos CEBRAP.* n. 58, 2000, págs. 193 e 195. Com esteio nessas lições, afirma acertadamente a doutrina que "A partir da constatação de que se tente a uma interpretação dos princípios jurídicos como uma forma de *ponderação de valores (Güterabwägung)* e de uma visualização dos discursos de aplicação (jurisdicionais) como se fossem idênticos aos discursos de fundamentação (legislativos), permite-se sua análise a partir dos critérios de preferência do julgador, e não deontológicos ou de modo a se buscar o que é devido e mais adequado". (NUNES, Dierle José Coelho. *Processo Jurisdicional Democrático.* Uma análise crítica das reformas processuais. Curitiba: Juruá, 2012, págs. 187-188).

699 DIMOULIS, Dimitri. *Positivismo Jurídico.* Teoria da validade e da interpretação do direito. 2 ed. Porto Alegre: Livraria do Advogado, 2018, p. 147.

isto é, valem para alguém e valem contra outrem. O não-valor carece de direitos frente ao valor e nenhum preço é considerado alto demais para a imposição do valor mais elevado. No limite, e não sem um apelo retórico, da contraposição entre valor e não-valor surgem aniquiladores e aniquilados e o paraíso dos valores significa o inferno na terra. Daí o seu repto: um jurista que se aventura a executar valores de maneira imediata deveria saber o que faz. Deveria refletir sobre a procedência e estrutura dos valores e não permitir-se tomar à ligeira o problema da teoria dos valores e da execução não mediada do valor. Teria que ter com clareza a filosofia moderna do valor antes de decidir-se a valorar, transvalorar, valorizar e desvalorizar; e, enquanto sujeito portador de valores e sensível a eles, teria que ter com clareza a filosofia moderna do valor antes de ditar a posição de uma ordem hierárquica de valores subjetivos ou objetivos sob a forma de sentenças com força legal[700].

Portanto, se com as diretivas "valores sociais contemporâneos" e "valoração de aspectos morais, culturais, econômicos e políticos" se pretende ir além do texto constitucional e daquilo que objetivamente pode ser a ele atribuído, não se consegue mais do que um amontoado indecifrável de palavras. Insuscetíveis de refutação, não têm qualquer valor científico – indignidade que não é suprida pelo fato de serem utilizadas pelas Cortes Supremas, fato que lhes concede apenas o *status* de enunciados performáticos. A não ser que se aceite a premissa de que os Ministros das Cortes Supremas têm conhecimentos profundos de moral, economia, política e sociologia, além de poderes inatos para

---

700 SCHMITT, Carl. *La Tiranía de los Valores*. 1 ed. Prólogo de Jorge E. Dotti. Buenos Aires: Hidra, 2009, págs. 141-147. Repercutindo essas lições no direito brasileiro, que considera estar sendo submetido a tal tirania em razão da promiscuidade dos valores que ocorre no plano da aplicação, via ponderações entre princípios: GRAU, Eros Roberto. *Por Que Tenho Medo dos Juízes*. (a interpretação/aplicação do direito e dos princípios). 7 ed. São Paulo: Malheiros, 2016, p. 123. Aceitando a distinção entre regras e princípios e a ponderação destes, mas considerando imperioso que valores só sejam submetidos a juízos de ponderação ou informem a aplicação do Direito positivo na medida em que encontrem correspondência no respectivo sistema jurídico, como princípios expressos ou implícitos, devendo-se evitar enunciados que contenham expressões meramente performativas, não conectadas ou conectáveis diretamente ao texto constitucional: FELLET, André. *Regras e Princípios, Valores e Normas*. São Paulo: Saraiva, 2014, p. 225.

acessarem o relicário dos valores sociais contemporâneos[701], não haverá como saber se, na prática, eles estão derivando suas decisões de lá ou de sua subjetividade[702]. Como quer que seja, ficará a certeza de que, apelando a fundamentos metajurídicos, estarão criando livremente o Direito, ferindo a separação dos Poderes.

Por isso seria importante que o professor Marinoni explicitasse o que entende por constitucionalismo e separação de poderes. Sua concepção parece destoar daquela largamente difundida, aqui adotada, segundo a qual o constitucionalismo é fenômeno jurídico-político de contenção (=limitação e racionalização) jurídica do poder político *lato sensu* e que tem como um de seus corolários a separação dos poderes, ora compreendida como limitação horizontal do poder político entre as funções legislativa, executiva e jurisdicional e sua atribuição, à guisa de função típica, a entes distintos (Executivo, Legislativo e Judiciário), com vistas a definir um modelo de governança articulada. Embora o

---

701 É a aposta de José Renato Nalini, que concita os magistrados a encamparem a rebelião, uma nova postura hermenêutica: "Cumpre ao juiz ter ideias novas e criativas. Não subordinar-se ao que lhe é imposto, senão depois de profunda análise e assimilação do transmitido. (…) O juiz sensível e destemido não pode senão ser rebelde. Ele tem uma antena permanentemente atenta às infelicidades, às angústias e sofrimentos. Tem consciência da finitude de seus poderes. Mas não ignora dispor de um arsenal de ferramentas para mitigar as dores de quem está faminto por justiça. É incomensurável o poder de um juiz consciente, forte e corajoso. Ele tem condições de conferir nova trajetória à sociedade aparentemente sem rumo. Basta compenetrar-se de que a tarefa mais séria de um julgador é interpretar o ordenamento à luz de uma Constituição que acreditou e prestigiou juiz e justiça". (NALINI, José Roberto. *A Rebelião da Toga*. 3 ed. São Paulo: Editora Revista dos Tribunais, 2016, p. 319 e ss.). O que não passa de quimera: "Creio ser necessário enfatizar o óbvio: magistrados cursam apenas o curso de direito, e não o de economia, filosofia (moral ou política), antropologia, ciência política, sociologia, etc. O erro fatal daqueles que defendem a supremacia do Judiciário com base em argumentos relativos à maior capacidade intelectual ou bagagem jurídica dos magistrados é a presunção de que uma habilidade superior no domínio do direito pode ser ampliada ou generalizada a todos os outros campos de conhecimento. O fato de magistrados terem mais estudo no ramo jurídico não lhes confere nenhuma caução intelectual que os autorize a reivindicar maior autoridade em problemas práticos, filosóficos e morais que transcendem os limites do direito". (TORRANO, Bruno. *Democracia e Respeito à Lei*. Entre positivismo jurídico, pós-positivismo e pragmatismo. 2 ed. Belo Horizonte: Fórum, 2019, p. 313).

702 Essa concessão ao solipsismo é encontradiça também no instrumentalismo processual, como afirmou Lenio Luiz Streck no prefácio de: HOMMERDING, Adalberto Narciso. *Fundamentos para uma Compreensão Hermenêutica do Processo Civil*. Porto Alegre: Livraria do Advogado, 2007.

autor defenda que sua teoria é compatível com a teoria da separação dos poderes, não diz o que entende a respeito. Diz ele:

> há, no *civil law*, preocupação em negar ou obscurecer – ou talvez tornar irrelevante – o papel que o constitucionalismo impôs ao juiz. Há completo descaso pelo significado da nova função judicial. Inexiste qualquer empenho em ressaltar que o juiz, no Estado Constitucional, deixou de ser um mero servo do legislativo. Há apenas cuidado em demonstrar que o princípio da separação dos poderes mantém-se intacto, como se importante fosse apenas a manutenção dos princípios. Como é óbvio, não se quer dizer que o princípio da separação dos poderes não mais tem significado ou importância. Deseja-se tão somente demonstrar que, quando se tenta acomodar a realidade na fôrma das regras ou dos princípios, corre-se o risco de ver surgir algo que mais parece com uma imagem refletida a partir de um espelho de circo. O vezo de acomodar a realidade às regras e aos princípios faz com que a realidade seja distorcida e até mesmo negada. São as regras e os princípios que devem adquirir outra conformação, adaptando-se às novas realidades, e não o contrário[703].

Para ficar apenas em questões correlatas à separação dos poderes, indaga-se: o constitucionalismo – como quer que o autor o compreenda – atribuiu a função de concretizar as normas constitucionais apenas ao Judiciário? Não há para tanto (alg)um espaço de livre conformação do Legislativo? A competência para "acomodar a realidade" é definida por critérios jurídico-normativos (definidos em normas jurídicas) ou empíricos (pela identificação da autoridade mais bem preparada para o mister – sejam lá quais forem os critérios para essa apuração)? O leitor terá que intuir.

Pois bem.

O exame do posicionamento de Marinoni sobre as questões da rejeição da desistência do recurso e da execução provisória da pena confirma que a sua teoria dos precedentes tem como único fundamento a autoridade das Cortes Supremas[704] e que, nos casos exa-

---

703 MARINONI, Luiz Guilherme. *Precedentes Obrigatórios*. São Paulo: Editora Revista dos Tribunais, 2016, versão eletrônica, Cap. I, item 15.

704 As teorias dos precedentes e das Cortes Supremas de Marinoni podem ser vistas como alinhadas ao positivismo excludente, se consideradas as características descritas por: BUSTAMANTE, Thomas da Rosa de. Precedente judicial aos olhos do positivismo jurídico excludente. In: *O Positivismo Jurídico no Século XXI*. Coords. Bruno Torrano. José Emílio Medauar Ommati. Rio de Janeiro: Lumen Juris, 2018, págs. 381-404. Nada obstante, essa constatação gera inconvenientes para Marinoni, para quem o positivismo jurídico reduziu: (i) o direito à lei; (ii) a fonte ejetora do direito ao Legislativo; (iii) a atividade do jurista à descrição da lei e à busca da von-

minados, operando sob suas próprias premissas, a teoria não só não impediu como estimulou e absorveu – e, pode-se dizer, legitimou – a livre criação judicial do Direito, a despeito de enunciados legais e

---

tade do legislador mediante raciocínios lógicos que revelam um resultado correto ou falso. (MARINONI, Luiz Guilherme. ARENHART, Sérgio Cruz. MITIDIERO, Daniel. *Novo Curso de Processo Civil*. V. 1. 2 ed. São Paulo: Editora Revista dos Tribunais, 2016, p. 33-34). A visão é reducionista e equivocada. O erro de (i) e (ii) é demonstrável com a remissão ao texto de Bustamante. O erro de (iii) é evidenciado pela leitura da obra de alguns dos mais conhecidos juspositivistas. Segundo Hans Kelsen, a atividade da autoridade aplicadora é sempre ato de vontade criador, no mínimo, de norma individual e concreta, ao passo em que a atividade do cientista é atividade cognitiva e que, embora para ele sempre descritiva, de modo algum é meramente lógica e conducente a respostas necessariamente corretas e incorretas. Pelo contrário, "a interpretação jurídico-científica não pode fazer outra coisa senão estabelecer as possíveis significações de uma norma jurídica. Como conhecimento do seu objeto, ela não pode tomar qualquer decisão sobre as possibilidades por si mesma reveladas, mas tem de deixar tal decisão ao órgão que, segundo a ordem jurídica, é competente para aplicar o Direito". (KELSEN, Hans. *Teoria Pura do Direito*. São Paulo: WMF Martins Fontes, 2012, págs. 395-396). Ademais, a criação do direito pelos juízes nos casos em que não há previsão legislativa explícita (e até mesmo em casos de antinomia) é reconhecida tanto por positivistas jurídicos excludentes quanto por positivistas inclusivos, como se vê, respectivamente, em: RAZ, Joseph. *La Autoridad del Derecho*. Ensayos sobre derecho y moral. Trad. Rolando Tamayo e Salmorán. Ciudad de México: Universidad Nacional Autónoma de México, 1985, p. 243 e ss., e HART, Herbert L. A. *O Conceito de Direito*. São Paulo: Editora WMF Martins Fontes, 2009, p. 356. Trata-se de uma das caricaturas do positivismo jurídico, como denuncia DIMOULIS, Dimitri. *Positivismo Jurídico*. Teoria da validade e da interpretação do direito. 2 ed. Porto Alegre: Livraria do Advogado, 2018, p. 187. Ao fim e ao cabo, parece correta a crítica de Calmon de Passos: "Os famosos antipositivistas se tornam exacerbados positivistas quando transferem do dizer do legislador para o dizer do julgador o mesmo tipo de poder e a mesma álea de riscos e encobrimentos, liberando-os, contudo, de legitimação popular, inclusive nem mesmo disciplinando algum tipo de legitimação *a posteriori* para agentes políticos tão poderosos, mediante a institucionalização de controles sociais eficazes". (PASSOS, José Joaquim Calmon. Há um novo moderno processo civil brasileiro? *Revista Brasileira de Direito Público – RBDP*, Belo Horizonte, ano 7, n. 25, p. 161-169, abr./jun. 2009, p. 167). Toma-se aqui a passagem do mestre baiano como crítica àqueles que desdenham do positivismo, mas não apresentam alternativa consistente e legítima.

constitucionais[705_706_707].

705 A advertência é justificável não só pelos exemplos já referidos. Nas três primeiras edições da obra Precedentes Obrigatórios (2010, 2011 e 2013), justamente na passagem dedicada à defesa da compatibilidade da obrigatoriedade dos precedentes com a separação dos poderes, Luiz Guilherme Marinoni afirmava: "não há como deixar de denunciar a covardia, ou talvez a timidez, imperante no *civil law*, em admitir que os direitos têm sido livremente criados – e os juízes e tribunais têm sido obrigados a cria-los. Há um verdadeiro fosso entre o que se diz que é feito e o que realmente é feito". Na sequência, complementava: "O questionamento da força obrigatória das decisões judiciais diante do princípio da separação dos poderes constitui gritante falta de consciência jurídica ou ingenuidade enfadonha e inescusável". (MARINONI, Luiz Guilherme. *Precedentes Obrigatórios*. São Paulo: Editora Revista dos Tribunais, 2010, p. 204). As passagens deixam alguns pontos claros: primeiro, juízes criam livremente o Direito; segundo, a livre criação do Direito pelos juízes não é contrária à separação dos poderes; terceiro, o Direito livremente criado pelas Cortes Supremas devem ser necessariamente seguidos pelos demais órgãos jurisdicionais. Pois bem. O primeiro trecho transcrito foi suprimido a partir da quarta edição da obra (2015), sem indicação do motivo. Como o segundo trecho foi mantido, o leitor fica sem saber se a aceitação da livre criação do Direito pelos juízes e tribunais foi superada ou se permanece, agora como não-dito, no pensamento atual do autor. Blindam-se algumas indagações, tais como: do fato de que os direitos têm sido livremente criados pelos juízes e tribunais resulta que eles têm competência para tanto? Por acaso a competência tem fundamento (=ela é exercida por um ente) ou normativo (=norma jurídica atribui tal competência a um ente)? O que significa dizer que juízes e tribunais têm sido obrigados a criar direitos? O leitor terá de intuir.

706 Concorda-se, portanto, com o diagnóstico de que se trata de uma teoria normativa da política, que busca legitimar rearranjos institucionais mediante ponderações sobre o que funciona melhor ou traz melhores resultados: STRECK, Lenio Luiz. *Precedentes Judiciais e Hermenêutica*. Salvador: JusPodivm, 2018, p. 34 e ss. No mesmo sentido, a crítica de que, no limite, é uma teoria que busca conferir às Cortes Supremas a função de "errar" por último, atribuindo aos juízes e tribunais locais o dever de segui-los: RAATZ, Igor. Precedentes à Brasileira – uma autorização para "errar" por último? *Consultor Jurídico*, São Paulo, 29 out. 2016. Opinião. Disponível em: https://bit.ly/35pnSo4. Acesso em 03.05.2020.

707 Em crítica a essa visão dos precedentes: "O precedente judicial, presente não apenas nos países da família do common law, é visto por alguns como garantia na contenção do arbítrio. Esse tipo de argumentação em prol do uso dos precedentes se dissemina e ganha tonalidade ainda mais sedutora ao se entrelaçar o aspecto identitário dos povos inglês e norte-americano ao sistema jurídico do common law, pois se passa a acreditar que os demais países, como o Brasil, considerados periféricos, necessitariam alcançar um ideal ético, cuja fonte inspiradora situar-se-ia apenas na Inglaterra e nos Estados Unidos. Nesse ambiente precencialista, os tribunais e as cortes de natureza superior desempenhariam papel de

3.6.3. O RESULTADO DAS PROPOSTAS: A GUARDIANIA JUDICIAL

Essas considerações permitem verificar pontos de contato entre as propostas de Cândido Rangel Dinamarco e Luiz Guilherme Marinoni.

Em primeiro lugar, está claro que ambos aderem ao Publicismo Processual, à ideia de que o processo é um instrumento do Estado voltado precipuamente à realização dos seus interesses, apenas secundariamente aos das partes.

Ademais – e esse é o ponto –, ambos atribuem, cada um a seu modo, proeminência ao Judiciário: no caso de Dinamarco, aos juízes em geral; no caso de Marinoni, precipuamente às Cortes Supremas. Em ambos os casos, dá-se a absorção de tendências fortemente idealistas (verificada na pretensa necessidade e capacidade de adaptar o direito a exigências decorrentes de imperativos superiores, como, v. g., justiça, bem comum, interesse público, moralidade) e sociológicas (verificada na suposta capacidade de adaptar as normas vigentes a exigências decorrentes da evolução da sociedade)[708].

---

maior relevância, definindo *eticamente* o que é e deve ser o direito. Contudo, a exaltada defesa do papel preponderante dos tribunais e das cortes supremas, na incumbência de dizer o que é o direito, encobre e encoraja o surgimento de um fenômeno jurídico hábil a gerar um verdadeiro colapso, por isso mesmo criticado acidamente, a saber, a sobreposição da atividade jurisdicional a outros poderes, prática fecunda ao desencadeamento de atitudes capazes de elevar o judiciário ao patamar de censor ou superego da sociedade. Não se trata da mera disputa entre as fontes, mas do superpoder exercido pelo judiciário". (VIANA, Aurélio. NUNES, Dierle. *Precedentes no CPC/2015 e a Mutação no Ônus Argumentativo*. Rio de Janeiro: Forense, 2017, versão eletrônica, posição n. 96). Para a profundar a crítica a essa teoria dos precedentes: STRECK, Lenio Luiz. *Precedentes Judiciais e Hermenêutica*. Salvador: Jus Podivm, 2018; ABBOUD, Georges. *Processo Constitucional Brasileiro*. 3 ed. São Paulo: Thomson Reuters, 2019, págs. 967-977 e 1007-1168; ROSSI, Júlio César. *Precedentes à Brasileira*. A jurisprudência vinculante no CPC e no novo CPC. São Paulo: Atlas, 2015; MUNDIM, Luís Gustavo Reis. *Precedentes*. Da vinculação à democratização. Belo Horizonte: Editora D'Plácido, 2018; FREITAS, Gabriela de Oliveira. *Controle Difuso de Jurisdicionalidade*. Tese (doutorado em Direito). Data da Defesa: 27/02/2019. 108f. Pontifícia Universidade Católica de Minas Gerais, Belo Horizonte, 2019, págs. 26-38; COSTA, Eduardo José da Fonseca. Tribunais superiores são órgãos transcendentais? *Consultor Jurídico,* São Paulo, 03 dez. 2016. Opinião. Disponível em: https://bit.ly/2Uq15nX. Acesso em 20.04.2020.

708 DIMOULIS, Dimitri. *Positivismo Jurídico*. Teoria da validade e da interpretação do Direito. 2 ed. Porto Alegre: Livraria do Advogado, 2018, p. 181. A crítica é feita aos pós-positivistas brasileiros, mas servem, *in totum*, para o contexto aqui aplicado.

Ocorre que esse é o *standard* de atuação do Legislativo. As tensões no âmbito do conjunto da sociedade são recepcionadas pelo sistema político de modo bastante aberto. No curso do debate parlamentar podem e devem entrar argumentos metajurídicos, razões amplas dirigidas a alcançar o consenso possível que, então, será vertido em provimento legislativo que institucionalizará a solução (contingente) para os desacordos morais. Esse debate pode encontrar limites mais ou menos rigorosos na Constituição (*v. g.* proibição de tortura), mas não fica ou fica pouco amarrada a precedentes, textos e limites da interpretação[709].

Mas as tensões internas ao sistema jurídico, resolvidas coativamente pelo Judiciário, só podem ser validamente dimensionadas pelo recurso à *praxis*, isto é, ao direito positivo *lato sensu,* precedentes e técnicas interpretativas. A interpretação jurídica não pode recorrer a argumentos utilitários e pragmáticos como aqueles que podem e devem entrar no debate parlamentar, sob pena de desdiferenciação do sistema jurídico[710].

Portanto, quando o Judiciário assume a missão de "valorar aspectos morais, culturais, econômicos e políticos do seu momento histórico" (Marinoni) ou de realizar escopos sociais e políticos (Dinamarco), o sistema jurídico se dissolve em sistema político e o Judiciário se substitui ao Legislativo e ao Executivo. Instaura-se a guardiania judicial[711].

Falando especificamente das propostas de Dinamarco e Marinoni, André Cordeiro Leal sustenta que, como instrumentalistas,

---

709 Waldron, Jeremy. The Core of the Case Against Judicial Review. *The Yale Law Journal,* V. 115, n. 06, abr. 2006, p. 1353. No mesmo sentido: WALDRON, Jeremy. A Essência da Oposição ao *Judicial Review.* In: *Legitimidade da Jurisdição Constitucional.* coords. Antonio Carlos Alpino Bigonha. Rio de Janeiro: Lumen Juris, 2010, p. 131). Nessa esteira, "o raciocínio legislativo, afinal, é uma forma de raciocínio que deve ser estruturado em nome de toda a sociedade acerca de importantes questões morais; exatamente por isso é importante que se proceda *sem* os limites impostos por textos, doutrinas precedentes". (MORBACH, Gilberto. *Entre Positivismo e Interpretativismo, a Terceira via de Waldron.* Salvador: JusPodivm, 2019, p. 253).

710 Relevantes as contribuições de: CRUZ, Álvaro Ricardo de Souza. *Hermenêutica Jurídica e(m) Debate.* O constitucionalismo brasileiro entre a teoria do discurso e a ontologia existencial. Belo Horizonte: Fórum, 2007, págs. 212 e ss.; CRUZ, Álvaro Ricardo de Souza. *A Resposta Correta.* Incursões jurídicas e filosóficas sobre as teorias da justiça. Belo Horizonte: Arraes Editores, 2011, p. 218.

711 SANT'ANNA, Lara Freire Bezerra de. *Judiciário como Guardião da Constituição:* Democracia ou Guardiania? Rio de Janeiro: Lumen Juris, 2014, págs. 34-35.

propõem exatamente que a jurisdição faça valer uma vontade concreta, só se alternando a fonte dessa concretude: antes, a vontade da lei ou do legislador; agora, os valores vigentes na sociedade só acessíveis a um julgador magnânimo e preparado. O que se tem é que a concretude da vontade se desloca, na Escola Instrumentalista do Processo, do texto legal para uma realidade social *em si mesma* – um enforque que, antes de axiológico, é axiologizante[712].

Essas visões devem ser repelidas. O Direito disciplina sua própria criação e é internamente operacionalizado pelo código binário lícito/ ilícito. Relacionando-se com o entorno, recebe pressões das mais variadas ordens para incorporar ou expurgar determinados conteúdos. Autopoiético, o acoplamento estrutural do sistema jurídico com os demais se deve fazer de acordo com a disciplina que ele próprio erige para a sua abertura e fechamento[713]. Caros à preservação de sua autonomia, autoridade competente e procedimento adequado (sem desprezar discussões sobre o conteúdo material dos direitos) devem ser buscados no interior do sistema do direito positivo de cada comunidade política, não de idealidades, ainda que oferecidas pelas mais admiráveis inteligências[714]. Nosso direito constitucional positivo consagra a separação dos Poderes e atribui ao Legislativo a competência para a edição do Direito pela via do devido processo legislativo. A este e de tal modo cumpre promover a abertura e o fechamento do sistema jurídico em relação aos demais sistemas sociais. Gravada como cláusula pétrea, a transferência dessa competência para o Judiciário não é admissível

---

712 LEAL, André Cordeiro. *Instrumentalidade do Processo em Crise*. Belo Horizonte: Mandamentos, 2008, p. 137.

713 CAMPILONGO, Celso Fernandes. *Política, Sistema Jurídico e Decisão Judicial*. São Paulo: Saraiva, 2011, págs. 65 e ss.; ROSSI, Júlio César. O garantismo estrutural. *Processo e Liberdade*. Estudos em Homenagem a Eduardo José da Fonseca Costa. Orgs. Adriana Regina Barcellos Pegini. Et ali. Londrina: Thoth, 2019, págs. 559-570.

714 *Mutatis mutandis,* é o mesmo raciocínio desenvolvido para negar que o Judiciário tem a função de, além da hipótese constitucionalmente permitida do mandado de injunção, suprir omissões do legislador para criar Direito *ex novo*: COSTA, Eduardo José da Fonseca. A (In)Justificabilidade Normativa da Legiferação Judiciária. *Empório do Direito*, Florianópolis, 27.04.2020. Coluna da Associação Brasileira de Direito Processual. Disponível em: https://bit.ly/3fdzq2i. Acesso em 30.04.2020.

sequer por Emenda Constitucional[715], muito menos por construção interpretativa.

Os postulados das teorias de Dinamarco e Marinoni são incompatíveis com a Constituição de 1988. Não fornecendo critérios dogmático-constitucionais de orientação, conduzem a sérios problemas interinstitucionais que podem levar à descaracterização do sistema jurídico. Habitam a política, não a dogmática.

3.6.4. A GUARDIANIA JUDICIAL COMO PROBLEMA FUNCIONAL BIDIMENSIONAL: BARALHAMENTO FUNCIONAL INTERPODERES E BARALHAMENTO FUNCIONAL INTRAPROCEDIMENTAL

Todas essas considerações permitem estabelecer o elo com o objeto desta pesquisa: o baralhamento funcional intraprocedimental é apenas manifestação (dimensão micro) do baralhamento funcional interpoderes (dimensão macro).

Explica-se.

A ideia de que a igualdade deve ser *standard* interpretativo não é um problema. Pelo contrário. O tratamento discriminatório infundado aberra aos mais comezinhos instintos, e, claro, ao art. 5º, II, CRFB. A igualdade é importantíssima para a realização de uma interpretação consistente, inclusive para justificar o controle de constitucionalidade.

Os problemas surgem quando a igualdade é catapultada (explícita ou implicitamente, consciente ou inconscientemente) a fundamento para a atribuição de competências. Quando o critério pelo qual se define a competência para o exercício de determinada função deixa de ser a imputação por norma jurídica e passa a ser a valoração pragmático-empírica da aptidão para exercê-la de modo mais satisfatório.

Isso dilui os limites que demarcam as esferas de atuação do Legislativo, do Executivo e do Judiciário. Se houvesse norma constitucional consagrando esse critério, só restaria à dogmática buscar contribuir para o seu exercício da maneira mais racional possível. Não é o caso. E há uma razão para isso: a não ser pela criação de um órgão suprapoder dotado de competência para resolver essa questão – de resto, não positivado na Constituição de 1988 –, seria do Judiciário a

---

715 Pontuando a indelegabilidade das funções orgânicas do Estado, ressalvadas as hipóteses expressamente prescritas na Constituição: NERY JR., Nelson. ABBOUD, Georges. *Direito Constitucional Brasileiro*. Curso completo. São Paulo: Editora Revista dos Tribunais, 2017, págs. 117-118.

competência para decidir quem tem as melhores condições para exercer todas as competências, inclusive as próprias. Como é infenso a controle externo, o Judiciário se totalizaria e a separação dos Poderes seria esvaziada – quando não aniquilada[716].

Na prática, é o que acontece quando, sob o manto da realização da igualdade material, defende-se que o Judiciário adapte o direito – material e processual – à justiça, à moralidade, ao interesse público, conforme-o à evolução da sociedade etc. Nesse mister, ele absorve a racionalidade política e decide sem vinculação ao código binário interno lícito/ilícito. O sistema jurídico se desdiferencia.

Portanto, a ideia de igualdade nas decisões se insere no âmbito daquele que é um dos maiores problemas do constitucionalismo contemporâneo: o esfumaçamento dos limites funcionais do Poder Judiciário. Isso explica por que parte dos autores filiados a essas concepções de processo aderem ao neoconstitucionalismo e a concepções axiológicas dos direitos fundamentais (princípios que exigem ponderação otimizadora fática e jurídica), que são, em escala macro, objeto das mesmas críticas ora realizadas em dimensão micro.

Quando a pergunta sobre a competência deixa de ser "quem, segundo normas jurídicas, tem competência para exercer a função $f1$?" e passa a ser "quem, faticamente, tem aptidão para melhor exercer a função $f1$?", ou seja, quando os critérios para tanto deixam de ser

---

716 Não surpreende que autores com essas visões sejam adeptos do neoconstitucionalismo e seu discurso de reaproximação do direito com a moral, de direitos fundamentais como princípios passíveis de otimização fática e jurídica por ponderação. Em um dos mais engenhosos eufemismos jamais construídos para legitimar a substituição do Legislativo pelo Judiciário, sustenta-se que o direito natural "pode ser considerado uma importante fonte de argumentos éticos e políticos que os juízes podem usar para criticar, questionar, aperfeiçoar, modificar ou, em outras palavras, produzir um novo direito positivo". (CAMBI, Eduardo. *Neoconstitucionalismo e Neoprocessualismo*. Direitos fundamentais, políticas públicas e protagonismo judiciário. São Paulo: Editora Revista dos Tribunais, 2009, p. 137). Revelando uma visão do Judiciário como ente suprapoder, fala-se que a sua função é alterada para a de examinar se "o exercício discricionário do poder de legislar e de administrar conduzem à efetivação dos resultados objetivados", cumprindo uma *função socioterapêutica*, corrigindo desvios na consecução das finalidades a serem atingidas para a proteção dos direitos fundamentais, além de assumir a gestão da tensão entre igualdade formal e justiça social" (Op. cit., p. 195). Destacando a necessidade de uma sensível pré-compreensão, afirma que "não está o magistrado (...) mais condicionado à legalidade estrita (*dura lex sed lex*), assumindo, ao lado do Poder Executivo e do Legislativo, a responsabilidade pelo sucesso político das exigências do Estado Social" (Op. cit., p. 196).

exclusivamente jurídico-normativos e passam a incorporar elementos pragmático-empíricos, sem mediação legal, eles se tornam preponderantemente subjetivos, complexos e – o que é pior – metajurídicos. Diluem-se as referências que permitem saber se, a pretexto de exercício do *judicial review*, o Judiciário não está, materialmente, legislando no lugar do Legislativo e definindo políticas públicas (*v. g.* eleição da destinação das verbas públicas para o fim *f1* ou *f2*) ou de governo (*v. g.* nomeações para cargos da burocracia estatal) no lugar do Executivo. Não se está dizendo que o Judiciário não possa realizar o controle de constitucionalidade das leis e o controle de constitucionalidade e legalidade de políticas públicas e políticas de governo. Ele pode. Contudo, ele deve fazê-lo a partir de critérios estritamente jurídicos, e não pragmático-empíricos. Esse é o problema e é isso que se projeta no horizonte quando a indagação sobre a competência sofre o câmbio acima referido. E aí que surge o baralhamento funcional interpoderes. Instaura-se um problema de dimensão macro.

Acontece que essa oblíqua alteração do critério de competência não se limita ao plano da divisão de trabalho do Judiciário com os demais Poderes, projeta-se para todos os seus espaços de atuação. Alcança, pois, o espaço do processo e do procedimento. Ele passa a ser utilizado para definir quais funções serão mais bem exercidas se ficarem a cargo do órgão jurisdicional – ainda que não exclusivamente por ele. Diluem-se as referências que permitem saber se, a pretexto do exercício de suas próprias funções, o juiz não está, na verdade, assumindo funções que, por derivação constitucional, só podem ser das partes. O resultado é o baralhamento funcional intraprocedimental. Reproduz-se o problema em dimensão micro.

Baralhamento funcional interpoderes e baralhamento funcional intraprocedimental são dois lados da mesma moeda: esta deriva daquela, e a retroalimenta[717].

---

717 Além do baralhamento interpoderes e do baralhamento intraprocedimental, pode-se pensar ainda no baralhamento intrajurisdicional. Trata-se de utilizar o critério empírico não só para definir qual dos poderes tem competência para o exercício de uma função e qual sujeito processual tem competência para o exercício de uma função, mas também de definir qual órgão jurisdicional tem mais aptidão para exercer uma competência jurisdicional. A grosso modo, é a busca pelo melhor poder, pelo melhor sujeito processual e pelo melhor órgão jurisdicional – o que flerta claramente com a pessoalidade, já que a aptidão não é órgão jurisdicional pensado enquanto ente abstrato (vara, câmara, turma etc.), mas enquanto ente concreto (pessoa) que nele atua.

As propostas de Dinamarco e Marinoni desembocam nisso. Ambos reivindicam a abertura para *standards* metajurídicos reconhecendo que, com isso, o julgamento será definido pelas valorações e pelo sentimento de justiça dos juízes. E insista-se: no pensamento dos referidos autores (e dos que pensam como eles) isso não se apresenta como um fatalismo realista, mas como avaliação, algo que eles consideram ideal, necessário e positivo. Por alguma razão, acreditam que os juízes são capazes de realizar valores substantivos (justiça, bem comum, interesse público etc.) e de atualizar o Direito segundo os influxos sociais, mas não fornecem meios para controlar essa atividade no interior da racionalidade jurídica.

Percebeu-se que o único fundamento logicamente (embora não necessariamente conforme a Constituição) consistente da tese das Cortes Supremas é o da sua autoridade (precedentes devem ser obedecidos porque são formados por Cortes Supremas), e os exemplos analisados demonstraram que no seu interior o sentido do direito é definido segundo os valores dos seus integrantes. Vale dizer, o direito é aquilo que os membros das Cortes Supremas dizem que ele é.

A leitura açodada da tese da legitimação pelo procedimento em contraditório, apresentada à guisa "significado do contraditório no Estado Constitucional", conduziu à conclusão de que o *conteúdo* do contraditório é suficiente, *per se*, para legitimar o exercício da jurisdição. Forja-se o imaginário de que, desde que a comunidade de trabalho dialogue, não importa quem exerceu tais ou quais funções. É a tese de que a atuação do juiz não deve ser *limitada*, mas *controlada*[718].

---

718 Embora ambientada no contexto específico da possibilidade de inversão do ônus da prova independentemente de previsão legal, nota-se que essa é a posição de Luiz Guilherme Marinoni em relação aos poderes do juiz em geral: "A suposição de que a inversão do ônus da prova deve estar pressa na lei está presa à ideia de que qualquer incremento do poder do juiz deve estar definido na legislação, pois, de outra forma estará aberta a possibilidade de o poder ser utilizado de maneira arbitrária. Atualmente, contudo, não se deve pretender limitar o poder do juiz, mas sim controla-lo, e isso não pode ser feito mediante uma previsão legal da conduta judicial, como se a lei pudesse dizer o que o juiz deve fazer para prestar adequada tutela jurisdicional diante de todas as situações concretas. Se as situações de direito material são várias, deve-se ocupar a justiça do caso concreto, o que repele as teses de que a lei poderia controlar o poder do juiz. Esse controle, atualmente, somente pode ser obtido mediante a imposição de uma rígida justificativa racional das decisões, que podem ser auxiliadas por regras como a da proporcionalidade e suas sub-regras". (MARINONI, Luiz Guilherme. *Curso de Processo Civil*. V. 1. 5 ed. São Paulo: Editora Revista dos Tribunais, 2011, p. 422).

Trata-se de uma falácia. *Limites* e *controles* são noções com âmbitos de incidência distintos e complementares. *Limites* dizem respeito às competências; *controles*, ao modo de exercício das competências. Em termos lógicos é possível dizer que o Judiciário e os juízes podem ser *limitados* e *controlados*, *limitados* e *descontrolados*, *ilimitados* e *controlados* e *ilimitados* e *descontrolados*. Em termos jurídicos, o Judiciário e os juízes devem ser *limitados* e *controlados*, ou seja, devem exercer apenas funções judicantes (não dos demais poderes nem das partes) e de forma válida.

A separação dos Poderes e a legalidade *lato sensu* respondem, respectivamente, pelos limites e controles do Poder Judiciário. O contraditório responde, em sua *estrutura relacional* e seu *conteúdo*, respectivamente, pelos limites e controles do juiz. Não por acaso, separação dos Poderes, legalidade e contraditório são garantias contrapoder. Portanto e em suma, só é possível falar em legitimação do exercício da jurisdição pelo procedimento quando o Judiciário e os juízes são *limitados* e *controlados*.

A remoção dos *limites* e a aposta nos *controles* está à base do duplo baralhamento funcional acima referido. Quando o juiz não tem *limites*, abre-se ensejo à invasão das esferas de competência do Legislativo e do Executivo[719] (baralhamento funcional interpoderes) e das partes (bara-

---

719 Sem surpresa, Marinoni defende que a decisão proferida na ação de inconstitucionalidade por omissão não pode ficar limitada à declaração da omissão inconstitucional e comunicação ao Poder competente para a tomada das providências necessárias. Estimando que essa visão "não é adequada do ponto de vista do processo e da tutela da ordem constitucional", defende, a despeito do art. 103, § 2º, CRFB, prescrever que "*declarada* a inconstitucionalidade por omissão de medida para tornar efetiva norma constitucional, *será dada ciência* ao Poder competente", que isso não impede o Judiciário "de proferir um provimento de natureza constitutiva quando consciente da inefetividade da mera declaração", de modo que "o não cumprimento do prazo pelo Legislativo abre ao Judiciário, como regra geral, a possibilidade de elaborar a norma faltante para suprir a inércia do legislador, evitando que o seu desprezo à Constituição gere um estado consolidado o permanente de inconstitucionalidade". (SARLET, Ingo Wolfgang. MARINONI, Luiz Guilherme. MITIDIERO, Daniel. *Curso de Direito Constitucional*. 3 ed. São Paulo: Editora Revista dos Tribunais, 2014, págs. 1258-1259). Seu posicionamento foi analisado e corretamente refutado por Dimitri Dimoulis e Soraya Lunardi: "isso esbarra na claríssima previsão do art. 103, § 2º, da CF, assim como em considerações de separação de poderes que impedem que o Judiciário legisle aberta e positivamente. Certamente, a proclamação da omissão legislativa não satisfaz os anseios dos interessados. Mas se assim o determinou a Constituição não podemos substituir as considerações dele (*sic*) sobre

lhamento funcional intraprocedimental). Não bastasse, o juiz *ilimitado* torna-se potencialmente *incontrolável*, pois ao assumir materialmente funções políticas *stricto sensu* ele incorpora sua racionalidade, manipulando diretamente critérios metajurídicos, não opera com critérios bitolados pelo código binário lícito/ilícito.

Isso não é um problema apenas do neoconstitucionalismo. O Publicismo Processual, paradigma sob o qual operam, igualmente, Dinamarco e Marinoni, para ficar nos autores das obras ora escrutinadas, encobriu a necessidade de indagar sobre o que os juízes podem fazer e como eles devem agir. Com isso, gerou (ou reproduziu) duas assimetrias: isolamento discursivo do juiz e baralhamento funcional. Aquele fez com que o juiz decidisse sem vinculação ao labor argumentativo das partes; este, com que exercesse toda e qualquer função processual que estimasse necessária para, segundo seus próprios critérios, bem julgar.

O *conteúdo* do contraditório e sua repercussão na fundamentação é antídoto da maior importância contra o isolamento discursivo, e os autores ligados à função social do processo *ope iudicis* prestaram imensa contribuição para combater esse mal – Dinamarco e Marinoni, incluídos. Mas ao apostarem apenas nessa frente de ataque não enfrentam o problema do baralhamento funcional. Pior – e por mais paradoxal que possa parecer –, ao encamparem a ideia-síntese de que "juízes não devem ser limitados, mas controlados", agravam-no.

É importante e urgente mirar a *estrutura relacional* do contraditório e sua repercussão na imparcialidade, pela via da impartialidade, como critério para delimitar as funções processuais que podem ser de titularidade das partes e do juiz, ou seja, como baliza para *limitar* o juiz. Se assim não for, nada impedirá que se defenda, quiçá sem autorização legal, *v. g.*, a possibilidade de o magistrado *ex officio*: (i) iniciar

---

a limitação do Judiciário pelas nossas opiniões sobre a efetividade constitucional". (DIMOULIS, Dimitri. LUNARDI, Soraya. *Curso de Processo Constitucional.* Controle de constitucionalidade e remédios constitucionais. São Paulo: Atlas, 2016, versão eletrônica, Capítulo 3, subcapítulo 3.2.9.). No mesmo sentido: COSTA, Eduardo José da Fonseca. A (In)Justificabilidade Normativa da Legiferação Judiciária. *Empório do Direito*, Florianópolis, 27.04.2020. Coluna da Associação Brasileira de Direito Processual. Disponível em: https://bit.ly/3fdzq2i. Acesso em 30.04.2020; ABBOUD, Georges. *Processo Constitucional Brasileiro.* 3 ed. São Paulo: Thomson Reuters Brasil, 2019, p. 535). Para maiores variações acerca do tema, com ampla descrição da jurisprudência do STF, conferir: FERNANDES, Bernardo Gonçalves. *Curso de Direito Constitucional.* 9 ed. Salvador: JusPodivm, 2017, p. 1537 e ss.

procedimentos[720], (ii) interferir na definição dos limites objetivos[721] e subjetivos da demanda[722], (iv) auxiliar a parte para obter tutela provi-

---

720 Rompendo a regra da inércia da jurisdição, o art. 989, CPC/73, admitia a instauração de inventário *ex officio*, o que a doutrina descrevia sem o menor juízo crítico, mesmo reconhecendo que ali predominam interesses eminentemente privados: MOREIRA, José Carlos Barbosa. O problema da "divisão de trabalho" entre juiz e partes: aspectos terminológicos. In: *Temas de Direito Processual*. Quarta série. São Paulo: Saraiva, 1989, p. 37.

721 À luz do art. 797, CPC/73, Carlos Alberto Alvaro de Oliveira e Daniel Mitidiero, por todos, defenderam, a título de adaptação teleológica do procedimento às especificidades da causa, a possibilidade de o juiz conceder tutela cautelar diversa da que fora pleiteada, inclusive *ex officio*: OLIVERA, Carlos Alberto Alvaro. MITIDIERO, Daniel. *Curso e Processo Civil*. V. 1. São Paulo: Atlas, 2010, p. 77. Já àquele tempo não era possível concordar com esse entendimento. Primeiro, porque apontar para a especificidade da tutela cautelar é insistir na concepção de que ela é "instrumento do instrumento", posicionamento que não resiste ao argumento de que existe um direito material de segurança, objeto da ação cautelar. Ora, se se trata de direito material não subsiste o argumento do "interesse público" à efetividade do "instrumento do instrumento" a justificar concessão oficiosa. Segundo, porque a permissão legal não deveria dispensar o exame da sua constitucionalidade, particularmente da imparcialidade. De certo modo, Daniel Mitidiero mantém o mesmo entendimento no direito atual. É que como o art. 295, CPC, condiciona a concessão da tutela provisória – cautelar ou satisfativa – ao requerimento da parte, o professor sustenta que o juiz pode consultar o litigante para que ele manifeste seu interesse em obter a tutela provisória até então não requerida, julgando que assim se equilibram os papeis das partes e do juiz no processo – este age de modo ativo, mas respeitando a liberdade daquela: MITIDIERO, Daniel. *Antecipação da Tutela*. Da tutela cautelar à técnica antecipatória. 4 ed. versão eletrônica. São Paulo: Thomson Reuters Brasil, 2019, Parte II, Cap. 1. A questão será retomada adiante.

722 É o que se faz quando se propõe a intervenção *iussu iudicis*, pela qual o Estado-juiz, de ofício e sem relação com o litisconsórcio necessário, defendida ora como sugestão de *lege ferenda* ora como de *lege lata,* por se considerar "técnica útil para encontrar equilíbrio entre a efetividade do processo e a tutela dos terceiros". (CINTRA, Lia Carolina Batista. *Intervenção de Terceiro por Ordem do Juiz.* Intervenção *iussu iudicis* no processo civil. São Paulo: Editora Revista dos Tribunais, 2017, livro eletrônico, Intervenção *Iussu Iudicis:* uma breve apresentação).

sória não requerida[723]; (v) manejar meios voluntários de impugnação de decisão judicial[724] etc.

Pelo resgate dos limites. A doutrina deve buscar critérios estritamente jurídicos, primeiramente jurídico-constitucionais, para limitar as atribuições de competências do Judiciário, em geral, e dos juízes, no interior do procedimento. Há limites funcionais mínimos para tanto, vinculantes até mesmo para o legislador. Os limites do Judiciário derivam da separação dos Poderes e das regras constitucionais que a condensam. Os limites dos juízes derivam da *estrutura relacional* da garantia do contraditório (e das garantias processuais em geral). As funções reconduzíveis a situações jurídicas ativas decorrentes do contraditório só podem ser de titularidade das partes e a situações jurídicas passivas decorrentes do contraditório só podem ser de titularidade dos juízes[725]. O legislador só pode desviar daí mediante robusta justificativa constitucional, capaz de resistir ao teste da proporcionalidade, demonstrando que a restrição à garantia do contraditório (permitir que o juiz exerça situação jurídica ativa do contraditório é restringir a liberdade constitucionalmente assegurada às partes) possui razão constitucional de monta e não a esvazia nem descaracteriza irremediavelmente[726]. Fora daí, há violação do art. 5º, LV, CRFB, ainda que com pejo de medidas sócio-equalizantes.

---

723 Já referida sugestão de MITIDIERO, Daniel. *Antecipação da Tutela.* Da tutela cautelar à técnica antecipatória. 4. ed. São Paulo: Thomson Reuters Brasil, 2019, livro eletrônico, Parte II, item 1.

724 É possível imaginar a hipótese naqueles casos em que o juiz se viu forçado a decidir em determinado sentido em razão de existir um precedente que ele não tem competência para superar, mas do qual discorda e gostaria de ver superado. Aproxima-se disso a defesa do emprego da técnica da *ressalva de entendimento,* no bojo dos precedentes. Sobre a técnica, ver: CARVALHO, Mayara. SILVA, Juliana Cordeiro Tavares da. Ressalva de entendimento e valorização da primeira instância no sistema de precedentes brasileiro. In: *Precedentes.* Coleção grandes temas. V. 3. Coords. CUNHA, Leonardo José Carneiro da. ATAÍDE JR., Jaldemiro Rodrigues de. MACÊDO, Lucas Buril de. Salvador: Jus Podivm, 2015, p. 729 e ss.

725 Esses são critérios mínimo, como dito. Logo, nada impede que a reflexão dogmática identifique outros. Até que sobrevenha refutação ou acréscimo consistente, pensa-se que esta é uma base fixa sólida para tanto.

726 Proporcionalidade no sentido clássico, de controle das restrições de direitos fundamentais pelo Estado. Assim, "Entenderemos a proporcionalidade como *mandamento constitucional que objetiva verificar a constitucionalidade de intervenções estatais a um direito fundamental mediante a avaliação de sua licitude e da licitu-*

A igualdade cumpre a importantíssima função de vetor interpretativo. Cabe à dogmática jurídica instituir critérios racionais, objetivos e previsíveis para que por meio dela problemas concretos sejam resolvidos pelo legislador, pelo administrador e pelo juiz. Mas o direito constitucional positivo não atribui a ela o caráter de critério de atribuição de competência. A sua invocação (expressa ou implícita) com essa finalidade é artificialidade política – não dogmática – que, na melhor das hipóteses e apenas em termos pragmáticos, cria tantos problemas quanto resolve. A consequência são os já referidos baralhamento funcional interpoderes (o Judiciário define suas próprias competências, imiscuindo-se nas funções do Legislativo e do Executivo) e baralhamento funcional intraprocedimental (o juiz define suas próprias competências, imiscuindo-se nas funções das partes). Sem limites, Judiciário e juízes se totalizam. Instaura-se a guardiania judicial.

3.7. A IGUALDADE PROCESSUAL COMO UM PROBLEMA NORMATIVO E A IMPORTÂNCIA DO ADVOGADO PARA A DEFESA TÉCNICA

A função social do processo *ope iudicis* é manifestação do Estado Social e absorve seus postulados (igualitarismo e primazia do interesse público). Daí a sua sintonia fina com o neoconstitucionalismo, herdeiro direto do constitucionalismo dirigente, cujo objetivo era preparar a transição para o socialismo[727]. Nada obstante, há uma interpretação no sentido de que o neoconstitucionalismo incorpora uma verve "liberal e individualista", associando-o à utopia neoliberal de eliminação do político[728].

---

de dos fins pretendidos, assim como da adequação e da necessidade da intervenção para fomentar determinada finalidade". (DIMOULIS, Dimitri. MARTINS, Leonardo. *Teoria Geral dos Direitos Fundamentais.* 6 ed. São Paulo: Thomson Reuters, 2018, p. 208). Propostas nessa linha, ainda que com algumas diferenças internas, podem ser encontradas em: LAURENTIIS, Lucas Catib de. *A Proporcionalidade no Direito Constitucional.* Origem, modelos e reconstrução dogmática. São Paulo: Malheiros, 2017, págs. 178-259; DIMOULIS, Dimitri. MARTINS, Leonardo. *Teoria Geral dos Direitos Fundamentais.* 6 ed. São Paulo: Thomson Reuters, 2018, págs. 227-255.

727 GALVÃO, Luiz Octávio Lavocat. *O Neoconstitucionalismo e o Fim do Estado de Direito.* São Paulo: Saraiva, 2014, p. 212 e ss.

728 SANTOS, Bruno Aguiar. *Neoconstitucionalismo e Ativismo.* A ideologia fadada ao fracasso do arbítrio. Dissertação (mestrado em direito). Data da defesa: 08/03/2017. 126f. Universidade Presbiteriana Mackenzie, São Paulo, 2017, p. 95.

A ausência de substrato jurídico-positivo tanto para uma coisa quanto para outra torna o neoconstitucionalismo em um discurso vazio que deságua numa das mais virulentas versões do pragmatismo jurídico, passível de ser apropriado pelos mais variados cortes ideológicos. Ao relegar a legalidade a segundo plano e se importar primariamente com a substância das decisões, usa e abusa de princípios, valores, fins e ponderação. Sem uma teoria normativa substantiva de como os juízes devem decidir agora que estão livres das amarras formais, abre ensejo ao arbítrio[729], serve tanto à efetivação quanto à banalização e instrumentalização dos direitos fundamentais[730]. O caráter dúctil ou plástico do neoconstitucionalismo[731] dissolve o formalismo jurídi-

---

729 GALVÃO, Luiz Octávio Lavocat. *O Neoconstitucionalismo e o Fim do Estado de Direito*. São Paulo: Saraiva, 2014, p. 311.

730 Demonstrando que pode haver uma relação entre a invocação da proporcionalidade e o enriquecimento da concessão de *habeas corpus* no âmbito do TJRS: DIETRICH. William Galle. Proporcionalidade irracional: qual delas? *Empório do Direito*, Florianópolis, 16 dez. 2019. Coluna Garantismo Processual. Disponível em: https://bit.ly/2SJldAo. Acesso em 25.02.2020. Demonstrando o uso de raciocínio semelhante para fragilizar a garantia do devido processo legal nos EUA: VARGAS, Cirilo Augusto. *A Defesa Técnica Processual*. Estudo comparativo entre o direito brasileiro e norte-americano. Rio de Janeiro: Lumen Juris, 2019, p. 111.

731 Enaltecido por seus adeptos: "a convivência de princípios e valores muitas vezes contraditórios que precisam harmonizar-se diante do caso concreto, evitando concepções absolutas, é uma concepção espiritual do tempo presente. A pós-modernidade exige a construção de uma *dogmática jurídica "líquida" ou "fluida"* capaz de lidar com elementos heterogêneos, presentes em Constituições compromissórias como a brasileira. Logo, os conceitos devem manter a sua autonomia e conviver sem choques destrutivos, mesmo que existam certos movimentos de oscilação, a fim de que um componente não elimine os demais, porque uma dogmática rígida não atende aos objetivos da ciência e da política constitucionais. Portanto, o único conteúdo *"sólido"* das Constituições atuais e que precisa ser, intransigentemente, defendido é a *pluralidade de valores e de princípios"*. (CAMBI, Eduardo. *Neoconstitucionalismo e Neoprocessualismo*. Direitos fundamentais, políticas públicas e protagonismo judiciário. São Paulo: Editora Revista dos Tribunais, 2009, p. 275). Refutando o neoconstitucionalismo exatamente por esses motivos, por todos: RODRIGUES JR., Otávio Luiz. *Direito Civil Contemporâneo*. Estatuto epistemológico, Constituição e direitos fundamentais. São Paulo: Forense Universitária, 2019, p. 161; ABBOUD, Georges. *Processo Constitucional Brasileiro*. 3. ed. Thomson Reuters: 2018, p. 417; STRECK, Lenio Luiz. *Dicionário de Hermenêutica*. Quarenta temas fundamentais da teoria do direito à luz da crítica hermenêutica do direito. Belo Horizonte: Letramento/Casa do Direito, 2017, p. 145-147; SANTOS, Bruno Aguiar. *Neoconstitucionalismo e Ativismo*. A ideologia fadada ao fracasso do arbítrio.

co e lança o Judiciário ao centro do poder, notadamente as Cortes Constitucionais[732], impactando agudamente nas noções de Estado de Direito e separação dos Poderes[733].

Com a eliminação das instituições, ele não promove um governo dos juízes, mas um não-governo, ou seja, o retorno ao estado de natureza:

> em uma sociedade pluralista que confia a todo juiz a possibilidade de decidir não a partir da lei, mas a partir dos "direitos humanos ou fundamentais", o que menos se deve temer é um "governo dos juízes". O que se deve temer é o "não governo" dos juízes, uma multiplicidade de decisões contraditórias em que direitos serão "aplicados" de forma completamente irregular. (...) a negação da lei em nome dos direitos equivale à negação da comunidade política em prol de uma associação anárquica de sujeitos

---

Dissertação (mestrado em direito). Data da defesa: 08/03/2017. 126f. Universidade Presbiteriana Mackenzie, São Paulo, 2017, *passim*.

732 PASSOS, José Joaquim Calmon de. *Revisitando o Direito, o Poder, a Justiça e o Processo*. Reflexões de um jurista que trafega na contramão. Salvador: Jus Podivm, 2012, p. 173.

733 "O Neoconstitucionalismo já está nas ruas. Acadêmicos, magistrados e alunos debatem suas teses com a mesma naturalidade com que discutem a interpretação de um artigo do Código Civil. Brada-se a independência dos formalismos de outrora. Argumenta-se que os princípios jurídicos e a ponderação libertaram os juristas das amarras legais que os subjugavam, possibilitando agora uma atuação mais proativa, com vistas a promover justiça social. Os estudos sobre arranjos institucionais, funcionamento da democracia e formas de aquisição e exercício do poder, antes relevantes para os teóricos de direito constitucional, cederam espaço a teorias da argumentação que utilizam o ponto de vista dos juízes constitucionais, como o caso central da prática jurídica. É curioso que esse protagonismo dos tribunais não tenha proporcionado um maior interesse no estudo sobre o Estado de Direito. A rigor, uma ênfase maior no Poder Judiciário deveria desencadear um incremento nas pesquisas sobre o modo como as normas jurídicas restringem a discricionariedade dos agentes públicos e trazem previsibilidade e certeza para a vida dos cidadãos, focando-se no papel dos magistrados na promoção desses valores. Não foi bem isso que aconteceu. Quando se fala em legalidade, associa-se logo a um positivismo ultrapassado, uma compreensão limitada do fenômeno jurídico. Alega-se que os juízes, com seu senso moral aguçado, necessitam de maior flexibilidade para desenvolver suas capacidades emancipatórias. Leis e códigos? Isso tudo é coisa do passado. Interpretar a letra da lei? Nem pensar! O importante mesmo são os valores e os princípios constitucionais. (...) Ao dissipar a densidade normativa das normas jurídicas e autorizar os juízes a decidirem com base em suas preferenciais pessoais, o Neoconstitucionalismo golpeia com intensidade o conceito de Estado de Direito, aproximando-o do *fim*". (GALVÃO, Luiz Octávio Lavocat. *O Neoconstitucionalismo e o Fim do Estado de Direito*. São Paulo: Saraiva, 2014, p. 307).

de direitos naturais. A lei, em uma democracia, tem seu fundamento na própria comunidade. As regras legais aplicadas aos membros da comunidade são vistas por estes como as "suas" regras. As partes em um processo são as autoras das regras que lhes são aplicadas. (...) Ora, diante de uma decisão baseada diretamente nos direitos, sem referência à lei, como o juiz pode legitimar sua decisão? Sua visão dos direitos é melhor que a visão das partes? Mas o conteúdo dos direitos não consiste precisamente no que divide a comunidade? (...) Quando o juiz neoconstitucionalista abandona o artificialismo do direito positivo para recorrer diretamente aos direitos humanos, ele nos convida a abandonarmos o estado civil e voltar ao estado de natureza. Os conflitos jurídicos deixam de ser pensados a partir da referência a uma lei comum e passam a ser concebidos em termos de direitos naturais sem a mediação da lei criada pela cidadania. Mas aqui, o próprio Judiciário, enquanto realidade institucional, está deslocado. No estado de natureza só existem direitos, não instituições. Isso significa que não há leis, mas também não há juízes[734].

---

734 BARZOTTO, Luis Fernando. *Teoria do Direito.* Porto Alegre: Livraria do Advogado, 2017, p. 30-31. Hermes Zaneti Jr., porém, defende essa abertura, argumentando que amplia a participação democrática: "Essa abertura implica em atribuir uma parcela maior do espaço para o exercício democrático no quadrante do Poder Judiciário e trabalhar fortemente sua legitimação para tanto. A defesa da tese central está em uma leitura literal da Constituição da República Federativa do Brasil: se todos os poderes são democráticos – emanam do povo – e apenas os Poderes Legislativo e Executivo são exercidos mediante representantes eleitos, a democracia por meio do Poder Judiciário tem, em razão de sua especial configuração e da necessidade de provocação popular (princípio da inércia), forte característica de democracia direta, da qual é espécie a democracia participativa. (...) reforça-se o "escopo democrático participativo da jurisdição", pretendendo realçar que a jurisdição, como função do Poder Judiciário, atua não só no escopo jurídico, mas também no político, do qual se destaca o escopo político democrático de participação no poder". (ZANETI JR., Hermes. *A Constitucionalização do Processo.* O modelo constitucional da justiça brasileira e as relações entre processo e Constituição. 2 ed. São Paulo: Atlas, 2014, págs. 114-115). Inegavelmente sofisticada, a construção dilui a distinção entre "lei" e "direitos", entre atividade jurídica e atividade política *stricto sensu*, reafirmando o princípio-motriz do neoconstitucionalismo: a confiança no Judiciário. Não por acaso, o autor afirma que *"vive-se uma democracia de direitos"* (Op. cit., p. 126) e que "Dinamarco prestou valiosa colaboração para os estudos do processo civil quando estabeleceu, em texto clássico, a convivência de diversos escopos, funções ou finalidades da jurisdição" (Op. cit., p. 129), desprezando (ou aceitando?) que, no fundo, o escopo político da jurisdição em Dinamarco não significa apenas a trivial participação das partes no desenvolvimento e resultado do processo, mas, fundamentalmente, a substituição da arena política pela jurisdicional como *locus* para o dimensionamento dos desacordos morais da comunidade política. A rigor, a colaboração de Dinamarco não foi para os estudos do processo civil,

Em comum, neoconstitucionalismo e função social do processo *ope iudicis* confiam no Judiciário. No Brasil, eles se enlaçam como concausas de um dos mais sensíveis problemas do constitucionalismo contemporâneo: o esfumaçamento dos limites funcionais do Judiciário, fenômeno que se manifesta tanto no âmbito das relações com os demais poderes (baralhamento funcional interpoderes) quanto no âmbito das relações com os demais sujeitos processuais (baralhamento funcional intraprocedimental)[735].

Juntos, eles redimensionam a igualdade: além de vetor hermenêutico, ela adquire a função de critério para definição de competências. Seus adeptos[736] apontam a igualdade como fundamento para atribuir competências ao Estado-juiz, algumas já assinadas pelo legislador (v. g. no caso dos poderes instrutórios) e outras dela derivadas diretamente, sem mediação legal (v. g. adaptação procedimental *ope iudicis*

---

mas para a expansão do Poder Judiciário – que vai se estendendo ao Ministério Público, pela via cada vez mais expansiva e ambiciosa do processo estruturante. Caminho aberto por Dinamarco, autores como Zaneti Jr. acrescentaram um rebuscamento derivado de aportes das teorias axiológicas dos direitos fundamentais, que, todavia, são igualmente vazios de conteúdo dogmático e reféns do (ou álibis para o) ativismo substancial.

735 Escrevendo sobre teoria do processo ao tempo do CPC/73, Marinoni adotava expressamente o neoconstitucionalismo: MARINONI, Luiz Guilherme. *Curso de Processo Civil.* V. 1. 5 ed. São Paulo: Editora Revista dos Tribunais, 2011, págs. 42-48. Não parece ter havido mudança substancial. Dinamarco não fez relações diretas de sua obra com o neoconstitucionalismo, mas seus seguidores sim, sinalizam a compatibilidade da sua teoria com a proposta de Robert Alexy, um dos pensadores associados a esse multifacetado fenômeno.

736 Parte expressiva dos processualistas que comungam das medidas que foram aqui objetadas aderem ao neoconstitucionalismo, embora com nuances: CAMBI, Eduardo. *Neoconstitucionalismo e Neoprocessualismo.* Direitos fundamentais, políticas públicas e protagonismo judiciário. São Paulo: Editora Revista dos Tribunais, 2009, *passim*; DIDIER JR., Fredie. *Curso de Direito Processual Civil.* 18 ed. Salvador: JusPodivm, 2016, p. 44 e ss.; ZANETI JR., Hermes. *A Constitucionalização do Processo.* O modelo constitucional da justiça brasileira e as relações entre processo e Constituição. 2 ed. São Paulo: Atlas, 2014, p. 8, nota de rodapé n. 10. Na terceira edição da obra, no prelo, gentilmente cedida pelo autor, consta a seguinte advertência: "A expressão neoconstitucionalismo, pela sua incapacidade de descrever um fenômeno coeso na doutrina e pela possibilidade de representar retrocessos, foi abandonada nesta terceira edição". Como se vê, o autor abdica do significante, mas não dos significados. Sem mudanças substanciais, portanto.

e abertura da argumentação jurídica para elementos metajurídicos[737]).

---

737 Uma das críticas do neoconstitucionalismo ao positivismo jurídico dirige-se à tese da separação, razão por que defendem uma reaproximação entre Direito e Moral. Embora considere a tese da separação forte uma conquista do "Estado Democrático Pluralista", Hermes Zaneti Jr. estima imprescindível e positivo conceber uma conexão necessária fraca entre direito e moral, quando necessário para corrigir "extremas injustiças" (Radbruch) ou acudir à "pretensão de correção" (Alexy). Diz o autor: "gostaríamos de objetar duas questões, que serão desenvolvidas oportunamente em outro trabalho sobre a teoria dos princípios. A primeira diz com a tese de Radbruch, do "direito radicalmente injusto" ou "extrema injustiça", conhecida como "Fórmula Radbruch". A segunda, com a noção de "pretensão de correção", que apresenta, na nossa visão, uma aporia, voltada unicamente para o discurso de interpretação e aplicação do direito e, portanto, uma ligação fraca entre direito e moral que não infirma as teses acima expostas. Ambas as teses admitem e reconhecem uma conexão necessária entre direito e moral, porém esta conexão é fraca. Em um modelo de ordenamento jurídico dado, por exemplo o caso brasileiro, considerado o caráter lógico-argumentativo da aplicação do direito, uma conexão fraca é necessária e positiva para a afirmação e proteção dos direitos fundamentais. A solução que implica decidir *contra legem* para assegurar a justiça nos casos radicalmente injustos e a solução que implica uma ponderação de normas de direitos fundamentais nos casos difíceis é uma solução de direito, não moral, muito embora ao extremo argumentos morais possam ser declinados, tais como o da "extrema injustiça" e da "pretensão de correção"". (ZANETI JR., Hermes. A relação entre garantismo penal e garantismo civil: fragilização virtuosa e não virtuosa do princípio da legalidade. *Revista do Instituto de Hermenêutica Jurídica – RIHJ*. Belo Horizonte, ano 11, n. 14, p. 111-144, jul./dez, p. 135-136, nota de rodapé n° 75). Sem prejuízo do afirmado desenvolvimento posterior, o que ali consta revela grave inconsistência metodológica: não é possível, sem contradição, adotar tanto a teoria da separação forte como a teoria da conexão fraca entre Direito e Moral. A tese da separação forte entre Direito e Moral tem por finalidade tornar a identificação e a validade do direito independentes da incorporação de critérios morais, o que, por sua vez, busca deixar aquelas operações livres do subjetivismo do intérprete, já a tese da conexão fraca entre Direito e Moral, por sua vez, reivindica como necessária e positiva a possibilidade de, ainda que episodicamente, incorporar critérios morais para admitir decisões *contra legem* para assegurar justiça nos casos radicalmente injustos e para a ponderação de normas de direitos fundamentais nos casos difíceis. Se a tese sobre a relação entre direito e moral for de separação forte ou de conexão necessária fraca conforme o intérprete considere as hipóteses positivadas justas/extremamente injustas e adequadas/inadequadas aos direitos fundamentais – sim, porque nada é extremamente injusto e desproporcional em si –, então, no limite, o critério de identificação e de validade do direito será, sempre, a relação de conexão fraca entre Direito e Moral, com todos os problemas de subjetivismo daí provenientes. No limite, quando o intérprete concordar com o direito positivo, poderá defender a tese da separação forte para aplica-lo; quando discordar, reivindicará a tese da conexão fraca para corrigi-lo. A abertura para uma conexão necessária fraca, ainda que supostamente excepcional, neutraliza a tese da separação forte. Incompatíveis, a adoção de uma leva ao aniquilamento da outra. Afirmar espaços de penetração pontual da tese da conexão fraca é apenas escamotear a sua totalização. Semelhante crítica foi feita por Dimitri Dimoulis a Luigi Ferrajoli, cuja obra constitui o referencial teórico do posicionamento do professor Zaneti Jr.: "Ferrajoli defende uma teoria do direito que denomina positivismo crítico ou constitucionalismo jurídico. O autor rejeita o juspositivismo clássico, que considera dogmático, e somente admite a abordagem positivista se o regime político for democrático e os direitos fundamentais garantidos por normas dotadas de rigidez constitucional, isto é, retiradas da esfera de decisão do legislador ordinário. Temos aqui uma visão de evidente parcialidade. Quando o teórico concorda com determinada configuração social e política (no nosso caso, com os regimes de democracia representativa e de separação dos poderes, típicos do capitalismo liberal), deve adotar o positivismo para preservar as regras de um regime considerado bom. Caso contrário, deve mudar sua teoria do direito. Teríamos nos autores do positivismo crítico, uma espécie de teoria do direito à la carte. Essa opção objetiva rebater a acusação de que o juspositivismo aceita qualquer direito e legitima qualquer regime, sendo indiferente perante o conteúdo do direito em vigor (Cap. V). Mas as consequências são desastrosas. Ser positivista somente quando o regime jurídico agrada é uma infantilidade teórica. Um positivismo engajado, valorativo, crítico ou ético elimina a principal vantagem cognitiva da teoria que oferece certeza na identificação e descrição do direito em vigor" (DIMOULIS, Dimitri. *Positivismo Jurídico*. Teoria da validade e da interpretação do Direito. 2 ed. Porto Alegre: Livraria do Advogado, 2018, p. 81). Destacando esse labor essencialmente político de Luigi Ferrajoli, Álvaro Ricardo de Souza Cruz e Bernardo Augusto Ferreira Duarte consideram que "é no mínimo controverso classifica-lo como positivista, mesmo porque transborda de exigências meramente morais como regra de reconhecimento de normas jurídicas, eis que trabalha essencialmente no plano político, ao impor que o Direito se manifeste exclusivamente em regimes democráticos. De todo modo, e para evitar uma polêmica ainda maior, entendemos que a visão desse autor implica, em termos sistêmicos, uma des-diferenciação do sistema jurídico, eis que impõe uma ação exógena do sistema político para a definição do que é e do que não é Direito. De todo modo, Ferrajoli apresenta notáveis semelhanças com as posições típicas do que Dimoulis denomina de 'moralismo moderado'". (CRUZ, Álvaro Ricardo de Souza. DUARTE, Bernardo Augusto Ferreira. *Além do Positivismo Jurídico*. Belo Horizonte: Arraes Editores, 2013, p. 141). Ademais, se é possível declinar argumentos confessadamente morais como "extrema injustiça" e "pretensão de correção" não se vê como seja possível afirmar que decidir *contra legem* e ponderar normas de direitos fundamentais podem ser soluções jurídicas, e não morais, quando podem ser declinados argumentos morais como "extrema injustiça" e "pretensão de correção". Ao se admitir a incorporação de critérios morais, se está justamente permitindo o auxílio de elementos exógenos ao Direito, que transcendem o código binário lícito/ilícito, substituindo decisões com base em critérios exclusivamente jurídicos por critérios morais. Atenção: é desnecessário ser adepto do positivismo e defender a tese da separação forte para constatar a contradição do raciocínio. O que se pretende evidenciar aqui é muito mais a adaptabilidade do argumento às circunstâncias do que realizar a defesa de uma ou outra posição.

O Judiciário se vale da igualdade não só para exercer suas competências, mas para definir suas competências.

Os argumentos, como visto, não convencem.

Entretanto, isso não deve levar a crer que aqui se nega ou que se é indiferente ao problema da desigualdade processual.

Primeiro, a convergência. Sabe-se que os seres humanos são necessária e fundamentalmente desiguais, de modo que nenhuma relação social vincula sujeitos iguais[738]. A desigualdade social é uma chaga que existe, reflete no processo e comove a todos, adeptos e detratores da função social do processo *ope iudicis*[739]. Concorda-se que liberdade com desigualdade extrema é sub-liberdade, motivo pelo qual um *minimum* de igualdade entre as partes é necessário[740]. Assim, a igualdade é uma das classes de razões de Estado que se insere no processo, planificando-o em alguma medida[741]. Se o garantismo processual concebe o processo como garantia contrajurisdicional de liberdade e «liberdade», não pode descurar da lição de que o crescimento da liberdade como autonomia de escolha funda-se na expansão significativa da igualdade[742]. Em suma, a desigualdade existe e deve-se buscar a sua eliminação (quando menos a sua minimização) no que concerne ao exercício dos direitos.

Entretanto, a dogmática deve pensar a igualdade do ponto de vista estritamente jurídico. O Direito definirá o tipo de desigualdade que

---

738 PASSOS, José Joaquim Calmon de. *Direito, Poder, Justiça e Processo*. Julgando os que nos julgam. Rio de Janeiro: Forense, 2000, p. 95.

739 CANTEROS, Fermín. *La Estructura Básica de los Discursos Activista y Garantista del Derecho Procesal*. Serie Breviarios Procesales Garantistas. Dirección: Adolfo Alvarado Velloso Coordinador Local: Jorge D. Pascuarelli - Andrés Repetto. V. 8. Rosario: Ediciones AVI S.R.L. 2013, p. 45.

740 Portanto, recusa-se qualquer assimilação entre garantismo processual e liberalismo clássico: COSTA, Eduardo José da Fonseca. Garantismo, Liberalismo e Neoprivatismo. *Empório do Direto*, Florianópolis, 11 jun. 2018. Disponível em: https://bit.ly/3eRz8Nw. Acesso em 06.03.2020.

741 Além da igualdade, arrolando a ordem pública, a cooperação, a moralidade e a eficiência: COSTA, Eduardo José da Fonseca. COSTA, Eduardo José da Fonseca. Processo e Razões de Estado. *Empório do Direito*, Florianópolis, 28 out. 2019. Coluna Garantismo Processual. Disponível em: https://bit.ly/2YQx8Am. Acesso em 15.02.2020.

742 Noção que remonta ao liberalismo social, ensina MERQUIOR, José Guilherme. *O Liberalismo Antigo e Moderno*. 3 ed. São Paulo: É Realizações, 2014, p. 194.

dirimirá, a solução de (des)igualação que institucionalizará e o órgão competente para fazê-lo[743]. A (des)igualdade resulta da comparação entre dois termos desde um critério. Quanto à desigualdade processual, vários critérios se imbricam (*v. g.* competência técnica do advogado e capacidade financeira da parte para os custos do processo), os quais nem sempre são objetiváveis e cujas variadas combinações dificultam a comparação. Não bastasse, há inúmeros meios de igualação, que se podem aplicar de maneira isolada ou combinada (*v. g.* prioridade no trâmite processual, prova de ofício, inversão do ônus da prova, gratuidade de justiça)[744]. De modo que a definição das medidas de igualação suplica uma liberdade de escolha a partir de critérios metajurídicos (*v. g.,* pragmáticos, utilitários etc.), própria da racionalidade política. Se o juiz o faz diretamente, sem mediação legal, toma partido por uma entre várias soluções possíveis. Exerce jurislação à capucha, com pejo da separação dos Poderes e da imparcialidade[745].

---

743 COSTA, Eduardo José da Fonseca. A Igualdade Processual como Problema Normativo. *Empório do Direito,* Florianópolis, 23 mai. 2018. Coluna da Associação Brasileira de Direito Processual. Disponível em: https://bit.ly/2Wjcl71. Acesso em 20.11.2019. São elucidativas as lições de Leonardo Martins sobre a distinção entre igualdade formal e material: "Essa distinção é procedente, porém não implica a consequência pretendida pelos adeptos da abordagem histórico-descritiva. Com efeito, mesmo a igualdade material a ser forjada precipuamente pelo legislador a partir da positivação de políticas afirmativas, segue a mesma lógica dos direitos fundamentais de liberdade. Estes encontram seus limites expressos em disposições constitucionais específicas, as reservas legais, ou em outros bens jurídico-constitucionais que concretamente impliquem necessárias restrições ao exercício ilimitado das liberdades. (...) O efeito básico da garantia continua, porém, o mesmo: assegurar ao indivíduo uma posição jurídica de natureza público-subjetiva: o direito de resistir, desta vez não à intervenção na área de proteção de seu direito, mas sim de resistir ao tratamento desigual perante a lei (aplicação do direito – pelos Poderes Executivo e Judiciário) ou pela lei (lei discriminatória injustificada)". (MARTINS, Leonardo. *Liberdade e Estado Constitucional.* Leitura jurídico dogmática de uma complexa relação a partir da teoria liberal dos direitos fundamentais. São Paulo: Atlas, 2012, págs. 55-57).

744 COSTA, Eduardo José da Fonseca. Processo e Razões de Estado. *Empório do Direito,* Florianópolis, 28 out. 2019. Coluna Garantismo Processual. Disponível em: https://bit.ly/2YQx8Am. Acesso em 15.02.2020.

745 "Grande parte dos direitos positivados em uma constituição não faz parte das soluções jurídicas, mas dos conflitos políticos. O Judiciário não tem como entrar nessas discussões sem tomar partido, isto é, abandonar o que o constitui como Judiciário, a imparcialidade garantida pela referência a um critério objetivo: a lei". (BARZOTTO, Luis Fernando. *Teoria do Direito.* Porto Alegre: Livraria do Advogado, 2017, p. 29).

Em suma: concorda-se que a desigualdade processual deve ser dirimida, tanto assim que em passagens anteriores foram aqui arroladas várias soluções legislativas do tipo, cuja constitucionalidade material, em princípio, não se questiona[746]. Mas compete ao Legislativo instituir, *in abstracto*, mediante regras expressas, com antecedentes e consequentes claros, as medidas de (des)igualação processual, e não ao juiz, *in concreto*, mediante inovações *ex post facto*. Não pode o juiz presumir situações de vulnerabilidade para prestar auxílio ao sujeito que considera débil. A proteção dos sujeitos vulneráveis e sua repercussão no processo (paridade de armas) constitui tarefa do legislador, não do julgador[747].

Ao supor um juiz capaz de suprir deficiências técnicas das partes e seus advogados; de detectar as nuances do caso concreto para ajustar o procedimento; de prover sobre o mérito com justiça e alinhado aos influxos sociais, os adeptos da função social do processo *ope iudicis* revelam seus compromissos ideológicos (conscientes ou inconscientes, não importa) tanto no âmbito da ideologia em sentido amplo quanto da ideologia em sentido estrito[748].

A ideologia em sentido amplo diz respeito ao paradigma do conhecimento e se subdivide em dois paradigmas: *homo sapiens-sapiens* e *homo sapiens-demens*. O paradigma do *homo sapiens-sapiens* opera com uma noção de sujeito dotado de racionalidade plena, que só pode ser fruto de idealização abstrata e otimista. O paradigma do *homo sapiens-demens,* opera com uma noção de sujeito dotado de racionalidade limitada, resultado de uma observação realista dos sujeitos concretos. A

---

746 Concorda-se com a crítica à generalização da dinamização do ônus da prova, isto é, à sua aplicação para beneficiar categorias não consideradas vulneráveis pela Constituição, critério vertido por: PEREIRA, Mateus Costa. A paridade de armas sob a óptica do garantismo processual. *Revista Brasileira de Direito Processual – RBDPro*, Belo Horizonte, ano 25, n. 98, p. 247-265, abr./jun. 2017, p. 260; COSTA, Eduardo José da Fonseca. Presunção de inocência civil: algumas reflexões no contexto brasileiro. Revista Brasileira de Direito Processual – RBDPro, Belo Horizonte, ano 25, n. 100, p. 129-144, out./dez. 2017, págs.139-141.

747 PEREIRA, Mateus Costa. A paridade de armas sob a óptica do garantismo processual. *Revista Brasileira de Direito Processual – RBDPro*, Belo Horizonte, ano 25, n. 98, p. 247-265, abr./jun. 2017, págs. 252 e 261.

748 PEREIRA, Mateus Costa. *Eles, os Instrumentalistas, Vistos por um Garantista*: achegas à compreensão do modelo de processo brasileiro. Tese (doutorado em Direito). Data da Defesa: 18/06/2018. 279f. Universidade Católica de Pernambuco, Recife, 2018. p. 27 e ss.

ideologia em sentido estrito trata das relações entre o indivíduo e o poder e pode assumir as mais variadas tonalidades.

A função social do processo *ope iudicis* promove uma curiosa mixagem no âmbito da ideologia em sentido amplo: de um lado, trabalha com uma concepção abstrata, idealizada e otimista de juiz; de outro, com uma concepção concreta, realista e pessimista de partes e dos advogados. Aquele é concebido como sujeito dotado de racionalidade plena; estes, como sujeitos de racionalidade limitada. *Homo sapiens-sapiens*, ali; *homo sapiens-demens,* aqui. De lado a irrelevância dogmática da questão, tudo é feito sem comprovação da razão por que as partes e os advogados se inserem no paradigma da racionalidade limitada e os juízes, apenas por sua condição, no paradigma da racionalidade plena.

E nem seria possível. A mente humana sói utilizar-se de heurísticas, procedimentos de simplificação dos quais se vale para processar informações complexas vindas do ambiente exterior e possibilitar uma tomada de decisões eficiente. São juízos intuitivos, não fundamentados, baseados em conhecimento parcial, experiência ou suposições, que às vezes são corretos e às vezes são errados, sem uma segurança lógica absoluta. Produzem "atalhos cognitivos" ou "regras de ouro", a partir dos quais as pessoas realizam julgamentos simplificados sem que tenham de tomar em consideração todas as informações relevantes e contando apenas com um conjunto limitado de pistas. Surgem porque o ser humano possui recursos cognitivos e motivacionais limitados, e precisa usá-los de forma eficiente e rápida para tomar decisões cotidianas. Conquanto geralmente contribuam para a nossa vida diária, às vezes resultam em desvios sistemáticos e previsíveis, que levam a decisões subótimas[749].

A par disso, o economista estadunidense Herbert A. Simon, vencedor do Prêmio Nobel de economia de 1978, opôs à teoria da escolha racional um critério mais cingido à realidade das ações, qual seja, o da racionalidade limitada, assim anunciado: a capacidade da mente humana de formular e resolver problemas complexos é muito pequena se comparada ao tamanho dos problemas cuja solução é necessária para

---

749 COSTA, Eduardo José da Fonseca. *Levando a Imparcialidade a Sério.* Proposta de um modelo interseccional entre direito processual, economia e psicologia. Salvador: Jus Podivm, 2018, págs. 53-54.

um comportamento objetivamente racional no mundo real – ou mesmo para uma aproximação razoável a essa racionalidade objetiva[750].

Simon ensina que o critério da racionalidade limitada não substitui o *homo aeconomicus*, o "maximizador de utilidade e resultados", pelo *homo psycologicus*, o "egocêntrico contemplativo portador de volições", ambos modelos irreais. O autor indica duas espécies de racionalidade: racionalidade substancial, na qual ser racional significa assumir um comportamento com conteúdo e objeto específicos; e racionalidade procedimental, na qual ser racional significa ter capacidade computacional de processar informações e, tomando-as todas em consideração, chegar *pari passu* a um comportamento esperado. De acordo com ele, na tomada de decisões, consideramos cada opção e selecionamos uma tão logo encontramos aquela que seja satisfatória ou simplesmente boa o suficiente para cumprir nosso nível mínimo de estabilidade. Não refletimos sobre todas as opções possíveis e não calculamos depois com cuidado qual, entre todo o universo de opções, maximizará nossos ganhos e minimizará nossas perdas. Refletimos sobre o mínimo número possível de opções necessárias a que se chegue a uma decisão que acreditamos satisfazer nossos requisitos mínimos[751].

Pois bem.

Nota-se uma relação entre heurísticas e racionalidade limitada: atalhos cognitivos aceleram o processo decisório e, forjando respostas satisfatórias aos nossos requisitos mínimos de racionalidade, encerram-no. E dado que tudo isso é inerente à racionalidade humana, conclui-se que, aferrado ao paradigma do *homo sapiens-sapiens*, o modelo de juiz da função social do processo *ope iudicis* não passa de ficção. Pior, ficção parcial, que toma o juiz como entidade idealizada e as partes e seus advogados como entes não-idealizados. Como em sua concretude e finitude seres humanos não alcançam mais do que racionalidade limitada – que não é irracionalidade nem pouca racionalidade, mas racionalidade finita –, apenas abstrações idealizadas podem ser dotadas de racionalidade plena. No limite, a função social do processo *ope iudicis* contrapõe partes e advogados humanos a juízes inumanos.

---

750 COSTA, Eduardo José da Fonseca. *Levando a Imparcialidade a Sério*. Proposta de um modelo interseccional entre direito processual, economia e psicologia. Salvador: Jus Podivm, 2018, págs. 86-87.

751 COSTA, Eduardo José da Fonseca. *Levando a Imparcialidade a Sério*. Proposta de um modelo interseccional entre direito processual, economia e psicologia. Salvador: Jus Podivm, 2018, págs. 87-90.

Daí o paradoxo da função social do processo: clama pela humanização do processo a partir de uma concepção sobre-humana de juiz.

No âmbito da ideologia em sentido estrito, as considerações precedentes encaminham claramente o posicionamento dos adeptos da função social do processo *ope iudicis*: entre o Poder e o indivíduo, seu compromisso é com o primeiro. Não por acaso, seus defensores estimam que a solução dos males do processo (e do Direito, em geral) é municiar o juiz de poderes de condução formal e material e de correção metajurídica da lei. O resultado já foi visto: no microplano intra-procedimental, o juiz se sobrepõe às partes; no macro-plano interpoderes, o Judiciário se sobrepõe ao Legislativo e ao Executivo. Talvez isso explique o porquê da frouxidão dogmática, isto é, o não fornecimento de critérios substantivos, objetivos e sólidos, de orientação da atividade interpretativa do juiz, impedindo que a racionalidade jurídica seja substituída pelo subjetivismo e o decisionismo judicial.

É por tudo isso que a função social do processo *ope iudicis* se mostra na sua melhor luz (no sentido mesmo de transparência) a partir da contribuição de Artur César de Souza, que, munido das mesmas aspirações, sustenta de modo categórico que "a preocupação com um processo *justo e équo* tem sido a justificação fundamental da "parcialidade positiva do juiz""[752]. Faltou pouco para que os adeptos da "ativação social" do juiz dissessem o que Souza assere sem peias. Saltando do plano do significante para o do significado, a parcialidade positiva do juiz é a melhor síntese da função social do processo *ope iudicis*.

No que ora importa, seus adeptos atribuem ao juiz a tarefa de corrigir os contrastes porventura existentes entre os litigantes, ao contrário de atribuir a responsabilidade pela condução do diálogo e das negociações aos advogados e defensores públicos, estimulando a defesa técnica e a autonomia do cidadão[753].

Exemplificando claramente essa postura, José Carlos Barbosa Moreira afirma que, frequentemente, a conduta processual "das partes" é, na verdade, a conduta dos seus advogados. Assim, quando se pretende conter os poderes do juiz a bem da liberdade das partes, o que se preserva, de fato, diz ele, é a liberdade dos advogados. O mestre

---

752 SOUZA, Artur César de. *A Parcialidade Positiva do Juiz*. São Paulo: Editora Revista dos Tribunais, 2008, p. 220.

753 VARGAS, Cirilo Augusto. *A Defesa Técnica Processual*. Estudo comparativo entre o direito brasileiro e o norte-americano. Rio de Janeiro: Lumen Juris, 2019, págs. 96-97.

afirma, inclusive, que esse discurso "raia muitas vezes pelo irrealismo e pode resolver-se em perversa hipocrisia", pois o advogado pratica (ou deixa de praticar) no processo uma boa quantidade de atos de que a parte por ele representada nem sequer toma conhecimento pessoal; e, ainda quando o tome, nem sempre terá condições de valorá-los de maneira adequada. Logo, "erros profissionais são capazes de repercutir com grande intensidade na sorte do pleito; vão influir na vida do litigante, apesar da nenhuma participação direta deste no episódio respectivo"[754].

E arremata:

> Ora, se a atuação dos advogados é, por assim dizer, decisiva para o desfecho do pleito, não há de desprezar a possibilidade de que a diferença qualitativa entre o serviço prestado por um deles e o prestado pelo outro redunde numa distorção de perspectiva que tem muito pouco a ver com a situação real das partes no que tange à matéria litigiosa. O litigante munido de maiores recursos, apto a contratar melhor advogado, goza desde logo de vantagem que desequilibra os pratos da famosa balança da Justiça. Nessas condições, sistema que confie plenamente no confronto dos lutadores, ao jeito da competição desportiva, com suposto fundamento na ideia de que "as partes" sabem cuidar melhor que ninguém dos próprios interesses, reduzido o papel do juiz ao de mero "árbitro" competente apenas para assegurar a observância de certas "regras do jogo". É sistema que anui de bom grado em sacrificar as expectativas de equanimidade no altar de uma quimera. Claro que semelhante risco só impressionará quem atribua algum valor às noções de verdade e de justiça como ingredientes necessários da composição judicial do litígio[755].

Tudo isso para justificar a "ativação social" do juiz. Contudo, mesmo pressupondo as melhores intenções do mestre, não se pode deixar levar pela carga emotiva de seus argumentos. E, para tanto, não é necessário negar a realidade: (i) sim, no mais das vezes, a influência da parte depende fundamentalmente (quando não completamente) da qualidade do seu advogado; e (ii) sim, há advogados mais e menos qualificados, comumente os mais qualificados custam caro e, portanto, a parte mais abastada tende, só por sua condição, a estar em vantagem técnica sobre a menos abonada.

---

754 MOREIRA, José Carlos Barbosa. Neoprivatismo no Processo Civil. In: *Temas de Direito Processual*. Nova série. São Paulo: Saraiva, 2001, p. 206.

755 MOREIRA, José Carlos Barbosa. Neoprivatismo o Processo Civil. In: *Temas de Direito Processual*. Nova série. São Paulo: Saraiva, 2001, p. 207.

Porém, quanto a (i), frequentemente, as partes não tem conhecimentos jurídicos e preferem ficar alheias, confiando totalmente ao advogado o estabelecimento das táticas e estratégias que serão empregadas para obter o resultado desejado. Outras possuem um grau maior de conhecimento e adotam participação mais ativa, seja definindo as rotas em conjunto com o advogado, seja solicitando atualização permanente sobre os rumos eleitos. De todo modo, isso é resultado inevitável da cada vez mais elevada carga de complexidade do Direito, que divide e inquieta os próprios juristas, aí incluídos os acadêmicos, como se vê das inúmeras e aparentemente insolúveis discussões teórico-práticas existentes em todos os seus ramos. É sabido que há debates até mesmo para identificar e delimitar os fundamentos determinantes de um provimento vinculante – o que torna ilusória a cantilena instrumentalista de que um dos corolários do escopo social da jurisdição é a educação do povo, pois juízes não têm nenhum privilégio cognitivo e metodológico em relação aos demais juristas para instruir o povo acerca dos seus direitos e deveres.

Portanto, para evitar perversas hipocrisias é necessário reconhecer, com desassombro, que em nenhum momento o direito positivo exige ou recomenda que o povo adquira conhecimento jurídico para defender, por si, seus direitos em juízo, muito menos atribuiu essa função ao Judiciário. Pelo contrário. Nos termos da Constituição, o Judiciário tem competência para dirimir litígios e controlar a constitucionalidade e legalidade dos atos normativos em geral (arts. 102, I e III, 105, III). A Lei Orgânica da Magistratura Nacional dispõe que é vedado ao juiz manifestar, por qualquer meio de comunicação, opinião sobre processo pendente de julgamento (art. 36, III, primeira parte). O Código de Processo Civil tacha de suspeito o juiz que aconselha alguma das partes acerca do objeto do processo e que tem interesse em seu resultado (art. 145, II, segunda parte, e IV). E o Estatuto da Ordem dos Advogados do Brasil veda o exercício simultâneo da advocacia e da judicatura (art. 28, II). Lado outro, a Constituição dispõe que o advogado é indispensável e que a Defensoria Pública é essencial à administração da justiça (arts. 133 e 134). Por sua vez, o Estatuto da Ordem dos Advogados do Brasil define que, tirante a impetração de *habeas corpus*, é atividade privativa da advocacia postular a órgão do Poder Judiciário (art. 1º, I), cabendo ao advogado, na postulação de decisão favorável ao seu constituinte, contribuir para o convencimento do julgador (art. 2º, § 2º).

Como está claro, a solução institucionalizada em nosso direito positivo para suprir o déficit de conhecimento jurídico do cidadão leigo, conferindo-lhe efetivas condições de influir eficazmente no desenvolvimento e resultado dos provimentos jurisdicionais, é a obrigatoriedade de sua representação por advogado, profissional dotado de conhecimento teórico-prático para fazer frente às hodiernas complexidades do Direito. A garantia do art. 5º, LV, CRFB, só se ergue, em sua efetividade, pela participação dos advogados, sendo ilegítimo e inválido o ato jurisdicional sem a vinculação do advogado[756]. Por isso a advocacia constitui instituição de garantia[757] e o advogado, sujeito juridicamente capaz de estabelecer o diálogo jurídico que permite a construção e o controle do provimento em simétrica paridade, agente garantidor da legitimidade da decisão judicial[758].

Portanto, fundado o sistema processual brasileiro na imparcialidade, na impartialidade, no direito ao advogado, "no contraditório, na ampla defesa e na isonomia, não condiz com a "parcialidade positiva""[759]. Compete aos advogados o exercício das atividades essencialmente parciais destinadas à vitória das partes e é nessa sua parcialidade que reside o mais eficiente instrumento da imparcialidade do juiz[760].

Quanto a (ii), deve-se dizer às claras que, em regra, é resultado da desigualdade social. Fala-se em regra porque, de fato, é dado da realidade que há no mundo pobres e ricos e que, em tese, estes contratam melhores advogados que aqueles (isso quando podem contratar algum). Fitando o tema pelo aspecto socioeconômico, a questão que se coloca é: deve-se absorver o fato, ainda que a contragosto, deixando a paridade de armas a cargo de seu representante letrado, ou instituir

---

756 LEAL, Rosemiro Pereira. *Teoria Geral do Processo*. Primeiros estudos. 14 ed. Belo Horizonte: Fórum, 2018, p. 264.

757 COSTA, Eduardo José da Fonseca. A Advocacia como Garantia de Liberdade dos Jurisdicionados. *Empório do Direito*, Florianópolis, 09 mai. 2018. Coluna da Associação Brasileira de Direito Processual. Disponível em: https://bit.ly/2yY2xX7. Acesso em 10.05.2020.

758 SOARES, Carlos Henrique. DIAS, Ronaldo Brêtas de Carvalho. *Manual Elementar de Processo Civil*. 2 ed. Belo Horizonte: Del Rey, 2013, p. 209.

759 VARGAS, Cirilo Augusto. *A Defesa Técnica Processual*. Estudo comparativo entre o direito brasileiro e o norte-americano. Rio de Janeiro: Lumen Juris, 2019, p. 98.

760 Com escólio em Piero Calamandrei, é a afirmação de PASSOS, José Joaquim Calmon. Advocacia – o direito de recorrer à justiça. *Ensaios e Pareceres*. V. I. Salvador: Jus Podivm, 2014, p. 351.

como solução o dever de juiz socorrer a parte mal assistida, fazendo por ela o que o advogado inepto descurou?

A primeira opção se rende à crueza avassaladora da realidade e preserva a garantia da imparcialidade. Mas isso não significa deixar o pobre à própria sorte. Para ele, o direito positivo institui a Defensoria Pública, composta por quadros técnicos altamente capacitados, selecionados mediante concorridos e rigorosos concursos públicos de provas e títulos. Não se nega que ela ainda não serve aos cidadãos a contento, mas a superação dos entraves (pessoais e estruturais, sobretudo) deve ser feita na arena adequada – política –, sem atalhos[761]. Já a segunda opção pretende corrigir a realidade consoante o idealismo da função social do processo e seu juiz salvador, ao arrepio das garantias da imparcialidade e da impartialidade.

E a questão não se limita ao ângulo financeiro. Razoável dizer que esse nem sequer é o ponto nodal para Barbosa Moreira. Quando ele afirma que não se pode desprezar a chance de que "a diferença qualitativa" entre o serviço prestado por um advogado e o prestado por outro pode redundar numa distorção de perspectiva que tem muito pouco a ver com a situação real das partes no que tange à matéria litigiosa, fica claro que para ele "injusto" não é exatamente a parte perder por não ter condições de contratar um bom advogado, mas perder porque não tem um bom advogado. De fato, há uma relação algo constante entre ricos e advogados de ponta e pobres e advogados medíocres, mas isso pode não se confirmar *in casu*[762], pois, no mínimo, qualquer causídico

---

761 A atuação da Defensoria Pública é destacada no procedimento penal. Quantitativamente, sabe-se elevada a quantidade de réus patrocinados por defensores públicos. Para esse contingente de cidadãos, a capacidade financeira não tem a menor relação de implicação com o efetivo exercício das garantias do devido processo legal. O definitivo para garantir o exercício pleno das suas garantias processuais em juízo é a efetiva realização de políticas públicas voltadas à consolidação de uma Defensoria Pública material, estrutural e pessoalmente forte. Qualitativamente, 45% (quarenta e cinco por cento) dos habeas corpus concedidos pelo Supremo Tribunal Federal, de 2009 a 2017, foram obtidos pela Defensoria Pública, o que demonstra o alto nível técnico dos serviços por ela prestados. É o que basta para reduzir o argumento do prof. Marinoni a uma constrangedora caricatura. Conferir: https://bit.ly/2UdnR2b. Acesso em 10.05.2020.

762 Cidadãos com módicas condições financeiras podem se fazer representar por excelentes advogados quando: o causídico em início de carreira oferece seus serviços em contrapartida de preços acessíveis ou condições mais flexíveis de pagamento; o causídico consolidado aceita atuar no risco, mediante remuneração apenas

pode falhar[763]. Nesses termos, o juiz deveria socorrer a parte mal assistida, pouco importa se ela é mais rica e seu advogado, mais caro.

Mais uma vez, a solução hostiliza o direito positivo. Entre as alternativas cogitáveis, já referidas alhures, estão a nomeação de defensor *ad hoc* nos casos de parte indefesa (conferindo eficácia transprocedimental ao CPP, arts. 263, 422, 449, parágrafo único, e 497, V) e a intimação do Ministério Público para atuar na defesa do interesse público, máxime se se acolher o entendimento de que ele pode intervir como tutor de instituições constitucionais das garantias processuais. Medidas que asseguram a participação das partes sem recorrer ao exercício oblíquo de advocacia pelo juiz, tão abertamente contrário à impartialidade e temerário à imparcialidade.

O juiz não deve indagar se dá razão ao rico porque é rico ou se a nega ao pobre porque é pobre, nem se acolhe o pedido do rico porque tem um bom advogado ou se a nega ao pobre porque tem um mau advogado. Ele dará razão a um deles porque tem razão, ou pelo menos porque assim parece – desde dados fático-probatórios e jurídicos objetivamente controláveis. Se for imperativo acolher o pedido do pobre, que assim seja; ele decidirá desse modo porque tem razão, ou pelo menos porque assim parece, e não porque seja pobre. O juiz também não deve visualizar a vitória como prêmio à habilidade, destreza ou inteligência do advogado. A decisão favorável não é um "prêmio", do mesmo modo que a decisão desfavorável não é um "castigo". O juiz dá razão a quem tem, ou pelo menos assim parece. Se para tanto concorreu a habilidade, destreza ou conhecimento do advogado do vencedor, que seja[764].

O magistrado não deve ser prender a isso, até mesmo para evitar que o paternalismo da parcialidade positiva produza perplexidades. Quando o juiz se imiscui em funções de parte, prejudica o bom advogado, aquele que investe tempo e dinheiro para adquirir capacitação

---

com base em percentual do resultado do processo; causídico consagrado que presta filantropia selecionando casos para patrocinar *pro bono* etc.

763 Aliás, a experiência revela que pessoas aquinhoadas, inclusive ocupantes de elevados postos de poder, já sofreram prejuízos de monta pela incúria de advogados cobiçados.

764 CANTEROS, Fermín. *La Estructura Básica de los Discursos Activista y Garantista del Derecho Procesal*. Serie Breviarios Procesales Garantistas. V. 8. Dirección: Adolfo Alvarado Velloso Coord. Local: Jorge D. Pascuarelli - Andrés Repetto. Rosario: Ediciones AVI S.R.L. 2013, p. 51.

e habilidade para vencer processos, e beneficia o advogado relapso, que não despende do mesmo esforço, pois, mesmo entregue ao comodismo, sabe que o juiz sempre estará ao seu lado, tutelando-o a cada passo e suplementando-o em suas faltas e preguiça[765]. Isso geraria uma apatia forjadora de uma advocacia deitada[766], que se deixaria instrumentalizar e tutelar por uma magistratura poderosa e redentora. Advogados se tornariam meros catalizadores instrumentalizados para servir aos que realmente vão ser protagonistas: os juízes[767].

Se Barbosa Moreira tem razão quando diz que ao se falar na liberdade de atuação das "partes" no processo se está a falar da liberdade de atuação dos advogados, também é correto afirmar que advocacia deitada é cidadania deitada. Minada a autoinclusão, a condição de coautor do provimento pelo exercício da isomenia e da isocrítica, por meio do seu advogado – escolha lançada na Constituição, frise-se –, instaura-se a guardiania judiciocrática[768].

Não surpreende a existência de uma intrigante tentativa de legitimação psicanalítica desse discurso que substitui a relação republicana de controle e racionalização do Poder por uma relação paternalista de tutela, na qual o Judiciário atua como superego, a autoridade que introjeta a censura inibitória no ego e que, pela proteção que oferece

---

765 CANTEROS, Fermín. *La Estructura Básica de los Discursos Activista y Garantista del Derecho Procesal*. Serie Breviarios Procesales Garantistas. V. 8. Dirección: Adolfo Alvarado Velloso Coord. Local: Jorge D. Pascuarelli - Andrés Repetto. Rosario: Ediciones AVI S.R.L. 2013, p. 51

766 Trata-se de uma paráfrase à expressão "magistratura deitada", cunhada por: GONÇALVES, Marcelo Barbi. O Incidente de Resolução de Demandas Repetitivas e a Magistratura Deitada. Revista dos Tribunais *Online,* Revista de Processo, vol. 222, p. 221-247, ago./2013.

767 PASSOS, José Joaquim Calmon de. *Revisitando o Direito, o Poder, a Justiça e o Processo*. Reflexões de um jurista que trafega na contramão. Salvador: Jus Podivm, 2012, p. 249. O autor se refere ainda à possibilidade de a advocacia, percebendo a dispersão do ordenamento jurídico e a consolidação do arbítrio, abdicar da capacitação profissional e entregar-se ao oportunismo do agir estratégico, pois tudo pode ser pedido e obtido.

768 A doutrina observou que no procedimento civil dos países socialistas do leste europeu o incremento dos poderes do juiz levou ao esvaziamento das funções das partes: NUNES, Dierle José Coelho. *Processo Jurisdicional Democrático*. Uma análise crítica das reformas processuais. Curitiba: Juruá, 2008, p. 112.

(leia-se: pela efetividade do processo), se faz amar[769]. Sob essas lentes, o agigantamento do Poder em detrimento da liberdade do indivíduo

---

769 "Assim como o filho em sua família, o indivíduo aceita e adora o Estado na exata extensão da proteção que lhe oferece. Assumindo o ente estatal a incumbência exclusiva da resolução dos conflitos sociais, compete-lhe apresentar aos súditos um aparelho adequado para este fim – o processo. (...) somente um processo efetivo pacifica os conflitos; somente um processo efetivo educa a sociedade, por meio da criação do superego cultural; somente um processo efetivo legitima o Poder Judiciário como o guardião do homem e justifica a perda de parte de sua liberdade na formação do Estado. E, se a analogia procede, somente o processo efetivo se faz amar". (CABRAL, Antonio do Passo. O Processo como Superego Social: um estudo sobre os fins sociais da jurisdição. Revista dos Tribunais *Online,* Revista de Processo, vol. 115, p. 345-374, mai./jun. 2004). Como o texto foi produzido sob o marco teórico do instrumentalismo processual, tudo o que aí se refere ao processo remete, em verdade, ao Judiciário. Se essa visão espelha o que há de mais extremado em termos de publicismo processual, deve-se registrar que em produção mais recente o autor revela posição muito mais amena, inclusive crítica aos exageros hiperpublicistas, ainda que sem *mea culpa:* "O publicismo posicionou o juiz como figura central do processo. Como consequência dessa concepção, que raramente vem explicitada e normalmente fica velada, imagina-se que, no processo, o juiz pode fazer tudo e as partes teriam autonomia para quase nada. Como o magistrado deveria perseguir os interesses do Estado, poderia fazê-lo independentemente da vontade individual e, uma vez provocada a jurisdição, a interferência das partes no processo seria mínima. Elas manteriam suas prerrogativas de definir e até renunciar *ao direito material* subjacente, mas não teriam possibilidade alguma de conformar o procedimento. Nessa toada, o hiperpublicismo, com a inflação dos poderes judiciais, levou a uma descompensada distribuição de poderes no processo. O inchaço dos poderes do magistrado, nota mais sensível do publicismo exacerbado, sufocou as prerrogativas das partes, alimentando a premissa não justificada de que a solução para o conflito judicializado só pode ser tomada pelo Estado-juiz ao aplicar normas legisladas. (...) O "super-juiz" passou a ser amplamente preponderante entre os sujeitos do processo, uma figura que tudo pode e não se vincula, ignorando as partes e seus argumentos, conhecendo e decidindo de ofício, independentemente de requerido (e mesmo em decisões satisfativas), como se fosse o tutor dos jurisdicionados. (...) Também no plano probatório, a interpretação tradicionalmente conferida ao art. 130 do CPC de 1973 (correspondente ao art. 370 do CPC/2015) foi a de que os poderes do juiz na produção da prova são autônomos em relação às faculdades das partes, atribuindo ao magistrado ampla iniciativa probatória. (...) Ora, com as devidas vênias, trata-se da herança de uma visão heroica do juiz como um oráculo divino que revelaria a verdade e expressaria a vontade da lei. Entendemos que tal concepção é absolutamente inadequada. Apesar do caráter público do processo, não se devem desconsiderar os interesses privados existentes não só no campo do direito material, mas também no processo. As partes não são meros provocadores iniciais ou expectadores incapazes de interferir no procedimento; as regras aplicáveis ao processo não são

revela que este é visto não como um cidadão, mas como um súdito desorientado – ou uma criança incauta – que carece da autoridade de uma voz externa que o guie[770]. Essa visão sumamente autoritária só confirma o acerto do alvitre segundo o qual, "aos olhos ingênuos, a ideologia em sentido amplo acaba se prestando como uma espécie de capa ou biombo à naturalização de posições ideológicas em sentido estrito"[771].

Tampouco espanta a visão de que um processo que não seja protagonizado por um juiz salvador é um não-processo. Invocando verdade e justiça para justificar o incremento dos poderes dos juízes – embora não ofereça uma teoria da verdade nem uma teoria da justiça –,

---

sempre aquelas legisladas; e nem sempre o juiz pode tudo". (CABRAL, Antonio do Passo. *Convenções Processuais*. Salvador: JusPodivm, 2016, págs. 135-136).

770 Estudos contemporâneos de psicologia têm se afastado das imbricações entre o complexo de Édipo e o superego, tal como concebidos por Freud, tanto nas relações familiares quanto nas relações sociais. Não chega a surpreender: buscando vínculos mais saudáveis para o autodesenvolvimento, as relações familiares e interpessoais no âmbito democrático deixaram de se constituir sob o signo do princípio hierárquico da figura paterna autoritária: "As sociedades vêm se transformando às custas de dificuldades na reorganização de vidas e de estruturas psíquicas, mas podemos perceber benefícios também nestas modificações. Sociedades menos rígidas, mais democráticas e, sobretudo, que garantem maior liberdade ao sujeito. Se hoje a família não se organiza mais em torno do pai e com isso se movimenta a base na qual se alicerçava o complexo de Édipo, hoje temos novas possibilidades de organização familiar e maior flexibilidade em torno das funções. Assim, é nítido que estamos sofrendo, mas parece que vale a pena continuarmos seguindo em busca de novos delineamentos mais saudáveis para a vida". (ZANETTI, Sandra Aparecida Serra. HÖFING, Julia Archangelo Guimarães. Repensando o Complexo de Édipo e a formação do superego na contemporaneidade. *Psicologia: Ciência e Profissão*, v. 36, nº 3, 696-708, 2016, p. 707. Disponível em: https://bit.ly/3cwQyxj. Acesso em 10.05.2020). Calmon de Passos tinha visão semelhante: "Porque a cidadania plena, efetiva, jamais pode ser dada ou outorgada, mas só é alcançável pela luta e pelo empenho dos próprios indivíduos interessados, todo esse "paternalismo" institucional desmobiliza, enfraquece e dificulta a efetiva construção, entre nós, de uma democracia a partir das bases, vale dizer, uma democracia real". (PASSOS, José Joaquim Calmon de. Cidadania tutelada. In: *Ensaios e Artigos*. V. I. Salvador: Jus Podivm, 2014, p. 385). Próximo: NUNES, Dierle José Coelho. *Processo Jurisdicional Democrático*. Curitiba: Juruá, 2012, p. 200.

771 PEREIRA, Mateus Costa. *Eles, os Instrumentalistas, Vistos por um Garantista*: achegas à compreensão do modelo de processo brasileiro. Tese (doutorado em Direito). Data da Defesa: 18/06/2018. 279f. Universidade Católica de Pernambuco, Recife, 2018. p. 27.

Barbosa Moreira sustenta que se o juiz não puder intervir para auxiliar a parte mal assistida não haverá razão para movimentar a máquina judiciária, sendo preferível "confiar a sorte do pleito a algo mais simples, barato e rápido, como uma rinha de galos..."[772].

A escolha da metáfora diz algo. Abdicando de alternativas possíveis (v. g., um sorteio [domínio da sorte] ou um carteado [domínio da destreza com lances de álea]), revela uma visão no interior da qual um processo que não seja marcado pela proeminência do juiz – pelo domínio do Estado, portanto – não tem qualquer dignidade, sequer deveria existir. A imagem da rinha de galos, ambiente vil, ainda deixa entrever o lugar simbólico reservado a juízes e advogados em seu pensamento.

De lado as especulações, mais do que conceber o juiz como *homo sapiens-sapiens* e assumir compromisso com o Poder, desvela-se verdadeira profissão de fé, extravasando aquela concepção de que o mundo necessariamente "evolui" do privado ao público, constituindo o Estado a *causa finalis* da história[773]. Não por acaso se diz que o processo é instrumento do Estado. Não por acaso se diz que os fins do processo/jurisdição são a verdade e a justiça. Não por acaso apenas o juiz tem interesse em alcançar esses fins, devendo ter amplos poderes para tanto. Tudo somado, é a visão do "Estado como intérprete oficial do mundo no processo"[774].

---

772 MOREIRA, José Carlos Barbosa. Neoprivatismo no Processo Civil. In: *Temas de Direito Processual*. Nova série. São Paulo: Saraiva, 2001, p. 207.

773 "É o próprio HEGEL proclamando que «*Der Staat ist göttlicher Wille als gegenwärtiger, sich zur wirklichen Gestalt und Organisation einer Welt entfaltender Geist*» (Grundlinien der Philosophie des Rechts. § 270) (tradução livre: «O Estado é a vontade divina como espírito presente ou atual que se desenvolve na formação e organização de um mundo»)". (COSTA, Eduardo José da Fonseca. Breves Meditações sobre o Devido Processo Legal. *Empório do Direito*, Florianópolis, 10 jan. 2018. Coluna da Associação Brasileira de Direito Processual. Disponível em: https://bit.ly/2ACyBAo. Acesso em 03.05.2020). Nessa linha, fala-se que os hiperpublicistas acolherem inconfessadamente o modelo hegeliano de juiz e de processo, e ainda sustentando que representa o que há de moderno e que representa o fim da história: CROSKEY, Sebastián Irún. *Derecho Procesal e Ideología*: Hegel y el origen de la escuela "moderna" de derecho procesal (o del "activismo judicial"). Brevisários Procesales Garantistas. V. 4. Director: Adolfo Alvarado Velloso. Coordinadores: Jorge Pascuarelli. Andrés Repetto. Rosario: Ediciones AVI S.R.L, 2013, p. 31-32.

774 SCHMITZ, Leonard Ziesemer. *Raciocínio Probatório por Inferências*. Critérios para o uso e controle das presunções judiciais. Tese (doutorado em Direito). Data da Defesa: 25/09/2018. 324f. Pontifícia Universidade Católica de São Paulo, São

Exemplo frisante dessa espécie de superioridade moral e cognitiva intrínseca do juiz em relação às partes e aos advogados pode ser vista na seguinte passagem:

> Um procedimento epistemicamente direcionado, por outro lado, deve necessariamente ser "estruturado de modo a contrastar – ou pelo menos a minimizar – a tendência das partes de distorcerem a verdade"; isto é, de desenvolver procedimentos que possam não só permitir que o juiz tenha condições de buscar a verdade com poderes instrutórios de ofício, mas também de regular a atividade das partes de modo a não permitir que essas "atrapalhem" ativa ou passivamente esse mister[775].

Referida "tendência de distorcer a verdade" e de "atrapalhar ativa ou passivamente a sua descoberta" (afirmações completamente arbitrárias) não se dirige apenas às partes, mas também (e quiçá principalmente) aos advogados. No limite, a transcrição significa que os cidadãos não podem ter em todo caso o direito de defender em juízo o que estimam que é seu direito, e que os advogados, elementos perturbadores da "justiça", não deveriam atuar como defensores desses direitos. Eles devem colaborar desapaixonadamente com o juiz na busca da verdade ou, pelo menos, não devem atrapalhá-lo em tal mister. *"Quienes parten de sostener estas dos consideraciones no necesita decir más para evidenciar cuáles son sus bases ideológicas"*, pontua Juan Montero Aroca[776]. Mais uma vez, fica nítido como a pretensa tecnicidade (as-

---

Paulo, 2018, p. 131.134. Daí se dizer que se tira do postulado hegeliano segundo o qual o Estado deve tomar para si a proteção da verdade o fundamento para municiar o juiz de amplos poderes instrutórios em nome da busca da verdade objetiva: CROSKEY, Sebastián Irún. *Derecho Procesal e Ideología*: Hegel y el origen de la escuela "moderna" de derecho procesal (o del "activismo judicial"). Brevisários Procesales Garantistas. V. 4. Director: Adolfo Alvarado Velloso. Coordinadores: Jorge Pascuarelli. Andrés Repetto. Rosario: Ediciones AVI S.R.L, 2013, p. 34.

775 Baseado em Michele Taruffo, é o que afirma: RAMOS, Vitor de Paula. *Ônus da Prova no Processo Civil. Do ônus ao dever de provar*. 2 ed. em e-book baseada na 2 ed. impressa. São Paulo: Thomson Reuters Brasil, 2018, Cap. 3, item 3.1.

776 AROCA, Juan Montero. Los modelos procesales cíviles en el inicio del siglo XXI: entre el garantismo y el totalitarismo. *Revista Brasileira de Direito Processual – RBDPro*, Belo Horizonte, ano 25, n. 100, p. 191-211, out./dez. 2017, p. 205, nota de rodapé n. 51. Em tradução livre: "Quem parte de sustentar essas duas considerações não necessita dizer mais para evidenciar quais são suas bases ideológicas". Acrescente-se: a crítica de Aroca é dirigida a Michele Taruffo, referencial teórico de Vitor de Paula Ramos no trecho transcrito.

sepsia ideológica) do processo orientado à busca da verdade opera sob forte matriz ideológica (hiper)publicista, perceba-se isso ou não[777].

Ademais, o raciocínio é falacioso. Do ponto de vista lógico, pode-se aceitar a premissa de que alegações diferentes sobre o mesmo fato não podem ser simultaneamente verdadeiras. Entretanto, disso não resulta a conclusão necessária de que uma das partes mente de forma deliberada. De bom grado, essa presunção de má-fé de pelo menos uma das partes exclui a possibilidade nada desprezível de a divergência se dever ao fato de que as partes veem as coisas do seu ponto de vista[778], inclusive inconscientemente enviesado pelos próprios interesses, e que o mundo do direito é, em boa medida, o mundo da dúvida[779]. Trata-se daquele tipo de salto (*non sequitur*) bem ao gosto daqueles que estão sempre em busca de pretextos para legitimar o fortalecimento da autoridade estatal: o processo exige a verdade; as partes mentem; logo, apenas o juiz pode ser o autêntico pesquisador da verdade. O maniqueísmo é latente. É certo que advogados não estão livres do pecado, mas são profissionais livres e não têm poderes decisórios, de modo que são o elo mais fraco da cadeia, e, como tais, atacáveis sem temor de que o sistema sofra contragolpes[780].

Por isso, quando o argumento chega ao nível acima referido, torna-se necessário reafirmar o que deveria ser assente:

> *l'avvocato sa bene che, purtroppo o fortunatamente, un antico principio vuole che* quod non est in actis non est in mundo, *con la conseguenza che, quale*

---

777 E realmente não parece ser a intenção do autor em questão, já que "o convencimento, a crença pessoal do juiz a respeito dos fatos, aliás, deve ser deixada de lado, verificando-se o que está realmente provado objetivamente. Afinal, o fato do juiz "ser adepto" de alguma hipótese não a torna mais ou menos passível de veracidade." (RAMOS, Vitor de Paula. *Ônus da Prova no Processo Civil*. Do ônus ao dever de provar. 2 ed. em e-book baseada na 2 ed. impressa. São Paulo: Thomson Reuters Brasil, 2018, Cap. 1, item 1.2.3). Porém, isso não desautoriza a crítica, que deriva da interpretação do seu pensamento e do desvelamento do seu pano de fundo.

778 SOARES, Carlos Henrique. Reflexiones filosóficas sobre la prueba y verdad en el proceso democrático. In: *Direito Probatório*. Temas Atuais. Orgs. Ronaldo Brêtas de Carvalho Dias, Carlos Henrique Soares, Mónica Bustamante Rúa, Liliana Damaris Pabón Giraldo, Francisco Rabelo Doutrado de Andrade. Belo Horizonte: Editora D'Plácido, 2016, p. 48.

779 CIPRIANI, Franco. L'avvocato i la verità. In: *Il Processo Civile Nello Stato Democratico*. Napoli: Edizioni Scientifiche Italiane, 2010, p. 133.

780 CIPRIANI, Franco. L'avvocato i la verità. In: *Il Processo Civile Nello Stato Democratico*. Napoli: Edizioni Scientifiche Italiane, 2010, p. 134.

che sai la verità, il defensore può (e deve) stare agli atti: l'avvocato, al limite, puó non accettare l'incarico o rinunciare al mandato, ma, se accetta di difendere chi gli atti glielo consentono. L'abilitá del difensore, quindi, nin sta nel raccontar balle, ma nel prospettare tesi oggetivamente o almeno aparentemente sostenibili, facendo leva sulla logica formale, sulla dottrina, sulla giurisprudenza e su ogni altro argomento che possa essere utili per mettere in difficoltà la controparte e convincere il giudice circa il buon diritto del proprio assistito. L'avvocato, infatti, per vincere le cause, deve persuadere il giudice dell'esattezza dele proprie tese o, quanto meno, fargli capire che la propria tesi è più esatta e più coerente di quella dell'avversario: e non credo próprio che vi riuscirebbe se si limitasse a mentire (…) non sembra che gli avocati possano essere deplorati, como invece solitamente si fa, perché si sforzano di trovar cavilli. Il «cavillo» non è nè una menzogna, né tanto meno un illecito, ma il frutto dell'abilità del difensore nel trovare nelle pieghe del códice o dei repertori la norma o il precedente giurisprudenziale che gli consente di vincere la causa[781].

Afirma-se sem temor: o papel do advogado não é colaborar com um juiz pesquisador, como se seu assistente fosse. É da deontologia dos seus deveres funcionais agir parcialmente, com vistas a convencer o julgador em benefício do seu cliente. Desde que aja licitamente, esse é o seu papel. Única e exclusivamente este.

Reitere-se: a advocacia é instituição de garantia. A função de garantir a liberdade e «liberdade» do cidadão em juízo é do advogado, não do juiz. Cumpre ao advogado, no intuito de beneficiar o seu constituinte, combater eventuais abusos, excessos e desvios judiciais, tais como o

---

781 CIPRIANI, Franco. L'avvocato i la verità. In: *Il Processo Civile Nello Stato Democratico*. Napoli: Edizioni Scientifiche Italiane, 2010, p. 136. Em tradução livre: "O advogado sabe bem que, feliz ou infelizmente, um antigo princípio quer que *quod non est in actis non est no mundo*, com a conseqüência de que, seja qual for a verdade, o defensor pode (e deve) ater-se aos autos: o advogado, no limite, pode não aceitar o encargo ou renunciar ao mandato, mas, se ele aceita defender a quem o contrata, deve fazê-lo com todas suas próprias forças e dentro dos limites que os autos o permitem. A habilidade do defensor, portanto, não consiste em contar contos, mas em propor teses objetivamente ou pelo menos aparentemente sustentáveis, baseando-se na lógica formal, na doutrina, na jurisprudência e em qualquer outro argumento que possa ser útil para colocar a outra parte em dificuldade e convencer o juiz sobre o bom direito de seu cliente. De fato, para vencer os casos, o advogado deve convencer o juiz da precisão de suas próprias teses ou, pelo menos, fazê-lo entender que sua tese é mais exata e mais coerente do que a do oponente: e não acredito que teria sucesso se se limitasse a mentir (…) não parece que os advogados podem ser deplorados, como geralmente é feito, porque eles tentam encontrar "sutilezas". A "sutileza" não é uma mentira, nem muito menos algo ilícito, mas fruto da capacidade do defensor de encontrar nas dobras do código ou nos repertórios a norma ou o precedente judicial que lhe permite vencer o caso".

desrespeito à lei e à Constituição; a desvinculação aos pedidos, fundamentos e argumentos aportados aos autos pelas partes; as ausências de urbanidade, lhaneza, integridade e correção; os excessos de linguagem; as conexões fortes de afeição, aversão ou envolvimento profissional com qualquer das partes; a predisposição, a preferência, a antipatia ou o preconceito de qualquer espécie; as iniciativas oficiosas que impliquem favorecimento ou perseguição funcional a qualquer das partes; as manifestações em público de predisposição, preferência, antipatia ou preconceito por qualquer das partes[782].

Em termos pragmáticos, nem todos os advogados possuem as mesmas habilidades, conhecimento, compromisso e disponibilidade. Pode mesmo acontecer de a parte ser prejudicada por erro do advogado despreparado ou que cometeu um deslize pontual. Mas isso vale para os demais sujeitos processuais, inclusive o juiz[783]. Se o desempenho inadequado ou insatisfatório é uma externalidade inarredável, o sistema do direito positivo dá resposta: no extremo, erros se resolvem em responsabilidade civil, administrativo-disciplinar e/ou criminal[784].

Em termos dogmáticos, à míngua de regras expressas e objetivas de igualação, cada sujeito processual deve ter o seu lugar funcional respeitado. Não se pode, sem autorização legal – de resto, sempre passível de controle de constitucionalidade –, instituir uma espécie de tutor dotado de funções corretiva e supletiva. O art. 5º, *caput*, CRFB, e o art. 7º, CPC, não podem ser interpretados no sentido de permitir que o juiz supra debilidades técnicas dos advogados.

---

782 COSTA, Eduardo José da Fonseca. A Advocacia como Garantia de Liberdade dos Jurisdicionados. *Empório do Direito*, Florianópolis, 09 mai. 2018. Coluna da Associação Brasileira de Direito Processual. Disponível em: https://bit.ly/2yY2xX7. Acesso em 10.05.2020.

783 A gigantesca e multifacetada carga de trabalho (*v. g.* proferir decisões sobre ampla gama de matérias – muitas das quais ele não necessariamente domina –, realizar audiências, atender advogados e partes, gerir a unidade judiciária); as constantes cobranças pelo atingimento de metas de produtividade; os notórios déficits de pessoal e estrutural; os atalhos cognitivos induzidos pelos vieses cognitivos e pela racionalidade limitada – própria do ser humano –, tudo somado, indica que a chance de erro judicial não é menor que a dos advogados.

784 SOUSA, Diego Crevelin de. Segurando o juiz contraditor pela imparcialidade: de como a ordenação de provas de ofício é incompatível com as funções judicantes. *Revista Brasileira de Direito Processual – RBDPro*, Belo Horizonte, ano 24, n. 96, p. 49-78, out./dez. 2016, p. 71.

Livre de idealismos, a promoção da maior igualdade processual possível entre as partes se dá pela valorização da defesa técnica, consciente dos seus limites cognitivos e possibilidades de erro[785], não pelo "deslocamento do protagonismo processual para o juiz "ativista" eliminador de disparidades"[786], solução inconsciente das inconstitucionalidades que encerra e do fato de que juízes também têm limites cognitivos e erram.

Na síntese de Juan Montero Aroca, a desigualdade entre as partes é dado inegável e ineliminável, mas esse reconhecimento não pode levar a converter o juiz em defensor de uma das partes, mas sim à instituição de procedimentos favorecedores da igualação (v. g. a possibilidade de execução provisória sem prestar caução), medidas de facilitação do acesso à justiça, ainda que não relacionada a óbices necessariamente processuais etc.[787] O que não se pode tolerar é a invocação da igualdade para justificar que o juiz auxilie a parte. Com exceção dos que, com Artur César de Souza, acolhem a tese da parcialidade positiva do juiz, essa solução está fora de cogitação.

Muito mais consistente a defesa da ideia de igualdade temporal como liberdade de dizer e contradizer para implementação, entre as partes, da estrutura procedimental, na qual não se opera a distinção jurisdicional do economicamente igual ou desigual, pois o direito ao processo é assegurador de igualdade na realização construtiva do procedimento[788]. A inserção do contraditório na isonomia exige que se

---

785 "O garantismo processual que desmerece o trabalho do juiz é tão indesejado como o ativismo judicial que desmerece o trabalho do advogado. Afinal, não existe hierarquia entre juiz e advogado: ambos são coprotagonistas no processo democrático de produção da decisão final. Por isso, *slogans* como "confio no juiz" ou "confio no advogado" soam como pieguice desprovida de cientificidade. Um processo civil racionalmente estruturado não pode pressupor agentes com elevadas condições moral e espiritual. Ao contrário: é preciso sempre tomar em consideração os erros, as fraquezas e as deficiências". (COSTA, Eduardo José da Fonseca. Algumas considerações sobre as iniciativas processuais probatórias. *Revista Brasileira de Direito Processual – RBDPro*, Belo Horizonte, ano 23, n. 90, 2015, p. 164).

786 VARGAS, Cirilo Augusto. *A Defesa Técnica Processual*. Estudo comparativo entre o direito brasileiro e o norte-americano. Rio de Janeiro: Lumen Juris, 2019, p. 103.

787 AROCA, Juan Montero. La nueva Ley de Enjuiciamiento Civil española y la oralidade. *Revista de la Facultad de Derecho de la Pontificia Universidad Católica del Perú*, nº 53, Lima, Dic./2000, p. 668.

788 LEAL, Rosemiro Pereira. *Teoria Geral do Processo*. Primeiros estudos. 14 ed. Belo Horizonte: Fórum, 2018, p. 155.

oportunize capacitação técnico-científica para obviar a testabilidade recíproca pelos sujeitos do processo quanto aos conteúdos argumentativos da interpretação das leis asseguradoras de possíveis liberdades iguais para todos em participarem do processo ou de se habilitarem ao exercício de uma escolha qualificada de um representante legal para se valer do contraditório. A participação em simétrica paridade impõe o acolhimento da autoilustração, para todos[789]-[790]. Desgarra-se daquele objetivo instrumental de tornar o juiz um compensador de déficits de igualdade, um justiceiro social[791].

Decididamente, a igualdade que se pode e deve conseguir no processo é a igualdade jurídica de dar idênticas possibilidades de participação, assegurada a autoinclusão. O processo deve garantir na mesma medida a possibilidade de pretender e de resistir, de oferecer prova, de impugná-la, de controlá-la, de alegar, de impugnar decisões. E isso é tudo[792]. E essa função é do advogado, por vezes do Ministério Público, mas nunca do juiz.

Ao cabo dessas considerações, tem-se que a função social do processo *ope iudicis* soa mais como política jurídica do que como dogmática jurídica. Se isso for correto, joga jogo de linguagem distinto daquele aqui empreendido. Mas se de dogmática se tratar, opera sob bases inconsistentes e nada convincentes, por isso não é acolhida.

---

789 LEAL, Rosemiro Pereira. *A Teoria Neoinstitucionalista do Processo:* uma trajetória conjectural. Belo Horizonte: Arraes Editores, 2013, págs. 47-48.

790 Fala-se aí em igualdade perante a lei (isotopia), igualdade de interpretar a lei (isomenia) e igualdade de criar, alterar ou substituir a lei (isocrítica): ANDRADE, Francisco Rabelo Dourado. *A Tutela da Evidência como Jurisdição sem Devido Processo no Código de Processo Civil de 2015.* Dissertação (mestrado em Direito). Data da Defesa: 16/03/2016. 212f. Pontifícia Universidade Católica de Minas Gerais, Belo Horizonte, 2016. p. 132. Mais detidamente: THIBAU, Vinícius Lott. *Garantismo e Decisão Imparcial.* Tese (doutorado em Direito). Data da defesa: 10/04/2014. 220f. Pontifícia Universidade Católica de Minas Gerais, Belo Horizonte, 2014, p. 136-156. Reitere-se que neste trabalho aceita-se *cum grano salis* a dimensão da isocrítica (igualdade de criar, alterar ou substituir a lei), como já referido alhures.

791 PAOLINELLI, Camila de Matos. *Ônus da Prova no Processo Democrático.* Dissertação (mestrado em Direito). Data da defesa: 13/12/2017. 175f. Pontifícia Universidade Católica de Minas Gerais, Belo Horizonte, 2017. p. 135.

792 CANTEROS, Fermín. *La Estructura Básica de los Discursos Activista y Garantista del Derecho Procesal.* Serie Breviarios Procesales Garantistas. V. 8. Dirección: Adolfo Alvarado Velloso Coord. Local: Jorge D. Pascuarelli - Andrés Repetto. Rosario: Ediciones AVI S.R.L. 2013, p. 46.

4
DIVISÃO DE TRABALHO
ENTRE PARTES E JUIZ

4.1. AS PROPOSTAS DAS CORRENTES LIGADAS À COOPERAÇÃO PROCESSUAL[793]

A doutrina cooperativista costuma apontar três modelos de processo, que se sucedem nessa ordem: o paritário, o hierárquico e o cooperativo. O critério para distingui-los é o modo como definem o papel das partes e do juiz no processo.

O modelo paritário trata o processo como coisa das partes. A definição do objeto do processo, a escolha do rito e das provas a produzir é potestade absoluta delas. O juiz é passivo, um verdadeiro convidado de pedra. É um processo dispositivo.

O modelo hierárquico parte da divisão indivíduo, sociedade e Estado e conta com o predomínio do Estado-Juiz, alocado acima das partes. Ocorre a elevação e centralização burocrática do poder do Estado. No processo, há incremento dos poderes do juiz e diminuição do papel das partes. Forma-se um processo inquisitório conduzido autoritariamente pelo Estado-juiz. A legislação lhe confere amplos poderes de condução material do processo, inclusive no tocante à produção de provas *ex officio*.

O modelo cooperativo mantém a divisão indivíduo, sociedade e Estado, mas é marcado pela submissão do Estado ao Direito e à participação social na sua gestão. É resgatada a importância da participação das partes com a vinculação do juiz ao debate processual, oferecendo

---

793 A abordagem foi anteriormente desenvolvida em: SOUSA, Diego Crevelin de. O Caráter Mítico da Cooperação Processual. *Empório do Direito*, Florianópolis, 06 dezembro 2017. Coluna Associação Brasileira de Direito Processual. Disponível em: https://bit.ly/37SSteR. Acesso em 15.08.2019.

um ponto de equilíbrio entre o papel das partes e do juiz no processo. O juiz conduz o processo de modo dialogal, assegurando tratamento isonômico às partes para permitir que participem e influenciem no conteúdo dos provimentos (espécie de superação dialética dos modelos anteriores, uma síntese deles)[794].

O modelo propõe uma direção efetiva do processo pelo juiz, não em posição dominante e superior, mas pautada pelo diálogo a respeito do material fático-jurídico e probatório, com a consequente relativização dos brocardos *"iura novit curia"* e *"da mihi factum, dabo tibo ius"*[795].

Fala-se que a sua característica é o redimensionamento do princípio do contraditório, com a inclusão do órgão jurisdicional no rol dos sujeitos do diálogo processual como algo indispensável ao aprimoramento da decisão judicial. O magistrado se torna um dos participantes do processo, igualmente gravado pela necessidade de observá-lo ao longo de todo o procedimento. Em suma, o juiz está obrigado ao debate, ao diálogo processual.

Nesse sentido, o "princípio da cooperação"[796] atua diretamente[797], vale dizer, instituindo e imputando deveres ao juiz[798], quais sejam: es-

---

794 MITIDIERO, Daniel. *Colaboração no Processo Civil.* Pressupostos Sociais, Lógicos e Éticos. São Paulo: Editora Revista dos Tribunais, 2009, p. 63 a 77.

795 OLIVEIRA, Carlos Alberto Alvaro de. O Juiz e o Princípio do Contraditório. Revista dos Tribunais *Online,* Revista de Processo, v. 71, p. 31, jul./1993.

796 Para um debate sobre a natureza principiológica da cooperação, conferir: MITIDIERO, Daniel. Colaboração no Processo Civil como Prêt-à-Porter? Um convite ao diálogo para Lenio Streck. Revista dos Tribunais *Online,* Revista de Processo, v. 194, p. 55, abr./2011; STRECK, Lenio. MOTTA, Francisco José Borges. Um Debate com (e sobre) o Formalismo-Valorativo De Daniel Mitidiero, ou "Colaboração no Processo Civil" é um princípio? Revista dos Tribunais *Online*, Revista de Processo, v. 213, p. 13, nov./2012.

797 ZANETI Jr. Hermes. O Princípio da Cooperação e o Código de Processo Civil: cooperação para o processo. In: *Processo Civil Contemporâneo.* Homenagem aos 80 anos do professor Humberto Theodoro Júnior. Orgs. Paulo Henrique dos Santos Lucon et al. Rio de Janeiro: Forense, 2018, especialmente págs. 142, 146 e 147.

798 Não é unânime sequer entre os cooperativistas se a cooperação deve se dar do juiz com as partes (juiz-partes), das partes com o juiz (partes-juiz) e/ou entre as partes (parte-parte). De todo modo, o art. 6°, CPC parece positivar a concepção mais ampla. Mas essa amplitude subjetiva dos deveres de cooperação não será analisada neste texto, limitando-se à questão da cooperação do juiz com as partes (juiz-partes). A impossibilidade de se falar em relação jurídica processual entre as partes já foi examinada.

clarecimento (=o tribunal deve se esclarecer junto às partes quanto às dúvidas sobre suas alegações); lealdade (=proibição de litigar de má-fé e dever de respeitar a boa-fé objetiva); diálogo (=o órgão judicial deve dialogar e consultar as partes antes de decidir sobre qualquer questão, possibilitando que essas o influenciem a respeito do rumo a ser dado à causa); consulta (=o órgão jurisdicional não pode decidir nenhuma questão, de fato ou de direito, mesmo que cognoscível de ofício, que não tenha sido previamente submetida à manifestação das partes); prevenção (=o juiz deve prevenir que o direito da parte não seja frustrado pelo uso inadequado do processo); e auxílio (=o juiz deve afastar eventuais dificuldades que impeçam o exercício de direitos ou faculdades ou cumprimento de ônus ou deveres processuais)[799].

Como se vê, a preocupação do modelo diz respeito apenas a uma dimensão argumentativo-discursiva da divisão de trabalho entre partes e juiz. E, tomada nos termos acima, resulta na atribuição de deveres do juiz para com as partes[800].

Em razão dessa releitura, mormente pelos deveres de consulta e diálogo, grassa entre os cooperativistas a tese de que "o juiz é simétrico no debate e assimétrico na decisão"[801].

---

799 Foram aqui inseridos deveres indicados por Fredie Didier Jr que não estão presentes no já citado trecho da obra de Daniel Mitidiero, ora resumido. A propósito, conferir: DIDIER JR., Fredie. *Curso de Direito Processual Civil*. V.1. 18 ed. Salvador: JusPodivm, 2016, p. 121 e ss.

800 A questão é objeto de divergência entre seus adeptos. Autores há que defendem que todos os sujeitos do processo devem cooperar entre si, não só o juiz para com as partes. Nesse sentido, por todos: ZANETI Jr. Hermes. O Princípio da Cooperação e o Código de Processo Civil: cooperação para o processo. In: *Processo Civil Contemporâneo*. Homenagem aos 80 anos do professor Humberto Theodoro Júnior. Orgs. Paulo Henrique dos Santos Lucon et al. Rio de Janeiro: Forense, 2018, especialmente p. 146.

801 Por todos, é a posição de Daniel Mitidiero: "O processo cooperativo parte da ideia de que o Estado tem como dever primordial propiciar condições para a organização de uma sociedade livre, justa e solidária, fundado que está na dignidade da pessoa humana. Indivíduo, sociedade civil e Estado acabam por ocupar, assim, posições coordenadas. O direito a ser concretizado é um direito que contra com a *juris prudentia*, nada obstante concebido, abstratamente, como *scientia juris*. Por essa vereda, o contraditório acaba assumindo novamente um local de destaque na construção do formalismo processual, sendo instrumento ótimo para a viabilização do diálogo e da cooperação no processo, que implica, de seu turno, necessariamente, a previsão de deveres de conduta tanto para as partes como para o órgão jurisdicional (deveres de esclarecimento, consulta, prevenção e auxílio). *O juiz tem o seu papel*

Como já se viu, uma das características das relações é a simetria, que é o atributo verificável quando o vínculo instaurado entre os termos da relação é o mesmo quando a sua ordem é invertida (=é fixada a relação conversa). Com base nesse atributo, as relações podem ser: (a) simétricas – uma relação é simétrica quando, invertida a ordem dos termos da relação, ela se mantém igual (v. g. quando x e y são amigos, tem-se que $x R y = y R' x$); (b) assimétricas – uma relação é assimétrica quando, invertida a ordem dos termos da relação, ela se modifica (v. g. x é maior que y e y é menor que x – $x R y \neq y R' x$); e (c) semi-simétricas – quando a inversão dos termos da relação pode fazer com que os vínculos se apresentem ora como simétricos, ora como assimétricos (v. g. x admira b, mas não sabe se é recíproco).

Logo, a tese da simetria do juiz no debate não vinga. Se o contraditório encerra uma situação jurídica relacional que imputa direitos às partes e deveres ao Estado-juiz, todas as situações jurídicas ativas decorrentes do contraditório são de titularidade das partes e todas as situações jurídicas passivas decorrentes do contraditório são de titularidade do juiz. Onde x é titular de direitos (partes) e y é titular de deveres (juiz), a inversão dos termos da relação altera o tipo de relação: x R y $\neq$ y R' x. O contraditório é relação jurídica assimétrica, pois.

Demonstrou-se ao longo do trabalho que a função social do processo *ope iudicis* – em cujos laivos se insere o modelo cooperativo –, confessadamente absorvem todos os poderes conferidos ao juiz no modelo hierárquico, reconhecidamente autoritário, mas crê que "compensa" essa assimetria com a imposição ao juiz do dever de dialogar com as partes.

Nesse modo de pensar, submeter as atividades do magistrado ao contraditório e exigir fundamentação substancial bastaria para se ter uma equilibrada divisão de tarefas entre tais sujeitos processuais. A verticalidade do modelo hierárquico seria horizontalizada tão só pelo cumprimento dos deveres de consulta e diálogo. Se a comunidade de trabalho dialogar, o quem (fez) e o que (fez) tornam-se dados secundários.

Exemplo frisante é fornecido por Luiz Guilherme Marinoni, Sérgio Cruz Arenhart e Daniel Mitidiero. Reconhecendo que o juiz não pode conceder tutela provisória de ofício, sendo indispensável o requeri-

---

redimensionado, assumindo uma dupla função: mostra-se paritário na condução do processo, no diálogo processual, sendo, conduto, assimétrico no quando da decisão da causa". (MITIDIERO, Daniel. *Colaboração no Processo Civil*. Pressupostos Sociais, Lógicos e Éticos. São Paulo: Revista dos Tribunais, 2009, p. 102).

mento da parte (CPC, art. 295), propõem que seja-lhe outorgado um papel mais participativo no emprego da técnica antecipatória, para que, colaborando com a parte (CPC, art. 6.°), consulte-a sobre seu interesse na concessão da tutela sumária. A solução, dizem, equilibraria "a iniciativa judicial, inspirada na promoção da igualdade entre os litigantes e a na (sic) adequação da tutela jurisdicional, e o respeito à liberdade da parte", dados os riscos envolvidos (CPC, art. 302)[802].

Em primeiro lugar, nota-se uma deturpação do dever de consulta. Daniel Mitidiero ensina que o referido dever impõe ao Estado-juiz que ouça as partes de decidir sobre qualquer questão, possibilitando antes que elas o influenciem a respeito do rumo a ser dado à causa[803]. Consultar é dar oportunidade de manifestação sobre questões que o juiz é obrigado a decidir, inclusive quando cognoscíveis de ofício, de

---

802 MARINONI, Luiz Guilherme. ARENHART, Sérgio Cruz. MITIDIERO, Daniel. *Novo Curso de Processo Civil.* V. 2. 2 ed. São Paulo: Editora Revista dos Tribunais, 2016, p. 215. Examinando o mandado de segurança, os autores são ainda mais concessivos com o deferimento *ex officio* da liminar, sequer exigindo o "dever de consulta": "em relação à liminar cabível no caso presente, cumpre examiná-la com mais detalhes. Da dicção legal a seu respeito, nota-se que a lei não faz alusão expressa à necessidade de requerimento para a sua concessão. Embora seja recomendável que o autor assim proceda, parece que o espírito da lei efetivamente autoriza o juiz a agir de ofício nesse caso, seja para conceder a liminar que tenha caráter exclusivamente cautelar, seja para a concessão de medida antecipatória. É que a especialidade da medida, aliada à sua função de garantia constitucional, permite a conclusão de que se deve conceder ao juiz maiores poderes de ingerência sobre os interesses da parte, especialmente quando estiver em jogo outro direito fundamental. A inexistência de pedido liminar pela parte, assim, não é, em si só, obstáculo à concessão da ordem provisória do juiz". (MARINONI, Luiz Guilherme. ARENHART, Sérgio Cruz. MITIDERO, Daniel. *Novo Curso de Processo Civil.* V. 3. 2 ed. São Paulo: Editora Revista dos Tribunais, 2016, p. 368). No mesmo sentido: "a medida liminar *deve* ser deferida caso exista, no sentir do juiz, o perigo de ineficácia do provimento jurisdicional e tenha sido satisfatória a prova do direito alegado (os requisitos são os mesmos da teoria geral da tutela de urgência: *fumus boni iuris*, aqui reforçado pelo conceito de prova pré-constituída que aduz o relevante fundamento da demanda, e *periculum in mora*). Pode ocorrer, inclusive, sem o requerimento da parte e em qualquer momento do processo, pois ao juiz, no processo publicista que se propõe na doutrina moderna, se impõe a postura de correção da ilegalidade, não está sujeito aos fatos como mero espectador." (ZANETI JR., Hermes. *O "Novo" Mandado de Segurança Coletivo.* Salvador: JusPodivm, 2013, p. 221).

803 MITIDIERO, Daniel. Colaboração no Processo Civil como *Prêt-à-Porter?* Um convite ao diálogo para Lenio Streck. Revista dos Tribunais *Online,* Revista de Processo, v. 194, p. 55, abr./2011.

modo a evitar decisões-surpresa (CPC, art. 10)[804]. Não é atribuir ao juiz o dever de indagar as partes sobre seu interesse em obter provimento que, segundo exame individual, é passível de acolhimento, mas acerca do qual não pode prover de ofício. Consultar não se confunde com pedido de autorização para decidir. *In casu*, nossos autores reconhecem que a iniciativa da parte é imprescindível para o juiz prover sobre a tutela provisória, vedada a decisão *ex officio*, mas sustentam que o juiz deveria consultar a parte sobre seu interesse em obtê-la. Portanto, estão defendendo que o juiz peça autorização para decidir, proposta que se distancia completamente do conteúdo dogmático do dever de consulta.

Em segundo lugar, viola a garantia da imparcialidade. Pouco mais do que evidente, o juiz só indagará a parte sobre seu interesse em obter tutela provisória se já estiver introspectivamente convencido de que ela deve ser deferida, necessitando apenas do seu aval para concedê-la. De outro modo não "consultaria" a parte. Tampouco a indeferirá caso a parte responda positivamente à "consulta". O prejulgamento é ululante.

Em terceiro lugar, agindo assim o juiz suplementa a atividade postulatória da parte, funciona como advogado que dá aconselhamento estratégico. Cristalina, também, a violação da imparcialidade.

Em suma, o que se tem aí é uma forma velada de concessão da tutela provisória de ofício, quando os próprios autores entendem que a provocação da parte é imprescindível. É exemplo claro de juiz que se arvora em situação jurídica ativa do contraditório, como se parte fosse, suprindo atividade postulatória em busca de autorização para decidir[805].

---

804 Comentando o art. 10, CPC, afirma Fredie Didier Jr.: "A regra é, ainda, concretização do princípio da cooperação (art. 6.º, CPC), pois reforça a exigência de um diálogo leal, claro e equilibrado entre o juiz e as partes. O *dever de consulta* é um dos deveres de cooperação imputados ao órgão julgador". (DIDIER JR. Fredie. *Comentários ao novo Código de Processo Civil*. Orgs: Antonio do Passo Cabral, Ronaldo Cramer. 2 ed. rev., atual. e ampl. – Rio de Janeiro: Forense, 2016. Versão eletrônica).

805 A mesma censura vale para o processo cautelar. Só é possível pensar o contrário quando ainda se concebe a tutela cautelar como mero instrumento do instrumento, servil ao interesse público do Estado-Jurisdição à efetividade dos seus provimentos. Visão superada, no mínimo, desde Pontes de Miranda, que, com percuciência, nela divisou o meio de se tutelar a pretensão à segurança, de titularidade da parte, daí por que – aqui se conclui – concessível apenas mediante requerimento desta, constituindo o deferimento *ex officio* supressão pelo juiz de atividade postulatória

Fica claro como subjaz à tese da simetria do juiz no debate a condescendência com o exercício de função processual de parte pelo Estado-juiz. Revela sua dissolução em indisfarçável protagonismo judicial que, a pretexto de exercer papel mais ativo para igualar as partes, deturpa a estrutura constitucional do contraditório, promovendo ostensivas distorções funcionais. Longe de equilibrar, desequilibra.

O equívoco da tese da simetria do juiz no debate foi desvelado por Lúcio Delfino e Fernando Rossi, em texto já referido[806].

Demonstraram os autores que isso equivale a admitir o exercício, pelo juiz, de situações jurídicas processuais ativas derivadas do contraditório, as quais são constitucionalmente reservadas às partes, violando, acrescenta-se, a imparcialidade.

Como já se viu, o contraditório enfeixa situações jurídicas ativas (=direitos) de competência das partes e situações jurídicas passivas (=deveres) de competência do juiz. Nos termos da Constituição, o contraditório é direito das partes e dever do juiz. É correto afirmar que o juiz é sujeito do contraditório, afinal ele tituariza as situações jurídicas passivas (=deveres) dele decorrentes. Disso não se segue, porém, que ele seja simétrico no debate, isto é, que possa exercer situações jurídicas ativas (=direitos) decorrentes do contraditório, como se parte fosse.

Deve-se ter sempre em mente que o contraditório é norma de competência e que o exercício dos direitos dele decorrentes é de competência exclusiva das partes. Daí o contraditório ser a tábua definidora das competências ou funções das partes e do juiz, as quais, interpretadas com respeito aos limites semânticos do texto constitucional (art. 5º,

---

da parte, configurando violação da imparcialidade objetivo-funcional. Para uma visão adequada da tutela cautelar, inclusive sua relação com a pretensão à segurança, conferir: PEREIRA, Mateus Costa. *Aspectos Polêmicos do Novo Código de Processo Civil*. V. 1. Orgs: Helder Moroni Câmara. Lúcio Delfino. Luiz Eduardo Ribeiro Mourão. Rodrigo Mazzei. São Paulo: Almedina, 2018, especialmente p. 498-500). Afirmar, que "o poder de acautelar é inerente ao poder de julgar", não passa de apelo retórico que mescla o autoritário "interesse público" à etérea "justiça das decisões". Se essa "inerência" fosse procedente não seriam admitidos os limites decisórios do juiz (*infra, ultra* e *extra petita*) em todo e qualquer caso. O fato de isso não ser defendido pelos que admitem a concessão de tutela cautelar de ofício só depõe contra eles.

806 DELFINO, Lúcio. ROSSI, Fernando. Juiz Contraditor? In: *Processo Civil nas Tradições Brasileira e Iberoamericana*. Florianópolis: Conceito, 2014, págs. 279-292.

LV), não são intercambiáveis. Não se admite que o juiz exerça função de parte, e vice-versa.

É o que torna cirúrgica a posição de Lúcio Delfino[807], no sentido de que o suposto redimensionamento do contraditório pelo art. 6°, CPC, estendendo suas situações jurídicas ativas ao juiz, aniquila a sua dimensão de garantia do cidadão contra o poder estatal, algo que não poderia ser feito sequer por Emenda Constitucional, muito menos por lei ordinária. Situada a questão da divisão equilibrada de tarefas no plano dos limites, portanto, fica claro que não tem lugar a tese da simetria do juiz no debate.

Eduardo José da Fonseca Costa situou essas mesmas ideias no interior do direito de liberdade, ou melhor, de processo como instituição de garantia contrajurisdicional de liberdade e «liberdade». Aqui, liberdade diz respeito ao direito da parte se autodeterminar no processo e não sofrer interferências do juiz, agindo conforme suas escolhas estratégicas e táticas[808].

O que o autor pretende com as ideias de liberdade e «liberdade» é demarcar as funções do juiz e das partes no processo, evitando que a atuação livre daquele descambe na assunção de função de parte, convertendo-o em juiz contraditor, exatamente o que aqui se pretende prevenir com a ideia de contraditório como situação jurídica relacional.

Além de definir a competência das partes e do juiz, o contraditório também estabelece, por seu conteúdo, critérios de controle das funções judicantes. É o que se dá, v. g., quando se veda a prolação de decisão surpresa (CPC, art. 10) e se exige que o juiz enfrente todos os argumentos da parte, inclusive indicando aqueles que não são capazes de infirmar a conclusão (CPC, art. 489, § 1°, IV).

Mas o contraditório como norma de competência não pode tolerar o exercício de competência de parte pelo juiz. Sequer a noção de círculo hermenêutico acolhe a tese da simetria do juiz no debate[809].

---

807 DELFINO, Lúcio. Cooperação processual: Inconstitucionalidades e excessos argumentativos – Trafegando na contramão da doutrina. *Revista Brasileira de Direito Processual – RBDPro*. n. 93. Belo Horizonte: Fórum, 2016, p. 149-168.

808 Para uma noção de estratégia e tática processuais, conferir: ROSA, Alexandre Morais da. *Teoria dos Jogos e Processo Penal*. A short introduction. 2 ed. Florianópolis: Empório Modara, 2017, p. 91 e ss.

809 STRECK, Lenio Luiz. *Dicionário de Hermenêutica*. Quarenta temas fundamentais da Teoria do Direito à luz da Crítica Hermenêutica do Direito. Belo Horizonte: Letramento / Casa do Direito, 2017, p. 25 e ss.

Mesmo deixando de lado o rigor lógico da Teoria das Relações, sendo o contraditório garantia de participação com vistas a influir no desenvolvimento e resultado do processo, não faz sentido dizer que o juiz pode exercê-lo em "simetria" com as partes. O juiz seria simétrico se pudesse, ao mesmo tempo, influir no e pronunciar o resultado do processo, o que é impensável. E mais do que isso: também as partes deveriam poder, ao mesmo tempo, influir no e pronunciar o resultado do processo, o que é ainda mais impensável.

Se um sujeito processual terá competência para decidir e outros não, a única maneira de manter o equilíbrio entre eles é entender que o primeiro não pode exercer as mesmas funções que os demais, que sofrerão os efeitos do provimento. Não há equilíbrio fora daí.

E descabe invocar a noção de círculo hermenêutico para baralhar as funções processuais e situar o juiz no lugar de parte. A compreensão se dá num círculo hermenêutico, mas o devido processo legal institui um jogo de linguagem com regras próprias, os sujeitos que dele participam não têm as mesmas possibilidades funcionais no círculo hermenêutico ali estabelecido[810]. O círculo hermenêutico *lato sensu* não pode desprezar as especificidades de um círculo hermenêutico-processual juridicamente regrado, que impõe limites à participação, interferência e influência dos sujeitos processuais no bojo do processo compreensivo que encerra. Dentre as inúmeras provas definitivas disso estão as exigências de imparcialidade e impartialidade, como pressupostos indispensáveis para a atuação do juiz. Não se pode transpor, sem mais, a ideia da circularidade compreensiva do plano da compreensão para o da *performance*. Mesmo o círculo hermenêutico deve obedecer às especificidades dos mais variados jogos de linguagem. O direito pode limitar (e não raro limita) o círculo.

Considera-se que isso desvela o quanto as formulações cooperativistas, ao desprezarem a noção do contraditório como norma de com-

---

810 Como adverte Gerson Francisco de Arruda Júnior, em Wittgenstein a ideia central do conceito de jogos de linguagem "é fazer-nos ver, pelos jogos, os vários aspectos de nossa linguagem que muitas vezes nos são alheios. Jogos são atividades públicas que pressupõem o uso de regras, reações comuns, habilidades, disposições, certas capacidades geradas pelo domínio da técnica etc. Equiparada com eles, a linguagem é, dessa perspectiva, concebida como *práxis*, isto é, como uma atividade humana *também guiada por regras, cuja efetivação pressupõe, igualmente, reações comuns, capacidades adquiridas por meio de treino, o domínio da técnica de sua aplicação etc.*" (destacou-se) (ARRUDA JÚNIOR, Gerson Francisco de. *10 Lições sobre Wittgenstein*. Petrópolis: Editora Vozes, 2017, p. 73).

petência, apenas escamoteiam o acentuado protagonismo judicial tributário do modelo hierárquico, cuja superação não se alcança com a mera inserção do dever de diálogo do juiz com o labor das partes, mas com a exclusão daquele do exercício de funções destas. Se assim não for, a mudança de modelo processual e a instituição de uma divisão equilibrada de tarefas constitui "*gattopardismo*"[811].

---

[811] Fredie Didier Jr. sustenta que o modelo cooperativo "caracteriza-se pelo redimensionamento do *princípio do contraditório*, com a inclusão do órgão jurisdicional no rol dos sujeitos do diálogo processual, e não mais como um mero espectador do *duelo* das partes. O contraditório volta a ser valorizado como instrumento indispensável ao aprimoramento da decisão judicial, e não apenas uma regra formal que deveria ser observada para que a decisão fosse válida. A condução do processo deixa de ser *determinada* pela vontade das partes (marca do processo dispositivo). Também não se pode afirmar que há uma condução inquisitorial do processo pelo órgão jurisdicional, em posição *assimétrica* em relação às partes. Busca-se uma condução *cooperativa* do processo, sem destaques a algum dos sujeitos processuais". (DIDIER JR. Fredie. Três Modelos de Processo: inquisitivo, dispositivo e cooperativo. In: *Ativismo Judicial e Garantismo Processual*. Coords.: Fredie Didier Jr. José Renato Nalini. Glauco Gumerato Ramos. Wilson Levy. Salvador: JusPodivm, 2013, p. 210-211). Todavia, ninguém menos que Miguel Teixeira de Souza, influência forte dos cooperativistas brasileiros, noticia que a reforma processual portuguesa teve como linhas essenciais a sujeição do processo a um princípio de cooperação entre as partes e o tribunal e a acentuação da inquisitoriedade do tribunal, do que se infere que o modelo cooperativo não é incompatível nem distinto do modelo inquisitivo: "A preocupação em coadunar a estrutura e os fins do processo civil com os princípios do Estado social de direito e de garantir uma legitimação externa às decisões do tribunal esteve igualmente presente na reforma do processo civil. *Foram três as linhas essenciais que a reforma escolheu para prosseguir com essa finalidade: a sujeição do processo a um princípio de cooperação entre as partes e o tribunal, a acentuação da inquisitoriedade do tribunal e a atenuação da preclusão na alegação de factos e, finalmente, a prevalência da decisão relativa ao mérito sobre a decisão de forma*". (SOUSA, Miguel Teixeira de. *Estudos Sobre o Novo Processo Civil*. 2ª ed. Lisboa: Lex, 1997, p. 62). Por isso, tem razão Eduardo Chemale Selistre Peña quando fala do modelo cooperativo e sua pretensa distinção dos modelos dispositivo e inquisitivo: "não se trata, propriamente, ao que parece, de um novo sistema, e, sim, na esteira da lição de Jolowicz, acima referida, de uma graduação do sistema inquisitorial. Com efeito, o fato de valorizar o contraditório e de incluir "o órgão jurisdicional no rol dos sujeitos do diálogo processual, e não mais como mero espectador do duelo das partes", não retira do sistema a característica inquisitorial, se o juiz tem a possibilidade de propor provas de ofício, de indeferir provas mesmo quando sugeridas por ambas as partes – se entender, por exemplo, que não são importantes para o deslinde da lide – e de interferir ativamente na instrução probatória. O contraditório é elemento que tranquilamente pode integrar tanto o sistema adversarial como o sistema inquisitorial, e não se presta para diferenciá-los. De outro lado, não desejar

Importante ressaltar que as podas feitas acima não fragilizam as versões fortes das garantias do contraditório e da fundamentação. Muito pelo contrário. Ninguém poderá questionar seriamente o fato de que o juiz deve dar oportunidade de manifestação às partes antes de decidir qualquer questão, inclusive as cognoscíveis de ofício até então por elas não suscitadas, e que deve responder pontual e expressamente todos os argumentos e provas apresentados pelas partes.

Agora, para acentuar esses deveres impostos pelas garantias do contraditório e da fundamentação das decisões, não há a menor necessidade de criar figuras de linguagem, ou pior, teses como a da simetria do juiz no debate e o modo como ela condiciona a da divisão equilibrada de tarefas.

Na verdade, do modo como essas teorias são formatadas elas mais fragilizam que prestigiam as referidas garantias processuais e as contribuições a seu respeito prestadas pelo CPC (=explicitação do conteúdo constitucional desde-já-sempre atribuível à CRFB), mantendo-as reféns das virtudes (ou não) do juiz de ocasião. É excesso de linguagem perigoso, dada a afecção que pode disseminar (e dissemina, como visto)[812].

---

um juiz ativo, e sim participativo, é nota que caracteriza justamente o sistema inquisitorial". (PEÑA, Eduardo Chemale Selistre. *Poderes e Atribuições do Juiz*. São Paulo: Saraiva, 2014, p. 50).

812 Daí ser artificial a polêmica instaurada por Hermes Zaneti Jr e Cláudio Madureira com Daniel Mitidiero em relação à formulação deste – acolhida por Fredie Didier Jr. – segundo a qual "o juiz é assimétrico na decisão". Segundo os professores da Universidade Federal do Espírito Santo: *"Daniel Mitidiero defende que o juiz seria assimétrico apenas na decisão, o que significa dizer que o magistrado, após considerar e enfrentar as razões apresentadas por uma e outra parte, deverá apresentar uma solução para o litígio.* Quanto ao particular, cf. MITIDIERO, Daniel. Colaboração no processo civil. 3. Ed. cit. p. 64-65. *Aqui entendemos que a função do juiz não torna assimétrico o processo, até mesmo porque o próprio juiz está sujeito a controles intersubjetivo endo e extraprocessuais.* Uma leitura explica bem do que estamos tratando neste debate: *"O modelo cooperativo parece ser o mais adequado para uma democracia (...). No entanto, não há paridade no momento da decisão; as partes não decidem com o juiz; trata-se de função que lhe é exclusiva. Pode-se dizer que a decisão judicial é fruto da atividade processual em cooperação, é resultado das discussões travadas ao longo de todo o arco do procedimento; a atividade cognitiva é compartilhada, mas a decisão é manifestação do poder; que é exclusivo do órgão jurisdicional, e não pode ser minimizado. Neste momento, revela-se a necessária assimetria entre as posições das partes e do órgão jurisdicional: a decisão jurisdicional é essencialmente um ato de poder"* (DIDIER JR., Fredie. Art. 6º. In: CABRAL, Antonio do Passo; CRAMER, Ronaldo (Orgs.). Comentários ao Novo Código de Processo

Necessário ter sempre presente que o contraditório substancial ou dinâmico é uma conquista do Estado Democrático de Direito e deriva diretamente da Constituição. Sua defesa é completamente independente da adesão ao modelo cooperativista. Essa é uma conquista comum, não define nenhum modelo teórico.

Em suma, a tese da simetria do juiz no debate e o modo como ela conforma a tese da divisão equilibrada de tarefas faz com que sejam: dispensável – se quer significar o cumprimento de deveres impostos pelo contraditório; ou (ii) deturpadora do texto constitucional – se quer significar a possibilidade de o juiz exercer as situações jurídicas ativas decorrentes do contraditório (dá azo à figura do juiz-contraditor, síntese autoritária de um poder exercido sem limites). Certo é que, tanto por (i) como por (ii), oferecem muito mais problemas que soluções.

Civil. 2. ed. Rio de Janeiro: GEN/Forense, 2016. p. 18-19, g.n.), muito embora, tanto Fredie Didier Jr., quanto Daniel Mitidiero, ressalvem que em um processo autoritário e inquisitório também a condução do processo é assimétrica, *devemos firmar aqui o que já foi afirmado no texto: a atividade judicial é tendencialmente cognitiva, no sentido que aplica o ordenamento jurídico, está vinculada à lei, aos precedentes e a cultura e tradição jurídica do local, poderá haver ato de vontade, de poder, mas é exceção. Mesmo nestes casos, exceção submetida à controle intersubjetivo. O juiz não é, portanto, solipsista – concepção filosófica segundo a qual além de nós somente existem as nossas experiências – no momento de decidir, e, a decisão, não é, portanto, assimétrica – mas é sua função, dever-poder, decidir"*. (ZANETI JR., Hermes. MADUREIRA, Cláudio Penedo. Formalismo-Valorativo e o Novo Processo Civil. Revista dos Tribunais *Online*, Revista de Processo, v. 272, p. 85, out./2017). (destacou-se). Ora, nem Daniel Mitidiero e nem Fredie Didier Jr. dizem que o fato de o juiz ser assimétrico na decisão o torna solipsista. Vale insistir em passagem do segundo: "*assimetria*, aqui, não significa que o órgão jurisdicional está em uma posição processual composta apenas por *poderes processuais*, distinta da posição processual das partes, recheadas de ônus e *deveres*. Os princípios do *devido processo legal* e do Estado de Direito imputam ao juiz uma série de deveres (ou *deveres-poderes*, como se queira), que o fazem também sujeito do contraditório, como já se disse. O exercício da função jurisdicional deve obedecer aos limites do devido processo. Assimetria significa apenas que o órgão jurisdicional tem uma função que lhe é própria e que é conteúdo de um poder, que lhe é exclusivo". (DIDIER JR, Fredie. *Curso de Direito Processual Civil*. V.1. 18 ed. Salvador: JusPodivm, 2016, p. 127). Como se vê, os quatro autores possuem as mesmíssimas concepções a respeito do conteúdo da atividade decisória do magistrado. A dispersão opera apenas no plano do significante, não do significado. Nada que não se resolva com simples pacto semântico.

4.2. DEVERES DE COOPERAÇÃO: ANÁLISE DO RESPEITO DA ESTRUTURA DO CONTRADITÓRIO

Os referidos deveres não são institutos autônomos que reforçam ou dão maior consistência à garantia do contraditório.

Em parte, são apenas corolários do contraditório, explicitam deveres que ele imputa ao juiz e que são correlatos a direitos das partes (=deveres de diálogo e consulta). Outros não passam de novos significantes para institutos já consagrados com outros significantes (=deveres de lealdade, esclarecimento e prevenção).

Em todos esses casos são apenas dobras de linguagem, espécies de recursos mnemônicos para acelerar a apreensão de facetas específicas de institutos amplos ou apenas criar outro nome para eles – daí serem descartáveis, já que, nada acrescentando, ainda podem tornar a linguagem jurídica desnecessariamente mais complexa.

Dois deles, porém, a depender do modo como sejam interpretados, podem, sim, constituir instituto jurídico autônomo. São os deveres de esclarecimento e auxílio. Cumpre decompor cada um deles para reduzir a sua aplicação aos espaços de conformidade com a dimensão estrutural da garantia do contraditório, impedindo que o Estado-juiz se imiscua em funções processuais de titularidade das partes.

Vejamos.

4.2.1. DEVER DE DIÁLOGO

Começando pelo dever de diálogo, é cediço que o cidadão ostenta a garantia de participar da formação dos provimentos estatais dos quais é destinatário. No que ora importa, o processo é o espaço-tempo no qual os destinatários (de regra, as partes) têm ampla possibilidade de influir eficazmente em seu desenvolvimento e resultado, devendo os provimentos jurisdicionais repercutir todo o material argumentativo (fático, probatório e jurídico) posto para o debate.

Dá-se uma imbricação entre o contraditório e a fundamentação: no essencial, o primeiro assegura a situação jurídica ativa, de titularidade das partes, de aportar alegações e provas aos autos, e o segundo imputa a situação jurídica passiva, de titularidade do Estado-juiz, de considerar séria, detida e expressamente tal labor.

O dever de diálogo revela exatamente essa imbricação entre contraditório e fundamentação, verdadeira condição de legitimidade dos provimentos jurisdicionais. Portanto, o dever de diálogo é a (ou melhor, um aspecto da) fundamentação em senso forte: dever de diálogo = (parte da) fundamentação substancial. Não deixa de ser, por isso mesmo, uma faceta da própria garantia do contraditório.

Enfim, o dever de diálogo não é instituto jurídico autônomo, dotado de conteúdo, regime e efeitos próprios, que incrementa as garantias do contraditório ou da fundamentação. Em linguagem hermenêutica, não é ente alheio ao contraditório, mas parte do seu ser. É recurso mnemônico e de economia palávrica. Compreendido neste sentido, não imputa situações jurídicas ativas decorrentes do contraditório ao Estado-juiz.

4.2.2. DEVER DE CONSULTA

Quanto ao dever de consulta, o provimento jurisdicional deve sintetizar o debate processual das partes, respondendo todos os seus argumentos e provas. Sendo assim, tirante os casos de urgência (=risco de perecimento do direito pelo mero transcurso do tempo ou conduta ilícita da parte), é defeso ao juiz decidir qualquer questão antes de dar ensejo à manifestação das partes. Dever de consulta é proibição da decisão de terceira via.

Assim, fácil perceber que esse conteúdo expressa um dever, isto é, situação jurídica passiva de titularidade do Estado-juiz e está em conformidade com o art. 5°, LV, CRFB. O contraditório proíbe o juiz de surpreender as partes, só pode decidir sobre qualquer assunto, inclusive os que deve conhecer de ofício, depois de dar oportunidade de manifestação às partes. Aliás, nada mais equivocado que associar possibilidade de conhecer sem provocação com autorização para decidir *inaudita altera parte*; aquela é lícita, esta, ilícita.

Deve-se cuidar para que toda referência a ele leve à assimilação da importância do contraditório como baliza de exercício correto do poder jurisdicional, que não pode surpreender as partes decidindo questão acerca da qual elas não tiveram a prévia oportunidade de se manifestar. De todo modo, o uso, ou não, do significante dever de diálogo nenhum prejuízo traz ao significado de contraditório como garantia de não surpresa[813].

---

[813] Vale referir a lição de Francisco José Borges Motta: "Por que não basta que a decisão esteja correta em seu resultado? Por que a decisão deve, também, legitimar-se a partir da resposta aos argumentos dos interessados? (...) a partir da leitura moral das cláusulas constitucionais que tratam do processo (em especial, às cláusulas do *devido processo legal* e do *contraditório*), pode-se chegar à conclusão de que, nos

A rigor, o direito de informação dá conta do significa do direito de não-surpresa. O dano infligido pela decisão surpresa deriva, antes de tudo, de um déficit de informação: as partes são surpreendidas porque o juiz não as informa que decidirá sobre determinado assunto acerca do qual nenhuma delas se manifestou previamente. Tanto assim é que, quando às partes é oportunizada a manifestação prévia e elas nada dizem, a decisão sobre tal assunto não configura surpresa. Portanto, se não informação = surpresa, então informação = não-surpresa. Daí se afirmar a desnecessidade de falar em um direito autônomo de não-surpresa. Basta falar em direito de informação, compreendido como direito de ser informado sobre toda e qualquer assunto que pode ser examinado pelo juiz, inclusive aqueles cognoscíveis *ex officio*.

O dever de consulta, na realidade, nada mais é que o dever de informação, núcleo mínimo da garantia do contraditório. Não é sequer necessário falar nesse "dever novo", pois. Basta lançar as luzes adequadas por sobre o dever de informação.

4.2.3. DEVER DE LEALDADE

Como já se viu em 2.3.2, esse dever não tem relação direta com a garantia do contraditório. Vale dizer, não decorre estritamente do contraditório o dever de lealdade. Sucede que o contraditório, como qualquer outra garantia processual, pode ser exercido de modo abusivo.

---

quadros de um Estado Democrático de Direito, as exigências do *autogoverno* (dito num nível mais abstrato: exigências de autonomia e dignidade) fazem com que as decisões jurídicas devam ser construídas em conjunto com os interessados no seu resultado; e que, para tanto, deve-se garantir a *participação* destes no processo de resolução das questões que lhes atingem. (...) A Constituição deve ser interpretada como um conjunto coerente, e os dispositivos que tratam das coisas processuais devem sustentar-se reciprocamente (não há *devido processo legal* sem *contraditório*; não há *devido processo legal* sem *ampla defesa*; não há *ampla defesa* sem *contraditório* e assim por diante). Não há dúvidas, pois, de que se pode interpretar a cláusula do devido processo legal como *um princípio moral abrangente, integrado ao direito como um limite ao poder do Estado*. (...) De todas essas *condições democráticas* (*participação, interesse e independência*), a que encontra sua expressão mais natural no processo jurisdicional é, certamente, a garantia de *participação*. (...) no âmbito específico do processo jurisdicional, essa condição está radicalmente imbricada com a possibilidade de os participantes virem a influenciar, com seus argumentos, o provimento jurisdicional. E essa possibilidade é garantida por uma compreensão constitucional da garantia do *contraditório*". (MOTTA, Francisco José Borges. *Dworkin e a Decisão Jurídica*. Salvador: JusPodivm, 2017, p. 244-247).

Aí o referido dever passa a ter relevância. Dado o corte metodológico deste trabalho, que, nesse ponto, é investigar se os deveres de cooperação concedem ao Estado-juiz situações jurídicas ativas decorrentes do contraditório, que devem ser de titularidade exclusiva das partes, não há necessidade de descer ao exame deste dever em específico.

4.2.4. DEVER DE PREVENÇÃO

Quanto ao dever de prevenção, tem-se que, assim como o dever de auxílio, visto abaixo, soa algo oblíquo. É que a sua formulação corrente permite que signifique qualquer coisa, e os exemplos fornecidos pela doutrina não ajudam a precisar sua definição. Passa-se à tentativa de sua decomposição analítica.

Segundo a doutrina, trata-se do dever de determinar o suprimento dos pressupostos e o saneamento de outros vícios processuais (arts. 4º, 139, IX, 488, 932, p. ú., CPC). Antes de proferir a decisão terminativa, o juiz deve franquear a correção do vício, se possível (art. 317, CPC)[814-815].

À semelhança do dever de esclarecimento, que será visto abaixo, o dever de prevenção é significante que alude à incidência das regras de sanação, aproveitamento e pós-eficacização de atos processuais inadmissíveis. Ambos os deveres atuam no plano da admissibilidade das postulações.

A diferença é apenas de extensão: enquanto (i) o dever de prevenção remete às regras de sanação, aproveitamento e pós-eficacização de postulações com defeitos em geral, (ii) o dever de esclarecimento remete às regras de sanação, aproveitamento e pós-eficacização de postulações com defeito de fundamentação. Como se vê, (i) é gênero do qual (ii) é espécie. Seria perfeitamente possível falar apenas em (i), por sinal. *Mutatis mutandis*, é possível ilustrar da seguinte forma: o

---

814 ZANETI JR., Hermes. O Princípio da Cooperação e o Código de Processo Civil: cooperação para o processo. In: *Processo Civil Contemporâneo*. Homenagem aos 80 anos do professor Humberto Theodoro Júnior. Orgs. Paulo Henrique dos Santos Lucon, Juliana Cordeiro de faria, Edgard Audomar Marx Neto, Ester Camila Gomes Norato Rezende. Rio de Janeiro: Forense, 2018, p. 148.

815 Em termos mais difusos, fala-se no dever do tribunal perante as partes com uma finalidade assistencial, vale genericamente para todas as situações em que o êxito da ação a favor de qualquer das partes possa ser frustrado pelo uso inadequado do processo. Assim: SOUSA, Miguel Teixeira de. *Estudos Sobre o Novo Processo Civil*. 2 ed. Lisboa: Lex, 1997, p. 66.

dever de prevenção está para o dever de esclarecimento assim como a inadmissibilidade recursal está para a irregularidade formal: o inclui, mas é mais amplo[816].

Note-se que esse dever também não tem relação direta com o conteúdo dogmático da garantia do contraditório, razão pela qual não há como, a partir dele, definir se atribui, ou não, ao juiz o exercício de situação jurídica ativa de titularidade das partes. Embora, à luz do exposto, fica claro que não. Referido dever cuida, de fato, de funções estritamente judicantes.

Além disso, claro está que se houver a supressão do significante dever de prevenção não haverá prejuízo quanto ao significado. Tudo o que por meio daquele se quer comunicar pode ser identificado noutros lugares. Trata-se de mais uma dobra de linguagem cuja função é meramente doutrinária, não indica um instituto jurídico autônomo.

4.2.5. DEVER DE ESCLARECIMENTO

O dever de esclarecimento costuma ser indicado em dois sentidos: (i) obrigação do juiz de pedir esclarecimentos às partes sobre suas postulações obscuras e (ii) obrigação do juiz de ser claro em seus provimentos. Tanto (i) quanto (ii) dizem respeito a institutos específicos e autônomos. Novamente, o dever de esclarecimento é apenas uma categoria doutrinária abstraída por indução de institutos jurídicos específicos. Do esclarecimento desses pontos será possível saber se, através dele, assina-se ao juiz o exercício de situações jurídicas ativas decorrentes do contraditório. Vejamos.

---

816 Veja-se mais um exemplo fornecido pela doutrina: "O *dever de prevenção* é assim exemplificado pela doutrina: "é vedado ao juiz não conhecer de determinada postulação da parte por feito processual sanável sem que se tenha primeiramente dado oportunidade para a parte saná-lo (arts. 317 e 932, parágrafo único, CPC)". Eles assim exemplificam o *dever de esclarecimento*: "é vedado ao juiz indeferir de imediato eventuais postulações das partes pela simples ausência de compreensão da narrativa, sendo imperiosa a oportunização de manifestação das partes para esclarecimento da questão, oportunidade em que tem de indicar claramente o ponto que entenda deva ser aclarado (art. 321, CPC)". (MARINONI, Luiz Guilherme. ARENHART. Sérgio Cruz. MITIDIERO, Daniel. *Novo Código de Processo Civil Comentado*. 3 ed. São Paulo: Revista dos Tribunais, 2017, p. 165).

Em relação a (i) há uma síntese das regras de sanação, aproveitamento e pós-eficacização dos atos processuais[817]. Quando o juiz pede esclarecimentos às partes sobre suas postulações, está atuando para corrigir defeitos situados no plano da admissibilidade.

Por exemplo: embora a causa de pedir incompreensível gere inadmissibilidade da petição inicial (art. 330, § 1º, III, CPC) e do recurso (art. 1.010, II, CPC, pressuposto da regularidade formal), tais postulações só podem ser inadmitidas se, devidamente intimada, a parte não aclará-las no prazo assinado (CPC, arts. 320, parágrafo único e 932, parágrafo único, respectivamente).

Portanto, a postulação incompreensível é viciada e, sem o devido reparo, deve ser inadmitida. Franquear a clarificação é uma alternativa a essa drástica solução, nada mais.

Esse é o ponto: o juiz não precisa de esclarecimentos quando entende a postulação. Se ele entende a postulação da parte e mesmo assim pede esclarecimentos, o que na verdade faz é dar oportunidade de aprimoramento da argumentação, ocasião em que age como advogado que dá aconselhamento estratégico, ao arrepio da imparcialidade.

Para evitar que o Estado-juiz exerça função típica de parte, pode-se afirmar que: (i.1) se a postulação é ininteligível, deve ser inadmitida se, intimada, a parte não sanar o vício detectado; (i.2) se a postulação é inteligível, mas frágil, ela é admissível e deve ser rejeitada, não podendo o juiz dar à parte oportunidade para incrementá-la e torná-la mais robusta.

Note-se que em (i.1) o "esclarecimento" atua sobre o juízo de admissibilidade da postulação; já em (i.2) o "esclarecimento", sobre o juízo de mérito da postulação.

Em (i.1) está o genuíno âmbito de incidência do dever de esclarecimento, ou melhor, das regras de sanação, aproveitamento e pós-eficacização dos atos processuais. Ensejar esclarecimento, aí, é ater-se ao exercício de função estritamente judicante, respeitando a imparcialidade objetivo-funcional.

---

817 A questão vem sendo primorosamente tratada por Roberto Campos Gouveia Filho, sobretudo em vídeos gravados sobre a primazia do mérito para o programa Falando de Processo 365, da ABDPro, que podem ser acessados na página do programa no YouTube e no Facebook. Deve-se ao diálogo com ele alguns reparos e refinamentos presentes nesse tópico, pelo que se registra agradecimento pela sempre profícua interlocução. A informalidade da fonte em nada reduz a qualidade do trabalho.

Em (i.2) tem-se o juiz auxiliando a parte que apresentou postulação frágil, que seria rejeitada, a torná-la robusta, elevando (quando não consolidando) as chances de acolhimento. Prestar esse tipo de "esclarecimento" é função de advogado, não pode ser exercida pelo juiz. É necessário ter esses refinamentos em conta para que se tenha uma interpretação correta do art. 357, § 3º, CPC, que trata do saneamento e organização compartilhados.

O que decorre das regras que podem ser reconduzidas à primazia do julgamento do mérito (CPC, art. 4º), é a atuação do juiz no sentido de permitir a correção dos vícios no plano da admissibilidade, nunca de suplementar o conteúdo de mérito das postulações dos sujeitos parciais para torná-las mais consistentes. É conforme à estrutura do contraditório a solução (i.1), não a (i.2).

Quanto a (ii), refere-se à clareza da decisão. Toda decisão deve ser fundamentada, pena de nulidade. E não se considera adequadamente fundamentada a decisão obscura, ininteligível. Aliás, admite-se o reparo desse vício pela via expedita dos embargos de declaração (CPC, art. 1.022, I). Falar em dever de esclarecimento no sentido de exigir decisões claras nada mais é que falar em fundamentação válida das decisões. Além de não aludir a instituto autônomo[818], se limita a assinar ao juiz função estritamente judicante, sem violação da estrutura do art. 5º, LV, CRFB.

4.2.6. DEVER DE AUXÍLIO

Quanto ao dever de auxílio, gera perplexidade a vagueza com que é tratado pela doutrina.

Tome-se o conceito formulado por Miguel Teixeira de Sousa, amplamente difundido na doutrina:

> o tribunal tem o dever de auxiliar as partes na superação de eventuais dificuldades que impeçam o exercício de direitos ou faculdades ou o cumprimento de ônus ou deveres processuais. Assim, sempre que alguma das partes alegue justificadamente dificuldade séria em obter documento ou informação que condicione o eficaz exercício de uma faculdade ou cum-

---

818 São exatamente esses os exemplos empregados pela doutrina cooperativista para aludir aos sentidos (i) e (ii) do "dever de esclarecimento", como se vê em: DIDIER JR., Fredie. *Curso de Direito Processual Civil*. V.1. 18 ed. Salvador: JusPodivm. 2016, p. 129.

primento de um ônus ou dever processual, o juiz deve, sempre que possível, providenciar pela remoção do obstáculo[819]-[820].

O conceito não diz nada. Não fornece elementos para saber a quais "obstáculos" a que se refere nem o que fazer para "removê-los". Sua penumbra impede antever se, ao exercê-lo, o juiz se mantém dentro ou extrapola os quadrantes da imparcialidade objetivo-funcional. Compreendido assim, genericamente, não serve a um modelo de divisão equilibrada de tarefas entre as partes e o juiz.

Inspirada no supracitado professor português, Lorena Miranda Santos Barreiros fornece noção mais clara:

> os deveres de prevenção e auxílio são manifestações do contraditório, na medida em que tornam efetivo o seu conteúdo fundamental, que não é apenas o de ser a parte informada dos atos do processo, mas o de reação, com possibilidade de real influência no conteúdo decisório final. Essa possibilidade de influência ficaria sobremodo comprometida se a parte, por deficiências em suas alegações e/ou pedidos, ou por não poder, justificadamente, suplantar obstáculos ao exercício de seus direitos ou faculdades ou ao cumprimento de ônus ou deveres processuais, ficasse, assim, alijada da dialética processual[821].

Aparentemente, a proposta situa o dever de auxílio – bem assim o dever de prevenção, incluído na abordagem – no bojo do contraditório em senso forte, especificamente da sua faceta de garantia de influência. Fosse assim, poderia ser incorporado ao dever de diálogo. Ou seja, dever de auxílio = dever de diálogo (por sua vez = contraditório em senso forte).

Não é bem isso, porém.

O dever de diálogo diz com a necessidade de o juiz interagir objetiva, concreta e expressamente com as alegações e provas das partes, oferecendo-lhes respostas. Já nossa autora alude à necessidade de o juiz auxiliar as partes diante de deficiências em suas alegações e/ou pedidos, e superar obstáculos ao exercício de direitos ou faculdades ou ao cumprimento de deveres ou ônus.

---

819 SOUSA, Miguel Teixeira de. *Estudos Sobre o Novo Processo Civil*. 2 ed. Lisboa: Lex, 1997, p. 67.

820 Reproduzindo o conceito, por todos: DIDIER JR., Fredie. *Comentários ao Novo Código de Processo Civil*. 2 ed. Orgs. Antônio do Passo Cabral. Ronaldo Cramer. Rio de Janeiro: Forense, 2016. Versão eletrônica.

821 BARREIROS, Lorena Miranda Santos. *Fundamentos Constitucionais do Princípio da Cooperação Processual*. Salvador: JusPodivm, 2013, p. 282.

Eis a sutileza: enquanto o dever de diálogo obriga o juiz a responder às alegações *lato sensu* das partes, o dever de auxílio o impele a criar as condições para que elas possam apresentá-las ou mesmo – o que é muito pior – aprimorá-las.

Conquanto sugestiva, a formulação ainda não é suficientemente clara. Afinal, quais "deficiências em suas alegações e/ou pedidos" capazes de "alijar da dialética processual"? Poderia o juiz sugerir correções/aprimoramentos para tornar o pleito da parte mais consistente e viável, mesmo quando ele fosse claro, apenas não bem formulado? Qual o limite para que o juiz, a pretexto de auxiliar, não aja como parte ou advogado?

Fredie Didier Jr. oferece formulação elucidativa: "para cumprir este dever, poderia o órgão julgador, por exemplo, sugerir a alteração do pedido, para torná-lo mais conforme o entendimento jurisprudencial para casos como aquele"[822].

Da leitura do referido autor, não fica claro se ele concorda com essa descrição, mas o que importa é a sua clareza, sua aptidão explicativa. Através dela, fica claro que o dever de auxílio é uma autorização para o juiz ajudar a parte a vencer. É justamente o que se identificou e repeliu acima como dever de esclarecimento no sentido (i.2), acima referido.

Não se trata de simplesmente franquear a manifestação sobre questão conhecida de ofício para permitir influência e evitar surpresa. Vai além. O juiz se põe ao lado da parte e lhe dá a orientação necessária para vencer; enfim, torna-se advogado. Assume-se como juiz contraditor. Viola a estrutura do art. 5º, LV, CRFB.

Note-se, por oportuno, que nada pode incorporar com mais adequação a ideia de um "juiz paritário no debate". Com essa formulação, aliás, o dever de auxílio ostenta conteúdo normativo próprio, adquire *status* de instituto jurídico autônomo, ainda que inconstitucional.

"Às vezes, um charuto é só um charuto". Eis um conhecido aforismo de Freud. Ele vale para o presente contexto. O dever de auxílio é exatamente o que parece: uma autorização para o Estado-juiz ajudar a parte, como se seu advogado fosse. Não contém nenhum significado mais profundo ou sofisticado, desvela-se pelo que sempre se mostrou: uma autorização para o juiz deixar o seu lugar de terceiro e se colocar ao

---

822 DIDIER JR, Fredie. *Comentários ao Novo Código de Processo Civil*. 2ª ed. Organizadores: Antônio do Passo Cabral. Ronaldo Cramer. Rio de Janeiro: Forense, 2016. Versão eletrônica.

lado da parte a fim de ajudá-la a vencer. Todo esse giro para descambar exatamente no problema semântico, referido já de início.

Nada obstante, Fredie Didier Jr. é contrário à existência do que ora se chama de dever geral de auxílio do juiz com as partes:

> não nos parece possível defender a existência desse dever no direito processual brasileiro. A tarefa de auxiliar as partes é do seu representante judicial: advogado ou defensor público. Não só não é possível: também não é recomendável. É simplesmente imprevisível o que pode acontecer se se disser ao órgão julgador que ele tem um dever atípico de auxiliar as partes. É possível, porém, que haja *deveres típicos de auxílio*, por expressa previsão legal[823].

Aparentemente, o autor rejeita dever atípico de auxiliar as partes, mas admite deveres típicos de auxiliar as partes. Mas isso é profundamente incoerente mesmo no interior da argumentação do nosso autor, afinal ele mesmo diz que "a tarefa de auxiliar as partes é do seu representante judicial: advogado ou defensor público".

Se é assim, então se trata de um problema ontológico (ser simultaneamente juiz e advogado), não de grau (quanto ser simultaneamente juiz e advogado). A dimensão estrutural do art. 5º, LV, CRFB, repele que o mesmo indivíduo cumule funções de juiz e de parte/advogado.

Lembre-se, a Constituição trata do processo, da função jurisdicional da advocacia[824], mas não há nela dispositivo cuja carga semântica permita concluir ser competência do juiz exercer funções típicas de advogado, ainda que episodicamente. Pelo contrário, se o art. 5º, LV, CRFB prescreve que o contraditório é garantia das partes, apenas quem age por elas (=seus advogados) pode auxiliá-las, nunca o Estado-juiz. Como já se disse, a estipulação das funções processuais das partes, dos advogados e dos juízes não está sujeita à plena liberdade de conformação do legislador ordinário. O dever de auxílio do Estado-juiz com as partes é inconstitucional *em si*, independentemente da sua intensidade.

Ademais, é metodologicamente equivocado refletir o tema sob o signo do que é recomendável, da imprevisibilidade. Claro que conferir ao juiz um dever geral de auxílio com as partes não é recomendá-

---

823 DIDIER JR., Fredie. *Curso de Direito Processual Civil*. 18 ed. Jus Podivm. 2016, p. 132.

824 COSTA, Eduardo José da Fonseca. A Advocacia como Garantia de Liberdade dos Jurisdicionados. *Empório do Direito*, Florianópolis, 09 mai. 2018. Coluna da Associação Brasileira de Direito Processual. Disponível em: https://bit.ly/2yY2xX7. Acesso em 10.05.2020.

vel, é imprudente e torna imprevisíveis os limites funcionais do juiz. Contudo, a partir do momento em que se admite – como corretamente fez o autor – que auxiliar a parte é função do advogado *lato sensu*, tudo se resolve nas raias da inconstitucionalidade. Constatado isso, estão fechadas as portas para o legislador ordinário e não há que cogitar de ser ou não recomendável.

Para encerrar as considerações a respeito da opinião de Fredie Didier Jr., tenha-se presente que ele não indica o que entende por *auxílio* nem a *extensão* em que considera saudável seja outorgada ao juiz pelo legislador ordinário via regras casuísticas. Assim, o autor não merece as críticas até aqui formuladas caso empregue o significante *deveres de auxílio típicos* como *categoria da ciência do direito,* mero recurso mnemônico e economia palávrica para indicar institutos jurídicos autônomos, ou seja, não empregar *dever de auxílio* como se ele próprio fosse um *instituto jurídico autônomo.*

Nesse caso, haveria os seguintes sentidos para dever de auxílio: (i) dever de auxílio genuíno, isto é, o exercício, pelo juiz, de funções típicas de parte ou advogado; e (ii) dever de auxílio putativo, isto é, exercício, pelo juiz, de funções tipicamente judicantes, de prestação de tutela jurídica.

Em (i) tem-se o dever de auxílio como instituto de direito positivo dotado de prescritividade própria, já em (ii) tem-se o dever de auxílio como instituto da ciência do direito desprovido de prescritividade, servil apenas como recurso mnemônico e de economia palávrica para referir-se a institutos do direito positivo.

Em termos normativos, a hipótese (i) é inadmissível, porque inconstitucional, enquanto a hipótese (ii) é admissível, porque constitucional.

É bastante comum o uso do significante *dever de auxílio* nesse sentido (ii). É o que se vê, *v. g.*, em Márcio Carvalho de Faria[825], Hermes

---

825 Largando do conceito de Miguel Teixeira de Sousa, fala em dever de auxílio por meio de decisões que ordenam a produção de prova de ofício (art. 370, CPC), concedem assistência judiciária gratuita (art. 98, CPC), antecipam audiência e prorrogam prazos (art. 139, VI, CPC) (produção de prova de ofício), ordenam que o executado diga quais são e onde estão seus bens (art. 829, § 2º, CPC), citação por edital do réu não localizado pelo autor (art. 256, II, CPC), a expedição de ofício à Junta Comercial com vistas à obtenção de contrato social (art. 319, § 1º, CPC): FARIA, Márcio Carvalho de. *Lealdade Processual na Prestação Jurisdicional*: em busca de um juiz leal. São Paulo: Editora Revista dos Tribunais, 2017, versão eletrônica.

Zaneti Jr.[826] e Luiz Guilherme Marinoni, Sérgio Cruz Arenhart e Daniel Mitidiero[827], que exemplificam como dever de auxílio a tarefa do juiz auxiliá-lo o exequente na identificação do patrimônio do executado, conforme prescreve o art. 772, III, CPC.

Ora, no que concerne ao art. 772, III, CPC, se está chamando de dever de auxílio o que nada mais é que o cumprimento do dever de impulso oficial. Com efeito, a execução visa a desfecho único: a satisfação do direito do exequente (nos limites legais e materiais, por óbvio). É a sua razão de ser. Para tanto, o exequente indicará bens do executado a fim de obter a satisfação de seu crédito. Mas o fará se e quando souber da sua existência e localização. Do contrário, caberá ao Juiz, direta (*v.g.* técnicas de penhora *on line*) ou indiretamente (*v.g.* por seus auxiliares, como via mandado por oficial de justiça), diligenciar no sentido de encontrar bens penhoráveis do executado (eventualmente, de terceiros responsáveis). É o que prescreve o direito positivo brasileiro. Portanto, de lado os atos que o exequente pode ou deve realizar por suas próprias forças (*v.g.* a parte não carece de auxílio judicial para obter certidões perante os registros públicos), é dever funcional do juiz praticar ou ordenar a prática dos atos imprescindíveis ao desenvolvimento e resultado frutífero da execução. Portanto, nada além de impulso oficial.

Também se falará em dever de auxílio para designar o dever do juiz, inerente ao impulso oficial, de intimar o autor para, querendo, apresentar réplica à contestação apresentada pelo réu (art. 350, CPC)? Extremada a ideia, falaremos de dever de auxílio toda vez que o juiz

---

[826] Sem fornecer qualquer conceito de dever de auxílio, embora seja plenamente crível supor a sua adesão ao de Miguel Teixeira de Sousa, o autor apenas o condensa com a indicação de deveres especificamente contemplados no direito positivo, a saber, art. 319, § 1º, (auxílio para a identificação e endereço do réu), art. 373, § 1º, CPC (inversão do ônus da prova), art. 400, p.ú., CPC (emprego de medidas para compelir à exibição de documentos em poder das partes) e o art. 772, III, CPC (determinação para que indivíduos indicados pelo exequente prestem informações sobre o objeto da execução, bem como dados e documentos em seu poder). ZANETI JR., Hermes. O Princípio da Cooperação e o Código de Processo Civil: cooperação para o processo. In: *Processo Civil Contemporâneo*. Homenagem aos 80 anos do professor Humberto Theodoro Júnior. Orgs. Paulo Henrique dos Santos Lucon, Juliana Cordeiro de faria, Edgard Audomar Marx Neto, Ester Camila Gomes Norato Rezende. Rio de Janeiro: Forense, 2018, p. 149.

[827] MARINONI, Luiz Guilherme. ARENHART, Sérgio Cruz. MITIDIERO, Daniel. *Novo Código de Processo Civil Comentado*. 3 ed. São Paulo: Editora Revista dos Tribunais, 2017, p. 166.

cumprir qualquer dever imputado pelo ordenamento. Fundamentar uma decisão (art. 489, § 1º, CPC) será expressão dever de auxílio. Mas se tudo é dever de auxílio, nada é. A hipertrofia do conceito levará à impossibilidade de conhecê-lo, delimitá-lo e controlá-lo.

De resto, aí são baralhados significantes com significados bem distintos. Tanto quanto possível, convém que as palavras conservem sentidos idênticos ou semelhantes na linguagem vulgar e na linguagem científica. No ponto, auxílio não equivale a prestação de tutela jurisdicional em nenhum desses tipos de linguagem. Quando o juiz proíbe, obriga ou permite algo, presta tutela jurisdicional. É ato de força. Força legítima, mas força. Justamente essa primária constatação é turvada quando o significante dever de auxílio quer significar prestação de tutela jurisdicional. Cabe ao advogado auxiliar a parte, recomendando essa ou aquela tática ou estratégia. Falar em dever de auxílio para aludir a qualquer forma de prestação de tutela jurídica apenas torna complexo o que é simples, confuso o que é organizado, obscuro o que é claro.

Assim, embora possível falar em dever de auxílio apenas como recurso de economia palávrica do sistema da ciência do direito, para referir institutos jurídicos autônomos, o melhor a se fazer é abolir o seu uso mesmo nesse sentido. Afinal, dever de auxílio = (i) mera afetação dogmática (quiçá epistemológica, quando utilizado como recurso da ciência do direito, desprovida de dever ser) ou (ii) grave inconstitucionalidade (quando, v.g., indica autorização para o juiz praticar, mediante autorização legal ou não ato de parte e/ou advogado). Em (i), torna desnecessariamente mais complexa a já intrincada linguagem jurídica. Em (ii), aponta para inconstitucionalidade.

Em suma: (i) concorda-se com Fredie Didier Jr. se com dever de auxílio quer referir à previsão legal que outorga ao juiz funções efetivamente judicantes – embora, como visto, muito melhor seria deixar de falar de dever de auxílio e indicar o instituto efetivamente em questão; (ii) discorda-se caso dever de auxílio aí indique a autorização para o juiz exercer função de parte e/ou advogado, dada a inconstitucionalidade que sempre encerra.

Chamar "prestação de tutela jurídica" de "auxílio" é baralhamento desnecessário e contraproducente, porque aglutina no mesmo significante entes aos quais a tradição outorgou significados completamente distintos, operação que complica a apreensão de seu conteúdo e pavimenta o caminho para, nos jogos concretos de linguagem, construir-se um imaginário receptivo à concessão de funções de parte ao juiz, o que, em qualquer caso, é intolerável.

Não parece resolver os problemas identificados acima a proposta oferecida por Hermes Zaneti Jr. sobre a cooperação, com reflexos sobre a compreensão do dever de auxílio.

Segundo o autor, a cooperação, além de modelo, é princípio, regra e procedimento, atuando como norma fundamental no nosso ordenamento e, consequentemente, gerando obrigações típicas e atípicas ao longo de todo o arco processual; permite que o conflito seja tratado de maneira adequada, célere, moderna, barata, flexível, útil, voltada para o usuário, sábia e justa; é a alternativa contemporânea para a adoção de uma postura mais humana e inteligente – a essência da nossa justiça civil; tem como foco a cooperação para com o processo e os deveres recíprocos que as partes, o juiz e todos aqueles que de qualquer forma atuam no processo, têm entre si uns para com os outros; de modo que, ao adotá-la, o CPC propõe uma mudança de paradigma. Embevecido por essa visão, sustenta que a cooperação não é para as partes ou para o juiz, "a cooperação é para com o processo". Por tudo, "a eficácia normativa do princípio da cooperação independe, portanto, da existência de regras jurídicas expressas"[828].

Indo ao dever de auxílio, especificamente, refuta a recalcitrância de Fredie Didier Jr., acima referida, afirmando que o argumento da imprevisibilidade do comportamento do juiz é subjetivo, "desborda do caráter objetivo que empregamos para os deveres de cooperação do juiz para com o processo. O juiz ao auxiliar a parte auxilia a obtenção do resultado justo e adequado do processo"[829].

A leitura do texto em liça conduz à conclusão de que a sua tese central ("a cooperação é para com o processo") é a defesa de uma concepção ampla e forte de cooperação intersubjetiva.

No bojo da divergência acerca da extensão subjetiva dos deveres de cooperação, Hermes Zaneti Jr., ao falar em "cooperação para com o

---

828 ZANETI JR. Hermes. O Princípio da Cooperação e o Código de Processo Civil: cooperação para o processo. In: *Processo Civil Contemporâneo. Homenagem aos 80 anos do professor Humberto Theodoro Júnior*. Orgs. Paulo Henrique dos Santos Lucon et al. Rio de Janeiro: Forense, 2018, págs. 142 e 153.

829 ZANETI JR. Hermes. O Princípio da Cooperação e o Código de Processo Civil: cooperação para o processo. In: *Processo Civil Contemporâneo. Homenagem aos 80 anos do professor Humberto Theodoro Júnior*. Orgs. Paulo Henrique dos Santos Lucon et al. Rio de Janeiro: Forense, 2018 p. 148, nota de rodapé n.19.

processo", está defendendo, na esteira do texto do art. 6º, CPC, que todos os participantes do processo devem cooperar entre si. Nisso se inclui, evidentemente, o dever do juiz auxiliar para que o processo alcance resultado justo e adequado. Todos cooperaram entre si e, desse modo, cooperam para com o processo.

Mas não é possível alterar a realidade das coisas. Toda cooperação é intersubjetiva. Pessoas cooperam umas com as outras, não com entes inanimados, como é o processo[830]. Ao inverter o ônus da prova o juiz coopera com a parte beneficiada pela inversão; ao aclarar os termos de sua postulação a parte coopera com o juiz, que poderá decidir melhor, e com seu adversário, que terá melhores condições de se defender etc. É impossível diluir indivíduos concretos, como são as partes e o juiz, na abstração de entes de cultura, como o processo, máxime porque não é sobre ele que seus efeitos atuam, mas, direta ou indiretamente, sobre a vida, a liberdade e o patrimônio, individual ou coletivo, dos que são por ele implicados. Falar em cooperação para com o processo afasta esse dado incontestável.

Realmente, se "o juiz ao auxiliar a parte auxilia a obtenção do resultado justo e adequado do processo"; e se esse resultado atuará sobre a esfera jurídica da(s) parte(s); então, o juiz ao auxiliar auxilia a(s) parte(s).

De modo que o fundamento de que "a cooperação é para o processo" e que "o juiz ao auxiliar auxilia a obtenção do resultado justo e adequado do processo" padece de uma dupla privação: não demonstra a existência (válida, pelo menos) do dever de auxílio e que ao auxiliar para a obtenção do resultado justo e adequado do processo juiz não assume função de parte.

No que concerne à primeira privação, encerra uma *petitio principii*, dado que a conclusão está nas premissas: 1. O dever de auxílio permite a obtenção de resultado justo e adequado; 2. O juiz tem o dever de produzir resultado justo e adequado; logo, o dever geral de auxílio existe.

---

830 "a palavra *processo* não designa algo que existe na realidade, como acontece com a palavra livro. Na realidade social, só existem os atos concretos de um processo. Quem considera que certo ato faz parte de uma sequencial processual é o observador. (…) Isso indica que o "processo" é uma criação do nosso espírito". (DIMOULIS, Dimitri. LUNARDI, Soraya. *Curso de Processo Constitucional*. Controle de constitucionalidade e remédios constitucionais. São Paulo: Atlas, 2016, versão eletrônica – Introdução, subitem 1.1).

O argumento não decorre do desencadeamento lógico das premissas, e essa circularidade tolhe sua consistência.

No que concerne à segunda privação, evidencia que a dimensão funcional da tese da divisão equilibrada de tarefas entre o juiz com as partes constitui o ponto cego do cooperativismo. De fato, o texto não fornece nenhum critério para, em concreto, definirmos como o juiz pode "auxiliar a parte para a obtenção do resultado justo e adequado do processo" sem se perverter funcionalmente – nem se contaminar psiquicamente, acresça-se.

Tudo leva a crer que isso decorre da hipertrofia que o cooperativismo confere à dimensão argumentativo-discursiva da tese da distribuição equilibrada de tarefas, isto é, pela pressuposição de que a estrita vinculação do juiz às dimensões fortes do contraditório e da fundamentação basta para preservar a sua imparcialidade. Há dois equívocos aí: primeiro, supor que a fundamentação é suficiente para controlar as quebras de imparcialidade subjetivo-psíquica; segundo, desconsiderar a dimensão objetivo-funcional da imparcialidade (=impartialidade), que responde pela dimensão funcional da tese da divisão equilibrada de tarefas.

Quanto ao primeiro equívoco, recorde-se que a quebra da imparcialidade subjetivo-psíquica pode ser inconsciente, consciente não declarada e consciente declarada, e ela não necessariamente avulta da leitura da decisão. Pelo contrário, no caso de quebra consciente não declarada o julgador se vale meticulosamente da fluidez da linguagem para turvar suas motivações inconfessáveis, ao passo em que a quebra inconsciente escapa ao controle até mesmo do prolator da decisão.

Claro que os deveres de diálogo e de consulta são inegociáveis – e, repete-se, os cooperativistas prestaram imensa contribuição para a sua precisa compreensão –, e a circularidade por etapas no trajeto entre a motivação-ação e a motivação-resultado[831] deve ser fomentada por ser

---

831 COSTA, Eduardo José da Fonseca. *A Motivação Escrita e a Escrita da Motivação*. Revista eletrônica Empório do Direito. Disponível em: https://bit.ly/3juh2U8. Acessado em 20.05.2019. Semelhante: "As integrações entre os planos interpretativos ocorrem todo momento, desde o começo até o final da investida hermenêutica. Ao construirmos normas jurídicas, socorremo-nos várias vezes ao plano dos enunciados (S1) e das proposições (S2) para sanar dúvidas quanto aos critérios que a compõem, iniciando novamente todo um percurso gerador de sentido. Da mesma forma, quando cotejamos a norma construída com enunciados constitucionais (plano S4), por exemplo, voltamos ao plano S1 e retomamos todo o percurso mais uma vez. Dizer que, na construção de sentido dos textos jurídicos, o intérprete

uma alternativa promissora de treinar os juízes a constituírem o hábito (=disposição constante ou relativamente constante para ser ou agir de certo modo)[832] de se deixarem levar pelos condicionamentos ou constrangimentos externos (alegações e provas das partes, constituição, leis, jurisprudência, doutrina), e, não, por suas paixões autocentradas, disciplinando-os na imparcialidade[833].

Seja como for, o jurista não domina a ciência e a arte necessárias para desvendar os meandros do universo intrapsíquico do humano-juiz. Seria demasiado pretensioso crer que aqueles expedientes são capazes de aniquilar as quebras de imparcialidade subjetivo-psíquica, desprezando, inclusive, as inflexões impostas pelos achados científicos dos vieses cognitivos, que maculam até mesmo a inteligência artificial[834], e da racionalidade limitada.

O que resta para o jurista – e não é pouco – é a motividade escrita em sentido estrito, e o que podemos fazer com base nela – e também não é pouco – é o constante exercício de constrangimento epistemológico[835], na esperança de que isso motive o juiz a podar seus instintos.

Em suma, a relação entre fundamentação e imparcialidade subjetivo-psíquica se dá muito mais nos termos da confiança que temos (e devemos ter) no compromisso pessoal dos juízes não decidirem ao

---

passa necessariamente pelos planos S1, S2, S3 e S4, apressadamente pode nos dar a idéia de que ele ingressa em cada um destes planos uma única vez, mas não é isto. A construção de sentido dos textos jurídicos requer várias investidas nestes sub-domínios. (...) O ponto de partida é sempre a materialidade textual do direito positivo, plano de expressão (S1). A partir da leitura dos enunciados, o intérprete constrói significações isoladas que ainda não configuram um sentido deôntico (plano S2), para isso faz diversas incursões no plano S1." (CARVALHO, Autora Tomazini. Teoria geral do direito: o constructivismo lógico-semântico. Data da defesa 03.06.2009. 623 f. Tese (Doutorado em Direito) - Pontifícia Universidade Católica de São Paulo, São Paulo, 2009, p. 197-198).

832 ABBAGNANO, Nicola. *Dicionário de Filosofia*. São Paulo: Martins Fontes, 1998, p. 504.

833 TORRANO, Bruno. *Pragmatismo no Direito*. E a urgência de um "pós-pós-positivismo" no Brasil. Lumen Juris. 2018, *passim*.

834 NUNES, Dierle. LUD, Natanael. PEDRON, Flávio Quinaud. *Desconfiando da Imparcialidade dos Sujeitos Processuais*. Um estudo sobre os vieses cognitivos, a mitigação de seus efeitos e o debiasing. Salvador: Jus Podivm, 2018, p. 125 e ss.

835 STRECK, Lenio Luiz. *Dicionário de Hermenêutica*. Quarenta temas fundamentais de teoria do direito à luz da crítica hermenêutica do direito. Belo Horizonte: Letramento: Casa do Direito, 2017, p. 43.

sabor das suas idiossincrasias (inclusive suas inclinações pró ou contra a(s) parte(s)), que da efetiva viabilidade do seu controle jurídico.

Sendo assim, e passando ao segundo equívoco acima referido, é injustificável a pouca atenção dispensada pelos cooperativistas à dimensão funcional da tese da divisão equilibrada de tarefas. Há limites funcionais que o juiz não pode extrapolar, nem mesmo agindo rente aos deveres de consulta e diálogo. O juiz que, *v. g.*, orienta o autor a alterar o pedido, para torná-lo mais conforme ao entendimento jurisprudencial[836], deixa de ser juiz e age como advogado que dá aconselhamento estratégico, ainda que apenas naquele momento – é o que basta para se ter por violada a garantia da imparcialidade. Ele não pode fazê-lo simplesmente porque não é sua função, porque quebra a imparcialidade, sendo totalmente irrelevante saber se isso também custou sua imparcialidade subjetivo-psíquica. Nada mudaria se disséssemos que ao "auxiliar a parte auxiliou a obtenção de resultado justo e adequado do processo". Não se está afirmando que o nosso autor concorda com esse exemplo, como já dito. Isso é irrelevante. Dá-se o exemplo apenas para demonstrar que não há resultado justo e adequado do processo apesar da (quebra de) imparcialidade.

Aliás, mesmo que a posição defendida neste trabalho seja completamente hostil a qualquer sentido de dever de auxílio como possibilidade de exercício de função de parte e/ou de advogado pelo Estado-Juiz, tem-se como claro que a sua instituição através de cláusula geral é mais problemática do que por meio de regra *stricto sensu*.

Através de regra jurídica *stricto sensu* o dever de auxílio impede que o juiz se torne uma espécie de tutor processual que sempre virá em socorro do sujeito débil, mal assistido etc. O padrão dotado de maior densidade normativa torna mais previsível e, consequentemente, factível o controle do exercício dessa função *in casu*.

Através de cláusula geral, porém, a baixa densidade normativa, própria das cláusulas gerais, em geral, e daquelas pouco desenvolvidas dogmática e jurisprudencialmente, como o dever de auxílio, confere uma grande margem de liberdade funcional para o Estado-juiz e reduz expressivamente os mecanismos de controlá-lo, impedindo que se possa antever quando e como ele pode auxiliar as partes sem que, ao fazê-lo, se abastarde em juiz contraditor.

---

836 O exemplo está referido, mas não parece necessariamente admitido por: DIDIER JR, Fredie. *Curso de Direito Processual Civil*. V. 1. 18 ed. JusPodivm. 2016, p. 132.

Demarcar o tema através de termos tão porosos redunda na concessão de competência para o juiz definir suas próprias competências processuais, permitindo que faça tudo o que considerar (subjetivamente, pois não?) necessário para alcançar o resultado "adequado e justo" do processo, introduzindo o debate sobre "o que é justiça" até mesmo na definição das funções processuais do juiz e das partes, criando mais uma zona de insegurança jurídica[837].

Bem vistas as coisas, conclui-se que a defesa da cláusula geral de auxílio ainda põe em xeque dois postulados teóricos caros à epistemologia cooperativista. Em primeiro lugar, a concessão de competência para o juiz definir suas próprias competências funcionais cria as condições para ele se tornar o sumo protagonista do processo, em direção diametralmente oposta à horizontalização anti-hierárquica alegadamente almejada pelo modelo cooperativo. Resta esvaziada qualquer possibilidade de falar em juiz simétrico no debate no sentido de não ser ele protagonista do procedimento de desenvolvimento da decisão judicial. Em segundo lugar, essa permissividade revela uma disciplina pensada a partir do Estado (por isso, também, das virtudes subjetivas de um juiz idealizado, cuja transposição para o mundo real não se dá sem sobressaltos, dado que entre magistrados de carne e osso, como em todos os seres humanos, há sempre um complexo emaranhado de vícios e virtudes que se manifestam em maior ou menor dedicação, disposição, interesse,

---

837 Erigir a prolação de uma decisão justa a fim do processo não passa de um mito autoritário: "o publicismo autoritário foi fortemente influenciado pelos ideais socialistas de justiça material e pela concepção de que o processo seria instrumento de promoção social e redução das desigualdades. (...) Essa concepção notabilizou-se na obra de Anton Menger e de outros adeptos do chamado "socialismo jurídico", que pregavam o dever dos juízes de educar e instruir os jurisdicionados, e foi positivada no Código austríaco de 1895 (§ 432) por Franz Klein, discípulo de Menger. A noção de que o processo deveria proporcionar justiça foi transmitida ao longo das gerações e tornou-se muito comum afirmar, contemporaneamente, que o processo seria instrumento de realização da justiça (...) o mito de que o processo justo é o processo que produz decisões justas é perigosíssimo, pois valida comportamentos autoritários e despóticos em nome de ideias não só equivocadas, mas vazias de conteúdo". (LUCCA, Rodrigo Ramina de. *Disponibilidade Processual*. A liberdade das partes no processo. São Paulo: Revista dos Tribunais. 2019, págs. 137-138). É justamente esse vazio significativo do significante "justiça" que permite a sua manipulação ao sabor da autoridade de ocasião, mormente quando não vem acompanhado de uma robusta, criteriosa, detalhada e operativamente orientada definição do que se reputa justiça. Fora desse rigoroso fechamento argumentativo, o significante "justiça" apenas remove os limites e controles do exercício do poder.

paciência, vaidade, ego, reverência ao direito etc. que não devem ser desconsiderados no legislar e no doutrinar[838]), negando o postulado de que o centro da epistemologia cooperativista é o processo, não a jurisdição.

Aliás, é sintomático que o posicionamento busque inspiração na tese de que "a prova é para o processo", noção tributária dos laivos do instrumentalismo derivado da escola sistemática italiana, por sua vez derivada da escola sistemática alemã, tudo em afinidade com o "vírus autoritário" do publicismo processual gestado por Franz Klein[839], cujo produto notório é a ZPO austríaca de 1895[840], assaz útil aos ordenamentos totalitários[841].

Em verdade, a tese de que "a prova é para o processo" constitui manifestação da retórica de que o processo acode interesse público, sempre empregada para desvincular a atividade probatória do interesse privado das partes e legitimar o agigantamento dos poderes de condução

---

838 Observando que todo discurso teórico encorajador do ativismo judicial (aqui compreendido como o agir deliberado de instrumentalizar o direito para o atingimento de qualquer projeto ideologicamente orientado, independentemente da sua subversão à autonomia do direito) tem grande potencial persuasivo, mesmo no curto prazo: TORRANO, Bruno. *Pragmatismo no Direito*. E a urgência de um "pós-pós positivismo" no Brasil. Rio de Janeiro: Lumen Juris, 2018, p. 94.

839 MENDONÇA, Luiz Corrêia de. 80 anos de Autoritarismo: uma leitura política do processo civil português. In: *Processo e Ideología*. Un prefacio, una sentencia, dos cartas y quince ensayos. Coord: Juan Montero Aroca. Valência: Tirant lo Blanch, 2006, p. 381 e ss.

840 PEREIRA, Mateus Costa. *Eles, os Instrumentalistas, Vistos por um Garantista*: achegas à compreensão do modelo de processo brasileiro. Tese (doutorado em Direito). Data da Defesa: 18/06/2018. 279f. Universidade Católica de Pernambuco, Recife, 2018. p. 49 e ss., especialmente 53-54; PERREIRA, Mateus Costa. Da Teoria «Geral» à Teoria «Unitária» do Processo: um diálogo com Eduardo Costa, Igor Raatz e Natascha Anchieta; em resposta a Fredie Didier Jr. *Empório do Direito*, Florianópolis, 10 jun. 2019. Coluna Garantismo Processual. Disponível em: https://bit.ly/2VqEqIL. Acesso em 14.06.2019; RAATZ, Igor. Desvelando as bases do processualismo científico: ou de como a teoria do processo nasceu comprometida com o protagonismo judicial. *Empório do Direito*, Florianópolis, 08 jun. 2017. Coluna Associação Brasileira de Direito Processual. Disponível em: https://bit.ly/2k5biU7. Acesso em 14.06.2019; RAATZ, Igor. ANCHIETA, Natascha. Uma "teoria do processo" sem processo?: a breve história de uma ciência processual servil à jurisdição. *Revista Brasileira de Direito Processual – RBDPro*. n. 103, p. 173-192, jul./set. 2018.

841 Por todos, conferir: AROCA, Juan Montero. Los Modelos Procesales Civiles en el Inicio del Siglo XXI: entre el garantismo y el totalitarismo. *Revista Brasileira de Direito Processual – RBDPro*. n. 100. Belo Horizonte: Fórum, 2017, p. 191-211.

material do juiz, guindado ao centro da atividade probatória. A rigor, apenas fração de um fenômeno mais amplo: o mito do interesse público sempre cumpriu a função de naturalizar o domínio de todo o processo pelo Estado-juiz, velando a sua gênese de instituição de garantia contrapoder de liberdade do cidadão para distorcê-lo em instrumento (à disposição) do Estado[842], subjugando-o num projeto de poder[843]. A ideia da cooperação para com o processo – e a consequente expansão das competências funcionais do juiz via cláusula geral de auxílio – se insere nessa tradição inautêntica de sufocamento do processo[844] e tisna os referidos postulados da epistemologia cooperativista.

Duas últimas palavras sobre o dever de auxílio.

Em primeiro lugar, quem pretender defender a possibilidade de o juiz possuir deveres de auxílio que, bem analisadas, imponham-lhe o dever de exercer função de parte e/ou advogado, tem de dar conta do art. 36, III, LOMAN, segundo o qual é defeso ao juiz emitir opinião sobre os casos que deve julgar[845], e do art. 145, II, CPC, que define como

---

842 Sobre a gênese de garantia contrapoder do processo, conferir: RAATZ, Igor. Processo, liberdade e direitos fundamentais. *Revista de Processo,* Revista dos Tribunais Online, v. 288, p. 21, fev./2019. Sob a perspectiva do *recurso,* com a mesma perspectiva, conferir: ANCHIETA, Natascha. O Recurso como Garantia do Indivíduo e o Recurso como Instrumento do Estado: variações a partir do debate entre garantismo e instrumentalismo processual. *Empório do Direito,* Florianópolis, 13 mar. 2019. Coluna Associação Brasileira de Direito Processual. Disponível em: https://bit.ly/3esRdS6. Acesso em 13.03.2019.

843 DELFINO, Lúcio. O Processo é um Instrumento de Justiça? (Desvelando o projeto instrumentalista de poder). *Empório do Direito,* Florianópolis, 28 abr. 2019. Coluna Garantismo Processual. Disponível em: https://bit.ly/2B15Gq4. Acesso em; 02.05.2019; CARVALHO FILHO, Antonio. Pequeno Manual Prático para o Debate Instrumentalistas (e Afins) vs Garantistas Processuais. *Empório do Direito,* Florianópolis, 08 abr. 2019. Coluna Garantismo Processual. Revista eletrônica Empório do Direito. Disponível em: https://bit.ly/2AZv1k4. Acesso em 02.05.2019.

844 Tratando da propensão natural do poder à expansão, inclusive com o sufocamento do processo, desde uma perspectiva da ciência e da filosofia política, conferir: DIETRICH, William Galle. O Processo: a história natural do seu sufocamento. *Empório do Direito,* Florianópolis, 08 mai. 2019. Coluna Associação Brasileira de Direito Processual. Disponível em: https://bit.ly/2Njfsq2. Acesso em 10.05.2019.

845 LC 35/79 (Lei Orgânica da Magistratura Nacional). Art. 36 – É vedado ao magistrado: III – manifestar, por qualquer meio de comunicação, opinião sobre processo pendente de julgamento, seu ou de outrem, ou juízo depreciativo sobre despachos, votos ou sentenças, de órgãos judiciais, ressalvada a crítica nos autos e em obras técnicas ou no exercício do magistério.

suspeito o juiz que aconselhar alguma das partes acerca do objeto da causa. Afinal, se ao juiz é defeso emitir opinião sobre os casos que deve julgar e oferecer conselhos às partes sobre o objeto do processo, que é menos, como poderia auxiliar a parte, como se seu advogado fosse, sem violar (também) os dispositivos em liça (que não tem suas constitucionalidades questionadas), que é mais? Não se encontrou autor em nenhum autor filiado ao cooperativismo alguma reflexão sobre esse ângulo. Fica a questão.

Em segundo lugar, é necessário deixar claro que, em sua origem, o dever de auxílio foi, sim, instituído para o juiz exercer função de parte e/ou advogado. Basta ver como Mauro Cappelletti descreve-o, inclusive com referência expressa ao contexto da Ordenança Processual austríaca, de 1895, produto do gênio de Franz Klein[846]-[847]:

> *Si la parte menos astuta, menos preparada, peor defendida, no ha propuesto desde el principio de la manera más adecuada su demanda o planteado adecuadamente su defensa, el juez austríaco podrá, en el curso del proceso, venir en su ayuda, y proporcionarle el modo de reparar, de modificar, de corregir las lagunas y los defectos de sus demandas o defensas. Y a tal fin el juez podrá, o más bien deberá, se fuere del caso, salir de esa absoluta pasividad y de ese absoluto neutralismo, al que estaba constreñido, en cambio, el juez del proceso común, y el mismo juez austríaco hasta la entrada en vigor del código de 1895[848].*

---

846 Em tom crítico: "a partir de uma concepção do processo como instituição para o bem-estar social, aumenta-se a atividade do órgão judicial, o qual é munido de suficientes poderes para a direção material do processo, capazes de garantir a sua marcha rápida e regular. Nesse sentido, o § 432 da ZPO austríaca, sob notável influência do pensamento de Menger, estabelecia a possibilidade de o juiz instruir as partes ignorantes do direito ou não representadas por advogado e aconselhá-las sobre as consequências jurídicas de seus atos ou omissões". (RAATZ, Igor. *Autonomia Privada e Processo*. Negócios Jurídicos Processuais, Flexibilização Procedimental. 2 ed. Salvador: Jus Podivm, 2019, p. 87). Ainda: NUNES, Dierle José Coelho. *Processo Jurisdicional Brasileiro*. Análise crítica das reformas processuais. Curitiba: Juruá, 2012, págs. 79-106.

847 Para uma crítica à ZPO de 1985, conferir: CIPRIANI, Franco. En el Centenario del Reglamento de Klein (El proceso Civil entre libertad y autoridad). Disponível em: https://bit.ly/3eqSgSx. Acesso em 30.06.2019.

848 CAPPELLETTI, Mauro. *Proceso, Ideologias, Sociedad*. Trad. Santiago Sentís Melendo e Tomás A. Banzhaf. Buenos Aires: Ediciones Juridicas Europa-America. 1974, p. 18. Em tradução livre: "Se a parte menos astuta, menos preparada, pior defendida, não propôs desde o princípio da maneira mais adequada sua demanda ou lançado adequadamente sua defesa, o juiz austríaco poderá, no curso do processo, vir em sua ajuda, e proporcionar-lhe o modo de reparar, de modificação, de corrigir

As lições de Cappelletti não surpreendem. São ecos dos oriundos do final do século XIX, da pena de Anton Menger, prócere do socialismo jurídico e professor de Franz Klein[849].

Em sua famosa obra *El Derecho Civil y los Pobres*[850], o professor austríaco apresentou propostas para o procedimento civil que incluíam a obrigação do juiz instruir gratuitamente o litigante, especialmente o pobre, sobre o direito vigente, o que significava, abertamente, assumir a sua representação processual, atuando como seu advogado.

Anton Menger não ignorava que tais soluções esbarrariam em "dificuldades técnicas", mas considerava que elas se justificariam em face dos seus efeitos sócio-equalizantes que a postura mais ativa seria capaz de produzir:

> *debería obligar al Juez civil á instruir gratuitamente a todo ciudadano, especialmente al pobre, acerca del Derecho vigente, ya que no á auxíliarle de otro modo en la defensa de sus derechos privados. (…) "una vez concedido al rico el derecho de hacerse representar por Abogado, el juez debería procurar establecer um equilíbrio entre las partes, assumiendo la representación de la parte pobre" (…) "Bién sé que la aplicación de estas soluciones en la administración del Derecho civil tropezaria con algunas dificuldades técnicas; pero ante los defectos de la actual condición jurídica, en la cual, a la disparidade del derecho, se suma la de los procedimientos, aquéllas dificuldades no hay para qué tomarlas en cuenta*[851].

---

as lacunas e os defeitos de suas demandas ou defesas. E para tanto o juiz poderá, ou melhor deverá, se for o caso, sair de sua absoluta passividade e dessa absoluta neutralidade, a que estava constrangido, pelo contrário, o juiz do processo comum, e o mesmo juiz austríaco até a entrada em vigor do Código de 1895".

849 LUCCA, Rodrigo Ramina de. *Disponibilidade Processual*. A Liberdade das Partes no Processo. São Paulo: Thomson Reuters Brasil, 2019, p. 101 e ss.; RAATZ, Igor. *Autonomia Privada e Processo*. Liberdade, negócios jurídicos processuais e flexibilização procedimental. 2 ed. Salvador: Jus Podivm, 2019, p. 86 e ss.

850 MENGER, Anton. *El Derecho Civil y los Pobres*. Trad. Adolfo Posada. Madrid: Libreria General de Victoriano Suárez, 1898.

851 MENGER, Anton. *El Derecho Civil y los Pobres*. Trad. Adolfo Posada. Madrid: Libreria General de Victoriano Suárez, 1898, p. 126-127. Em tradução livre: "deveria obrigar o juiz a instruir gratuitamente a todo cidadão, especialmente ao pobre, acerca do Direito vigente, já que não há outro modo de lhe auxiliar na defesa de seus direitos privados. (…) uma vez concedido ao rico o direito de fazer-se representar por Advogado, o juiz deveria procurar estabelecer um equilíbrio entre as partes, assumindo a representação da parte pobre (…) Bem sei que a aplicação dessas soluções na administração do Direito civil tropeçaria com algumas dificuldades técnicas; mas ante os defeitos da atual condição jurídica, na qual, a disparidade do direito, se soma a dos procedimentos, aquelas dificuldades não devem ser tomadas em conta".

Carlos Alberto Alvaro de Oliveira indica que Franz Klein concebia a mesma visão assistencialista de juiz:

> a preocupação de Klein centrava-se na ideia de criar um processo civil no qual a parte menos hábil, menos culta, menos dotada de recursos (sem possibilidade de pagar um defensor eficiente e capaz) viesse a se encontrar em pé de igualdade material e não apenas formal em relação ao adversário. Daí o fortalecimento dos poderes do órgão judicial, a ponto de se impor a este não apenas a faculdade mas o dever de advertir os litigantes das irregularidades e lacunas de seus pedidos e alegações, no exercício de uma verdadeira função supletiva e auxiliar. O juiz ultrapassa, assim, a posição de mero árbitro fiscalizador da observância das "regras do jogo", para alcançar *status* de ativo participante, com vistas a evitar a perda da causa pela escassa habilidade da parte ou de seu representante[852].

Desde então, a necessidade de separar claramente as funções processuais das partes foi sendo sistematicamente esvaziada, pois representava um óbice à superior função sócio-equalizante do magistrado.

Tais teses seguem reverberando nos tempos correntes, como se vê em Luiz Guilherme Marinoni, Sérgio Cruz Arenhart e Daniel Mitidiero:

> Um processo verdadeiramente democrático, fundado na isonomia substancial, exige uma postura ativa do magistrado. A produção da prova não é mais monopólio das partes. Como a atuação do juiz, para o bem da parte, agora é mais intensa, cabe-lhe lembrá-la sobre o ônus da prova, sobre a importância de manifestar-se sobre determinado fato e, ainda, quando necessário, determinar provas *ex officio* com o objetivo de elucidar os fatos. Não é mais justificável que os fatos não sejam devidamente verificados em razão da menor sorte econômica ou da menor astúcia de um dos litigantes. Note-se que a atuação do juiz, se pode ser vista como uma forma de participação, evidentemente não pode ser confundida com a qualidade que se atribui à participação das partes. O juiz exerce o poder que deve ser legitimado pela participação das partes, que são aquelas que se sujeitam aos efeitos da decisão. O juiz deve participar para garantir que a participação das partes seja igualitária e, assim, para que eventual falha na participação delas possa ser suprida. Nesses termos, a participação do juiz se dá em nome da participação das partes e, por consequência, para legitimar a sua própria atuação[853].

---

852 OLIVEIRA, Carlos Alberto Alvaro de. Poderes do juiz e visão cooperativa do processo. In: *Revista Ajuris – Associação dos Juízes do Rio Grande do Sul*. Ano XXX, nº 90, jun. 2003, p. 58.

853 MARINONI, Luiz Guilherme. ARENHART, Sérgio Cruz. MITIDIERO, Daniel. *Novo Curso de Processo Civil*. V.1. 2 ed. São Paulo: Editora Revista dos Tribunais, 2016, p. 452.

Os autores afirmam expressamente que o risco de parcialidade não é motivo idôneo para justificar que situações concretas fiquem sem a devida solução, razão por que para o juiz deve ser indiferente decidir com justiça ou favor de quem tem razão, mesmo porque se supõe que o juiz é parcial quando queda inerte diante da ausência de uma prova fundamental para o julgamento[854], argumentos que já foram enfrentados alhures.

Ajudar o pobre, fazer justiça, alcançar a verdade/beneficiar a quem tem razão. São muitos pretextos e modos de exigir que o Estado-juiz tenha compromisso com determinado resultado. O assistencialismo judicial mengeriano e kleiniano está bem vivo. E isso explica a grande indiferença da doutrina processual brasileira pelo problema da delimitação das funções processuais do juiz, de modo a impedir que ele exerça situações jurídicas ativas decorrentes do contraditório.

Ao propor o seu modelo cooperativo, Carlos Alberto Alvaro de Oliveira afirma expressamente que "não se trata, portanto, de superar a ideia de Klein, mas de reformulá-la mediante o necessário reforçamento dos poderes das partes, dentro de uma visão mais contemporânea do problema"[855].

Note-se: trata-se de reforçar os poderes das partes, apenas. Não se concebe de suprimir os poderes do juiz que, ao fim e ao cabo, consistem em situações jurídicas ativas decorrentes do contraditório, competência privativa de parte.

---

854 "Por isso, não há como supor que o contraditório possa ser violado em razão da participação do juiz. Na verdade, ele é fortalecido pela sua postura ativa, na medida em que também o juiz participa do processo. Ora, quando não existe paridade de armas, de nada adianta um contraditório formal. Alguém poderia afirmar que não é conveniente dar tal poder ao juiz, uma vez que isso pode comprometê-lo, ainda que psicologicamente, com a causa. Acontece que muitas situações concretas poderão ficar sem a devida solução caso se impeça o juiz de determinar provas de ofício. Na verdade, não deve existir diferença, para o juiz, entre querer que o processo conduza a resultado justo e querer que vença a parte – seja autora ou ré – que tenha razão. Do mesmo modo, o princípio da imparcialidade do juiz não é obstáculo para a participação ativa do julgador na instrução. Ao contrário, supõe-se que parcial é o juiz que, sabendo que uma prova é fundamental para a elucidação da matéria fática, se queda inerte". (MARINONI, Luiz Guilherme. ARENHART, Sérgio Cruz. MITIDIERO, Daniel. *Novo Curso de Processo Civil*. V.1. 2 ed. São Paulo: Editora Revista dos Tribunais, 2016, p. 452).

855 OLIVEIRA, Carlos Alberto Alvaro de. Poderes do juiz e visão cooperativa do processo. In: *Revista Ajuris – Associação dos Juízes do Rio Grande do Sul*. Ano XXX, nº 90, jun. 2003, p. 65.

Entende-se que a proposta acerta quando se leva em consideração o problema do isolamento discursivo em que se encontrava o juiz, problema atinente à dimensão argumentativo-discursiva da divisão de trabalho entre ele e as partes. Forçar o juiz a consultar as partes e interagir com os assuntos por elas apresentados é exigência de um regime democrático. Alvaro de Oliveira está no panteão daqueles que prestaram grande contribuição à releitura do contraditório em dimensão substancial ou dinâmica, atando-o à fundamentação.

Contudo, o autor não identificou o problema atinente ao baralhamento funcional intraprocedimental entre as competências das partes e juiz, e que encontra, por tudo o que se expôs, espaço privilegiado no dever de auxílio.

Miguel Teixeira de Sousa, professor português sempre referenciado pela doutrina cooperativista e afins, deixa muito clara a relação entre os deveres de cooperação e a herança de Franz Klein – e, portanto, da concepção do dever de auxílio como promovedora de baralhamento funcional, permitindo que o Estado-juiz exerça funções de parte e/ou advogado.

Eis as suas palavras:

> A tarefa de assegurar, através da actividade assistencial do juiz, uma igualdade substancial entre as partes é uma preocupação oriunda do socialismo jurídico oitocentista, especialmente defendida, na área processual, pelo social-democrata austríaco Anton Menger e transposta pelo grande reformador Franz Klein para a *Zivilprozeßordung* austríaca de 1895[856].

---

856 SOUSA, Miguel Teixeira de. *Estudos sobre o novo processo civil*. 2. ed. Lisboa: Lex, 1997, p. 29. Deve-se ter atenção para não cair em anacronismo. Socialdemocracia era "o nome dado ao socialismo no Oitocentos". (RODRIGUES JR., Otávio Luiz. *Direito Civil Contemporâneo*. Estatuto epistemológico, Constituição e Direitos Fundamentais. Rio de Janeiro: Forense Universitária, 2019, p. 311). De fato, José Guilherme Merquior anota que a concepção socialdemocrata repousa nos seguintes valores: adesão aos princípios democráticos e constitucionais da sociedade aberta; busca da igualdade, por meio de um "estado protetor"; orientação "social" da economia; e reconhecimento da impossibilidade de compatibilização plena do planejamento (necessário) e a autonomia (desejável); aliança com sindicatos não marxistas. A diferença específica da socialdemocracia assenta, num plano político-institucional, na regulação da economia, à negociação entre os interesses das empresas e de seus assalariados. Na justificação teórica dessa especificidade repousa o reconhecimento da legitimidade do conflito de interesses, obliterado pelo liberalismo clássico (que tendia a pintar a ordem social como um fenômeno vastamente consensual) e desfigurado no marxismo (que magnificou o conflito social em guerra de classes). Como anota o ensaísta, "o ponto nevrálgico da questão social-democrata: a histó-

Não pode ficar mais clara a relação entre o dever de auxílio e o caldo de cultura derivado de Anton Menger, Franz Klein, Mauro Cappelletti e Miguel Teixeira de Sousa[857], este direta e particularmente influente entre os cooperativistas brasileiros.

Removidos os eufemismos, o dever de auxílio consiste exatamente no que se intui à primeira vista: uma pura e simples autorização para que o juiz socorra a parte débil, vulnerável, mal assistida etc., agindo como se parte ou advogado fosse, rompendo claramente com as balizas constitucionalmente impostas pela dimensão estrutural do contraditório. Onde grassa o genuíno dever de auxílio se contemporiza com a parcialidade, com o exercício de funções processuais de parte pelo juiz.

---

ria de suas relações com a economia e a lógica do mercado. Na medida em que a prática da negociação significava reconhecer, ao menos em parte, os interesses do capital, a social-democracia, apesar de nascida do marxismo, não poderia senão virar um revisionismo. A partir daí, o idílio paleossocial-democrata com o espírito revolucionário estava com seus dias contados. Lênin ainda pudera ser, por muitos anos, um líder "social-democrata", pois o partido marxista russo adotara o nome do seu poderoso homólogo alemão; e no início do século, em congressos como o de Amsterdam (1904), a Segunda Internacional ainda verberava o revisionismo como intolerável acomodação com a exploração de classe. Mas 1917 acabou com a festa do ritual ideológico. Com o comunismo restituído à tradição putchista de suas origens (e liberto, em tudo salvo a retórica, do determinismo econômico de Marx), os sociais-democratas fundaram a República de Weimar sem revolução (e logo, em 1919, *contra* a revolução) e sem destruição do capitalismo. Quarenta anos mais tarde, eles tirariam as conclusões lógicas dessa evolução: no congresso de Bad Godesberg (1959), o partido abandonou o marxismo e, muito particularmente, o dirigismo econômico dos regimes vermelhos. A carta de Bad Godesberg reza: "o estado tanto quanto necessário; a liberdade tanto quanto possível". Moral: a ética do compromisso social-democrata passa pela aceitação da racionalidade econômica". (MERQUIOR, José Guilherme. *O Argumento Liberal*. São Paulo: É Realizações, 2019, págs. 131-134). Contextualização necessária, pois o significante "socialdemocrata" mudou sensivelmente de significado ao longo do tempo. O sentido que possuía no século XIX, quando lançado *El Derecho Civil y los Pobres*, identificava bem a obra do autor. O mesmo não se pode dizer do sentido que carregava no crepúsculo do século XX, quando elaborado o comentário de Miguel Teixeira de Sousa. A preço de hoje, Anton Menger e suas propostas eram socialistas.

857 Essa relação é percucientemente denunciada por: ANCHIETA, Natascha. RAATZ, Igor. Cooperação Processual: um novo rótulo para um velho conhecido. *Empório do Direito*, Florianópolis, 24 de fevereiro 2020. Coluna Garantismo Processual. Disponível em: https://bit.ly/2B2NGeR. Acesso em 02.03.2020.

Por tudo isso, defende-se a completa abolição do dever de auxílio: atribuindo ao juiz o exercício de competências de parte/advogado, é flagrantemente inconstitucional.

4.2.7. CONCLUSÃO PARCIAL

A doutrina cooperativista contribuiu decisivamente para a consolidação da dimensão material ou dinâmica do contraditório[858]. Deve-se muito a eles os ganhos dogmáticos no campo da correta compreensão da dimensão argumentativo-discursiva da divisão de tarefas entre partes e juiz.

O trabalho não é exclusivo, porém. Autores ligados a outras correntes, inclusive críticas ao cooperativismo, como auspiciosa escola mineira do processo democrático, paralelamente trilharam caminho convergente. Trata-se de um patrimônio comum, portanto.

Radicalizando a dimensão argumentativo-discursiva, porém, ela não atentou para a necessidade de reconhecer o contraditório como norma de competência, isto é, como plataforma de definição de funções que só podem ser exercidas pelas partes, assim como há funções que só podem ser exercidas pelo juiz.

As considerações dos dois parágrafos precedentes são confirmadas pela análise dos ditos deveres de cooperação. De um lado, revelam que são apenas minudências do conteúdo da garantia do contraditório defendidas quase à unanimidade, sendo certo que os significantes empregados, não raro, constituem apenas dobras de linguagem. Por exemplo: o que se quer comunicar com o dever de consulta e a proibição de decisão surpresa é apenas o correspectivo do direito de informação. Se bem que louvável, nada há aí nada de novo, nada que já não decorra do contraditório e nada que só possa ser defendido abraçando o cooperativismo. De outro lado, alguns apenas liberam o juiz para exercer competências de parte, como os deveres de esclarecimento e, em especial, o de auxílio – tanto mais porque a lassidão dogmática dos seus conceitos pouco esclarece acerca do seu conteúdo, abrindo espaço para o subjetivismo.

---

858 Sua influência doutrinária repercutiu na elaboração do CPC em vigor, obra, em boa parte, de autores que comungam dos seus postulados teóricos, como corretamente reconhece: ZANETI Jr. Hermes. O Princípio da Cooperação e o Código de Processo Civil: cooperação para o processo. In: *Processo Civil Contemporâneo*. Homenagem aos 80 anos do professor Humberto Theodoro Júnior. Orgs. Paulo Henrique dos Santos Lucon et al. Rio de Janeiro: Forense, 2018, especialmente págs. 145-146.

Daí por que o reconhecimento dos ganhos em termos de dimensão argumentativo-discursiva da divisão de trabalho entre partes e juiz não impede de reconhecer que mais um passo deve ser dado, refinando aquela com a introdução da dimensão funcional da divisão de trabalho entre partes e o juiz.

É o que se passa a fazer.

4.3. A DIMENSÃO FUNCIONAL DA DIVISÃO DE TRABALHO ENTRE PARTES E JUIZ

Abaixo, pretende-se oferecer amostras, arbitrariamente selecionadas, de aplicação da dimensão funcional da divisão de trabalho entre partes e juiz. Sob esse critério, será examinada a competência do juiz para inserir assuntos jurídicos e probatórios ao processo. A ver.

4.3.1. *IURA NOVIT CURIA*

O brocardo indica que o juiz conhece os direitos[859].

Em sua conformação inicial, significa que cabe ao juiz "descobrir o princípio jurídico ou a disposição legal aplicável à espécie, enquanto às partes bastaria, em geral, expor os fatos sobre os quais a regra correspondente haveria de atuar"[860].

Mesmo sem consagração genérica no direito positivo brasileiro, argumenta-se que é corolário natural do Estado de Direito, da coercitividade das normas jurídicas e do interesse público na harmonia e homogeneidade do ordenamento jurídico[861].

---

859 MEDINA, Paulo Roberto de Gouvêa. *Iura Novit Curia:* a máxima e o mito. Salvador: JusPodivm, 2020, p. 21.

860 MEDINA, Paulo Roberto de Gouvêa. *Iura Novit Curia:* a máxima e o mito. Salvador: JusPodivm, 2020, p. 24.

861 LUCCA, Rodrigo Ramina de. *Disponibilidade Processual.* A liberdade das partes no processo. São Paulo: Thomson Reuters Brasil, 2019, págs. 310-312. Nada obstante, o autor indica os seguintes dispositivos do CPC: "No Brasil, o art. 8º do NCPC dispõe que "Ao aplicar o ordenamento jurídico, o juiz atenderá aos fins sociais e às exigências do bem comum, resguardando e promovendo a dignidade da pessoa humana e observando a proporcionalidade, a razoabilidade, a legalidade, a publicidade e a eficiência". Embora sutil, o dispositivo deixa claro que, ao decidir, o Estado-juiz "aplica o ordenamento jurídico" ao caso concreto, observando sempre a "legalidade". O iura novit curia é reforçado pelo art. 1.034 do NCPC, o qual dispõe que "Admitido o recurso extraordinário ou o recurso especial, o Supremo Tribunal Federal ou o Superior Tribunal de Justiça julgará o processo, aplicando o direito". (Cit. p. 315).

Se o Estado produz o direito, via Legislativo, o Estado deve aplicar esse direito, via Judiciário, quando provocado a resolver litígios.

Como já se viu, desde que se tomou consciência de que o contraditório é garantia de influência, ou seja, que o julgador deve apresentar respostas aos assuntos lançados pelas partes, descabe atuar o direito sem conceder a prévia oitiva das partes, inclusive quanto às matérias cognoscíveis *ex officio*.

Em termos de divisão de trabalho, então, o juiz aplica o direito independentemente da invocação das partes, mas antes deve dar oportunidade de manifestação às partes.

Vão aí imbricadas as duas dimensões da divisão de trabalho: funcional, porque se pressupõe que o juiz é competente para introduzir assuntos jurídicos não ventilados pelas partes; argumentativo-discursiva, porque antes de decidir deve dar oportunidade de manifestação às partes.

Não basta dizer que antes de decidir o juiz deve ouvir as partes. Sim, ele deve. Necessário se faz, também, verificar quando ele é competente para fazê-lo. Ou seja, é necessário tensionar desde a dimensão funcional da divisão de trabalho, verificando se e quando o juiz é competente para introduzir assuntos jurídicos ao processo.

Alinhado ao modelo cooperativo de processo, Otávio Domit prestou grande contribuição para o dimensionamento do problema. O autor busca fornecer balizas de aplicação lícita do aforismo *iura novit curia* de modo a que a divisão de trabalho entre o Estado-juiz e partes se dê com a preservação da liberdade destas e da imparcialidade daquele.

O autor defende que o juiz só pode interferir na qualificação jurídica dos fatos quando: (i) for necessário para acolher o pedido do autor sem resultar em modificação da causa de pedir, isto é, se (i.1) houver mero erro de tipificação legal, (i.2) a situação jurídica existe a partir de dispositivo diverso daquele que o autor acreditava incidir na espécie e (i.3) o autor não invoca norma jurídica, mas propõe solução jurídica idêntica ou análoga àquela assegurada pelo Direito; e (ii) as situações jurídicas tuteláveis decorrem de normas abertas, como princípios, cláusulas gerais e conceitos jurídicos indeterminados[862].

---

862 DOMIT, Otávio Augusto Dal Molin. *Iura Novit Curiae e Causa de Pedir*: o juiz e a qualificação jurídica dos fatos no processo civil brasileiro. 1 ed. em e-book baseada na 1 ed. impressa. São Paulo: Editora Revista dos Tribunais, 2016, págs. 297-298.

Eduardo José da Fonseca Costa, em abordagem que se situa no interior da dimensão funcional da divisão de trabalho entre partes e juiz, insere a questão no que denomina imparcialidade objetiva ou esforço por neutralidade em relação ao objeto do processo[863].

Para o autor, sendo o processo é garantia contrajurisdicional de liberdade e «liberdade», compete às partes constituírem para si o objeto do seu debate, aportando assuntos (alegações de fato, de direito, pedidos, provas etc.) a seu talante, sem que ao juiz seja dado imprimir adições, alterações ou supressões. As partes têm liberdade e poder; o juiz tem apenas poder, não liberdade. O juiz não tem competência para introduzir fundamento inédito de ação, pois favorece o autor, nem fundamento inédito de defesa, pois favorece o réu.

Em suma, é competência exclusiva das partes invocar assuntos (de fato e de direito) e formular pedidos, ao passo em que é competência exclusiva do juiz decidir sobre todo esse *corpus* dialético dele independente[864].

Ele ressalva as questões de ordem pública. Sendo certo que, dada a grande dificuldade de delimitar o conceito de ordem pública[865], entende que apenas pode ser assim considerado aquilo que a lei enumerar

---

863 "pode-se afirmar que o direito que se pretende fazer valer no processo, que consubstancia seu objeto, é uma situação hipotética, meramente afirmada, que corresponde a uma posição substancial específica e distinta de qualquer outra que possa contemporaneamente existis entre os mesmos sujeitos. Pedido e causa de pedir, portanto, são duas perspectivas do direito material afirmado, são *narrativas* dos fatos, da configuração do direito material e das medidas para a sua tutela, o que consubstancia o objeto do processo, que carece, para ser devidamente precisado, de que o intérprete tome em conta ambas as suas angulações". (MACÊDO, Lucas Buril de. *Objeto dos Recursos Cíveis*. Salvador: JusPodivm, 2019, p. 46).

864 COSTA, Eduardo José da Fonseca. Imparcialidade como Esforço. *Empório do Direito*, Florianópolis, 09 dez. 2019. Coluna Garantismo Processual. Disponível em: https://bit.ly/2yHMuN5. Acesso em 10.11.2019.

865 Sobre o tema, conferir amplamente: ROCHA, Márcio Oliveira. *Por uma Nova Dogmática da Ordem Pública no Direito Processual Civil Contemporâneo*. Tese (doutorado em direito). Data da defesa: 18/12/2017. 231f. Universidade Federal de Pernambuco, Recife, 2017.

exaustivamente como tal[866]. O alcance do *iura novit curia* fica limitado às autorizações legais expressas[867], portanto.

Sem autorização legal expressa o juiz não pode introduzir assunto algum ao processo. O argumento do interesse público na irrestrita aplicação do direito objetivo é rebatido com resposta convincente: em termos objetivos, o interesse público na irrestrita aplicação do direito objetivo só efetivamente retira a definição do objeto do processo da esfera de liberdade plena das partes quando exige a participação do Ministério Público, cuja competência é exatamente zelar pelo direito

---

866 "No sistema brasileiro de direito positivo atual, são exemplos dessas matérias: a incompetência absoluta [CPC, art. 64, § 1º]; a ausência de pressupostos processuais [CPC, art. 485, IV]; a existência de perempção, litispendência e coisa julgada [CPC, art. 485, V]; a ausência de legitimidade ou de interesse processual [CPC, art. 485, VI]; a intransmissibilidade *ex vi legis* da ação em caso de morte da parte [CPC, art. 485, IX]; a decadência [CC, art. 210 c.c. CPC, art. 487, II]; a prescrição [CC, art. 193 c.c. art. 487, II]; as questões assim expressamente definidas em lei [ex.: CDC, art. 1º]; a nulidade do negócio jurídico [CC, art. 168, parágrafo único]; a nulidade da execução [CPC, art. 803, parágrafo único]. A «impossibilidade jurídica do pedido» - outrora referida no art. 267, VI, do CPC/1973 - hoje se acomoda no art. 485, VI, do CPC/2015, como ausência de interesse processual (aliás, se com base em matéria de ordem pública não se permitisse em regime excepcional sentença terminativa liminar em ações manifestamente infundadas [ex.: usucapião de bem público, cobrança de dívida de jogo, pedido de herança de pessoa viva, prisão por dívida não-alimentícia], o juiz seria impelido ao iura novit curia e, assim, à possibilidade geral e irrestrita de ditar sentença de improcedência liminar com base em fundamento não invocado pelo réu; ou seja, a «impossibilidade jurídica do pedido» como matéria de ordem pública é «o» nó impeditivo à vulgarização do *iura novit curia*)". (COSTA, Eduardo José da Fonseca. Processo e Razões de Estado. *Empório do Direito*, Florianópolis, 28 out. 2019. Coluna Garantismo Processual. Disponível em: https://bit.ly/2Y1H1e3. Acesso em 22.02.2020).

867 É interessante o posicionamento do autor acerca da impossibilidade jurídica do pedido. Para o autor, ela segue contemplada no art. 485, VI, CPC, agora como manifestação do interesse processual, e permite que o juiz rejeite, liminarmente, pedidos manifestamente infundados (*v. g.* pedido de herança de pessoa viva), sem a necessidade de recorrer ao *iura novit curia* e introduzir argumento meritório de defesa, agindo como se réu fosse. Assim, "«a impossibilidade jurídica do pedido» como matéria de ordem pública é «o» nó impeditivo do *iura novit curia*". (COSTA, Eduardo José da Fonseca. Processo e Razões de Estado. *Empório do Direito*, Florianópolis, 28 out. 2019. Coluna Garantismo Processual. Disponível em: https://bit.ly/2Y1H1e3. Acesso em 22.02.2020).

objetivo[868]. Ao juiz compete, atado aos assuntos introduzidos pelas partes – e pelo Ministério Público, quando for o caso – julgar.

Pois bem.

Aqui se entende que a solução do tema se dá com a imbricação dos posicionamentos de Otávio Domit e Eduardo José da Fonseca Costa.

Concorda-se com as soluções propostas por Otávio Domit em (i.1), (i.2) e (i.3) são aceitáveis, pois ali o juiz fica atado aos fatos jurídicos narrados pelas partes, aplicando-lhes os efeitos jurídicos previstos no direito positivo, mas desde que haja previsão legal expressa nesse sentido, tal como propõe Eduardo José da Fonseca Costa. Discorda-se da sugestão (ii). Ou seja, se a parte não invoca norma aberta isso deve ser tomado como exercício de liberdade: ela pretende obter efeito jurídico imputado a norma casuística indicada. O juiz deve decidir se o efeito jurídico pretendido, como tal decorrente das normas casuísticas invocadas pelas partes, incidem no caso ou não. O ordenamento reserva à parte interessada outras vias para buscar o seu direito (*v. g.* ajuizamento de nova demanda, sob novo fundamento jurídico; ajuizamento de ação rescisória etc.).

Ou seja, em termos de divisão funcional de trabalho conclui-se que, em princípio, é competência das partes a introdução de assuntos jurídicos, só podendo o juiz fazê-lo nos casos indicados em (i.1), (i.2) e (i.3) por Otávio Domit, se houver previsão legal nesse sentido, como propõe Eduardo José da Fonseca Costa.

Antes de finalizar essa passagem, duas perguntas devem ser respondidas: as partes podem escolher as normas jurídicas que serão aplicadas ao caso, limitando o *iura novit curia*? Há um momento derradeiro para que o juiz aplique o *iura novit curia*?

A resposta remete à disciplina do saneamento e organização do processo. De acordo com o art. 357, CPC, o provimento que o realizar delimitará as questões de direito relevantes para o exame do mérito (IV), e se estabilizará e vinculará as partes e o juiz (§§ 1º e 2º).

Pelo que prescrevem os dispositivos, conclui-se que toda decisão sobre o saneamento e a organização do processo, tanto a adjudicada (§ 1º) quanto a convencionada (§ 2º), se torna estável e vincula as partes e o juiz. Apenas as questões fático-probatórias (CPC, art. 357, II) e ju-

---

868 COSTA, Eduardo José da Fonseca. Processo e Razões de Estado. *Empório do Direito*, Florianópolis, 28 out. 2019. Coluna Garantismo Processual. Disponível em: https://bit.ly/2Y1H1e3. Acesso em 22.02.2020.

rídicas selecionadas na decisão de saneamento e organização poderão ser inseridas na instrução e consideradas no julgamento. Sem circunstância superveniente, não se admitirá que durante a instrução, ou depois dela, conclusos os autos para sentença, a parte ou o juiz, de ofício, suscite o exame de outras questões fático-probatórias e jurídicas que poderiam ter sido anteriormente inseridas na decisão de saneamento e organização, mas que por qualquer razão não foram (v. g. as partes não requereram, ou requereram e foram indeferidas). Vinculação e estabilização são inerentes a todos os modos de saneamento e organização do processo[869].

Assim sendo, as perguntas devem ser assim respondidas: sim, no caso do saneamento e organização convencionado (CPC, art. 357, § 2º), as partes podem escolher as normas que serão aplicadas ao caso, limitando o *iura novit curia*[870]; sim, a decisão de saneamento e organização do processo, qualquer que seja a sua espécie (adjudicada ou convencionada), é o último momento para a aplicação do *iura novit curia*[871].

Luis Eduardo Simardi Fernandes entende, porém, que, forte nos poderes instrutórios e na liberdade para decidir conforme o seu livre convencimento motivado, o juiz não deverá homologar a convenção de saneamento e organização do processo, quanto à delimitação das questões de fato e de direito (CPC, art. 357, II, IV e § 2º), se enten-

---

869 "Homologado, o acordo se estabiliza e vincula as partes e o juiz, nos exatos temos em que vincula a decisão de saneamento e organização proferida solitariamente pelo julgador". (DIDIER JR., Fredie. *Curso de Direito Processual Civil.* V. 1. 18 ed. Salvador: JusPodivm, 2016, p. 706).

870 CABRAL, Antonio do Passo. *Convenções Processuais.* Salvador: JusPodivm, 2016, p. 133.

871 "a alteração da causa de pedir – aí compreendida a modificação de *causa petendi* já deduzida ou a adição de nova causa de pedir – é possível ao autor apenas das seguintes formas e nas seguintes situações: livremente, antes da citação do réu (art. 329, I); feita a citação, apenas com a sua concordância e até a fase de saneamento e organização (329, II), podendo tal ser feito por meio de saneamento consensual (art. 357, § 2.º). Fora das hipóteses arroladas – e a parte algumas poucas exceções, a exemplo da hipótese relativa aos fatos ou direito superveniente –, não há o que cogitar: o autor está impedido de postular, e o órgão jurisdicional de acolher, o atendimento do pedido a partir de *causa petendi* não identificada na petição inicial". (DOMIT, Otávio Augusto Dal Molin. *Iura Novit Curiae e Causa de Pedir*: o juiz e a qualificação jurídica dos fatos no processo civil brasileiro. 1 ed. em e-book baseada na 1 ed. impressa. São Paulo: Editora Revista dos Tribunais, 2016).

der que os limites propostos são insuficientes para a formação do seu convencimento[872].

Discorda-se desse entendimento. O juiz controla a validade da convenção processual, mas não a sua conveniência e oportunidade (CPC, art. 190). E as condições subjetivas para a formação do convencimento subjetivo do juiz não figuram como pressupostos de validade de enunciados prescritivo-normativos. A convenção não é inválida apenas pelo fato de restringir o espectro de cognição do juiz.

Nem se diga que a formação do convencimento do juiz é necessária ao atingimento da verdade. A um, porque não se pode estabelecer uma relação lógica entre a convicção o julgador e a "verdade" dos fatos. A dois, porque, com Beclaute Oliveira Silva, a verdade não é o fim do processo, mas, quando muito, um dos critérios de legitimação da decisão jurídica com relação ao antecedente da norma de decisão. Nada impede o estabelecimento de norma jurídica fixando critérios para se ter um fato como provado. O magistrado deve construir a norma de decisão a partir dos critérios estipulados pela lei e pelas partes. Respeitada a ordem jurídica, as partes podem usar sua liberdade para convencionar como o fato pode ser fixado no processo judicial[873].

O entendimento de Simardi Fernandes é caudatário do subjetivismo decisório próprio do sistema do livre convencimento motivado. Quando se admite que o juiz decida nesse ou naquele sentido apenas porque está introspectivamente convencido (no caso, deixe de homologar convenção de organização do processo por entender que limita a sua cognição), ainda que deva justificar a sua convicção, abre-se ensejo para que a subjetividade (inata a todos e por ninguém negada) se degenere em subjetivismo, a doença infantil do ego indômito. Ora, questões jurídicas devem ser decididas juridicamente, devendo a dogmática jurídica buscar no interior do sistema do direito positivo – e não na psiquê de cada decisor – critérios sólidos para o problema da decidibilidade dos conflitos. Trata-se de um esforço por objetividade que não pode ser confundido com a crença objetivista de que os entes possuem sentidos incrustrados e pré-prontos. Aliás, a grande preten-

---

872 FERNANDES, Luis Eduardo Simardi. *Breves Comentários ao Novo Código de Processo Civil*. Coords. Teresa Arruda Alvim Wambier, Fredie Didier Jr., Eduardo Talamini, Bruno Dantas. 3 ed. São Paulo: Editora Revista dos Tribunais, 2016, p. 1095.

873 SILVA, Beclaute Oliveira. Verdade como Objeto do Negócio Jurídico Processual. *Coleção Novo CPC Doutrina Selecionada*. V.3. Orgs. Lucas Buril de Macêdo, Ravi Peixoto e Alexandre Freire. Jus Podivm. 2015, p. 229.

são do Estado de Direito não é senão conter (ao contrário de atiçar) o solipsismo dos exercentes do Poder.

A argumentação é voltada ao convencimento, mas a decisão sobre assuntos fático-probatórios e de direito deve ser balizada juridicamente, e não ficar refém dos desígnios intrapsíquicos do juiz de turno. O acolhimento ou rejeição de uma postulação deve se fiar em critérios consistentes próprios da racionalidade jurídica. Do mesmo modo que aplica uma lei da qual discorda quando ela é compatível com a Constituição, o juiz deve aplicar os *standards* probatórios quando decide assunto fático-probatório, seja aplicando a prova que os satisfaz mesmo quando não está subjetivamente convencido, seja reconhecendo a sua insuficiência mesmo quando está subjetivamente convencido. A instituição desses critérios objetivos e prévios tem por finalidade instituir balizas e limites à atividade interpretativa do juiz[874].

No essencial, a mesma proposta é feita por Alexandre Varela de Oliveira. Segundo o autor, "no que se refere às questões de fato e de direito, poderá o magistrado, caso entenda necessário, complementá-las, restando vinculado, após sua homologação"[875]. Posicionamento

---

874 "1) Na infância da ciência probatória, adotou-se o sistema de convicção íntima imotivada [a prova é pós-valorada pelo juiz segundo critérios não externados ou simplesmente *secundum conscientiam*]; 2) na adolescência, o sistema de tarifação legal [a prova é pré-valorado pela lei]; 3) na juventude, o sistema de convicção racional fundamentada ou «livre convencimento motivado» [a prova é pós-valorada discricionariamente pelo juiz mediante a externação de critérios racionais construídos *ex post factum*]. Mas é preciso avançar. Afinal de contas, o terceiro sistema - cuja importância histórica foi inconteste - ainda tem restos detríticos do primeiro, pois ainda reserva ao juiz uma «margem individual de liberdade de valoração subjetiva», que não é erradicada pela motivação *per se*. (...) É preciso que a ciência probatória adentre a maturidade e que a prova seja pós-valorada vinculativamente pelo juiz mediante a externação de critérios racionais intersubjetivamente compartilhados construídos ante causam (o que não impede, aqui e ali, pré-valorações pela própria lei). É preciso livrar-se de expressões como «convicção», «convencimento», «juízo de certeza», «juízo de probabilidade», «juízo de aparência», «juízo de verossimilhança», juízo de dúvida», como se fossem perturbações intrapsíquicas provocadas pelo contato do juiz com a prova. É preciso, enfim, despsicologizar o peso probatório." (COSTA, Eduardo José da Fonseca. Imparcialidade como Esforço. *Empório do Direito*, Florianópolis, 09 dez. 2019. Coluna Garantismo Processual. Disponível em: https://bit.ly/2yHMuN5. Acesso em 10.11.2019).

875 OLIVEIRA, Alexandre Varela. *Técnica de Saneamento e Organização do Procedimento no Código de Processo Civil de 2015*. Dissertação (mestrado em Direito). Data da defesa: 26/04/2018. 126f. Pontifícia Universidade Católica de Minas Gerais, Belo Horizonte, 2018, p. 98.

analiticamente insustentável: a um, porque o juiz não controla a conveniência e oportunidade da convenção processual, mas apenas a sua validade (CPC, art. 190); a dois, porque o juiz não é parte da convenção para inserir assuntos não selecionados pelas partes.

Embora adira ao processualismo democrático produzido na auspiciosa escola mineira de processo da PUC-MG, cuja marca forte é o combate tenaz do protagonismo judicial, ao afirmar que o magistrado poderá complementar a convenção "caso entenda necessário", Varela de Oliveira assente (quiçá inconscientemente) com o subjetivista modelo do livre convencimento motivado: o juiz complementará a convenção para poder examinar assuntos que ele, subjetivamente, considera relevantes para o julgamento.

Subjaz aí a crença de que para combater o protagonismo judicial basta que a comunidade de trabalho dialogue, que partes e juiz comparticipem no desenvolvimento e resultado do processo. Ocorre que influência e não surpresa não compensam o baralhamento funcional intraprocedimental. O entrelaçamento do contraditório e da fundamentação das decisões é necessário à legitimidade do exercício da jurisdição, mas insuficiente. A atuação imparcial do juiz pode ser legítima ou ilegítima, conforme respeite ou não o conteúdo do contraditório. Mas a atuação parcial do juiz é necessariamente ilegítima. É o que se dá quando o juiz complementa os assuntos fáticos e jurídicos selecionados pelas partes na convenção de saneamento e organização do processo, solução que se rechaça.

Rodrigo Ramina de Lucca também entende que o art. 357, § 2º, CPC, não pode servir à limitação do *iura novit curia*. Para o autor, a solução contraria o princípio da legalidade e a noção de Estado como sociedade organizada, sendo dever deste garantir a unidade e universalidade do Direito, isto é, assegurar que a consequência normativa atue sempre que apurado o antecedente da norma jurídica[876].

O argumento é sofisticado, mas não convence.

O sistema do direito positivo possui inúmeras normas abertas que, de certo modo, transferem do Legislativo para o Judiciário a edificação

---

[876] LUCCA, Rodrigo Ramina de. *Disponibilidade Processual*. A liberdade das partes no processo. São Paulo: Thomson Reuters Brasil, 2019, p. 310-313 e 319.

do direito[877]. Não por acaso, Hermes Zaneti Jr. defende que princípios e cláusulas gerais[878] "passaram a construir, por necessidade hermenêutica, a jurisprudência como uma das fontes primárias, ao lado da lei"[879]. Não há como negar que nesses casos os cidadãos são submeti-

---

[877] "a razão para que se considere injusta essa atuação legisladora retroativa é que ela frustra as expectativas justificadas daqueles que, ao agir, depositaram sua confiança na suposição de que as consequências jurídicas de seus atos seriam determinadas pelo estado conhecido do direito estabelecido quando tais atos foram praticados. Entretanto, essa objeção, mesmo que tenha cabimento se dirigida contra uma mudança retroativa feita por um tribunal, ou contra a revogação do direito claramente existente, parece totalmente fora de contesto nos casos (...) que o direito regulamentou de forma incompleta e para os quais não existe situação jurídica conhecida, ou direito claramente estabelecido, que justifique as expectativas". (HART. H. L. A. *O Conceito de Direito*. Trad. Antônio de Oliveira Sette-Câmara. São Paulo: Editora WMF Martins Fontes, 2009, p.356).

[878] "legislar por cláusulas gerais significa deixar ao juiz, ao intérprete, uma maior possibilidade de adaptar a norma às situações de fato" (PERLINGIERI, Pietro. *Perfis do Direito Civil*: introdução ao direito civil constitucional. Rio de Janeiro: Renovar, 1999, p. 27). Sobre os prós e contras dessa técnica legislativa, consultar: MARTINS-COSTA, Judith. *A Boa-fé no Direito Privado*: critérios para a sua aplicação. 2 ed. São Paulo: Saraiva Educação, 2018, p. 190 e ss.

[879] ZANETI JR., Hermes. *A Constitucionalização do Processo*. O modelo constitucional da justiça brasileira e as relações entre processo e Constituição. 2 ed. São Paulo: Atlas, 2014, p. 52. Discorda-se desse entendimento. O caráter problemático do direito, por si só, não exerce nenhuma determinação sobre a determinação da autoridade competente para o exercício das funções jurisdicionais e jurislativas. As competências do Legislativo e do Judiciário devem ser encontradas no sistema do direito positivo de cada comunidade política definida no tempo e no espaço. Constitui "abuso de linguagem" afirmar que a aquisição de uma competência (=Judiciário como fonte primária do direito) é um desdobramento natural da constitucionalização do direito e da consagração de normas de malha aberta. Aliás, inexiste relação entre disseminação de normas abertas e constitucionalização do direito: RODRIGUES JR., Otávio Luiz. *Direito Civil Contemporâneo*. Estatuto epistemológico, Constituição e direitos fundamentais.1 ed. São Paulo: Forense Universitária, 2019, p. 195. A propósito, vale registrar as críticas do autor às teses da constitucionalização do processo: "No Brasil, começam a sair obras monográficas sobre constitucionalização de outras áreas do Direito. O CPC/2015 tem servido de impulso a essas novas produções bibliográficas. Apesar de centenas de páginas escritas sobre o tema, não se encontra em algumas dessas obras um conceito operacional de "constitucionalização" do Direito a que se refere. Tal fluidez semântica é ótima como estratégia de combate, pois transforma a constitucionalização em um conceito de guerrilha: nunca se sabe onde está, o que é, suas dimensões e seus efetivos. Pode estar em todos os lugares e em lugar algum. Como estratégia de combate, é um excelente modo de

dos a estado de significativa incerteza quanto ao conteúdo do direito, que é criado *ex post facto*. Embora discrepe das prescrições do art. 11, II, "a" e "c", LC 95/98[880], e tensione a garantia pétrea da separação dos poderes (art. 2º c/c art. 60, § 4º, III), raramente essa técnica legislativa é taxada de inconstitucional[881].

Se assim é, não há razão para impedir que as partes delimitem as questões de direito que o juiz deve examinar para decidir o seu caso. Uma ordem jurídica centrada na dignidade humana (CRFB, art. 1º, III) e na liberdade individual (CRFB, art. 5º, II) é plenamente compatível com o direito de escolher as normas que serão aplicadas ao caso. Se a técnica legislativa gera imprevisibilidade não aberra ao Estado de Direito, a delimitação dos espaços de decisão por convenção dos cidadãos interessados, medida que amplia a previsibilidade sobre a solução do caso concreto, deve ser acolhida com desassombro. No mínimo, essas soluções normativas são igualmente idôneas em nossa ordem constitucional.

Portanto, não há qualquer inconstitucionalidade no art. 357, § 2º, CPC, nem na interpretação de que, homologada a convenção de saneamento e organização do processo, o juiz fica limitado às questões de direito selecionadas pelas partes e apequenando a atuação do *iura novit curia*.

---

se fomentar o desenvolvimento de um conceito, até porque inviabiliza qualquer crítica sistemática ou tentativa de controle. Para quem decide e não tem grandes preocupações com os custos argumentativos ou a prestação de contas democrática, é um ótimo meio de justificar escolhas aleatórias e jogar com a constitucionalização e seu enorme acervo de princípios e direitos fundamentais para se liberar de qualquer conformação racional dos atos decisórios. Não se sabe se isso é possível, até por não se ter alcançado tal nível de desenvolvimento na maior parte do mundo, mas seria fundamental que a constitucionalização deixasse de servir como um conceito de guerrilha e se tornasse um conceito de combate convencional. Essa seria a única forma de se poder discutir cientificamente um tema que, salvo exceções já citadas nesta Segunda Parte (Luiz Edson Fachin, Gustavo Tepedino, Maria Celina Bodin de Moraes, de entre outros), permanece como uma cidade aberta". (Op. cit., págs. 230-231).

880 Art. 11. As disposições normativas serão redigidas com clareza, precisão e ordem lógica, observadas, para esse propósito, as seguintes normas: (...) II - para a obtenção de precisão: a) articular a linguagem, técnica ou comum, de modo a ensejar perfeita compreensão do objetivo da lei e a permitir que seu texto evidencie com clareza o conteúdo e o alcance que o legislador pretende dar à norma; (...) c) evitar o emprego de expressão ou palavra que confira duplo sentido ao texto.

881 Sustentando a inconstitucionalidade das cláusulas gerais: SANT'ANNA, Lara Freire Bezerra de. *Judiciário como Guardião da Constituição: Democracia ou Guardiania?* Rio de Janeiro: Lumen Juris, 2014, p. 162-164.

Nada impede que uma nova ação poderá ser ajuizada com vistas a veicular pretensão fundada em norma jurídica diversa. Se o juiz diz que aos fatos narrados pelo autor não se aplicavam os efeitos jurídicos pretendidos (pelas normas gerais selecionadas), então a correção da norma jurídica na segunda ação alterará a causa de pedir, abrindo-se ensejo à propositura da demanda sem o óbice da coisa julgada.

Mais duas considerações para finalizar.

A estabilidade da decisão de saneamento e organização do processo não impede o acréscimo posterior de circunstâncias fáticas e jurídicas supervenientes. Não há estabilização nem preclusão relativamente ao que ainda não ocorreu ou justificadamente se ignora.

Resta saber se o art. 485, § 3º, CPC, excepciona a estabilização dos §§ 1º e 2º do art. 357 do CPC.

Alexandre Varela de Oliveira entende que tais assuntos não se submetem à preclusão enquanto pendente o processo. Estima que é sempre possível o controle de ofício dos assuntos já decididos, pois a preclusão ocorre apenas para as partes, não para o tribunal[882].

Em sentido contrário, Antonio do Passo Cabral defende que as matérias previstas no art. 485, § 3º, CPC, podem ser atingidas pela preclusão consumativa, não podendo ser alegadas pelas partes sucessivas vezes nem revistas pelo juízo, na mesma instância, sem alterações fáticas ou jurídicas que permitam uma nova cognição[883].

Com maior refinamento analítico, Fredie Didier Jr. sustenta que o juiz pode examinar os assuntos arrolados no art. 485, § 3º, CPC, se eles estiverem pendentes e não houver ocorrido preclusão a respeito. Fiando-se nos arts. 505 (proíbe o juiz de reexaminar questão já decidida) e 507 (proíbe a parte de suscitar questão já decidida), CPC, distingue a possibilidade de conhecimento de ofício da possibilidade de reexaminar assuntos já decididos: a primeira é indiscutivelmente possível; a segunda, não. O assunto pode ser examinado a qualquer tempo, mas o reexame depende de impugnação tempestiva e adequa-

---

882 OLIVEIRA, Alexandre Varela de. *Técnica de Saneamento e Organização do Procedimento no Código de Processo Civil de 2015.* Dissertação (mestrado em Direito). Data da defesa: 26/04/2018. 126f. Pontifícia Universidade Católica de Minas Gerais, Belo Horizonte, 2018, p. 97.

883 CABRAL, Antonio do Passo. *Breves Comentários ao Novo Código de Processo Civil.* 3 ed. São Paulo: Editora Revista dos Tribunais, 2016, p. 1451.

da pela parte interessada. A preclusão se caracteriza quando a decisão expressa não é impugnada a tempo e modo[884].

Concorda-se com Antonio do Passo Cabral e Fredie Didier Jr. Os assuntos vertidos no art. 485, § 3º, CPC, podem ser examinados pela primeira vez a qualquer tempo, inclusive depois da decisão de saneamento e organização do processo, se não foram nela expressamente decididos. E podem ser sucessivamente alegados e reexaminados pelo juiz diante de novas circunstâncias fáticas ou jurídicas.

A solução impacta na dimensão vertical do efeito devolutivo (CPC, art. 1.013, §§ 1º e 2º): ressalvada a ocorrência de fato superveniente (novo ou de conhecimento posterior), se o assunto indicado no art. 485, § 3º, CPC, é expressamente vertido na decisão de saneamento e organização, o seu conhecimento não é devolvido ao juízo *ad quem* por apelação limitada a capítulo diverso, que não a impugna expressamente[885].

Tirante essas exceções, conclui-se que as partes podem demarcar as questões de direito que devem ser examinadas pelo juiz, limitando a atuação do *iura novit curia,* bem como que o último momento de atuação deste é o de saneamento e organização do processo.

4.3.2. PODERES INSTRUTÓRIOS DO JUIZ E IMPARCIALIDADE[886]

Já foi defendida a inconstitucionalidade das faculdades instrutórias do juiz por violação da igualdade e da imparcialidade subjetivo-psíquica. Nesta passagem, a análise se limita a demonstrar que elas também contrariam a imparcialidade objetivo-funcional, isto é, a imparcialidade.

O legislador não pode atribuir ao juiz competência para produzir meios de provas.

Como já foi visto, é bastante consolidado na doutrina e na jurisprudência, inclusive da Corte Europeia de Direitos Humanos, que a prova

---

884 DIDIER JR., Fredie. *Curso de Direito Processual Civil.* V. 1. 18 ed. Salvador: JusPodivm, 2016, p. 710 e ss.

885 No mesmo sentido: DIDIER JR., Fredie. *Curso de Direito Processual Civil.* V. 1. 18 ed. Salvador: JusPodivm, 2016, p. 706.

886 O tema já foi desenvolvido anteriormente em: SOUSA, Diego Crevelin de. Segurando o juiz contraditor pela imparcialidade: de como a ordenação de provas de ofício é incompatível com as funções judicantes. *Revista Brasileira de Direito Processual – RBDPro.* n. 96. Belo Horizonte: Fórum, 2016, p. 49-78.

é conteúdo da garantia do contraditório. Vale dizer, a prova é um direito decorrente do contraditório.

Nem poderia ser diferente. Afinal, se o contraditório é garantia de influência e os meios de prova são, por excelência, a via de influenciar sobre as alegações de fato, não há como dissociar prova e contraditório. A prova dá concreção à garantia de influência[887]. O direito à prova é uma das situações jurídicas ativas decorrentes do contraditório.

Portanto, assim como exercer o contraditório, produzir provas é direito[888] das partes, não dever[889].

O direito à prova se desdobra em cinco situações jurídicas ativas: requerer, produzir, participar da produção, manifestar-se sobre a prova produzida e ver a prova produzida e a manifestação a seu respeito devidamente consideradas pelo juiz.

A cada uma delas correspondem as seguintes situações jurídicas passivas: à posição ativa de requerer, a posição passiva de decidir sobre a admissibilidade do meio de prova, verificando se diz respeito a alega-

---

887 DIDIER JR, Fredie. BRAGA, Paula Sarno. OLIVEIRA, Rafael. *Curso de Direito Processual Civil*. V. 2, 10 ed. Salvador: JusPodivm, 2015, p. 41-43; NERY JR., Nelson. *Princípios do Processo na Constituição*. 10 ed. São Paulo: Editora Revista dos Tribunais, 2010, p. 211.

888 PAOLINELLI, Camilla de Mattos. *O Ônus da Prova no Processo Democrático*. Dissertação (mestrado em Direito). Data da defesa: 10/04/2014. 220f. Pontifícia Universidade Católica de Minas Gerais, Belo Horizonte, 2014, p. 135; SCHMITZ, Leonard Ziesemer. *Raciocínio Probatório por Inferências*. Critérios para o uso e controle das presunções judiciais. Tese (doutorado em Direito). Data da Defesa: 25/09/2018. 324f. Pontifícia Universidade Católica de São Paulo, São Paulo, 2018, p. 147, nota de rodapé n. 530; COSTA, Eduardo José da Fonseca. Presunção de inocência civil: algumas reflexões no contexto brasileiro. *Revista Brasileira de Direito Processual – RBDPro*. Belo Horizonte, ano 25, n. 100, p. 129-144, out./dez. 2017, p. 140. Para uma distinção entre ônus, obrigação e dever, por todos: BADARÓ, Gustavo Henrique Righi Ivahy. *Ônus da Prova no Processo Penal*. São Paulo: Editora Revista dos Tribunais, 2003.

889 Entendendo que se trata de dever: RAMOS, Vitor de Paula. Ônus da Prova no Processo Civil: do ônus ao dever de provar. 2 ed. em e-book baseada na 2ª ed. impressa. São Paulo: Thomson Reuters Brasil, 2019, Cap. 3, item 3.1; RAMOS, Vitor de Paula. Ônus e deveres probatórios no novo CPC brasileiro. In: *Coleção Novo CPC Doutrina Selecionada*. V. 3. Orgs. Lucas Buril de Macêdo, Ravi Peixoto, Alexandre Freire. Salvador: JusPodivm, 2015, págs. 195.

ção de fato controversa[890], relevante[891] e determinada[892]; às posições ativas de produzir, participar da produção e manifestar-se sobre a prova produzida, as posições passivas de não intervenção e de assegurar o seu exercício; à posição de ver considerados os meios de prova produzidos e a manifestação a seu respeito, a posição passiva de examinar expressa e objetivamente os meios de prova produzidos e as propostas interpretativas oferecidas a seu respeito nas alegações finais[893].

---

890 Segundo o art. 374, III, CPC não dependem de provas as alegações de fato admitidas como incontroversas no processo. Contudo, "a incontrovérsia não impedirá a produção da prova se: *i)* a lei exigir que o ato se prove por instrumento ou por determinado meio de prova; *ii) não for admissível confissão a seu respeito;* e *iii)* o fato estiver em contradição com a defesa, considerada em seu conjunto". (DIDIER JR. Fredie. BRAGA, Paula Sarno. OLIVEIRA, Rafael Alexandria de. *Curso de Direito Processual Civil.* V. 2. 10 ed. Salvador: JusPodivm, 2016, p. 58).

891 As alegações de fato objeto de meios de prova devem "possuir condições de influir na decisão. A razão é bem simples: se o fato não pode influir na decisão, a sua prova é claramente desnecessária". (DIDIER JR. Fredie. BRAGA, Paula Sarno. OLIVEIRA, Rafael Alexandria de. *Curso de Direito Processual Civil.* V. 2. 10 ed. Salvador: JusPodivm, 2016, p. 58).

892 "ou seja, apresentado com características suficientes que o distingam de outros que se lhes assemelham. O fato deve ser identificado no tempo e no espaço. Dessa regra resulta que o fato indeterminado, ou indefinido, é insuscetível de prova". (DIDIER JR. Fredie. BRAGA, Paula Sarno. OLIVEIRA, Rafael Alexandria de. *Curso de Direito Processual Civil.* V. 2. 10 ed. Salvador: JusPodivm, 2016, p. 59).

893 Interessante a lição de Rosemiro Pereira Leal, que distingue a valoração da prova da valorização da prova: "A valoração da prova é, num primeiro ato, perceber a existência do elemento de prova nos autos do procedimento. Num segundo ato, pela valorização, é mostrar o conteúdo de importância do elemento de prova para a formação do convencimento e o teor significativo de seus aspectos técnicos e lógico-jurídicos de inequivocidade material e formal. Assim, a sensorialização ou percepção dos elementos de prova não é suficiente para o observador decidir. É necessário que o observador se encaminhe para a valorização da prova, comparando os diversos elementos de prova da estrutura procedimental, numa escala gradativa de relevância, fixando sua convicção nos pontos do texto probatício que a lei indicar como preferenciais a quaisquer outros argumentos ou articulações produzidas pelas partes. Não basta valorar os elementos de prova, dizer que eles existem na estrutura procedimental, é imperioso que sejam valorizados (comparados em grau de importância jurídica) pelos pontos legalmente preferenciais. A valoração é ato de apreensão intelectiva do elemento de prova e a valorização é ato de entendimento legal dos conteúdos dos elementos de prova". (LEAL, Rosemiro Pereira. *Teoria Geral do Processo.* Primeiros estudos. 14 ed. Belo Horizonte: Fórum, 2018, p. 276.)

Como está claro, as situações jurídicas probatórias ativas são de titularidade das partes, ao passo em que as situações jurídicas probatórias passivas são de titularidade do juiz. Afinal, exercer as situações jurídicas probatórias ativas é exercer o próprio contraditório, que, por sua vez, é direito das partes e dever do juiz.

A parte é competente para produzir norma jurídica individual e concreta com o fito de requerer, produzir, participar da produção, manifestar-se sobre a prova produzida e ver a prova considerada.

A contrario sensu, se o juiz não pode exercer as situações jurídicas ativas (=direitos) decorrentes do contraditório, porque privativas das partes, também não pode determinar a produção de provas *ex officio*. Ordenar a produção de provas de ofício é exercício oblíquo de situação jurídica probatória ativa. O juiz atua como a parte que requer a produção de provas. Ao juiz é dado decidir pelo deferimento ou indeferimento da produção do meio requerido pelas partes, não pode arvorar-se em função de parte e determiná-la, ele mesmo. Sem requerimento das partes não se produzem meios de provas. Juiz que ordena prova de ofício se arvora em função de parte e quebra a imparcialidade.

Em prol dos poderes instrutórios oficiosos sequer cabe invocar o dever de auxílio. Como já foi visto anteriormente, ele não pode servir de álibi para o juiz exercer ou coadjuvar o exercício de função própria de parte e/ou de advogado. Agindo assim, perverte-se em juiz contraditor, viola a imparcialidade.

A par da defesa técnica de responsabilidade do advogado, eventualmente a função de auxiliar a parte principal é do assistente simples. Este é parte e sua função auxiliar a parte, no sentido estrito mesmo do termo, inclusive produzindo provas ou recorrendo no lugar do assistido – salvo se isso contrastar a vontade do assistido. O juiz não é parte, logo não pode exercer situações jurídicas ativas do contraditório, é-lhe defeso coadjuvar a parte, seja produzindo provas, seja recorrendo. Sempre que a noção de dever de auxílio converta o Estado-juiz numa espécie de assistente simples da parte, ele deve ser proscrito. Decididamente, a pretexto de auxiliar, não pode o Estado-juiz exercer função de parte.

Efetivamente, da estrutura de repartição funcional atenta aos distintos interesses que movem a atuação das partes e do Estado-juiz – atenta à parcialidade dos primeiros e à imparcialidade do segundo –, intencionando prevenir possíveis quebras cognitivas deste (imparcialidade), deriva um sistema probatório que orienta e impõe posturas distintas a cada um deles.

Há vários indicativos disso.

Primeiramente, lembre-se que a prova envolve quatro momentos, a saber, requerimento, deferimento, produção e valoração. Se não há dúvida de que deferir e valorar são funções privativas do juiz, é igualmente preciso restringir às partes as funções de requerer e produzir provas. Afinal, são situações jurídicas ativas decorrentes do contraditório – e não por acaso a elas são atribuídos os respectivos ônus. Trata-se de função privativa das partes. Caso o juiz se arvore nessas funções, estará caracterizada a parcialidade.

Ademais, da regra de distribuição do ônus da prova derivam comandos voltados às partes (ônus subjetivo) e ao Estado-juiz (ônus objetivo), que também exigem delimitação estrita. A lei define a qual das partes cabe a prova de determinada alegação de fato (regra de conduta/ônus subjetivo) e fixa para o Estado-juiz o sentido da decisão diante da sua falta ou insuficiência (regra de julgamento/ônus objetivo) – pontuando, também nessa dimensão, ser a prova direito e ônus das partes e dever do juiz, em exata correspondência com a ideia de contraditório como situação jurídica relacional. Logo, também sob esse enfoque a atuação probatória das partes e do juiz tem de ser distinta. Afinal, enquanto é direito da parte exercer o contraditório e, *a fortiori*, produzir provas, descabe ao Estado-juiz ordenar oficiosamente a mesma atividade, pois aí, ambos (partes e Estado-juiz) estariam exercendo o contraditório, descurando das inexoráveis diferenças decorrentes do fato de que ele é direito daquelas e dever deste. O ônus subjetivo liga-se ao exercício das posições jurídicas ativas probatórias, por isso é endereçado às partes, ao passo em que o ônus objetivo fixa a regra de julgamento decorrente da inexistência ou insuficiência probatória e, daí que se dirige ao juiz. Por isso, do mesmo modo que a parte não pode julgar (dizendo qual é o sentido das provas ou mesmo aplicando a regra de julgamento), também não é dado ao Estado-juiz ordenar a produção das provas necessárias à confirmação de qualquer das hipóteses em debate[894].

---

[894] Afinal, "Assim como não há autorização abstrata para o Judiciário agir quando houver déficit Legislativo, o mesmo podemos dizer em relação às situações em que o julgamento por ônus de prova causar no julgador um profundo e abstrato senso de "injustiça"". (SCHMITZ, Leonard Ziesemer. *Raciocínio Probatório por Inferências*. Critérios para o uso e controle das presunções judiciais. Tese (doutorado em Direito). Data da Defesa: 25/09/2018. 324f. Pontifícia Universidade Católica de São Paulo, São Paulo, 2018, p. 142)

O contraditório é direito das partes e dever do juiz, a quem compete zelar pelo seu exercício e até qualificá-lo, mas nunca o exercer. A prova é corolário do contraditório, logo direito e ônus exclusivo das partes. Por isso, Estado-juiz que ordena a produção de provas age como parte, é parcial[895].

Cada sujeito processual em seu lugar: às partes compete requerer e produzir provas (ônus subjetivo) e ao Estado-juiz compete deferir e valorar provas, bem como, no caso de ausência ou insuficiência destas, decidir com base na regra de julgamento (ônus objetivo), única faceta do ônus da prova que lhe diz respeito[896]. Intercambiar essas funções é violar o contraditório compreendido como situação jurídica relacional e seu papel na definição das funções processuais das partes e do Estado-juiz.

4.3.3. O CASO DO INTERROGATÓRIO LIVRE[897]

Conforme o CPC, a parte pode ser ouvida via depoimento de parte (art. 385 e ss.) ou interrogatório livre (art. 139, VIII).

---

895 Com pressuposto semelhante, Ulisses Moura Dalle busca controlar a imparcialidade pela imparcialidade, divisando sua interconexão com o contraditório: "o fato de a condição humana dos magistrados ser um óbice (transponível) à imparcialidade apenas vem demonstrar a insuficiência da mera tipificação das hipóteses de recusa e abstenção dos juízes enquanto técnica de garantia da imparcialidade. A real dimensão da imparcialidade (e, consequentemente, de suas técnicas de garantia) – e, aqui, não há como discordar de Goldshmidt –, só pode ser apreendida pela análise de suas interconexões com o contraditório". (DALLE, Ulisses Moura. DALLE, Ulisses Moura. *Técnica Processual*. Coordenadores. DIAS, Ronaldo Brêtas de Carvalho. SOARES, Carlos Henrique. Belo Horizonte: Del Rey, 2015, p. 79).

896 "Se diante da realidade fática construída no processo, o juiz não se convenceu do fato constitutivo do direito alegado, a única conclusão que se pode chegar é que ele – juiz – tem a CERTEZA de que o direito postulado não pode ser concedido. E diante da vedação do *non liquet* deverá aplicar a regra de julgamento – e não de prova! – prevista no art. 333 do CPC". (RAMOS, Glauco Gumerato. A atuação dos poderes instrutórios fere a imparcialidade? *Revista Brasileira de Direito Processual – RBDPro*, Belo Horizonte, ano 18, n. 70, p. 219-231, abr./jun. 2010n.70/220, p. 221).

897 Tema abordado, mais amplamente, em: SOUSA, Diego Crevelin de. Interrogatório livre: o ornitorrinco (?) – inconstitucional (!) – do processo civil brasileiro. *Revista Brasileira de Direito Processual – RBDPro*, Belo Horizonte, ano 25, n. 100, p. 85-112, out./dez. 2017.

Há quem distinga os institutos quanto à natureza, sustentando que o depoimento de parte é meio de prova, voltado precipuamente à obtenção da confissão, enquanto o interrogatório livre é poder do juiz, voltado apenas à obtenção de esclarecimentos necessários à informação adequada sobre os fatos da causa, sem valor probante[898]. Assim, o depoimento da parte é meio de prova e interrogatório livre é meio de clarificação.

Partindo de tal distinção de natureza e finalidade dos institutos em liça, essa mesma doutrina criticava o CPC/1973 por discipliná-los, indiscriminadamente, no plano do depoimento pessoal (arts. 342 e 343), como se ambos fossem meios de prova[899]. Por isso, festejou o CPC em vigor, que corrigiu "o equívoco" ao situar o interrogatório livre no plano dos poderes e deveres do juiz e manter apenas o depoimento da parte no plano do direito probatório[900]. Como se a novel legislação tivesse se curvado à natureza das coisas, pondo tudo nos devidos lugares.

Vingando essa compreensão, os institutos diferem quanto: (i) ao momento – o depoimento de parte deve ser produzido na audiência de instrução e julgamento, ressalvada a antecipação dos arts. 381 e 382, CPC; o interrogatório livre, a qualquer tempo; (ii) à quantidade – o depoimento de parte só pode ser realizado uma vez; o interrogatório livre, quantas vezes o juiz considerar necessárias; (iii) à iniciativa – o depoimento de parte exige requerimento da parte contrária; o interrogatório livre só pode ser determinado de ofício; (iv) à dinâmica – o depoimento pessoal comporta perguntas do juiz e do advogado do adversário; no interrogatório livre, apenas o juiz indaga; e (v) às consequências – o depoimento pessoal visa a obtenção da confissão, tanto que em caso de ausência injustificada ou de recusa (por silêncio ou evasivas) incide a cominação de confissão ficta; no interrogatório livre não há tal cominação[901].

---

898 MARINONI, Luiz Guilherme. ARENHART, Sérgio Cruz. MITIDIERO, Daniel. *Novo Curso de Direito Processual Civil*. V. 2. São Paulo: Editora Revista dos Tribunais, 2015, p. 330.

899 MARINONI, Luiz Guilherme. ARENHART, Sérgio Cruz. *Prova*. 2 ed. São Paulo: Editora Revista dos Tribunais, 2011, p. 388.

900 MARINONI, Luiz Guilherme. ARENHART, Sérgio Cruz. *Prova e Convicção*. 3 ed. São Paulo: Editora Revista dos Tribunais, 2015, p. 432.

901 Sistematização feita a partir de: MARINONI, Luiz Guilherme. ARENHART, Sérgio Cruz. *Prova e Convicção*. 3 ed. São Paulo: Revista dos Tribunais, 2015, p. 432-433.

A sistemática acima permite estabelecer uma relação linear entre depoimento da parte-confissão e interrogatório livre-clarificação. Como se em um não houvesse o atravessamento das características do outro.

Ocorre que não é possível sustentar tais diferenças entre depoimento da parte e interrogatório livre. Esse exercício meramente semântico não resiste à pragmática da linguagem.

Com efeito, a linguagem não é constituída apenas por suas expressões, incluindo todas as ações com as quais essas expressões estão interligadas. Ela não pode ser concebida como uma estrutura abstrata, separada e isolada em si mesma, e sim como uma prática que penetra e está indissoluvelmente ligada a todas as atividades desenvolvidas e efetuadas pelos seres humanos. A linguagem não é indiferente ao plano prático, pois se encontra imersa num complexo de ações. Consequentemente, não é possível entender o fenômeno linguístico sem nos atermos à participação ativa dos seres humanos em sua utilização e em suas constantes mudanças. O sentido só pode ser definido em concreto, dentro de determinado contexto. O uso determina o significado das palavras. E como há uma pluralidade de circunstâncias em que as práticas da linguagem são efetivadas, não se deve esperar que os usos das palavras sejam uniformes[902].

Pois bem.

A oitiva da parte envolve uma dinâmica absolutamente complexa e pulsante, incompatível com cortes, definições e limitações estabelecidas em abstrato em relação ao seu conteúdo. Considerando tanto o emissário quanto o destinatário, é impossível antever, com precisão, se uma pergunta visa mero esclarecimento ou anseia provocar confissão, bem como se uma resposta pretende ter pertinência probatória ou meramente informativa. Claro, o contexto e a formulação de perguntas mais diretas permitem alguma diferenciação, mas nem tudo (não raro, quase nada) se dá de modo claro. Uma dose de técnica, astúcia

---

902 ARRUDA JÚNIOR, Gerson Francisco de. *10 Lições Sobre Wittgenstein*. Petrópolis/RJ: Vozes, 2017, p. 74 e 89. No que tange a rejeição de uma essência da linguagem, definidora em abstrato do seu sentido: "aquilo que é suposto encontrarmos no fundamento dos *jogos* que constituem a linguagem é o *agir* humano e, por isso, a pura factualidade das ações humanas é a própria "condição última" de justificação de uma prática do fenômeno linguístico, dado que se admite ser impossível encontrar um fundamento ulterior para os comportamentos comuns da humanidade" (cit, p. 78-79).

e destreza pode alterar as coordenadas da compreensão[903]. O direito e o não-dito contam igualmente (quando não este mais que aquele). E parte do dimensionamento pode sofrer o atravessamento do inconsciente[904]. Não é possível controlar previamente como um "mero escla-

---

[903] Demonstrando que os jogos de linguagem são permeados por zonas regradas e zonas não regradas, escreve Ludwig Wittgenstein: "Mas então o emprego da palavra não está regulamentado; o 'jogo' que jogamos com ela não está regulamentado. Ele não está inteiramente limitado por regras; mas também não há nenhuma regra no tênis que prescreva até que altura é permitido lançar a bola nem com quanta força; mas o tênis é um jogo e também tem regras". Na esteira dessas lições, Alexandre Morais da Rosa sublinha a falácia da linearidade do jogo probatório, aí incluída a oitiva da parte: "a dinâmica caótica do processo impede a linearidade. (...) A teoria da história mostra que fatos tidos como verdadeiros são controvertidos e que a versão oficial pode se distanciar no que de fato ocorre, embora nunca se possa colocar-se a última e definitiva versão. É claro que o processo ao ser aparentemente retrospectivo implica na escolha dos elementos mais interessantes, os quais restam sublinhados. Sempre, contudo, são parciais e representam interesses não ditos. É nos jogos de linguagem que o significante probatório ganhará sentido no contexto em que é invocado". (ROSA, Alexandre Morais da. *Guia Compacto do Processo Penal Conforme a Teoria dos Jogos*. 2 ed. Rio de Janeiro: Lumen Juris. 2014, p. 184).

[904] Egas Dirceu Moniz de Aragão não esconde que o interrogatório livre pode influir até inconscientemente na convicção do juiz, ou, nas suas palavras, de modo imponderável e imprevisível: "na lei italiana o juiz é autorizado a 'extrair argumentos de prova (...) em geral, do comportamento das próprias partes no processo' (art. 116), norma que este Código não reproduz. Mas é certo que da conduta da parte é possível extrair argumentos de prova tal como preceitua a lei italiana, com o que ela influenciará a formação do juízo do magistrado à hora de proferir a sentença, influência de todo imponderável e imprevisível" (*apud.*, MARINONI, Luiz Guilherme. ARENHART, Sérgio Cruz. *Prova e Convicção*. 3 ed. São Paulo: Editora Revista dos Tribunais, 2015, p. 444). Na mesma linha, com mais contundência: "Ninguém duvida que o magistrado vá extrair elementos de convicção do interrogatório, pois é algo que se opera no plano psicológico (inconsciente), não havendo qualquer controle humano – do magistrado – no particular." (PEREIRA, Mateus Costa. *Código de Processo Civil Comentado*. Coordenador Helder Moroni Câmara. São Paulo: Almedina. 2016, p. 218). De modo condizente com o ora afirmado, Alexandre Morais da Rosa anota: "Relembre-se, ainda, que há intersecção do inconsciente na produção probatória, uma vez que se vincula à subjetividade dos atores envolvidos, das testemunhas, e o que ocorre numa sala de audiências, os chistes, os atos falhos, os lapsos – onde surge a verdade, diz a psicanálise –, raramente ficam consignados, mormente porque tudo, em regra, é ditado pelo juiz, modificando (in)conscientemente os (con)textos. Quem sabe um pouco de retórica, pode movimentar habilmente os significantes para os postar de forma a serem úteis, depois, na decisão (Brum), mormente se as posições de acusador e defensor se imbricam, bem como se a (impossível) 'Verdade Real' ainda move a produção probatória. Além disso,

recimento" atuará sobre a formação do convencimento do julgador, isto é, se não será recepcionado, ele mesmo, como elemento de prova, e como poderá interferir na valoração das provas.

É perfeitamente possível que o juiz ouça a parte com o genuíno interesse de obter apenas esclarecimentos, mas as respostas conduzirem, sem direcionamento do magistrado, para o terreno probatório, resvalando em confissão. Nesse caso, o que o juiz deve fazer: avançar na inquirição, já que a confissão permitirá uma decisão robusta, ou encerrar a oitiva, já que o interrogatório não tem essa finalidade? Não é infundado afirmar que vence a primeira alternativa. O que reforça a insuficiência da distinção semântica em liça, bem como a ingenuidade da crença de que é possível definir e delimitar previamente os elementos sensíveis relacionados à oitiva da parte. Só é possível saber se o teor das perguntas buscava e as respostas dadas conduziram a meros esclarecimentos, informações com valor probatório ou mesmo confissão no caso concreto e posteriormente à sua realização. Aqui, a pragmática aniquila a semântica.

O problema da distinção entre interrogatório livre e depoimento de parte não é ser inútil. Mais grave é que essa ficção pode cevar problemas.

Suponha-se, v. g., que no curso do interrogatório livre o advogado do interrogando considera que certa pergunta formulada pode induzir seu cliente a confessar e interpela o magistrado sobre a impropriedade da ocasião; segue-se discordância aberta e vigoroso impasse para definir o conteúdo e o propósito da pergunta e a possível eficácia jurídica da resposta.

De largada, esse problema não existiria se não tivéssemos o duplo regime para a oitiva de parte – tanto que não existe no procedimento penal, onde tudo se resolve em interrogatório (CPP, art. 185 e ss.).

Ademais, nada será mais estéril que investigar se a razão está com o juiz ou o causídico. Além do que já se disse, urge ter em vista que suas percepções sobre as questões em jogo (v. g.; qual o propósito da

---

sabe-se, existe toda dimensão do 'desejo' de quem pergunta e responde, acrescida, por outro lado, de um complexo processo de 'transferência' entre os enleados no processo, já que "ao analisar um depoimento, [o juiz] deixa-se influir, inconscientemente, por fatores emocionais de simpatia, de antipatia, que se projetam sobre as testemunhas, os advogados e as partes". (ROSA, Alexandre Morais da. *Decisão no Processo Penal como Bricolage de Significantes*. Tese (doutorado em Direito). Data da defesa: 21/12/2004. 434f. Universidade Federal do Paraná, Curitiba, 2004, p. 328).

pergunta? É aquele ato o *locus* adequado para perguntas com esse propósito? Como as respostas podem vir a ser valoradas?) são ao menos parcialmente conformadas por dados extralinguísticos não apreensíveis externa e objetivamente, sejam propósitos conscientes cuidadosamente não explicitados (*v. g.* o juiz pretende mesmo obter confissão, embora negue seu intento; o advogado pretende evitar que seu cliente confesse, agarrando-se na formalidade de que o ato designado foi interrogatório livre, não um depoimento de parte), sejam automatismos mentais.

Sem esquecer que, embora lícita, a interpelação, por si só, pode afetar a valoração do juiz em detrimento do interrogando, inibindo o advogado de se insurgir mesmo que fosse devido (*v. g.* a convivência ou a troca de informações com terceiros pode oferecer ao advogado esse mapeamento do julgador em questão). É externalidade negativa (uma entre tantas) que não pode ser desprezada.

O que se disse acima toca os embates que podem surgir durante a oitiva. Mas também é perfeitamente possível que haja dissenso após a sua realização, isto é, sobre a valoração dela feita pelo juiz. Onde este divisa elemento de prova pode haver apenas aclaramento – e vice-versa. Afinal, atribuir esse ou aquele sentido (e, pois, tal ou qual *status* jurídico) às informações prestadas é questão interpretativa particularmente complexa, dada a dificuldade que pode haver no caso concreto para distinguir elemento de prova e mero esclarecimento.

Com isso não se quer, nem é necessário dizer, que nada pode ser apenas aclaratório ou apenas probatório, tampouco que seja impossível detectar essa diferença em concreto. Trata-se apenas de reconhecer que essa sempre será uma questão interpretativa controversa e posterior à valoração que dele farão as partes e o juiz (e tantos quantos mais analisarem a oitiva), o que atesta a improdutividade de diferenciar interrogatório livre de depoimento de parte – repita-se: apenas por causa dessa distinção é que esses problemas se colocam. É isso que importa. Ora, é perfeitamente possível que a parte seja ouvida com o genuíno interesse de obter apenas esclarecimentos, mas as suas respostas acabarem conduzindo, sem direcionamento intencional do magistrado, para o terreno probatório, inclusive resvalando na confissão. Nesse caso, o juiz deve avançar na inquirição, já que a confissão permitirá uma decisão robusta, ou encerrar a oitiva, já que o interrogatório não tem essa finalidade? Não há dúvida de que prevalecerá a primeira opção. Afinal, não se defenderia a nulidade de uma confissão apenas porque obtida em interrogatório livre. São apenas mais ângulos de demonstração da inutilidade da distinção em liça[905].

De mais a mais, a imbricação entre depoimento de parte e interrogatório livre fica clara na percepção de que, ordinariamente, não se obtém confissão mediante a formulação de perguntas secas e diretas. De regra, o caminho para (tentar) chegar a ela é mais sutil, se faz pela articulação inteligente de perguntas que envolvem de tal modo o depoente que, de resposta em resposta (pode-se dizer: de esclarecimento em esclarecimento), ele acaba confessando sem nem perceber – e quando percebe sabe que é arriscado voltar atrás em face do risco de perder a credibilidade por força da contradição interna.

Ao fim e ao cabo, a parte pode ser ouvida (gênero) por depoimento de parte ou interrogatório livre (espécies), sendo impossível definir prévia e abstratamente se será apenas depoimento da parte (=meio de prova por meio do qual se busca a confissão) ou interrogatório livre (=poder do juiz por meio do qual se busca apenas clarificação). O nome atribuído previamente à oitiva da parte é dado totalmente irrelevante no que tange ao que pode ocorrer ali, inclusive à eficácia jurídica atribuível ao seu resultado. Quer isso dizer que de um depoimento da parte pode advir apenas clarificação (o que, em tese, seria próprio de um interrogatório livre), assim como de um interrogatório livre pode advir confissão, ou, quando menos, informações com valor probante (o que, em tese, seria próprio de um depoimento de parte).

Em termos ontológicos (com isso se quer dizer: quando aos elementos específicos que individualizam a substância do objeto), não há interrogatório livre e depoimento pessoal como entes distintos. O que há

---

905 Claro, é possível problematizar a questão: se se admitir a eficácia civil da garantia de não provar contra si, seria fora de dúvida a sua eficácia no bojo do depoimento de parte (a recusa em responder pergunta capaz de conduzir à confissão não poderia ser valorada contra o depoente), mas certamente haveria divergência em relação ao interrogatório de parte. Não é despropositado supor que alguns repeliriam a eficácia da garantia sob o argumento de que tal forma de oitiva busca apenas esclarecimentos, informações sem valor probatório. Nesse caso, o silêncio da parte poderia ser considerado ato atentatório à dignidade da justiça e punido com multa. Suponhamos, então, que o juiz tenha designado interrogatório livre e ali obtido confissão, inclusive admoestando a parte a responder, sob pena de caracterizar ato atentatório à dignidade da justiça. Mesmo em tal caso a confissão não seria passível de anulação? Seja qual for a resposta, o que se pretende é apenas deixar claro que também esse problema sequer existiria não fosse a malfadada pretensão de discernir a oitiva de parte entre interrogatório livre e depoimento de parte – como, de resto, inexiste no procedimento penal, onde tudo se resolve em interrogatório.

é apenas oitiva de parte. Não por acaso, como já dito, o CPP contempla apenas uma forma de oitiva de parte, lá chamado de interrogatório (art. 185 e ss.). Seja para obter esclarecimentos, elementos de prova ou confissão, tudo se faz pelo interrogatório – e por fazer essa opção mais modesta e frutífera está livre de todos os problemas acima referidos.

Por isso não espanta que, mesmo sem articular expressamente a partir dos planos da linguagem, a doutrina divirja sobre a distinção. Alguns entendem que, no fundo, depoimento da parte e interrogatório livre buscam a confissão[906], mas há quem sustente, no extremo oposto, o objetivo precípuo e comum dos dois é a busca de clarificação, sendo a confissão mera consequência eventual de ambos[907]-[908].

Também por isso não surpreende a contradição daqueles que, num primeiro momento, sustentam a diferença entre depoimento da parte e interrogatório livre, mas, em seguida, reconhecem a possibilidade de um interrogatório livre resultar em confissão[909], ou, quando menos, em algum elemento de prova capaz de influir no convencimento do jul-

---

906 DIDIER JR, Fredie. OLIVEIRA, Rafael Alexandria. BRAGA, Paula Sarno. *Curso de Direito Processual Civil*. V. 2. 10 ed. Salvador: JusPodivm, 2015, p. 151.

907 AMENDOEIRA JR, Sidnei. Depoimento Pessoal e Confissão no Novo CPC. In: *Coleção Grandes Temas do Novo CPC*. V. 5. Coords.: Marco Félix Jobim. William Santos Ferreira. Salvador: Jus Podivm, 2015, p. 698.

908 A propósito do conceito e da finalidade do depoimento da parte, escreveu Pontes de Miranda: "Depoimento da parte. Depoimento da parte, depoimento pessoal, é o conjunto de comunicações (julgamento de fato) da parte, autor ou réu, para dizer o que sabe a respeito do pedido, ou da defesa, ou das provas produzidas ou a serem produzidas, como esclarecimento de que se sirva o juiz para o seu convencimento . É erro definir-se o depoimento pelo resultado eventual de conter confissão. Nem sempre isso ocorre, nem sempre, ao requerê-lo, é intuito da parte adversa, ou do juiz, ou dos interessados na demanda, mesmo curadores, provocar a confissão. Não raro só se pretende captar, com precisão, o conteúdo de alguma afirmação, inserta no pedido, ou posteriormente, de relevância para a decisão, sem o caráter de concordância com as afirmações da parte adversa. A pena de confesso, com que se determina o depoimento da parte, funciona como sanção pelo não-comparecimento, e não como finalidade do depoimento". (PONTES DE MIRANDA, Francisco Cavalcante. *Comentários ao Código de Processo Civil*. T. IV. Rio de Janeiro: Forense, 2001, p. 141).

909 DIDIER JR, Fredie. OLIVEIRA, Rafael Alexandria. BRAGA, Paula Sarno. *Curso de Direito Processual Civil*. V. 2. 10 ed. Salvador: JusPodivm, 2015, p. 151.

gador[910]. Não é desprovido de fundamento supor que essa barafunda conceitual decorre da percepção (talvez inconsciente) de que as referidas definições de conceitos e finalidades são insustentáveis no plano fenomenológico-pragmático.

Em suma, só se sabe como a oitiva de parte começa: como oitiva da parte. Somente em análise posterior e concreta será possível saber se resultou em confissão (ou, quando menos, em elementos de prova) ou esclarecimentos. O sentido se dará no contexto.

É possível sistematizar assim: (i) o interrogatório livre busca precipuamente clarificação e o depoimento da parte busca precipuamente confissão, mas do interrogatório pode advir confissão e do depoimento clarificação; (ii) o interrogatório livre e o depoimento da parte buscam precipuamente confissão; e (iii) o interrogatório livre e o depoimento da parte buscam precipuamente clarificação. Difícil é saber o que isso pode ter de útil.

Sequer a artificialidade do direito sustenta a malfadada distinção. Afinal de contas, "o sistema de normas jurídicas só é viável (concretizando-se, realizando-se) se o sistema causal, a ele subjacente, é, por ele, modificável. Se o dever-ser do normativo não conta com o poder-ser da realidade (...), o sistema normativo é supérfluo". Discernir depoimento de parte e interrogatório livre quanto ao conteúdo é pretender instituir um "dever-ser" jurídico-normativo que não pode-"-ser". Decididamente, "descabe querer impor uma causalidade normativa contrária à causalidade natural, ou contra a causalidade social"[911]. A diferenciação é tarefa malograda, pois.

Também não é possível diferenciar o conceito dessas formas de oitiva de parte a partir da aptidão do depoimento da parte para produzir confissão ficta. Pensar assim é incorrer no erro de definir o plano da existência com os olhos voltados para o plano da eficácia.

A rigor, a confissão ficta é consequência eventual do depoimento de parte. É efeito dependente de que (i) conste advertência expressa na intimação para depor (CPC, art. 385, parágrafo único) e, cumulativamente, (ii) o depoente incorra em uma das condutas previstas em

---

910 MARINONI, Luiz Guilherme. ARENHART, Sérgio Cruz. MITIDIERO, Daniel. *Novo Curso de Direito Processual Civil*. V. 2. São Paulo: Editora Revista dos Tribunais, 2015, p. 442.

911 VILANOVA, Lourival. *Causalidade e Relação no Direito*. 5 ed. São Paulo: Noeses. 2015, p. XV.

lei (se ausente injustificadamente ou se recuse a responder, silenciando ou lançando evasivas – CPC, arts. 385, parágrafo único e 386[912]). Ausente o pressuposto (i), o depoimento da parte existe e é válido, mas é ineficaz para produzir confissão ficta, posto que possa resultar em confissão real. Portanto, o ato não deixa de ser depoimento de parte apenas por não poder redundar em confissão ficta.

Por isso, não faria sentido sequer manter o "instituto" do interrogatório livre para assim denominar o "depoimento de parte sem aptidão para gerar confissão ficta". Sobre não passar de nominalismo estéril, mantido – apenas para argumentar – o critério corrente, já se viu no parágrafo anterior que a aptidão para obter confissão ficta não é elemento essencial do depoimento de parte, mas eficácia eventual; sequer é sua finalidade exclusiva, pois também se volta à obtenção de elementos de prova. Ora, basta haver oitiva de parte (gênero que congrega a unidade ontológica entre o que se costuma chamar de depoimento de parte e interrogatório livre) e a ela ser atribuído regime eficacial variado, ora sendo capaz de produzir confissão ficta, ora não. No caso, para a oitiva de parte (chamada pelo direito positivo, no caso, de depoimento de parte) não poder resultar em confissão ficta, basta não inserir as advertências dos arts. 385 e 386, CPC, na intimação para depor, nem suprir a sua falta no início do depoimento.

Portanto, tudo não passa de oitiva de parte (gênero). Só é possível discernir entre interrogatório livre e depoimento de parte, tal como usualmente compreendidos – e tentado pelo direito positivo –, *in casu*.

---

912 Noutra oportunidade já se ponderou que a aplicação da confissão ficta com fulcro no art. 386, CPC, não pode se dar sem a prevenção da parte, de sorte a evitar decisão surpresa, em violação do art. 10, CPC, e art. 5°, LV, CRFB: "Vale dizer, se ao magistrado parecerem evasivas as respostas do depoente, cumpre informá-lo dessa impressão, advertindo que, a seguir por essa trilha, poderá sofrer a cominação. Aí sim, mantida a postura fugidia, será *válida* (e legítima) a aplicação da confissão ficta. (...) [deve-se] *informar* a parte para permitir que *reaja* no sentido de esclarecer o mal entendido ou empreender melhor postura, assegurando *influência* na formação do provimento e evitando a *surpresa* de ter a cominação aplicada sem qualquer indicativo *prévio* e *inequívoco* de que o juiz reputava as respostas evasivas. Destarte, se o juiz reputar evasivas as respostas do depoente, terá de adverti-la, na audiência, dessa impressão, reiterando a advertência do art. 385, § 1°, CPC, sob pena de *nulidade* da decisão que aplicar a cominação de confissão ficta". (SOUSA, Diego Crevelin de. *Novo Código de Processo Civil Comentado*. Coords: Sérgio Luiz Almeida Ribeiro. Roberto P. Campos Gouveia Filho. Izabel Cristina Pinheiro Cardoso Pantaleão. Lúcio Grassi Gouveia. Tomo II. São Paulo: Lualri Editora, 2017, págs. 137-138).

Daí ser impossível insistir na relação estanque entre (i) depoimento de parte–confissão e (ii) interrogatório livre–clarificação, devendo ser incluída as relações (iii) depoimento de parte–clarificação e (iv) interrogatório livre–confissão. Outro modo de dizer é (i) oitiva de parte-clarificação e (ii) oitiva de parte-confissão. De modo mais simples e rigoroso: oitiva de parte-clarificação-elemento-de-prova-confissão.

Provar que depoimento de parte e interrogatório livre são uma só coisa (=oitiva de parte) e não admite cisões ontológicas servirá para alcançar duas conclusões: (i) ambos são meios de prova – se a sua realização resultará em obtenção de elementos com valor probante é uma questão de eficácia apurável apenas em concreto – e (ii) as restrições procedimentais próprias do interrogatório livre tornam inconstitucional o art. 139, VIII, CPC.

É inconstitucional porque confere ao juiz a possibilidade de, por iniciativa própria, determinar a produção de provas, o que, conforme já visto, é função que é privativa das partes. Juiz que determina a produção de provas de ofício exerce função de parte, é partial, viola a estrutura constitucional do contraditório. Dado que existe toda uma disciplina legal para o depoimento pessoal, o meio de prova consistente em oitiva de parte com ela se basta, não havendo necessidade de manter o interrogatório livre mediante interpretação de que só pode ser produzida por iniciativa das partes.

CONCLUSÃO

Na teoria liberal dos direitos fundamentais, a dogmática define os direitos e garantias fundamentais como direitos subjetivos públicos constitucionalmente garantidos que têm por função primordial a limitação do poder do Estado no intuito de garantir a liberdade individual. Direitos e garantias fundamentais são instituições contrapoder, direitos de resistência.

O processo é instituição de garantia contrajurisdicional de liberdade e «liberdade», isto é, de autonomia e não intervenção no exercício da autonomia. Sujeitando-se ao caráter contrapoder do processo, o Judiciário legitima a sua atuação. Limitando a atuação do Judiciário, a parte tem assegurada a sua liberdade e a sua «liberdade». O indivíduo se protege de intromissões do poder, mas é responsável por suas escolhas. Liberdade e responsabilidade surgem como verso e anverso.

A liberdade e a «liberdade» da parte só pode ser exercidas se ela tiver efetivas condições de participar do procedimento de desenvolvimento do provimento que afetará sua esfera jurídica. A participação se dá em contraditório, que tem conteúdo formal ou estático e substancial ou dinâmico, compreendido como garantia de informação, reação, influência e não surpresa.

O contraditório é eficácia jurídica. É situação jurídica relacional derivada do art. 5º, LV, CRFB, da qual são titulares os litigantes, isto é, as partes (aqui assim considerados os que pedem e aqueles contra quem se pedem, ainda que em incidentes específicos) e o juiz.

Sendo o processo norma de estrutura (norma para produção de normas), a competência para exercer as eficácias dele derivadas assenta em suas determinações. Não fosse expresso o inciso LV do art. 5º da CRFB, o caráter jurídico de garantia contrapoder já bastaria para definir as partes como titulares dos direitos dele decorrentes, e, consequentemente, o juiz como titular dos deveres correlatos.

Lido assim, o contraditório assegura ao cidadão a condição de coautor do provimento. Não elaborando a decisão impositiva, competência privativa do juiz, mas enunciando sentidos vinculativos para o juiz, que, de ordinário, só pode decidir sobre e com base neles. Se o juiz não tem liberdade nem «liberdade», age se e nos limites em que provocado.

O referido conteúdo do contraditório, portanto, define os direitos das partes (direito de ser informado, direito de poder reagir, direito de influir no desenvolvimento e resultado do processo e direito de não ser surpreendido) e os respectivos deveres do juiz (dever de informar sobre as manifestações do adversário e aquelas introduzidas pelo próprio juiz, dever de não obstaculizar a reação e dever de responder aos assuntos lançados pelas partes).

O juiz não é tutor das partes. A competência para assistir as partes, permitindo que elas exerçam adequadamente seus direitos em juízo, é do advogado. O juiz não é sequer tutor da ordem jurídica. A competência para preservar o interesse público e a higidez do direito objetivo é do Ministério Público. O juiz é competente para resolver imperativamente os litígios que lhe são apresentados.

Contingências casuísticas, por comoventes que sejam, não permitem que o juiz se arrogue em competência de advogado, assistindo a parte débil. A liberdade argumentativa das partes é blindada pela «liberdade», não podendo o juiz corrigir a postulação, nem tutelar a ordem jurídica. Compete-lhe responder ao que foi pleiteado, nos termos declinados.

Medidas de igualação, tanto relativas ao processo quanto ao direito material, dependem da tomada de posição por uma entre várias soluções igualmente possíveis a partir de critérios de utilidade, próprios do raciocínio pré-positivo e, portanto, legislativo, não jurisdicional.

A hipertrofia do conteúdo do contraditório, descolado de sua dimensão estrutural, aposta todas as fichas na dimensão argumentativo-discursiva da divisão de trabalho entre pastes e juiz. Como as partes devem ser cientificadas das iniciativas oficiais e podem participar das diligências, impugná-las e manifestar-se sobre seus resultados, não se descobre qual garantia terá sido desrespeitada (justifica Barbosa Moreira).

Assim reduzida a importância da dimensão funcional do contraditório (=imparcialidade), nada impedirá que, mais dia menos dia, se admita que o juiz exerça mais e mais funções de parte. Enaltece-se o contraditório, visto em dimensão "forte", para justificar o incremento das competências do juiz, ao arrepio da dimensão funcional do contraditório.

Encerra-se um paradoxo: quanto mais contraditório (em sentido argumentativo-discursivo), menos contraditório (em sentido funcional). Tudo para permitir a obtenção de resultados imperscrutáveis como decidir com "justiça", exercer "corretamente a sua missão" e quejandos.

Colocadas em abstrato, a busca por igualdade, justiça e o correto cumprimento da missão jurisdicional não despertam divergência. Ninguém defende um processo injusto ou que o juiz cumpra insatisfatoriamente sua missão jurisdicional. A questão é definir os critérios para que isso seja feito sem rompimento do código binário do lícito/ilícito.

Sem mediação por enunciados prescritivos de direito positivo, o Judiciário se substitui ao Legislativo. Baralhamento funcional interpoderes. Sem mediação por normas jurídicas individuais praticadas pelas partes (petições, recursos etc.), o juiz se substitui ao advogado. Baralhamento funcional intraprocedimental. O ativismo judicial é a síntese da negação dos limites funcionais do Judiciário e do juiz, respectivamente.

Tamanho agigantamento não é compatível com a Constituição de 1988. Há três poderes com esferas de competências próprias. Há advogados para zelar pelo interesse das partes. Há o Ministério Público para zelar pelo interesse público.

Razões extrassistêmicas eventualmente podem levar a reconhecer que o conhecimento jurídico dos juízes é, em média, superior ao dos legisladores, dos administradores públicos, dos advogados, dos promotores de justiça e assim por diante. Isso nada diz em termos jurídicos, porém. Nenhum limite de competência jurídica é superado porque esse ou aquele juiz possui elevado conhecimento, respeitabilidade moral ou aguçada sensibilidade.

Competência jurídica se define por norma jurídica, não por juízos empíricos de conveniência. A garantia da separação dos poderes exige a recolocação do Judiciário em seu lugar na relação interpoderes, segundo normas jurídicas. A garantia do contraditório exige a recolocação do juiz em seu lugar na relação intraprocedimental, segundo normas jurídicas.

A primeira lição do constitucionalismo é a limitação jurídica do poder político. As normas de competências são o primeiro limite do poder. A dimensão estrutural do contraditório se situa exatamente aqui: definindo as competências das partes e do juiz.

A divisão de trabalho entre partes e juiz deve ser equilibrada. Funcional e argumentativo-discursivamente. Esta vem sendo muito bem desenvolvida. Conquanto desde referenciais teóricos distintos, a soma de esforços nesse campo já denunciou o isolamento discursivo do juiz e ofereceu ferramental suficiente e adequado para aplaca-lo.

Agora é a vez de enfrentar o problema não menos grave do baralhamento funcional. Demarcar as competências que o contraditório imputa às partes e ao juiz é o passo necessário para que esse quadro virtuoso de divisão de trabalho entre partes e juiz se complete. Para que haja, de fato, uma divisão de trabalho efetiva e integralmente equilibrada entre partes e juiz.

POSFÁCIO

Sob o ponto de vista estrutural, os direitos individuais são posições jurídicas subjetivas ativas (pretensões, faculdades, poderes, imunidades etc.) titularizadas contra o Estado. Sob o ponto de vista funcional, o exercício dessas posições se destina a criar ao redor dos seus titulares uma esfera protetiva de liberdade. Elas compõem aquilo que a teoria alemã chama de «direitos de defesa» ou «direitos de resistência» [*Abwerrechte*] contra o Estado. Todavia, justamente porque constituem limites do poder, não é de se espantar que o Estado tente capturá-los e distorcê-los *in causa sua*. E, não raro, o Estado o faz escorando-se em doutrinas autoritárias, que lhe rendem bons préstimos. Uma das estratégias retórico-argumentativas para essa captura é a «objetivação» dos direitos individuais. Eles não seriam propriamente direitos subjetivos, com conteúdo e âmbito de proteção específicos. Na verdade, tratar-se-ia de «valores», de «estados ideais de coisas», de «princípios», que precisam ser proporcionalmente harmonizados entre si, que são caros a toda a sociedade e que, portanto, precisam ser tutelados pelo próprio Estado. Para tanto, é necessário que o Estado titularize «alguns poderes concretizantes». O absoluto *non sense* dessa teoria é manifesto: de posições jurídicas subjetivas ativas titularizadas pelos cidadãos *contra* o Estado, extraem-se «alquimicamente» posições jurídicas subjetivas ativas *em favor do* próprio Estado. A teoria neoiluminista do processo vanguardista é useira e vezeira nesse tipo de impostura metodológica. Um dos exemplos é o tratamento dogmático que ela confere ao *devido processo legal* [CF, art. 5º, LIV]. Lendo-se o dispositivo, nota-se sem dificuldades que se trata de um direito individual titularizado pelos cidadãos-jurisdicionados contra o Estado-jurisdição: para se protegerem de eventuais arbítrios do juiz, as partes têm pretensão a que a tutela jurisdicional só se preste mediante a interposição obrigatória [= devido] de um procedimento em contraditório [= processo] regulado em lei [= legal]. No entanto, para capturar essa garantia de liberdade dos cidadãos e transformá-la num instrumento ao seu serviço, o Estado houve por bem requalificar o devido processo legal como um «valor», um «estado ideal de coisas», um «princípio». Foi além: sacou o «devido» e o «legal», adicionando o «justo». Num passe de mágica chegou ao chamado «processo justo» e dele extraiu em benefício próprio vários poderes oficiais [ex.: poderes flexibilizantes, poderes epistêmicos, poderes moralizantes], todos eles exercitáveis em prol da descoberta da «verdade», da realização da «justiça» e da promoção da «paz social» (obs.: a teoria do «processo justo» é desacompanhada de uma teoria da justiça).

O mesmo estelionato intelectual se fez com o *contraditório* [CF, art. 5°, LV]. De igual forma, como bem demonstrado por DIEGO CREVELIN DE SOUSA ao longo deste brilhante livro, da garantia do contraditório só se podem extrair posições jurídicas subjetivas *ativas* para os cidadãos-jurisdicionados, não para o Estado-jurisdição; o Estado-jurisdição se cingirá às correlatas posições jurídicas subjetivas *passivas*. Se o contraditório atribui às partes as faculdades de alegar fundamentos de fato, alegar fundamentos de direito, formular pedidos, provar os fatos alegados como fundamento, indagar às testemunhas, inquirir a parte contrária e impugnar, então não se pode admitir que o contraditório também as atribua ao Estado-juiz. Com isso, o autor apresenta o contraditório como o ponto arquimediano para uma repartição clara e equilibrada de funções ou tarefas entre as partes e o Estado-juiz. Haveria as competências das partes [ex.: acionar, responder, provar, requerer, recorrer] e as competências do Estado-juiz [ex.: despachar, decidir interlocutoriamente, sentenciar]; um jamais poderia exercer as competências do outro. Nesse sentido, DIEGO demonstra o ilogismo que inquina o chamado «cooperativismo processual», o qual – mediante uma «releitura» [*rectius*: degeneração] do contraditório – permite ao Estado-juiz colaborar *ex officio* com as partes nas atividades processuais que implicam alegação de fatos, invocação de fundamentos jurídicos, formulação de pedidos, prova dos fatos alegados, indagação às testemunhas, inquirição da parte contrária e impugnação. Portanto, de acordo com essa corrente ilógica de pensamento processual, não haveria polarizações do tipo «interesse público vs. interesse privado», «juiz vs. partes», «Estado vs. indivíduo», «autoridade vs. liberdade», «*ex parte principis* vs. *ex parte civium*», «inquisitividade vs. dispositividade»: tudo que interessasse ao processo poderia ser aportado, de modo espontâneo, por qualquer dos sujeitos processuais, desde que comentadas pelos outros dois. Tudo se passaria, enfim, como se o processo fosse uma comunidade de trabalho dialogal simétrico entre o Estado-juiz e as partes, que só é rompida quando o juiz precisa resolver. Ou seja, o Estado-juiz também seria destinatário de posições jurídicas subjetivas ativas decorrentes do contraditório e, portanto, assumiria o obtuso papel de um «juiz contraditor» [LÚCIO DELFINO e FERNANDO ROSSI]. E, assim, DIEGO nos brinda com a sua poderosa lupa crítica. Tem o olhar aguçado da criança que caçou pedras nas areias de Aracruz. Foi lá que aprendeu a nos ensinar de novo as coisas óbvias, que nos tempos estranhos de hoje se escondem nas profundezas da superficialidade...

Ribeirão Preto, 13 de agosto de 2020

EDUARDO JOSÉ DA FONSECA COSTA

REFERÊNCIAS

ABELHA, Marcelo. *Manual de Execução Civil*. 5 ed. Rio de Janeiro: Forense, 2015.

ABBAGNANO, Nicola. *Dicionário de Filosofia*. São Paulo: Martins Fontes, 2007.

ABBOUD, Georges. *Processo Constitucional Brasileiro*. 3 ed. São Paulo: Thomson Reuters, 2019.

ABBOUD, Georges. *Discricionariedade Administrativa e Judicial*. O ato administrativo e a decisão judicial. São Paulo: Editora Revista dos Tribunais, 2014.

ABBOUD, Georges. CARNIO, Henrique Garbellini. OLIVEIRA, Rafael Tomaz de. *Introdução ao Direito*. Teoria, filosofia e sociologia do Direito. 4 ed. São Paulo: Thomson Reuters Brasil, 2019.

ABBOUD, Georges. NERY JR., Nelson. *Direito Constitucional Brasileiro*. São Paulo: Editora Revista dos Tribunais, 2017.

ABBOUD, Georges. SANTOS, José Carlos Van Cleef de Almeida. *Breves Comentários ao Novo Código de Processo Civil*. Coords. Teresa Arruda Alvim Wambier. Eduardo Talamini. Fredie Didier Jr. Bruno Dantas. 3. ed. São Paulo: Editora Revista dos Tribunais, 2016.

ABBOUD, Georges. LUNELLI, Guilherme. *Ativismo Judicial e Instrumentalidade do Processo*. Diálogos entre discricionariedade e democracia. Revista dos Tribunais Online, Revista de Processo, vol. 242, p. 21 – 47, Abr./2015.

ABBOUD, Georges. CARNIO, Henrique Garbellini. Direito subjetivo I: conceito, teoria geral e aspectos constitucionais. Revista dos Tribunais *Online*, Revista de Direito Privado, vol. 52, p. 11, Out./2012.

ABBOUD, Georges. OLIVEIRA, Rafael Tomaz de. O Dito e o Não-Dito sobre a Instrumentalidade do Processo: críticas e projeções a partir de uma exploração hermenêutica da teoria processual. Revista dos Tribunais *Online*, Revista de Processo, vol. 166, p. 27-70, Dez./2008.

ABREU, Rafael Sirangelo de. *Igualdade e Processo*. Posições processuais equilibradas e unidade do direito. São Paulo: Editora Revista dos Tribunais, 2015.

ALEXY, Robert. *Teoria dos Direitos Fundamentais*. Trad. Virgílio Afondo da Silva. São Paulo: Malheiros, 2008.

ALVIM, Arruda. *Código de Processo Civil Comentado*. V. V. São Paulo: Editora Revista dos Tribunais, 1979.

AMARAL, Guilherme Rizzo. Verdade, justiça e dignidade da legislação: breve ensaio sobre a efetividade do processo, inspirado no pensamento de John Rawls e de

Jeremy Waldron. In: *Olhares sobre o Público e o Privado*. Org. Cristiano Tutikian. Porto Alegre: EDIPUCRS, 2008.

AMENDOEIRA JR, Sidnei. Depoimento Pessoal e Confissão no Novo CPC. In: *Coleção Grandes Temas do Novo CPC*. V. 5. Coords.: Marco Félix Jobim. William Santos Ferreira. Salvador: Jus Podivm, 2015.

ANCHIETA, Natascha. O Recurso como Garantia do Indivíduo e o Recurso como Instrumento do Estado: variações a partir do debate entre garantismo e instrumentalismo processual. *Empório do Direito,* Florianópolis, 13 mar. 2019. Coluna Associação Brasileira de Direito Processual. Disponível em: https://bit.ly/3esRdS6. Acesso em 13.03.2019.

ANCHIETA, Natascha. RAATZ, Igor. Cooperação Processual: um novo rótulo para um velho conhecido. *Empório do Direito,* Florianópolis, 24 de fevereiro 2020. Coluna Garantismo Processual. Disponível em: https://bit.ly/2B2NGeR. Acesso em 02.03.2020.

ANDRADE, Francisco Rabelo Dourado. *A Tutela da Evidência como Jurisdição sem Devido Processo no Código de Processo Civil de 2015*. Dissertação (mestrado em Direito). Data da Defesa: 16/03/2016. 212f. Pontifícia Universidade Católica de Minas Gerais, Belo Horizonte, 2016.

ANDRADE, Francisco Rabelo Dourado de. Processo Constitucional: o processo como espaço democrático-discursivo de legitimação da aplicação do direito. *Revista da Faculdade de Direito do Sul de Minas*. Pouso Alegre, v. 31, n. 1: 281-296, jan./jun. 2015.

AROCA, Juan Montero. Los modelos procesales civiles en el inicio del siglo XXI: entre el garantismo y el totalitarismo. *Revista Brasileira de Direito Processual – RBDPro*, Belo Horizonte, ano 25, n. 100, p. 191-211, out./dez. 2017.

AROCA, Juan Montero. *La Paradoja Procesal del Siglo XXI*. Los poderes del juez penal (libertad) frente a los poderes del juez civil (dinero). Valencia: Tirant lo Blanch, 2014.

AROCA, Juan Montero. La nueva Ley de Enjuiciamiento Civil española y la oralidade. *Revista de la Facultad de Derecho de la Pontificia Universidad Católica del Perú*, n° 53, Lima, Dic./2000.

AROCA, Juan Montero. *Sobre la Imparcialidad del Juez y la Incompatibilidad de Funciones Procesales*. Valencia: Tirant lo Blanch, 1999.

ARRUDA ALVIM, Teresa. *Embargos de Declaração*: como se motiva uma decisão judicial. 3 ed. em e-book baseada na 4 ed. impressa. São Paulo: Thomson Reuters Brasil, 2018.

ARRUDA JÚNIOR, Gerson Francisco de. *10 Lições sobre Wittgenstein*. Petrópolis: Editora Vozes, 2017.

ASSIS, Araken de. *Manual da Execução*. 18 ed. São Paulo: Editora Revista dos Tribunais, 2016.

ASSIS, Araken de. *Processo Civil Brasileiro*. V. I. São Paulo: Editora Revista dos Tribunais, 2015.

ATAÍDE JÚNIOR, Jaldemiro Rodrigues. A fundamentação das decisões judiciais no NCPC e o resgate da categoria da incidência jurídica. In. *Coleção Novo CPC Doutrina Selecionada*. V 2. Processo de conhecimento e disposições finais e transitórias. Orgs.: Lucas Buril de Macêdo, Ravi Peixoto, Alexandre Freire. Salvador: JusPodivm, 2015.

AULIO, Rafael Stefanini. *O Modelo Cooperativo de Processo Civil no Novo CPC*. Salvador: JusPodivm, 2017.

ÁVILA, Humberto. *Constituição, Liberdade e Interpretação*. São Paulo: Malheiros, 2019.

ÁVILA, Humberto. *Teoria da Segurança Jurídica*. 4 ed. São Paulo: Malheiros, 2016.

ÁVILA, Humberto. *Teoria dos Princípios*. Da definição à aplicação dos princípios jurídicos. 17 ed. São Paulo: 2016.

ÁVILA, Humberto. *Teoria da Igualdade Tributária*. 3 ed. São Paulo: Malheiros, 2015.

AZZARITI, Gaetano. Retorno à Constituição. *Revista Brasileira de Direito Constitucional*. São Paulo, ESDC, jul./dez. 2005.

BADARÓ, Gustavo Henrique. *Correlação entre Acusação e Sentença*. 3 ed. São Paulo: Editora Revista dos Tribunais, 2013.

BADARÓ, Gustavo Henrique Righi Ivahy. *Ônus da Prova no Processo Penal*. São Paulo: Editora Revista dos Tribunais, 2003.

BARREIROS, Lorena Miranda Santos. *Fundamentos Constitucionais do Princípio da Cooperação Processual*. Salvador: JusPodivm, 2013.

BARROSO, Luis Roberto. Contrajamoritário, representativo e iluminista: os papéis dos tribunais constitucionais nas democracias contemporâneas. Disponível em: https://bit.ly/3f2kuTa, acesso em 10.05.2020.

BARZOTTO, Luiz Fernando. *Teoria do Direito*. Porto Alegre: Livraria do Advogado, 2017.

BARZOTTO, Luis Fernando. *Filosofia do Direito*. Os conceitos fundamentais e a tradição jusnaturalista. Porto Alegre: 2010.

BEDAQUE, José Roberto dos Santos. Instrumentalismo e garantismo: visões opostas do fenômeno processual? In: *Garantismo Processual*. Garantias constitucionais aplicadas ao processo. BEDAQUE, José Roberto dos Santos. CINTRA, Lia Carolina Batista. EID, Elie Pierre. (coords.). Brasília: Gazeta Jurídica, 2016.

BEDAQUE, José Roberto dos Santos. *Poderes Instrutórios do Juiz*. 7 ed. São Paulo: Editora Revista dos Tribunais, 2013.

BEDAQUE, José Roberto dos Santos. *Efetividade do Processo e Técnica Processual*. São Paulo: Malheiros, 2006.

BERLIN, Isaiah. Two Concepts of Liberty. In: *Four Essays on Liberty*. Oxford: Oxford University Press, 1979.

BITENCOURT, César Roberto. *Tratado de Direito Penal*: Parte Geral 1. 21 ed. São Paulo: Saraiva, 2015.

BOBBIO, Norberto. *Teoria do Ordenamento Jurídico*. Trad. Maria Celeste Cordeiro Leite dos Santos. 10 ed. Brasília: Editora Universidade de Brasília, 1999.

BODART, Bruno Vinícius da Rós. *Tutela de Evidência*. Teoria da cognição, análise econômica do direito e comentários sobre o novo CPC. 2 ed. São Paulo: Editora Revista dos Tribunais, 2015.

BONÍCIO, Marcelo José Magalhães. *Princípios do Processo no Novo Código de Processo Civil*. São Paulo: Saraiva, 2016.

BONÍCIO, Marcelo José Magalhães. *Proporcionalidade e Processo*: a garantia constitucional da proporcionalidade, a legitimação do processo civil e o controle das decisões judiciais. São Paulo: Atlas, 2006.

BRAGHITTONI, Rogério Ives. *O Princípio do Contraditório no Processo*. Doutrina e prática. São Paulo: Forense Universitária, 2002.

BUENO, Cássio Scarpinella. *Curso Sistematizado de Direito Processual Civil*. V. 1. 3 ed. São Paulo: Saraiva, 2009.

BUFULIN, Augusto Passamani. SOUSA, Diego Crevelin de. ABBOUD, Georges. Acertando as contas com os precedentes e os provimentos vinculantes: dos problemas da linguagem aos desacordos paradigmáticos. Reafirmando a primazia da lei. In: *Processo e Liberdade*. Estudos em homenagem a Eduardo José da Fonseca Costa. Orgs. Adriana Regina Barcellos Pegini. Daniel Brantes Pereira. Diego Crevelin de Sousa. Evie Nogueira e Malafaia. Glauco Gumerato Ramos. Lúcio Delfino. Mateus Costa Pereira. Roberto P. Campos Gouveia Filho. Londrina: 2019.

BUFULIN, Augusto Passamani. SOUSA, Diego Crevelin de. Tutela dos Direitos Patrimoniais mediante Tutela de Evidência. *Revista Brasileira de Direito Processual – RBDPro*. Belo Horizonte: Fórum, ano 26, n. 102, p. 117-151, abr./jun., 2018.

BUSTAMANTE, Thomas da Rosa de. Precedente judicial aos olhos do positivismo jurídico excludente. In: *O Positivismo Jurídico no Século XXI*. Coords. Bruno Torrano. José Emílio Medauar Ommati. Rio de Janeiro: Lumen Juris, 2018.

BUSTAMANTE, Thomas da Rosa. *Teoria do Precedente Judicial*. Justificação e aplicação de regras jurisprudenciais. São Paulo: Noeses, 2012.

CABRAL, Antonio do Passo. *Convenções Processuais*. Salvador: Jus Podivm, 2016.

CABRAL, Antonio do Passo. *Breves Comentários ao Código de Processo Civil*. 3 ed. Coords. Teresa Arruda Alvim, Fredie Didier Jr., Eduardo Talamini, Bruno Dantas. São Paulo: Editora Revista dos Tribunais, 2016.

CABRAL, Antonio do Passo. *Nulidades no Processo Moderno*. Contraditório, proteção da confiança e validade *prima facie* dos atos processuais. 2 ed. Rio de Janeiro: Forense, 2010.

CABRAL, Antonio do Passo. Imparcialidade e Impartialidade. Por uma teoria sobre repartição e incompatibilidade de funções nos processos civil e penal. Revista dos Tribunais *Online,* Revista de Processo, v. 149, p. 339, jul./2007.

CABRAL, Antonio do Passo. O Processo como Superego Social: um estudo sobre os fins sociais da jurisdição. Revista dos Tribunais *Online,* Revista de Processo, vol. 115, p. 345-374, mai./jun. 2004.

CABRAL, Trícia Navarro Xavier. *Ordem Pública Processual*. Brasília: Gazeta Jurídica. 2015.

CABRAL, Trícia Navarro Xavier. Reflexos das Convenções em Matéria Processual nos Atos Judiciais. In: *Negócios Processuais*. Coords. Antonio do Passo Cabral. Pedro Henrique Nogueira. Salvador: Jus Podivm, 2015.

CAMBI, Eduardo. NEVES, Aline Regina. Flexibilização procedimental no Novo Código de Processo Civil. In: *Coleção Novo CPC*. Doutrina selecionada. V. 1. Parte Geral. Coord. Geral: Fredie Didier Jr. Orgs: Lucas Buril de Macêdo. Ravi Peixoto. Alexandre Freire. Salvador: JusPodivm, 2015.

CAMBI, Eduardo. *Neoconstitucionalismo e Neoprocessualismo*. Direitos fundamentais, políticas públicas e protagonismo judiciário. São Paulo: Editora Revista dos Tribunais, 2009.

CAMPILONGO, Celso Fernandes. *Política, Sistema Jurídico e Decisão Judicial*. São Paulo: Saraiva, 2011.

CANTEROS, Fermín. *La Estructura Básica de los Discursos Activista y Garantista del Derecho Procesal*. Serie Breviarios Procesales Garantistas. Dirección: Adolfo Alvarado Velloso Coordinador Local: Jorge D. Pascuarelli - Andrés Repetto. V. 8. Rosario: Ediciones AVI S.R.L. 2013.

CAPPELLETTI, Mauro. *La Testemimonianza della Parte nel Sistema dell'Oralità*: contributo ala teoria della utilizzazione probatória del sapere dele parti nel processo civile. Parte prima. Milado: Dotti. A. Giuffrè Ditore, 1962, cap. V.

CAPPELLETTI, Mauro. *Proceso, Ideologias, Sociedad*. Trad. Santiago Sentís Melendo e Tomás A. Banzhaf. Buenos Aires: Ediciones Juridicas Europa-America. 1974.

CARDOSO, Juliana Provedel. O contraditório efetivo e a garantia da não surpresa na aplicação da improcedência liminar do pedido no Código de Processo Civil de 2015. In: *Temas Controvertidos no Novo Código de Processo Civil*. Coord. Luciano Souto Dias. Curitiba: Juruá, 2016.

CARNACINI, Tito. Tutela giurisdizionale e técnica del processo. In: *Studi in onore di Enrico Redenti*. Nel anno de suo insegnamento. Volume secondo. Milano: Dott. A. Giuffrè, 1951, págs. 695-772.

CARNEIRO, Paulo Cezar Pinheiro. In: *Breves Comentários ao Novo Código de Processo Civil*. Orgs. Teresa Arruda Alvim Wambier, Fredie Didier Jr., Eduardo Talamini, Bruno Dantas. São Paulo: Editora Revista dos Tribunais, 2015.

CARVALHO FILHO, Antonio. Pequeno Manual Prático para o Debate Instrumentalistas (e Afins) vs. Garantistas Processuais. *Empório do Direito*, Florianópolis, 08 abr. 2019. Coluna Garantismo Processual. Revista eletrônica Empório do Direito. Disponível em: https://bit.ly/2AZv1k4. Acesso em 02.05.2019.

CARVALHO FILHO, Antonio. SOUSA, Diego Crevelin de. PEREIRA, Mateus Costa. *Réquiem às Medidas Judiciais Atípicas*. Art. 139, IV, CPC. Londrina: Thoth, 2020.

CARVALHO, Aurora Tomazini de. *Teoria Geral do Direito*. O constructivismo lógico--semântico. Tese (doutorado em Direito). Data da Defesa: 06/09/2009. 623f. Pontifícia Universidade Católica de São Paulo, São Paulo, 2009.

CARVALHO, Mayara. SILVA, Juliana Cordeiro Tavares da. Ressalva de entendimento e valorização da primeira instância no sistema de precedentes brasileiro. In: *Precedentes*. Coleção grandes temas. V. 3. Coords. CUNHA, Leonardo José Carneiro da. ATAÍDE JR., Jaldemiro Rodrigues de. MACÊDO, Lucas Buril de. Salvador: JusPodivm, 2015.

CARVALHO, Paulo de Barros. Direito Tributário: linguagem e método. 5 ed. São Paulo: Noeses, 2013.

CASARA, Rubens R. R. MELCHIOR, MELCHIOR, Antonio Pedro. *Teoria do Processo Penal Brasileiro*. Dogmática e Crítica: conceitos fundamentais. V. 1. Rio de Janeiro: Lumen Juris, 2013.

CASTRO, Torquato. Teoria da Situação Jurídica em Direito Privado Nacional. São Paulo: Saraiva, 1985.

CINTRA, Lia Carolina Batista. *Intervenção de Terceiro por Ordem do Juiz*. Intervenção *iussu iudicis* no processo civil. São Paulo: Editora Revista dos Tribunais, 2017, livro eletrônico.

CIPRIANI, Franco. L'avvocato i la verità. In: *Il Processo Civile Nello Stato Democratico*. Napoli: Edizioni Scientifiche Italiane, 2010, p. 131-138.

CIPRIANI, Franco. En el Centenario del Reglamento de Klein (El proceso Civil entre libertad y autoridad). Disponível em: https://bit.ly/3eqSgSx. Acesso em 30.06.2019.

COSTA, Eduardo José da Fonseca. A (In)Justificabilidade Normativa da Legiferação Judiciária. *Empório do Direto*, Florianópolis, 27 abr. 2020. Coluna Garantismo Processual. Disponível em: https://bit.ly/3cFc9ng. Acesso em 29.04.2020.

COSTA, Eduardo José da Fonseca. Contaminação Psicológica por Prova Inadmissível [CPP, art. 157, § 5º]. *Empório do Direito*, Florianópolis, 03 fev. 2020. Coluna Garantismo Processual. Disponível em: https://bit.ly/3bvF7FE. Acesso em 03.03.2020.

COSTA, Eduardo José da Fonseca. Instituição de Poder e Instituição de Garantia. Empório do Direito, Florianópolis, 20 jan. 2020. Disponível em <https://bit.ly/2Ww9cAA>. Acesso em 22.01.2020.

COSTA, Eduardo José da Fonseca. Garantia: Dois Sentidos, Duas Teorias. *Empório do Direito*, Florianópolis, 23 dez. 2019. Disponível em <https://bit.ly/2T7c84R>. Acesso em 27.12.2019;

COSTA, Eduardo José da Fonseca. Imparcialidade como Esforço. *Empório do Direito*, Florianópolis, 09 dez. 2019. Coluna Garantismo Processual. Disponível em: https://bit.ly/2yHMuN5. Acesso em 10.11.2019.

COSTA, Eduardo José da Fonseca. Processo e Razões de Estado. *Empório do Direito*, Florianópolis, 28 out. 2019. Coluna Garantismo Processual. Disponível em <https://bit.ly/2Y1H1e3>. Acesso em 22.02.2020.

COSTA, Eduardo José da Fonseca. Processo: Garantia de Liberdade ou Garantia de Livramento? *Empório do Direito*, Florianópolis, 28 ago. 2019. Disponível em <https://bit.ly/3dMtn31>. Acesso em 05.11. 2019.

COSTA, Eduardo José da Fonseca. A Natureza Jurídica do Processo. *Empório do Direito*, Florianópolis, 22 abr. 2019. Disponível em <https://bit.ly/2LwYxQ6. Acesso em 05.11.2019>.

COSTA, Eduardo José da Fonseca. O Poder Judiciário diante da soberania popular: o impasse entre a democracia e a aristocracia. Empório do Direito, Florianópolis, 13 fev. 2019. Coluna da Associação Brasileira de Direito Processual. Disponível em <https://bit.ly/2V3ywxh>. Acesso em: 13.03.2020.

COSTA, Eduardo José da Fonseca. Liberdade e Autoridade no Direito Processual: Uma Combinação Legislativa em Proporções Discricionárias? (Ou Ensaio Sobre Uma Hermenêutica Topológico-Constitucional do Processo). *Empório do Direito*, Florianópolis, 15 jan. 2019. Disponível em <https://bit.ly/2T3zwA0>. Acesso em 05.11.2019;

COSTA, Eduardo José da Fonseca. Processo: garantia de liberdade [*freedom*] e «liberdade» [*liberty*]. *Empório do Direito*, Florianópolis, 21 ago. 2018. Disponível em <https://bit.ly/3dRF74x>. Acesso em 05.11.2019.

COSTA, Eduardo José da Fonseca. O Devido Processo Legal e os Indevidos Processos Infralegal e Extralegal. *Empório do Direito*, Florianópolis, 31 jul. 2018. Disponível em <https://bit.ly/2T9lLQe. Acesso em 05.11.2019>.

COSTA, Eduardo José da Fonseca. Notas para uma Garantística. *Empório do Direito*, Florianópolis, 04 jul. 2018. Coluna Associação Brasileira de Direito Processual. Disponível em <https://bit.ly/2LrCKJz>. Acesso em 05.11.2019.

COSTA, Eduardo José da Fonseca. A Igualdade Processual como Problema Normativo. *Empório do Direito*, Florianópolis, 23 mai. 2018. Coluna da Associação Brasileira de Direito Processual. Disponível em <https://bit.ly/2Wjcl71>. Acesso em 20.11.2019.

COSTA, Eduardo José da Fonseca. A Advocacia como Garantia de Liberdade dos Jurisdicionados. *Empório do Direito*, Florianópolis, 09 mai. 2018. Coluna da Associação Brasileira de Direito Processual. Disponível em: https://bit.ly/2yY2xX7. Acesso em 10.05.2020.

COSTA, Eduardo José da Fonseca. As Garantias Arquifundamentais Contrajurisdicionais: Não-Criatividade e Imparcialidade. *Empório do Direito*, Florianópolis, 19 abr. 2018. Disponível em: < https://bit.ly/2y2LUcl. Acesso em 20.02.2020>.

COSTA, Eduardo José da Fonseca. Breves Meditações sobre o Devido Processo Legal. *Empório do Direito*, Florianópolis, 10 jan. 2018. Coluna da Associação Brasileira de Direito Processual. Disponível em <https://bit.ly/2Wwlx83>. Acesso em 05.11.2019.

COSTA, Eduardo José da Fonseca. *Levando a Imparcialidade a Sério*. Proposta de um modelo interseccional entre direito processual, economia e psicologia. Salvador: JusPodivm, 2018.

COSTA, Eduardo José da Fonseca. Presunção de inocência civil: algumas reflexões no contexto brasileiro. *Revista Brasileira de Direito Processual – RBDPro*. Belo Horizonte, ano 25, n. 100, p. 129-144, out./dez. 2017.

COSTA, Eduardo José da Fonseca. Direito Deve Avançar Sempre em Meio à Relação entre Prova e Verdade. *Consultor Jurídico*, São Paulo, 20 dez. 2016. Opinião. Disponível em <https://bit.ly/2WAXwMZ>. Acesso em 20.01.2020.

COSTA, Eduardo José da Fonseca. Os tribunais superiores são órgãos transcendentais? *Consultor Jurídico*, São Paulo, 03 dez. 2016. Opinião. Disponível em <https://bit.ly/2zZFOdm>. Acesso em 13.04.2020.

COSTA, Eduardo José da Fonseca. O Processo como Instituição de Garantia. *Consultor Jurídico*, São Paulo, 16 nov. 2016. Opinião. Disponível em <https://bit.ly/2WWdArD>. Acesso em 05.11.2019.

COSTA, Eduardo José da Fonseca. *Comentários ao Código de Processo Civil*. 2 ed. Coords. Angélica Arruda Alvim. Araken de Assis. Eduardo Arruda Alvim. George Salomão Leite. São Paulo: Saraiva, 2017.

COSTA, Eduardo José da Fonseca. Algumas considerações sobre as iniciativas judiciais probatórias. *Revista Brasileira de Direito Processual – RBDPro*, Belo Horizonte, ano 23, n. 90, p. 153-173, abr./jun. 2015.

COSTA, Eduardo José da Fonseca. Calendarização processual. In: *Negócios Processuais*. Coords. Antonio do Passo Cabral. Pedro Henrique Nogueira. Salvador: Jus Podivm, 2015.

COSTA, Eduardo José da Fonseca. Uma espectroscopia ideológica do debate entre garantismo e ativismo. In: *Ativismo Judicial e Garantismo Processual*. DIDIER JR., Fredie. NALINI, José Renato. RAMOS, Glauco Gumerato. LEVY, Wilson. (coords.). Salvador: Jus Podivm, 2013.

COSTA, Eduardo José da Fonseca. Los criterios de la legitimación jurisdiccional según los activismos socialista, facista y gerencial. *Revista Brasileira de Direito Processual – RBDPro*. Belo Horizonte, ano 21, n. 82, p. 205-216, abr./jun. 2013.

COSTA, Eduardo José da Fonseca. SOUSA, Diego Crevelin de. *Comentários ao Novo Código de Processo Civil*. Tomo I. Coords. Sergio Luiz de Almeida Ribeiro. et ali. São Paulo: Lualri Editora, 2017.

COUTINHO, Jacinto Nelson de Miranda. Sistema acusatório: cada parte no seu lugar constitucionalmente demarcado. *Revista de Informação Legislativa*. Brasília, v.46, n. 183, jul./set., 2009.

COUTINHO, Jacinto. Glosas ao verdade, dúvida e certeza, de Francesco Carnelutti, para os operadores do direito. In: *Anuário ibero-americano de direitos humanos*. Rio de Janeiro: Lumen Juris, 2002.

CROSKEY, Sebastián Irún. *Derecho Procesal e Ideología*: Hegel y el origen de la escuela "moderna" de derecho procesal (o del "activismo judicial"). Brevisários Procesales Garantistas. V. 4. Director: Adolfo Alvarado Velloso. Coordinadores: Jorge Pascuarelli. Andrés Repetto. Rosario: Ediciones AVI S.R.L, 2013.

CRUZ, Álvaro Ricardo de Souza. DUARTE, Bernardo Augusto Ferreira. *Além do Positivismo Jurídico*. Belo Horizonte: Arraes Editores, 2013.

CRUZ, Álvaro Ricardo de Souza. *A Resposta Correta*. Incursões jurídicas e filosóficas sobre as teorias da justiça. Belo Horizonte: Arraes Editores, 2011.

CRUZ, Álvaro Ricardo de Souza. *Hermenêutica Jurídica e(m) Debate*. O constitucionalismo brasileiro entre a teoria do discurso e a ontologia existencial. Belo Horizonte: Fórum, 2007.

CUNHA, Leonardo José Carneiro da. *Breves Comentários ao Novo Código de Processo Civil*. 3 ed. Coords. Teresa Arruda Alvim Wambier. Fredie Didier Jr. Eduardo Talamini. Bruno Dantas. São Paulo: Editora Revista dos Tribunais, 2016.

DALLA BARBA, Rafael Giorgio. Se o Processo é uma Garantia de Liberdade, ele é um Direito de Defesa. *Empório do Direito*, Florianópolis, 27 jan. 2020. Coluna Garantismo Processual. Disponível em <https://bit.ly/2Z41LCw>. Acesso em: 05.02.2020.

DALLA BARBA, Rafael Giorgio. *A (In)Transparência dos Direitos Fundamentais:* das origens aos limites da teoria discursiva em Robert Alexy. Dissertação (mestrado em Direito). Data da Defesa: 07/08/2017. 140/f. Universidade do Vale do Rio dos Sinos – UNISINOS, São Leopoldo, 2017.

DALLE, Ulisses Moura. Técnica processual e imparcialidade do juiz. In: *Técnica Processual*. Coords. Ronaldo Brêtas de Carvalho Dias, Carlos Henrique Soares. Belo Horizonte: Del Rey, 2015, Págs. 71-91.

DELFINO, Lúcio. O Processo é um Instrumento de Justiça? (Desvelando o projeto instrumentalista de poder). *Empório do Direito,* Florianópolis, 28 abr. 2019. Coluna Garantismo Processual. Disponível em: https://bit.ly/2B15Gq4. Acesso em; 02.05.2019.

DELFINO, Lúcio. Cooperação processual: Inconstitucionalidades e excessos argumentativos – Trafegando na contramão da doutrina. *Revista Brasileira de Direito Processual – RBDPro*. n. 93. Belo Horizonte: Fórum, 2016, p. 149-168.

DELFINO, Lúcio. ROSSI, Fernando. Juiz Contraditor? In: *Processo Civil nas Tradições Brasileira e Iberoamericana*. Florianópolis: Conceito, 2014.

DELFINO, Lúcio. O Processo Democrático e a Ilegitimidade de Algumas Decisões Judiciais. In: *Direito Processual Civil*. Artigos e Pareceres. Belo Horizonte: Fórum, 2011.

DELFINO, Lúcio. O Processo Democrático e a Ilegitimidade de Algumas Decisões Judiciais. In: O Futuro do Processo Civil no Brasil – uma análise crítica ao projeto do novo CPC. Belo Horizonte: Fórum, 2011.

DELFINO, Lúcio. LOPES, Ziel Ferreira. Streck, Fonseca Costa, Kahneman e Tversky: todos contra o ativismo judicial probatório de Michele Taruffo. Revista dos Tribunais *Online*, Revista de Processo, vol. 255, p. 141-166, Mai/2016.

DIAS, Ronaldo Brêtas de Carvalho. *Processo Constitucional e Estado Democrático de Direito*. 3 ed. Belo Horizonte: Del Rey, 2015.

DIDIER JR., Fredie. *Curso de Direito Processual Civil*. V. 1. 19 ed. Salvador: JusPodivm, 2017.

DIDIER JR., Fredie. *Curso de Direito Processual Civil*. V. 1. 18 ed. Salvador: JusPodivm, 2016.

DIDIER JR, Fredie. *Curso de Direito Processual Civil.* V.1. 17 ed. Salvador: JusPodivm, 2015.

DIDIER JR, Fredie. BRAGA, Paula Sarno. OLIVEIRA, Rafael Alexandria de. *Curso de Direito Processual Civil.* V. 2. 11 ed. Salvador: JusPodivm, 2016.

DIDIER JR., Fredie. BRAGA, Paula Sarno. OLIVEIRA, Rafael Alexandria de. *Curso de Direito Processual Civil.* V. 2, 10 ed. Salvador: JusPodivm, 2015.

DIDIER JR, Fredie. CUNHA, Leonardo Carneiro da. *Curso de Direito Processual Civil.* V. 3. 13 ed. Salvador: JusPodivm, 2016.

DIDIER JR. Fredie. *Comentários ao novo Código de Processo Civil.* Orgs: Antonio do Passo Cabral, Ronaldo Cramer. 2 ed. rev., atual. e ampl. – Rio de Janeiro: Forense, 2016. Versão eletrônica.

DIDIER JR, Fredie. Três Modelos de Processo: inquisitivo, dispositivo e cooperativo. In: *Ativismo Judicial e Garantismo Processual.* NALINI, José Renato. RAMOS, Glauco Gumerato. LEVY, Wilson (coords.). Salvador: JusPodivm, 2013.

DIDIER JR. Fredie. NOGUEIRA, Pedro Henrique Pedrosa. *Teoria dos Fatos Jurídicos Processuais.* Salvador: JusPodivm, 2011.

DIETRICH, William Galle. Ciência Jurídica e Garantismo Processual – 2ª Parte. *Empório do Direito.* Florianópolis, 18.05.2020. Coluna Garantismo Processual. Disponível em: https://bit.ly/3lBRqq2. Acesso em 31.08.2020.

DIETRICH, William Galle. Ciência Jurídica e Garantismo Processual – 1ª Parte. *Empório do Direito,* Florianópolis, 16 mar. 2020. Coluna Garantismo Processual. Disponível em <https://bit.ly/3fVEoRN>. Acesso em 03.03.2020.

DIETRICH. William Galle. Proporcionalidade irracional: qual delas? *Empório do Direito,* Florianópolis, 16 dez. 2019. Coluna Garantismo Processual. Disponível em <https://bit.ly/2SJldAo>. Acesso em 25.02.2020.

DIETRICH, William Galle. O Processo: a história natural do seu sufocamento. *Empório do Direito,* Florianópolis, 08 mai. 2019. Coluna Associação Brasileira de Direito Processual. Disponível em: https://bit.ly/2Njfsq2. Acesso em 10.05.2019.

DIMOULIS, Dimitri. *Positivismo Jurídico.* Teoria da validade e da interpretação do direito. 2 ed. Porto Alegre: Livraria do Advogado, 2018.

DIMOULIS, Dimitri. *Manual de Introdução ao Estudo do Direito.* 7 ed. São Paulo: Editora Revista dos Tribunais, 2016.

DIMOULIS, Dimitri. MARTINS, Leonardo. *Teoria Geral dos Direitos Fundamentais.* 6 ed. São Paulo: Thomson Reuters Brasil, 2018.

DIMOULIS, Dimitri. LUNARDI, Soraya. *Curso de Processo Constitucional.* Controle de constitucionalidade e remédios constitucionais. São Paulo: Atlas, 2016, versão eletrônica.

DIMOULIS, Dimitri. LUNARDI, Soraya Gasparetto. Verdade como objetivo do devido processo legal. In: *Teoria do Processo.* Panorama mundial. V. 2. DIDIER JR., Fredie. (coord). Salvador: JusPodivm, 2010.

DINAMARCO, Cândido Rangel. O princípio do contraditório e sua dupla destinação. In: *Fundamentos do Processo Civil Moderno*. 4 ed. São Paulo: Malheiros, 2001.

DINAMARCO, Cândido Rangel. *A Instrumentalidade do Processo*. 14 ed. São Paulo: Malheiros, 2009.

DINAMARCO, Cândido Rangel. *Instituições de Direito Processual Civil*. V. I. 6 ed. São Paulo: Malheiros, 2009.

DINAMARCO, Cândido Rangel. *Instituições de Direito Processual Civil*. V. III. 6 ed. São Paulo: Malheiros, 2009.

DOMIT, Otávio Augusto Dal Molin. *Iura Novit Curiae e Causa de Pedir*: o juiz e a qualificação jurídica dos fatos no processo civil brasileiro. 1 ed. em e-book baseada na 1 ed. impressa. São Paulo: Editora Revista dos Tribunais, 2016.

FARIA, Márcio Carvalho de. *Lealdade Processual na Prestação Jurisdicional*: em busca de um juiz leal. São Paulo: Revista dos Tribunais, 2017, versão eletrônica.

FAZZALARI, Elio. La imparzialità del giudice. *Rivista di Diritto Processuale*. Padova: Cedam, n 2°, 1972.

FERNANDES, Luis Eduardo Simardi. *Breves Comentários ao Novo Código de Processo Civil*. Coordenadores Teresa Arruda Alvim Wambier, Fredie Didier Jr., Eduardo Talamini, Bruno Dantas. 3 ed. São Paulo: Editora Revista dos Tribunais, 2016.

FELLET, André. *Regras e Princípios, Valores e Normas*. São Paulo: Saraiva, 2014.

FERNANDES, Bernardo Gonçalves. *Curso de Direito Constitucional*. 9 ed. Salvador: JusPodivm, 2017.

FERNANDES, Bernardo Gonçalves. PEDRON, Flávio Quinaud. *O Poder Judiciário e(m) Crise*. Reflexões de teoria da constituição e teoria do processo sobre o acesso à justiça e as recentes reformas do Poder Judiciário à luz de: Ronald Dworkin, Klaus Günther e Jürgen Habermas. Rio de Janeiro: Lumen Juris, 2007.

FERRAJOLI, Luigi. *Direito e Razão*. Teoria do Garantismo Penal. 3 ed. São Paulo: Editora Revista dos Tribunais, 2002.

FERRAJOLI, Luigi. *Garantismo*. Uma discussão sobre direito e democracia. Rio de Janeiro: Lumen Juris, 2012.

FERRAZ JR., Tércio Sampaio Ferraz. *Função Social da Dogmática Jurídica*. 2 ed. São Paulo: Atlas, 2015.

FRANCO, Marcelo Veiga. *O Processo Justo como Fundamento de Legitimidade da Jurisdição*. Dissertação (mestrado em Direito). Data da defesa: 31/07/2012. 185f. Universidade Federal de Minas Gerais, Belo Horizonte, 2012.

FREITAS, Gabriela de Oliveira. *Controle Difuso de Jurisdicionalidade*. Tese (doutorado em Direito). Data da Defesa: 27/02/2019. 108f. Pontifícia Universidade Católica de Minas Gerais, Belo Horizonte, 2019.

FREITAS, Helena Patrícia. *Eficiência da Jurisdição*: necessidade de sua (des)construção para efetivação do modelo constitucional de processo. Dissertação (mestrado em Direito). Data da defesa: 07/12/2018. 228f. Pontifícia Universidade Católica de Minas Gerais, Belo Horizonte, 2018.

FRIGINI, Flávia Spinassé. *A Dimensão Dinâmica do Contraditório no Direito Processual Civil Cooperativo:* revisitando o dever de fundamentação das decisões judiciais. Dissertação (mestrado em Direito). Data da defesa: 03.05.2016. 98f. Universidade Federal do Espírito Santo, Vitória, 2016.

GAJARDONI, Fernando da Fonseca. *Flexibilidade Procedimental.* Um novo enfoque para o estudo do procedimento em matéria processual. Tese (doutorado em Direito). 285f. Universidade de São Paulo, São Paulo, 2007.

GALVÃO, Luiz Octávio Lavocat. *O Neoconstitucionalismo e o Fim do Estado de Direito.* São Paulo: Saraiva, 2014.

GARCIA, Bruna Pinotti. LAZARI, Rafael de. *Manual de Direitos Humanos.* Salvador: JusPodivm, 2014.

GIACOMOLI, Nereu José. *O Devido Processo Penal:* abordagem conforme a Constituição Federal e o Pacto de São José da Costa Rica. 3 ed. São Paulo: Atlas, 2016.

GIACOMOLI, Nereu José. *Comentários à Constituição do Brasil.* Coord. científica: J. J. Gomes Canotilho. Gilmar Ferreira Mendes. Ingo Wolfgang Sarlet. Lenio Luiz Streck. Coord. executiva: Léo Ferreira Leoncy. São Paulo: Saraiva, 2013.

GODINHO, Robson. *Negócios Jurídicos Processuais sobre o Ônus da Prova.* São Paulo: Editora Revista dos Tribunais, 2015.

GONÇALVES, Aroldo Plínio. *Teoria do Processo e Técnica Processual.* 2 ed. Belo Horizonte: Del Rey, 2012.

GONÇALVES, Marcelo Barbi. O Incidente de Resolução de Demandas Repetitivas e a Magistratura Deitada. Revista dos Tribunais *Online,* Revista de Processo, vol. 222, p. 221-247, ago./2013.

GOUVEIA FILHO, Roberto P. Campos. Uma crítica analítica à ideia de relação processual entre as partes. *Revista Brasileira de Direito Processual — RBDPro,* Belo Horizonte, ano 24, n. 93, p. 255-270, jan./mar. 2016.

GRAU, Eros Roberto. *Por Que Tenho Medo dos Juízes.* (a interpretação/aplicação do direito e dos princípios). 7 ed. São Paulo: Malheiros, 2016.

GRECO, Leonardo. *Instituições de Processo Civil.* V. I. 5 ed. Rio de Janeiro: Forense, 2015.

GRECO, Leonardo. Publicismo e privatismo no processo civil. Revista dos Tribunais *Online,* Revista de Processo, vol. 164, p. 29-56, out./2008.

FILHO, Vicente Greco. *Direito Processual Civil Brasileiro.* 1º V. 15 ed. São Paulo: Saraiva, 2000.

GRESTA, Roberta Maia. Presunção e prova no espaço processual: uma reflexão epistemológica. *Direito probatório:* Temas atuais. Orgs: Ronaldo Brêtas de Carvalho Dias, Carlos Henrique Soares, Mónica Bustamante Rúa, Liliana Damaris Pabón Giraldo, Francisco Rabelo Dourado de Andrade. Belo Horizonte: Editora D'Plácido, 2016Belo Horizonte: Editora D'Placido, 2016.

GRESTA, Roberta Maia. *Introdução aos Fundamentos da Processualidade Democrática.* Rio de Janeiro: Lumen Juris, 2014.

GRINOVER, Ada Pellegrini. O Princípio do Juiz Natural e sua Dupla Garantia. Revista dos Tribunais *Online,* Revista de Processo, v. 29, p. 11, jan./mar./1983.

GRINOVER, Ada Pellegrini. FERNANDES, Antônio Scarance. GOMES FILHO, Antônio Magalhães. *As Nulidades no Processo Penal.* 2 ed. São Paulo: Malheiros, 1992.

GUASTINI, Riccardo. *Il realismo giuridico ridefinito,* Revus – european constitucionality review, n. 19, Klub Revus, 2013.

GUIBORG, Ricardo. GHIGLIANI, Alejandro M. GUARINONI, Ricardo V. *Introducción al Conocimiento Científico.* Buenos Aires: Astrea, 1984.

HAACK, Susan. La justicia, la verdad y la prueba: no tan simple, después de todo. In: *Debatiendo con Taruffo.* Jordi Ferrer Beltrán. Carmen Vásquez (coeds.). Madrid: Marcial Pons, 2016.

HABERMAS, Jürgen. *Direito e Democracia:* entre facticidade e validade. V. I. 2 ed. Rio de Janeiro: Tempo Brasileiro, 2012.

HOMMERDING, Adalberto Narciso. *Fundamentos para uma Compreensão Hermenêutica do Processo Civil.* Porto Alegre: Livraria do Advogado, 2007.

IOTTI, Paulo. Decisões manipulativas da jurisdição constitucional não se prestam a restringir direitos. Justificando, São Paulo, 15 abr. 2019. Disponível em <https://bit.ly/2VJJ83i>. Acesso em: 05.01.2020.

JAYME, Fernando Gonzaga. VARGAS, Cirilo Augusto. Súmula vinculante nº 5 do STF e o indevido processo administrativo disciplinar. *Revista Brasileira de Direito Processual – RBDPro,* Belo Horizonte, ano 26, n. 101, p. 125-150, jan./mar. 2018.

JEVEAUX, Geovany Cardoso. *Direito e Ideologia.* 1 ed. Rio de Janeiro: LMJ Mundo Jurídico, 2018.

JORGE, Flávio Cheim. *Teoria Geral dos Recursos.* 6 ed. São Paulo: Editora Revista dos Tribunais, 2015.

JUNOY, Joan Picó i. *El Juez y la Prueba.* Estudio de la errónea recepción del brocardo *iudex iudicare debet secundum allegata et probata, non secundum conscientian* y su repercusión actual. Barcelona: J M. Bosch Editor, 2007.

KELSEN, Hans. *Teoria Pura do Direito.* 8. ed. São Paulo: Editora WMF Martins Fontes, 2009.

KHALED JR., Salah. *A Busca da Verdade no Processo Penal.* Para além da ambição inquisitorial. São Paulo: Atlas, 2013.

LANES, Júlio Cesar Goulart. *Fato e Direito no Processo Civil Cooperativo.* São Paulo: Editora Revista dos Tribunais, 2014.

LARENZ, Karl. *Metodologia da Ciência do Direito.* 3 ed. Lisboa: Fundação Calouste Gulbenkian, 1997.

LAURENTIIS, Lucas Catib de. *A Proporcionalidade no Direito Constitucional.* Origem, modelos e reconstrução dogmática. São Paulo: Malheiros, 2017.

LAURENTIIS, Lucas Catib de. *Interpretação Conforme a Constituição.* Conceito, técnicas e efeitos. São Paulo: Malheiros, 2012.

LEAL, André Cordeiro. *Instrumentalidade do Processo em Crise*. Belo Horizonte: Mandamentos, 2008.

LEAL, André Cordeiro. *O Contraditório e a Fundamentação das Decisões no Direito Processual Democrático*. Belo Horizonte: Mandamentos, 2002.

LEAL, Rosemiro Pereira. *Teoria Geral do Processo*. Primeiros estudos. 14 ed. Belo Horizonte: Fórum, 2018.

LEAL, Rosemiro Pereira. *Teoria Processual da Decisão Jurídica*. 3 ed. Belo Horizonte: Editora D'Plácido, 2017.

LEAL, Rosemiro Pereira. *A Teoria Neoinstitucionalista do Processo*: uma trajetória conjectural. Belo Horizonte: Arraes Editores, 2013.

LOPES JR., Aury. *Direito Processual Penal*. 12 ed. São Paulo: Saraiva, 2015.

LOPES JR., Aury. Teoria da Dissonância Cognitiva Ajuda a Compreender a Imparcialidade do Juiz. *Consultor Jurídico*, São Paulo, 11 jul. 2014. Disponível em: https://bit.ly/3cruRiR. Acesso em 25.07.2019.

LUCCA, Rodrigo Ramina de. *Disponibilidade Processual*. A liberdade das partes no processo. São Paulo: Thomson Reuters Brasil, 2019.

LUCCA, Rodrigo Ramina de. *O Dever de Motivação das Decisões Judiciais*. Salvador: JusPodivm, 2015.

LUHMANN, Niklas. *Legitimação pelo Procedimento*. Trad. Maria da Conceição Côrte Leal. Brasília: Editora Universidade de Brasília, 1980.

MACÊDO, Lucas Buril de. *Objeto dos Recursos Cíveis*. Salvador: JusPodivm, 2019.

MACÊDO, Lucas Buril de. Tutela antecipada de evidência fundada nos precedentes judiciais obrigatórios. In: *Coleção Grandes Temas do Novo CPC*. V. 6. Tutela Provisória. Coords. Eduardo José da Fonseca Costa. Mateus Costa Pereira. Roberto P. Campos Gouveia Filho. Salvador: JusPodivm, 2016.

MACÊDO, Lucas Buril de. *Precedente Judicial e o Direito Processual Civil*. Salvador: Jus Podivm, 2015.

MARINHO, Rodrigo Saraiva. ROMÃO, Pablo Freire. Contraditório substancial e julgamento liminar de improcedência: a ampliação do diálogo processual sob a ótica do Novo CPC. In: *Coleção Grandes Temas do Novo CPC*. V. 4. Improcedência. Coords. Rinaldo Mouzalas. Beclaute Oliveira Silva. Rodrigo Saraiva Marinho. Salvador: Editora JusPodivm, 2015.

MARINONI, Luiz Guilherme. A Convenção Processual Sobre Prova Diante dos Fins do Processo Civil. Revista dos Tribunais *Online*, Revista de Processo, v. 288, p. 127-153, fev./2019.

MARINONI, Luiz Guilherme. Possibilidade de Prisão antes do Trânsito em Julgado. *Consultor Jurídico*, São Paulo, 08 abr. 2019. Opinião. Disponível em <https://bit. ly/3bwDbNP>. Acesso em: 23.02.2020.

MARINONI, Luiz Guilherme. *Tutela de Urgência e Tutela de Evidência*. 2 ed em e-book baseada na 2 ed impressa. São Paulo: Thomson Reuters Brasil, 2018.

MARINONI, Luiz Guilherme. *A Intangibilidade da Coisa Julgada diante da Decisão de Inconstitucionalidade*. Art. 525, §§ 12, 13, 14 e 15, do CPC/2015. 2 ed. em e-book baseada na 4 ed. impressa. São Paulo: Editora Revista dos Tribunais, 2016.

MARINONI, Luiz Guilherme. *A Ética dos Precedentes*. Justificativa do novo CPC. São Paulo: Editora Revista dos Tribunais, 2015.

MARINONI, Luiz Guilherme. *O STJ Enquanto Corte de Precedentes*. São Paulo: Editora Revista dos Tribunais, 2013.

MARINONI, Luiz Guilherme. *Curso de Processo Civil*. V. 1. 5 ed. São Paulo: Editora Revista dos Tribunais, 2011.

MARINONI, Luiz Guilherme. *Precedentes Obrigatórios*. São Paulo: Editora Revista dos Tribunais, 2010.

MARINONI, Luiz Guilherme. ARENHART, Sérgio Cruz. MITIDIERO, Daniel. *O Novo Processo Civil*. 3 ed. em e-book baseada na 3 ed. impressa. São Paulo: Editora Revista dos Tribunais, 2017.

MARINONI, Luiz Guilherme. ARENHART, Sérgio Cruz. MITIDIERO, Daniel. *Novo Curso de Direito Processual Civil*. 2 ed. V. 1. São Paulo: Editora Revista dos Tribunais, 2016.

MARINONI, Luiz Guilherme. ARENHART, Sérgio Cruz. MITIDIERO, Daniel. *Novo Código de Processo Civil Comentado*. 3 ed. São Paulo: Editora Revista dos Tribunais, 2016.

MARINONI, Guilherme. MITIDIERO, Daniel. *Código de Processo Civil Comentado*. 3. ed. São Paulo: Ed. RT, 2011.

MARINONI, Luiz Guilherme. MITIDIERO, Daniel. *O Projeto do CPC*. Críticas e propostas. São Paulo: Editora Revista dos Tribunais, 2010.

MARINONI, Luiz Guilherme; ARENHART, Sérgio Cruz. *Prova e Convicção*. 3. ed. São Paulo: Editora Revista dos Tribunais, 2015.

MARINONI, Luiz Guilherme. ARENHART, Sérgio Cruz. *Prova*. 2 ed. São Paulo: Editora Revista dos Tribunais, 2011.

MARQUES, José Frederico. *Instituições de Direito Processual Civil*. V. II. Campinas: Milennium, 2000.

MARTINS, Leonardo. *Liberdade e Estado Constitucional*. Leitura jurídico-dogmática de uma complexa relação a partir da teoria liberal dos direitos fundamentais. São Paulo: Atlas, 2012.

MARTINS, Leonardo. *Tribunal Constitucional Federal Alemão*. V. 1. Dignidade humana, livre desenvolvimento da personalidade, direito fundamental à vida e à integridade física, igualdade. São Paulo: Konrad-Adenauer Stiftung – KAS, 2016.

MARTINS, Leonardo. *Tribunal Constitucional Federal Alemão*. Decisões anotadas sobre direitos fundamentais. V. III. São Paulo: Marcial Pons, 2019.

MATIDA, Janaína. VIEIRA, Antonio. Para além do bard: uma crítica à crescente adoção do standard de prova "para além de toda a dúvida razoável" no processo penal brasileiro. Revista dos Tribunais *Online,* Revista Brasileira de Ciências Criminais, v. 156, p. 221-248, jun./2019.

MAUS, Ingeborg. Judiciário como Superego da Sociedade: o papel da atividade jurisdicional na "sociedade órfã". *Novos Estudos CEBRAP*. n. 58, 2000.

MAZOTTI, Marcelo. As Escolhas Hermenêuticas e os Métodos de Interpretação da Lei. Barueri: Manole, 2010.

MAZZEI, Rodrigo Reis. O dever de motivar e o livre convencimento (conflito ou falso embate?): breve análise do tema a partir de decisões do STJ. *Revista Jurídica da Seção Judiciária de Pernambuco*. n. 8, Recife, 2015.

MAZZEI, Rodrigo. Reconhecimento *ex Officio* da Prescrição. In: NEVES. Daniel Amorim Assumpção. RAMOS, Glauco Gumerato. FREIRE, Rodrigo da Cunha Lima. MAZZEI, Rodrigo. *Reforma do CPC*. Leis 11.187/2005, 11.232.2005, 11.276/2006, 11.277/2006 e 11.280/2006. São Paulo: Editora Revista dos Tribunais, 2005.

MEDINA, José Miguel Garcia. *Novo Código de Processo Civil Comentado*. 4 ed. São Paulo: Revista dos Tribunais, 2016.

MEDINA, José Miguel Garcia. *Proeesso Civil Moderno*. São Paulo: Editora, Revista dos Tribunais, 2015.

MEDINA, Paulo Roberto de Gouvêa. *Iura Novit Curia*: a máxima e o mito. Salvador: JusPodivm, 2020

MELLO, Celso Antonio Bandeira de. *Conteúdo Jurídico do Princípio da Igualdade*. 3 ed. São Paulo: Malheiros, 2007.

MENDES, Gilmar Ferreira. STRECK, Lenio Luiz. *Comentários à Constituição do Brasil*. Coord. científica J. J. Gomes Canotilho, Gilmar Ferreira Mendes, Ingo Wolfgang Sarlet, Lenio Luiz Streck. Coord. executiva Léo Ferreira Leoncy. São Paulo: Saraiva, 2013.

MENDONÇA, Luiz Corrêia de. 80 anos de Autoritarismo: uma leitura política do processo civil português. In: *Processo e Ideologia*. Un prefacio, una sentencia, dos cartas y quince ensayos. Coord: Juan Montero Aroca. Valência: Tirant lo Blanch, 2006.

MENGER, Anton. *El Derecho Civil y los Pobres*. Trad. Adolfo Posada. Madrid: Libreria General de Victoriano Suárez, 1898.

MERQUIOR, José Guilherme. *O Argumento Liberal*. São Paulo: É Realizações, 2019.

MERCHIOR, José Guilherme. *O Marxismo Ocidental*. 1 ed. São Paulo: É Realizações, 2018.

MERQUIOR, José Guilherme. *O Liberalismo Antigo e Moderno*. São Paulo: É Realizações, 2014.

MEROI. Andrea A. *La Garantia da Imparcialidad*. Serie Breviarios Procesales Garantistas. Dirección: Adolfo Alvarado Velloso Coordinador Local: Jorge D. Pascuarelli - Andrés Repetto. V.9. Rosario: Ediciones AVI S.R.L. 2013.

MITIDIERO, Daniel. *Antecipação da Tutela*. Da tutela cautelar à técnica antecipatória. 4 ed. e-book baseada na 4 ed. impressa. São Paulo: Thomson Reuters Brasil, 2019.

MITIDIERO, Daniel. *Colaboração no Processo Civil*. 3 ed. e-book baseada na 4 ed. impressa. São Paulo: Thomson Reuters Brasil, 2019.

MITIDIERO, Daniel. *Cortes Superiores e Cortes Supremas*. Do controle à interpretação, da jurisprudência ao precedente. 3 ed. São Paulo: Editora Revista dos Tribunais, 2017.

MITIDIERO, Daniel. Fundamentação e precedente – dois discursos a partir da decisão judicial. Revista dos Tribunais *Online*, Revista de Processo, Vol. 206, p. 61, abr./2012.

MITIDIERO, Daniel. Colaboração No Processo Civil Como Prêt-à-Porter? Um convite ao diálogo para Lenio Streck. Revista dos Tribunais *Online,* Revista de Processo, v. 194, p. 55, abr./2011.

MITIDIERO, Daniel. *Colaboração no Processo Civil*. São Paulo: Editora Revista dos Tribunais, 2009.

MITIDIERO, Daniel. *Processo Civil e Estado Constitucional*. Porto Alegre: Livraria do Advogado, 2007.

MORBACH, Gilberto. *Entre Positivismo e Interpretativismo*. A terceira via de Waldron. Salvador: JusPodivm, 2019.

MOREIRA, José Carlos Barbosa. *Comentários ao Código de Processo Civil*. 15 ed. Rio de Janeiro: Forense, 2009.

MOREIRA, José Carlos Barbosa. Neoprivatismo no Processo Civil. In: *Temas de Direito Processual*. Nova série. São Paulo: Saraiva, 2001.

MOREIRA, José Carlos Barbosa. Imparcialidade: reflexões sobre a imparcialidade do juiz. In: *Temas de Direito Processual Civil*. Sétima série. São Paulo: Saraiva, 2001.

MOREIRA, José Carlos Barbosa. Provas Atípicas. Revista dos Tribunais Online, *Revista de Processo*, V. 76, p. 114-126, out./dez. 1994.

MOREIRA, José Carlos Barbosa. La igualdad de las partes en el proceso civil. In: *Temas de Direito Processual*. Quarta série. São Paulo: Saraiva, 1989.

MOREIRA, José Carlos Barbosa. O problema da "divisão de trabalho" entre juiz e partes: aspectos terminológicos. In: *Temas de Direito Processual*. Quarta série. São Paulo: Saraiva, 1989.

MOREIRA, José Carlos Barbosa. A Função Social do Processo Civil Moderno e o Papel do Juiz e das Partes na Direção e na Instrução do Processo. Revista dos Tribunais *Online*, Revista de Processo, vol. 37, p. 140-150, jan./mar. 1985.

MOREIRA, José Carlos Barbosa. O Juiz e a Prova. Revista dos Tribunais *Online*, Revista de Processo, vol. 35, p. 178-184, jul./set. 1984.

MOTTA, Francisco José Borges. *Dworkin e a Decisão Jurídica*. Salvador: JusPodivm, 2017.

MOUSSALLEM, Tárek Moysés. *Revogação em Matéria Tributária*. São Paulo: Noeses, 2011.

MOUSSALLEM, Tárek Moysés. *Fontes do Direito Tributário*. 2 ed. São Paulo: Noeses, 2006.

MOUSSALLEM, Tárek Moysés. TEIXEIRA JÚNIOR, José Borges. A "natureza jurídica" do incidente de resolução de demandas repetitivas: um pseudoproblema analiticamente solúvel. Revista dos Tribunais *Online,* Revista de Processo, vol. 273, p. 455-498, Nov./2017.

MUNDIM, Luís Gustavo Reis. *Precedentes.* Da vinculação à democratização. Belo Horizonte: Editora D'Plácido, 2018.

NALINI, José Roberto. *A Rebelião da Toga.* 3 ed. São Paulo: Editora Revista dos Tribunais, 2016.

NAVARRETE, Antonio María Lorca. PINTO, Manuel Lozano-Higuero. *Tratado de Derecho Procesal Civil.* Parte General. San Sebastián: Instituto Vasco de Derecho Procesal (IVADP), 2002.

NEIVA, Horácio Lopes Mousinho. *Introdução Crítica ao Positivismo Jurídico Exclusivo.* A teoria do direito de Joseph Raz. Salvador: Jus Podivm, 2017.

NERY JR., Nelson. NERY, Rosa Maria de Andrade. *Código de Processo Civil Comentado.* 4 ed. em e-book baseada na 18 ed. impressa. São Paulo: Thomson Reuters Brasil, 2019.

NERY JR., Nelson. NERY, Rosa Maria de Andrade. *Comentários ao Código de Processo Civil.* São Paulo: Editora Revista dos Tribunais, 2015.

NERY JR., Nelson. ABBOUD, Georges. *Direito Constitucional Brasileiro.* Curso completo. São Paulo: Editora Revista dos Tribunais, 2017.

NERY JR., Nelson. NERY, Rosa Maria de Andrade. *Código de Processo Civil Comentado e Legislação Extravagante.* 11. ed. São Paulo: Editora Revista dos Tribunais, 2010.

NERY JR., Nelson. *Princípios do Processo na Constituição.* 10 ed. São Paulo: Editora Revista dos Tribunais, 2010.

NINO, Carlos Santiago. *Introdução à Análise do Direito.* Trad. Elza Maria Gasparotto. São Paulo: Editora WMF Martins Fontes, 2010.

NUNES, Dierle. LUD, Natanael. PEDRON, Flávio. *Desconfiando da Imparcialidade dos Sujeitos Processuais. Um estudo sobre os vieses cognitivos, a mitigação de seus efeitos e o debiasing.* Salvador: Jus Podivm, 2018.

NUNES, Dierle. TEIXEIRA, Ludmila. *Acesso à Ordem Jurídica Democrático.* Brasília: Gazeta Jurídica, 2013.

NUNES, Dierle José Coelho. *Processo Jurisdicional Democrático.* Uma análise crítica das reformas processuais. Curitiba: Juruá, 2012.

NUNES, Dierle José Coelho. *Direito Constitucional ao Recurso:* da teoria geral dos recursos, das reformas processuais e da comparticipação nas decisões. Rio de Janeiro: Lumen Juris, 2006.

OAKLEY, Hugo Botto. O pressuposto do processo denominado imparcialidade: pressuposto apenas jurídico ou também psicológico? In: *Ativismo Judicial e Garantismo Processual.* Coords.: Fredie Didier Jr. José Renato Nalini. Glauco Gumerato Ramos. Wilson Levy. Salvador: Jus Podivm, 2013, págs. 303-312.

OAKLEY, Hugo Botto. *La congruencia procesal*. Santiago de Chile: Editorial de Derecho, 2007.

OAKLEY, Hugo Boto. *Inconstitucionalidad de las Medidas para Mejor Prover.* Santiago: Editorial Fallos del Mes, 2001.

OLIVEIRA, Alexandre Varela de. *Técnica de Saneamento e Organização do Procedimento no Código de Processo Civil de 2015.* Dissertação (mestrado em Direito). Data da defesa: 26/04/2018. 126f. Pontifícia Universidade Católica de Minas Gerais, Belo Horizonte, 2018.

OLIVEIRA, Bruno Silveira de. A Instrumentalidade do Processo e o Formalismo-Valorativo (a roupa nova do imperador na ciência processual civil brasileira. Revista dos Tribunais *Online,* Revista de Processo, vol. 293, p. 19-47, Jul./2019.

OLIVEIRA, Carlos Alberto Alvaro. MITIDIERO, Daniel. *Curso de Processo Civil.* V. 1. São Paulo: Atlas, 2010.

OLIVEIRA, Carlos Alberto Alvaro. O processo civil na perspectiva dos direitos fundamentais. Revista dos Tribunais *Online,* Revista de Processo, v. 113, p. 9, Jan./2004.

OLIVEIRA, Carlos Alberto Alvaro de. Poderes do juiz e visão cooperativa do processo. In: *Revista Ajuris – Associação dos Juízes do Rio Grande do Sul.* Ano XXX, nº 90, jun. 2003.

OLIVEIRA, Carlos Alberto Alvaro de. Efetividade e Processo de Conhecimento. Revista dos Tribunais *Online,* Revista de Processo, v. 96, p. 59, out. 1999.

OLIVEIRA, Carlos Alberto Alvaro. A Garantia do Contraditório. In: *Revista da Faculdade de Direito da UFRGS*, v. 15, 1998.

OLIVEIRA, Carlos Alberto Alvaro de. O juiz e o princípio do contraditório. Revista dos Tribunais Online, Revista de Processo, vol. 71, p. 31, jul./1993.

OLIVEIRA, José Alfredo Baracho de. Processo e constituição: o devido processo legal. Revista dos Tribunais Online, Doutrinas Essenciais de Processo Civil, vol. 1, p. 119, out./2011. O texto foi originariamente publicado na Revista de Direito Público (RDP) n. 68, out./dez. 1983.

OLIVEIRA, Paulo Mendes de. *Segurança Jurídica e Processo.* Da rigidez à flexibilização processual. 1. ed. em e-book baseada na 1. ed. impressa. São Paulo: Thomson Reuters Brasil, 2018.

OMMATI, José Emílio Medauar. *Uma Teoria dos Direitos Fundamentais.* Rio de Janeiro: Lumen Juris, 2014.

OMMATI, José Emílio Medauar. A Fundamentação das Decisões Judiciais no Projeto do NCPC – Versão da Câmara. In: *Novas Tendências do Processo Civil.* V. III. Orgs.: Alexandre Freire. Bruno Dantas. Dierle Nunes. Fredie Didier Jr. José Miguel Garcia Medina. Luiz Fux. Luiz Henrique Volpe Camargo. Pedro Miranda de Oliveira. Salvador: JusPodivm, 2014.

PACELLI, Eugenio. *Curso de Processo Penal.* 19 ed. São Paulo: Atlas, 2015.

PAOLINELLI, Camilla de Mattos. *O Ônus da Prova no Processo Democrático.* Dissertação (mestrado em Direito). Data da defesa: 10/04/2014. 220f. Pontifícia Universidade Católica de Minas Gerais, Belo Horizonte, 2014.

PASSOS, José Joaquim Calmon de. O magistrado, protagonista do processo jurisdicional. In: *Ensaios e Artigos.* V. II. Salvador: Jus Podivm, 2016, págs. 31-38.

PASSOS, José Joaquim Calmon de. Instrumentalidade do Processo e Devido Processo Legal. In: *Ensaios e Artigos.* V. I. Salvador: Jus Podivm, 2014, págs. 31-43.

PASSOS, José Joaquim Calmon. Advocacia – o direito de recorrer à justiça. *Ensaios e Pareceres.* V. I. Salvador: Jus Podivm, 2014, págs. 339-355.

PASSOS, José Joaquim Calmon de. Cidadania tutelada. In: *Ensaios e Artigos.* V. I. Salvador: Jus Podivm, 2014, págs. 363-387.

PASSOS, José Joaquim Calmon de. Desafios e descaminhos do Direito alternativo. In: *Ensaios e Artigos.* V. I. Salvador: JusPodivm, 2014, págs. 443-445.

PASSOS, José Joaquim Calmon de. *Revisitando o Direito, o Poder, a Justiça e o Processo.* Reflexões de um jurista que trafega na contramão. Salvador: Jus Podivm, 2012.

PASSOS, José Joaquim Calmon. Há um novo moderno processo civil brasileiro? *Revista Brasileira de Direito Público – RBDP,* Belo Horizonte, ano 7, n. 25, p. 161-169, abr./jun. 2009.

PASSOS, José Joaquim Calmon de. *Direito, Poder, Justiça e Processo.* Julgando os que nos julgam. Rio de Janeiro: Forense, 2000.

PEIXOTO, Ravi Medeiros. Os caminhos e descaminhos do princípio do contraditório: a evolução histórica e a situação atual. Revista dos Tribunais *Online,* Revista de Processo, vol. 294, p. 121-145, Ago./2019.

PEÑA, Eduardo Chemale Selistre. *Poderes e Atribuições do Juiz.* São Paulo: Saraiva, 2014.

PEREIRA, Carlos Frederico Bastos. *Fundamentação das Decisões Judiciais:* o controle da interpretação dos fatos e do direito no processo civil. 1 ed em e-book baseada na 1 ed impressa. São Paulo: Thomson Reuters Brasil, 2019.

PERREIRA, Mateus Costa. Da Teoria «Geral» à Teoria «Unitária» do Processo: um diálogo com Eduardo Costa, Igor Raatz e Natascha Anchieta; em resposta a Fredie Didier Jr. Empório do Direito, Florianópolis, 10 jun. 2019.

PEREIRA, Mateus Costa. *Eles, os Instrumentalistas, Vistos por um Garantista:* achegas à compreensão do modelo de processo brasileiro. Tese (doutorado em Direito). Data da Defesa: 18/06/2018. 279f. Universidade Católica de Pernambuco, Recife, 2018.

PEREIRA, Mateus Costa. *Aspectos Polêmicos do Novo Código de Processo Civil.* V. 1. Orgs: Helder Moroni Câmara. Lúcio Delfino. Luiz Eduardo Ribeiro Mourão. Rodrigo Mazzei. São Paulo: Almedina, 2018.

PEREIRA, Mateus Costa. A paridade de armas sob a óptica do garantismo processual. *Revista Brasileira de Direito Processual – RBDPro.* Belo Horizonte: Fórum, ano 25, n. 98, p. 247-265, abr./jun. 2017.

PEREIRA, Mateus Costa. *Código de Processo Civil Comentado*. Coordenador Helder Moroni Câmara. São Paulo: Almedina. 2016.

PICARDI, Nicola. A vocação do nosso tempo para a jurisdição. In: *Jurisdição e Processo*. Rio de Janeiro: Forense, 2008.

PIEROTH, Bodo. SCHLINK, Bernhard. *Direitos Fundamentais*. Trad. António Francisco de Sousa, António Franco. 2 ed. São Paulo: Saraiva Educação, 2019, edição Kindle.

PINTO, Gerson Neves. RAATZ, Igor. DIETRICH, William Galle. Os precedentes vinculantes e o problema da contingência ontológica do Direito. *Revista Novos Estudos Jurídicos* – Eletrônica. Vol. 24, n. 1, jan./abr. 2019. Disponível em <https://bit.ly/3eUfuBj>. Acesso em 10.11.2019.

PONTES DE MIRANDA, Francisco Cavalcante. *Comentários ao Código de Processo Civil*. T. IV. Rio de Janeiro: Forense, 2001.

PORTANOVA, Rui. *Princípios do Processo Civil*. Porto Alegre: Livraria do Advogado, 1995.

POSCHER, Ralf. Teoria de um fantasma – a malsucedida busca da teoria dos princípios pelo seu objeto. In: *Crítica da Ponderação*. Método constitucional entre dogmática jurídica e teoria social. Org. Ricardo Campos. São Paulo: Saraiva, 2016.

POSNER, Richard. *Para Além do Direito*. São Paulo: Editora WMF Martins Fontes, 2009.

PRADO, Geraldo. *Sistema Acusatório – a conformidade constitucional das leis processuais penais*. 3 ed. Rio de Janeiro: Lumen Juris, 2005.

QUINTÁS, Alfonso Lópes. *A Tolerância e a Manipulação*. São Paulo: É Realizações, 2018.

RAATZ, Igor. *Autonomia Privada e Processo*. Liberdade, Negócios Jurídicos Processuais e Flexibilização Procedimental. 2 ed. Salvador: JusPodivm, 2019.

RAATZ, Igor. Processo, Liberdade e Direitos Fundamentais. Revista dos Tribunais *Online*, Revista de Processo, vol. 288, p. 21-52, fev./2019.

RAATZ, Igor. Precedentes à Brasileira – uma autorização para "errar" por último? *Consultor Jurídico*, São Paulo, 29 out. 2016. Opinião. Disponível em <https://bit.ly/35pnSo4>. Acesso em 03.05.2020.

RAATZ, Igor. Desvelando as bases do processualismo científico: ou de como a teoria do processo nasceu comprometida com o protagonismo judicial. *Empório do Direito*, Florianópolis, 08 jun. 2017. Coluna Associação Brasileira de Direito Processual. Disponível em: <https://bit.ly/2k5biU7>. Acesso em 14.06.2019.

RAATZ, Igor. ANCHIETA, Natascha. Contraditório em "Sentido Forte": uma forma de compensação das posturas judiciais instrumentalistas? Empório do Direito. Florianópolis, 23 set. 2019. Disponível em <https://bit.ly/2IQZ3H7>. Acesso em 12.12.2019.

RAATZ, Igor. ANCHIETA, Natascha. Uma "teoria do processo" sem processo?: a breve história de uma ciência processual servil à jurisdição. *Revista Brasileira de Direito Processual – RBDPro*. n. 103, p. 173-192, jul./set. 2018.

RAMOS, Elival da Silva. *Ativismo Judicial:* parâmetros dogmáticos. 2 ed. São Paulo: Saraiva, 2015.

RAMOS, Glauco Gumerato. Nota Sobre o Processo e Sobre a "Presunção" de Inocência que lhe Habita. *Empório do Direito,* Florianópolis, 20 maio de 2019. Disponível em: https://bit.ly/313dQsJ. Acesso em: 20.04.2020.

RAMOS, Glauco Gumerato. Repensando a Prova de Ofício na Perspectiva do Garantismo Processual. In: *Ativismo Judicial e Garantismo Processual*. Coords. Fredie Didier Jr. José Renato Nalini. Glauco Gumerato Ramos. Wilson Levy. Salvador: Jus Podivm, 2013, págs. 255-271.

RAMOS, Glauco Gumerato. A atuação dos poderes instrutórios fere a imparcialidade? *Revista Brasileira de Direito Processual – RBDPro*, Belo Horizonte, ano 18, n. 70, p. 219-231, abr./jun. 2010.

RAMOS, Vitor de Paula. *Ônus da Prova no Processo Civil*: do ônus ao dever de provar. 2 ed. em e-book baseada na 2ª ed. impressa. São Paulo: Thomson Reuters Brasil, 2019.

RAMOS, Vitor de Paula. O procedimento probatório no novo CPC. Em busca de interpretação do sistema à luz de um modelo objetivo de corroboração das hipóteses fáticas. *Direito Probatório*. Coleção Grandes Temas do Novo CPC. Coords. Marco Félix Jobim, William Santos Ferreira. 3 ed. Salvador: JusPodivm, 2018.

RAMOS, Vitor de Paula. Ônus e deveres probatórios no novo CPC brasileiro. In: *Coleção Novo CPC Doutrina Selecionada*. V. 3. Orgs. Lucas Buril de Macêdo, Ravi Peixoto, Alexandre Freire. Salvador: JusPodivm, 2015, págs. 191-210.

RAZ, Joseph. *La Autoridad del Derecho*. Ensayos sobre derecho y moral. Trad. Rolando Tamayo e Salmorán. 2 ed. Ciudad de Mexico: Universidad Atónoma de Mexico Imprenta Universitaria, 1985.

REALE, Miguel. *O Estado Democrático de Direito e o Conflito das Ideologias*. 3 ed. São Paulo: Saraiva, 2005.

REGGIANI, Gustavo Mattedi. *Julgamento de Improcedência Liminar do Pedido:* causas típicas e atípicas. Dissertação (mestrado em Direito). Data da defesa: 08/06/2017. 150f. Universidade Federal do Espírito Santo, Vitória, 2017.

RITTER, Ruiz. *A Imparcialidade no Processo Penal*: reflexões a partir da teoria da dissonância cognitiva. Dissertação (mestrado em Direito). 197/f. Pontifícia Universidade Católica do Rio Grande do Sul, Porto Alegre, 2016.

ROBERTO, Welton. *Paridade de Armas no Processo Penal Brasileiro*. Uma concepção do justo processo. Tese (doutorado em Direito). Data da Defesa: 07/03/2012. 332f. Universidade Federal de Pernambuco, Recife, 2012.

ROCHA, Márcio Oliveira. *Por uma Nova Dogmática da Ordem Pública no Direito Processual Civil Contemporâneo*. Tese (doutorado em direito). Data da defesa: 18/12/2017. 231f. Universidade Federal de Pernambuco, Recife, 2017.

ROCHA, Márcio Oliveira. O contraditório efetivo do autor *versus* a improcedência liminar do pedido (art. 332, § 1º, do CPC/2015). In: *Coleção Novo CPC*. Doutrina selecionada. V. 2. Processo de Conhecimento e Disposições Finais e Transitórias. Orgs. Lucas Buril de Macêdo. Ravi Peixoto. Alexandre Freire. Salvador: Jus Podivm, 2015.

RODRIGUES JÚNIOR., Otávio Luiz. *Direito Civil Contemporâneo*. Estatuto epistemológico, Constituição e direitos fundamentais. Forense Universitária: 2019.

RODRIGUES JÚNIOR, Otávio Luiz. Dogmática e Crítica da Jurisprudência (ou da vocação da doutrina em nosso tempo). Revista dos Tribunais *Online,* Revista dos Tribunais, vol. 891, p. 65-106, Jan./2010.

ROSA, Alexandre Morais da. *Teoria dos Jogos e Processo Penal*. A short introduction. 2 ed. Florianópolis: Empório Modara, 2017.

ROSA, Alexandre Morais da. *Guia Compacto do Processo Penal Conforme a Teoria dos Jogos*. 3 ed. Florianópolis: Empório do Direito, 2016.

ROSA, Alexandre Morais da. *Guia Compacto do Processo Penal Conforme a Teoria dos Jogos*. 2 ed. Rio de Janeiro: Lumen Juris. 2014.

ROSA, Alexandre Morais da. *Decisão no Processo Penal como Bricolage de Significantes*. Tese (doutorado em Direito). Data da defesa: 21/12/2004. 434f. Universidade Federal do Paraná, Curitiba, 2004.

ROSSI, Júlio César. O garantismo estrutural. *Processo e Liberdade*. Estudos em Homenagem a Eduardo José da Fonseca Costa. Orgs. Adriana Regina Barcellos Pegini. Et ali. Londrina:. Thoth, 2019.

ROSSI, Júlio César. *Precedentes à Brasileira*. A jurisprudência vinculante no CPC e no novo CPC. São Paulo: Atlas, 2015.

RÜCKERT, Joaquim. Ponderação – a carreira jurídica de um conceito estranho ao direito ou: rigidez normativa e ponderação em transformação funcional. Tradução de Thiago Reis. *Revista Direito GV,* São Paulo, V. 14 N. 1, p. 240-267, Jan./Abr. 2018.

SANT'ANNA, Lara Freire Bezerra de. *Judiciário como Guardião da Constituição:* Democracia ou Guardiania? Rio de Janeiro: Lumen Juris, 2014.

SANTI, Eurico Marco Diniz. *Lançamento Tributário*. 3 ed. São Paulo: Saraiva, 2010.

SANTOS, Bruno Aguiar. *Neoconstitucionalismo e Ativismo*. A ideologia fadada ao fracasso do arbítrio. Dissertação (mestrado em direito). Data da defesa: 08/03/2017. 126f. Universidade Presbiteriana Mackenzie, São Paulo, 2017.

SANTOS, Maira Bianca Scavuzzi Albuquerque dos. *O Déficit Democrático das Decisões Fundadas no Critério da Justiça*: a justiça como subterfúgio performático para o ativismo. Dissertação (mestrado em Direito). 190f. Pontifícia Universidade Católica de São Paulo, São Paulo, 2017.

SANTOS, Moacyr Amaral. *Primeiras Linhas de Direito Processual Civil*. 2º V. São Paulo: Saraiva, 2000.

SANTOS, Moacyr Amaral. *Primeiras Linhas de Direito Processual Civil*. 3º V. 20 ed. São Paulo: Saraiva, 2001.

SANTOS, Welber Queiroz dos. *Princípio do Contraditório e Vedação da Decisão Surpresa*. Rio de Janeiro: Forense, 2018, versão eletrônica.

SARLET, Ingo Wolgang. *A Eficácia dos Direitos Fundamentais*. Uma teoria geral dos direitos fundamentais na perspectiva constitucional. 13 ed. Porto Alegre: Livraria do Advogado, 2018.

SARLET, Ingo Wolfgang. MARINONI, Luiz Guilherme. MITIDIERO, Daniel. *Curso de Direito Constitucional*. 3 ed. São Paulo: Editora Revista dos Tribunais, 2014.

SARTÓRIO JUNIOR, Roberto. *A Distribuição do Ônus da Prova em Matéria Tributária*. Dissertação (mestrado em Direito). 141f. Universidade Federal do Espírito Santo, Vitória, 2019.

SICA, Heitor Vitor de Mendonça. *O Direito de Defesa no Processo Civil Brasileiro*. Um estudo sobre a posição do réu. São Paulo: Atlas, 2011.

SHENK, Leonardo Faria. *Cognição Sumária*. Limites impostos pelo contraditório no processo civil. São Paulo: Saraiva, 2013.

SCHMITT, Carl. *La Tiranía de los Valores*. Prólogo de Jorge E. Dotti. 1 ed. Buenos Aires: Hidra, 2009.

SCHMITZ, Leonard Ziesemer. *Fundamentação das Decisões Judiciais*. A crise na construção de respostas no processo civil. São Paulo: Editora Revista dos Tribunais: 2015.

SCHMITZ, Leonard Ziesemer. *Raciocínio Probatório por Inferências*. Critérios para o uso e controle das presunções judiciais. Tese (doutorado em Direito). Data da Defesa: 25/09/2018. 324f. Pontifícia Universidade Católica de São Paulo, São Paulo, 2018.

SENRA, Alexandre. *A Coisa Julgada no Código de Processo Civil de 2015*. Premissas, conceitos, momento de formação e suportes fáticos. Salvador: JusPodivm, 2017.

SGARBI, Adrian. *Introdução à Teoria do Direito*. São Paulo: Marcial Pons, 2013.

SGARBI, Adrian. *Teoria do Direito*. Primeiras Lições. Rio de Janeiro: Lumens Juris. 2007.

SHAPIRO, Sctott J. *Legalidad*. Madrid: Marcial Pons, 2014.

SILVA, Beclaute Oliveira. Verdade como Objeto do Negócio Jurídico Processual. In: *Coleção Novo CPC Doutrina Selecionada*. V.3. Orgs. Lucas Buril de Macêdo, Ravi Peixoto e Alexandre Freire. Salvador: JusPodivm. 2015.

SILVA, Beclaute Oliveira. O autor pede... o réu também! Ou da improcedência como procedência. In: *Improcedência*. Coleção Grandes Temas do Novo CPC. V. 4. Coords. Rinaldo Mouzalas. Beclaute Oliveira Silva. Rodrigo Saraiva Marinho. Salvador: Jus Podivm, 2015.

SILVA, Beclaute Oliveira. Contornos da fundamentação no Novo CPC. In: *Coleção Novo CPC Doutrina Selecionada*. V. 2. Processo de conhecimento e disposições finais e transitórias. Orgs.: Lucas Buril de Macêdo, Ravi Peixoto, Alexandre Freire. Salvador: JusPodivm, 2015.

SILVA, Ovídio A. Baptista da. *Jurisdição, Direito Material e Processo*. Rio de Janeiro: Forense, 2008.

SILVA, Ticiano Alves. O contraditório na improcedência liminar do pedido no novo CPC. In: *Coleção Grandes Temas do Novo CPC*. V. 4. Improcedência. Coords. Rinaldo Mouzalas. Beclaute Oliveira Silva. Rodrigo Saraiva Marinho. Salvador: Editora JusPodivm, 2015.

SILVA, Virgílio Afonso da. *A Constitucionalização do Direito*. Os direitos fundamentais nas relações entre particulares. 1 ed. São Paulo: Malheiros, 2008.

SILVA, Virgílio Afonso da. Ponderação e objetividade na interpretação constitucional. In: *Direito e Interpretação*. Racionalidades e instituições. Orgs. MACEDO JR, Ronaldo Porto; BARBIERI, Catarina Helena Cortada. São Paulo: Saraiva, 2011.

SILVEIRA FILHO, Sylvio Lourenço. *Introdução ao Direito Processual Penal*. 2 ed. Florianópolis: Empório do Direito, 2015.

SOARES, Carlos Henrique. Reflexiones filosóficas sobre la prueba y verdad en el proceso democrático. In: *Direito Probatório*. Temas atuais. Orgs: Ronaldo Brêtas de Carvalho Dias, Carlos Henrique Soares, Mónica Bustamante Rúa, Liliana Damaris Pabón Giraldo, Francisco Rabelo Dourado de Andrade. Belo Horizonte: Editora D'Plácido, 2016.

SOARES, Carlos Henrique. DIAS, Ronaldo Brêtas de Carvalho. *Manual Elementar de Processo Civil*. 2 ed. Belo Horizonte: Del Rey, 2013.

SOUSA, Diego Crevelin de. Ainda e Sempre a Prova de Ofício: o silencioso sepultamento dos poderes instrutórios supletivos no CPC/15. *Empório do Direito*, Florianópolis, 09 mar. 2020. Coluna Garantismo Processual. Disponível em: https://bit.ly/3dZ7A8N. Acesso em: 10.03.2020.

SOUSA, Diego Crevelin de. Sobre a impossibilidade de prisão pena antes do trânsito em julgado. *Empório do Direito*, Florianópolis, 10 abr. 2019. Coluna da Associação Brasileira de Direito Processual. Disponível em <https://bit.ly/2zoKpWd>. Acesso em: 05.01.2020.

SOUSA, Diego Crevelin de. Distinção entre Impedimento e Suspeição? *Empório do Direito*, Florianópolis, 29 jul. 2019. Coluna Garantismo Processual. Disponível em: https://bit.ly/3dFylhY. Acesso em 10.11.2019.

SOUSA, Diego Crevelin de. DELFINO, Lúcio. O levante contra o art. 489, § 1º, incisos I a VI, CPC/2015: o autoritarismo nosso de cada dia e a resistência à normatividade constitucional. In: *Aspectos Polêmicos do Novo Código de Processo Civil*. V. 1. Orgs. Helder Moroni Câmara, Lúcio Delfino, Luiz Eduardo Ribeiro Mourão, Rodrigo Mazzei. São Paulo: 2018, págs. 67-83.

SOUSA, Diego Crevelin de. O Caráter Mítico da Cooperação Processual. *Empório do Direito*, Florianópolis, 06 dezembro 2017. Coluna Associação Brasileira de Direito Processual. Disponível em: https://bit.ly/37SSteR. Acesso em 15.08.2019.

SOUSA, Diego Crevelin de. Natureza Jurídica da Apelação em Contrarrazões do art. 1.009, § 1º, CPC. *Revista da Escola da Magistratura do Paraná/Escola da Magistratura do Paraná*. V. 7. Curitiba: Serzegraf, 2017, p. 125-162.

SOUSA, Diego Crevelin de. Interrogatório livre: o ornitorrinco (?) – inconstitucional (!) – do processo civil brasileiro. *Revista Brasileira de Direito Processual – RBDPro*, Belo Horizonte, ano 25, n. 100, p. 85-112, out./dez. 2017.

SOUSA, Diego Crevelin de. *Novo Código de Processo Civil Comentado*. Coords: Sérgio Luiz Almeida Ribeiro. Roberto P. Campos Gouveia Filho. Izabel Cristina Pinheiro Cardoso Pantaleão. Lúcio Grassi Gouveia. Tomo II. São Paulo: Lualri Editora, 2017.

SOUSA, Diego Crevelin de. Segurando o juiz contraditor pela imparcialidade: de como a ordenação de provas de ofício é incompatível com as funções judicantes. *Revista Brasileira de Direito Processual – RBDPro*. n. 96. Belo Horizonte: Fórum, 2016, p. 49-78.

SOUSA, Diego Crevelin de. SILVEIRA, Marcelo Pichioli da. Entre alma e corpo: o que diz o garantismo processual sobre as competências legislativas dos arts. 22, I, e 24, XI, CRFB. In: *Processo e Liberdade*. Estudos em homenagem a Eduardo José da Fonseca Costa. Organizadores: Adriana Regina Barcelos Pegini. Daniel Brantes Ferreira. Diego Crevelin de Sousa. Evie Nogueira Malafaia. Glauco Gumerato Ramos. Lúcio Delfino. Mateus Costa Pereira. Roberto P. Campos Gouveia Filho. Londrina: Thoth Editora, 2019.

SOUSA, Lorena Ribeiro de Carvalho. *O Dever de Fundamentação das Decisões no Código de Processo Civil de 2015*: um estudo crítico das decisões do Superior Tribunal de Justiça a partir do modelo constitucional de processo. Dissertação (mestrado em Direito). Data da defesa: 21/02/2018. 138f. Pontifícia Universidade Católica de Minas Gerais, Belo Horizonte, 2018, passim.

SOUSA, Miguel Teixeira de. *Estudos Sobre o Novo Processo Civil*. 2 ed. Lisboa: Lex, 1997.

SOUTO MAIOR, Jorge Luis. O Conflito entre o Novo CPC e o Processo do Trabalho. In: *O Novo Código de Processo civil e seus Reflexos no Processo do Trabalho*. Coord. Élisson Miessa. 2 ed. Salvador: JusPodivm, 2016.

SOUZA, Artur César de. *A Parcialidade Positiva do Juiz*. São Paulo: Editora Revista dos Tribunais, 2008.

SOWELL, Thomas. *Os Intelectuais e a Sociedade*. Trad. Maurício G. Righi. São Paulo: É Realizações, 2011.

STRECK, Lenio Luiz. *Dicionário de Hermenêutica*. Quarenta temas fundamentais da Teoria do Direito à luz da Crítica Hermenêutica do Direito. Belo Horizonte: Letramento/Casa do Direito, 2017.

STRECK, Lenio Luiz. *Jurisdição Constitucional*. 5 ed. Forense: Rio de Janeiro, 2018.

STRECK, Lenio Luiz. *Precedentes Judiciais e Hermenêutica*. Salvador: JusPodivm, 2018.

STRECK, Lenio. Processo judicial como Espelho da Realidade? Notas Hermenêuticas à Teoria da Verdade de Michele Taruffo. *Sequência*, Universidade Federal de Santa Catarina, Florianópolis, v. 37, n. 74, 2016.

STRECK, Lenio Luiz. Dilema de dois juízes diante do fim do livre convencimento no CPC. In: *Coleção Novo CPC Doutrina Selecionada*. V. 3. Orgs. Lucas Buril de

Macêdo, Ravi Medeiros Peixoto, Alexandre Freire. Salvador: JusPodivm, 2015, págs. 297-303.

STRECK, Lenio Luiz. O que é Isto – A Verdade Real – Uma Crítica ao Sincretismo Filosófico em *Terrae Brasilis*. *Revista de Processo,* Revista dos Tribunais Online, v. 921, p. 359, jul./2012.

STRECK, Lenio Luiz. *Verdade e Consenso*. Constituição, hermenêutica e teorias discursivas. 4 ed. São Paulo: Saraiva, 2011.

STRECK, Lenio Luiz. RAATZ, Igor Raatz. DIETRICH, William Galle. Sobre um Possível Diálogo entre a Crítica Hermenêutica e a Teoria dos *Standards* Probatórios: notas sobre valoração probatória em tempos de intersubjetividade. *Novos Estudos Jurídicos*. V. 22, n. 2, 2017, p. 406, disponível em <https://bit.ly/2U92azt>.

STRECK, Lenio Luiz. DELFINO, Lúcio. SOUSA, Diego Crevelin de. Tutela Provisória e Contraditório: uma evidente inconstitucionalidade. *Consultor Jurídico*, São Paulo, 15 mai. 2015. Opinião. Disponível em <https://bit.ly/3bkud6z>. Acesso em 15.01.2020.

STRECK, Lenio. MOTTA, Francisco José Borges. Um Debate com (e Sobre) o Formalismo-Valorativo De Daniel Mitidiero, Ou "Colaboração No Processo Civil" é um princípio? Revista dos Tribunais *Online*, Revista de Processo, v. 213, p. 13, nov./2012.

STRUCHINER, Noel. Indeterminação e Objetividade. Quando o direito diz o que não queremos ouvir. In: *Direito e Interpretação*. Racionalidades e instituições. Orgs. Ronaldo Porto Macedo Jr. Catarina Helena Cortada Barbieri. São Paulo: Saraiva, 2011.

TARUFFO. Michele. *Simplemente la Verdad*. El juez y la construcción de los hechos. Traducción de Daniela Accatino Scagliotti. Madrid: Marcial Pons, 2010.

TARUFFO, Michele. Sobre la cultura de la imparcialidad en los países de *common law* y de derecho continental. In: *Páginas sobre Justicia Civil*. Madrid: Marcial Pons, 2009.

THEODORO JR., Humberto. *Curso de Direito Processual Civil*. V. I. 57 ed. Rio de Janeiro: Forense, 2016.

THEODORO JR., Humberto. NUNES, Dierle. BAHIA, Alexandre Melo Franco. PEDRON, Flávio. *Novo CPC*. Fundamentos e sistematização. Rio de Janeiro: Forense, 2015.

THEODORO JR., Humberto. Prova – princípio da verdade real – poderes do juiz – ônus da prova e sua eventual inversão – provas ilícitas – prova e coisa julgada nas ações relativas à paternidade (DNA). Revista dos Tribunais *Online*, Revista de Direito Privado, vol. 17, p. 9-28, jan./mar. 2004.

THIBAU, Vinícius Lott. *Garantismo e Decisão Imparcial*. Tese (doutorado em Direito). Data da defesa: 10/04/2014. 220f. Pontifícia Universidade Católica de Minas Gerais, Belo Horizonte, 2014.

TOMÉ, Fabiana Del Padre. *A Prova no Direito Tributário*. 4 ed. São Paulo: Noeses, 2016.

TORRANO, Bruno. Execução provisória da pena: de onde vem a manipulação interpretativa? *Consultor Jurídico*, São Paulo, 13 abr. 2019. Opinião. Disponível em <https://bit.ly/34ZLi3d>. Acesso em 05.01.2020.

TORRANO, Bruno. *Democracia e Respeito à Lei*. Entre positivismo jurídico, pós-positivismo e pragmatismo. 2 ed. Belo Horizonte: Fórum, 2019.

TORRANO, Bruno. *Pragmatismo no Direito e a Urgência de um "Pós-Pós Positivismo" no Brasil*. Rio de Janeiro: Lumen Juris, 2018.

TORRANO, Bruno. Precedentes vinculantes no direito brasileiro que não vinculam nada. *Consultor Jurídico*, São Paulo, 03 nov. 2018. Opinião. Disponível em <https://bit.ly/2xvf6IK>. Acesso em 03.04.2020.

VARGAS, Cirilo Augusto. *A Defesa Técnica Processual*. Estudo comparativo entre o direito brasileiro e norte-americano. Rio de Janeiro: Lumen Juris, 2019.

VIANA, Aurélio. NUNES, Dierle. *Precedentes no CPC/2015 e a Mutação no Ônus Argumentativo*. Rio de Janeiro: Forense, 2017.

VIEIRA, Luciano Henrik Silveira. *A Observância da Principiologia Processual-Constitucional no Processo de Execução*. Dissertação (mestrado em Direito). Data da defesa: 03/04/2014. 161f. Pontifícia Universidade Católica de Minas Gerais, Belo Horizonte, 2014.

VILANOVA, Lourival. *Causalidade e Relação no Direito*. 5 ed. São Paulo: Noeses, 2015.

VINCENZI, Brunela Vieira de. Competência Funcional – Distorções. Revista dos Tribunais *Online,* Revista de Processo, v. 105, p. 265, jan./mar./2002.

VIOLIN, Jordão. *Protagonismo Judiciário e Processo Coletivo Estrutural*. O controle jurisdicional de decisões políticas. Salvador: JusPodivm, 2013.

XAVIER, Trícia Navarro. *Poderes instrutórios do juiz no processo de conhecimento*. Dissertação (mestrado em Direito). 173/f. Universidade Federal do Espírito Santo, Vitória, 2008.

YARSHELL. Flávio Luiz. *Antecipação da Prova sem o Requisito da Urgência e Direito Autônomo à Prova*. São Paulo: Malheiros, 2009.

WALDRON, Jeremy. *Contra el Gobierno de los Jueces*. Vantajas y desvantajas de tomar decisiones por mayoría en el Congresso e en los Tribunales. Buenos Aires: Siglo XXI Editores Argentina, 2018.

WALDRON, Jeremy. *Political Political Theory*. Cambridge: Harvard University Press, 2016, Cap. 3 – Separation of Powers and the Rule of Law.

WALDRON, Jeremy. A Essência da Oposição ao Judicial Review. In: *Legitimidade da Jurisdição Constitucional*. Coords. Antonio Carlos Alpino Bigonha. Rio de Janeiro: Lumen Juris, 2010.

WALDRON, Jeremy. The Core of the Case Against Judicial Review. *The Yale Law Journal*, V. 115, n. 06, abr. 2006.

WALDRON, Jeremy. *Derecho y Desacuerdos*. Madrid: Marcial Pons, 2005.

WALDRON, Jeremy. *A Dignidade da Legislação*. São Paulo: Martins Fontes, 2003.

WAMBIER, Luiz Rodrigues. TALAMINI, Eduardo. *Curso Avançado de Processo Civil:* cognição jurisdicional (processo comum de conhecimento e tutela provisória). V. 2. 16 ed. São Paulo: Editora Revista dos Tribunais, 2016.

WAMBIER, Teresa Arruda Alvim. Anotações sobre o Ônus da Prova. Disponível em <https://bit.ly/2xGJpvT>. Acesso em 02.02.2020.

ZANETI JR., Hermes. O princípio da cooperação e o Código de Processo Civil: cooperação para o processo. In: *Processo Civil Contemporâneo.* Homenagem aos 80 anos do professor Humberto Theodoro Júnior. Orgs. Paulo Henrique dos Santos Lucon, Juliana Cordeiro de Faria, Edgard Audomar Marx Neto, Ester Camila Gomes Norato Rezende. Rio de Janeiro: Forense, 2018.

ZANETI JR., Hermes. MADUREIRA, Cláudio Penedo. Formalismo-Valorativo e o Novo Processo Civil. Revista dos Tribunais *Online,* Revista de Processo. vol. 272. Out. 2017.

ZANETI JR., Hermes. *O Valor Vinculante dos Precedentes.* 2 ed. Salvador: JusPodivm, 2016.

ZANETI JR., Hermes. *A Constitucionalização do Processo.* O modelo constitucional da justiça brasileira e as relações entre processo e Constituição. 2 ed. São Paulo: Atlas, 2014.

ZANETI JR. A relação entre garantismo penal e garantismo civil - fragilização virtuosa e não virtuosa ao princípio da legalidade. *Revista do Instituto de Hermenêutica Jurídica.* n. 14. jul/dez 2013.

ZANETTI, Sandra Aparecida Serra. HÖFING, Julia Archangelo Guimarães. Repensando o Complexo de Édipo e a formação do superego na contemporaneidade. *Psicologia: Ciência e Profissão*, v. 36, nº 3, 696-708, 2016.

editoraletramento
editoraletramento
grupoletramento

editoraletramento.com.br
company/grupoeditorialletramento
contato@editoraletramento.com.br

casadodireito.com
casadodireitoed
casadodireito